心理效应与思想工作（上册）

赵磊◎著

上海社会科学院出版社
SHANGHAI ACADEMY OF SOCIAL SCIENCES PRESS

自　序

《心理效应与思想工作》是理论性和实践性相结合的应用型研究课题的成果，主要是研究心理效应在思想政治工作中的综合运用，重点分析心理效应在人们思想、心理、行为形成与变化中的功能和作用，旨在借助心理效应所反映和归纳的人的心理活动及思想变化的规律，用于加强和改进思想政治工作的实践，促使思想政治工作更好地发挥政治导航、思想引领、心理调适、化解矛盾、构建和谐、凝心聚力等作用，提高思想政治工作的针对性、有效性，更好地培养有理想、有道德、有文化、有纪律的公民，促进人的全面发展。

一、思想政治工作在党的工作中具有重要的地位

思想政治工作是党的工作的重要组成部分，是实现党的领导的重要途径，是社会主义精神文明建设的重要内容，是经济工作和其他一切工作的生命线。善于做好思想政治工作是党的优良传统，是中国共产党和社会主义国家的政治优势，因而必须长期坚持、不断改进和提升。

思想政治工作是一门科学。它把马克思主义的建党学说、政治学、心理学、社会学、伦理学、教育学、管理学、行为学等融为一体，形成了一门综合性的应用科学。思想政治工作的研究对象是人，重点研究人的思想与行为产生、形成和变化的规律，以及进行思想政治工作组织与管理的规律和方法。伴随着中国共产党的诞生和不断成长，思想政治工作形成了自身的工作规律和显著特点，以及经过长期实践反复检验的基本原则和科学的工作方法，因而具有鲜明的党性、实践性和群众性。

中国共产党的历代领导人都十分重视思想政治工作。毛泽东等老一辈领导

人对思想政治工作的开创性作用永载史册。改革开放以来,党的历任领导人都根据形势和任务发展的要求,用不同方式积极推进思想政治工作。1981年6月,中共十一届六中全会通过的《关于建国以来党的若干历史问题的决议》指出:“思想政治工作是经济工作和其他一切工作的生命线。”并强调这是“具有长远意义的重要思想”。1980年8月18日,邓小平在中央政治局扩大会议上的讲话《党和国家领导制度的改革》中指出:“我们一定要把思想政治工作放在非常重要的地位,切实认真做好,不能放松。”1985年9月23日,邓小平在党的全国代表会议上再次强调:“思想政治工作和思想政治工作队伍都必须大大加强,绝不能削弱。”1993年5月5日,江泽民在中国职工思想政治工作研究会成立10周年纪念大会上指出:“愈是深入改革,扩大开放,愈是发展社会主义市场经济,就愈要适应新的形势,全面加强和改进全社会的思想政治工作。”2003年12月7日,胡锦涛在全国宣传思想工作会议上指出:“思想政治工作是我们党和社会主义国家的重要政治优势。深入细致地做好思想政治工作,发挥统一思想、凝聚力量、化解矛盾、理顺情绪、激励人们团结奋斗的作用,始终是党在宣传思想领域的一项基础性工作。”2014年10月8日,习近平总书记在党的群众路线教育实践活动总结大会上的讲话中指出:“现在,一个比较明显的问题就是轻视思想政治工作,以为定了制度、有了规章就万事大吉了,有的甚至已经不会或不大习惯于做认真细致的思想政治工作了,有的甚至认为组织找自己谈话是多此一举。正是这样的简单化和片面性,使一些本来可以落实的制度得不到落实、一些本来可以避免的问题不断发生。”2016年10月11日,习近平总书记在全国国有企业党的建设工作会议上强调:“要把思想政治工作作为企业党组织一项经常性、基础性工作来抓,把解决思想问题同解决实际问题结合起来,既讲道理,又办实事,多做得人心、暖人心、稳人心的工作。”2017年10月18日,习近平总书记在中国共产党第十九次全国代表大会上的报告中进一步强调:“要提高人民思想觉悟、道德水准、文明素养,提高全社会文明程度。广泛开展理想信念教育,深化中国特色社会主义和中国梦宣传教育,弘扬民族精神和时代精神,加强爱国主义、集体主义、社会主义教育,引导人们树立正确的历史观、民族观、国家观、文化观。深入实施公民道德建设工程,推进社会公德、职业道德、家庭美德、个人品德建设,激励人们向上向善、孝老爱亲，忠于祖国、忠于人民。加强和改进思想政治工作，深化群众性精神文明创建活动。”

伴随着改革开放的展开和深入，中共中央先后发布了一系列文件，不断推动全党重视、加强和改进思想政治工作。1983年1月，中共中央印发了《关于加强农村思想政治工作的通知》。1983年7月，中共中央批转了《国营企业职工思想政治工作纲要(试行)》。1986年9月，中共十二届六中全会通过了《关于社会主义精神文明建设指导方针的决议》。1986年，中共中央批转了中央军委《关于新时期军队思想政治工作的决定》。1987年5月，中共中央印发了《关于改进和加强高等学校思想政治工作的决定》。1988年9月，中共十三届三中全会通过《关于加强和改进企业思想政治工作的通知》。1989年7月，中共中央印发了《关于加强宣传思想工作的通知》。1995年11月，中共中央办公厅、国务院办公厅转发了《中央宣传部、国家经贸委关于加强和改进企业思想政治工作的若干意见》。1999年9月，中共中央印发了《关于加强和改进思想政治工作的若干意见》。2000年6月，中共中央组织部印发了《关于加强和改进科研院所党的建设工作的意见》。2004年10月，中共中央、国务院印发了《关于进一步加强和改进大学生思想政治教育的意见》。2010年11月，中共中央办公厅、国务院办公厅转发了《中央宣传部、国务院国资委关于加强和改进新形势下国有及国有控股企业思想政治工作的意见》。2015年1月，中共中央办公厅、国务院办公厅印发了《关于进一步加强和改进新形势下高校宣传思想工作的意见》。此外，在历次党的代表大会和重要会议上，在《中国共产党章程》的历次修订案和关于党的建设的重要文件中，党中央都一再强调要加强和改进思想政治工作。可见，中央对思想政治工作的重视是一以贯之、从未放松的，是始终摆在重要位置上的。

二、思想政治工作科学化要吸收心理学的科学成果

面对改革开放的新形势，思想政治工作面临许多新情况、新课题，提高思想政治工作的科学性、针对性、实效性，就成为中央和广大思想政治工作者的共同要求。其中很重要的一项任务，就是要吸收现代心理学、社会学、伦理学、教育学、管理学、行为学等学科的科学研究成果，对职工思想、心理、行为发展变化的

规律展开研究，以提高思想政治工作的科学化水平。

早在1983年，《国营企业职工思想政治工作纲要(试行)》就指出："各级领导应把对职工群众的思想政治工作的重点放到青年工人方面来，了解他们的心理、思想和感情，熟悉他们的喜怒哀乐，针对他们的特点来确定教育内容和教育方法，使党对工人阶级新一代的思想政治工作大大加强起来。"同时提出要求："社会科学工作者还应当深入到工人群众中去，和基层思想政治工作者一道，调查工人阶级的思想政治状况，运用马克思主义的立场、观点和方法，吸收现代心理学、教育学、社会学中的科学成果，对职工的思想、行为发展变化的规律和其他有关问题展开研究，提出有科学根据的完善职工思想政治工作的建议。"

2007年11月召开的中共十七大明确提出："加强和改进思想政治工作，注重人文关怀和心理疏导，用正确方式处理人际关系。"2010年11月，中共中央办公厅、国务院办公厅转发的《中央宣传部、国务院国资委关于加强和改进新形势下国有及国有控股企业思想政治工作的意见》指出："注重人文关怀和心理疏导，引导干部职工用正确方式处理人际关系、表达利益诉求。要高度重视和密切关注干部职工多方面心理感受和情绪反应，根据不同群体的特点，开展心理健康教育，健全心理咨询网络，提供及时有效的心理咨询服务，引导干部职工正确对待自己、他人和社会，正确对待困难、挫折和荣誉，培育奋发进取、理性平和、开放包容的社会心态。要加强心理危机干预工作，妥善应对重大心理危机事件。大型国有企业要建立心理咨询机构。"2012年，中共十八大进一步指出："加强和改进思想政治工作，注重人文关怀和心理疏导，培育自尊自信、理性平和、积极向上的社会心态。"2014年8月19日，习近平总书记在全国宣传思想工作会议的讲话中指出，宣传思想工作"关键是要提高质量和水平，把握好时、度、效，增强吸引力和感染力，让群众爱听爱看、产生共鸣，充分发挥正面宣传鼓舞人、激励人的作用"。2017年10月18日，习近平总书记在党的十九大报告中强调："坚持正确舆论导向，高度重视传播手段建设和创新"，"增强群众工作本领，创新群众工作体制机制和方式方法"。这些都表明，在加强和改进思想政治工作中，要突出对工作对象心理状况的关注和疏导，创新工作的手段和方法，以提高感染力和有效性，这显然已经成为实现思想政治工作科学化的一项重要任务。

思想政治工作主要研究人的思想与行为产生、形成和变化的规律，以及开展思想政治工作组织与管理的规律和方法。心理学是研究人的心理现象、精神功能和行为及其规律的科学。思想政治工作确实可以从心理学中获得有益的养分：首先，两者研究的对象同样是人，同样要贯彻“以人为本”的原则；其次，两者的主要功能都体现在应用领域，直接影响人们的心智和行为；再次，两者在方法上有许多相通之处。心理学所研究的心理现象主要包括心理过程和个性心理特征两个方面，前者具体表现为感觉、知觉、认识、情绪、思维、意志等，后者具体表现为能力、气质、性格、人际关系等。思想政治工作要做好工作对象的心理疏导工作，缓解其焦虑、担心、骄慢、自卑、失落、忧郁、惰性等心理压力，调整恐惧、挫折、逆反、荣辱等心理状态，如果能吸收心理学研究100多年来所取得的丰硕成果，把思想政治工作的原则和方法与有关心理过程和个性心理特征方面的知识、技巧结合起来，就能够更加有效地开展心理疏导和心态培育。这对于提高思想政治工作的质量和水平、实现思想政治工作的目标和任务，无疑是大有裨益的。

再进一步分析，思想政治工作有五个方面的基本原理：一是关于人的全面发展与社会全面发展相互推动的原理；二是关于人的思想、行为产生、形成和相互作用的原理；三是关于人的需要、愿望、动机、意志支配行为的原理；四是关于人的思想由感知层、观念层、核心层构成的原理；五是通过教育和管理，引导群体合力改造世界的原理。这些基本原理在涉及的内容上大都与心理学有着一定的内在联系，有些恰好与心理学研究形成了交集。因此，恰当地借鉴心理学的方法和成果，尤其是对人们心理形成、变化规律的研究和描述，将使思想政治工作科学化的理论建设和创新实践如虎添翼，成为思想政治工作改进和创新的一个重要方面。

三、研究和发挥心理效应的积极作用

心理效应，是指某人物或事物的行为或作用引起其他人物或事物产生相应变化的因果反应或连锁反应。或者说，是在社会生活中因一种或多种心理动因引发的同质或异质的规律化的心理后效。这显示了一种客观刺激作用之后对随后的心理活动的影响，反映了社会生活中较为常见的心理现象和规律。心理效效应、接种效应、淬火效应、登门槛效应；(4) 用涉及的物品来命名，如手表效应、木桶效应、晕轮效应、鸟笼效应、泡菜效应、海洛因效应、飞去来器效应、多米诺骨牌效应；(5) 用涉及的动物来命名，如蝴蝶效应、刺猬效应、鲶鱼效应、犬獒效应、跳蚤效应、马蝇效应；(6) 用涉及的植物来命名，如蘑菇效应、酸葡萄效应、甜柠檬效应；(7) 用相关的特征来命名，如首因效应、近因效应、名字效应、权威效应、地位效应、名人效应、异性效应；(8) 直接用相关的现象来命名，如宣泄效应、攀比效应、激将效应、从众效应、搭便车效应、照镜子效应、责任分散效应、最后通牒效应、延迟满足效应、忌讳与祈求效应。其中还有不少异名及交叉的情况，如从众效应又名羊群效应，延迟满足效应又名糖果效应，白璧微瑕效应又名仰八脚效应。好在名称只是一个标记而已，只要有确切的内涵与外延，易识易记即可。

四、关于本书的研究和写作

笔者从事思想政治工作40多年，长期在上海大型国有企业集团主管宣传思想文化工作，1991年被评聘为上海市首批高级政工师，曾被上海市职工思想政治工作研究会、中国纺织思想政治工作研究会、上海市国资职工思想政治工作研究会等团体聘为特约研究员，参与过《思想政治工作新论》(第一版)、《思想政治工作研究概论》等多部思想政治工作专著的编写及统稿工作，因而对于思想政治工作有着职业责任和职业兴趣。多年来，对心理效应及相关的理论和实践问题比较关注，有了较为深入的认识，积累了大量的素材，形成了进一步系统研究的基础。2017年1月正式退休后，有了充裕的时间用于学习研究，便自我加压，制订了详细的课题研究和写作计划，集中半年的时间，将相关资料和研究成果归纳表述出来。本书就是一份阶段性的研究成果，也是一份交给广大思想政治工作同行的答卷。

在思考本书的写作时，笔者坚持读者定位，就是首先要确定本书的阅读对象。本书的主要服务对象无疑是思想政治工作者，但"思想政治工作者"的确切范围和边界是什么呢？再次学习文件，答案是明确的。中共中央办公厅、国务院办公厅批转的《中央宣传部、国务院国资委关于加强和改进新形势下国有及国有控股企业思想政治工作的意见》要求："要把思想政治工作同生产经营、后勤保障、人力资源开发、企业精神培育、企业文化建设、管理服务等领域工作结合起来，同集团公司、分厂分公司、车间、班组等不同层面工作贯通起来，形成党委统一领导、党政共同负责、党政工团齐抓共管，以专兼职政工干部队伍为骨干、以职工群众广泛参与为特色的大政工格局。”“实行企业行政领导‘一岗双责’的思想政治工作责任制……要把思想政治工作纳入企业管理目标考核体系，把职业精神和职业道德融入岗位职责和工作标准，把解决好职工的思想、工作、生活等方面问题放在与抓好生产经营同等重要的位置来抓。”《中央宣传部、国家经贸委关于加强和改进企业思想政治工作的若干意见》还指出：“思想政治工作具有广泛的群众性，应调动企业行政业务人员、党团员、班组长、老工人、劳动模范做思想政治工作的积极性，有计划地培养和建设一支专兼结合、充满活力的思想政治工作队伍。”这些虽然是对企业的要求，但建立“大政工格局”却是全社会共同的任务，其主要精神应当是相通的。据此，“思想政治工作者”就应该包括：党政领导班子成员、工会和共青团干部、各级管理干部和政工人员、业务骨干，等等。因此，本书的写作就应当注意照顾到各类党政机关、社会团体、企事业单位、科研院所、学校、部队、社区、乡镇等党组织、行政、工会、共青团等组织中所有的专兼职思想政治工作干部。当然，本书也可作为一般读者自我心理调适、改善人际关系的参考读物。

人们通常说的“思想工作”，有时是对“思想政治工作”的简称，如近些年来常见的“宣传思想工作”。有时是指狭义的“思想工作”，即大量涉及人们日常生活和工作的认知、情感、心理、人际关系等方面的内容，并不具有鲜明的政治色彩。有时则是对前两者的泛称，在组织的正式行为时多为“思想政治工作”的简称，在民间个人之间多为狭义的“思想工作”，如“你做做妻子的思想工作吧”。当然，无论是简称、泛称，也无论是广义、狭义，都同样要坚持正确的政治导向，坚持以先进的世界观、人生观、价值观和方法论为指导，坚持培育和践行社会主义核心价值观。有鉴于此，为了阅读和理解的方便，同时也为了避免名词过长，本书书名和正文一般采用“思想工作”“思想工作者”的名称，不再作详细辨析。

面对550个心理效应的各家表述及相关材料，笔者在取舍上颇费了一点思量，最后确定的三条原则是：(1) 去粗取精。所选择的心理效应的属性比较明确，确实是反映了社会生活中较为常见的、能引起一定因果或连锁反应的心理现象，而且有相对确定的后续行为表现。(2) 约定俗成。所选的心理效应得到了社会公众相对普遍的认可，其标志是一般至少有2—3本专著收录。(3) 专业特色。所选的心理效应与思想政治工作关系比较紧密，或者说，思想政治工作可以从中直接获得启示。依照这一原则，最终选择了约1/4，共136个心理效应。

笔者对这136个心理效应及相关内容作了较为深入而系统的梳理与研究，对每一个心理效应，都根据收集到的资料尽可能地上溯源头，通过相关的经典实验和事例说明其本源，归纳其概念和表现形式，同时对产生原因、利害得失作出分析。事实上，之前的多数专著大多着眼于应用，往往是寥寥数语作了概述之后，就转入故事的描述和应用的举例。为了便于读者获得清晰、全面的理性认识，笔者花费了大量时间和精力，先后查阅了近200篇相关论文及大量网上资料，有时一个心理效应就查阅、摘录资料三五万字，作了基础性、集成性的研究和归纳工作，目标是达到"集大成"，尽量反映前人的研究成果。但确实很难做到，也不符合本书的写作初衷。而且由于有的效应缺乏原始资料，有的效应直观性很强，再加上时间有限，这方面的工作做得还不够深入，有待于进一步的发掘和丰富。在研究过程中形成的部分内容，学术味过于浓厚，或者表述过于冗长，不便于一般读者阅读，经再三思考，在定稿时忍痛割爱了。

一般来说，心理效应比较浅显易懂，不需要多么高深的理论基础也可以理解和运用，因而很容易运用到思想政治工作的实践中去。为此，对每一个心理效应，本书都结合思想政治工作的具体实践，从一个角度作了若干扼要的提示，力求使相关的章节能看得懂、学得进、用得上。考虑到这是普及性的读物，许多内容只能点到为止，或者提供一些相关的经典案例、名人故事、新鲜经验，或者提供一些注意事项和思考线索，意在帮助读者深入理解相关内容，从中受到启发，指导工作实践。有的可以作为交流的谈资、培训的案例，有的可以作为思考的依据、实践的参考。但限于篇幅，都无法细化展开，更不能系统完整。即使这样，也已经形成了结构上局部的不够均衡。为此，在一些联系比较紧密的心理效应中，提示的内容采用了"参见"的方式，指明参见的章节和页码，便于对照阅读，以减少文字的重复。

为了适合范围更广泛的专兼职思想政治工作者和一般读者阅读，本书尽量做到深入浅出、通俗易懂，熔科学性、知识性、趣味性、实用性于一炉。最近一些年来，思想政治工作的理论和实践在发展、提升，思想政治工作的经验和做法也在不断地创新、积累，笔者很想及时反映出各行各业思想政治工作者所创造的最新成果，但限于个人的精力和所接触的条件，较多采用了上海市部分企业的新鲜经验和有效做法，未能做到范围更大、时效更新、典型性更强；不少案例如今在做法上又有了提升，在成效上有了扩展，未能一一更新，这是窃自感到遗憾的。

在研究中还遇到了异名同实和同名异实的问题。异名同实问题有的是由于很多心理效应是从西方引进的，所以在译名上时有不一致之处，还有部分心理效应在传播中形成了不同的名称，造成了这一现象，如亚当与夏娃效应和禁果效应，登门槛效应与层递效应、得寸进尺效应。本书采用比较常见的、符合其特征的名称，并尽量注明其他名称。在书后按照汉语拼音排列的索引中，也注明了136个心理效应的异名或相近的心理效应，以便读者查阅。同名异实的问题，即同一个名称的心理效应之下，各家却表述为不同的内容。经比较研究，认为大致出于三种情况：一是原先有的研究者因译名相近、望文生义等原因出现了混淆；二是有的心理效应在研究过程中有了新的发展或演变；三是有的心理效应在应用中可以同时存在多个侧面，著者各执一端。由于注意到了这些比较复杂的情况，又不想给读者带来阅读上的麻烦，因而只能就与思想政治工作联系最为紧密的一种解释或一个侧面来表述，避免面面俱到。

不少心理效应在性质或实际作用上具有多面性的特点，也造成了研究和写作中的一个难点。人们一般将心理效应分为正向、反向、中性，但深入分析后就会知道，现实情况远没有这么简单。就某一个心理效应来说，有的往往很难确定是正向的还是反向的，而常常是正反向兼具，不能脱离具体的人和事来机械地判定。有些表现为正向的场合多一点，有些表现为反向的场合多一点，在不同的情况下，还会向相反的方向转化。在实际表现中，正向和反向的因素又常常纠缠在一起，难分难解。因而在对思想政治工作的提示中，只能抓住其与思想政治工作关系最密切、最常见的方面，对其他方面的情况未能一一论列，因而有失偏颇、挂一漏万的情况或许难以避免。

心理效应的内容多样、广泛而分散，如何与思想政治工作结合是一项全新的课题，没有现成的材料可以参照和借鉴。虽说查到几篇论文，标题似乎给人以希望，但打开之后不免一再失望，内容只是对在思想政治工作中运用了五六条心理效应的总结和描述。于是，即使在篇章结构的安排上也是颇费周折，最终决定以“就近归并”为原则，归纳为交往沟通篇、理性认知篇、疏导劝诫篇、褒贬激励篇、信息传播篇、团队和谐篇、励志修养篇、管理决策篇、识人用才篇、环境氛围篇十个部分，大体上覆盖了思想政治工作涉及的内容和领域，尤其是突出了方式方法等操作性的内容。由于心理效应常常是多种效应同时综合起作用的，有些效应也可以适用于不同的领域，或同时适用于思想工作者和工作对象，因此，对136个心理效应的分类只是大致的划分，并不是严格的区隔，不必过于拘泥。有些心理效应的指向比较接近，提示也只能尽可能从不同的角度予以阐释，未必一定妥当贴切，希望读者能够触类旁通、举一反三，并在此基础上有新的联想、发挥和创造。

本书的研究和写作是在学习并吸收前人成果的基础上才得以完成的。在研究过程中，笔者参阅了大量相关专著、论文，以及网上的许多资料，受到了很多启发和教益，吸取和借鉴了不少他人的研究成果，尤其是一些具有创见的观点和分析令人钦佩。本书行文中的部分内容，是在多种版本中相互比较印证，择优而从；许多现有的观点和材料也已经过笔者的综合、整理、延伸、转化，有的面目全非，甚至不一定符合原作者的原意。由于本书的形式关系和读者定位，借鉴、引用或转引的资料无法一一标明出处，为此，谨向相关专著、论文、资料的作者表示衷心的感谢！还要向所涉案例及优秀经验的创造者、整理者表示诚挚的谢意！

综上所述，《心理效应与思想工作》研究课题具有较强的现实意义和客观需求，可以用作广大党建、宣传思想工作者的参考读物，也可作为进一步探索研究的基础。在中国特色社会主义进入新时代之际，作为思想政治工作战线的一名老兵，如果此项成果能够对加强和改进思想政治工作的实践和创新，对推进思想政治工作的科学化、现代化建设发挥些许微薄的作用，笔者就感到十分欣慰了。

赵　磊

2017年11月22日于沪上清柚堂

目录 Contents

一 交往沟通篇

1. 聆听是最好的沟通工具

——倾听效应

历史上很多睿智之士都特别强调在人际交往中要多倾听对方的意见。在管理心理学上就有这样三个比较著名的定理：① 费斯诺定理。英国联合航空公司总裁兼总经理费斯诺指出：人生有两只耳朵，却只有一张嘴巴，这就意味着人应该多听少讲。说得过多，说的就会成为做的障碍。② 古德曼定理。美国加州大学心理学教授古德曼指出：没有沉默就没有沟通。最有价值的人，不一定是最能说的人。当你能够心领神会的时候，沉默便胜过千言万语。③ 斯坦纳定理。美国心理学家斯坦纳指出：在哪里说得愈少，在哪里听到的就愈多。只有很好听取别人的，才能更好说出自己的。多听、少说有时是一个人成熟的表现。思想工作的实践经验也反复证明，在思想工作中要多注意倾听对方的话语，倾听往往可以取得比一味劝说更好的沟通效果。依据上述三个定理，人们就将这种现象概括为"倾听效应"。所谓"善言，能赢得听众；善听，才能赢得朋友"，恰恰道出了人际沟通交往中的一条真谛。

倾听效应提示我们，在人际交往中，最有效的沟通往往不是滔滔不绝的单方面陈述，而是适当的聆听，这能赢得他人的真诚相待，从而起到锦上添花、事半功倍的效果。

倾听是思想工作者与工作对象沟通交流的基础，但在现实中很多人并没有真正掌握"听"的艺术。思想工作者在听取别人意见时常见的障碍和表现有：用心不专、急于发言、排斥异议、定势太牢、厌倦情绪，以及各种不良习惯，包括眼睛东张西望，双手交叉抱胸，跷起二郎腿，手指不停地敲打桌面，频繁地看手机等，都会不同程度地干扰倾听的正常进行。西方著名记者马可逊总结采访众多世界名人的经历后一针见血地指出:“那些不能给人留下良好印象的人,正是源于他们不懂得认真聆听别人的谈话,他们关心的无非是自己所要阐述的内容,他们从没认真地聆听别人的心声。”

倾听的好处是显而易见的:① 能够拉近双方的心理距离。著名励志大师戴尔·卡耐基说过:“专心听别人讲话的态度是我们所能给予别人最大的赞美,也是赢得别人欢迎的最佳途径。”通过倾听,建立起必要的信任和期望,彼此接纳,才能起到化解矛盾、消除隔阂、增进感情的功效。② 能够让他人吐露心声。与人交谈时适当的聆听,是对他人的尊敬和礼貌,特别是在工作对象郁闷、孤独、愤怒、委屈、无助时,倾听往往比安抚、劝慰、鼓励、辩解更能走进对方的内心世界。③ 能够让他人宣泄情绪。有时工作对象实际上也知道结果是无可改变的,只是需要一个倾诉的对象,一番情感宣泄之后,吐出了窝在心中的火,又找到了心理的平衡,心态就会趋于平稳,那些具体的事情也会自己想通。④ 能够深入了解对方的思想、愿望和要求,获得准确的信息,更有针对性地做好思想工作。只有很好听取别人的,才能更好说出自己的。如果能在对方的倾诉中真正听懂了对方的诉求,那么你随后的劝说意见哪怕再简短,也能直指人心,说到点子上,胜过千言万语。尤其是在接待群众来访、处理矛盾冲突时,倾听往往是和解的开始,让对方把不满的话统统讲出来,你就可以从对方的话语中找到矛盾的症结所在,在表达自己意见之前,掌握对方的要求和底线,就更容易说服对方。所以,日本有一句谚语:“能干的领导,就是喜欢听别人讲话的强人。”

可见,在人与人的交往中,掌握主动权的未必是喋喋不休者,效果最好的也并非是最会说的人。善于倾听,是成熟的思想工作者最基本的素质,也是提高思想工作针对性、有效性的基础。

思想工作者在沟通交流中如何更好地倾听?这是一门需要不断探索提高的艺术。有人总结了在倾听中提高沟通效果的十种技巧:消除外在与内在的干扰,鼓励对方先开口,使用并观察肢体语言,非必要时不打断他人的谈话,听取关键字眼,反应式倾听,弄清楚各种暗示,抓住重点,适当回顾与总结,尽可能接受倾诉者的观点。这些都是很有见地的经验之谈。

思想工作者要掌握倾听中的八个要点,从而在运用倾听效应时游刃有余,取得良好的效果。

（1）真诚倾听

倾听必须真诚，这是通过倾听达到相互沟通目标的重要前提。如果对对方一时还存有误解，心态还没调整过来，或时间很匆忙，就先不要急于开始交流和倾听。一定要把心态调整好后，抱着真诚的态度全身心地倾听，才会达到倾听的效果。

（2）思考倾听

倾听，光带着耳朵是不行的，还要带着头脑，边倾听便琢磨：他讲的究竟是什么问题？要达到什么效果？这些信息对我有什么帮助？我应该如何回答？随时把有用的信息梳理出来，把问题的症结寻找出来，因而在倾听时要思考、要分析、要判断。

（3）关注倾听

倾听中没有爱，没有对人的关心和理解，枯坐在那里，表现得再认真也是流于形式，所以在倾听时要全神贯注，随时记下要点，以及自己的感受。只有带着爱的真心关注，适时表达出理解、关切的态度，倾诉者才会将自己的真实想法和盘托出，从而达到倾听的效果和目的。

（4）主动倾听

特别是对自己的下属和同事，一定要带着满腔热情主动地联系他们，倾听他们的想法和意见，与大家形成共鸣，达到齐心协力、共同做好工作的目的。定期主动倾听群众的意见与建议，应当形成一项长期的制度。

（5）交流倾听

人际交往中离不开语言的交流，在倾听过程中，要适当地予以反应。可以简短地发表一些感想，来响应对方的说法。在听漏了或听不懂的时候，要在对方暂告一段落时，迅速地提出疑问。遇到暗示性的话语，应该鼓励对方再把话说得清楚一点。但自己意见还不成熟时，不要轻易发表。在倾听中适当交流的好处，是可以让对方觉得自己的话很重要，又能够掌握对方的重点，让沟通更有成效。

(6) 全面倾听

既要听正面的呼声、赞同的意见，更要听反面意见；既要听上级的意见，更要听群众的呼声。特别是在重大问题的决策时，倾听群众的意见要做到纵向到底，横向到边，全方位的倾听是准确决策的基础。

(7) 虚心倾听

倾听能拓宽视野，了解新情况，获得新信息，学到新知识。所有这些，只有虚心倾听才能做到。所以，倾听时一定要把自己这个“瓶子”里的水倒干净，不带框框，不带成见，才会装进新的内容，取得新的收获。

(8) 回应倾听

当听清楚倾诉对象的述说和目的后，可及时地停止倾听，表达自己的意见。应归纳、总结倾诉者所讲的主要内容，这样做，既可以核对其主要的诉求，又说明自己认真地倾听并记住了。在自己职权范围内能够当场答复的，可当场做答，提出处理意见；一时不能回答的，要明确告知，并及时向上级汇报，与有关方面协调，尽早予以答复，绝不能倾听后杳无下文，那样就会失信于民。

总之，倾听是思想工作者在人际交往中的一项基本功，也是一门值得研究、不断提高的艺术。学会有效的倾听，有助于思想工作者在人生和事业中取得成功。

2. 比明说更有力量
——暗示效应

心理暗示的实际作用因人而异，有时可以达到难以想象的程度。社会心理学中有几个初看之下似乎比较极端的案例。

美国心理学家马丁·加德纳做过一个实验。将一名死刑犯捆在床上，蒙上眼睛，告诉他马上就执行死刑。随即将他的手绑在床边，在手腕下放一个水盆，用一个类似小刀的东西在他手腕动脉处轻轻地划了一下，没划破皮，更没流血（当然这些死刑犯是看不见的），然后让自来水从一根水管的尖嘴处一滴一滴地滴到水盆中。死刑犯听着“滴答滴答”的声响，感觉身上的血液正逐渐滴完。听着这“致命的”滴水声，死刑犯不久就开始昏迷……因为在他的意识中，自己的动脉被割断了，体内的血液一滴一滴地流尽。尽管在生理上并没有受到实际的伤害，但对死亡的恐惧导致了他心理的崩溃。据说，马丁·加德纳 1988 年把实验结果公布出来时，遭到了司法当局的起诉，也受到了不少人的道德谴责。

在车站货运组工作的年轻健康小伙子尼克·西堤曼，一天晚上下班后留下来做最后的检查，在检查到最后一辆冷藏车时，车门弹簧突然绷断，尼克被反锁在车里。第二天早晨，人们发现身穿短袖工作服的尼克已死去多时。车厢内壁上有他用笔写下的遗书，其中对死亡原因的描述是：“我就要被冻死了！”“我全身正慢慢失去知觉……”实际上，电脑记录证明，当晚冷藏车箱内的平均温度是 18℃，绝不至于冻死人。法医随即对他的尸体做了鉴定，结果令人吃惊：尸体呈现出冻死者的很多特征。

1985 年美国洛杉矶举行的一场足球比赛期间，有六名观众反映胃部不适，有的说是肚子疼痛，有的表示想呕吐。赛场工作人员了解情况后，猜想他们是喝交往中，可以用评语、题赠等形式来暗示、激励。尤其是在批评之中，运用暗示的方式，既形象生动，富有感染力，又轻松愉快，印象深刻，双方都互相尊重，点到而不说破，不尴尬，易接受。

(2) 非语言暗示

人际沟通中的非语言因素起着十分重要的作用。美国心理学家艾帕尔·梅拉别思的一项研究表明：信息效果＝7%言语信号＋38%音调＋55%面部表情。由此可见，神态表情等身体语言在暗示中的重要作用。譬如，培训中有人思想开小差，思想工作者不必点名批评，可以投去严厉的目光，还可以在讲话中略加停顿，忽然提高音量或放低音量，开小差者自会领悟，旁边的人也会适当被提醒。需要强调，微笑是最常用的暗示手段，微笑可以随着情景、语境的不同而生发出许多不同的含义，或赞赏，或期许，或勉励，或略表歉疚，或意味深长……需要指出的是，神情体态的暗示，必须发乎自然才有感染力，因为这是一种真情的流露，而不是作戏，否则就容易夸张，达不到暗示的效果。

比如，上海环球金融中心大厦建筑主体高度达 492 米，其“中枢神经”核心筒是建设中的关键。上海建工一建集团项目组研究后最终确定，运用具有上海建工自主知识产权的整体自身钢平台模板脚手系统。这个平台犹如一个超大型全封闭的“移动操场”，在标准段以三天一层的速度向上攀升。然而，在穿越设备层时，巨大的钢平台必须实行分体，否则无法通过。工程师们提出了在高空对钢平台进行分体、转换、再拼合的方案。他们精心编制施工流程，反复演算对比技术数据，确保万无一失。但是，高悬在半空中的钢平台首次拼合后，操作一线的施工人员都不敢登上平台。带班的组长道出了原委：钢平台拆开后再拼合，牢靠吗？在上面施工安全吗？负责设计的工程师再三讲解，并拍着胸脯保证没问题，但任他怎么说，工人们仍是将信将疑，迟迟不肯开工。见此情形，项目副总工程师周虹从人群中穿出，三步并作两步，第一个冲上了钢平台，开始测量工作。受到“安全、可靠”的暗示，工人们不再犹豫，纷纷走上平台，投入到正常施工中。

(3) 环境暗示

暗示心理学的先驱希波莱特·伯恩海姆指出：凡是来自环境——地理、种族、社会、家庭的刺激，都是对于整个人的活动发生作用的酵素，因为它作用于人的心理。来自周围环境的信息，通过人的眼、耳、鼻、舌、身等多种感官，从多个方面、多渠道地影响着人们，这种立体化的信息途径决定了环境暗示的立体性和情景性。环境暗示是一种“无言之教”，思想工作者应当通过创建文明单位、文明社区、文明家庭等活动，结合现场管理、环境综合治理、规范化市场建设等专项工作，有意识地创设良好的心理环境、物化环境，让人们置身其中，耳濡目染，潜移默化，受到影响和感化，逐渐养成良好的文明习惯。

为，即使自己再努力，也很难摆脱这一标签的消极作用，因此会产生“破罐子破摔”的念头，放弃自己的努力，而转向标签所定的方向，从而更符合标签所具有的特征，成为名副其实的“标签人”。

了解了标签效应的相关知识和心理机制，思想工作者要运用心理暗示的技巧，实施积极的自我暗示，避免消极的心理暗示，促使人们向好的方向发展，以取得更好的励志效果。

(1) 多贴“红标签”，实施积极的自我暗示

思想工作者要实施积极的自我暗示，可以从以下两个方面着手。

① 有意识地给工作对象贴上一枚“红标签”，也就是要尽可能地去寻找他们身上的“闪光点”，给予及时的、大张旗鼓的表扬。教育界常说一句话：“对于学生要多表扬、少批评，表扬要在课堂上，批评要在办公室。”这样做的目的就是使学生常常认识到自己身上的优点、长处，按“红标签”去要求自己，约束自己。

② 对自己也要贴“红标签”，实施积极的自我暗示。比如，经常以“优秀”来激励自己。“我真行”“我真棒”“有志者，事竟成”“人皆可以为尧舜”等词句，以及一些隽语警句，往往能起到激励自我、奋发图强、改变心态和行为的功效。即使自我感觉不是很好，也可以暗示自己“我感觉很精神，很饱满，状态很好！”在镜子中注视自己，想象那种振奋的感觉由内而外地散发出来，自己很快就能感觉到那股外溢的气息了。同时，还要配合“红标签”制订切实可行的分解目标和行动计划，让自己内心的意愿化为实际行动。

(2) 不贴“黑标签”，避免消极的心理暗示

根据标签效应，盲目地给自己、给他人贴上“黑标签”，会让人对待事物的态度产生偏差和误导，有时影响会相当严重。当一个人被贴上太多的负面标签时，他的思想、态度和意志很可能会变得消极，有些自卑和偏执都是这些负面的“黑标签”造成的。比如，当一个学生在与同学朝夕相处时被认定为“学渣”“学弱”“学残”，长此以往，他就真的会对自己的能力产生怀疑，失去学习的动力和进取的热情；如果总是认为“我的性格内向”“我不善于交际”“我表达能力很差”，就会

不自觉地避免与人进行交流，进而越来越不善言辞了。

其实，人生是一个不断提高的过程，随着时间与情境的变化，一个人的能力素质会逐步提高，但是原有的“黑标签”定型化的思维仍旧会影响他。因此，说得严重一点，给自己贴了“黑标签”，就只会限制自己的发展；如果不加过滤地接受他人给你贴的“黑标签”，就等于喝下了“迷魂汤”；随意给别人贴“黑标签”，就无异于给他人设下了“陷阱”。在工作中，思想工作者要更多地把注意力放在工作对象的工作表现和业绩上，而不要过于注意工作对象身上的缺陷和不足，因为每个人都会有缺点，这是短期内难以改变的事实，关键是要让他们扬长避短，逐步改进。不要以为只有作出“弱智”“笨蛋”“傻瓜”等断语才是“黑标签”，经常性的贬低和训斥，甚至一个眼神、一个动作、一句玩笑话，都会表现出一种蔑视，这些非言语的信号就足以给对方贴上“黑标签”了。

(3) 学贴“相反的标签”，促使良性转化

有人提出，不要随便给人贴这三类“黑标签”：对其性格特点的消极评价、对其处理问题态度的错误评价、对其行为方式的错误评判。并且提出建议，可以不按规矩出牌，使用不同常规的处方思路，给人以别样的心理暗示。

① 给抑郁症患者戴上“快乐天使”的帽子，可以马上产生剧烈的反应，使抑郁症患者大脑皮层分管忧郁的部分关闭，而分管快乐的部分获得激发，快乐一瞬间便充满其全身，这时一句普普通通的问候，就能让其眉开眼笑。

② 给说脏话及违规过马路者戴上“绅士”的帽子。此时，他们的表现顷刻间便会绅士起来。此后，捍卫绅士的荣誉，也许会成为他们的重要目标。

③ 给骄傲自大者戴上“谦谦君子”的帽子。此时，他们常会自我约束，克制喜欢炫耀的习性，尽管有些痛苦，但他们会重塑自己的信念，尽力表现出“谦谦君子”的作派。使用这类反常的方式，一定要出于真诚，表达也要自然贴切，恰到好处，不能有丝毫讽刺的意思，否则效果就会适得其反。

4. 说者无心　听者有意

——瀑布效应

在日常生活中经常可以看到，一个人不经意间说出的一句话，却可能在另一个人心中掀起轩然大波。正如自然界中的瀑布，在上游似乎平静和缓，而遇到峡谷便会一泻千里、喧嚣飞溅。推而广之，信息发出者的心理比较平静坦荡，但传出的信息被对方接收后却引起心理失衡，从而导致态度、行为的变化，这种心理现象被称为“瀑布效应”，也就是中国古话所说的：“说者无心，听者有意。”

会引起瀑布效应的不只是一句话，有时一个随意的动作、日常的衣着，也会引起旁人的极大反应。如，前些年，中央电视台《新闻联播》播音员张宏民临时救场，来不及换西装，穿着中山装就出镜，竟然引发了海外的猜测，各国使馆纷纷派人打听其中的缘由，因为他们认为衣着的改变象征着政治气候的变化。又如，著名演员王志文拍戏前打算吐掉口香糖，恰好口袋里没有纸，随手摸出了刚才记者递来的名片，包了口香糖，恰好被记者发现，于是就激起了“惊涛骇浪”，王志文俨然成了“媒体公敌”，引发了娱乐记者与名人的矛盾。可见，瀑布效应的产生和结果是多么难以预料。

心理学的研究表明，造成信息接收者心理波澜强度的变化主要有三个因素：① 信息自身的形态和含义，这里的信息包括语言信息、非语言信息（包括目光、动作、姿态、面部表情等）。② 交往双方的关系，彼此是亲密还是疏远？是上下级还是平级？对自身前途利益的影响是大还是小？这往往与效应的强度成正比。③ 信息接受者的心理背景，主要由其自身的需要、观念、心境和认知结构组成。正是因为这些因素的综合影响，再加上心理现象和行为的多元性，常常使信息接收者把信息中的相关与无关、偶然与必然、表面与本质等混淆起来，从而导致归因分析的偏差（参见“归因偏差效应”），并且被放大和扩散，使自己的心理失去平衡，产生了瀑布效应。

对于思想工作者来说，瀑布效应的最大启示是：在思想工作和人际交往、媒体宣传的过程中，必须时刻提醒自己谨言慎行，顾及对方的实际感受，注意不同层次受众的接受度，而千万不要用一些“无心之言”伤害别人的感情，避免自己的一句话、一个举动引起强烈的瀑布效应，造成无心伤人的失误。为此，思想工作者必须掌握以下三点。

（1）掌握谈话的禁忌

要知道，并不是所有的话题在任何时间、任何地点都适合拿来公开谈论。因此，要想在思想工作和人际交往中取得良好的效果，思想工作者必须掌握谈话的一些禁忌，从而在交谈中避开那些容易无心伤人的“暗礁”。

① 不要打探对方的隐私。一般来说，在谈话中不要询问别人的隐私。当代社会，人们将隐私的范围划得越来越大，“男不问收入，女不问年龄”，已是社会交往中的惯例。打探隐私被认为是没教养、没分寸的表现。如果在和对方谈话时需要涉及隐私话题，可以婉转地提及，对方愿意谈，自然就会吐露，否则就不宜追问。同样，也不要大谈自己的个人隐私，虽然说在与人交往时适当的自我暴露可以拉近与对方的距离（参见“白璧微瑕效应”），但如果过多地谈论自己的隐私，常常会显得很“八卦”，引起对方的鄙夷。

② 不要触及对方的“伤疤”。除非就是为了处理这件事，一般来说，不要主动提及对方其他的伤心往事和所受到的伤害，如离婚、丧偶、失子、遭骗、投资失败之类的“痛点”，以及其他一些“弱点”“短处”，这些都是别人刻意隐藏的伤疤，是公众场合应当着意回避的。若是对方主动提起，则应表现出同情，并聆听对方的诉说，但不能为了满足自己的好奇心而打听细节、追问不休。

③ 不要盯问对方的病情。一般来说，患有严重疾病的人，通常不希望自己的病情成为谈话的焦点，也不愿意成为众人同情、怜悯的对象。试想，再三询问之下，对方该怎样回答？如果身体正在好转还好说，如果状况不好，对方又如何作答？所以，即使是出于关心，也应当在没有他人的场合委婉问候，不能在大庭

广众之下公开追问，这不啻昭告天下，必然会引起对方的反感。

④ 不要随意评价他人。在谈话交流中，尽量不要涉及他人的得失，更不要随意评价他人的好坏。因为人际关系十分复杂，随意褒贬他人，对方会因为与此人有感情、利益等种种关系而引起心理上的微妙变化，轻则破坏了谈话的氛围，重则可能会影响对方对你的价值观、公正性、判断力的评价，甚至对你的人品产生看法。

⑤ 不要谈论争议性的话题。如今社会处于转型期，价值观念多元化的现象比较普遍，好多事物很难得到一致的结论，好多具体的观点很难通过一次谈话就取得共识。所以，要求大同、存小异，尽量围绕一两个具体的实际问题展开心平气和的讨论。除非你很清楚对方的立场和观点，否则应避免深入谈论容易引发争论的敏感话题，如国际形势的走势、宏观经济的预测、房市股市的起伏，以及宗教、民族、信仰等具体问题，更不要固执某一观点，防止出现双方抬杠、对立、僵持等尴尬局面，影响融洽的交流。如果对对方提出的宏观问题或细枝末节有不同看法，违反法纪和社会主流价值观的，要立即制止；如果不涉及原则性，又与所谈论的中心议题关系不大，则可以存疑，不必过于理会，防止偏题、跑题。

(2) 掌握说话的分寸

思想工作者的言行举止，会给周围的人带来各种各样的反应，其效果如何就要靠思想工作者自己来把握。会说话，说好话，也是一门艺术。掌握好语言的分寸，在与对方的谈话交往过程中就能保持和谐愉快，润物细无声，取得预期的效果。掌握说话的分寸，最重要的是提高自己的思想修养和文化素养，同时在具体的交流技巧方面还必须注意以下几点。

① 注重表达的清晰度。在面对面的谈话交流中，语言的确切性、清晰度、透明度的要求都相当高，要恰到好处地传情达意，把握分寸，便于对方理解，避免产生不必要的误解。俗话说“一句话让人笑，一句话让人哭”，说的就是语言清晰度、分寸感所带来的巨大差异。

② 维护对方的自尊心。自尊是一件十分奇妙的东西，若是正面攻击它，它反而更坚强，可若有若无的一句闲话，就可能将其击得粉碎。所以，谈话时一定

要留意对方的敏感点，时时照顾到对方的自尊心，不逞口舌之快，避免无意中的伤害。

③ 坚持与人为善。谈话交流的目的，就是要加强双方的沟通，让对方了解自己的思想和感情，提高思想认识，从而形成共识，改进态度和行为。俗话说："好话一句三冬暖，恶语伤人六月寒。"在人际交往中，如果始终从尊重人、理解人、关心人、爱护人出发，设身处地地为对方着想，维护对方的实际利益，对方就容易接受，那么谈话交流就会顺畅、有效。

④ 力求客观公正。所谓客观，就是尊重事实，实事求是地反映客观实际，这是党的思想路线的本质要求。所谓公正，就是公平、正义，要求正直、不偏私，是按照一定的社会标准、公序良俗合理地待人处事的道德品质，也是社会主义核心价值观的明确要求。这与主观臆测、信口开河、狭隘偏私等是格格不入的。只有客观公正，才能以理服人、以情感人、取信于人，也才能得人心、聚人心。

⑤ 明确角色身份。在社会交往中，每个人都有其特定的社会角色，这是指与人们的某种社会地位、身份相一致的一整套权利、义务的规范与行为模式。作为思想工作者，言行举止都要符合社会公众对于处在这一特定地位上的工作人员行为的期待，也就是说要符合思想工作者的身份特点。在谈话交流中，要谦虚谨慎、热情平和、平等待人、以理服人，不能意气用事、口不择言，更不能趾高气扬、颐指气使。

（3）掌握对方的个性特点

瀑布效应的产生与否，在很大程度上取决于对方是否能准确地接收和理解思想工作者发出的信息，所以，掌握工作对象的个性特点，是思想工作者优化语言和信息发布方式的一项基本功。

① 注意对方的性格差异。有些人觉得自己不过是说了真话实话，却引起了对方的心理波澜，感到很委屈。其实有些真话实话不是不可以说，而是必须找对了场合、对合适的人才能说。一般来说，那些相对缺乏自信心、偏于自卑、过于敏感、分析能力较差的人比较容易产生瀑布效应。所以，思想工作者要敏锐地识别这些容易产生瀑布效应的人，加倍地注意维护其自尊心，字斟句酌，尽量把话说

作家高尔基指出:“思想政治工作者对受教育者的爱在于教育,这才是理智的爱。”正确地运用南风效应,思想工作者应当要掌握四个要点,以提高思想工作的针对性、感染性、有效性。

(1) 要充满爱心,尊重他人

孟子曰;“爱人者,人恒爱之;敬人者,人恒敬之。”用爱心温暖对方,用真情感动对方,这无疑是获得他人认可、取得他人支持的最佳方式。日本很多著名企业都非常注重“感情投资”,公司高层都会以各种方式给予员工家庭般的温暖、体贴,让员工感受到家的温馨,从而有效地提升团队成员的归属感、忠诚度。索尼公司前董事长盛田昭夫说过:“一个公司最主要的使命,是培养它同雇员之间的关系,在公司中创造家庭式的情感。”对创立企业文化理论作出过杰出贡献的管理学家威廉·大内曾经指出,温情管理可以让“每个人的真正能力和工作表现得以充分显示,而且亲密无间的关系还带来了在了解彼此的‘需求和计划’的过程中所需要的高度微妙性。这种支持和自我可知的混合体促进了相互信任,因此相互和谐的目标和彻底的坦诚,排除了对欺骗的恐惧和欲望。”

在人际交往中,思想工作者要多用关心、爱护、尊重、赞美等积极情绪影响对方,让对方感到你是从内心深处关心他,这能将彼此的感情拉得更近、更亲。即使是在严格要求之中,也一定要饱含爱的感情。思想工作者如果能够时时处处对别人表示出关心和爱护,经常用柔声细语、循循善诱的方式引导对方,那么对方一定会更加积极地予以回报,这种以柔克刚的方式多半能带来意想不到的收获。

(2) 要审时度势,因人制宜

在拉·封丹的寓言中,北风遵照习惯思维,只想着用强力吹掉行人身上的大衣,结果无功而返;而南风则顺势而为,因势利导,让行人产生内在的驱动,自觉地脱掉大衣,结果如愿以偿。由于态度和方法不同,结果大相径庭。在现实生活中也是如此。比如,上海建工机施集团承建的虹杨500千伏输变电及管理用房工程是上海市重大民生工程。由于周边部分居民对电磁辐射的担心,前后六年都未能如期开工。2013 年 5 月重新开工之后，又引发了周边一些居民的不满，上访、投诉不断。对此，项目部着意充分释放善意，坚持文明施工，消除对立情绪，把对周边居民的影响减小到最低限度，用事实和行动来赢得周边居民的理解和支持。为了从根本上消除居民对电磁辐射的担心，项目党支部打破建筑工地不接受外来参观的惯例，陆续组织当地的党员代表、居民代表进场参观。居民们亲眼看到输变电设备深深地埋置在 25 米的地下，周围是 1.2 米的混凝土包覆，原来对电磁辐射的疑虑顿时消除了；看到项目部花费 300 万元安装的 4 层防尘防噪墙，原先对扬尘噪声扰民的担心也消除了。他们纷纷对文明施工给予极大认可，也对项目部的真诚努力表示了满意，并且将这些情况带回去告诉了邻居，有些退休教授也主动发挥专业特长，协助做好居民的工作。一传十，十传百，先前反对施工的居民态度都有了明显的转变，矛盾逐渐平息了。

因此，思想工作中究竟采用何种方式，一定要具体情况具体分析，因人制宜，因时制宜，刚柔相济，宽严有度。苏联著名教育家瓦西里·亚力山德罗维奇·苏霍姆林斯基说过："思想政治工作者应该是善良的人，但不应该是无原则的'老好人'。"该严肃批评的，该严厉处罚的，不能以"爱心""宽容"为借口，丧失原则，听之任之，放任自流。

(3) 要设身处地，以情感人

情感，是进入他人内心、拉近双方距离的最有力的工具，也是尊重人、理解人、关心人的基础。因此，凡是有需要沟通的地方就有情感发挥作用的天地。在社会价值观多元化的今天，对于他人的言行，要保持良好的心态，学会用宽容的目光看待周围的一切，发生分歧时要设身处地地为工作对象着想，理解他们思想言行所由产生的情感、环境和原因，多一点理解和宽容，少一点责难和斥责，有时即使是对方错了，只要他内心已经明白或有所触动，就不要硬逼着人家承认错误，不妨顺势给个台阶下。

同时，还要树立允许他人犯错误的观念，容纳不同的观点和意见，求大同、存小异。但是，宽容并不是纵容，不是放任自流，不能放弃必要的批评和指导，而是要引导他人自己努力，用心去感受世界的美好，争取自己的幸福。有个佛学故事出狱后，在推动多元族群民主时期，曼德拉当选为南非首位黑人总统。掌握国家权力后，他并没有以怨报怨，而是向囚禁他的人三鞠躬，体现了一种仁爱、宽容以及对所有人的敬意。“小人记仇，君子长志。”在漫长的囚禁岁月中，曼德拉对理想、信念更加坚定，超越了个人的恩怨，没有去记恨那些让他失去自由的人，而是以自己的人格魅力赢得了一个新南非的诞生，因而受到了来自各界的赞许和支持，包括从前的反对者。曼德拉 1993 年荣获诺贝尔和平奖，2004 年被评选为最伟大的南非人。

(3) 用敬业乐群的态度善待工作

天使效应不仅可以运用在待人方面，也可以沿用到对待工作上——我们用怎样的态度对待工作，就会收获怎样的成绩，就会得到工作成果的回报。工作是每个人生命历程中一个十分重要的部分。有怎样的工作态度，就会有怎样的人生态度，而人生态度决定了一个人一生的成就。因此，善待工作，就是善待自己。曾经有一项关于“职场抱怨状态”的调查，在参与调查的五千余名职场人士中，表示自己一天抱怨次数在 1—5 次之间的占 65.7%，每天抱怨 6—10 次的占 13.8%，每天抱怨 11—15 次的占 3.7%，每天抱怨 20 次以上的占 4.8%。只有 11.2%的人表示从不抱怨或没有意识到自己有过抱怨。事实显示，抱有消极态度的 88.8%的人群，在职场上往往难以有长远的发展。

一家知名公司曾提出这样一句口号：“如果你有智慧，那么请表现出来；如果你缺少智慧，请拿出汗水。”只要有敬业乐群的工作态度，减少抱怨，融入团队，无论是拿出智慧，还是拿出汗水，都能赢得良好的人际关系，人生也会在这种积极态度的影响下发生质变、逐渐提升。

7. 微笑，人际交往的通行证

——微笑效应

人是微笑的唯一载体。微笑，是人因双唇轻启、牙齿半露、眉梢上推、脸部肌肉平缓向上向后舒展而带来的一种面部表情。微笑，虽然无声，足以传情，是举世公认的最美丽、最动人的表情，是不学就会的全球通行语言。著名的美国励志大师拿破仑·希尔曾总结微笑的神奇力量：“真诚的微笑，其效用如同神奇的按钮，能立即接通他人友善的感情，因为它在告诉对方：我喜欢你，我愿意做你的朋友。同时也在说：我认为你也会喜欢我的。”经常保持微笑，可调节情绪，可宣示友善，可沟通感情，可消除隔阂，还有益于身心健康。可见，无论是对自己还是对他人，微笑都能产生多角度、多层次的影响，于是人们就把这种心理现象称为“微笑效应”。

美国作家 F. H. 曼狄诺曾指出：“微笑可以换取黄金。”他主张人们应该微笑，微笑拥有巨大的魔力，更重要的是要真心的微笑。这被概括为“曼狄诺定律”，也是关于微笑效应的一种表达。

微笑是简单的、易行的。这是因为微笑只需起心动念，轻轻地牵动 13 块面部肌肉就能做到。对比之下，皱眉蹙额则需要动用 47 块面部肌肉。有人归纳了微笑的“三个不”：① 微笑不分贵贱，不分雅俗，凡是智力正常的人皆可为之；② 微笑不用投入，无须成本，是人们自然生成、自然消失的时效性表情，没有价码，更不是商品，因此无法进行真正意义上的买卖，更无法租借，无法偷盗；③ 微笑不用费神，不用耗力，时间短暂，内含丰富，回味悠长，耐人寻味。

微笑又是复杂的、深沉的。这是因为微笑虽然表现在脸上，但实质却起源于内心。发自心底的微笑，是真善美的直接表达，因为她来自真情实感，需要以丰沛的感情做支柱；因为她来自宽阔胸襟，需要以长期的修为、修养做支撑。微笑如果不是发自内心，就会因虚伪、曲意、隐饰而变得矫揉造作，不自然、不美丽，失却了动人心魄的力量，那就比哭也好不了多少。所以，微笑要真正做来并长期保持，却又不那么容易。

微笑是一种令人愉悦的表情，可以在瞬间缩短人与人之间的心理距离，因而在人际交往中有着十分重要的作用。在生活中，没有什么东西能比灿烂的微笑更能提升一个人的个人魅力，更能打动人心的了。所以，人们用各种不同的语言来称颂微笑：① 微笑是给予别人、映衬自己的心灵语言，是人对人的心领神会、互动感应；② 微笑是理智表达的潜台词，是人际交往的通行证，是协调关系的润滑剂，是生活情调的添加剂，也是仁者、智者的最好名片；③ 微笑是幽默的伙伴，是智慧的使者，是无声的语言，是感情的载体；④ 微笑是自信、自豪的象征，也是胸襟博大、涵养深沉的象征，是胜利者发自内心的喜悦，也是失意者自我安慰的寄托。总之，微笑是人与人之间表达尊重、友善、信任、依恋、默许等感情的一种既简单又快捷的方式。

思想工作者要充分认识到微笑在人际交往中多方面的特殊作用。经常微笑，至少有以下几个方面的作用：① 表明心境良好。面露平和欢愉的微笑，说明心情愉快，内心充实，乐观向上，善待人生，这样才会产生吸引别人的魅力。② 表明充满自信。面带微笑，表示对自己的能力有充分的信心，以不卑不亢的态度与人交往，容易使人产生信任感，被真正地接受。③ 表明真诚友善。微笑反映自己心底坦荡，善良友好，待人真心实意，可使他人在与其交往中自然放松，不知不觉地缩短了心理距离。④ 表明敬业乐群。在工作中保持微笑，说明热爱本职工作，乐于恪尽职守，和谐融入团队。如在服务岗位，微笑更可以创造一种和谐融洽的气氛，让服务对象倍感温暖和愉快，赢得支持和配合。

微笑的力量是巨大的。美国著名人际关系学大师卡耐基曾说："笑容能照亮所有看到它的人，像穿过乌云的太阳，带给人们温暖。"可以说，微笑是世界上最美的行为语言，虽然无声，但最能打动人；无须解释，就能拉近人们之间的心理距离。在各行各业，在日常生活中，微笑效应的作用相当普遍而神奇。

在学校教学中，教师的微笑常常能带给学生轻松、亲切的学习心境，安抚学生浮躁、疲劳、低沉的情绪，使学生易于展开联想、分析、综合、判断、推理等一系列逻辑思维活动，易于进行创造性学习。据专家测定，学生在积极状态下的学习效率能比在消极状态下提高30%—45%。可见，教师的微笑在稳定学生情绪、增强师生情感交流中起到了无可替代的作用。

在企业管理中，美国著名企业家吉姆·丹尼尔用微笑来挽救企业的故事堪称经典。阿尔米公司是美国钢铁公司和国民制酒公司旗下的一家生产钛产品的联合企业，生产效率和利润一度严重下滑，濒临破产。丹尼尔上任后，把"一张笑脸"作为公司的标志，公司的厂徽、信笺、信封上都印上了一张乐呵呵的笑脸。他本人也总是以"微笑"飞奔于各个车间，实施微笑管理。很快，员工们渐渐被他的笑容感染，上下同心同德，友爱和谐，其乐融融。公司在几乎没有增加投资的情况下，生产效率提高了80%，公司的信誉和形象大增，客户盈门，生意红火，不到五年，公司不仅还清了所有的欠款，而且盈利丰厚。

在招聘过程中，有的应聘者脸上阴云密布，提不起精神，招聘人员一看就失去了继续交谈的兴趣。而有的应聘者一直面带微笑，言语应对有礼有节，富有亲和力，于是很快就赢得了好感，初审就通过了。纽约一家大百货公司的人事主任曾经透露真情：要是一个女孩经常面带可爱的微笑，那么，她即使是小学程度我也乐意聘用；要是一个哲学博士老是摆个扑克面孔，就是免费来当店员，我也不要。可见，微笑效应所代表的可不仅仅是个人的喜好呀！

近些年来，微笑的作用受到了普遍重视。据报载，国外许多知名企业都要求管理人员学习微笑，以微笑待人；国内也有很多企业把学习微笑作为员工的必修课，以微笑树立良好形象，提升服务质量。不少党政机关和事业单位提出了"微笑服务"的要求，以微笑展现良好的工作作风。从工作性质和特点来看，思想工作者更需要学会微笑。因为微笑表达的是友好、认同、肯定、赞许，是尊重、理解、宽容、关爱。微笑直接影响着思想工作者的人际关系、精神状态和办事效率。

(1) 把微笑时时挂在脸上

微笑是会传染的。思想工作者要经常把微笑挂在脸上，给对方留下美好难忘的印象，进而将微笑传染给每一位工作对象。这样，大家心情愉悦，互相之间就更容易沟通交流，原本紧张、严肃的工作气氛就会变得轻松活泼，人们就愿意愉快地接受你的观点和意见，思想工作的效率也会随之提高。

(2) 把微笑切实落到行动上

思想工作者要做到言行一致，也就是说要把微笑的情绪落实到实际行动中去，真心实意地为工作对象服务，而不能“脸上笑着，心里恨着”。在与工作对象交谈沟通时，要平等待人，不能摆出高高在上的架势，更不能以命令式的口吻交谈。在表扬他人的成绩时，更要在语言赞许的同时外加微笑的表情，充分展现出真诚的态度。即使遇到什么矛盾，也一定要冷静处理，语言与面容要保持一致，尽量用微笑替代僵硬的表情，避免当众严词批评斥责，以免伤害他人的自尊心。

(3) 让微笑冲淡烦恼和愁苦

人生的道路上难免会有各种烦恼和忧愁。有人说，心中戚戚，很难微笑，就是想笑也笑不出来。但是，作为思想工作者，应当能够适当地驾驭和超越个人的情绪，不能甘心做不良情绪的奴隶。即使个人一时心情不好，也不应该带到工作中，更不应该影响他人，正所谓“一人向隅，举座不欢”。最好的选择是，以微笑冲淡烦恼和忧愁，以微笑对待他人和工作。微笑如同温暖的手，能帮助人们走出痛苦的泥潭，起到化干戈为玉帛的神奇作用。处于困苦之境却仍能给人以微笑，这就是一种境界，也是思想工作者人格魅力的要求。

(4) 让微笑管理渗透每一个角落

微笑管理是近年来流行于欧美企业的管理方法，有更多的国内外企业将“微笑”纳入企业文化之中。通过微笑管理，能让员工感受到来自上层的尊重、信任和关怀，营造出更加和谐融洽的氛围，拉近管理者与员工的距离，员工们增强了忠诚度，更加乐于为企业服务，更加积极地献言献策，进而在无形中提升了员工的工作效率和价值实现感。同时，员工们也会自觉地将这样的感受以微笑的形式带给各自的顾客或用户，使企业形象更深地镌刻在客户的脑海中，从而为企业带来意想不到的收获。这对于党政机关和事业单位，同样有一定的借鉴意义。

8. 越熟悉的事物越喜欢

——多看效应

20世纪60年代，心理学家查荣茨做过这样一个实验：他先后出示了一些人的个人照片，让被试人员观看。不同的是，有些照片出现了20多次，有的出现10来次，而有的则只出现一两次。之后，请被试人员评价对每张照片的喜爱程度。结果发现，被试人员更喜欢那些看过很多次的熟悉照片，而不是只看过几次的新鲜照片。

美国社会心理学家也曾经对麻省理工学院17栋已婚学生住宅进行了调查。住宅楼每层有5套住房，住户进入哪间住房纯属偶然。结果，在同一层楼里，和隔壁邻居交往的概率是41%，和隔开一户的邻居交往的概率差不多下降了一半，约为22%，和隔开三户的邻居交往的概率只有10%。可见，多隔几户，空间距离增加并不多，但交往的密切程度却相差很大。研究结果表明，交往次数与居住距离相关，交往次数越多，关系也就越密切。

还有心理学家做了另一个实验：在一所大学的男生宿舍楼里，随机给几个寝室的同学发了不同口味的饮料，然后要求这几个寝室之间的同学以品尝饮料为理由，在寝室间互相走动，但见面时不得交谈。随后，心理学家评估他们之间的熟悉和喜欢的程度。结果发现：见面的次数越多，相互喜欢的程度越大；见面的次数越少或根本没有见面，喜欢的程度就越低。

三个不同的实验结果都证明：人们看到的次数会增加相互间喜欢的程度。于是，心理学家就把这种对越熟悉的事物越喜欢的现象，称为"多看效应"。

在生活中也确实如此。起初，我们会觉得某人长相难看，可是在一起工作或生活，日久天长，逐渐就不觉得此人有多难看了，甚至会因此人的某些方面的魅力而心生喜欢。当然，多看效应发挥正面作用的前提是给人的综合印象还不差。如果此人品质很差，则会加倍惹人讨厌，这时多看效应则会起相反的作用。

我们经常看到，那些在人际交往中时时处于主动地位的人，那些善于制造机会与朋友接触的人，人缘一般都比较好。那些经常在领导面前抛头露面的人，不管工作业绩如何，都比较容易赢得领导的赏识，对比之下，那些只知道埋头苦干者却常常得不到领导的好评。经常在影视、广告节目中露面的明星，会相对多地受到影迷的喜爱和追捧；在电视节目中出镜率比较高的嘉宾，也会有较多的观众赞同他的观点和意见。这都说明了多看效应所发挥的潜在作用。

人与人之间多来往，能增进感情；人与人之间的熟悉，也能增加人际吸引的程度。如果其他条件大致相当，人们会喜欢与自己邻近的人交往。见面机会多的人，彼此之间的心理空间就容易接近，产生一种亲近感，进而形成一种稳固的感情。有位心理学家甚至开过这样一个玩笑：如果你想追一个女孩，千万不要每天都给她写信，因为女孩有可能因此而爱上每天送信的邮递员。

思想工作者若想增强人际吸引力，就要留意让自己获得人们更多的熟悉和认可，这样有利于增加别人喜欢你的程度，也就有利于你开展工作，使你的意见容易被大家所接受。相对而言，一个自我封闭、不与人交往的人，或是一个面对他人就逃避和退缩的人，由于不易让人亲近而令人产生疏远之感，也就不太让人喜欢了，他的意见相对不大容易被大家接受。

思想工作者要多与工作对象见面，不断让对方加深印象，积累良好的人际关系，从而使自己的工作更顺利地开展。

(1) 适度地“多露面”

思想工作者如果想给别人留下不错的印象，希望得到他人的喜欢，从而更为有效地开展思想工作，就应该常出现在他人面前，多给人见面的机会，这是一个简单有效的好方法。譬如，经常到基层群众中去走一走，在各个办公室转一转，在工作对象中间露个面，真心诚意地与群众交朋友。有时哪怕只是签个字、倒个水，打个招呼、问个问题、借个东西、拉拉家常，日积月累，也是有作用的。有时，适当地参加工作对象的聚会、郊游，也会让大家更好地认识和接纳。

(2) 巧妙地“多露面”

思想工作者在人们面前多露面，也要自然得体，讲究技巧，才能给人以良好的印象，比如电梯里的寒暄问候、吃饭时的礼貌招呼、会议上的相视一笑、娱乐中的出色表现。只要你不是默默地低头走过，就是一个加分的机会。在工作对象中多露面，切忌生硬地“表演”，更不能时时想着“抢镜头”，处处都要“抛头露面”。

此外，在发挥多看效应的作用时，还要注意首因效应，也就是说给人的第一印象要好(参见“首因效应”)。如果给人的第一印象很差，或者让人感到没事做、瞎乱跑，那么见面次数越多，也许就越惹人讨厌。“多看”反而让人“多厌”，那就起到反作用了。所以，必须认清自己，理顺自己，然后再拿去给别人看。

9. 让好感形成积极的情感共鸣
——互悦效应

人们常说,两情相悦。人们都希望被人喜欢,实际上,“喜欢他人”和“被他人喜欢”是互为因果的。在社会生活中,人们经常体验到,当自己想得到别人的好感时,而那个人也对自己有好感,于是就会对那个人更有好感。心理学家研究发现,在人际交往中,人们总是根据对方的态度和行为来采取相应的态度和行为。这种社会人际互动交换更多地体现在心理层面上,表现为情感和行为的互动交换。因此,心理学上就把人际交往中的这种互动交换所产生的良性互动现象,称为“互悦效应”,又称为“人际互动效应”。

有个事例很能说明问题。一位年轻的老师刚接手一个班级,听说班里的同学不团结,就想找到根源。上课第一天,老师给每个同学发了一张纸条,要他们写下自己最不喜欢的同学的名字。有的同学冥思苦想,半天也写不出一个,有的一口气便写下一大串。老师把纸条收上来,统计时发现了一个很奇怪的现象,那些写出人名最多的同学,往往都是最不受同学欢迎的人;而那些写出名字最少的,大多在班上人缘很好,极少受人讨厌。这就印证了互悦效应:好感都是相互的,讨厌也是相互的,喜欢和被喜欢是互为因果的。

《圣经》中说:你希望他人如何待你,你就应该如何待人。事实上也正是如此,只有表现出你喜欢对方,对方才能同样喜欢你,进而愿意为你做事情。按照互惠的观点,行为会孕育同样的行为,友善孕育同样的友善,你怎样对待别人,别人就会怎样对待你。在人际关系中,如果你能够时时刻刻对别人表示关心和爱护,那么别人对你也会有同样的举动。如果你能够首先做到喜欢别人,那么别人还会不喜欢你吗?在男女恋爱中就更明显了,你用心地爱你的恋人,恋人也就会加倍地爱你。

1982 年，美国威斯康星大学曾做过一个实验：甲、乙两支球队参加保龄球比赛，两队的第一球各自击倒了 7 个瓶。对于同样的成绩，甲队教练对本队队员说：你们很棒，打倒了 7 个瓶子，继续加油！乙队教练却训斥本队队员：怎么打得这么差，平时教你们的全忘了吗？面对不同态度的教练，甲队队员得到了鼓舞，在随后的比赛中越打越好，而乙队队员则感到非常不耐烦，越打越糟糕。比赛结果可想而知。这个实验向人们传递的信息是：听到对自己肯定的意见，人们倾向于愉快地接受，并努力做得更好；对于否定自己的意见，人们则倾向于厌烦；对于自己喜欢的人提出的事情和要求，人们接受起来会更容易，不大会产生排斥感。

美国社会心理学家李雷从几千份人际关系的研究报告中，归纳出人际互动的八种心理反应：① 由一方发出的管理、指挥、指导、劝告、教育等态度和行为，导致另一方的尊敬、服从等反应；② 由一方发出的帮助、支持、同情的态度和行为，导致另一方的信任、接受等反应；③ 由一方发出的同意、合作、友好等态度和行为，导致另一方的协助、温和等反应；④ 由一方发出的尊敬、信任、赞扬、求援等态度和行为，导致另一方的劝导、帮助等反应；⑤ 由一方发出的害羞、礼貌、服从、屈服等态度和行为，导致另一方的骄傲、控制等反应；⑥ 由一方发出的反抗、怀疑等态度和行为，导致另一方的惩罚、拒绝等反应；⑦ 由一方发出的攻击、惩罚、不友好等态度和行为，导致另一方的敌对、反抗等反应；⑧ 由一方发出的激烈、拒绝、夸大、炫耀等态度和行为，导致另一方的不信任、自卑等反应。从上述八种心理反应中不难发现，一方的刺激必定引起另一方相应的反应，双方存在着相互作用、相互制约的关系，互动是人际关系的基本模式。

思想工作者要顺利地开展工作，不仅要有正确的思想理论、恰当的工作方法、高超的工作艺术、优良的工作作风，还要有良好的人际关系，同工作对象形成良性互动。当然，后者本来也就包含在工作方法、工作艺术、工作作风之中。为此，结合互悦效应，对在人际交往中如何形成积极的情感共鸣，提出三点工作提示。

(1) 将心比心，以心换心

《诗经》云："投我以木瓜，报之以琼琚，匪报也，永以为好也；投我以木桃，报之以琼瑶，匪报也，永以为好也；投我以木李，报之以琼玖，匪报也，永以为好也。”便是用生动的语言表达了互悦效应的原理。人与人相处，就应当将心比心，以心换心，形成积极的情感共鸣。科学家研究证明，在交往中人类个体大脑掌管愉悦情绪的神经系统最容易被激活，因而互悦效应很容易就能被激发出来，并形成互动。

比如，某个学生敬重一位老教师，那位老教师也渐渐地重视这个学生，学生就越来越觉得老教师可亲可敬，从而更喜欢老教师所教的学科知识。又如，世界著名推销员乔·杰拉德的成功秘诀就是“让顾客喜欢自己”。为此，他常做一些在别人看来微不足道的事情，如每一个节日他都会给 1.3 万名顾客每人寄去一张问候的卡片，有变化的是随着不同的节日而更新的卡片内容，不变的是每张卡片的封面上永远都写着同一句话：“我喜欢你。”正是借助于这种方式，杰拉德平均每个工作日都能卖掉 5 辆车，每年的收入都超过 20 万美元，创下连续 12 年销售第一名的纪录，还以“世界上最了不起的卖车人”的名义被吉尼斯世界纪录收录。杰拉德总结道：“你真正爱你的顾客，他也会真心地爱你，进而买你的产品。”当然，“我喜欢你”的意思不一定要直接说出来，最好的办法是融化在自己的言辞中，对对方的优点由衷地表现出称赞、敬佩、羡慕，而且赞美要真诚，不能虚浮，要让人真切地感受到“喜欢”，才能让人以同样的方式喜欢你。

(2) 将欲取之，必先与之

20 世纪 70 年代，美国康奈尔大学心理学家丹尼尔·雷根曾进行过一项相关的实验。研究人员邀请志愿者来给一些画评分，并将他们分为两组，并在不同的环境中进行实验。甲组的实验人员中途去买了几瓶饮料，分给组员，并招呼大家休息。乙组没有提供饮料，除此之外都是同样的。实验结束后，实验人员请求大家帮一个忙，说他正在销售一种彩券，每张 25 美分，现在只剩最后几张，如果在座的每人买一份，自己的奖金就没问题了。甲组的人员都爽快地答应了请求，乙组人员却都以各种理由予以拒绝。丹尼尔·雷根指出，其中的关键点就在于那些饮料。虽然那几瓶饮料并不值钱，别人也不贪图这些，但对志愿者的购买行为却产生了潜在的影响。

研究显示，“将欲取之，必先与之”，给予他人一些小恩惠，通常会让对方给你一些回报。但这也是有技巧的，一些细微的因素会影响到恩惠能否取得预想的效果。当恩惠施加在并不熟悉的人身上，并且这些恩惠较小但却很用心的时候，才能收获最大的效果。当人们耗费心思去施惠于他人的时候，受惠的一方通常都会感受到给予回馈所带来的压力。事实上，如果从一开始就给予别人巨大的恩惠，会让对方处于一种非常为难的境地，因为这间接提醒了受惠的一方：要给予更多的回馈。如果这些恩惠被归结为另有所图的时候，受惠方就会因自尊心受损而产生反感。因此，要想取得最好的说服效果，可以将这类小恩惠留给陌生人，礼轻没有关系，但这份情意很重要。这样的恩惠应该发自内心，而不是精明计算后的结果。

(3) 真诚感恩，平等宽容

在人际交往中，如果你想得到人们的好感，或者支持、同意你的观点、行为，仅仅提出良好的建议是远远不够的，必须先让人们喜欢你。喜欢心理是许多人藏在内心深处的秘密，聪明的人常能设法满足他人的这种心理，从而牢牢地抓住对方。这既不会让人觉得受制于他，又会让对方高高兴兴地为他做事。对此，有两点值得注意。

① 真诚感恩。感恩，常常并非是用“涌泉”去报答“滴水”。美国沃顿商学院教授亚当·格兰特等发现，一句真诚的“谢谢”，就可以提高人们再次予以帮助的概率。心理学家戈兰特和基诺在一项实验中，以“埃里克”的名义给 69 名参与者分别发去电子邮件，要求回复电邮，给“埃里克”的求职信提出修改建议。收到回复后，“埃里克”又给他们发了一封电邮，附上修改后的求职信，请求再次提点意见。研究小组将这 69 名参与者分成了两组，给甲组的第二封电邮里，“埃里克”对这些好心人表示了热情洋溢的感谢，而给乙组的回信中没有感谢的意思。在得到感谢后，甲组中有 66%的人为第二封求职信提出了意见，而那些连句“谢谢”都没听到的乙组中，只有 32%的人再次给出了回复。可见，一句“谢谢”就能让事情的成功率提高一倍多。也许“谢谢”在日常生活中实在太常用了，以至于人们很少想到它到底有什么用。然而，研究表明，对他人表示感谢的意义远远不

只是一种社交礼仪，它更能让社会上的好心人感觉到他们所提供的帮助对于其他人确实是有益的，从而让更多人加入到好心人的行列中，乐意去帮助更多的人。是的，通过一句“谢谢”，就能获得实现自我价值所带来的快感，而那些阻碍自己伸出援手、帮助他人的犹疑等因素也就会烟消云散了。

② 平等宽容。宽容是人类生活中至高无上的美德，因为宽容需要一颗博大的心，宽容可以超越一切，所以，宽容是人类情感中最重要的一部分，这种情感能给人温暖，能融化人们心头的冰霜。心理学家指出，适当的宽容，对于改善人际关系和身心健康都是有益的。苏联著名作家屠格涅夫说过：“不会宽容别人，是不配受到别人宽容的。”宽容，包含着理解和原谅，更显示着气度和胸襟、坚强和力量，会给受伤者以心灵的抚慰，会带来良好的人际关系，也会带来更多的支持和帮助。

10. 成为受到群众信赖的人

——自己人效应

在人际交往中，一般总是熟悉的人、亲近的人比较谈得来。双方关系良好，都有一种视对方为“自己人”的感觉时，就会有较多的共同语言，一方就更容易接受另一方的某些观点和意见，甚至对对方提出的要求也不太容易拒绝。这在心理学上称为“自己人效应”。

自己人效应源自社会心理学家纽卡姆1961年的一项实验。纽卡姆以17名互不相识的大学新生为研究对象，先测定他们对有关社会问题的态度、价值观以及个性特征，然后将相似的大学生混合安排在几个寝室里。通过16周的交往及定期测定，发现在这些大学生相处的初期，时空距离决定他们的吸引力；到了后期，态度、价值观相似的学生纷纷要求住在同一寝室。该实验证实，彼此间的态度和价值观越是相似的人，相互之间的吸引力、影响力也会越大。因此，“自己人效应”又被称为“纽卡姆效应”“同体效应”“认同效应”。

无独有偶，苏联心理学家肖·阿·纳奇拉什维里也在相关研究中把彼此具有一定相似之处的人称为“自己人”。100多年前，林肯说过一段十分精辟的话：“一滴蜜比一加仑胆汁能够捕到更多的苍蝇，人心也是如此。假如你要别人同意你的原则，就要先使他相信：你是他的忠实朋友，即‘自己人’。用一滴蜜去赢得他的心，你就能使他走在理智的大道上。”

自己人效应在人际交往中普遍存在着。例如，同样一个观点，如果是由自己喜欢的人提出的，接受起来就比较容易。如果是由自己讨厌的人提出的，就可能本能地加以抵制。按时下通俗的说法就是：“是自己人，什么都好说；不是自己人，一切按规矩来。”

许多名人在演讲中都注意运用自己人效应来激发共鸣，寻找与听众心灵沟通、心心相印的连接点。譬如，第二次世界大战期间，英国首相丘吉尔在美国做圣诞演说时曾这样表述："我今天虽然远离家庭和祖国，在这里过节，但我一点也没有异乡的感觉。我不知道，这是由于本人的母亲血统和你们相同，抑或是由于本人多年来在此所得的友谊……在美国的中心和最高权力的所在地，我根本不觉得自己是个外来者，我们的人民讲着共同的语言，有着同样的宗教信仰，还在很大程度上追求着同样的理想。我所能感觉到的是一种和谐的兄弟间亲密无间的气氛……"丘吉尔从友谊、情感等角度导出了"我们"，突出强调了"本人的母亲血统和你们相同""一种和谐的兄弟间亲密无间的气氛"，并且"讲着共同的语言""有着同样的宗教信仰"，这样就产生了异乎寻常的自己人效应，激发了听众强烈的共鸣，获得极大的成功，他的这次演说也名垂青史。

在日常生活中，自己人效应运用得相当普遍。譬如，许多人在初次见面寒暄时都会"套近乎"，询问一些个人的经历情况，或者从对方的房间陈设、衣着喜好、个人用品等方面入手，从而发现彼此之间的共同特点、相似爱好，成为某一方面的自己人，然后再提出自己所求之事，对方就容易欣然应允了。

在记者采访的实践中，自己人效应体现得最为明显。1977 年，著名作家徐迟走进狭窄的小屋深入采访，与科学家陈景润成了无话不谈的"自己人"，终于写出了著名报告文学《哥德巴赫猜想》，在中国大地刮起了"陈景润旋风"，迎来了"科学的春天"。据说，1937 年 4 月，斯诺夫人海伦继斯诺之后再次访问陕甘苏区，当她冲破重重阻力来到延安，见到毛泽东时，开玩笑似地对毛泽东说："我从西安躲避追赶，跳窗出来，带来了斯诺为你拍的照片。"你想，跳窗赶来，多么真诚啊！斯诺为毛泽东拍的照片，不就等于是一张介绍信吗？就凭这两点，就迅速勾起了毛泽东的回忆，产生了自己人效应。话题由此开始，访谈持续了四个小时，之后，海伦完成了她的作品《续西行漫记》。可见，自己人效应是多么有效。

管理心理学指出：如果你想要人们相信你是对的，并按照你的意见行事，那就首先需要人们喜欢你，否则，你的尝试就会失败。自己人效应提示思想工作者，要在思想上、感情上密切同工作对象的关系，要在某个方面让他感到与你有着相同的东西，进而使对方把你与他归于同一类型的人。这样，由于是自己人，他对你的意见会更加信赖，更容易接受。

自己人效应是如何产生的？思想工作者如何成为受到工作对象欢迎并信赖的自己人呢？大体可以从以下“六个性”入手。

（1）增强平等性

要想取得对方的信任，先得和对方缩短距离，使双方处于平等的地位，这样才能取得对方的完全信任。法国大革命时期最出色的宣传家马拉，就是因为始终以“自己人”的姿态出现，才赢得人民的喜欢，被群众称为“人民之友”，因而他的见解也就容易被群众所接受。思想工作者如果动辄就摆出一副居高临下之势，随意教训别人，那就会令人望而生畏、敬而远之。为此，要注意人际交往中的用语，比如说，“希望诸位朋友献计献策”，这就是以领导者的身份居高临下来说话，而不是平等的态度，如果改成“群策群力”或“我们一起商量”，就体现出大家都具有平等的地位了。所以，平等观的问题，不仅仅是一个表面形式的问题，更在于内心的深层意识。

（2）增强可亲性

人际交往的过程，就是角色互动的过程。亲和力是使人亲近、愿意接触的力量。要提高亲和力，就要平易近人，尊重别人，由衷地对别人感兴趣。西方现代人际关系教育的奠基人卡耐基说过：“你要是真心地对别人感兴趣，两个月内你就能比一个光要别人对他感兴趣的人两年内所交的朋友还要多。”一个有理智的人，应当用自己人效应去调整“总想使别人对我感兴趣”的心理趋向，更多地关注别人，对别人感兴趣。同时还要乐于助人，在他人需要得到关怀和帮助时，及时雪中送炭。帮助别人不一定是物质上的帮助，简单的举手之劳或关怀的话语，就能让别人产生深深的感动，使自己的亲和力明显增强，也为自己营造一个更为宽松的人际环境。

（3）增强相似性

自己人，本来指的就是人际交往和认知过程中比较亲近的对象，大体是指那些和自己有着某些共同之处的人。这种共同之处，可以是血缘、姻缘、业缘、学缘和地缘关系，也可以是背景、经历、兴趣、性格、志向、利益和爱好，也可以是处于同一团体或同一组织中。相同的价值观，会形成共同的语言、爱好、观念、理想；相似的工作、学习、生活经历，也会形成相近的兴趣、志向、看法、利益。思想工作者可以与工作对象寻找更多的相似、相近之处，多表现双方一致的地方。

(4) 增强可信性

所谓“可信性”，是指使他人相信你的言行真诚的程度。说话态度诚恳、言行一致，会给人以可信任感。在人际交往中，你的话语必须使人感到你说得在行、说得中肯、说得动听，才能增强信息传递的效力。但在这三者之间，起根本作用的还在于你是否说得中肯，人们更关心其可信程度。一旦了解到此人并不公正、诚恳，他的可信度就会大打折扣，他说的话也就会没有多少作用了。这种现象说明，在影响可信度的因素中，存在着一个“隐藏动机”，即他人对你言行动机的理解。如果他人知道你在人际交往中的言行是出自高尚的目的，就会愈加信服你的言行；相反，如果了解到这种言行是为了个人从中获得难以言说的好处，那就会使你给人的可信度大为降低，也就产生不了自己人效应。

(5) 增强相容性

相容性原来是个科学名词，是指共混物各组分彼此相互容纳，形成宏观均匀材料的能力，在此借来指称人际关系中的某些品质、性格、习惯与他人及周围环境和谐相处的能力状况。社会心理学家指出，人的内在品质是产生持久吸引力、良好相容性的关键，而有些个人的性格特征会阻碍人与人之间的吸引力，不利于自己人效应的产生与发展。一般来说，具有真诚、热情、开朗、坦率、友好、包容、大度等个性品质的人，与周边环境的相容性比较好；而自私、傲慢、嫉妒、奸诈、冷酷、斤斤计较的人，则不易受到大众的欢迎。因而思想工作者要注意培养良好的个性品质，尤其要能够正确认识自己，能够敞开讨论，而不是主观固执；考虑问题能以大局利益为重，而不是自私自利；能够站在对方的立场看问题，设身处地，将心比心，让对方感觉你是在为他着想；能够包容各种不同的观点、兴趣、爱好，而不以任何方式强迫他人接受自己的意见。

（6）增强互补性

互补性是社会心理学关于人际关系理论的一个专用术语，指双方在交往过程中获得互相满足的心理状态。一方面，人们通过彼此间的互补作用，可以使得彼此的动机得到相对的满足。另一方面，彼此特性相反的人们之间，也存在互相吸引的现象。因此，不同人群之间的需要、愿望往往构成互补的关系。思想工作者可以因势利导，把握这种互补的特征，形成有利于开展工作的自己人效应。

11. 塑造可信可亲可爱的自身形象
——白璧微瑕效应

社会心理学的研究发现，一些小的差错有时反而能够增强那些能力超凡者对他人的吸引力。比较而言，一个能力非凡而又完美无缺的人的吸引力，远远不及一个能力非凡但身上有着普通人常有缺点的人强，这就是“白璧微瑕效应”。

江苏卫视大型相亲节目《非诚勿扰》中出现过许多相当优秀的男嘉宾，却被大多数女嘉宾灭了灯，最终觅偶失败，令人扼腕叹息。这种现象反复出现多次之后，点评人对所有男嘉宾提出了一条忠告：“没有缺点，就是最大的缺点。太完美了，会让人恐惧。”从此以后，那些表现完美的男嘉宾常被提醒要主动说出自己的几条缺点和不足，果然提高了男女嘉宾相亲成功的概率。

为了解释这类现象，有位美国研究者设计了一组演讲实验，测验四种人的吸引力：甲语言流畅，举止大方，神情自然，表情丰富，富有激情，表现近乎完美；乙说话断断续续，不合逻辑，内容平淡，神情拘谨；丙和甲同样近乎完美，但访谈中却笨拙地将咖啡打翻在地；丁也打翻了咖啡，但是个演讲内容平淡、神情拘谨无趣的平庸人。之后，研究者对听众进行了调查，结果表明，大多数听众最喜欢的是白璧微瑕的演讲者丙。这表明，小小的失误反而有助于提高有才能者的吸引力和亲和力。

社会心理学对此现象提出了两种解释：① 一个能力非凡者给人的感觉是不安全、不真实的，人们对于这样的形象，很难真正地接纳和喜爱，常常是敬而远之。正如鲁迅先生描述的：“凡是神圣的、神秘的事物都是值得怀疑的。”而经过暴露小缺点后的失望、阵痛，人们对其缺点的注意力就会下降，反而会更多地强化他的优点，感受他的魅力。中国杂技团在海外演出时也出过错，然而当地的观众并没有因为演员一时失误而给予差评，仍然络绎不绝地前去观赏，因为他们通过演员的失误真切地感受到，那些惊险动作是真实的、有风险的。② 从人的自我保护的角度来说，通常情况下，人们喜欢有才能的人，才能与被喜欢程度是成正比例关系的，但是如果一个人的能力过强，过于突出自己，强到足以使对方感到自己的卑微、无能和价值受损，事情就会向相反的方向转化。人首先会选择保护自我价值，任何一个人，无论如何不可能去选择一个总是提醒自己无能和低劣的对象来喜欢。相反，一个犯小错误的能力出众者，则降低了这种压力，缩小了双方的心理距离，维护了他人的自尊，因而会赢得更多人的喜爱。研究还表明，男性更喜欢犯过小错而才能非凡的女性，女性却较少考虑对方的性别。

世界上不存在绝对完美的人。林肯就说过："我的生活经验使我相信，没有缺点的人往往优点也很少。"人偶尔犯一点小错，也是合情合理的。太过完美的人高高在上，心理上难以接近，或者会使他人相形见绌。一般来说，人们更倾向于喜欢精明而又有小缺点的人。精明的人不经意犯点小错误，不仅不影响他的优点，反而使人觉得他也和常人一样，会犯错误，有平凡的一面，使人感到和自己比较接近，也就比较具有亲和力。好比是一个健壮的人偶尔也会向后摔倒，四脚朝天，当众出丑。因此，也有学者把"白璧微瑕效应"称为"仰八脚效应""差错效应""出丑效应""犯错误效应"。

在文学作品中，白璧微瑕效应表现得很充分。《西游记》中的孙悟空聪明机灵、神通广大，几乎没有什么缺点，但那位好吃贪色、时常耍点小聪明、犯点小错的猪八戒却同样惹人喜爱。同样，《水浒传》里有点鲁莽的鲁智深也比正直、周到的林冲更可爱。军旅题材的电视剧，如《激情燃烧的岁月》《亮剑》《狼毒花》等，也因为突破了过去"高大全"的束缚，树立了一个个"有缺点的英雄"的形象，而获得了观众超乎寻常的喜爱，掀起了收视高潮。

白璧微瑕效应对思想工作者的启迪是多方面的，不仅在于思想认识、自身修养，还包括工作艺术、表达方法。努力塑造可信、可亲、可爱的自身形象，切实改变"严肃拘谨""不食人间烟火""拒人于千里之外"等古板的印象，对于开展好思想工作一定能起到帮助的作用。

(1) 不要害怕暴露缺点

玻璃在放大镜下看,也是坑坑洼洼;手掌在显微镜下看,也是高山大峡。如果一味地显示优点,掩盖缺点,也许会一时取得良好的印象,久而久之却会给人虚假猥琐的感觉。所以,不要整日谨小慎微,刻意表现得滴水不漏,生怕有一丁点儿小差错;不要为了惧怕出现瑕疵,而始终端着架子,过于追求完美无缺,更不要因为偶尔的偏差而耿耿于怀。在不慎犯错之后,要能够用一颗平常心接纳自己。适当的示弱,适当地暴露一点瑕疵,反而会另辟蹊径,赢得更多人的亲近和喜爱。有时甚至还可以巧妙地运用一些小缺点来让自己更加合群,譬如,跟大家一起聊一些家庭生活话题,谈论育儿经验、烹饪技巧、社会新闻,讲述自己曾经发生的小失误来化解他人的尴尬,让人有平易近人的感觉。

(2) 不要放松自身修养

白璧微瑕效应的关键,在于必须是大醇小疵、瑕不掩瑜。人或多或少总是有不足之处的,但思想工作者不能因此而随意放松自己的自身修养。有专家提示,白璧微瑕效应不能滥用,只有具有一定的资本时方可谨慎行之。因瑕疵而获得亲和力的,往往只是那些成功的人,或具有突出才能的人。在电视节目中,常常有一些成功的名人、明星对自己年轻时的种种"陋习""劣迹"自我揭短、侃侃而谈,赢得观众的青睐,而如果放在平庸无为者的身上,那就只能令人鄙视、厌恶。所以,思想工作者更要用自己的优秀品质、突出才能来让人们觉得可敬。可敬是前提,然后才是可亲。

(3) 不要无谓地追求完美

在培育和宣传先进典型时更要运用好白璧微瑕效应。既然任何人都是优点和缺点的统一体,先进典型也不例外。过分追求先进人物的高大完美,其效果往往适得其反。所以,切忌对先进典型无限拔高和神化,而要注意宣传对象的人性化、本色化,这样才能增强先进典型的立体感、真实性、感染力。当年徐迟在报告文学《哥德巴赫猜想》中,就描写了科学家陈景润因潜心科研而在生活中出现的种种小笑话，有效地丰满了人物的个性形象和内心世界。运用白璧微瑕效应，只是倡导不要过分追求完美，并不是提倡有意地出错，更不是让人通过故意出丑来哗众取宠。一旦犯错，不应回避，要勇敢面对，有时反而会给人一个真实可信、亲和可爱的印象。

12. 鲜明的特性助人脱颖而出
——莱斯托夫效应

1933年，苏联心理学家冯·莱斯托夫发现了一个有趣的现象。在一场宾客众多的宴会上，主人与来宾一一握手，虽然有人在旁一一介绍陌生的来宾，但主人只能对身形、相貌、年龄、地位等特征中最为突出者，即时记下他们的姓名。如，一位体重两百公斤的大胖子，一位身高两米以上的高个子，一位精神矍铄的百岁老人，都会给人突出的印象，所以其名字也容易被记住。通过总结，莱斯托夫发现生活中有很多类似的现象，于是，他大胆地推测人们总是容易记住那些特殊的事物。随后，他以一系列实验证明了这一推测，并揭示了人类记忆的一个重要特点：当情境或经历中存在差异时，那些最具独特性的特殊事物令人印象深刻，最容易被记忆。于是，人们把这种现象称为"莱斯托夫效应"，或"雷斯托夫效应"。

莱斯托夫效应所反映的"特殊的事物容易使人印象深刻"的现象，从古到今并不罕见。被誉为"书圣"的王羲之，年轻时就才华出众。太尉郗鉴派门生给王羲之的伯父王导送信，想在王家几位子弟中选一位女婿。王导将王家几位子弟集中到东厢房，让来人随意挑选。门生回去后，向郗鉴汇报说："王家子弟个个都不错，可是听说我是替您去挑女婿的，都显得拘谨严肃；只有一个人若无其事，照样袒腹睡在东床上。"郗鉴高兴地说："这正是我要选的佳婿呀！"一打听，原来正是王羲之，于是就把女儿嫁给了他。王羲之特立独行的表现，使之从众多王家兄弟中脱颖而出。

特殊的东西有时也很普通，比如一件红衣服。美国钢铁大王卡耐基小时候放学回家，经过一个工地，看到一名经理正指挥盖一幢摩天大楼。卡耐基很羡慕，便走上前去问："我长大后怎样才能成为像您这样的人呢?"经理答道："第一要勤奋……""这我早就知道了，那第二呢?""买件红衣服穿。"卡耐基满腹狐疑："这与成功有关吗?"经理指着前面的一群工人说："有啊！你看他们都穿着清一色的蓝衣服，所以我一个都不认识。"说完，他又指着旁边一个工人说："你看那个穿红衣服的，就因为他穿得和别人不同，这才引起了我的注意，我于是认识了他，发现了他的才能，过几天我会给他安排一个职位。"在这个故事中，那位穿红衣服的工人不一定是最有才能的，但他的才能通过穿红衣服凸显了出来，让人一看就觉得与众不同，把自己的优势转化成了"显性优势"，引起了经理的注意，从而获得了更好的机会。无独有偶，1998年全国人大举行记者招待会，时任中国总理朱镕基点名让香港凤凰卫视主持人吴小莉提问，使得吴小莉一路蹿红，成为媒体界的明星。事后吴小莉总结说，那天她有意穿了一件红色上衣，在一片黑灰色中特别抢眼，所以很容易就被朱镕基总理注意到。

学习中的"特征记忆"也正好佐证了莱斯托夫效应。如，学习世界地理怎样记住各国的形状？有的老师提示说，中国像一只雄鸡，意大利像一只高筒皮靴和足球，法国近似六边形。这样就很容易被学生牢记。广告的主题、情境、图像都追求独特性、显著性，所以经常运用对比衬托、色彩变化、特殊规模等手法来表现，目的就是为了突出广告的特异性、新奇性，让消费者容易记住，长久不忘。

莱斯托夫效应之所以会出现，其实和人们的记忆特点有关。人们对许多事物的记忆都是无意识记忆，这就带来了三个特点：① 无意识记忆具有随机性。无意识记忆没有自觉识记的目的，也不需要做出意志努力。人们的日常生活经验和零碎的知识，大都是通过无意识记忆，在不经意间获得的。② 无意识记忆具有偶然性。人们对感知过的事物、体验过的情感、操作过的动作、阅读过的资料，当时并没有识记的意图，也没有考虑用什么方法去识记，但事后却能回忆和再认。对于特征不明显的一般事物，哪些记住了，哪些忘记了，偶然性比较大。③ 无意识记忆具有选择性。并不是所有接触过的事物都能被记住，只有那些在生活中具有重大意义的事件，引起人浓厚兴趣并能激发人的情感的事物，才容易被选择记住。所以，在纷繁复杂的信息大潮涌来时，只有那些具有明显特征的不同凡响的东西，才更容易被人们记住。

13. 抓住“第一印象”的机会

——首因效应

1957年,美国社会心理学家A. S. 洛钦斯做了一项有趣的实验。他编写了两段故事来描写一个叫詹姆的学生的生活片断: 第一段故事中,把詹姆描写成一个热情、外向的人;第二段故事中,则把他写成一个冷淡而内向的人。洛钦斯把这两段故事进行了排列组合: 第一种是将描述詹姆性格热情外向的材料放在前面,另一段材料放在后面;第二种是将描述詹姆性格冷淡内向的材料放在前面,另一段材料放在后面;第三种是只出示第一段故事;第四种是只出示第二段故事。

洛钦斯将这四组材料分别让水平相当的学生阅读,并让他们对詹姆的性格作出评价。结果表明,阅读第一种材料的被试者中有78%认为詹姆是个热情而外向的人,阅读第二种材料的被试者中有82%认为詹姆是个内向的人,阅读第三种材料的被试者中有95%认为詹姆是内向的人,阅读第四种材料的被试者中有97%认为詹姆是外向的人。可见,材料的编排顺序对判断的影响之大——先提供的信息占了绝对的优势。洛钦斯通过这个实验证明了“首因效应”的存在,并进而对这种现象进行了系统的研究,不仅证明了它是普遍存在的,而且证明了其作用的强烈和持久。

“首因效应”,又叫“首次效应”“优先效应”“先入为主效应”或“第一印象效应”,是指双方初次交往形成的第一印象对今后交往关系的影响,也就是“先入为主”带来的效果。古话所说的“先发制人”“恶人先告状”“新官上任三把火”“下马威”“良好的开端是成功的一半”等,都是对利用首因效应占得先机的经典总结。

心理学专家对首因效应形成的心理机制从理论上给出了种种解释: ① 人们

最先接受的信息所形成的最初印象，构成脑中的核心知识或记忆图式；后输入的其他信息只是被整合到这个记忆图式中去，即这是一种同化模式，后续的信息被同化到了由最先输入的信息所形成的记忆结构中，因此，后续的信息也就具有了先前信息的属性痕迹。② 首因效应是系列位置效应的一种形式，这是指人们在识记一系列项目时，开始部分项目的记忆效果优于中间部分项目。如将每个项目的呈现时间由 1 秒改为 2 秒，则可增强首因效应，原因在于呈现较长时间使开始部分的项目有更多的复述时间，有利于长时记忆的贮存。③ 按照人的注意机制原理，最先接受的信息没有受到任何干扰，且得到了更多的注意，信息加工也比较精细，而后续的信息则易受到忽视，信息加工也相对粗略。④ 首因效应是社会知觉效应的一种形式，这是指在人际知觉过程中最初形成的印象起着重要的影响作用，比以后得到的信息对于事物整个印象产生的作用更强，亦即“先入为主”带来的效果。总的说来，大脑处理信息的特点是形成首因效应的内在原因。

综上所述，首因效应本质上是一种优先效应，当不同的信息结合在一起的时候，人们总是倾向于重视前面的信息。即使人们同样重视了后面的信息，也会认为后面的信息是非本质的、偶然的，人们习惯于按照前面的信息解释后面的信息；即使后面的信息与前面的信息不一致，也会屈从于前面的信息，以形成整体一致的印象。

思想工作者需要注意，虽然造成首因效应的第一印象并非总是正确的，但却是最鲜明、最牢固的，并且一定程度上决定着以后人际交往的进程。如果一个人在初次见面时给人留下良好的印象，那么人们就愿意和他接近，彼此也能较快地取得相互了解和信任，并会影响人们对他以后一系列行为和表现的解释。反之，对于一个初次见面就引起对方反感的人，即使由于各种原因难以避免与之接触，人们也会对之很冷淡，在极端的情况下，甚至会在心理上和实际行为中与之产生对抗状态。

思想工作者在日常交往中，在招聘、考核等工作中，要自觉、主动地运用首因效应，顺利进行人际交往，展示良好的形象，同时要克服首因效应的认知弊端，为有效开展具体工作打下良好的基础。

(1) 注重仪表风度，塑造第一印象

首因效应所依据的第一印象，是在短时间内以有限的资料为依据形成的初步印象。心理学研究发现，人们初次会面，45 秒钟内就能产生第一印象。这主要是获得了对方的性别、年龄、长相、表情、身材、姿态、衣着打扮等方面的印象，从而判断对方的内在素养和个性特征，这就是所谓的“第一感”。最初的印象对他人的社会知觉会产生较强的影响，并且在对方的头脑中占据主导地位。

在现实生活中，先入为主所形成的主观印象，常常影响着人们对其以后的看法和评价，并且会直接影响到以后的一系列行为。“人靠衣装马靠鞍”，但好的服饰不一定多么名贵，关键是要得体。有些姑娘喜欢穿着有个性的、时髦的服饰，这也是一种时尚，但一定要注意与场合、身份相吻合。服饰细节上的瑕疵，都会使仪容形象大打折扣。注重仪表风度，并不能简单地认定是一种肤浅的表现。“爱美之心，人皆有之”，美好的事物通常能给人带来愉悦的感受，人与人之间的相互吸引与好感最初也往往来源于外在的仪容。一般情况下，人们都愿意同仪容端庄、衣着整齐的人交往，所谓“先敬罗衣后敬人”就是这个原因。尽管“以貌取人”的做法并不准确，也不提倡，但是，衣着和容貌整洁的确展示了自我的形象，容易给人留下严谨、自信、自爱、有修养、有亲和力的第一印象，有助于顺利地进行人际交往。

(2) 注意言谈举止，展示个人魅力

人际关系学大师戴尔・卡耐基在《如何赢得朋友》一书中总结了给人留下良好印象的六条途径：① 真诚地对别人感兴趣；② 微笑；③ 多提别人的名字；④ 做一个耐心的倾听者，鼓励别人谈他们自己；⑤ 谈符合别人兴趣的话题；⑥ 以真诚的方式让别人感到他自己很重要。这提示我们，要发挥良好的首因效应，就要注意自己在交往中的言谈举止。要拓宽自己的知识面和信息量，随时能参与讨论一些别人感兴趣的话题，并提出自己新颖独到的、富有建设性的观点。如果能做到举止得体、友好随和、落落大方、彬彬有礼、言词优雅、侃侃而谈，显示出良好的精神状态，就会在对方心目中获得高分。如果气势凌人、咄咄逼人，或

者矫揉造作、搔首弄姿，都会令人感到难受。

社会心理学家艾根在1977年提出，在与人相遇之初按照“SOLER模式”来表现自己，可以明显增加他人的好感度和接纳性。SOLER由五个英文单词的首字母拼合而成，其中S表示坐姿或站姿要面对别人，O表示姿势要自然开放，L表示身体微微前倾，E表示目光接触，R表示放松。SOLER完整表达的含义就是“我很尊重你，对你很有兴趣，我内心是接纳你的，请随意”，因而有助于建立良好的第一印象。

(3) 防止以貌取人，弱化首因影响

无可讳言，首因效应有时具有先入性、误导性、不稳定性，也容易被某些表面现象蒙蔽，因而仅仅根据第一印象来仓促评价人和事往往失之偏颇。对此，思想工作者要有充分的认识，逐渐消除首因效应所带来的负面影响或偏见。现在，用人制度改革后，提倡“供需见面”“双向选择”，部分思想工作者也有机会参与招聘、考核等工作。在招聘过程中，那些仪表堂堂、风度翩翩的人，口若悬河、侃侃而谈的人，简历做得美观漂亮的人，往往容易得到招聘人员的好感。此时，切忌仅凭第一印象就妄下判断，而应当弱化首因效应的影响，排除表面现象、第一感觉的干扰，防止以貌取人、以言取人，要把应聘者的知识、才华、经历、业绩、个性特点等因素综合起来作出客观的评价，按照本单位的实际需要，招进合适的人才。

在平时的思想工作过程中，也要注意消除首因效应带来的认知偏差，依据长期的接触和观察，对他人作出客观公正的评价。所谓“路遥知马力，日久见人心”，就是说只有通过长期的考察和考验，才能真正全面、准确地认识一个人的本质。

(4) 加强个人修养，提高整体素质

思想工作者还应该注意，首因效应的产生及发挥作用，与认识主体的社会经历、社交经验的丰富程度有关。如果认识主体的社会经历丰富、社会阅历深厚、社会知识充实，则会将首因效应的作用控制在合适的限度。为此，思想工作者要从多方面提高自身的素质修养，在运用首因效应中赢得主动权。要通过学习，在理性的层面上认识首因效应，明确首因效应所获得的印象，一般都只是依据对象的一些表面的、非本质的特征做出的评价，这种评价需要在以后的进一步交往认知中不断地加以修正完善。孔子说过："吾始于人也，听其言而信其行；吾今于人也，听其言而观其行。"这从一个方面反映了对首因效应的正确态度。

首因效应在人们的交往中起着非常微妙的作用，思想工作者如果能够能准确地把握和驾驭，就能给自己创造良好的人际关系氛围，为顺利开展思想工作创造良好的条件。

14. “新鲜感”胜过老印象

——近因效应

在前文中提到，美国心理学者洛钦斯通过一系列实验，证明了首因效应的普遍存在及其强大影响。然而，洛钦斯的实验并没有结束，他把上述实验的方式略加改变，在向各组被试者介绍完第一段故事后，插入了一些活动环节，如做数字演算、讲历史故事等无关的事情，之后再介绍第二段故事。实验结果出乎人们的意料，无论材料的先后顺序如何编排，各组被试者都对第二段故事留下的印象更深刻，大部分人都是根据后得到的信息对詹姆作出判断的。也就是说，与首因效应的情形恰恰相反，在有了若干间隔之后，新近提供的信息占了优势，于是洛钦斯又证明了“近因效应”的存在。

近因效应是指人们在识记一系列事物时，对末尾部分项目的记忆效果优于中间部分项目的现象。心理学家认为，人们在阅读系列材料后进行回忆时，由于对该系列中最后项目的识记相距时间较短，是从短时记忆中提取的，因而相对比较清晰。在人的知觉中，如果前后两次得到不同的信息，但中间有无关的事项把它们隔开，那么新近信息在形成总体印象中会起更大的作用。前后信息间隔时间越长，近因效应越明显。其原因在于前面的信息在记忆中逐渐模糊，从而使新近信息在短时记忆中更为突出。因此，在日常交往的过程中，人们对他人的最新认识常常会占主导地位，会逐渐掩盖以往形成的印象和评价。譬如，多年不见的同学，在脑海中印象最深的，往往就是最后一次相见的模样，甚至是临别时的情景；夫妻之间吵架，一怒之下，就完全忘了多年来的恩爱之情，一心只想离婚；年终考评时，新近受到表彰的人，年度评价会格外高，而新近有过失的人，评价会大打折扣；一个朋友总是让你生气，可是谈起生气的原因，最容易记起的大概就是最后发生的那几件事情。这些都是近因效应的表现。

细心的读者或许会提出：首因效应是存在的，近因效应也是存在的，那不是自相矛盾吗？其实不然，学者们通过深入研究，对这种似乎矛盾的现象作出了解释，大致有这样几种观点：① 首因效应和近因效应依附于人的主体价值选择和价值评价。两者哪个起作用，取决于认知主体的价值选择和价值评判，即根据自己的价值判断标准来表达对事物的好恶。② 人们对一个系列中最后项目的回忆是从短时记忆中提取的，由于相距的时间较短，所以相对比较清晰。如果改变识记与回忆之间的时间，则延缓回忆对首因效应没有影响，但却减弱或消除了近因效应，这说明短时记忆对近因效应的影响更大。③ 在印象形成的过程中，当不断有足够引人注意的新信息进入视野，或者原来的印象已经淡忘时，新近获得的信息的作用会较大，就会发生近因效应。前后信息之间间隔的时间越长，近因效应越明显。④ 在人际交往的初期，还处于比较生疏的阶段，首因效应的影响比较明显；而在彼此已经相当熟悉的阶段，近因效应的影响就显得更为重要。⑤ 个性特点也是影响首因效应或近因效应发生的因素，一般来说，心理上保持高度一致、具有稳定倾向的人容易受首因效应的影响，而具有开放、灵活心理的人则容易受近因效应的影响。⑥ 一般而言，认知结构简单的人容易出现近因效应，认知结构复杂的人容易出现首因效应。研究还发现，近因效应一般不如首因效应那么明显和普遍。

思想工作者在对待他人和事物时，要避免近因效应的消极影响，不要犯“一叶障目，不见泰山”的错误。道理很简单，新近的印象往往是最清晰、最深刻的，却不一定能带来最全面、最正确的判断。因为人都有多面性，最近发现的一个侧面往往不能涵盖其整体。所谓“路遥知马力，日久见人心”，在与人交往时，还是应该全面了解他人的整体情况，注重长期的考察，避免以片段、片面的印象作取舍、下结论。近因效应还提示我们，思想工作者对自己要高标准、严要求，在别人面前的表现要始终如一，不能凭着过去或者近期的良好表现而有所懈怠。

(1) 老朋友要保持联系

近因效应提示我们，熟人之间保持“新鲜感”十分重要，否则就容易疏远。俗话说“朋友在于走动”，就是说要通过经常的联系来巩固友谊。这是因为在熟人之间，似乎更重视近期的印象，而容易忽略过去的记忆，这似乎显得不念旧情，但却符合人的心理规律。有人认为，老熟人、老朋友之间互相熟识、了解，就可以“熟不拘礼”，其实这是一个认识上的误区。因为人们的社会角色、生活境况和心理状况都在发生着变化，“士别三日，当刮目相待”，所以在与熟人的交往中，尤其是许久不见的老朋友，还是要热情友善，以礼相待，不要因为是老朋友就“忘乎所以”，举止失当，一旦出现误解，也要忍让在先，适当化解，否则，“一着不慎，满盘皆输”，以前的友情就可能荡然无存。

(2) 大轴戏要充分表现

大轴戏是舞台演出中最后出场的节目，有画龙点睛的效果，整台演出常会因这最后一刻的精彩而更显成功，给人留下深刻的印象。人际交往也是如此，要尽量利用最后几分钟把音容笑貌留给对方。比如，在与人告别时，如果表现出足够的热情，特别是有能让对方满意的举动，就会给对方留下良好的感觉，从而更好地保持彼此的友谊。又如，好友送行时挥手告别，直到车子远去；恋人惜别时恋恋不舍，一步三回头；发言的结束语铿锵有力，余音绕梁……都是利用近因效应给他人留下美好印象的事例。毕业生小林到一个单位参加应聘面试，考官只轻描淡写地问了几个问题后就结束了。正当小林要离开考场时，主考官叫住他问道：“你已回答了我们所提出的问题，评委觉得不怎么样，你对此怎么看?”小林灵机一动，回答说：“你们并没有提出可以反映我真实水平的问题，所以，你们并没有真正地了解我!”精彩的大轴戏，一下子就通过了对心理素质和临场应变能力的考核，录用通知书也自然如期而至。

(3) 新信息要客观判断

与首因效应一样，近因效应的消极因素会导致人们仅凭一时一事的印象去评判他人和事物，割裂了历史与现实、现象与本质的关系，会妨碍人们客观地、全面地认识他人和事实。因此，要全面看待人和事，不能偏颇。比如，一名员工在操作比赛中获奖，该单位就被选为重视职工培训、倡导工匠精神的典型；有的企业组织比较软弱涣散，最近因某职工见义勇为而受到媒体和上级的表扬，就被认为一贯重视思想政治教育；一名平日吊儿郎当的青年因新近勇救落水儿童而变成“难能可贵的英雄”；一名优秀企业家被查出有贪污行为，就被指责为长期伪装勤奋工作、“深藏不露的贪污犯”。可见，如果用一时一事来肯定或否定一家单位、一个人的全面工作，“一叶障目，不见泰山”，就很容易流于片面，出现以偏概全的失误，这样的典型宣传肯定缺乏说服力，很难让群众信服。因此，要全面认识事物之间的本质关系，对人和事作出客观、全面、正确的评价和判断。

(4) 严要求要适当抚慰

根据近因效应，思想工作者在劝诫、批评别人时，要注意语言表达的艺术性和先后顺序。在和他人交流的时候，如果一定要说消极、令人不快的话，最好不要放到最后说，而在最后处留个“光明的尾巴”，这样给人的总体感觉会比较好（参见“三明治效应”）。“怒责之后，莫忘安慰。”如果在批评过后充满善意地说一句：“其实，你总体还是很不错的。好好努力！”“也许，我的话讲得重了一点，但愿你能理解我的一番苦心。”“……很抱歉，刚才我太激动了，希望你能好好加油！”用这类话语作为批评的结束语，让对方产生受到勉励的感觉，即使你的批评比较严厉，对方也觉得确实是为了他好。即使不说话，也可以对受批评者会意地一笑，或轻拍他的肩膀，以示善意和鼓励。总之，“打一巴掌揉三揉”，在近因效应的作用下，就会减轻之前那“一巴掌”之痛。

(5) 老印象要注意改变

近因效应告诉我们，最近、最后的印象往往是最强烈的，可以冲淡在此之前产生的各种印象。因此，思想工作者不能拘于成见，而要依据新近的信息，对过去形成的老印象加以重新认识。比如，一个你熟悉的人做出了不同以往的表现，或取得了新的进步，你就应当对他刮目相看。对一些以往关系不太好的人，也可以主动示好，利用近因效应，改变以往的冷漠状态，发展新的友谊。如果自己偶尔给人造成不太好的第一印象，也不必担心，完全可以通过之后的努力，不动声色地展示自己的诚意和优点，逐步修补第一印象的不足，毕竟最近的印象可以冲淡之前产生的各种印象，也要相信对方不会对最初的印象耿耿于怀。

15. 尽快拉近心理距离

——名片效应

在人与人的交往中，如果表明自己与对方的观点、态度和价值观相同，就会使对方感觉到双方有更多的相似性，从而很快缩小与你的心理距离，更愿同你接近，从而结成良好的人际关系。在交往之初，有意识、有目的地向对方表明自己的观点和态度，就好比出示了“心理名片”，就能把你介绍给对方，为以后的交往奠定基础。据说苏联心理学家纳季拉什维利首先将这种现象形象化地概括为“名片效应”。

名片原来是人际交往中用来介绍自我的小卡片。名片上一般印有个人的姓名、单位、职位、专长，以及联系方式等信息，让他人可以便捷地了解自己。交换了名片，双方的结识就迈出了第一步。“心理名片”的作用也是如此。恰当地使用“心理名片”，有助于尽快促成人际关系的建立，有助于思想工作潜移默化的开展。在具体操作过程来看，如果要让对方接受你的观点、态度，思想工作者可以先向对方传播一些他们所能接受、熟悉并喜欢的观点或思想，使对方产生一种印象，似乎你传播的思想观点与他们已认可的思想观点是相近的，然后不动声色地将新的观点和思想慢慢渗透进去。掌握了“心理名片”的运用艺术，对于处理人际关系、开展思想工作具有很好的实用价值。

心理学研究的很多实验都证明了相似因素对于人际吸引的影响和作用。心理学家拜恩等在设计的实验中，按特征与态度相似、不相似把一批学生搭配起来，然后让他们分别出去进行一次半小时的约会，考察他们在约会后相互喜欢的程度。结果表明，特征与态度的相似性和相互之间是否喜欢确实存在着一定的联系。大量研究都证实，价值体系、对象身份、社会背景和文化程度等的相似性都会影响到个人对他人的选择和接受程度，这对于人与人之间的吸引和影响具有特殊的意义(参见“自己人效应”)。

譬如，一位销售经理好不容易约到了客户见面。当他来到客户办公室时，看到书架上有很多中国古籍，特别是有一些关于《道德经》的书籍。在与客户聊天的过程中，双方聊起了个人爱好，销售经理就说自己喜欢《道德经》。客户一听就来了精神，说也最喜欢老子。两个人就围绕老子谈了起来，以致忘记了时间，晚上还一起吃了晚饭，双方都有相见恨晚的感觉，以后的业务往来就不必说了。

又如，一位青年到几家单位应聘，都被拒之门外，感到十分沮丧。最后，他又抱着一线希望来到一家公司。此前，他先了解了该公司总经理的历史，发现这位总经理以前也有与自己相似的经历。于是，他在应聘时就与总经理畅谈自己的求职历程，以及怀才不遇的郁闷。果然，这一席话博得了对方的赏识和同情，最终他被录用为业务经理。

可见，一旦发现了对方的某一特点之后，恰当、真诚地表达相似性，就犹如呈上了自己的“心理名片”，让对方觉得彼此间很相似，有话题，谈得来，求同存异，这样人际交往或思想工作的进程就会比较顺畅。

思想工作者在日常交流中可以通过以下几个方面寻找与工作对象的相似点，密切与对方的关系，恰到好处地运用名片效应。

(1) 寻找经历的交集

人类的社会生活丰富而错综复杂，因而人们互相之间的交集也会很多。在初步的交流中，从求学过程、工作单位、从事行业、家乡地域、生活环境、旅游观光等许多方面，都可以找到双方经历中的一些交集，相似性就会不断出现。

(2) 发现熟识的人物

按照六度分隔理论，任意两个陌生人之间想建立一种联系，最多只需要通过六个人的串联。因而，从双方的经历出发，不难找出一些双方都熟识的人和事，这可以成为双方相似性的因素。

(3) 发掘共同的喜好

双方共同喜欢的事项，也能构成相似性。诸如国内外大事、历史掌故、名人逸事、文学艺术、旅游景点、子女教育、养生美容、体育比赛、影视节目、明星花絮、养花植草、豢养宠物，甚至一本热门的书籍，都可以成为拉近双方情感的相似点。

(4) 了解对方的需求

根据对方的年龄、性别、职业、装束等，了解对方的兴趣和需求，然后表示相似的评价和意愿，说出对方喜欢听的话，正如德国教育家雷曼麦说的："任何人对顺耳的话都是容易接受的。说几句让人感到舒服的话能收到奇功异效。"如果进而投其所好，帮助对方满足相关的需求，使对方的内在需要与外在行为达成一致，这样，名片效应就会更有效。

(5) 附和对方的观点

在主要观点、态度和价值观上具有相似性，是最好的"心理名片"。尤其是对方提出一些自认为是新颖独到的观点时，要实事求是地对待，尽可能向对方表示积极的态度，附和对方表示的那些可以接受的观点，多说以下这类话："您说得有道理""我理解您的意思""您的这个观点，我十分赞同""听了您的话，我受益匪浅""我经历过类似的情况，所以我知道您的感受"……需要注意的是，初步交往时尽量不要否定对方的观点。须知，"不"字一出口，就等于把大门关上了，双方就会产生一种紧张、对抗的心理关系。

(6) 创设互动的条件

有时可以针对对方的需求、兴趣、爱好、期待等，创设一些必要的条件，组织开展新的活动，或转移交往场合，有意识地引导和启发，进一步找到双方的相似点，以便开展深入的互动交流，更好地发挥"心理名片"的作用。

一个人的表情、谈吐、举止、服饰等都是其内心世界的写照，都能折射出其兴趣喜好、脾气习性、人生观、价值观等要素。因此，只要善于观察，就不难发现与对方之间的相似点。运用名片效应与对方拉近心理距离，所有的一切都必须真诚恳切，轻松自然，不显刻意。这样，开始时发现的相似点似乎很简单，但随着交谈内容的深入，相似点会越来越多，双方的交流就很容易产生共鸣，开展思想工作的氛围就会营造得比较好。

16. 在第一时间就赢得对方的心

——名字效应

许多人都有这样的经历，突然被一位接触不多的尊长叫出名字，心头顿时会有一股暖流涌现。将心比心，如果能记住一个人的名字，并在第一时间叫出来，就是对对方最大的尊重，这样就能在最短的时间里拉近与对方的距离，进而赢得对方的心。美国著名人际关系学大师戴尔·卡耐基说过："一个人的姓名是他自己最熟悉、最甜美、最妙不可言的声音。在交际中最明显、最简单、最重要、最能得到好感的方法，就是记住人家的名字。""记住别人的姓名并容易地呼出，你即对他进行了巧妙而有效的恭维。"于是，人们把这种记住并直接呼出别人名字就能赢得好感的现象称为"名字效应"。

1971 年 4 月，中国国务院总理周恩来会见美国乒乓球代表团。随团采访的美联社驻东京记者罗德里克故意以半蹲的姿势引起周恩来的注意。果然，素以记忆力惊人而著称的周恩来马上认出了罗德里克，走过去说："这不是罗德里克先生吗？我们好久没有见面了！"罗德里克为周恩来相隔 20 多年还能准确地叫出自己的名字而感动不已，紧握着周恩来的手直摇。周恩来盯着他说道："我记得您在 1946 年访问延安时，还是个青年……"这一会见中的小花絮，被西方记者渲染得全球皆知，极大地丰富了周恩来的人格魅力。

日本著名政治家大平正芳曾担任外相和首相，他两次来中国时曾与周恩来总理多次见面。在《我的履历书》中，大平正芳写道："周总理还以平民的姿态来待人接物，有时他也光临我们的住处，他总是笑容满面地和司机、警卫、厨师、女勤杂工握手，从不忘记和他们打招呼，而且能把人的名字记得很清楚。我们为了记住人的名字，需要付出很大的努力。我深深地感到，从政治上来说，这是一件最紧要的工作。因为谁都把自己的存在看成与地球同样重要，谁都希望别人承认自己的存在。而周总理就是这样一位善于理解这种心情，并把它付诸实践的人。”

美国前总统乔治·沃克·布什（小布什）也是一位运用名字效应的高手。1965年，当布什进入耶鲁大学时，在学院召开的一次选拔新人参加学生会的会议上，别人只能叫出少数几个人的名字，而布什却一口气叫出了在场全部54个人的名字，这令大家佩服得五体投地。在入学的最短时间内，布什就记住了所有的同学，并经常在球场、走廊、教室、浴室等一切可能的场所与更多的人结识。即使是在竞选总统时，在电视台演播的空隙，他也会到后台转转，与摄影师等工作人员开玩笑。他用这种方式与普通人和社会精英人士建立了良好的人际关系，为他竞选总统积累了重要的人脉资源。据说，在他2001年1月当选美国第43任总统的选票中，就有相当大一部分是他在耶鲁和哈佛的校友通过自身和社会关系所带来的。

据说，法兰西第一帝国皇帝拿破仑·波拿巴能够背记全军指挥员的姓名，在激战中常常呼喊着他们的名字指挥战斗，从而使那些指挥员在战场上奋不顾身地冲杀。

在日常工作中，我们也会见到一些平易近人的领导者，哪怕他只听过你一次汇报，或与你有过简短的交谈，但以后见到你时，他总能喊出你的名字，询问你的近况和工作。此时，你的内心里会有一种难言的喜悦，一定会对他产生特别的好感，也一定会毫不犹豫地接受他交给的任务，并且千方百计圆满完成。反之，也有一些不关心他人的领导者，你可能不止一次地和他打过交道，但下次相见时，他仍然满脸茫然地问道：“你是……”此刻，你一定会感到失落，甚至愤怒，也许会在心里抹去对他的一切好感。可见，记住对方的名字，给对方以尊重，既是一种本领，也是一种品德，更是一种领导艺术。

思想工作者是做人的工作的，因而更需要通过记住别人的名字来表达对他人的尊重。当然，要记住每一个工作对象的名字，并不是一件轻而易举的事情，需要掌握一点要领，还得借助一些有效的方法。

(1) 即时牢记

当第一次与对方接触时，要聚精会神，仔细倾听介绍，并记住对方的姓名。

有时可以“没有听清楚”为由，让他再说一遍，以加深记忆。还可以在逐字听的时候，复述其姓名，用每个字造一个词或词组，口脑并用，进一步加深记忆。尤其是一些冷僻字，一定要搞清楚字形，这也可以帮助记忆。交谈中尽可能地提到相关的名字，以便在头脑中扎下根来。与多人一起座谈时，可以把对方的名片对应摆放在面前，逐一用心记忆。如果能够把对方的姓名、单位、职位，以及其他一些相关联、有特征的要素一并记忆，就可以记得更牢。

（2）把握特征

人有外形上的特征，如皮肤特别白、鼻子特别大、牙齿特别黄、胡子特别多，或与某人相像；有地域上的特征，如东北大汉、重庆妹子、江西老表、绍兴师爷；有职业上的特征，如擅长某一项手艺，或在某一领域、学科上有特别的成就或雅号；有名字上的特征，有的名字与古今名人完全相同或同名异姓，有的名字用联绵词，或双声叠韵，都可以成为加深记忆的材料。根据这些特征，再把他们区别开来，分别记忆就容易多了。有时还可以在自己的头脑中像漫画家一样想象，将对方的特征加以夸张，那么就更容易记住对方了。

（3）借助联想

可以通过联想，在心中把对方的名字与其面部特征、表情、职业、细节等，或者与其他事物建立某种联系，类似于起一个绰号，如“黄胡子”“张美眉”“吴美甲”，因为比较符合对方某方面的特征而容易记住。还可以运用谐音来增强记忆，如“王甘庆”，谐音为“忘干净”，“李青齐”，谐音为“你亲戚”，“严婉庄”，倒过来念“装碗盐”，这样马上就能把这些名字记住了。

（4）随手记录

在会议、座谈时初次见面，可以不动声色地将重要对象的姓名记录在本子上，同时记上相关的资料，诸如单位、性别、年龄、特征。如果不便于当场记录，也要在回去后尽快地回溯记录。事后，可以根据需要翻阅，同时回忆那一次会见此人时的情景，这样，以后再碰到此人，就可以随口叫出他的名字来。对于下属，则可以说："我的记忆力差，请让我记下来。"下属不但不会反感，还会产生一种受到尊重的感觉，因为你真心实意地想记住他的名字。

(5) 整理名片

名片是社会交往中的一种工具。收到名片后，分门别类地整理，可以发现很多新的东西，增加人际联系的润滑剂，还便于查找，根据需要建立更深更广的人脉关系。其实，整理名片的过程，就是回忆见面过程、加深记忆的过程。此外，参加重要会议的名册、通讯录也要妥为保存，这些都会有助于记忆对方的名字。

(6) 提前准备

参加社交活动前，可以根据自己的需要，提前翻阅以往的笔记和名片等资料，对一些重要的对象进行重点回忆，做好见面的准备，弥补记忆的不足。

17. 人际交往中的“润滑剂”
——幽默效应

幽默是一个外来词，最初来源于拉丁文。20 世纪 30 年代，中国现代著名作家、语言学家林语堂创造性地音、意两译，把英文中的 humour 译为中文的“幽默”，巧妙而又恰到好处，从而使“幽默”一词在中国迅速流行开来。1932 年，林语堂创办《论语》杂志，并以之作为阵地积极倡导幽默，对中国幽默文学的异军突起到了重要的作用。

幽默是一个相当热门的话题。幽默到底是什么，学术界至今没有明确一致的解释。一般认为，幽默是通过影射、讽喻、双关等修辞手法，在善意的微笑中，揭露生活中的讹谬和不通情理之处。幽默是一种能激发人类心理某种情感的智慧，是一种经过特殊加工的艺术语言，甚至可以说，幽默就是一门哲学。80 多年前，林语堂在《论幽默》一文中的分析至今仍有启迪意义：“幽默有广义与狭义之分，在西文用法，常包括一切使人发笑的文字，连鄙俗的笑话在内。在狭义上，幽默是与郁剔、讥讽、揶揄区别的。这三四种风调，都含有笑的成分。不过笑本有苦笑、狂笑、淡笑、傻笑各种的不同，又笑之立意态度也各有不同，有的是酸辣，有的是和缓，有的是鄙薄，有的是同情，有的是片语解颐，有的是基于整个人生观，有思想的寄托。最上乘的幽默，自然是表示‘心灵的光辉与智慧的丰富’，如麦烈蒂斯氏所说，是属于‘会心的微笑’一类的。各种风调之中，幽默最富于情感。”

有人把幽默看作是一个人成熟的表现、智慧的象征。确实，幽默对人们精神上的放松和愉悦是很有作用的。滑稽只逗人发笑，而幽默则是让你笑了之后，可以悟出许多道理来。在紧张的工作之余，人们可以让幽默充当精神上的“按摩师”，使生活更富于乐趣，生命更加长久。挪威的一项研究表明，拥有幽默感的成年人比缺少生活乐趣者更长寿；极具幽默感的癌症患者比起缺乏幽默感的患者，死亡率要低70%。

更重要的是，幽默体现着积极乐观的处事方式和豁达圆融的人生态度。在人际沟通中，当处于困难和尴尬境地时，幽默可以用来调节气氛、应对难堪、自我解脱、摆脱困境，进而化争执为一笑，常常能取得语惊四座、出人意料的效果。于是，人们就把通过幽默来达到上述一系列积极效果的现象称为“幽默效应”。

在思想工作中，恰到好处地运用幽默效应，能帮助思想工作者在人际沟通中如鱼得水、左右逢源。苏联著名教育家斯维特洛夫指出：“教育家最主要的，也是第一位的助手是幽默。”这对于同样承担着教育功能的思想工作者来说，也是十分适用的。

幽默，是智慧、才能、学识、灵感和教养的象征。幽默可以成为人与人交往中的润滑剂，使人们的沟通变得更顺畅、更自然。思想工作者可以细心体会下述的一些典型案例，受到启发和教益，学习运用幽默的方法，在日常思想工作中发挥幽默效应的有益作用。

(1) 以幽默活跃现场的气氛

诗人、古文字学家陈梦家当年讲《论语》中“暮春者，春服既成，冠者五六人，童子六七人，浴乎沂，风乎舞雩，咏而归”时，身不由己地挥动双臂，长袍宽袖，飘飘欲仙。不料有一名学生提出一个怪问：“老师，请问孔门弟子七十二贤人，有几人结了婚？几人没结婚？”这无厘头的问题顿时引得哄堂大笑，学生们不由地为陈教授捏了把汗。陈梦家灵机一动，就诗中数字戏解道：“冠者五六人，五六得三十，故三十个贤人结了婚；童子六七人，六七得四十二，四十二个没结婚。三十加四十二，正好是七十二贤人。”充满幽默的谐趣，又引来一阵哄堂大笑，笑声中充满了对陈教授由衷的钦佩。

记得有一位学者在做报告说到要独立思考、敢于创新时，没有按照常规引述意大利诗人但丁《神曲》里的原话：“走自己的路，让别人去说吧！”而是稍做改动，别出新意：“穿别人的鞋，走自己的路，让别人去找鞋吧！”顿时，观众笑得合不拢嘴，现场气氛立即被调动起来。以后，又陆续听说过更加创新的说法：“穿别人的鞋，走自己的路，让别人追吧！”“穿自己的鞋，走别人的路，让别人羡慕去吧！”“穿自己的鞋，走别人的路，让别人无路可走！”这些语句放在一定的语境之中，都有异曲同工之妙，发人深省，同样可以立刻就引爆现场气氛。

(2) 以幽默拉近双方的距离

毛泽东主席平易近人，喜欢同身边的工作人员开开玩笑，调节气氛。在中央苏区时期，毛泽东一度在瑞金东华山养病。一天，他问卫生所负责护理他的小战士：“你叫什么名字？”小战士回答说：“钱昌鑫。钱币的钱，日日昌，三个金字的鑫。”毛泽东一听，笑了笑说：“哈，你姓钱还不够，还要那么多金子，小心打你的土豪啊！”他故意把名字里“金”字当作现实中的“金子”，又引申出多有金子的土豪的概念，一下子就缩短了双方的心理距离。

在延安的一次演讲会上，当演讲快结束时，毛泽东掏出香烟盒，用手指在里面慢慢地摸，但摸了半天也没掏出烟来。工作人员十分着急，有人立即动身去取烟。毛泽东一边讲，一边继续摸着烟盒，好一会儿，他笑嘻嘻地摸出仅剩的一支烟，夹在手指上举起来，对着大家说：“最后一条！”实际上毛泽东说的是“最后一个问题”，但同时又有“最后一支烟”的意思，一语双关，妙趣横生，全场大笑，顿时拉近了与听众的心理距离，大家的倦意也在笑声中一扫而光。

(3) 以幽默摆脱尴尬的处境

相传，德国著名思想家、作家歌德在一条窄窄的小路上散步，遇到了一位素来不喜欢自己诗作的评论家，他曾在报纸上把歌德的作品说得一文不值。这位评论家对着歌德露出傲慢的神气，高声喊道：“我从来不给傻子让路的！”歌德却摘下头上的帽子，满面笑容地闪在一旁让开了路，说道：“而我则恰恰相反！”歌德以幽默的方式，以柔克刚，化解僵局，一百多年了仍被传为佳话。

据说在1954年日内瓦会议期间，有个外国官员主动来和周恩来总理握手，周恩来出于礼节没有拒绝，但没有想到这个官员刚握完手，忽然大声说：“我怎么跟中国的好战者握手呢？真不该！真不该！”说着拿出手绢不停地擦自己刚握过的那只手，随后把手绢塞进了裤兜。这时很多人在围观，只见周恩来略略皱了一下眉头，他从口袋里掏出手绢，随意地在手上扫了几下，然后走到拐角处，把手绢扔进了痰盂。周恩来真是外交高手，以机智、幽默的行动维护了中国的尊严。

(4) 以幽默开启听众的心智

著名科学家竺可桢在抗战爆发前的十余年间，靠着水滴石穿的韧劲，不辞辛劳，初步奠定了中国气象观测网。1964年，他写了一篇重要论文《论我国气候的特点及其与粮食生产的关系》，提出了发展农业生产的许多设想。毛泽东主席看到此文非常高兴，专门请竺可桢到中南海面谈，对他说："你的文章写得好啊！我们有个农业'八字宪法'（土、肥、水、种、密、保、管、工），只管地。你的文章管了天，弥补了'八字宪法'的不足。"竺可桢回答："天有不测风云，不大好管呢！"毛泽东幽默地说："我们两个人分工合作，就把天地都管起来了！"一句话就表达了改天换地的雄心壮志。

有一次，一位西方记者问周恩来总理："请问总理先生，现在的中国有没有妓女？"不少人纳闷：怎么提这种问题？大家都关注周恩来怎样回答。周恩来肯定地说："有！"全场哗然，议论纷纷。周恩来看出了大家的疑惑，补充说了一句："中国的妓女在我国台湾省。"顿时掌声雷动。面对西方记者设的圈套，周恩来一眼就看穿了他的伎俩，巧妙的回答既重申了台湾是中国领土的原则立场，又凸显了大陆和台湾社会风气的对比。还有一次，周恩来应邀访问苏联，在同赫鲁晓夫会晤时，批评他全面推行修正主义政策。狡猾的赫鲁晓夫却不正面回答，而是用当时敏感的阶级出身问题刺激周恩来。他说："你批评得很好，但是你应该同意，出身于工人阶级的是我，而你却出身于资产阶级。"言外之意是指责周恩来站在资产阶级立场说话。周恩来平静地回答说："是的，赫鲁晓夫同志，但至少我们两个人有一个共同点，那就是我们都背叛了各自的阶级。"出其不意地将赫鲁晓夫射出的毒箭掉转方向，回射过去。此言一出，立即在各共产党国家传为美谈。

(5) 以幽默体现良好的风度

列宁说过："幽默是一种优美的健康的品质。"因为幽默体现了较高的审美趣味和高雅的生活艺术，以一种愉快的方式给人们带来喜悦，培养高尚的情趣和乐观的信念。一个心胸狭窄、思想消沉的人是不会有幽默感的。幽默属于那些心胸宽广、对生活满怀热情的人。据说,一位美国记者在采访周恩来总理的过程中,无意中看到周恩来桌子上有一支美国产的派克钢笔。那记者便用讥讽的口吻问道:“请问总理阁下,你们堂堂中国人,为什么还要用我们美国产的钢笔呢?”周恩来听后,幽默地回应道:“谈起这支钢笔,说来话长。这是一位朝鲜朋友的抗美战利品,是他作为礼物赠送给我的。我无功不受禄,就拒收。朝鲜朋友说,留下做个纪念吧。我觉得有意义,就留下了这支贵国的钢笔。”美国记者一听,顿时哑口无言。周恩来以超人的智慧、良好的风度回应了美国记者的挖苦,结果让这位记者搬起石头砸了自己的脚,丢尽颜面。

幽默是一种智慧的表现,它必须建立在丰富的学识、教养和灵感的基础之上。一个人只有具备了审时度势的能力、广博的知识,才能做到谈资丰富、妙语成趣,从而灵感突现,恰到好处地吐出幽默的言辞。因此,思想工作者要培养幽默感,就必须丰富生活趣味,还要掌握幽默的基本技巧,提高口头表达的艺术。关键还是要广泛涉猎,充实自我,不断从浩如烟海的书籍中收集幽默的浪花,从名人趣事的宝库中撷取幽默的宝石,从民间智慧的土壤中汲取幽默的精华,从而更好地发挥出幽默效应效果。

18. 给他人留出适度的空间

——留白效应

留白，原是中国山水画中的一种技法，即在整幅画中留下一些空白之处，正所谓“无画处皆为妙境”，给人以无限的遐想和再创作的余地，让读者凭借自身的文化素养，展开联想的翅膀，获得更深层次的理解和艺术的享受。后被应用到心理学中，用“留白效应”来概括一种社会心理现象：人们在沟通或人际互动中，如果能够适当地给对方留出一些空间，保持适当的距离，也许会起到意想不到的效果。又称作“空白效应”。

留白效应揭示了人类的一种心理机制：在感知世界的过程中，人们如果感觉到认识对象不够完整时，便会调动自身的积累及联想，在头脑中对不完整的部分进行“补充”和“完善”。经过这种补充和完善之后的感知对象，会产生更强烈的心理刺激，不仅印象深刻、经久难忘，还会获得审美的快感和创造的喜悦。

生活中的留白效应经常能给人以意想不到的结果。例如，20 世纪初，著名画家达・芬奇的代表作《蒙娜丽莎的微笑》不幸被盗后，人们纷纷到博物馆观看原来挂过这幅画的那面空墙。两年后的统计数据表明，前来观看那面空墙的观众数，竟然比之前 12 年来欣赏这幅画的人数还多了一倍。又如，在学校教学中，有经验的老师对那些偶尔犯错的学生并不直接指责训斥，而是让批评暂时“缺位”“留白”，只略加暗示，教育效果却出奇地好。

留白效应告诉我们，在人际交往和沟通中，不能过急、过满，而要适当地给对方以喘息的机会，给对方留下一个自由和宽松的环境，让其有思索、反思、自省的时间。对于思想工作者来说，可以从留白效应中获得如下启示。

(1) 与人相处,要留出必要的空隙

所谓“距离产生美”,世上万事万物,如果是过于近距离地接触,就会发现它的瑕疵、弱点、不足。世上任何两个人,如果时时刻刻都腻在一起,那么即使是亲密无间的情侣,久而久之相互之间也会失去吸引力。有的姑娘为了取得闺蜜的信任,把自己所有的一切,包括一些私密都毫无保留地和盘托出,自认为这是一种坦诚,事实上,这样做往往会令朋友对你另眼相看,甚至引发对方的厌烦感。在日常生活中也会发现,周围的一些同事、亲友平时十分亲近,无话不谈,却为了一件微不足道的小事而产生摩擦,互揭隐私,甚至将交好时透露的一些隐情也作为攻击对方的“炮弹”,让彼此经营多年的感情破裂。所以,在人际交往中必须给对方留有适度的空间,彼此保持一个合理的距离,不要太过亲密,这样才能保持良好的关系,在心灵上互相沟通,在感情上互相慰藉,在需要帮助时获得温暖。

(2) 与人交谈,要留出思考的空白

据有关实验表明:人们注意力的持久性是有限的,一般成人能维持 20 分钟左右。因而在语言交流的过程中,要适当停顿、“留白”,要考虑对方思考、消化、吸收的状况,产生“此时无声胜有声”的效果,而不能只顾自己把话说完,从而发生让对方过分疲劳,来不及消化和反应的情况。即使是一位出色的演讲家,如果他一直滔滔不绝地说个没完,而不以适当的停顿给听众反应、思考的时间,那么即使他的演讲内容再丰富,听众最终也会厌烦。相反,如果能在演讲的过程中适当停顿,波澜起伏,上下互动,充分调动听众的情绪,形成一个个小高潮,就能博得观众的好评。尤其是在彼此间出现意见分歧时,更要注意留出空白,不能急于辩白,更不能咄咄逼人、急于反驳对方,而应当先让对方平静地讲明自己的意见、观点,在和缓的心境下进行理智的分析、交流。

(3) 批评他人,要留出自省的余地

有这样一个故事。一个小和尚晚上违背寺规偷偷爬墙出去,老和尚发现后,就在墙下等候。夜深了,小和尚翻墙进来,恰好踩在老和尚的背上,心里顿时非常紧张。而老和尚只是默默地盯了他一眼，平静地说：“回去睡吧。天冷了，多穿点衣服。”对于小和尚的过错，老和尚通过无声的批评和热诚的关心，让小和尚倍感羞愧，立志改正。试想，如果此时给予严厉批评，喋喋不休，穷追猛打，骂得对方抬不起头来，甚至当场“顶牛”，教育效果会好吗？

所以，有些批评最好留出空间，让对方自己去反思、自责，这样，对方的反抗心理就会锐减，教育效果反而会事半功倍。人都是有是非心、自尊心的，“响鼓何须重锤擂”？对于偶尔所犯的一些过失，或许其本人已经懊悔不已，如果劈头盖脸地批评训斥，则不啻火上浇油，会引起逆反心理。此时，一个眼神、一下抚摸、一句问候、一句玩笑话，有时会让犯错者心领神会，同样达到了教育的目的，对方还会为你给他留了面子而心存感激和敬佩。

(4) 说服他人，要留出做结论的空间

传统的思想工作较多地采用结论式的教育方法，这是由特定的工作环境和对象特点所决定的。在群众思想的独立性、选择性、多变性、差异性明显增强的今天，你讲我听、你打我通、单向灌输式的教育机制明显不适应新形势的需要。苏联学者纳季拉什维利在《宣传心理学》中分析道：“如果人们在思想方法上企图把不可接受的论点强加于别人的话，那么，强化这种活动的结果便使他们自己也觉得这些论点是极不可接受的，从而强化了他们对这些论点的否定态度。”

研究表明，人们对于自己思考得出的结论，往往比从外部单向地灌输进去的结论，认识更深刻，作用更持久。因此，尤其是在具有较高文化水平和分析能力的知识群体中，应当通过提供形势背景、信息引导（政策信息和知识信息）、正确思路、思想方法等途径，不直接说出自己的观点，而是引导工作对象自己通过思考得出结论。这样的引导式思想教育的实际效果往往更好。

如何“留白”，是一门工作艺术，而不是一件简单、随意的事情。同时，也并不是留下任何空白都能起到预期效应的。所以，运用留白效应，一要因人而异，二要选择时机，三要把握火候，四要精心设计。正如《孟子》中所提倡的：“君子引而不发，跃如也。”要找到引与发的必然联系，并在暗示、点拨之后，使工作对象思索、消化、反思、自省，用所思、所虑、所获来填补交往沟通中的空白点，才能获取预期的效果。

19. 保持远近适度的心理距离
——刺猬效应

为了研究刺猬在寒冷冬天的生活习性，西方生物学家曾经做了一个实验：把十几只刺猬放到寒冷的户外空地上。这些刺猬被冻得浑身发抖，为了取暖，他们只好紧紧地聚拢在一起，而相互靠近后，又因为忍受不了彼此身上的长刺，很快就又各自分开了。可天气实在太冷了，于是它们又靠在一起取暖。然而，靠在一起时的刺痛使它们不得不再度分开。挨得太近，身上会被刺痛；离得太远，又冻得难受。就这样反反复复地分了又聚，聚了又分，不断地在受冻与受刺之间挣扎。最后，刺猬们终于找到了一个适中的距离，既可以相互取暖，又不至于被彼此刺伤。相似的情形也出现社会生活之中，于是，人们就把这种人际交往要保持适当的距离，才能融洽相处、和谐合作的现象称为"刺猬效应"。

刺猬效应所强调的就是人际交往中的"心理距离法则"，提示人们注意人际交往中的心理角力，将彼此的关系控制在一个相互容纳并相互吸引的范围之内。太远了会显得关系生疏，太近了势必会产生不必要的摩擦，或滋生厌烦情绪，夫妻、恋人、师生、师徒、同事、同学之间，概莫能外。唯有保持合适的距离，才能保证人与人之间和谐、融洽地相处，才能使自己成为受欢迎的人。

美国著名人类学家爱德华·霍尔博士根据人们之间的亲密程度，划分了四种社交距离，各种距离分别对应着双方的不同关系：① 亲密距离。其范围在15厘米之内。在这个距离中，人们彼此间可能肌肤相触，耳鬓厮磨，以至能相互感受到对方的体温、气味和气息。一般仅限于最亲密的人之间。在同性别的人中，往往只限于贴心朋友；在异性间，只限于夫妻和恋人。因此，在人际交往中，如果一个不属于这个亲密距离圈子内的人，未经对方允许而随意闯进这一空间，不管其用心和目的如何，都是不礼貌的，会引起对方的反感和双方的尴尬，甚至自讨没趣。② 个人距离。其范围为46—76 厘米。在这个距离中，人们较少直接的身体接触，正好能够相互握手，友好交谈，彼此感受到亲切、融洽的气息。这是与朋友和熟人交往时稍有分寸感的距离。如果陌生人贸然进入这个距离，则会构成对别人的侵犯，引起不适。③ 社交距离。其范围为1.2—2.1 米。这是在工作环境和社交聚会中常见的距离，能给人以安全感，双方既不会担心受到伤害，也不会显得太生疏。如果是更加正式的交往关系，如正式谈话、招聘面试、论文答辩，双方之间就要保持更长一些的距离，如3 米左右，或隔开一张桌子，以增加庄重、严肃的气氛。④ 公众距离。范围约为3.7—7.6 米。这是公共演说者与听众之间应当保持的距离。一般来说，与陌生人在一起，空间距离越大，人们的心理会越平静。

人际交往中的刺猬效应，在日常生活中随处可见。看电影、开大会时，如果空座位很多，人们宁可到偏远处就座，也不愿意与陌生人紧挨在一起。在公交车上，单个的座位总是比双人座更受欢迎。在电视访谈节目中，主持人总是很有意识地与嘉宾保持一定的空间距离，相隔大约1.5—2 米，这样既便于双方交流感情，也不至于让嘉宾感到不适。曾经有这样一个案例，某单位在安排会谈座位时出现了疏忽，把中间两个单人沙发紧紧地靠在一起，结果双方领导自始至终都靠在沙发外侧的扶手上，并将身体向相反的方向后仰，以便拉开距离，姿势别扭，搞得气氛十分尴尬。可见，选择正确的距离，在人际交往中是十分重要的。

通常，思想工作提倡与人相处要走得近一点，这样才能搞好人际关系。但是，这里的"走得近一点"也是有限度的。我们不仅要学会拉近关系，还要学会保持适当的距离，给对方留有空间。而且彼此的距离走近了，并不等于彼此的心灵一定就靠近了。绝大部分时候，距离太近，彼此就容易出现摩擦；越是天天泡在一起，越容易厌倦对方。我们常常见到，越是形影不离的就越容易爆发争吵。有人说"距离产生美"，当然也包括这种情形。因距离而产生的美，是与时间距离和空间距离相对应的，唯有保持恰当的距离才能维系和谐的关系。思想工作者要置身于群众之中，与群众打成一片，但又要保持自身的角色意识，注意刺猬效应。在职场上的具体交往要掌握好尺度，做到"亲密有间"，形成一种远近适度、融洽相处、和谐合作的关系。具体的有三点需要注意。

(1) 空间上分清彼此

思想工作者要与身边的群众在思想感情上和谐融洽，这有利于做好群众的工作。但不等于说，就要整天混在一起，讲姐们情谊，讲哥们义气，以致放弃了必要的交往距离和交往原则，造成难以开展思想工作的尴尬。须知，空间上的距离，犹如一个个的“气泡”，突破了这些“气泡”，过于亲密，人与人之间的关系就会产生微妙的变化。

(2) 性格上分清差异

心理学的研究表明，每个人都有自己的隐私，都不愿意他人过于接近而把自己看得一清二楚，尤其是不愿意暴露自己深层的缺陷、隐秘的想法和难堪的事项。对于隐私尺度的把握，是有个性差异的。由于工作需要和工作便利，思想工作者会接触到工作对象的一些个人隐私，包括一些隐秘的想法和意愿，这时一定要注意尊重和保护工作对象的这些不愿公开的隐私。要有容纳意识，尊重个性差异。无论关系是多么亲近，思想工作者都应该给工作对象保留一块个人独占的心理领地，不随便打听、询问其内心秘密，也不向他人透露工作对象的隐私事项。

(3) 物质上分清你我

在同一个单位、同一个社区，人与人之间难免会有一定的物质交往，思想工作者也不例外。既不必刻意拉开太大的距离，丝毫不讲人情，也不能在人际来往中占他人便宜。譬如，彼此之间馈赠价值不大的小礼物，也应记得礼尚往来；若是贵重礼品，则应当婉言谢绝；接受他人的宴请，可以择机回请对方。不能与下属称兄道弟、吃喝不分，不能把与周围群众的关系搞得庸俗化。美国通用电气公司前总裁斯通在工作场合中就待遇问题从不吝啬对中层管理者的关爱，但在业余时间从不接受管理人员到家做客，也从不接受他们的邀请。正是这种保持适度距离的管理，使得通用电气公司内部关系正常有序，各项业务持续增长。

在具体的思想工作中，要从实际出发，掌握适当的距离。譬如，同样是面对面的谈话，一要根据特定的情境需要。在交心谈话中，可以选择较为亲近的距离，促膝谈心；在家访慰问时，可以表现得更为亲切一些，给人以亲人般的感觉；而在诫勉谈话时，就应当拉开一点距离，显得庄重严肃。二要根据工作对象的性格特点。一般来说，性格开朗的人乐意接近别人，空间容纳度较大，可以适当靠近；而性格内向、孤僻自守的人十分敏感，空间容纳度较小，一旦别人过于靠近，容易产生不舒服感和焦虑感。

通过刺猬效应，我们了解了交往中人们所需的自我空间及适当的交往距离，就应该有意识地选择与人交往的最佳距离，更有效地开展思想工作。

二 理性认知篇

20. 客观全面地认识自己

——巴纳姆效应

当你读了下面这段文字，对照自己，会觉得描述的内容与你的性格有点吻合吗？“你祈求受到他人喜爱，却对自己吹毛求疵。虽然人格有些缺陷，大体而言你都有办法弥补。你拥有可观的未开发潜能，尚未发挥出你的长处。看似强硬、严格自律的外在，掩盖着不安与忧虑的内心。许多时候，你严重地质疑自己是否做了对的事情或正确的决定。你喜欢一定程度的变动，并在受限时感到不满。你为自己是独立思想者自豪，并且不会接受没有充分证据的言论。但你认为，对他人过度坦率是不明智的。有些时候你外向、亲和、充满社会性，有些时候你却内向、谨慎而沉默。你的一些抱负是不切实际的。”

1948 年，心理学家伯特伦·福勒对一批学生进行了一项人格特征测验，正是用了这一份试卷。在互不交流的环境中，所有学生得到的“个性分析”都是相同的这一份。性格各异的学生们分别对试卷内容与自身特质的契合度做出评分，0 分最低，5 分最高。结果出人意料，平均评分竟达到 4.26，也就是学生们认为评定的准确率高达 85.2%，其中有 41%的学生评价为“完全吻合我的性格”。事实上，试卷内容是福勒从星座与人格关系的描述中搜集、拼凑出来的，很多语句适用于任何人。这些语句后来就被称为“巴纳姆语句”。

在关于巴纳姆效应测试的另一项研究中，研究者们先写下对每个学生个性的正确评估意见，发给学生时，还附了一份假造的、统一的评估，使用的都是一些泛泛而谈的笼统言词。之后，询问学生相信哪一份评估最切合自身的实际，居然有 59%的学生选择了那份假造的“通用性”评估。伯特伦·福勒通过实验得出结论：每个人都会很容易相信一个笼统的、一般性的人格描述特别适合自己的特点。即使这种描述十分空洞、含糊不清，仍然会认为反映了自己的人格面貌。正如美国马戏团艺人菲尼亚斯·泰勒·巴纳姆在评价自己的表演时所说的：他之所以很受欢迎，是因为节目中包含了每个人都喜欢的成分，所以他使得“每一分钟都有人上当受骗”。20 世纪 50 年代，心理学家保罗·米尔就以菲尼亚斯·泰勒·巴纳姆的名字，将福勒的这一实验结果命名为“巴纳姆效应”，也译作“巴努姆效应”，又叫“福勒效应”。

在民间算命问卦、测定星座之类的过程中，巴纳姆效应反映得极为充分。其实，求助于算命问卦的人本身就容易受到暗示，当情绪低落时，心理依赖性会明显增强，受暗示性就比平时更强。卜卦算命先生善于揣摩人的内心感受，所说的多是笼统的、模棱两可、无关痛痒的“通用性”分析，很多语句几乎适用于同样年龄和特征的任何人，常常是一顶套在谁头上都合适的帽子，却能使求助者深信不疑，觉得“很准”，关键是得到了一种精神安慰。

对此，法国心理学家米歇尔·高奎林的一项实验巧妙地揭穿了其中的奥秘。有一家公司号称能借助电脑得出非常精准的星座分析报告，高奎林便把“二战”期间臭名昭著的杀人狂魔马塞尔·贝帝德的详细生日资料寄给这家公司。几天后，高奎林收到了星座分析报告：“适应性很好，可塑性也很强，这些个性通过技巧和效率得到了淋漓尽致的发挥。在生活中充满活力，但这种活力会朝着秩序、控制和平衡的方向发展。无论是在社交、物质还是智慧上，都非常讲求条理。看起来可能是一个乐于遵循社会规范、举止得体、颇有道德感的人，是生活富足、思想健全的中产阶级中的一员。”其实，因犯下 19 宗命案的贝帝德早在 1946 年就被依法处决，但报告说他很可能会在 1970—1972 年期间考虑对感情生活作出承诺；而对于贝帝德给人注射致命毒药、看着他们慢慢死去的残暴行径，分析报告却完全没有提及。更有趣的是，高奎林通过广告征集了对星座分析感兴趣的 150 名法国人，然后把对贝帝德的星座分析报告寄给了这些人，结果有 94%的人认为该报告对自己的分析“非常准确”，甚至有人要给高奎林付钱，以得到更详尽的分析报告。实在是可笑至极！

心理学认为，巴纳姆效应的产生有以下几个原因：① 主观验证的作用。主观验证能对人们产生影响，主要是因为人们心中愿意相信某一部分信息，于是就倾向于寻找那些能够支持原有观点的信息，而忽略了那些与原来观点不同的信息。如果想要相信一件事，人们总可以搜集到各种各样支持自己的证据。② 表意弹性的作用。那些含糊不清、模棱两可、笼统的“巴纳姆语句”，在语意理解上都有较大的弹性，人们会不由自主地朝着与自己相符的方向去解释，从而越看越符合自己的特征。③ 心理暗示的作用。人们只能借助外界信息来认识自己，因而在认识自我时很容易受到外界信息的暗示，出现自我知觉的偏差，认为一种笼统的、一般性的人格描述揭示了自己的特点。④ 基因共性的作用。相似的基因造就了人类相似的大脑，大脑中相似的机制引发人们的思维。尽管不同的生长环境和文化背景会对每个人的思维产生影响，但人们在情感、性格上总会存在一定的共性。⑤ 渴望肯定的作用。大部分人更愿意相信让自己看起来更正面、更积极的评价和分析，所以会认同自己是善良友好的人，喜欢独立思考，还有很多未能得到发挥的潜力之类肯定性、褒扬性的描述，而不愿意认可明确否定的意见。

思想工作者要透过这些认知方面的迷雾，引导工作对象排除周围信息的干扰，避免巴纳姆效应，不受社会上形形色色的骗术影响，进而客观真实地认识自己，既不自我膨胀，也不自轻自贱，以充分发挥自己的优势和长处，修正自身的缺点和不足。

(1) 摆脱干扰，认识自我

有人问古希腊哲学家泰勒斯：“你认为人活在这个世界上，什么事情是最困难的?”泰勒斯回答说：“认识你自己。”认识自己难，认识自己的不足更难。这很大程度上是因为在认识自我时会遇到各种各样的干扰因素。有一个情商测验题：当一个落水昏迷的妇女被人救起后，醒来发现自己一丝不挂时，第一个反应会是捂住什么呢？答案是：尖叫一声，然后用双手捂着自己的眼睛。从心理学上来说，这是一个不愿面对自己的典型例子，因为自己有“缺陷”，就要用各种方法把它掩盖起来。另一种干扰就是暗示，会影响到对自己的正确评价。尤其是当别人虚夸的言辞正好迎合内心的需要时，人们就容易被迷惑和接受暗示，出现自我认知的偏差。因而要适当地阅读一些心理学方面的书籍，了解人的心理机制和特点，理智地对待外界的各种暗示。当一个人充满理智和自信时，就能合理地评价自己，看清楚自身的优缺点，对别人不切实际的夸奖和贬损就会产生免疫力。

(2) 反躬自省，认识自我

人贵有自知之明。由于多种原因，人们的视野会受到各种局限，对自身的认识常常是片面的、不完整的，因而需要跳出自我的思维框架，面对真实的自我，勇敢地“照镜子”，从旁观者的视角来观察、认识自己，严格解剖自己，通过反省、检查自己的思想和言行，对自己进行实事求是的评价，客观地看待自己的优缺点，既不掩耳盗铃，也不自欺欺人。老一辈革命家陈毅曾写过这样的诗句：“中夜尝自省，悔愧难自文。还是鼓勇气，改正再前行。灵魂之深处，自掘才可能。”充分体现了高尚的自省、自励的精神境界。

(3) 通过要事，认识自我

在平时，人与人的差异常常不会表现得十分明显；而当面对重大事件时，这种差异就会显著地表现出来。越是在成功的巅峰和失败的低谷，就越能反映一个人的真实性格。因而，通过在重大事件中的表现，以及获得的经验和教训，更可以了解自己的个性、能力，从中发现自己的长处和不足，包括自己的潜力、适合发展的方向等。这往往能抓住认识自我的关键，而不再是停留在表面现象。

(4) 以人为镜，认识自我

唐太宗为忠臣魏征撰写碑文时曾感叹道：“以铜为鉴，可以正衣冠；以人为鉴，可以知得失；以史为鉴，可以知兴替。”表明了认识事物时参照物的重要作用。以人为镜，就是要通过与自己周围人在各方面的比较来全面地认识自己，“择其善者而从之，其不善者而改之”(参见“对比效应”)。可惜的是，许多人总是看不见别人的优点，也看不见自己的缺点，因而总认为自己高人一筹。美国科学家的一项研究表明，人们对自我的评价通常比实际水平高出23%。这也说明人们为什么容易高估自己，从而骄傲、自满。参照物的选择也很重要，老是同不如自己的人作比较，拿自己的长处与别人的短处比，或者拿自己的缺陷与别人的优点比，都会失之偏颇。因此，要根据自己的实际情况，选择条件相当的人作比较，找准自己在群体中的合适位置，这样来认识自己才比较客观全面，而且能促使自己不断进步。

21. 走出自我认识的误区

——苏东坡效应

北宋文学家苏东坡的千古名句“不识庐山真面目，只缘身在此山中”包含了深刻的哲理——明明就站在这个山中，却偏偏不能认识其真实面目；明明自己就拥有“自我”，却偏偏不自悟，或者仅是个模模糊糊的片面认识。从某种意义讲，认识自我确实比认识客观现实更为困难。于是，社会心理学家就将这种人们难以正确认识自我、并带来一系列影响的心理现象称为“苏东坡效应”。

苏东坡效应的产生有其一定的必然性。自从美国加利福尼亚大学控制论教授罗斯·柴德创立模糊集合理论以来，以模糊集合论为核心的模糊理论在全世界得到了迅速的发展。矛盾普遍存在于客观世界中，模糊性亦寓于万物运动之中。鸡蛋可以孵出小鸡，而当小鸡尚未啄出蛋壳之时，总不能说它仍是蛋，似乎也不可称之为鸡；石蜡从固态变成液态，也会经过明显的中间过渡。客观世界就是在模糊与清晰的矛盾斗争之中发展的。对自我的认识也是如此。客观事物的模糊性反映在人的大脑之中，便产生了概念及思维上的模糊性。由于人的思想往往不能全面地、精确地反映客观现实，这就常使人脑的模糊性和不确定性大于客观的模糊性；又因为人类还具有自己的伦理、道德、意识、情操，这又使得人文领域的模糊性变得更为复杂。

美国有位心理学家曾做过一个实验，证明了人们很难客观地认识自己，而更容易拔高自己。他找来 25 个被试者，他们相互之间都是老熟人，因此比较了解各自的性格特点。实验人员首先拿出了文雅、幽默、聪明、爱交际、讲卫生、美丽、自大、势利、粗鲁 9 项标准，要求他们每个人分别对包括自己在内的所有人排出名次，比如，文雅谁排第一，谁为第二……粗鲁，谁排第一，谁为第二……也就是说，每一个人都要对这 25 个人作出评价。这样，每一个人的每一个方面都有一个自我评价，以及其他 24 个人作出的评价。经过统计分析发现，这 25 个人对自己都有不同程度夸大优点和掩饰缺点的倾向。如，某甲自认为“文雅”程度应该名列前茅，可是按照其他 24 个人给甲评价的平均值却列倒数前几名；某乙对自己“爱清洁”评定的名次比他人给出的平均名次提高了 5 位，对“聪明”和“美丽”的评价都提高了 6 位，而对自己“势利”“自大”“粗鲁”等缺点的评定却比别人给他的评定后退了 6 位。从这个实验中可以看到，被试者对优良品质的自我评价常常比别人的估计高，对不良品质的自我评价则常常比别人的估计低，也就是说更容易拔高自己的优点，掩饰自己的缺点。

其实，人们不能准确认识自我的苏东坡效应现象十分普遍，古今中外，概莫能外。中国古代有个笑话，说是有个解差到监狱里提一个和尚，押解到他处。解差带了一份文书、一袋散碎银两、一把雨伞、和尚肩头戴着的枷。为了不丢三落四，老迈的解差在路上不断地念叨着：“和尚、枷、文书、银两、雨伞。”一天晚上，解差押着和尚住进了一家客栈，嘴里默默念着就睡着了。趁解差睡熟之际，和尚给解差剃了光头，把枷戴在解差的脖子上，悄悄地溜走了。解差醒来用手摸摸东西，枷在，文书在，银两在，雨伞在，再摸摸自己的头，心里说：“和尚在，怎么好像少了一样什么？”解差把自己给弄丢了。在美国，有个叫拉赛尔·康维尔的美国牧师，以“宝石的土地”为题在全国举行了多达 6 000 次的巡回演讲，其中说到一个故事：从前印度有个叫阿里·哈弗德的富裕农民，变卖了家产，出外寻找埋藏宝石的土地，经年累月，终于穷困而死。可是，随后就有人从他卖出的土地里发现了世界上最珍贵的宝石。康维尔用这个真实的故事说明，人们所寻求的，恰恰是自己手中的东西。

说到对自我的正确认识，还要数中国人。2000 多年前的《战国策》记载，战国时期齐国谋士邹忌身高八尺，容貌俊美，妻子、小妾、客人都说邹忌比公认的美男子徐公更美。恰巧徐公前去拜访，邹忌就仔细地端详，觉得自己远远比不上徐公之美。邹忌想了好久，终于明白了其中的缘由：“我的妻子认为我美，是偏爱我；我的小妾认为我美，是惧怕我；客人认为我美，是有求于我。”出于利益的考虑，人们都说了假话。幸亏邹忌细心辨察，又有自知之明，方才没受误导。因此，能不能对自己有一个正确的认识，是衡人的基本素质和能力的重要标尺，也是发现自己优势、扬长避短的前提。有人总结说:“10岁认知自己,圣人也;20岁认知自己,领袖也;40岁认知自己,晚成也;60岁认知自己,后悔也。”虽然说得过于绝对,也不是没有一点道理。

人们受到苏东坡效应的影响,迷惑于认知自我,常常因此陷入了三个“误区”:① 不屑认知。“我自己什么样,我还不了解?”这是许多人的口头语。其实,许多人对自己真是一知半解。自己的优点和特长是什么?自己的缺点和不足是什么?自己的心态、思维、反应、能力、人际关系、学习能力、创造能力怎样?许多人都自以为是,常常有所拔高,其结果很可能耽误大事。② 片面认知。这有两种类型:一种是自信心和优越感极强,往往高估自己,低估他人,给人以自高自大的感觉;另一种认为自己没本事,便不思进取,一辈子都没有发挥自己的优势,被动地走过一生。③ 随意认知。有些人认定“人的命,天注定,胡思乱想没有用”,于是就不愿动脑子,喜欢顺其自然,随遇而安,混日子过,不发挥主观能动性,浪费了自己的优势和特长。

通过学习苏东坡效应的相关原理,思想工作者首先要学会正确地认识自我,提升自我,同时也要帮助、指导工作对象掌握认识自我的重要性、必要性及方法途径,扬长避短,发挥出更大的能量。

(1) 客观地认识自己

客观地认识自我之难,一者是由于“当局者迷”,对自我认识的角度有局限性,二者是客观事物的模糊性又给认识自我增添了难度。因此,要破除这两个方面的局限,科学、客观、公正地评价自己。“人贵有自知之明”,对自我认识得越清晰,其自我的成熟程度就越高。所以,既要看到自己的长处,也要看到自己的不足,克服有意无意地拔高和美化自己的倾向,这样才能在工作和学习中扬长避短,取得好成绩。如果过多地夸大自己的长处,容易产生较强的优越感和自信心,虽然有助于发挥自己的特长和潜能,做成事情,但也容易低估困难,脱离群众,遭受挫折。

(2) 通过别人来认识自己

要客观地认识自我,就不能单纯依靠自己,常常需要通过“照镜子”,借助别人来认识自己，这样才能更加客观、公正。具体说来，一个人的自我认识也不是在封闭的自我意识中自然形成的，而是在与周围各种各样的人的接触中，了解他们对自己的态度，想象他们对自己的评价，并以此为素材，把它作为一个客观标准内化到自己的心中而形成自我的形象。由此可见，自我评价中也包含着社会对自己的评价。单位组织的干部考评、年度考核等，为自我评价提供了了解群众评价的机会和渠道。有些单位在考核过程中，还会在上级主管部门的认可后，通过面谈或其他渠道，将考评结果反馈给本人，并听取意见。这样的做法对于提高自我评价的客观程度是非常有效的。但也要注意他人评价中的“水分”，尤其是领导干部，要甄别那些明的、暗的、水平越来越高的客套话、马屁话、吹捧话、阿谀奉承之语，对此不能一味地听信，沾沾自喜（参见“照镜子效应”）。

（3）持续不断地改进自己

时代在进步，世界在变化，人也会随之改变。了解昨天的自己，不一定就能了解今天的自己。所以，了解自己要一生一世，改进自己也要一生一世。每个人只有不断地改进自己，适应世界的变化，才能跟上时代的潮流，永远不会落伍。要与自己的内心开展良好的“对话”，这种对话是内心深处的拷问和反省，是正与邪的相互抗争，也是自我思想斗争的根本形式。要通过这种“对话”来分辨是非，从而不断地完善自己。在正确认识自我的基础上，人们还需要悦纳自我，包括喜欢和欣赏自己的优点和长处，改正或接受自己的缺点和短处，使自己不断地得到改进、提升。每个人都有自己不足的一面，十全十美的人是不存在的。因此，诚实地检讨自己的长与短、得与失，尤其是敢于正视自己的不足，可以改的一定要改，某些客观存在、不能马上就改进的短处也要心平气和地接纳，不要总是去排斥它。事实上，有些人的缺点与其特点是紧密联系在一起的，在一定条件下这些缺点又可能表现或转化为优点。如果一个人总是不接受自己的不足与短处，就会长期处于紧张状态，损伤自己的信心，这不利于自己的成长。正确的做法是接受自己，保持本性，不要自我欺骗，不要自我夸大，不要自我贬低，更不要为自己的某些不足感到羞耻难堪。悦纳自我也意味着接受自己的那些改变和提高，使自己更接近理想中的所有优点和潜力，只有这样，才能不断实现自我的完善。

22. 打破思维的枷锁和围墙

——思维定势效应

思维定势是心理学中的一个重要概念,指的是由先前的活动造成的一种对新近活动的特殊的心理准备状态,表现为人们在观察、分析、解决问题的过程中思维的某种倾向性,或者说是人们长期形成的某种习惯思维动向,因此也称为"惯性思维""思维定式"。由此而产生的人们在受既有的信息、认识、思维模式制约之后活动的一种心理现象,就称为"思维定势效应"。

现代认知心理学认为:思维定势的实质是人们由过去经历形成的一定思维模式在惯性力的作用下与当前新知识、新问题相互作用、相互交融,从而对掌握新知识、解决新问题发生影响的过程。人们在一定的环境中工作和生活,久而久之就会形成一种相对固定的思维模式,这会对之后的感知、记忆、思维、情感等心理活动和行为活动起正向的或反向的推动作用,使人们习惯于从固定的角度来观察、思考事物,以固有的方式来接受、处理事物,以固化的标准来衡量、判断事物。有学者研究后发现,在日常生活中,思维定势可以帮助人们解决每天碰到的90%以上的问题。

概括起来说,思维定势有三个特点:① 思维定势是由先前的心理活动所形成的,表现为一种容易以习惯的方式解决问题的思维倾向;② 思维定势是对先前经验的间接、概括性的反映,并影响人们的后续心理活动趋势,进而逐渐定型成为一般的思维路线、方式、程序、模式;③ 思维定势具有相对的成熟性和稳定性,不仅逐渐成为人们的思维习惯,甚至深入到潜意识,成为不自觉的、类似于本能的反应。

美国科普作家阿西莫夫讲过一个他自己的故事。阿西莫夫从小就聪明过人，多次参加智商测试，得分总在160左右，属于“天赋极高者”，他一直为此而洋洋得意。有一次，他熟识的一位汽车修理工要考考他的智力，阿西莫夫点头同意。修理工便说道：“一位既聋又哑的人来到五金商店，想买几根钉子，就对售货员做了一个敲锤子的手势。售货员见状，先给他拿来一把锤子。聋哑人摇摇头，于是售货员就明白了，聋哑人想买的是钉子。聋哑人买好钉子，刚走出商店，接着进来一位盲人。这位盲人想买一把剪刀，请问：盲人将会怎样做？”阿西莫夫顺口答道：“盲人肯定会这样。”说着，伸出食指和中指，比画出剪刀的形状。汽车修理工一听笑了：“哈哈，你答错了吧！盲人想买剪刀，只需要开口说‘我买剪刀’就行了，他干吗要做手势呀？”智商160的阿西莫夫之所以掉进思维的“陷阱”，是因为他学的知识和经验多了，会在头脑中形成较多的思维定势，这种思维定势会使人的思维按照固有的路径展开。

著名数学家华罗庚也讲过一个故事：如果我们伸手去摸一个袋子，第一次从中摸出一个红玻璃球，接着几次还是摸出了红玻璃球，于是我们会觉得这个袋子里装的都是红玻璃球吧。可是第六次却摸出了一个白玻璃球，此时我们会认为袋子里装的都是玻璃球。随后我们却摸出了一个小木球，我们又会想，这里面装的都是一些球吧。如果我们再继续摸下去，也许会有新的发现……可见，在一个有限的范围内，我们接触了一定的类似概念后，往往会形成一种思维定势，并且在一定的范围内似乎它也是没错的，可是如果跳出了这个范围会怎样？我们面对的是如此浩瀚的世界，你又如何能探尽这个世界？

从思维过程的大脑皮层活动情况看，思维定势的影响是一种习惯性的神经联系，即前次的思维活动对后次的思维活动有指引性的影响。所以，当两次思维活动属于同类性质时，前次思维活动会对后次思维活动起同向的引导作用；当两次思维活动属于异类性质时，前次思维活动会对后次思维活动起异向的引导作用。因此，思维定势具有双向效应，凡是对知识的获得和问题的解决起促进作用的，称之为思维定势的正效应，反之即为思维定势的负效应。思维定势的正效应，可以使人们在从事某些活动时相当熟练，游刃有余，可以减少尝试、纠错的过程，节省很多时间和精力。思维定势的负效应则会束缚人们的思维，使人们只用常规方法去对待问题，因而成为束缚创造性思维的枷锁。一般来说，当人们原有认知结构及其形成的思维模式与新知识在内容和组织上具有类属关系，即有同构性时，思维定势就会发生正效应；反之，思维定势就会发生负效应。或者说，在环境不变的条件下，思维定势能使人们运用已掌握的方法迅速解决问题；而当情境发生变化时，思维定势则会妨碍人们采用新的思路和方法，不利于对问题的正确认识和解决。

对于思想工作者来说，要发挥思维定势的正效应自不待说，重点是如何克服思维定势的负效应，走出呆板、机械、墨守成规、千篇一律的思维误区。

(1) 摆脱原有的思维习惯

大量事例表明，思维定势对实际问题的解决确实具有较大的牵制作用和负面影响，惯性思维常常成为人们的致命弱点。尤其是当一个问题的条件、境况发生了质的变化时，思维定势会使人们墨守成规，按照以往的思维习惯行事，造成知识和经验的负迁移。因此，不要迷信自己的经验，也不要迷信书本和权威，而要敢于怀疑已有的经验、认识和结论，学会否定，努力提出一个更新的见解，寻找一种更新的办法，从而取得创造性的成就。

传说古代有一位国王，他把几个儿子带到一座巨大的石门前，对他们说："谁能推开这扇石门，就让谁继承王位。"王子们望着这巨大而又厚重的石门，心生胆怯，都摇摇头放弃了。只有最小的王子走过去，用力一推，门就打开了。可见，有时许多事情其实并不难，只要敢于打破思维习惯，大胆实践，也许就会取得成功；如果囿于思维定势，一味地恐惧，就走不出宿命般的悲剧结局。

(2) 突破常规的思维"围墙"

在遇到新问题时，如果袭用原有的思维角度和路径去思考，往往会陷入思维定势的漩涡，无法突破思维的"围墙"。倘若能打破定型化的思路，另辟蹊径，从不同的方位辐射、透视问题，及时地转换思考角度，也许就会柳暗花明。无数事实证明，一旦变换了思路，人们就有机会找到许多通达目标的路径，看到许多别样的人生美景。大家熟知的"司马光砸缸"的故事中，司马光就是转换了打捞救人的常规思路，果断地砸缸放水，让小朋友得救。因此，换个位置、换个角度、换个思路想问题，就可以由蝙蝠联想到电波，由鸭子仿造出脚蹼，从鲨鱼延伸出泳衣，向飞鸟学会制造飞机，也不难从舞剑中悟到书法之道……只有这样，我们才会突破思维的“围墙”，找到新的捷径，开创出一片新天地。

(3) 善用比较的思维方法

比较是就两种或两种以上同类事物或同一事物不同方面鉴别异同或高低的思维方法。根据面临的新问题联想起已经解决的类似问题，抓住新问题与旧问题的特征，通过纵向、横向比较，寻找到新旧问题的共同特征和需求，将已有的知识和经验与当前问题的情境建立联系，可以把处理过类似的旧问题的知识和经验适当改变，移用过来处理新的问题；或者把新问题转化成一个已解决的熟悉问题，从而为新问题的解决做好积极的必要的准备。需要指出，当新问题与旧问题的相似性占主导地位时，这种方法一般比较有效。而当新问题与旧问题的差异性起主导作用时，也可以抓住新的情境特点和需要，对已有的经验和方法加以有针对性地调整、翻新、改造，从而迅速有效地解决问题。同时，要多与他人进行交流、沟通，让大脑接受新的刺激和养分，在比较、碰撞中形成新的思维成果。

(4) 勇于运用创新的思维

当时代需要变革、创新时，就要勇于用新的眼光和思维对待问题，打破思维定势的框框，倡导求异思维、扩散思维、对立思维、逆向思维、辐射思维、联想思维、多向思维、换元思维，绽放出创造性思维的火花。比如，20 多年前，世界上的吸管全是直的，一位美国人针对其不便，稍加改进，发明了弯曲吸管，申请专利后，一下子获得了几百万美元的收益。创新思维不可能每次都获得成功，但必须要敢于尝试。诺贝尔奖获得者、华裔科学家丁肇中曾经回忆说：“20 世纪 70 年代，人们已经知道所有的基本粒子是由 3 种夸克组成的，我的问题是，为什么只有 3 种夸克？为了寻找新夸克，我决定建造一个高灵敏度的探测器。当时所有的人都认为只有 3 种夸克，因为 3 种夸克足以解释所有的现象，所以这个实验被费米国家实验室和西欧核子中心拒绝了，认为是不可能的。1972 年到 1974 年间，我们在布鲁克海文国家实验室用一个比较低能的加速器来做这个试验，终于发现了一种新的夸克。这就表示，以前说只有3种夸克的观念是错的。有了第4种夸克，就可能有第5种、第6种……这就把以往的观念改变了。”不囿于人们的固化认识，敢于创新，终于赢得了突破性的成果。

23. 比较的作用妙不可言

——对比效应

在日常生活中，人们常常有这样的经验，将具有相反属性的两个对象并列在一起，往往会导致感觉上的差异加大。或者说，两种不同事物同时或相继呈现，比它们各自单独呈现时所得到的效果更明显。在认知心理学中，人们把某一特定感受器因同时或先后受到性质不同或相反的刺激物的作用，引起感受发生变化的现象，叫作“对比效应”。

一般来说，对比效应有两种情况：① 同时对比效应。是指同时出现的两种相似刺激的对比会引起不同感受的现象。如，把同样大小的黑色圆，放在若干个不同大小的白色圆包围之中，会给人不同的感觉。当外围的白色圆较大时，当中的黑色圆就显得较小；当外围的白色圆较小时，当中的黑色圆就显得较大。又如，把完全相同的灰色小方块放在黑白不同的背景上，人们得到的感觉是，在黑色背景上的小方块看起来大些、亮些、浅些，而在白色背景上的小方块则显得小些、暗些、深些(见下图)。② 继时对比效应：指由不同刺激相继作用于同一个体所引起的感觉变化的现象。如，先吃酸的，然后再吃甜的，会感到后者更甜；人在受凉时，微小的温度增加，也会明显感觉到温暖。

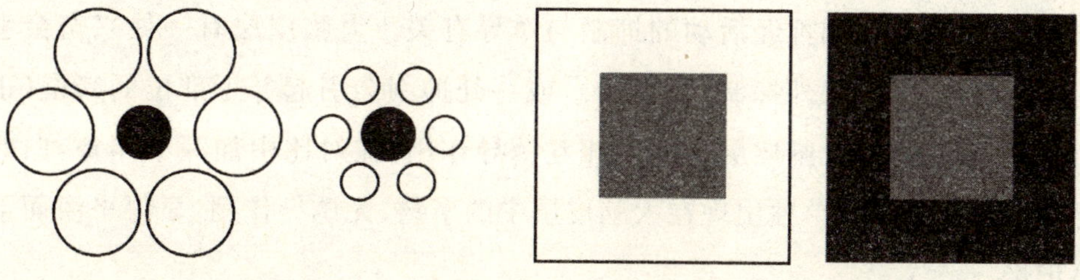

对比效应在市场营销和消费者行为中表现得颇为神奇。1982 年，美国杜克大学教授乔尔·休伯及其同事在美国《消费者研究》杂志上发表了一篇论文，通过啤酒实验证实了对比效应的存在。实验中，参与者被分成两组。甲组在两种啤酒中进行选择：A 啤酒 2.6 美元，质量打分 70 分；B 啤酒 1.8 美元，质量打分 50 分。此时，有 57%的人选择啤酒 A，43%的人选择啤酒 B。乙组在三种啤酒中进行选择：除了同样的 A 啤酒、B 啤酒之外，还加入了 C 啤酒 1.8 美元，质量打分 40 分。根据传统经济学原理，一般都会认为，随着 C 啤酒的加入，A 啤酒和 B 啤酒的市场份额都会下降，然而实验结果表明，乙组中 63%的人选择 B 啤酒，B 啤酒所占的份额不降反升，反而比甲组增加了 20%之多。

美国著名经济学家丹·艾瑞里也曾经验证过对比效应。他让两组实验参与者选择购买杂志。甲组可选择：A 电子版，59 美元；B 印刷版＋电子版套餐，125 美元。此时，68%的人选择了电子版，剩下 32%的人选择了印刷版＋电子版套餐。乙组可在三项中选择：除了同样的 A、B 项之外，还增加了 C 印刷版，125 美元。结果显示，84%的人选择了 B，只有 16%的人选择了 A。这两个实验都证明，如果加入的 C 产品在综合性能上不如 B 产品，那么，B 产品的市场份额不仅不会下降，相反还会因为和 C 产品之间的对比而获得优势，导致其市场份额上升。有研究者将这种对比效应细分为“找托效应”。不管主观动机如何，在上述两个实验中，C 产品客观上成为 B 产品的“托”。如今，这种手法在市场营销中时常可以找到踪迹，有些用得更加隐秘、巧妙。

专家们研究了产生对比效应的心理机制，主要有如下两个方面：① 同一刺激因背景不同而产生感觉的差异，与该事物和背景的差异程度有关。同样的灰色小方块在白色的背景上显得比较暗，而在黑色的背景上显得比较亮，可见，这是灰色小方块与两种背景之间的差别因对比而有所增强的缘故。② 对比效应的产生，与大脑神经活动的抑制与诱导有关。大脑皮层有一处兴奋会引起邻近部位的抑制（外抑制、负诱导），或一处抑制会引起邻近部位的兴奋（正诱导）。两事物在大脑皮层中产生相互诱导作用，在对比中加深了印象，白的更白，黑的更黑；而单独出现在大脑皮层中的事物，无诱导作用，显得平淡而不易记忆。

对于思想工作者来说，认识和掌握对比效应，可以帮助我们更好地把握事物的本质，更好地开展思想工作和其他管理工作。

(1) 有助于获得进步的动力

世界上的美与丑、善与恶、优与劣、先进和后进，都不是绝对的，而往往是相对而存在的。在丑的衬托之下，美才更能够显示出魅力。所以，善于对比的人更能在生活和工作中不断发现美好，明辨是非，积极进取。人无完人，每个人都有自己的缺陷和不足，所谓“比上不足，比下有余”，我们应该从自身的实际出发，恰当地选择对比的参照对象。只有有了合适的参照物，以人为镜，比出优点，比出差距，才能更加准确地认识自己、肯定自己、促进并完善自己。如果孤立地看待自己，就有可能自我膨胀，或者自我贬低，要么容易骄傲自满、自我陶醉，要么就容易看不起自己，觉得自己一无是处。因此，没有对比的竞争是毫无动力的，在对比的压力下才能不断地进步。

思想工作者在组织各类竞赛中，就要通过多样化的对比来激励大家，所谓“比学赶帮超”，都是以“比”为前提的。在对自身的要求上，要在“比上”中发现不足，在“比下”中增强自信，从而获得发展与提升的动力。有报道说，美国哈佛大学非常强调竞争的客观存在，但不强调学生的考分名次排序，之所以这样做，是为了引导学生自己跟自己比，而不是跟别人比。因为只有自己的现在比自己的从前进步了，才算是真正的进步。这种鼓励学生不断超过自己的理念和做法，实在是一种明智之举。

(2) 有助于认识事物的真相

在日常的生活和工作中存在着的不少事实是反直觉的，如同看过魔术揭秘就不容易再被相似的魔术所“蒙骗”一样，了解和掌握了对比效应，有助于我们加强理性思考，看清楚事物的真相和本质，从而提高判断和决策的准确性。比如下面的图，有些人在报告或演讲时总会把演变的趋势线做得格外醒目，上图粗粗一看，似乎变化很明显。但仔细查看，就会发现是由于左侧 Y 轴刻度调整得很细密，变化才显得那么大。如果还原成正常的下图，就会发现，变化其实是很细微的，如果不标记数字，根本看不出差异。如果在报告或演讲时需要强调某种变化，有时也可以采用这种方法。

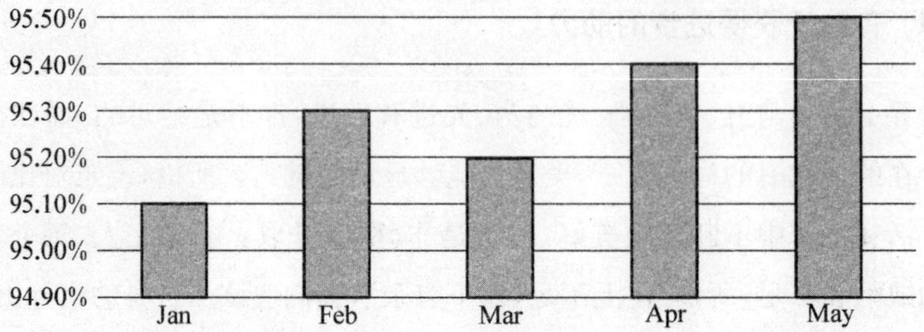

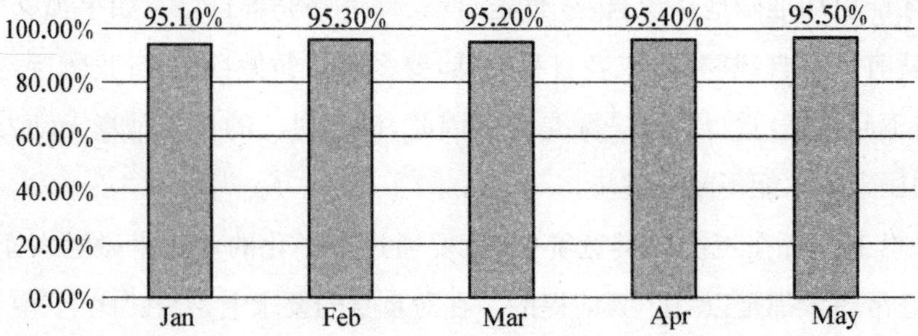

(3) 有助于增强说服力

从内容上说，在与人谈心交流中，如果能适当地运用各种信息的对比，包括与工作对象闪光的过去相比，与团队的基准相比，与身边的他人相比，与兄弟团队相比，与先进人物相比，事实清楚，对比鲜明，常常可以让工作对象受到事实的冲击，从感情上迅速认同自己的观点，这有利于说服工作的顺利进行。

从形式上说，表达方式的对比也会起到震撼人心的作用。比如，在思想教育中，必要时可以刻意制造一些对比效果。如，与平常轻声细语、循循善诱的做法不同，偶尔采用严厉、激烈的表达方式，会给工作对象造成深刻的印象，他们就会想："情况一定相当严重，否则他怎么会这么严厉呢？"一旦产生了强烈的震撼，无论是批评还是表扬，都会发生力度翻倍的作用，思想工作就可能取得事半功倍的效果。

(4) 有助于平衡对方的心态

在思想工作和管理工作中，运用对比效应能使我们找到更多的策略选择和激励手段，形成一些对比中的优势，以平衡工作对象的心态，更好地发挥激励的作用。比如，员工甲最近工作表现不错，车间主任想要及时激励，但当月车间的奖金数额有限，平均奖金为598元。车间主任就将员工甲的奖金定为608元，仅比平均奖多了10元。这使员工甲感觉到自己的奖金比其他人高，而且是6字开头，与5字开头的平均奖比起来，心理感觉好得多了。

(5) 有助于让对方接受安排

心理学研究发现，当人们在面临两种不同选择，且必须作出决策时，常常不是根据经济学的理论去判断其真正的价值，而是会在潜意识里根据自己的一套相对清晰、简便的对比标准进行最后的判断，理智地接受安排。如，因为经营业务的需要，一家贸易公司要安排除夕晚上加班，经理也感到有点不近人情，担心员工不接受。公司顾问献了一条妙计，经理依计实施，事先和员工商量，可能需要春节期间连续加班一周。大家议论纷纷，于是经理就乘势退了一步，就大年夜加一个晚班吧。于是，除夕深夜忙完工作后，大家都高高兴兴地回家过年了(参见“反登门槛效应”)。

又如，公司人事部决定将员工乙调往偏远地区工作，在个别宣布决定时对员工乙说：“这些年你为公司做出了不少成绩，而且家里还有念高中的孩子。原本你是被列在裁员名单上的，但公司作人性化处理，想调你到某地营业处开拓局面，希望你能接受这个决定。”实际上，是用裁员和外派来作对比。“还好没有被裁员”，员工乙反而认为自己是幸运的，从而理智地接受了公司的调动。

24. 外面的世界更精彩

——乡村维纳斯效应

在偏僻、闭塞的村庄里，人们由于受到视野的局限，很容易用各种溢美之词来夸赞村里最漂亮的姑娘，久而久之，村里的人们都会认为这位姑娘就是世界上最美的人——维纳斯，再也想象不出还有更漂亮的姑娘；那位姑娘自然也就认为全世界要数自己最美。英国心理学家德·波诺在《实用思维》一书中描述了这种极为常见的社会现象：人们在认识事物时，一旦接受了一个与事实相符的解释，由于受到自我满足思维和定向思维的约束，往往无法想象还会有其他更好的解释。众所周知，维纳斯是罗马神话中爱与美的女神，于是，人们便将这种社会心理现象称为“乡村维纳斯效应”。

心理学上还有相类似的“隧道视野效应”，指的是一个人如果身处隧道，他能看到的就只是前后非常狭隘的视野，于是就把所看到的有限部分当作了事物的全部，因而缺乏远见和洞察力。

在日常生活和工作中，乡村维纳斯效应的表现形式很多。比如，在课堂上，老师提了一个问题后，一些优等生凭借敏捷的思维、扎实的基础率先举手，老师出于教学进度的考虑，随即让优等生起来回答。这样一来，本已跃跃欲试的中等生就会产生退却心理，即使有更好的回答也不敢贸然提出。又如，在讨论一项工作时，当主管部门负责人提出一项方案后，与会的领导人员认为大致符合要求，就不再思考其他的设想；当别人提出另外的设想和意见时，也往往会觉得不大可能会超过主管部门的意见，于是就不甚耐烦，草草通过，付诸实施。于是，人们都不再愿意提出修改、完善的意见了。

不少人都把发生在自己身边的事情当作最重大的新闻，把自己主管或参与的工作当作最重要的工作，把自己获得的奖励当作最顶尖的荣誉。从常理上说，这显然是不可能的，其实就是乡村维纳斯效应在发生作用。这说明人们的认识具有一定的局限性，而且容易受到主观情绪的影响。当然，在自己身边发生的事，与自己相关的事，尤其是自己倾注了心血的事，更容易引起兴趣和重视，容易产生“敝帚自珍”的心理感觉。虽然这是人之常情，也无可厚非，但千万不能影响到对事物的客观评价，以及与其他事物的比较关系，不能出现过于夸大的偏差，产生“瘌痢头儿子自家好”的偏狭心理。

乡村维纳斯效应的发生大致有三个原因：① 封闭视野的局限。人们在感知事物时，往往会受到视野和知识的限制，以及已有经验的影响，无法了解并想象认知结构之外的未见事物。所以容易满足于现状，满足于自我欣赏。② 自我满足的心态。人们在认识事物时，对某个问题得到了一个合乎逻辑的解释，就把它当作唯一正确的解释，于是就产生了自我满足感，不想再去寻找其他的更完美的解释。事实上，很可能还存在着更好的答案。③ 乡村维纳斯的魅力。人们获得的貌似合乎逻辑的解释，具有相当的吸引力，特别是在尚未出现新的更完美的解释之前更是如此。在封闭的环境中，人们常常会被它所陶醉、满足，因而失去了向村外寻找维纳斯的兴致和欲望。归纳起来说，乡村维纳斯效应缘于在封闭环境下自我满足、自我陶醉的心态，禁锢了人们的思维，从而无法打破原有的格局，实现新的突破、新的超越。

乡村维纳斯效应对于思想工作来说是十分有害的。思想工作者应当不断地拓宽自己和工作对象的视野，勇于开拓，勇于创新，不断地超越原有的水平，创造出更加美好的业绩。

(1) 开阔眼界和胸襟

产生乡村维纳斯效应的最根本的原因，就在于眼界受到了限制，闭耳塞听，孤陋寡闻，坐井观天，势必只能看到井口那一点地方。只有没见过大世面的人，才会认为自己所见的就是最好的。如果走出过乡村，见过更多的美女，谁还会随便就认定村里的那个姑娘就是最美的维纳斯呢？俗话说得好：“山外有山，天外有天。”这就是说要走出偏僻的乡村，走向广阔的原野，不能陶醉在良好的自我感觉之中，更不能把自己限定在一个狭小的框框里。骏马有强烈的愿望去扩展自己的视野，才能驰骋千里；而驴故步自封，就只能围着磨盘拉磨。“欲穷千里目，更上一层楼”，要想看得更加广阔远大，就必须登上高峰，不断地超越自己。当个人的能力和胸襟提高到一定的层次之后，视野和思路往往会随之开阔。

（2）克服自我满足的心态

乡村维纳斯效应的一个最主要的表现就是自我满足。“器小易满，海纳百川”，是说小的器皿装入不多的东西就会满溢出来，而无边无际的大海却能容纳无数大江大河的汇入。被称为“晚清四大名臣”之首的曾国藩说过：“凡物之骤为之而追成焉者，其器小也。物之一览而易尽者，其中无有也。”所以古人说：“人患乎自满，满则止也。故禹不自满假，所以为贤。虽学亦当常若不足，不可临深以为高也。”

要认识到，自我满足是人生道路上的羁绊。要自觉地克服自我满足、自我欣赏的心态，不满足于现有的“乡村维纳斯”，而要勇于去寻求“乡村之外的维纳斯”。做人是这样，优秀之中还有更优秀的，能人背后还有能人，要客观地看待自己和他人，岂可“关起门来称大王”？做事也是这样，要尽可能追求完美，所以有了一个合格的方案不能自满，可以再考虑一下，是否还有更好的办法？可以通过头脑风暴，沟通、讨论，集思广益，形成几个方案，斟酌比较，择善而从；或者集几者优点而行之，其结果一定会比单独的一个方案更完美（参见“甜柠檬效应”）。

（3）不断接受新理念新知识

乡村维纳斯效应还常常表现为封闭自守、墨守成规、夜郎自大，以消极的心态看待万事万物。当以陈旧、固执的意识作为主导时，思维和行动就很可能会产生偏差。因此，要想避免坐井观天式的自大、自恋，就特别需要学习新理念、接受新事物，掌握现代化新知识、新技术，放眼社会，放眼全球，跟上时代的步伐，获取多方面的体验，突破狭隘的隧道视野，真切地感受到“外面的世界很精彩”。有了世界的眼光，有了创新的意识，志在高远，力求完善，就不会故步自封、满足于现状，更不会自我陶醉。

25. 准确认识事物的成因

——归因偏差效应

在社会生活中，每个人都有探究与自己有关的重要事物成因的意向。譬如，人们常常把自己的成功归因于勤奋努力、大量付出等内部因素，而将自己的失败和挫折归咎于机遇不好、他人作梗等外部因素。但是，在分析他人成败时却又恰好相反，将他人的成功归因于运气好、他人帮忙等外部因素，对他人的失败则归因于方法不当、不够坚韧等内部因素。你可以坦率地回想一下，上述这些心理现象，你及你的周围是否曾经出现过？对于大部分人来说，这类问题都可能遇到过。

所谓归因，是指人们对自己或他人的行为结果进行分析，判定其性质或推论其原因的过程。它是社会生活中普遍存在而又十分重要的认知现象。归因是人类的一种普遍的心理需要，每个人都会从其自身经验中归纳出一套行为与其原因之间联系的看法和观念。所谓归因偏差，指的是认知者系统地歪曲了某些本来是正确的信息，有的源于人类认知过程固有的局限，有的则是由于人们不同的动机造成的。归因偏差会导致后续的心理和行为等一系列反应，乃至更大的偏差，这种现象就称为“归因偏差效应”，相关的还有“失败归因效应”“过度归因效应”。

归因的结果对人的后续行为有很大的影响。正确的归因有助于提高人们行为的积极性主动性，并产生对自己及他人有利的、合理的结果；错误的归因则会造成行为动机的削弱，导致异常行为的产生。因此，分析影响归因的因素是必要的。有专家指出了归因中比较重要的四个方面因素：① 社会视角的影响。由于人们在归因上的社会视角不同，因而对行为原因的解释也有明显的不同。② 自我价值保护。个体在归因过程中，对有自我卷入的事情的解释，带有明显的自我价值保护倾向，即归因容易向有利于自我价值确立的方向倾斜。③ 时间因素。随着时间的流逝，归因越来越具有情境性，人们会将过去很久的事件解释为背景的原因，而不是行为主体、刺激客体的原因。④ 主客观因素。如能力高低、努力程度、任务难易、运气好坏、身心状态、外界环境。鉴于上述几个因素的综合作用，在现实生活中，人们对自己及他人的归因偏向和差别是难以完全避免的。甚至可以说，这种归因偏差是由人类的本能所导致的。

控制点 / 稳定性 / 普遍性	内部归因		外部归因	
	稳定归因	不稳定归因	稳定归因	不稳定归因
普遍归因	智力不足	体质不佳	试题太难	运气不好
特殊归因	装配能力恰是弱项	装配考评恰好感冒	装配考评试题太难	装配考评运气不好

为什么会产生归因偏差呢？其实，一件事情的结果通常是由多种因素综合作用形成的，如果人们在归因判断时明显偏重于某一个方面，就会导致认知结果上的不平衡，结果势必是不科学、不理性的。人们之所以会不自觉地产生归因偏差，是由于人类的某些心理本能。人们在归因时总是倾向于对自己有利的方向和角度，而且只要不是过于强词夺理和毫无依据，很多时候也看似有理，至少是说得过去的。这也就造成了“公说公有理，婆说婆有理”的状况。正是因为这样的心理倾向，导致人们在成功时都感到是因为自己有能力，失败时则都力图把责任推诿给外界和他人。

心理学家深入研究了导致归因偏差的因素，大致有以下五个方面：① 基本归因偏向。这是指对人的行为进行归因时，高估内在倾向作用而忽视情境因素作用的一般倾向。因此常常出现个人归因多于或强于情境归因的现象。② 行为者与观察者的归因偏差。由于双方的角度和出发点不同，对于同一行为，行为者与旁观者所作的归因常常是不同的、有分歧的。研究表明，实施行为的人往往强调情境的作用，对自己的行为多强调外部原因，作外部归因。而旁观者常常强调并高估行为实施者自身的、内在的因素。③ 利自己主义归因偏差。出于个人情感上的需要，以及维护自尊心和良好形象的需要，人们常会有一种居功自赏、文过饰非而避免对失败负责的倾向，容易将良好的行为或成功归因于自身，而将不良的行为或失败归因于外部情境或他人。④ 低估一致性信息偏向。在某些情况下，个体往往会忽视一致性信息，因而人们的判断就会偏离归因理论的预测，实际上就是忽视了行为基线水平的表现。⑤ 群体归因误差和利组归因偏向。群体往往也会作出利己主义的归因，这种现象称之为“利组归因偏向”或“群体中心偏向”。管理者或员工在对自己所属群体的行为和其他群体的行为进行归因时，往往会表现出群体归因偏向。

普通人在日常工作和生活中出现一定程度的归因偏差，是很自然、很正常的，对于人的心理调节和自我防卫是有利的，因而无可厚非。但是，作为思想工作者，则要有更高一层的认识，尽可能全面、客观、准确地进行归因。思想工作者学习并运用以下四种思维方式，有助于避免归因偏差效应。

(1) 系统思维

思想工作者要加强调查研究，全面、系统地了解事物变化的原委和整体情况，深入了解影响事物发生、发展、演变的各种因素，以及各因素互相之间的联系及相互影响，抓住主要矛盾及主要矛盾方面。不要止步于任何外部理由，而要深入发掘外部理由背后的原因。对归因理论做出重要贡献的心理学家海德曾指出，人们通常认为，任何特定的行为都是由许多原因造成的。按照协变性的原则，应该在许多不同的条件下寻找特殊结果和特殊原因的联系。所以要尽量避免首因效应、近因效应、晕轮效应、自己人效应等种种有可能导致干扰和偏见的影响，防止以偏概全(参见“蝴蝶效应”)。

(2) 客观思维

思想工作者要保持客观、理性的态度，对事物进行归因时，要适当抽离个人好恶的因素，不使自己的判断因受到感情、利益等因素的干扰而产生偏差。可以尝试着将事物迁移至另外两个完全不相关的人身上来分析，使得自己能够更加公正客观地思考和归因(参见“晕轮效应”)。

(3) 自省思维

思想工作者要经常自省，反思自己的思考和归因是否理智与客观。如果仅仅是站在自身的角度，从常规的逻辑出发，归因的结果往往会有片面性。所以，还要学会换位思考，以另外的角度和立场来思考应当如何准确地归因，将心比心，知己知彼（参见“苏东坡效应”）。

(4) 综合思维

思想工作者要多听取他人的意见，集思广益，避免偏听偏信和钻牛角尖。只有听取不同角度、层面的意见，才能得出比较全面的见解，把握事物的本质与全貌。心理学家凯利曾经指出：“某一特定原因在产生特定结果中的作用，假如有其他似是而非的原因也存在的话，应该打折扣。”也就是说，世界上的事物往往是多因一果的，在有一种以上的原因可能起作用的情况下，我们的归因就不要做得太自信，不要轻易把结果归因于某个特殊的原因。

当然，并不是说对所有的事物都要如此全面周到地运用上述几种思维，只是说要培养这样一种思维方式，并且对重要的事物进行全面周到的归因分析，进而针对问题的成因，有针对性地提出后续工作方案，避免归因偏差效应。

26. 小事决定大局　细节成就完美

——蝴蝶效应

美国气象学家爱德华·罗伦兹1963年在一篇提交给纽约科学院的论文中写道:“一只海鸥扇动翅膀,足以永远改变天气变化。”罗伦兹还制作了一个电脑程序来模拟气候的变化,并用图像来显示。他发现,图像是混沌的,而且十分像一只张开双翅的蝴蝶,于是他就形象地将这一图形以“蝴蝶扇动翅膀”的方式进行阐释。在以后的演讲和论文中,他最常见的阐述是:“一只南美洲亚马逊河流域热带雨林中的蝴蝶,偶尔扇动几下翅膀,可以在两周以后引起美国得克萨斯州的一场龙卷风。”他分析道:蝴蝶扇动翅膀的运动,导致其身边的空气系统发生变化,产生微弱的气流,而微弱气流的产生又会引起四周空气或其他系统产生相应的变化,由此引起一串连锁反应,最终导致其他系统的极大变化。对此形成的原因,罗伦兹进一步指出,事物发展的结果,对初始条件具有极为敏感的依赖性。由于误差会以指数形式增长,一个微小的误差随着不断推移就会造成了巨大的后果。在大气运动过程中,即使各种误差和不确定性很小,也有可能在过程中将误差积累起来,经过逐级放大,形成巨大的大气运动。于是,这种不起眼的一个小动作却能引起一连串巨大反应的现象,引起了社会各界的共鸣,原本是气象学上的概念就演化成了社会心理学上的“蝴蝶效应”。

蝴蝶效应为什么会引发如此强烈的结果呢?大致有三个原因:① 借助于杠杆原理。发现杠杆原理的古希腊物理学家阿基米德曾对国王说:“给我一个支点,我就能撬动地球。”要让杠杆发挥作用,很重要的是要找到合适的支点,支点不合适,就达不到省力的作用,做功也不会大。蝴蝶效应之所以能产生作用,就是因为蝴蝶成了蝴蝶效应的杠杆支点,起到了放大器的作用,引起了连锁反应,从而引发了蝴蝶效应。② 得益于暗中生长。开始时蝴蝶只是一个微不足道的昆虫，因此有机会暗暗地生长。如果蝴蝶一开始就高调喧哗、引人注目，那它就不可能有机会得到发展。③ 依赖于逐步累积。蝴蝶效应是逐步形成的，蝴蝶扇动翅膀产生的微弱气流，只能影响到周边小范围的空间，再逐层向外扩展，逐步累积，量变终于酿成了质变。

如今，蝴蝶效应几乎是一个尽人皆知的心理现象，思想工作者从中仍然可以从多角度获得启示，在日常生活和工作中灵活地运用。

(1) 洞察秋毫，发现蛛丝马迹

人们常说："细节决定大局""细节决定成败""千里之堤，毁于蚁穴"。然而，蝴蝶效应的发端往往是十分微小的，不易被人们发现和重视。但所有事物都有一个发生、发展的过程，突变总是从渐变开始的。即使在初始阶段，即使表现的形式很隐蔽，也会有一些蛛丝马迹。思想工作者应当保持高度的敏感，时时留心身边的人和事，处处在意那些关键性的细节，注意发现那些可能会发展、蔓延的苗子。一些单位发生火警事故、工伤事故，往往与平时不注意严格遵守操作规范、没有及时发现和处置事故隐患有关，留下了惨痛的教训。

上海纺织系统思想工作者 20 世纪 60 年代在实践中发明了"上班看脸色，吃饭看胃口，走路看脚步"等思想工作经验，因而从日常小事中发现了许多不良事件的征兆，及时处置，从而将不良因素消除在萌芽状态，几十年来避免了许多矛盾激化的情况。

(2) 防微杜渐，认真对待小事

2004 年 2 月，在云南大学宿舍连杀 4 个同学的马加爵入狱后在遗书中写道："……他们为了打发时间约我打牌，我很乐意地接受了，其实我们原来也经常玩牌的，其实无须掩饰，我智商真的比较高，所以打牌经常赢，几个同学都怀疑我作弊，我坚持说没有，谁知道那三个我自以为平时没有歧视过我的同学，以为一直平等对我的同学，竟然恶语伤我，蹂躏我的人格……"这几个同学根本不会想到，仅仅是因为说马加爵打牌作弊就招来了杀身之祸。

无独有偶,2010年在佛山连杀13人的狂魔成瑞龙总结了自己犯罪的四大外因,其中第一条就是:"当年在学校,班主任认为我调皮,勒令我退学,这是我人生的一大转折点。"谁又会想到,当年班主任的一个举措,竟然会成为引发轰动全国惨剧的间接诱因。

这两个案例的共同点就是,一件微不足道的小事,甚至是一个无关紧要的误会,竟会引起蝴蝶效应,与多条人命联系起来。所以,对于生活、工作中的小事、细节,不能掉以轻心,也不能听之任之,任其成为一个更大事件的支点,引发给社会、单位、团队造成重大危害的风暴,而必须认真对待,并关注事物之间的关联性。正所谓"小事成就大事,细节成就完美,习惯改变人生"(参见"瀑布效应")。

(3) 及时果断,阻断连锁反应

如果在不经意间做出一些不妥当的事情,或发生了一些难以预料的突发事件,思想工作者应当直接或提请相关部门及时、果断地采取相应的补救措施,阻断可能引发的恶性连锁反应,避免更大的损失。

所谓突发事件,是指突然发生的、造成或可能造成严重社会危害的自然灾害、事故灾难、公共卫生事件和社会安全事件。在信息传播十分快捷的今天,对某个范围内的突发事件如果不能迅速、正确地处置,就可能如蝴蝶效应般蔓延,引发连锁反应,甚至引发更大范围的危机。遇到这类涉及本单位的突发事件,思想工作者要按照工作职责,快速进入角色,积极参与突发事件处置工作,尤其要贯彻"真实、准确、适度、及时"的要求,掌握主导权,用好话语权,通过有序、妥善、合理的媒体应对和舆论引导,尽快澄清事实、遏制谣传、解疑释惑、安定人心,弱化负面影响,促进突发事件的缓解或化解。在具体处置方面,要遵循"快报事实、慎报原因、求实为本、依法处置"的原则,根据突发事件领导小组确定的报道口径,主动向公众公布事件的真相、相关单位的态度,以及正在采取的措施及进展情况。要保持同当地主流媒体的沟通,持续提供准确信息、正面信息,主动给料,赢得主动,使权威信息保持舆论引导的主流地位,以赢得社会公众的信任,恢复和树立良好形象。

(4) 恰当引导，强化传播效果

需要指出，蝴蝶效应引起的不单是恶性的风暴，如果引导得当，也能引发良性的风暴，产生积极的传播效果。2007 年，一篇题为《请星巴克从故宫里出去》的文章在博客中发表后，引来了众多网友的关注，7 个月的累计阅读量达到 57 万多人次，同时也引发了众多网站和传统媒体的转载报道，引起了社会的广泛关注。许多人认为，知名咖啡店星巴克是西方饮食文化的一种代表符号，开在古色古香的故宫大殿一角，对故宫是一种视觉污染，对古老的中国文化也是一种糟蹋。有学者甚至认为，星巴克入驻故宫，已经不是商业经营层面上的问题，实际上意味着消费文化对中国传统文化空间的挪用。最终，在此营业了 7 年之久的星巴克撤离了故宫。可见，良性的蝴蝶效应能凭借网络极大的影响力激起良性的风暴，对社会公众起到积极的引导作用，产生出乎意料的正面影响。

27. 德高智优威自崇

——权威效应

美国心理学家曾做过一个实验：在给心理学系学生上课时，请来一位“德国著名化学家”做示范，只见“著名化学家”煞有其事地拿出一个瓶子，介绍说这是他最新发现的一种化学物质，有一股说不清的味道，让在座的每个学生闻到气味时就举手，结果大部分学生都举起了手。实际上，“著名化学家”只是一名从外校请来的普通德语教师，瓶子里装的也是普通的蒸馏水。为什么大部分学生都会感觉到原本并无气味的蒸馏水会有味道呢？这种因权威人士的意见而影响客观评价的现象，就称为“权威效应”。

什么是权威？简言之，就是因能力超群、绝招在手、知识渊博和人格高尚而产生的一种令人信服的力量和威望。对一个地位高、有威信、受人敬重的人，人们总是倾向于重视他所说的话及所做的事，并容易相信其正确性——这种权威效应，是古今中外普遍存在的一种社会心理现象。

《文心雕龙》是中国第一部有严密体系的文学理论专著，成书于 1 500 多年前的南朝时期。作者刘勰写出该书后无人重视，他请当时的大文学家沈约审阅，沈约并不理睬。无奈之下，刘勰假扮成卖书人，将作品给了沈约。沈约阅读后大加赞赏，《文心雕龙》得到权威人士的认可之后，口口相传，于是很快就成为经典名著，身价百倍。

举世闻名的航海家麦哲伦在环球航海之前，想要争取国王的支持。因为哥伦布航海成功的影响，很多骗子觉得有机可乘，都打着航海的招牌来骗取金钱，所以国王十分警惕。麦哲伦就请了久负盛名的地理学家路易・帕雷伊洛一道去劝说西班牙国王卡洛尔罗斯。帕雷伊洛是人们公认的地理学界的权威，国王尊重、信任他，他的专业介绍让国王心悦诚服。正是因为他，麦哲伦才获得资助，得以取得环球航行的巨大成功，从而证明了地球是圆的。环球航海结束之后，人们才发现，那时帕雷伊洛对世界地理的某些认识是不全面甚至是错误的，计算结果也有偏差，但这一切都无关紧要，国王正是因为权威效应，才支持并成就了麦哲伦环绕地球航行的壮举，从而改变了人们一直以来“天圆地方”的观念。

如今，不少企事业单位，以及学校、商场、酒店、娱乐场所都愿意请党和国家领导人或各界权威人士题写招牌、匾额，来影响和引导社会大众的态度和行为。如百年老字号品牌东来顺餐饮企业就挂出当年毛泽东主席题写的匾额“东来顺要永远保存下去”。不少书籍也邀请高层领导或专业领域的权威题签、作序；药品、保健品的宣传资料，常请医药界的权威人士出面赞誉，或刊登政府官员和医学专家的题词和照片；在论文和口头辩论中，常引用权威人士的论断来作为论据；2003年“非典”之后凡出现了传染病疫情的苗子，电视台等媒体就请出医学专家钟南山等做节目，介绍防病治病的知识。所有这一切，都是权威效应在起作用。

权威效应形成的心理机制，大致源于两个方面。① 安全心理。人们一般认为权威人士是某一领域的资深专家，掌握了丰富的知识和全面的信息，他们的思想、行为和意见往往是正确的，听从他们的意见会使自己具有安全感，增加不会出错的“保险系数”。② 赞许心理。人们总认为权威人士的言行往往符合社会规范和道德要求，按照权威人物的模板去行动，容易得到各方面的支持和赞许，至少不会偏离社会主流规范。这两种心理的综合作用，就促成了权威效应的发生。

面对权威效应，思想工作者要全面地把握、理性地运用，促成思想工作取得良好的效果，避免不良的副作用。

(1) 遵从权威，获取智慧

权威代表着地位、实力、信誉、威望、权力。人们对权威的服从通常出于认同的心理。一般来说，在某个特定的领域内，权威人士曾取得过卓越的成就，具有丰富、全面的知识，有过人的智慧和见识，又能较快地获取第一手的信息，因而常常会有较强的洞察力、分析力、判断力，为此，他们的意见常常值得尊重和顺从，也可以作为进一步独立思考时学习借鉴、获取智慧的重要材料。

(2) 辨识权威，理性对待

事实上，即使是权威在专业领域内也不是绝对正确的，他们偶尔也会有失察、失误，因而不能盲目地迷信。对于权威的意见，还是要独立思考，有选择地接受。著名音乐家傅聪说过一个事例：音乐大师鲁普所演奏的一首乐曲，最后一个音符总是错的，因为他看错了，但没有一个人敢怀疑，更没有人敢告诉他。“大师”的桂冠将他与事实隔绝开来，实在令人遗憾。现今学科领域分得越来越细，即使是权威级的专家，一旦离开擅长的领域，或许比普通人也高明不了多少，对他们发表的跨专业、跨领域的意见，往往不值得太过信从。还有一些“拉大旗，作虎皮”，利用权威人士的名望来唬人、镇人、压人的，如电视购物节目中的所谓“名医”“大师”，更要善加甄别，理性地拒绝和揭露。

(3) 突破权威，勇于创新

对于权威的意见，不能迷信、盲从。权威人士往往是根据自己以往的经验来作出分析、判断的，一旦情况有变化，过去的经验就未必适用。因此，对权威人士过去得出的结论，尤其是权威人士跨越专业领域的意见，更值得思考、深究。要从当今的环境和任务出发，独立思考，敢于创新，大胆提出自己的见解，突破前人的论断。当自己的意见与权威意见相左时，要仔细地加以考虑，比较异同，不能随便就放弃，要对自己的判断有信心，并且在某些情况下坚持自己的判断。

(4) 借重权威，提高效率

在思想工作中，要善于借助权威人士的意见，来影响、引导工作对象的思想和言行，如邀请相关专家做专题辅导报告，增强思想工作的说服力、感召力、影响力，以达到引导和改变工作对象思想、态度和行为的目的。这样做，时常可以起到事半功倍的效果。

此外，要注意区分权威效应与名人效应的不同之处。权威效应是指人们重视并信从权威人士意见的心理倾向；而名人效应则是人们效仿名人、追逐名人的心理倾向。两者有着作用方向的差异，也有作用力的不同。

28. 重视位卑者的真知灼见

——地位效应

美国心理学家托瑞曾做过一个实验：让飞机场空勤人员一起讨论如何解决某个实际问题，其中包括领航员、驾驶员、机枪手等，规则是要求每个成员必须提出各自的解决方案。讨论中，托瑞把各人提出和同意的过程都记录下来。分析后发现，绝大多数成员都同意领航员提出的解决方案，只有很少人同意机枪手提出的方案。进一步分析的结果是，当领航员提出的办法正确时，所有人都100%同意；而当机枪手提出正确的办法时，只有40%的人同意。

在日常工作和生活中，我们常常看到，地位高的人所提出的意见和办法，会被多数人认同、赞成；而地位低微的人所提出的意见和办法，哪怕是正确的，或与地位高的人所提出的一模一样，也很少会被人认同、赞成。在心理学中，人们把处于不同地位的人提出的意见和方法产生不同作用的现象称为“地位效应”，也就是通常所说的“言由人定，人以位尊；人贵言重，人微言轻”的社会现象。

研究发现，地位效应确实是普遍存在的，其发生的主要原因大致可归纳为以下四个方面：

① 经验才华说。相对而言，位高者一般都具有资深的经历、丰富的经验，拥有过人的智慧和才华，人们仰视之下，就会对他们十分信任、十分崇拜，对他们的意见也就格外信奉，不再去怀疑、分辨是非对错，于是，服从也就成为最保险的选择。而对于位卑者，本来就是很普通的人，人们常常根本就瞧不起，甚至觉得还不如自己，因此，总是低估了位卑者的能力和智慧，于是对位卑者的意见往往不屑一顾，即使是正确的也总是将信将疑。

② 权力名望说。位高者往往拥有权力，或名气，或财富，由于社会习惯的影

响，他们以往的成功，就容易使人们产生一种遵从感。其中一些人内心有所求，如为了工作有成、晋升顺利、生活安逸，就不得不服从位高权重者；一些人为了避免各种不必要的麻烦、误解、报复，而不得不屈从于位高者，否则就会产生一种不安全感，甚或失落感、恐惧感。再加上那些心术不正、拍马溜须者的曲意奉承，位高者的意见更是被奉为圣旨。而对位卑者，人们无所求、无所惧，因此一般会做出如实的反应，甚或忽视的反应，从而形成了人微言轻的地位效应。

③ 信息优势说。平心而论，位高者与位卑者持有信息的量与质是不同的。位高者处于金字塔的顶端，获取信息的渠道众多，可以迅速拥有整个组织的信息总量，这些信息又经过滤和分析，从而凝炼出最有价值的信息。因而，位高者在全面、优质、有价值的信息基础之上作出的判断，自然拥有足够的分量，比较接近事物的客观情况和发展趋势。再加上处于高位，人们的关注程度就高。反观位卑者，由于处于金字塔的低层，得到的信息相对有限，有些还是混淆耳目的小道消息，在全面性、准确性上难免打了折扣，再加上思考分析时间和传播渠道有限，因此，位卑者的意见往往不太会引起人们的重视，也就不大可能发生很大的影响。

④ 表达充分说。“权大气粗、财大气粗、学大气粗”，正说明了位高者处于金字塔顶端的“霸气”，因而他们表达意见的机会和渠道比较多，又没有什么限制和顾忌，因而表达时比较充裕、充分。当顶着一个头衔说话时，气定神闲，侃侃而谈，言之凿凿，就算没什么独特的见解，听众也都趋之若鹜。而位卑者的主要精力用于具体工作，表达意见的机会和渠道相对较少，再加上表达能力和时间上的限制，难免因有所顾忌而显得紧张，吞吞吐吐、疙疙瘩瘩，表达效果就可能大打折扣。

以上四种情况互相交融、互相促进，就导致了人们往往重视位高者意见、轻视位卑者意见的结果。对于这种“言由人定，人以位尊，人贵言重”的社会现象及原因，思想工作者要有清醒的认识，并且有针对性地做好纠偏和补救工作，更加全面地听取广大群众的意见。

(1) 让位卑者有机会发表意见

事实上，位卑者往往处于本单位生产、经营、管理、教学、服务等实际工作的第一线，对自己所从事的具体工作往往比高层领导更熟悉，对于工作的实际状况和存在问题有着切身的感受，因而更有发言权，也时常会萌生独到的见解、有效的措施，只是常常会因地位效应而被湮没。因此，思想工作者要深入基层、深入群众，善于听取位卑者的真知灼见，并创造适当的机会给他们表达，帮助领导吸取有益的意见和建议，促进本单位工作的改进和提高。即使位卑者的意见有些缺陷，也要从谅解的角度去看待，尽量从正面去理解和吸收，并作出积极的回应。

(2) 位卑者发表意见要注意与职位的匹配度

要引导位卑者认识到自己职位和视野的局限性，因而提出的意见、建议一定要从自身的岗位优势出发，只限于具体的事项，不宜作过多的扩展。有位学者说得好："即使是知识渊博的专家，也只是某个专业领域中的专家。一旦跨出了专业，专家也不比普通人聪明多少。"所以，提出意见和建议时一定要扬长避短，避免因知识和信息的局限而出现严重的瑕疵，影响意见的被接受度。

在发表意见的时机上，也要注意职位的匹配度。比如在会议上，不能抢先、越位。在一次创业论坛上，著名企业家、蒙牛集团创始人牛根生讲了几年前"水大漫桥"的亲身经历："什么事情就怕换个角度去看，我被撤职，现在来看主要的责任在我。我是企业的二把手，但却做了'水大漫桥'的事。现在我已经是一把手了，如果我的副职也做了'水大漫桥'的事，我很可能也容忍不了。"就是因为缺乏职位感、越级处事，牛根生 1998 年被撤销了伊利集团第一副总裁的职务，教训可谓深刻，值得记取。

(3) 位卑者提出意见要注意方法

要引导位卑者看到地位效应的实际状况，在提出自己的意见时要注意方式方法，以提高意见、建议被采纳的可能性。

① 要注意场合和时机。有些意见，在小范围内提出领导还能够容忍，但不适合在大范围表达。开会的时候，位卑者一般不宜抢先，如果时机适当，才可发表意见。尤其是比较尖锐的意见，一定要在合适的气氛中提出。要想明白，如果场合和时机不当，说了也是白说，还不如不说，免得引来各种各样的非议。

② 要拿捏好分寸。很多情况下，一个人说话做事的分寸，与他所处的地位有关。如果地位很低，哪怕你提的意见和办法完全正确，也很少有人会买账，更不用说去执行了，搞得不好还会招来妒忌和讥讽。所以，位卑者措辞用语要谨慎，注意分寸感，掌握好主流和支流的关系，不说过头的话、激进的话，多说谦虚的话、婉转的话，心平气和地表达清楚自己的观点，不能模棱两可。

③ 要注意方式方法。由于地位效应的作用，同样的建议，由不同的人提出，会有不同的遭遇。笔者年轻时在一家企业工作，曾经草拟并提出过一项工作方案，在领导班子讨论时很快就被否决。后来就找德高望重的老书记个别沟通，取得共识后，老书记随即在班子会议上再次提出，同样还是这些内容和做法，结果却获一致同意，方案实施后，效果良好。由此可见，对于议案草拟者来说，谁提出议案并不重要；而对于决策参与者来说，谁提出议案十分重要。如果在提出意见的方法、途径上委婉曲折一下，就能保证方案的顺利通过和实施，那何乐而不为？

29. 让名人发挥积极的引导作用
——名人效应

所谓名人，泛指在社会上有较高知名度的人士。名人一般都因其鲜明的特点和突出的成就，以及特定的人格魅力，而具有较高的知名度，有些还有相当的美誉度，因此常常会成为人们关注的焦点、模仿的对象，进而引发喜爱、仰慕、追捧、痴迷等行为。由社会名人的出场所引起的广泛关注、强化印象、扩大影响的效应，以及人们追逐、模仿名人的心理现象，统称为“名人效应”，相关的还有“偶像效应”。

从心理学角度来分析，名人效应的产生主要有三个原因：① 名人常常具有传奇色彩的独特经历，或在专业领域的突出成就，他们的一言一行、一举一动都会吸引相关群体的关注，形成强烈的视觉冲击力和吸引力。② 由于名人晕轮效应（参见“晕轮效应”）的作用，社会公众会产生一种爱屋及乌的心理倾向，对与名人相关联的一切事物都一概认同，进而接受由名人推荐的产品、意见和观念。③ 名人经过媒体的宣传而被社会公众所熟知和欣赏，甚至获得一部分粉丝的崇拜和喜爱，于是常常带来一种示范作用，引起人们的模仿，甚而引发一种社会时尚。需要指出的是，名人效应发挥作用的关键并不在于名人行为的优劣，而只在于他们名声的大小，即使是那些令人厌恶的名人，有时也会产生相当可观的社会影响力。

由于电子技术和互联网技术的迅速发展，网络媒体越来越方便快捷，名人在人们的社会生活中也就出现得越来越频繁，名人效应的运用也越来越普遍，对很多事物和活动起到了推波助澜的作用。很多人，尤其是年轻人出于对名人的喜欢、信任乃至模仿，形成了大大小小的名人粉丝群。

我们时常看到，某些团体及商家利用名人效应来达到自己的某种目的，如为提高知名度和信任度、扩大影响、增加销售提供助推作用，名人效应已成为吸引公众、广告创意、集聚热点的重要手段。环顾四周就可以发现，名人效应在商品广告中表现得最为明显。美国田径名将欧文斯代言的德国阿迪达斯运动鞋，巴西球王贝利代言的日本索尼公司贝塔牌录音磁带，英国摇滚歌星斯汀代言的日本麒麟牌啤酒，美国篮球巨星乔丹代言的美国耐克运动鞋，都曾风靡世界，经久不衰。英国已故王妃戴安娜的典型发式，当年就被命名为戴安娜式，引领世界时尚潮流。在中国，京剧《杜鹃山》公演时，杨春霞扮演的党代表柯湘受到人们的喜爱，"柯湘头"流行于大街小巷。电视连续剧《渴望》热播时，凯丽扮演的刘慧芳穿的格子衬衫曾流行一时。《霍元甲》登场时，女孩子都以留"秀芝头"为荣。《上海滩》上映时，主角许文强的衣帽打扮又成为男青年的追逐对象。电影《花样年华》播映后，一些女子纷纷按照张曼玉穿着旗袍的款式、色彩去仿制，引发了一股"旗袍热"。"超女"李宇春在湖南卫视《超级女声》一举成名之后，不仅她的唱片一路走红，而且她的"中性化"装束风格也成为一时的风尚。名人效应由此可见一斑。

近年来，为了争夺市场，各种形态的名人广告越来越多，除报纸、杂志、广播、电视、户外路牌等传统媒介外，网络、微信、游戏软件等新型媒体也纷纷加入，各类商业推广与促销活动层出不穷，让人眼花缭乱，应接不暇。据业内人士估计，全国80%的品牌借助名人，或广告，或代言，开展竞争。中国经济景气监测中心对北京、上海、广州三城市800余位常住居民的抽样问卷调查显示：50.2%的受访者认为名人广告会引起自己的关注，10.5%的受访者认为会刺激自己购买。不难发现，与其他广告形式相比，名人广告特别是名人直接代言产品，更具有吸引力、感染力、可信度，有助于引发受众的注意、兴趣和购买欲，同时凸显品牌实力，进一步完善企业和品牌的社会形象。当然，同时也会使广告中的名人更加知名。

应当看到，名人效应也是一把"双刃剑"。思想工作者对名人效应要一分为二，注重发挥思想工作的导向作用，与相关业务部门一道，尽量发挥其积极的效应，注意防止其消极的影响。

(1) 以名人效应激励人

一般来说，无论是政治家、科学家、企业家，还是影星、歌星、体育明星，名人之所以成为名人，是因为他们在某一领域有其过人之处，名人之所以能够取得成功，总是付出了相当努力的。因此，人们对名人的崇敬与喜爱，是一种积极向上的心理。但是不能仅仅停留在名人的光环上，而应当根据工作对象尤其是青少年对名人崇敬的心理，树立一些德艺双馨的名人形象，深入介绍这些名人在成名过程中的艰辛努力和可贵品质，激励工作对象像名人一样勤学苦练、刻苦努力、不畏艰难、精益求精，最终取得成功。

(2) 增强对名人效应的判断力

有些人出于对名人的喜爱和信服，很容易为形式化、表面性的形象所吸引，对名人产生盲从，从而轻易地接受名人的暗示，出现盲目追星的现象。因此，要引导工作对象理性地对待名人及名人效应，不能被名人的“光环”遮挡住自己的视线。对名人要尊重，但不要盲从，要相信自己的判断，不受名人效应的支配和裹挟。对自己喜爱的名人，适当地仰慕、追随、模仿，只要不影响日常的工作和学习，也无可厚非，但一定要有所节制。尤其是对名人广告，要从实际需求出发，坚持自己的判断，理性消费，克服冲动消费、盲目追星的欲念。

(3) 避免名人广告的误区

应当承认，名人的知名度构成了商品的附加值，成为对消费者心理需求的一种满足。名人作为具有号召力和影响力的“意见领袖”，强化了广告的同化功能，减少了信息传播中的阻力，也可以说是“眼球经济”的一个表征。然而，对名人广告的负面效应不可低估。一些名人广告，出现了喧宾夺主、个性不符、过度转换、道德风险、虚假违规、索价过高等不正常的现象，甚至引发了一些法律纠纷，对消费者、名人、企业都造成了不良的影响。因此，在实际工作中，要避免陷入名人效应的误区，对此应当有清醒的认识和把握。譬如，许多企业邀请名人做广告做代言，就要考虑选择的名人与本品牌产品的契合度，以及广告的表现手法，投放媒体的传播范围及频次，受众的接受心理，企业的承受能力等因素，突出富有个性的创意，注重投入产出比，防范风险，避免低效、无效的结果，真正把名人广告做精做好。

30. 走出习惯思维的“怪圈”

——毛毛虫效应

法国动物行为学家约翰·法布尔曾经做过一个著名的“毛毛虫实验”。他把许多毛毛虫放在一个花盆的边缘上，使其首尾相接，围成一圈，毛毛虫便开始沿着花盆的边缘，一条跟着一条、一圈一圈地缓慢爬行。即使在离花盆边缘不远处放上一些毛毛虫平时喜欢吃的松叶，它们也毫不理会。一天又一天，这些毛毛虫夜以继日地绕着花盆的边缘转圈，一连爬行了七天七夜，它们最终因为饥饿和疲惫而相继死去。法布尔在做这个实验前曾经设想：毛毛虫也许会很快厌倦这种毫无意义的绕圈，而转向它们爱吃的食物。遗憾的是，毛毛虫固守着原有的本能、习惯、先例和经验，难以打破尾随的习惯。后来，科学家把这种喜欢跟着之前路线行走的行为称之为“跟随者习惯”，把因一味跟随而导致失败的现象称为“毛毛虫效应”。

在自然界，毛毛虫效应在许多比毛毛虫更高级的生物身上也同样发挥着作用，其中比较典型的就是鲦鱼。鲦鱼因个体弱小而常常群居，习惯于尾随在强健者之后而不知转向。科学家将一条体力稍强的鲦鱼脑后控制行为的部分割除，此鱼便失去自制力，行动也发生紊乱，不再像其他鲦鱼那样盲目追随（参见“鲦鱼效应”）。

毛毛虫的行为似乎幼稚可笑，其实不然，人类不也是很容易受到毛毛虫效应的影响吗？就在我们身边，在工作、学习和日常生活的过程中，尤其是对于那些“轻车熟路”的问题，人们往往很容易产生思维上的惯性，固守原有的习惯、经验和先例，下意识地重复一些现成的思考过程，套用一些固定的行为方式。这就是导致毛毛虫效应悲剧的原因。其实，如果只要有一条毛毛虫能够破除尾随的习惯而转向去觅食，或许就可能带动其他的毛毛虫不走老路，避免悲剧的发生。

在社会生活中，人们经常会陷入毛毛虫效应的陷阱之中。有专家概括道，人们之所以会犯毛毛虫似的错误，不外乎六个原因：惰性思维、不愿创新、目光短浅、畏惧风险、缺乏胆魄、没有可行性目标。于是就出现了毛毛虫效应的几种常见表现形式：埋头拉车式、盲目崇拜式、理论迷信式、墨守成规式、惧怕风险式。由此可见，毛毛虫效应对人们的影响是非常大的。

分析了出现毛毛虫效应的原因和表现，思想工作者就不难采取对策，引导自己和他人，改变一味跟随前人路线和脚步行走的思维习惯，走出因循守旧的“怪圈”，从而开辟出一条适合自己的创新之路。

(1) 择善而从，不盲目地跟随他人

在日常生活中，不少人遇事总是看看别人怎么做，并总是倾向于跟随他人的想法、经验行事。“傻子过年——看隔壁子”，就是对这种行为方式的总结。在一个组织或单位里，人们很容易相信那些德高望重的成功者、经验丰富的“老法师”，于是就埋头跟随他们的脚步，亦步亦趋。有的单位领导者比较强势，决策果断，也屡获成功，于是人们就相信他们“一贯正确”，“领导的话就是真理”，理解的执行，不理解是因为自己的脑子笨，也要执行，从而放弃了自己对当前状况和需求的最基本的判断，放弃了独立思考，不由自主地依赖他人的既定思路和方法，妨碍了主观能动性和个人潜力的充分发挥。可是，如果总是跟在别人后面，走别人的老路，就可能会付出很多无谓的努力，也不利于自己的成长和进步。因此，不能盲目迷信、信奉他人，要倡导独立思考，择善而从，要根据新的任务和环境，敢于突破他人的思维模式和行为方式，找到一个新方向、新思路，创造出属于自己的新观点、新方法，在不断变化的新形势中谋求新的发展。

(2) 另辟蹊径，不一味遵从过去的经验

不可否认，过去的经验、固有的思路和方法具有相对的成熟性和稳定性，袭用过去的经验和思路，有助于人们进行类比思维，可以缩短和简化解决的过程，从而使对策行为更加便捷、更加顺手，避免走弯路，更具安全感。于是，人们就不由自主地依赖既有的经验，按固定思路去考虑问题，而不愿转个方向、换个角度去思考问题、创新实践。我们也要知道，任何经验都是在一定时期、一定条件下创造出来的，因而都有一定的适用范围，存在着局限性。一旦离开了时空条件，这些成功的经验不但不能顺利解决问题，反而有可能成为创新的束缚。因此，无论是前人的经验，还是自己的经验，都不能一味地遵从，因为固定的思维模式更容易麻痹人的创造能力。美国第十六任总统林肯曾说过："我从来不为自己确定永远使用的政策，我只是在每一具体时间争取做最合乎情理的事情。"

如果想要借鉴已有的经验，有两点需要思考清楚：① 要分析这种经验是在怎样的情况下得到的，是否仍然适应现有的情况？② 要充分了解当前所处的环境和状态，充分认识自己的优势和弱点，是否有借鉴这些现成经验的条件，并适当地加以改变和提升，不能盲目地因循守旧、墨守成规、一成不变。要用发展、变化的观点看待实际问题，跳出传统经验的束缚，与时俱进，不断创新，在实际工作中另辟蹊径，创造出新的经验。

(3) 与时俱进，敢于创新突破

时代在不断地变化和发展，创新已成为当今时代的主旋律。有句话说得好："在当今时代，唯一不变的就是变。"对于任何问题的解决都不能禁锢于以往的僵化模式，而要不断地创新，与时俱进，从而能够适应时代变化以及自身发展的需求。唯有在工作和生活中有所创造，摆脱自己头脑中的思维定势，不再因循前人的足迹，而是另辟一条属于自己的蹊径，才能百尺竿头更进一步。

其实，创新就是在自有经验和前人经验的基础之上，随着时代的不断发展，而改变自己的思维方法。创新或许会遇到风险，但是，"最大的风险是不敢冒险，最大的错误是不敢犯错误"。正是这种不敢冒险、不敢犯错的态度，使得人们故步自封、墨守成规。所以，我们要在变化中求发展。当遇到新的课题或新的任务时，当工作遇到挫折或陷于停顿时，不能像毛毛虫那样做毫无意义的努力，而应该转变观念，转换思路，另辟蹊径，创新突破，以便更有效率地工作，更好地掌控发展的主动权。

(4) 勇抢先机，打造核心竞争力

强调创新，绝不是一句空话。对于企业来说，创新和守旧往往只差很小的一步，关键在于如何快速适应形势和市场的变化。在市场竞争中，有的企业实施跟随战略，实际上跟也很难跟上，充其量只能缩小同竞争对手的差距，还往往会适得其反，被甩得越来越远。然而，如果找到一个新的方向和思路，就能开辟出一个新的天地，得到更大的收获。因此，只有勇于抢占先机，打造自己的核心竞争力，才有机会和竞争对手站在一个平台上竞争。

有一则小故事很有启发性。某小岛上发现了金矿，许多人纷纷来此淘金。有一个聪明的商人也想加入淘金大军，但他既没有购买大型机械的资金，也错过了最佳的采矿时机。怎么办？经过深思熟虑，这个聪明的商人筹措资金购置了一条船，从事小岛到大陆之间的航运，运送工人和矿石。尽管金矿的储备每况愈下，但聪明的商人还是盈利丰厚，赚得盆满钵满。他的成功之处就在于，在大家盲目投资跟进淘金时，果断地转向，抓住了相关的商机。

31. 摘下心灵上的“有色眼镜”

——刻板效应

苏联社会心理学家包达列夫曾做过一个实验：他让两组被试者同时观看一名男子的照片，并向两组分别介绍该男子的身份，告诉甲组“此人是个罪犯”，告诉乙组“此人是位著名学者”，然后请两组被试者分别对该男子眼睛深凹、下巴外翘等面部特征作出描述和评价。有趣的是，两组的解读竟有天壤之别。甲组认为：此人眼睛深凹，表明他凶狠、狡猾；下巴外翘，反映了他顽固不化的性格。乙组认为：此人眼睛深凹，表明他具有深邃的思想；下巴外翘，反映他具有探索真理的顽强精神。

为什么两组被试者对同一张照片的特征所作出的解读会有如此大的差异？原因其实也很简单，因为人们对社会各类别的人都有一定的定型认知，在与他人交往之初，人们常常会根据对方某些类别特征，将其归属到相应的类别中，并用刻印在自己头脑中的关于该类别群体的固定印象投射到对方的身上，对其也给予同样的看法和评价。把他当罪犯看待时，自然就把其面部特征归类为罪犯的属性；而把他当学者看待时，便把相同的特征归类为学者的属性。于是，就对他人产生了一种简单、笼统而又不易改变的认识，这是人际交往中经常出现的心理现象，称为“刻板效应”，又称为“刻板印象”“社会定型”。

刻板效应古代便有。在《三国演义》的描写中，与诸葛亮齐名的谋士庞统去拜见孙权，“权见其人浓眉掀鼻，黑面短髯，形容古怪，心中不喜”；庞统又去见刘备，“玄德见统貌陋，心中不悦”。在孙权和刘备的潜意识中，面目丑陋之人不会有什么才能，因而对庞统心生不悦。在小说作者那里，刻板效应发生了显著的作用。

在日常生活中，刻板效应的表现形式也是多种多样的。譬如，反映在地域上，认为北方人豪爽不羁，南方人精明细腻；一提到川妹子，总会联想到“泼辣”；说到东北姑娘，又会觉得是“宁可饿着，也要靓着”；还有“长沙妹子不可交，面如桃花心似刀”。反映在年龄上，一般认为年轻人上进心强，单纯幼稚，敢说敢干，容易冲动；老年人经验丰富，稳重保守，墨守成规。反映在性格上，认为活泼好动的人办事毛糙，沉默寡言的人城府很深，性格内向的人老实听话，爱挑毛病的人多是“刺儿头”。西方一些国家的民众刻板效应也许更为明显。1951 年美国学者吉尔巴特对普林斯顿大学学生进行过一项关于对一些民族和国家看法的调查，结果发现许多人的看法颇为一致。如大都认为，英国人有绅士风度，聪明，但因循守旧、保守；黑人无忧无虑、乐观，但迷信无知、懒惰；日本人聪明、机灵、勤劳，有进取心，但比较狡猾。可见西方一些人对他国国民尤其是有色人种存有固定的成见，甚至包含着种族主义的倾向。这种以简单归类对他人或人群作出的类化看法和评价，常常会造成有失公正的偏见，很不可取。

有人出了这样一个问题请众人回答：一位公安局长在路边同一位老人谈话，这时一个小孩跑过来，急促地对公安局长说：“你爸爸和我爸爸吵起来了！”老人问：“这孩子是你什么人？”公安局长答道：“是我儿子。”请问：这两个吵架的人和公安局长是什么关系？在被测试的 100 人中只有两人答对了，并且这两个人都是孩子：“局长是个女的，吵架的是局长的丈夫，就是孩子的爸爸；另一个是局长的爸爸，就是孩子的外公。”为什么这么简单的问题，那么多成年人答不出呢？这是由于成年人依照自己的固有思维，推想公安局长应该是男的，所以找不到答案。而小孩子没有这种固定认识，很快就能答对。可见，在人脑中一旦形成了类化看法、刻板印象，就进入了思维的死角，智力就可能在常人之下。

专家们分析了刻板效应形成的主要原因及产生的作用，这对思想工作者客观地评价和避免刻板效应很有帮助。

① 刻板印象是对社会群体在简单分类后得出的泛化认识。“物以类聚，人以群分”“近朱者赤，近墨者黑”，社会环境对于人们的影响是深刻而普遍的。属于同一个种族，居住在同一个地区，从事同一种职业，处于同一个年龄段，或有过相同的经历，这样的人群总会有一些共同的特征。而且在日常工作和生活中，人们并没有那么多的时间去详细了解某个人，在某些条件下只能对人们加以归类，

进行概括性地认识。因此，一般说来，刻板印象提供的归类认识的方法，就不失为初步认识他人的一条捷径。人们不仅对自己接触过的人会产生刻板印象，还会受到他人或媒体的影响，根据一些“老古话”等并不十分确切的间接资料对从未接触过的人产生刻板印象。从长远来看，这种泛化概括的认识遵循了从个别到一般、从个性到共性的思维规律，可以省掉很多处理信息的时间，简化人们的认知过程，有助于对他人迅速作出初步的判断，因而具有一定的参考价值。

② 刻板印象反映了某类群体成员的部分共性。由于刻板效应的作用，人们在认知某人时，会先将他的一些个性特征归属为某类成员，又把属于这类成员所具有的典型特征投射到他的身上，再以此为依据去认知他。比如，人们一般认为工人豪爽勤奋，农民淳朴憨厚，军人雷厉风行，知识分子文质彬彬，商人精明灵巧，会计精打细算；认为男人独立性强，竞争心强，豪爽而粗心，自信而有抱负，而女性则细心柔弱，依赖性强，爱好洁净，讲究外貌。由于这些判断建立在对某类成员个性特质抽象概括的基础上，一定程度上反映了这类群体成员的共性，因而有一定的合理性和可信度，可以增强人们在沟通中的适应性。

③ 刻板印象忽略了群体成员的个体差异性。刻板印象所反映的毕竟只是一种概括而笼统的看法，并不能完全覆盖所有活生生的个体，很容易导致遗漏或忽略一些重要的、个性化的信息。更何况人是很复杂的个体，并不是短短几次接触就能够全面了解的。如果不考虑他人的个性特征和具体经验，仅仅依据这种刻板印象评价或判断他人时，就难免会产生“以偏概全”的失误了。这常常是造成人们认知偏差乃至偏见的主要原因。若不及时纠正，任其进一步发展，有可能会导致认识扭曲，乃至歧视。

根据上述分析不难看出，刻板效应既有积极作用，也有消极作用。刻板印象反映了某类群体成员的共性，有一定的合理性和可信度，但如果习惯于对人进行机械的归类，用这种定型去衡量一切，就容易阻碍人们对于某类群体成员个性特性的完整认识，使人的认识固化、僵化，以“有色眼镜”看人，造成认知上的偏差和偏见，导致人际交往的困难和失败。

思想工作者尤其要注意，刻板印象一经形成，就很难改变。因此，在发挥刻板效应积极作用的同时，尤其要注意防止和克服刻板效应的消极影响。

(1) 用全面认识来消除偏见

刻板效应的消极影响主要表现为以偏概全，把人进行简单、机械的归类，把对某类人的评价移用到对某个人的评价，忽视了个体差异，因而影响到判断的准确性。因此，对刻板印象提供的笼统、固定的判断，只能作为认识过程中的一种参考，不能偏听偏信、全盘接受。对具体的人和事，还是要多角度地进行了解和分析，摆脱本位主义的狭隘眼界，尤其是要重视与刻板印象不一致的信息，用全面的、客观的认识来消除表面的、片面的、笼统的认识，消除局部的偏见和绝对化倾向。

(2) 用直接接触来掌握实情

大多数对于具体个人的刻板印象都来自以往经验或二手信息，客观上是由于接触太少而形成的。如果个人交际圈子过于狭窄，就只能获取较少的信息量，信息量的不足便会导致认识的简单化、片面性，就容易形成刻板印象。因此，对于一些比较重要的人和事，最好通过亲身接触来详细了解。事实上，在实际接触中，往往会发现工作对象身上有许多与刻板印象迥然不同的特质和个性特点，即使是刻板印象，所反映的状况在程度上也会有很大的不同。所以，思想工作者要深入到工作对象中去，与团队成员广泛接触，并重点加强与有代表性的成员沟通，不断地检索验证原来刻板印象中与现实相悖的信息，最终获得准确的认识，克服刻板效应的负面影响。

(3) 用创新思维来克服定势

如果人们所处的环境比较单一，该环境中的群体对外界事物的认知便存在局限性，并容易产生共鸣，对外界事物的分析判断就会产生刻板印象，处理问题常常会受到思维定势的支配。因此，思想工作者要勇于用创新的思维对待人和事，打破思维定势，不能按照以往的观念、意见、经验来推断个人、团队或事物的状况，更不能由已知的部分去推知全部，应有意识地克服习惯于用老办法解决问题的弱点，拓宽解决问题的思路和渠道。只有这样，才能少犯经验主义的错误，少走弯路，取得更好的工作效果(参见“思维定势效应”)。

32. 摆脱惯性思维的困扰

——鸟笼效应

近代杰出的心理学家詹姆斯是哈佛大学教授，1907 年，他和好友物理学家卡尔森同时退休。一天，两人开起了玩笑，詹姆斯说："不久你就会养上一只鸟的。"卡尔森不以为然："我不信！因为我从来就没有想过要养鸟。"当卡尔森生日那天，詹姆斯把一只精致的鸟笼作为礼物送上。卡尔森看出了詹姆斯的意图，笑着说："我只当它是一件漂亮的工艺品。你就别费劲了。"从此以后，客人来访时看见书房里那只空荡荡的鸟笼，几乎无一例外地都会问道："教授，你养的鸟什么时候死了？"卡尔森只好一次次地向客人解释："我从来就没有养过鸟。"然而，这种回答每每换来的却是客人困惑而有些不相信的眼神。终于，卡尔森不愿意忍受每次都要进行解释的麻烦，便买了鸟回来与鸟笼相配。詹姆斯的"预谋"奏效了。这是一个很有意思的心理现象，人们往往会在偶然获得一件原本并不需要的物品上，自觉不自觉地继续添加更多自己不需要的东西，这就是"鸟笼效应"。

心理学家分析道，产生鸟笼效应的直接心理原因是这样的：① 长期面对空着的鸟笼，主人自己会觉得别扭；② 每次来访的客人都惊讶地询问这个空鸟笼是怎么回事，或者把怪异的目光投向空鸟笼，会给主人造成一种心理上的压力；③ 主人对每次都要进行解释感到不厌其烦；④ 买回一只鸟比总是解释为什么有一只空鸟笼要简便得多。于是，主人通常会为了这只鸟笼，再买一只鸟回来养。于是，这个人就被笼子给异化了，成为笼子的俘虏。实际上，我们自己，以及我们周围的一些人，很多时候不都是在自己的心里先挂上一只笼子，然后再不由自主地买鸟放进去吗？

在日常生活中，形形色色的"鸟笼"无处不在，时刻对人们产生着诱惑和驱使。如，一位姑娘收到男朋友送的一束花，就特意去商场买来一只精美的水晶花瓶。为了不让这个花瓶空着，她的男朋友就必须隔几天送花给她。一件漂亮的衣服、一双精美的皮靴、一件精致的首饰，都可能成为引诱人的“鸟笼”。为什么人们会因为一件普通的物品，而不自觉地去添加更多自己并不需要的东西呢？答案很简单，就是为了满足人的各种心理需求。因为不想被人说买不起奢侈品，于是就在买了一个 LV 包后，又去买 CHANEL 的香水、DIOR 的时装、Hermes 的丝巾，这可能是出于攀比和炫耀的心理；因为买了一个全自动马桶盖而将整个卫生间装修一遍，这也许是追求完美的心理；因为不愿让花瓶空着，而不断地买来鲜花，这是在追求心理价值最大化的表现。

如今，鸟笼效应在商业领域运用得风生水起、出神入化。人们为了定时低价优惠，会早早地就去商场门口等候，把许多并不需要的便宜货“扫荡”回家；得到了一张大额的中奖券，心花怒放，就花费比中奖额高出许多的钱买回一堆不用的东西闲置在家；为了一份有奖大礼包，花了更多的钱打车去领奖……

有专家分析归纳了以“鸟笼效应”带动销售的三种常见模式：① 免费的鸟笼和收费的鸟。如，美孚公司 100 多年前进入中国时，就给当地居民免费赠送煤油灯，让人们体验到煤油灯的好处，很快就打开了市场，之后美孚石油就源源不断地涌入中国。现在，不少经销净水器的企业也采用这种手法，免费赠送净水器，然后通过更换不免费的滤芯来逐步收回成本。② 免费的鸟和收费的鸟笼。如，国内一些旅游景点为了吸引游客，免收“第一门票”，但园内的许多独立景点收费，专题展示收费，游乐设施收费，交通工具收费等，用免费的“鸟”来吸引人们进入收费的“鸟笼”。③ 免费的鸟和免费的鸟笼。如，有的马戏团表演，其搭建的戏台是免费的，提供的表演节目也是免费的，但众多的附加服务收费，喂养动物的食物要收费，游客拍照也要收费。有的低价旅游团也是这样，总有一些所谓“自愿”参加的项目，如不能不乘坐的“电瓶车”“缆车”“电梯”，收取的费用就不是一点点了。这些策略迎合了人类普遍的占便宜心理，既然不要钱，人们就愿意尝试一下，而一旦上了船，就会发现要下船就太难了。人们为了追求心理价值最大化，包括已付出了大量的时间、精力、体力、面子成本，而不得不消费更多相关的产品，于是鸟笼效应就被彻底引爆了。

是受到鸟笼效应诱惑的人不理智吗？也不尽然。尽管生活中到处都存在鸟笼，但鸟笼效应却不一定都会发生，这是由于鸟笼效应的发生也存在一些要件：①“鸟笼”不是孤立存在的，而必须和“鸟”“鸟食”等相关联，存在着必然的联系；②“鸟笼”的存在会诱发某些人的某种心理活动，诸如求异、求实、攀比、炫耀、贪图便宜、追求完美或价值的心理；③ 不去实施后续的关联行为的成本，会大于实施关联行为的成本。一旦这些要件与某些人的心理特征或需求相吻合时，鸟笼效应就不可避免地发生了。

鸟笼效应给人们多方面的启示。对于思想工作者来说，无论是自己开展工作，还是对工作对象的引导，以下三点提示值得重视。

(1) 不要受惯性思维的支配

人们看到鸟笼，就自然会想到鸟；如果鸟笼里没有鸟，就会觉得不合理、不完美。这就是人们的惯性思维。惯性思维会使人们遵循之前固有的思路去思考问题，就像物体运动时产生的惯性一样。可是，惯性思维会使人们的思想固定、封闭而形成盲点，把一些不合理的事物合理化，因而缺乏突破和创新。比如，胶卷行业的巨头柯达是 20 世纪最为成功的公司之一，2012 年 1 月，柯达却宣告破产了，埋葬柯达的就是他们的惯性思维。早在 1975 年，柯达工程师史蒂文·萨森就推出了世界上第一款数码相机。然而，因循守旧的柯达管理层错估了形势，主动放弃了未来，安睡在占据全球半壁江山的业绩上，因为当时只靠卖胶卷就能获得高额的利润。然而，随着数码相机爆炸式的发展，柯达胶卷的红利最终吃完了。可见，人们需要跳出限制自己的惯性思维，不断创新，与时俱进，才能使遇到的新问题迎刃而解。

(2) 不要过分在意别人的看法

卡尔森教授由于厌烦老是被人询问和质疑才买了鸟养着，这说明人们通常太在意他人的眼光，太在意他人对自己的评论和看法，从而形成心理上的压力，并且容易记住一些负面的意见。可是事实上，人们通常不会那么关注别人。认为别人十分关注自己，往往只是自己一厢情愿的错觉而已。何况一个人的形象在不同人的眼里都是不同的，同一个行为也会引起人们不同的评价。你所听到的，不一定就是多数人的意见。苹果公司前CEO史蒂夫·乔布斯说过："每个人的生命都是有限的，不要浪费时间活在别人的生活里。"所以，可以把别人的意见当作一面镜子，作为自己改进、提高的参考，但不要过分在意别人的看法，更不能作为自己心中的坐标，从而有意识地减轻外界对自己造成的心理压力。

中国民间有一则寓言故事，对此很有启迪。炎热的夏季，父子俩赶着一头驴进城赶集。起初，父亲骑驴，儿子牵着驴走，一位过路人看见后说："这个当父亲的真狠心，自己骑驴子，却让儿子在地上走。"父亲一听这话，赶紧从驴背上下来，让儿子骑驴，他牵着驴走。不一会儿，另一位过路人又说："这个当儿子的真不孝顺，不让父亲骑驴，自己却独自骑着，让父亲跟着小跑。"儿子一听此言，心中惭愧，连忙让父亲上驴，父子两人共同骑驴往前走。走了不远，一个老太婆又说："这爷俩的心真够狠的，那么一头瘦驴，怎么禁得住两个人的重量呢？驴真可怜啊！"父子两人一听也是，又双双下驴，谁也不骑了，干脆走路。走了没几步，又碰到一个老头，指着他们爷俩儿说："这爷俩够蠢的，放着驴子不骑，却愿意走路。"父子两人一听此言，左右为难，呆在路上，不知如何是好了。如果无论做什么事情都要看别人的眼色，听别人的评价，迎合别人的想法，那就会失去自我，这样的人生还有什么快乐可言？

(3) 不要绝对化地看待事物

世界上任何事物都不是绝对的，你认为合理的东西不一定就是合理的，也许事物还有你没有看到的另外一面。所以，看待事物要考虑它的两面性或多面性，多思考，通过不同方面的考察，就会获得不同的信息，获取不同的感受。就拿鸟笼效应来说，卡尔森教授最初"当它是一件漂亮的工艺品"的想法是合理的，后来"买了鸟回来与鸟笼相配"的行为也是有道理的，只是由于他个人的处境使得他的想法发生了改变，因此不能简单地用自己的想法去评判他人的行为。又如，对于商业活动中的优惠券、大礼包、有奖销售、免费赠送等方法，有些人看来是引诱人的鸟笼效应的实施，而在商家来看却是一种行之有效的促销行为，也确实让一些消费者得到了实惠，多买的东西有时也能满足人们的一些心理和物质需要，因而也可以看作是一种“双赢”“多赢”的商业活动。所以，千万不要“先在自己的心里挂上一只笼子，然后再不由自主地买鸟放进去”。

33. 不为月晕遮望眼

——晕轮效应

夜晚人们观看月亮时，有时会发现月亮周围有一圈或明或暗的光环，向四周弥漫、扩散着，月亮被光环笼罩着，给人以模糊不清的感觉。与此相类似的，在社会生活中，人们对某人的某种特征形成或好或坏的印象后，也会倾向于据此推断某人其他方面的特征，于是，“晕轮”就会掩盖某人的其他一些品质或特点，所以在心理学上就形象地称之为“晕轮效应”“光环效应”，又称“光圈效应”“日晕效应”“成见效应”“以点概面效应”。

晕轮效应最早是由美国著名心理学家爱德华·桑戴克于 20 世纪 20 年代提出的。他认为，人们对他人的认知和判断往往只从局部出发，就如同月晕一样，从一个中心点逐步向外扩散，构成越来越大的圆圈，并据此得出整体的印象，亦即常常形成以偏概全的情形。一个人如果被标明是优秀的，他就会被一种积极肯定的光环笼罩，并被赋予一切都优秀的品质；如果一个人被标明是不好的，他就会被一种消极否定的光环所笼罩，并被认为具有各种不好的品质。这就好像刮风前夜月亮周围出现的月晕。其实，月晕不过是月光的扩散而已。

社会心理学家戴昂等在 1972 年做过这样一项实验：他们分别让被试者看一些很有魅力的人、缺乏魅力的人以及一般人的照片，然后让被试者评价这些人的特征。这些特征的选项中包括人格的社会合意性、职业地位、婚姻美满状况、做父母的能力、社会与职业幸福程度、总的幸福程度、结婚的可能性等，其中大都与魅力高低并没有多少关系。测试结果表明，有魅力的人在各选项都获得了相当高的评价，被赋予了更多的理想人格特征，而缺乏魅力的人则获得了比较低的评价。可见，一个人如果被标明是好人，他就会被一种积极而肯定的晕轮所笼罩，在所有事情上都会被赋予各种额外的赞誉，人们也都会从好的方面去判断其行为；一个人如果被标明是坏人，他就会被一种消极而否定的晕轮所笼罩，而且被认为具有各种坏的品质，这也叫“扫帚星效应”。

从心理学的角度分析，晕轮效应的形成有着特殊的内在原因：① 知觉的整体性。人们在感知客观事物时，并不是对感知对象的个别属性或部分孤立地进行感知的，而总是倾向于把具有不同属性、不同部分的对象综合为一个统一的整体，这是因为感知对象的各种属性和部分往往有机地联系成一个复合刺激物。比如，我们闭着眼睛，只闻到苹果的气味，或只摸到苹果的形状，但在头脑中就会形成有关苹果的完整印象。这是由于以往的经验自动填补了苹果的颜色、滋味、触摸感等其他特征要素。由于知觉整体性的作用，人们对客观事物就能迅速地把握，窥一斑而见全豹，用不着逐一感知事物的每个个别属性了。② 内隐人格的作用。人的有些品质和性格结构之间存在着某些内在的联系。比如，热情的人往往对人比较亲切友好，富于幽默感，愿意帮助别人，也容易相处。而生性冷漠的人较为孤独、古板，不愿求人，比较难相处。具有勇敢正直、不畏强暴性格特征的人，往往还表现为处世待人襟怀坦白、敢作敢为，在外表上端庄大方、恳切自然。而具有自私自利、欺软怕硬性格特征的人，则会表现出虚伪阴险、心口不一，或阿谀奉承，或骄横跋扈。这些特征也会在举止表情上反映出来。于是，对某人只要产生了或热情或冷漠这样一个核心特征的印象，人们就会自然而然地去补足其他有关联的特征。因此，人们既可从外表知觉内心，又可从内在性格特征泛化到对外表的评价上。

在上述因素的综合作用下，晕轮效应就产生了。所以，以貌取人、以名声取人的现象就相当普遍。权威效应、地位效应、名人效应中，都包含着晕轮效应的作用。于是，人们常常看到，影视广告节目中代言的多数是那些歌星、影星，因为明星推荐的商品更容易得到公众的接受。一个作家一旦获奖出名，所有积压在书店的著作都会销售一空，甚至压在箱底的陈年旧稿也会十分抢手。“追星现象”更是晕轮效应的“集聚地”，追星族对喜爱的明星，不仅近乎疯狂地追捧，而且还延伸到明星的服饰、装束、个人生活用品等所有的一切。不仅如此，晕轮效应还常表现在以服装判定人的地位、性格，以初次言谈判定人的才能与品德，以个人名望判定作品价值等方面。实际上，产生晕轮效应的，往往是对那些直接接触不多、事实上并不太熟悉的人物。

从认知的角度分析，晕轮效应所根据的往往只是事物的个别特征，便对事物的本质或全部特征作判断、下结论，难免形成以点概面、以偏概全的主观印象，并且还加以延伸，扩展到其相关或无关的方面，很可能产生爱屋及乌、盲人摸象、“厌恶和尚，恨及袈裟”等概念化、绝对化的错觉。我们时常看到，有的人外表出众、衣冠楚楚，未必就是正人君子；有些人其貌不扬、衣着随便，但可能恰好是人品出众、才华横溢；有的姑娘穿着时髦、打扮妖艳，未必就举止轻浮、好逸恶劳；有的老人看似老态龙钟、弱不禁风，却思维敏锐、充满活力。世界因此而丰富复杂、绚丽多彩。

在人际交往中，思想工作者要告诫自己，不要被表面的、局部的现象所迷惑，而陷入晕轮效应的误区。为避免晕轮效应影响自己对他人或他人对自己的认识，应当注意以下几点，客观、公正、理性地处理相关的工作事务，协调好人际关系。

(1) 消除成见

人们初步接触时所获取的信息不仅十分有限，而且往往是比较外在的，可能还具有一定的虚假成分。由于首因效应的作用，人们对先得到的信息会比以后得到的信息更重视，甚至会影响对于之后信息的解释，这种先入为主所形成的“成见”一旦形成，以后的信息也许只能扮演补充和解释的角色，这就成为晕轮效应的“温床”了。因此，对于一些不太可靠的“成见”，必须冷静、客观地对待。一旦感觉到“看不惯”某人时，或对某人的看法出现差异时，就要理智地分析原因，检讨一下是否对其怀有成见，适当改变自己的认识和态度。对于他人的一时失误，也不要抱有太深的成见，以避免采取“一棍子打死”的做法。

(2) 慎重推断

晕轮效应的影响，往往是由类型化的推论造成的。人们常会对某一类人的普遍特征进行归类，如，说到教师便是“文质彬彬”，说到商人则是“唯利是图”。这往往导致以偏概全的弊端，影响与人的正常交往。须知，进行逻辑推论的基础是所有的依据都必须准确、全面，即大前提、小前提都必须是真实可靠的，否则就会推导出荒谬的结论。而产生晕轮效应的前提大都是事物的个别、片面、表面的特征，因而难免会落入以点概面、以偏概全的误区。因此，认识他人时，不能满足于表象，而需注重了解对方的心理、行为等深层结构，注意人的丰富性、多样性，不能简单地按照预想的类型将人分为不同种类，然后作出判断。一项心理实验显示，当被要求在一堆他们不认识的照片中分别找出“好人”与“罪犯”时，人们总会表现出按外貌分类的倾向。这种“由表及里”的主观推断，缺乏科学的依据，常常将人们的认识导入误区。

(3) 防止偏见

人们对于他人的知觉，往往一开始就受到主体意识的缠绕和渗入。所以，对人的知觉要比对物的知觉更困难，更容易受到主观因素的影响，出现失真、偏见乃至造成错觉。如，有些人总是从好的一面来理解、解释别人，因为他本人就是一副菩萨心肠；而有些人则总是用恶意来判断他人的行为，即使是好事，他也会认为这是“别有用心”，往往是因为他的猜疑心太重。这种把自己的某些心理特点施加给对方的现象，叫作“投射倾向”，这常常会造成认识上的偏见。人际知觉的“投射倾向”表明，人对他人的知觉中包含着自己的东西，人在反映别人的时候常常也在反映着自己，而这种反映又往往是不自觉的。比如，在招聘面试时，有些人按照自己的偏好来评价、选择人，忽略了本单位所招聘岗位的特点和要求。如果你对自己的“投射倾向”不加注意，没有清醒地、理智地经常进行自我反思，就很可能产生晕轮效应，出现各种各样的偏见。唯有进行多角度的分析和取舍，消除了偏见，才能够作出正确的判断。

(4) 要有主见

常言道：“知人为聪，知己为明。”从一定意义上说，思想工作者的水平如何，在很大程度上取决于其知人知己的主见。因此，要冷静、客观地对待晕轮效应带来的片面认识，在思想上做好提炼、改造甚至否定的准备，有了主见就不会被外界因素所迷惑，从而形成理性、客观、公正的思维方式和行为方式，克服“说好就全盘肯定，说坏就全盘否定”的绝对化倾向。在绩效考核、推先评优等工作中，不能因某人某一要素的评价较高，就对其他要素也给予较高的评价；也不能因某一要素的评价较低，就对所有要素都给予较低的评价。

(5) 听取意见

克服晕轮效应的消极作用，还要多听取和接受他人的意见。孔子曰：“三人行，必有我师焉。”俗话说：“当局者迷，旁观者清。”认真听取、吸收他人的意见，集思广益，“择其善者而从之”，可以帮助自己从不同的角度来认识问题，有助于得到正确的见解，避免不自觉地受到晕轮效应的影响，克服以偏概全的心理，从而作出科学、理性的判断。

34. 适度的自我安慰是一种生存智慧

——酸葡萄效应

伊索寓言中有个《狐狸与葡萄》的故事：在炎热的夏日，果园的棚架上高悬着一串串熟透的葡萄，一只口渴的狐狸忍不住想要品尝，于是就后退几步，往前一冲，跳得虽高，却还是无法够到葡萄。狐狸试了一次又一次，始终没法得到葡萄。于是，那狐狸说："不要也罢，反正这葡萄是酸的。"随即就心安理得地走开了。这则寓言的本意，是讽刺某些人善于找借口，对于得不到的东西，就找借口贬低之，以求心理平衡。这种心理现象在心理学上称为"酸葡萄效应"。

这种"吃不到葡萄就说葡萄酸"的现象，表现了一种心理防御机制，也称为合理化机制、超理智机制。详细分析来说，就是当自己的真实需求无法得到满足、产生挫折感时，为了冲淡内心的不安，或掩饰个人的错误或失败，人们就会想出一些似是而非的理由，贬低所追求的事物及其价值，夸大其缺陷和不足，或借口说时机尚未成熟、于自己并不合适等，从而降低其在自己心中的位置，以此来寻求自我安慰，消除紧张，减轻压力，使自己从不满、不安等负面情绪中解脱出来，防止行为上出现偏差，保护自己免受进一步的伤害，坦然地面对现实。

在社会生活中，酸葡萄效应现象是相当普遍的。譬如，看到别人吃麦当劳，就说那是垃圾食品，还不如我的肉包子营养丰富。打碎了精美的花瓶，就说是"碎碎(岁岁)平安"。丢了两万元，就自我安慰说"只当年终奖没发"，是"破财消灾""财去人安"，全家平安还不是大福？没有收到活动的邀请函，便说是"我本来就不喜欢参加这类活动"。看到别人孩子考上名牌大学，就说"考上大学没什么好，学业年限长而且花费高，将来就业还是个未知数"。竞聘落选，就说"当领导太烦心、太辛苦，还不如当个老百姓自由自在"。没有评上职称，就认为"职称不过是个虚名，没有职称也一样称职，有实实在在的工作业绩就行”。于是民间就有了“吃亏是福”“破财消灾”“塞翁失马，焉知非福”“戆人有戆福，傻人有傻乐”“高处不胜寒”等说法，为人们提供了一套有效的心理防御机制。

酸葡萄效应现象也同样发生在名人身上和政治经济领域。如，罗斯福在出任美国总统之前，有一次家中遭窃，朋友闻讯后写信安慰他。罗斯福回信说：“谢谢你的来信，我现在心中很平静，这是因为：第一，窃贼只偷去我的财物，并没有伤害我的生命；第二，窃贼只偷走我部分东西，而非全部；第三，最值得庆幸的是，做贼的是他，而不是我。”又如，自中缅天然气管道项目筹划之日起，国际社会就有一些势力不断地拿环境问题、补偿问题说事，说中方获大利，缅方吃大亏。这些势力对这一工程带来的多赢局面“选择性失明”，究其根源，也是因为存在“阴暗”的“酸葡萄”心理：一方面不愿意看到中缅走近，嫉妒中缅战略合作的“大手笔”；另一方面不愿意看到中国成功实施能源进口多元化战略，在能源安全上取得重大成果。实际上，自 2013 年 7 月中缅天然气管道（缅甸段）开始向中国输送天然气，中国、缅甸、韩国、印度等四国六家投资公司就开始分享该项目的利润。对缅甸来说，每年收到的“过路费”就高达数千万美元，大大改善了管道沿线地区的民生，还提升了缅甸在亚洲的经贸地位。

在鲁迅先生的作品《阿 Q 正传》中，阿 Q 被人打时念一句“反正是儿子打老子”，于是就心安理得，悠悠然忘却了皮肉苦痛。这被概括为“精神胜利法”。鲁迅先生的本意是借此批判中国人的一种劣根性，因而人们历来作贬义的诠释。然而，改革开放以来，人们赋予其新的时代意义，将其转意为“退一步海阔天空”的豁达，也未尝不可。著名作家聂绀弩曾说过：“阿 Q 是奴性变种，当然不是好东西；但人能以它为精神依靠，从某种情况下活过来，它又是好东西。”著名作家丁玲也说过；“来点阿 Q 气，作为消气栓、减压阀，未尝不是求得自己心理平衡的一种方法。”可见，“精神胜利法”有时也可以成为自我安慰、自我排遣的一剂良药。

对于特定的个人来说，世界上很多美好的东西，实际上是得不到的；或者说，谁都不可能得到最美好的一切。因此，作为生活哲学，酸葡萄效应不失为一种明智的应对之策。当自己面临的缺憾、压力、窘境、困境已经无可改变、无能为力时，与其烦恼焦虑、怨天怨地、唉声叹气、悲观失望，还不如适当地采用合理化机制来自我安慰、自我排遣，这也是一种生存智慧。有人做过实验，把一条狗捆起来，在一米之外放上一块香喷喷的牛肉，狗想过去吃，可是够不着，气得暴跳如雷，心跳加速，血压升高。此时，让另一条狗过来把牛肉从容地吃掉，而捆着的狗因为生气加上嫉妒，血压升得更高，差点丢了小命。还有一个实验，把狒狒王用铁笼子罩起来。狒狒王平时享有很多特权，凡是好吃的东西都得让它先吃。现在困在笼中的狒狒王看着美味全被群狒享用，恨得咬牙切齿，以头撞击铁笼。这样的实验每天做一次，一年之后，狒狒王因情绪激动得癌症而死。如果被囚禁的那条狗和狒狒王能够明白酸葡萄效应的道理，进行自我安慰，以求心理平衡，何至于危及性命呢！

思想工作者要科学地运用酸葡萄效应的原理，做好思想引导和心理疏导工作，帮助自己和工作对象适当地宽慰自己，缓解压力，摆脱烦恼，防止言行上出现偏差，将会是颇有成效的。

(1) 宽慰自己，要合理适度

在社会生活中，不可能每天都是顺心如意的。每个人都有希望无法得到满足的时候，都有遭遇挫折和失败的时候。既然无法改变现实，那就只能改变心态，从而更好地接受现实，适应生活。因此，在遇到不如意的事情时，在受到形形色色的挫败时，就应当运用合理化的心理防卫机制，学会理智地宽慰自己，给自己找个情有可原的理由，来一点“精神胜利法”，消除受挫感和失落感，减轻心理压力，尽快从不满、不服、不安等消极心理状态中解脱出来，而不要钻牛角尖，不要执迷不悟地去追究原因，不要固执地认为自己不行，从而使自己尽快摆脱焦虑的情绪，生活、工作得比较快乐一些。

(2) 宽慰自己，不能贬损他人

适当地运用酸葡萄效应来宽慰自己，对于缓解压力、快乐生活都有好处。但是，如果沉溺其间，就会产生副作用。就像鲁迅先生笔下的阿 Q 那样，总是为自己受到的侮辱或遇到的不公待遇不恰当地寻找理由，时而诋毁别人、伤害别人，这就违背了尊重事实的原则。有些人在竭力安慰自己的同时，还埋怨老天对自己的苛刻，嫉妒他人的好运，贬低他人的成果。用这样的心态为人处世，难免会让人反感。在实际生活中，在各种挫折、失误面前，有些人总是喜欢文过饰非、争功诿过，用似是而非的理由责怪别人，无中生有地编造事实推卸责任，以各种借口来为自己开脱，贬损他人，嫁祸他人。这种态度和做法是不足取的，最终也许会沦落到阿 Q 的境地。

(3) 宽慰自己，是为了更好地成长

应当清醒地看到，酸葡萄效应虽然能够暂时消除"吃不到葡萄"的缺憾，舒缓心理的压力，但并没有改变"吃不到葡萄"的客观事实，而且这些葡萄事实上也可能不是酸的，而是香甜美味的。因此，可以用酸葡萄效应宽慰自己，但不能用酸葡萄效应麻醉自己。如果运用过度，明知自己的缺点和问题却不能理性地面对，总是为自身的挫败寻找借口，过分地为自己开脱，过度地沉溺于"精神胜利法"，这非但无助于问题的解决，还会导致自我意识的萎缩，形成不良的道德意识和行为习惯，甚至会消退自己的进取意识。所以，当有些不如意的事情已成定局、无法挽回时，可以适当地宽慰自己，接受事实，承认现实。但如果还有改变的可能，就不能随便放弃，应当采取措施，竭尽全力使事情向好的方向转化。即使是运用了酸葡萄效应，让自己的心灵在自我安慰中减压的同时，仍然要警惕自欺欺人意识的蔓延，经常自我反省，以外部的客观眼光来看待自己，积极采取措施，主动解决问题，确立下一个前进的目标，并为之努力，不断地提升自己，实现自己更高的理想和价值。

35. 心理满足莫过度

——甜柠檬效应

伊索寓言中还有一个故事：有只狐狸原想找些可口的食物，但怎么也寻觅不着，最后只找到一只酸柠檬，这实在是一件退而求其次的东西，但狐狸却自我安慰说："这柠檬是甜的，正是我想吃的。"不知是不是巧合，"柠檬"一词在美国俚语中正好表示"次品"或"不中用的东西"。于是，在心理学中，人们就把个体在追求预期目标失败时，为了冲淡自己内心的不安，就百般美化已得到的东西，提高已实现目标的价值，从而达到心理平衡、心安理得的现象，称为"甜柠檬效应"。

众所周知，柠檬应当是熟透了才甜，可人们因为手上只有这一只青皮的、生涩的柠檬，就说自己这个柠檬味道一定很好，会特别甜，这种只要得到柠檬就觉得柠檬甜的甜柠檬效应现象，与前一节所述的酸葡萄效应一样，都是以某种"合理化"的理由来解释自己追求目标失败的心态和现象。心理学上的"合理化"，就是从个体的心理需要出发，从一系列理由中选择其中一些合乎自己内心需要的理由去特别强调，而忽略其他客观原因，从而达到自我心理平衡，免去内心的苦恼与痛苦。弗洛伊德指出，常见的"合理化"有两种：一是希望达到的目标没有达到，便否定或降低该目标的价值或意义；二是未达到预定的期望或目标，便提高目前现状的价值或意义。通俗地讲，前者就是酸葡萄效应，表现为"丑化"或降低得不到的东西；后者就是甜柠檬效应，表现为"美化"或拔高已得到的东西。"合理化"策略运用得当，可以消除心理紧张，缓和心理气氛。

心理学家沃卢姆曾用两个实验来验证甜柠檬效应。第一次，在两个班的应届毕业生离校前半年，沃卢姆让学生根据已有的资料各自选出最感兴趣的三个单位，作出评价。半年后，学生们基本上都已确定了自己的工作岗位，有些人如愿以偿，另一些人却去了别的单位。这时，沃卢姆又让学生再给原先选的单位作评价。结果很有意思，所有人对自己要去工作的单位的评价都大为提高，而对自己想去而不能去的单位则人为地降低了评价。第二次，沃卢姆先准备了两种小用品，然后让一些家庭主妇从中任意挑一件，在挑选的时候，要给这两种东西都作个评价，是“好”或是“差”。一天以后，沃卢姆又找到了那些主妇询问。结果，主妇们对自己挑选回家的小用品颇有好评，而对那些没被选中的东西则没什么好的评价。

可见，在潜意识里，人们都愿意证明自己的选择是正确的，而且凡是自己所拥有的东西都是美好的、有价值的、难能可贵的，尽管在别人眼中以及在事实上并非如此。如，在比赛前选手雄心勃勃、志在必得，但在失利后却表示：“能够站到这个赛场（舞台），我就已经满足了。”儿子没考上大学，失望之余就说考上中专更好：“反正不是读书的料，可以早点工作早挣钱。”有的女子嫁了个木讷寡言的丈夫，却硬要说：“这样稳重的，才靠得住呢！”在股市上，一只股票在抛了以后却突然暴涨，这人会自我安慰道：“已经赚了不少，以后的留给别人赚吧。”又如，有的人买了某个牌子的手机就夸耀这个牌子最好，买了什么品牌型号的冰箱就称赞这个品牌型号的最佳，比他买的更好的是“太贵，没意思”，比他买的稍差的就是“垃圾货”。不难看出，虽然表现形式不同，但其实都是甜柠檬效应的表现。

甜柠檬效应对于人们平衡心理的作用是明显的。有学者细分为三个作用：① 淡化作用。在追求某一目标遭遇失败时，有些人能正视自己的能力和客观条件，会对原先追求的目标加以调整，淡化原先预期的目标，从而使自己不会为达不到预期目标而烦恼。② 美化作用。人们对所追求的目标给予高度的预期，但在一时实现不了时，便为了自尊心的满足，不得不回到现实中来，更加珍惜已经拥有的东西，并加以美化，认为这已是最好的，其他的目标只是一种理想化的东西，即使实现不了也无所谓，以保护已有的价值不受外界威胁。③ 去痛作用。一个人在不能达到追求的目标时，内心常常是失望和痛苦的。多数人都会设法去除这种痛苦，把自己的注意力和感情调整到已实现的目标上，聊以自慰。这种去痛作用可以使失败者安全地软着陆，免去各种后遗症。

思想工作者要从甜柠檬效应中受到启迪，帮助自己和工作对象，在运用合理化的心理防卫机制、平衡自身心理的同时，激励自己奋发有为，更好地实现自身的价值。

(1) 勇敢接纳自己的一切

应当看到，世界上没有绝对完美的人，每个人都有自己的优点和优势，同时也有自己的弱点和不足，有的表现在生理上，有的表现在心理上，有的表现为人生旅途中的挫折、失败、荆棘、坎坷，自己就是这样一个矛盾的综合体。因此，对于自己所拥有的一切，即便是一些看上去是短处和劣势的东西，人们都要学会用正确的态度正视它，用积极的心态接纳它，并努力找到其中的积极之处，着意弥补自身的不足，将自己锻炼得更加坚毅、成熟。西方格言说得好："全面地接受你自己，这很重要，其原因之一是这可以使你更安心地对待自己，更具同情心，也更能实现完美的人生。"只有正视自己、悦接自己，才能认清最适合自己的发展方向，做到扬长避短，淡化那些可望而不可求的既定目标，才能够缓解内心的失望、不满情绪，更加专注地努力奋斗，这样才更容易获得成功。

(2) 充分发展自己的优势

在运用甜柠檬效应时，要超越自我安慰的一般心理，更准确地发现自身的真正优势，并加以发挥。著名的心理学导师卡耐基在与芝加哥大学校长访谈时，提问道："是什么因素让你获得成功?"校长微笑着说："我一直相信西尔斯总裁罗森华的观念，即如果你的手上有一个酸柠檬，不要立刻吃掉它，因为他是酸苦的，但是如果你将其做成柠檬汁，则是非常可口的。事实上，真正能够做到这一点的人非常少，现实生活中的人们总是反其道而行。例如，如果有位朋友送给他一个柠檬，面对朋友的好心，人们必须吃下它，这时人们的心里通常会想：完了，我为什么要承受这种折磨？如果他是聪明的人，他不仅不会这样想，而且还会在内心深处开始为自己寻找做柠檬汁的工具。"

湖北钟祥市石牌镇横店村农妇余秀华因出生时倒产、缺氧而造成脑瘫，6 岁才学会走路，行动不便。2014 年 11 月，年近 40 的她首次在《诗刊》杂志发表诗作，一炮而红。随后出版了诗集《月光落在左手上》《摇摇晃晃的人间》，前者销量突破10万册，成为20年来中国销量最大的诗集。作为一个长期生活在社会底层、身体带有残缺、婚姻生活很不如意的女人，余秀华正视自身的种种弱点，她说："当我最初想用文字表达自己的时候，我选择了诗歌。因为我是脑瘫，一个字写出来也是非常吃力的，它要我用最大的力气保持身体平衡，并用最大力气左手压住右腕，才能把一个字扭扭曲曲地写出来。而在所有的文体里，诗歌是字数最少的一个，所以这也是水到渠成的一件事情。"于是，她利用对爱的缺失有着极为深刻体验的优势，极力展现出丰富复杂、个性鲜明的女性形象，呈现了面对不完美身体和命运的抗争历程，并引发出对存在、真理、死亡等形而上问题进行本体追问的核心命题，从而获得了网上网下读者的好评和赞誉，成为名噪一时的网红诗人。这启示我们，事物的某些特征，表面看来是缺点，但只要善加利用，就可以转化为优势。关键在于如何正确认识，如何巧妙转化。所以，我们要充分发掘自身的特长，利用自身的特点，做到扬长避短、避弱趋强。这样，才能找到通往快乐王国的钥匙，才能成为工作和生活的主人。

(3) 理智地防范不足与弊端

从方法论来看，甜柠檬效应同酸葡萄效应一样，在一定程度上可以通过自我暗示达到自慰、减压、平衡心理的效果。然而，辩证法告诉我们，任何事物都有两面性，有利必有弊。我们要清醒地看到甜柠檬效应和酸葡萄效应的负面影响，理智地防范其不足与弊端。

① 可能会导致逃避现实。在既定目标无法实现的情况下，为了心理平衡而采取自我安慰的对策，说得严重一点，多少含有自欺欺人的成分。久而久之，人们会常常暗示自己"比上不足，比下有余"，脑子里会形成"退一步海阔天空"的潜意识，思想就会麻木，斗志也会削弱，与进取、奋进的主流精神产生脱节。

② 可能会助长个人的虚荣心。因为未能实现目标而实施合理化的自我安慰，实质上满足的是自己虚荣心的需要，似乎为自己的挫败挽回了面子。

③ 可能会导致嫉妒心理。甜柠檬效应和酸葡萄效应都容易诱发个人的嫉妒心。由于没能实现既定目标，便可能迁怒于实现了目标的人，甚而用拖后腿的方式挤掉原本可能获得成功的同伴和朋友。嫉妒心重的人不能容忍周围的人超

越自己半步，只要发现别人进步比自己快，运气比自己好，心中便酸溜溜地不舒服，甚至不惜伤害、诋毁同伴和朋友。实际上，嫉妒者的痛苦比任何人的痛苦都大，因为他们既要为自己的不幸而痛苦，又要为别人的成功而痛苦。当然，这些弊端的表现常常不会像上面所说的那么严重，只是提醒思想工作者要严格要求自己，认识其危害，防患于未然。

三

疏导劝诫篇

36. 适度地排解紧张和压力

——宣泄效应

宣泄效应来源于著名的霍桑实验。1924 年 11 月起，哈佛大学心理学专家乔治・埃尔顿・梅奥率领的研究小组在西屋电气公司霍桑工厂开展了一系列实验，影响巨大，成果丰硕，有人便把从不同角度总结的研究成果统称为“霍桑效应”。这里介绍的“宣泄效应”，便是霍桑效应中的一项。

在实施霍桑实验访谈计划的过程中，包括心理学家在内的各类专家花费了约两年的时间，与工人谈话两万余人次，规定在谈话中对工人们的不满意见一概不准解释、反驳和训斥，耐心听取工人们对厂方的各种意见和抱怨，让他们尽情地宣泄，并做详细记录。结果，霍桑工厂的工作效率大大提高了。研究人员对工人们在交谈中表达的怨言和意见进行了进一步的分析，发现引起他们不满的原因与他们所抱怨的事实并不是一回事，工人在表述自己的不满与隐藏在心理深层的不满情绪常常并不一致。比如，有位工人表达出对计件工资率过低不满意，但深入地了解以后发现，这位工人其实是在为支付妻子的医药费而担心。然而，不管怎么说，当工人们充分发泄了不满情绪之后，心情舒畅，干劲倍增，产量都有了大幅度的提高。研究表明，适度的宣泄可以使工作效率明显提高——社会心理学家从这个角度来归纳的结论，就是所谓的“宣泄效应”。

受宣泄效应的启示，日本许多大公司都设立了“宣泄室”，让员工发泄情绪，缓解心理压力。这是由于日本社会的快节奏、高压力，让上班族不仅体力透支，心理健康也受到影响。“工作狂”“工作中毒”等词汇形象地反映了日本的社会问题。随着上班族心理问题越来越突出，日本不少企业寻求对策，开始设置发泄室、心理咨询室等，帮助解决上班族的心理问题。首先，很多大公司在办公楼里设立健身房、游戏室、读书屋、咖啡茶座等，让员工能在工作间隙适当放松，舒缓情绪。其次，松下、尼桑、花王等大公司设立了“恳谈室”“宣泄室”等专用房间。在松下的宣泄室中，放有仿真的橡皮人，充满怨气和愤怒的员工可以殴打橡皮人出气。比如，营业部一名销售人员被客户羞辱后，忍着一肚子气回到公司，就到宣泄室殴打橡皮人，出出怨气。在日本中央商务区内，据说还有提供摔盘子、挤毛豆、砸（硬纸板做的）房子、假机枪扫射的地方，帮助人们发泄内心的怒气。同时，日本很多大公司还聘请了训练有素的产业心理咨询师为上班族做心理疏导，帮助员工适应职场，掌控情绪，学会排解心理压力的正确方法，从而游刃有余地处理各种人际关系和矛盾。

思想工作者面临的各种思想问题是十分复杂多样的，其中有政治因素、道德因素比较明显的问题，有经济、物质问题引发的问题，也有大量的由不良心理、情绪带来的问题。有效的思想工作，就是要根据不同问题产生的根源对症下药，因势利导。对于由不良心理、情绪带来的问题，适度的自我宣泄就是有效的途径之一，常常能起到其他方法难以达到的效果。

所谓宣泄，实质上是一种自我情绪的释放。通过适度地宣泄，能够把压抑在人们心中的痛苦、焦虑、烦恼、忧伤、愤怒、憎恨等负面情绪排解出去，获得精神上的解脱。南宋词人辛弃疾有云：“叹人生，不如意事，十常八九。”每个人在生活中都会遇到不平、委屈、失意等不如意的事情，如果遇到这类事情后得不到及时的宣泄、排解，内心深处就会产生压抑的情绪，进而影响自己在其他方面的发挥。发泄的过程，其实是人们自我安慰、自我放松、自我调节的过程，这是摆脱恶劣情绪、精神压力和消极心理的有效途径。据专家分析，很多上班族对工作本身并没有多少问题，只是在职场适应和处理上下级关系、同事间关系、部门之间协作等方面存在各种各样的烦恼，堆积在内心的压力也大多由此而来。还有部分员工因为生活上遭遇一些变故，比如失恋、离婚、家人病重、子女教育和就业等问题，以及家庭生活拮据、车贷房贷负担过重等，导致精神压力过大，少数人甚至无力面对这些挫折，染上赌博、酗酒、药物依赖等不良习惯。正如宋代诗人方岳所写的：“不如意事常八九，可与人言无二三。”造成精神压力的不少事情，常常又不便于对别人说，别人也就无从劝解。这时，适当的自我宣泄，辅之以心理疏导，有助于消除紧张心理以及抑郁症状，摆脱心理危机，重新精神饱满地投入工作和生活。这些也应当成为新时期思想工作的新任务。

如何运用好宣泄效应，帮助工作对象疏解精神压力，展现出自己最好的一面，思想工作者可以从三个方面下功夫。

(1) 创造一些宣泄的机会和场合

由于民族特点的不同，不一定要简单地模仿日本企业"宣泄室""橡皮人""摔盘子""机枪扫射"等形式，而可以从实际出发，创造一些新的宣泄方式。据研究，争强好胜、征服欲是人类的一个共同特征，人们可以在对自然各个方面的挑战中，在与他人的各种争斗比试中，体现自身的价值，从而获得成就感、满足感、征服感，这是舒缓压力的好方法。思想工作者可以组织蹦极、攀岩、登山、探险等运动，让工作对象在挑战极限的活动中获得到达顶点的感觉，满足征服的欲望，让心中的压力冰融雪化。还可以因地制宜，组织一些热舞、K歌、电玩、拔河、赛跑、郊游、爬山、瑜伽等文体活动，以及技术比武、球类、棋牌类等比赛，让工作对象尽情地展示自己，满足各自的表现欲和争强好胜的愿望，释放内心的压力，获得有益的宣泄。

(2) 引导工作对象适度地进行宣泄

尽管宣泄有助于人们舒缓心情、更好地投入工作，但宣泄一定要注意尺度，要在适当的时间和场合，以适当的方式来宣泄，千万不能随便宣泄、胡乱发泄、过度宣泄。衡量的标准是：能够充分地释放压抑的情绪，既不伤害他人，又不伤害自己，有利于团体的凝聚力。上海华申进出口有限公司在办公楼里辟出专门的休息室，让紧张工作的外贸人员有个舒适的环境，喝喝咖啡，彼此谈心，或适当的运动，消除紧张情绪，效果良好。此外，宣泄的方式也要因人而异，并不一定要用激烈的方式来进行。有时一次推心置腹的谈话，一番痛哭流涕的倾诉，都可以达到宣泄的目的。对有些工作对象，也可以鼓励他们通过日记、微信、书信、博客等方式，让那些不良情绪通过文字的流淌，得到有效排解，从而恢复心理的平衡和健康。

(3) 创造适合本单位特点的宣泄形式

根据各单位的不同情况、员工的不同需求，可以创造一些适合本单位特点的综合形式，有效地为员工情绪宣泄服务。有一家企业成立了阳光工作室，由企业领导和一批经过筛选的阳光队员坐堂接待，让员工有了一个可以倾诉、宣泄的场所，同时实施了以灌输健康心理理念为主要内容的阳光宣传引导工程，通过有效的思想工作和心理安抚，把不少因负面情绪而可能引发的矛盾冲突消灭在萌芽状态，缓解员工的心理压力，调动起员工良好的情绪，履行好岗位职责。如，有一名员工因孩子早年受到脑损伤而颇为自责，如今自己年纪又大了，难以胜任岗位工作要求，因而产生了轻生的念头。阳光工作室了解后，立即组织人员与他深入交谈，让他把所有的苦闷都宣泄出来，使他的心理压力得到释放，并请其家属一道帮助他克服心理障碍，又通过人力资源部给他调换了合适的岗位。三管齐下，取得了明显的成效，这名员工又精神饱满地工作在新的岗位上。

37. 为紧张的心灵减压

——齐加尼克效应

法国心理学家齐加尼克曾做过一项很有意思的实验。他将被试者分为两组，让他们分别完成20项简单的工作。其间，实验人员对甲组被试者进行各种干扰，使他们无法继续工作，最终未能完成任务；而对乙组则不加任何干扰，他们顺利完成了全部工作。实验中，虽然所有被试者在接受任务时都呈现出一种紧张状态，但乙组人员在完成任务后，紧张状态随之消失；而未能完成任务的甲组人员，紧张状态则持续存在，他们的思绪仍然被那些未能完成的工作所困扰，心理上的紧张压力难以消除。这种因为压力所致的心理紧张状态，使人们在生理和心理上感到疲惫不堪的现象，便被称为“齐加尼克效应”，又简称为“齐氏效应”。

齐加尼克效应告诉我们：当人们在接受一项工作后，就会产生一定的紧张心理，只有任务完成了，紧张才会解除；如果任务没有完成，则紧张状态持续不变。中国科学院心理研究所曾花了四年时间进行过一项调查，研究人员询问了包括企业员工、医疗卫生人员、教育工作者、公务员等十几个职业在内的大量人群，最终获得了8 000多项压力数据。结果显示，20—30岁的人群成为各年龄段中压力最大的人群，31—40岁的人群次之。在所有的压力中，工作压力、个人成就压力最为突出。可见现在很多人都把事业的成功与否看得很重，不断地给自己施加压力，加上各种外部的压力，使自己生活在重重压力之下。

随着经济和科技的发展，人们的工作节奏加快，心理负荷随之加重。特别是脑力劳动者的工作，一般不受时间和空间的限制。如，科技人员夜里还在思考课题中的难点，教师晚上还要备课或批改作业，经营人员在酒桌上谈的还是业务，编辑人员下班后仍在考虑组稿编排，所以，紧张也往往是日夜持续存在着的。类似的现象也出现在企业领导、医务人员、工程师、营销员、记者、作家身上，那些尚未解决的问题或未完成的工作，如影随形，夜以继日地困扰着他们。有心理咨询师指出，受到齐加尼克效应困扰最明显的便是学生。学习本身就是一项高强度的脑力劳动，学生在白天要专心地听课、记笔记，回答教师的提问，紧跟教师的思维，晚上要完成作业，复习各门功课，还要预习明天的新课程，第二天又要早早地起床，投入到新的学习状态，因而可以说学生们整天都处在紧张之中。所以，中小学生的近视眼镜片越来越厚，书包也越来越大、越来越沉，甚至用上了拉杆箱。改编歌曲《最辛苦的人是我》，唱出了学生们的无奈。

总的来说，心理压力有社会、生活和竞争三个压力源。在现代生活中，压力就像空气一样无时无刻不在挤压着人们。客观地说，许多压力是良性的。俗话说："没有压力，便没有动力。"在工作和生活中，有一定的压力是正常的，它可以让人振作起来，发挥潜能，奋发进取，在应对挑战中实现目标。但正如马克思主义哲学所指出的，世界上的任何事情都要有一个度，如果超过了这个度，事情就会向着相反的方向发展。压力也是一样，如果无形中给自己施加过度的压力，特别是人们无力控制的持续压力，就会导致齐加尼克效应。

压力是一种认知，压力本身不会直接伤害到人，但它会导致人的"情绪感冒"。如果不及时治疗，就会导致一系列严重的健康问题，而且过大的压力容易造成人的工作效率下降、人际关系退步、适应力下降等不良后果。形象地说，人体就像一个弹簧，劳累和压力就是外力，当外力超过极限或持续时间过长，身体这个弹簧就会发生永久性变形，免疫力大大下降，导致老化、衰竭，甚至死亡。

过劳死就是一个相关的热门话题。"过劳死"这个词语最早出现于 20 世纪七八十年代日本经济繁荣时期，是指因为工作时间过长、劳动强度过重、心理压力太大而出现的精疲力竭的亚健康状态，以致引发体内潜在的疾病急剧恶化，危及生命。据报道，日本每年约有 1 万人因过劳而猝死。2012 年 10 月的一份报告显示，全球每年过劳死的人数达到 60 万。可见，过于沉重的压力，如果得不到适当的释放和排遣，足以把人压垮。对此，必须要有清醒的认识和警惕。

在激烈的竞争中，许多人自我加压，力争上游，想要享受成功带来的巨大荣誉和快感，这是值得称道的；但在承受压力的同时，也要学会缓解压力。如果对快节奏的工作处理不当或不能适应，则容易产生紧迫感、压力感和焦虑感，久而久之会诱发身心疾病。因而学会缓解心理上的紧张状态，应当成为现代人自我保健的一项重要内容。思想工作者对此应当有清醒的认识，要运用各种有效的方法，为工作对象和自己适度地减压，让过大的心理压力得到释放和排遣，避免齐加尼克效应的不良影响。

(1) 积极有效地休息

在高度紧张之时，应力求降低应激的阈值，创造条件积极而有效地休息。除了要尽量保证充足的睡眠时间，无论工作多么繁忙，都应留出一定的间隙来“喘气”。国家推行“带薪休假”制度，就是让人们绷紧的神经之弦有松弛的机会，正所谓“磨刀不误砍柴工”。

美国前总统本杰明·哈里森为应对齐加尼克效应作出了最明智的选择，也为缓解压力提供了一剂良药。1888年，美国第23届总统竞选之日，许多人都在热切地等待最终的结果，但候选人本杰明·哈里森却显得十分笃定。晚上11点钟，起决定作用的印第安纳州才宣布竞选结果。这时，一个朋友给哈里森打电话祝贺，却被告知哈里森早已上床睡觉了。第二天上午，那位朋友问他为什么这么早就睡，哈里森解释说：“熬夜并不能改变结果。如果我当选，我知道我前面的路会很难走。所以不管怎么说，休息好不失为是明智的选择。”

再看许多成功人士，并不是所谓的“工作狂”，他们非常懂得闲适、休息的价值，因而他们都会适时抛开工作的束缚和困扰，给自己找时间休息。外国一些领导人每年也有几次休假。可是，他们的休息并不是逃避工作，也不是单纯的睡觉，而是留给自己充足的时间去思考、研究。他们只要思考成熟了，恢复了精力，一旦实施起来，效率往往胜过他人。所以，他们是通过智慧为自己赢得了大量的休息时间。从这一点看，他们要比那些只知道通宵达旦“傻干”的人快活得多，生活也有意义得多。

(2) 提高工作效率

要妥善地安排工作、学习和生活，科学地制订工作计划，提高工作效率，尽量把工作时间控制在八小时之内。遇到紧急、突发的事务，加班加点是必需的；但经常性的加班加点，往往是时间管理出现了问题，而且其实际效率并不高，弄得自己精疲力尽，还不如在八小时内抓紧安排，尽早干完。如今工作节奏快，很多人在一段时间内并不是只做一件工作，而必须几项工作重叠在一起处理，这就需要合理分配时间，防止各项工作之间互相干扰。所以，可以将繁杂的工作事项分类整理，制作工作计划表，根据轻重缓急分类、分项完成。每完成一项任务，愉悦之情会油然而生，再做下一项时就会信心倍增，从而将负面的压力转化为良性的动力。这样就可以让自己保持忙而不乱的工作状态，集中精力完成好每一项工作。

(3) 学会自我放松

在每天紧张繁忙的工作间隙，可以挤出时间，强迫自己去干点其他事情，以放松身心。比如，倒一杯咖啡品尝；久坐之后适当地走动；选择一个感觉比较舒适的姿势躺下；做几个深呼吸，活动一下身体的关节和肌肉；欣赏、修整盆栽花卉，细心观察其细微变化；闭上眼睛，冥想高山流水、碧海蓝天等美好的景物。洗手也是一个好方法。据英国《每日邮报》报道，多伦多大学罗特曼管理学院、美国密歇根大学的研究人员最近在研究中都发现，洗手能够帮助人重启大脑，清除旧的想法，找到新的思路。在下班之后，也不妨强迫自己暂时放下工作，阅读书报、逛街购物、聆听音乐、唱卡拉 OK、看电影电视等，松弛紧张的神经，让大脑得到充分的休息。之后，也许曾经冥思苦想、废寝忘食都没能攻克的难题，换了一个思考的角度，就柳暗花明、茅塞顿开，很快就能找到突破口。

(4) 注重心理调适

既然压力是客观存在的，就应以积极的态度去应对。紧张、压力只是笼统的说法，它包括焦虑、抑郁、失眠等多种表现。将这些负面的情绪强行郁积在胸显然不妥，而应尽量想办法宣泄或转移，通过适合自己的方法来释放过度的压力，保持身心愉悦。如，找知心亲友倾诉，一吐为快；闲暇时间安排度假、郊游、旅行，痛痛快快地游山玩水；培养业余爱好，如琴棋书画、吟诗作赋、养鸟养鱼、花卉盆景、摄影、垂钓；选择适合自己的健身运动，如跑步、暴走、游泳、瑜伽、体操、太极拳、球类，既可放松身心，又能增强体质。自我暗示是由本人通过认知、言语、思维等心理活动来调节和改变身心状态的心理抚慰方式，运用积极乐观的自我暗示，能化被动局面为主动局面，收到特殊的心理调适效果。必要时还可以咨询心理医生，寻求帮助指导，纾解心理压力。

38. 先小后大　得寸进尺
——登门槛效应

1966年，美国社会心理学家弗里德曼和弗雷瑟做过一个现场实验。他们派两组实验人员分别到两个居民区，劝说居民同意在小区里竖立一块写有"小心驾驶"的大标语牌。甲组直接向人们提出这个要求，结果遭到多数居民的拒绝，接受的仅为17%。乙组则先请求居民在一份赞成安全行驶的请愿书上签字，对于这一很容易做到的要求，几乎所有的居民都照办了。几周后，实验人员再向乙组居民提出竖立标语牌的要求，结果接受者竟达55%。这就证明了一种心理特征：一个人一旦接受了他人一个微不足道的要求，就有可能接受更大的要求。犹如登门槛时，跨过了一个门槛，再跨下一个门槛就不会感到太困难，这样就能逐级而过，登堂入室。于是，人们把这种现象称为"登门槛效应"，或写作"登门坎效应"，也有人称作"层递效应""得寸进尺效应"。

古希腊的《伊索寓言》中记载了这样一个故事。在一个风雨交加的夜里，一个饥寒交迫的穷人到一个富人家中乞讨。穷人恳求说："我可不可以在厨房的炉子上烤干衣服？"厨娘动了恻隐之心，把他放了进去。穷人在身体暖和后又说："您能不能让我煮些石头汤喝？"厨娘很惊讶，就把锅借给他，看他怎样煮石头汤。穷人捡了一块石头，洗净后放在锅里煮，随即请求道："可是，我总得加点盐吧？"厨娘就给了他一些盐。接下来，穷人又如法炮制，要到了菜叶。最后，厨娘还把一些碎肉末放到了汤里。汤煮好了，穷人把石头捞出来扔掉，美美地喝起了这锅"石头汤"。

阿拉伯故事中也有类似的智慧。在月黑风高的冬夜，主人在温暖的帐篷里睡觉，骆驼却在外面受冻。骆驼心想，若是一下子就要求进帐篷，主人一定不会答应，于是就恳求道："主人，外面好冷，可不可以让我把一只脚伸进帐篷取取暖？"主人心想，放进一只脚也就算了，就同意了。过了一会儿，骆驼又开口道："主人，一只脚在外面，一只脚在里面，温差太大，恐怕会感冒，可不可以让另外一只脚也进来？"主人表示："一只脚都进来了，不差另一只，好吧！"又过了一会儿，骆驼又央求主人："主人，后半身在里面，头在外面很难过，可不可以让头也进帐篷呢？"就这样，到了深夜，骆驼的整个身子全进了帐篷，与主人同眠了。

中国明代的洪应明在《菜根谭》中就总结过这类现象，提出了人生处世哲学："攻人之恶勿太严，要思其堪受；教人之善勿太高，当使人可从。"

可见，登门槛效应是全世界各民族共同的心理效应。心理学家认为，在一般情况下，人们都不愿意一下子就接受较高、较难的要求，因为它费时费力又难以成功，所以，人们拒绝难以做到的或违反最初意愿的请求是很自然的。相反，人们一旦对于某种小请求找不到拒绝的理由，就会增强同意相关请求的倾向；而当他卷入了这项活动的一小部分以后，便会产生自己是此项活动支持者的自我认知和积极态度。这时如果他拒绝后续的更多请求，就会出现认知上的不协调，于是恢复协调的内部压力就会支使他继续接受，乃至提供更多的帮助，并得以延续。

对于思想工作者来说，要巧妙地运用登门槛效应，促使工作对象接受积极的意见，做出良好的行为，也为思想工作争取到更多的资源和便利条件。特提示以下几条具体的实施途径。

(1) 目标分解，化大为小

人们在对待有困难的事情时，常常会出现避重就轻、避难趋易、从小拒大的心理倾向，思想工作者可以运用化整为零、化大为小的策略，鼓励工作对象从最简单、最容易的事情做起，逐渐完成更艰难、更复杂的工作，积少成多，逐步走向成功。特级教师钱梦龙在作文教学中曾经有过这样的实践。第一次作文，他只要求学生把字写在方格内，书写认真清晰，就可以得 90 分以上；第二次作文，只要分段明确，不是一逗到底，就可以得 90 分以上；第三次作文，只要没有错别字，就可以得 90 分以上；第四次作文……如此循序渐进，消除了学生对作文的恐惧心理，逐渐产生了兴趣，“欲罢不能”，从而达到了大面积提高学生作文水平的最终目标。

因此，在与他人沟通的过程中，思想工作者不能盲目地追求一步到位，一下子就对工作对象提出很高的要求，常常可以因势利导，先提出一个“跳一跳，够得着”的小目标，形成一个缓冲期，步步为营，由易而难，当一连串小目标串接在一起时，离自己最初拟定的较高目标也许就在咫尺之间了。

(2) 承诺在先，推动实施

心理学有这样一条原理：人们总愿意兑现自己明确的承诺。既然承诺了，就是自己必须要做到的。最早提出登门槛效应的弗里德曼和弗雷瑟曾经分析说：一个人一旦答应了某个请求，他的态度就可能改变，就会觉得需要对自己承诺的事情采取行动。大量事实证明，一旦采取了公开立场或书面表明支持某一观点，他们就更愿意坚持自己的选择，而且即使是看似微不足道的承诺，也会对未来行动产生强有力的影响。思想工作者可以创造机会，通过让工作对象自我承诺，将相关要求转化为工作对象的内在需求和内心动机。

比如，从 2011 年起，上海纺织集团开展了“落实子理念，岗位有承诺”活动，汇编了《企业文化子理念承诺精粹 1 500 例》，引导员工作出积极、公开和自愿的承诺，增强了贯彻落实企业文化子理念的内在驱动力。随后几年中，党员承诺、岗位承诺、服务承诺在很多基层单位广泛开展，取得了良好的效果。

(3) 分段提出，“得寸进尺”

社会心理学家恰尔蒂尼有过一次实验：他们原想让俄亥俄州立大学的学生志愿者在早晨七点钟就来参加实验的计划遇到阻碍，只有 31%的学生表示愿意。于是，他们一开始先不宣布实验的具体时间，待学生同意参加实验后，再告诉他们开始时间是早晨七点钟，结果有 56%的学生愿意参加实验，并且几乎都能准时到场。著名学者季羡林先生曾表示了做人的态度：“假话全不讲，真话不全讲。”移用到这里也很恰当。起初不把要求说全，待学生答应后，再补出具体要求，这样，将一个要求分两次提出，就使学生答应的比例提高了 80%以上。

有位朋友也讲过一个例子。他想请一位擅长计算机技术的同事重装一下电脑系统，便聪明地先问："请问安装电脑系统主要有哪些步骤?"电脑高手很热心地告诉他："哦，容易！先设置你的启动模式，然后让光盘智能安装，然后再安装驱动……"接下来，他又问道："怎样设置启动模式?"等学会后，他再问："光盘智能安装是怎么回事，你能告诉我吗?"电脑高手耐心地指导完成后，他再问："驱动怎么装?"最后，电脑系统重装完毕，他达到了所要的效果，也没有让同事感到压力。如果一开始就请电脑高手帮忙安装，由于大家工作都比较忙，八成是要被回绝的。

可见，人的心理有时是很微妙的，人们在不断完成小请求、小目标时，或是已经适应了这种状况，或是为了避免认知上的不协调，或是想给他人前后一致的印象，就比较容易接受进一步的要求。思想工作者要利用工作对象"反正已经帮了，再帮一次也无所谓""反正已经做了，再多做一点又何妨"之类的潜在心理，"得寸进尺"，促进工作对象不断进步。

(4) 以退为进，打开缺口

1975年，恰尔蒂尼在给慈善机构募捐时，起先对一些人提出数额要求，结果捐钱的人很少，捐赠数额也不多。后来他就在提出要求时加上了一句话："哪怕一分钱也行。"结果，捐钱的人数增加到先前的两倍，数额也大大增加。著名影星李连杰创立"壹基金"，也袭用了这个思路。实际上，捐款人谁也不会只捐一分钱、一块钱的。募捐者看准了这一点，以退为进，主动提出最小的数额，让捐献者不好拒绝，从而在心理上打开缺口。

同时，思想工作者有时也要守住自己的"门槛"，防备他人利用登门槛效应来达到隐含的目的，坚守公心，坚守原则，坚守底线，该拒绝的时候一定要坚决拒绝，防止"千里之堤，溃于蚁穴"。

39. 适当的让步有助于实现“双赢”
——反登门槛效应

世界上的事物总是相辅相成的。与前面介绍的“登门槛效应”相对应，还有一个“反登门槛效应”，又可称为“让步效应”。如果说，“登门槛效应”的表现形式是“先小后大”“得寸进尺”，“反登门槛效应”的表现形式就是“先大后小”“让尺得寸”。社会心理学的研究证实了反登门槛效应的原理：对一个人提出了一个大要求后再提出一个同类性质的小要求，这一小要求就有可能被人轻易地接受。在人际沟通中，适当的“让步”常常可取得“双赢”的局面。

反登门槛效应来源于1975年美国心理学家西阿弟尼等人做的一个实验。他们将参与实验的人分为三组，要求完成的任务也分为甲乙两项。甲项，需要被试者腾出大量的时间去做；乙项，只需要花费较少的时间去做。他们对甲组直接提出要求，被试者要花费大量时间去完成甲项任务，当所有人都表示拒绝时，实验者马上问他们，是否愿意改为完成乙项任务，只要用较少的时间。对乙组被试者只提出了乙项的要求。而对丙组被试者提出，可以在甲乙两项任务中选择一项完成。结果令人惊奇，三个组表示同意的百分率分别为50%、16.7%、25%。从巨大的差异中可以看出，反登门槛效应所引起的心理反应是十分明显的。

其实，鲁迅先生早就用一个比喻剖析了其中的道理。1927年，他在《无声的中国》一文中指出：“中国人的性情是总喜欢调和、折中的。譬如你说，这屋子太暗，须在这里开一个窗，大家一定不允许的。但如果你主张拆掉屋顶，他们就会来调和，愿意开窗了。”为什么大家对“开窗”的态度会发生明显的转变呢？因为与“拆掉屋顶”所带来的损失相比较，“开窗”的要求小得多了，还免除了拆屋顶的威胁，通过比较，人们感到似乎是“捡了便宜”，因此就比较容易接受后一个较小的要求。

在思想工作中,也时常可以遇到这样的情景。有的单位在动员参加志愿者活动时,先把要求说得很高、内容讲得很全,有些员工起初觉得占用的时间一定很多,参加热情不是很高;但是听到具体的任务只是到福利院与残疾儿童一道做做游戏,或是在公交车站协助维持秩序,并不复杂,也不费时,于是就纷纷报名参加。有的单位在组织捐赠活动时也运用了反登门槛效应的原理,引导大家踊跃捐献,取得了较好的效果。在实施文明经营的过程中,有的管理者先用法规宣传、文明公约等形式对商户进行宣传教育,提出比较严厉的要求,然后逐家上门,与商户具体商议落实的措施,从实际出发,在部分非原则的方面适当让步,提出分阶段落实的目标。商户感到管理者比较体谅自己的实际情况,通情达理,也就会认真地落实整改措施,这样就能比较容易实现最初的目标。

比如,铁路上海南站建成启用后,由于南站西侧铁路沿线部分住宅紧贴铁路干道,第一排房屋距离铁轨不足 30 米,尽管加装了隔音防护板,但每当列车驶过,仍有噪声干扰。为此,部分居民持续集体上访,还多次到南站聚集,情绪激烈,甚至冲击站台轨道。于是,接受政府有关部门的委托,承担降噪治理任务的上海建工四建集团第九工程公司,具体实施将涉及的 1 000 多户居民房屋一律改造成双层窗户,确保室内音量低于 45 分贝。他们建立了 4 个初访小组,分头走访居民家庭,为每户居民解释施工方案,化解居民心中的怨气和抵触情绪;并且换位思考,用真心换真情,了解居民的个性化要求,精心做好分内事,顺带满足居民的一些“额外要求”,为居民移植绿化、修复落水管等,从而拉近了施工单位与居民群众的距离,保证了降噪治理工程的顺利竣工,铁路运行再也没有受到干扰。

反登门槛效应发挥作用的心理机制是怎样的呢?影响它的主要因素有哪些?了解专家们研究后得出的各种结论,有利于思想工作者恰到好处地作出让步,运用好反登门槛效应。

(1) 维护良好印象的催化作用

一个人总想给他人留下良好的印象,从而维持自己是一个好人的感觉。因此，每当他人提出一个较大的要求后，此人一时感到无法满足，只得婉转回绝，但这就与自己想给人留个良好印象的内心需求产生冲突和认知上的不协调。正当此时，对方又提出了一个较小的要求，而且是自己能够办到的，正好给此人恢复心理平衡、减少心理紧张度提供了契机。于是，这种想要维护良好印象的欲望就会起到催化作用，促使此人果断接受这一较小的要求。

(2) 去除不良印象的推动作用

事实上，人们在心理上还力图避免给人留下不良印象。在拒绝了他人提出的较大要求后，此人内心会觉得已经给他人留下了不良的印象，也可能得罪了人，或者产生歉意。此时，此人会产生一种心理失调的感觉，并产生一种内驱力，想要寻找机会弥补"过错"，以改变不良印象，维护自我形象。因此，当对方再提出一个较小的要求后，此人会觉得机不可失，便可能轻易就接受这个较小的要求。

(3) 决策重点的转移作用

在让步效应发挥作用之时，事实上已经把此人的决策重点从"是拒绝，还是接受"的决断，转移到"接受哪项""拒绝多少"的有限选择了（参见"沉锚效应"）。而且这种转移是在对方无意识的状态下实现的，发生在自觉不自觉之间。因此，此人的判断与决策主要集中在考量多大的要求可以接受，拒绝的心态已经荡然无存了。

(4) 心理反差的错觉作用

较大的要求与较小的要求常常会引起人们的心理反差，而这种心理反差又会形成一定的错觉。一般来说，两项要求之间的差距大，其心理反差也会大，给人的错觉也相对大一些。市场上经常出现的"漫天要价，就地还钱"现象，就是在这种心理反差的错觉作用下产生的让步效应。在家庭生活中也是这样。如，妻子想让丈夫买一条金手链，如果直接提出，丈夫可能会不答应，于是妻子迂回地提出，想要买一条金项链，当丈夫否决后，妻子再提出买金手链的要求，丈夫也许不好意思连着两次拒绝，很有可能就答应了。因为买金手链比金项链的要求已经明显小得多了。

登门槛效应和反登门槛效应，在心理机制上有类似之处，因而有时也可以将两者适当融合，或者交替使用。无论运用哪种心理效应，都要诚恳自然，不显山不露水，使工作对象处于无意识的状态中。有研究者对这两种效应的适用场景作出了一种猜想：对于“心肠好”的人，可以多用登门槛效应，因为他们一般不会拒绝较小的要求，这样就可能顺利地“得寸进尺”。而对于平时比较“严苛”的人，则可以多用反登门槛效应，反正他们容易拒绝别人，不妨先让他们拒绝一个较大的要求，从而对较小的要求适当让步。这种相对的选择，可以在实际工作中进一步探索，并加以验证。

需要指出的是，无论是采用登门槛效应还是反登门槛效应，其目的都不是为了算计他人、损人利己，而只是为了更好地开展思想工作，有利于工作对象的实际利益、长远利益和多方面的进步。

40. 出奇制胜　高人一等

——出其不意效应

在别人没有丝毫心理准备的情况下，突然让某人去做一件并不困难的事，他会很容易就接受，这称为“出其不意效应”，也称作“下意识服从效应”“服从效应”。出其不意效应表明，在他人没有心理准备的情况下，突然采取快速、大胆的行动，让对方做出答复或决定，一般比较容易达到目的。

有人在拥挤的地铁车厢里做了一项对比实验：① 一位站着的乘客突然彬彬有礼地对身边坐着的男乘客说：“对不起，你的座位能让给我吗？”男乘客很有可能会不加思索地站起身来，让出座位。② 如果站着的乘客犹犹豫豫，在与对方数次目光接触之后，才吞吞吐吐地对坐着的男乘客说：“对不起，你的座位能让给我吗？”男乘客一看这人年纪并不大，也没有患病的迹象，多半会不予理睬。实验数据证明，受到“突然袭击”的乘客让座服从率高达 56%；而提前“预告”后，让座服从率仅为 28%。对比之下，两者让座率的差距竟达一倍。

“攻其无备，出其不意”，是孙子兵法的精髓。出其不意也是一种具有风险性的策略，但如果运用得当，会收到出人意料的效果。第二次世界大战期间，美、英、苏三国召开了德黑兰会议，美国总统罗斯福和英国首相丘吉尔对苏联领导人斯大林控制会议进程的一些做法感到不满，于是决定戏弄一下斯大林。一天早晨开会前，丘吉尔抽着烟说：“昨晚我梦见自己成为全球主宰了！”罗斯福接着说：“我也一样，梦见自己成了宇宙的主宰！斯大林元帅，您呢？”斯大林一下子就明白了这两人的意思，于是慢吞吞地说：“我梦见，我既没有批准对丘吉尔先生的任命，也没有批准对罗斯福先生的任命。”斯大林的回答可谓是“出其不意，出奇制胜”，说得丘吉尔和罗斯福张口结舌。这两人偷鸡不成，反蚀了一把米，竟被斯大林从人对人的控制入手嘲弄了一番。

同样，商品广告策划中也同样希望“出其不意”，因为消费者在毫无思想准备的情况下，内心最容易受到震撼，在目瞪口呆之余，除了毫无怨言地愉快接受，往往会下意识地产生购买冲动。求职和商战一样，有时也可以运用一些出其不意的策略，让招聘方加深对自己的印象。如，有一名求职者给某出版集团的负责人寄去了一封信，信上写着：“不聘请我是你的损失。”于是，集团负责人决定一睹出此大言者的尊容。不管这位求职者面试的结果如何，单是他这“出奇制胜”的一招，就已经胜人一筹，获得了一个高层直接面试的难得机会。

专家们研究了出其不意效应的心理成因，大致可概括为以下四种观点：① 确保安全说。在对方毫无心理准备的情况下，突然间让对方对某件事表明态度，对方由于不太清楚其中包含着什么内情，便会按照常识与生活逻辑，为求得保险，确保不出意外，会不加思考地答应，达到自身安全。② 消极从众说。出于从众心理的影响，顺从一般容易与他人的行为取得一致，免除了被孤立的可能，而且服从一般都容易得到他人的肯定（参见“从众效应”）。③ 习惯接受说。许多人习惯于接受指令。人们从小便学会按指令上课、放学、做操、游戏，而且对于上级多持尊重和敬畏的态度，于是就习惯了对命令者的顺从（参见“毛毛虫效应”）。④ 仓促表态说。与对抗相比较，顺从更加简捷快速。人们出于种种考虑，如果选择对抗的态度，就必须有个思索的过程，而在突如其来的命令面前，人们根本没有思考与推理的时间，如果没有受损的可能，那么自然最容易做出顺从的表示。

总之，思想工作者需要掌握的是，运用出其不意效应的关键，是要利用对方惯性思维的弱点，捕捉对方的思想空隙，突破人们思维的常规、常识和常法，反常用兵，出奇制胜。有人提出了运用出其不意效应的要诀：防患未然，保护弱点，出奇制胜，大胆创新。在以下情况下，采用出其不意效应一般会比较有效。

(1) 有些简单的事情，适合速战速决

近年来许多地方都实施了公共场合禁止吸烟的规定，这可以说是尽人皆知的。可是，在餐馆里见到有人吸烟，服务员如果上前耐心劝说，吸烟者往往会讨价还价，表示这支吸完就停止。而如果走到他身后，不容分说地命令道："快把烟掐灭！"对方往往会下意识地立即掐灭烟头。在会议中也是这样，遇到有人低声讲话，如果好言好语相劝，效果往往不佳；如果主持人厉声喝止，顿时就会鸦雀无声。

(2) 有些复杂的事情，也适合简化处理

有些事情的来龙去脉比较复杂，一时难以说明清楚；或者某些情况和细节不宜张扬，否则容易引起他人的猜测，产生不好的影响。因此，在不违反原则、不留后遗症的前提下，也可以利用出其不意效应，做简化处理，让对方迅速做出回答或决定，简洁快捷，收效明显。如果拖泥带水，反而会影响事情的决断。

需要指出的是，运用出其不意效应，必须是对方并不会感到困难的情形，同时又是有益无害的事情，否则也许会适得其反。

41. 控制好情绪就能赢得幸福

——野马效应

在非洲草原上有一种吸血蝙蝠，喜欢附着在野马的后腿上，用锋利的牙齿刺破野马的腿部，吮吸血液。野马被激怒了，狂奔乱跳。这时，吸血蝙蝠转而飞到野马的背部继续吸血。野马更生气了，非要摆脱身上的吸血鬼不可，于是跳得更高、更猛烈。吸血蝙蝠得寸进尺，索性落在野马头上吸血。野马彻底抓狂，疯了一般地甩头、狂奔、纵跳……直至精疲力竭，最终倒在辽阔的草原上。人们一度以为，野马是被吸血蝙蝠吸走了太多的血而导致死亡的，但动物学家检验后发现，吸血蝙蝠所吸的血量极少，对于一头健硕的非洲野马而言根本微不足道，野马死亡的最直接原因是暴怒和狂奔等剧烈的情绪反应。为此，心理学上就把因为一些芝麻绿豆般的小事而大动肝火，因别人的过失而伤害自己，以致造成不可挽回损失的现象称为"野马效应"。

愤怒的情绪是哺乳动物经过自然选择的结果，也是一种保护性反应。在野生环境下，愤怒会使动物在与其他动物的争斗中增加获胜的概率，但对于已经高度进化的人类来说，尤其是对已经普遍有了完整的道德、法律体系的现代社会中的人来说，愤怒的原始价值大打折扣，其负面影响占据了主要方面。

野马效应并非动物的专利，在人们的生活中也会经常出现。一个人暴怒或生闷气时会导致人体生理上产生一系列的变化和反应，致使人体各部分受损，严重的甚至会危及生命。常见的表现有：心跳加剧、心律失常、呼吸急促、气逆胸闷、咳嗽哮喘、胃感饱胀、肝部疼痛、面色苍白、全身无力、四肢寒凉、不思饮食。可见，生气发怒可致使呼吸系统、循环系统、消化系统、内分泌系统和神经系统失调，并带来极大的损伤。实验表明：恐惧、焦虑、抑郁、嫉妒、敌意、冲动等负性情绪是一种破坏性的情感，如果长期被这些负性情绪困扰，会导致身心疾病的发生。

随着医学科技的发达，美国心理学家曾把生气发怒者血液中所含的物质注射在小鼠身上，以观察其反应。这些小鼠起初表情呆滞，胃口尽失，整天不思饮食；数天后，小鼠就默默地死去了。美国生理学家爱尔马也做过一个实验。他收集了人们在不同情况下呼出的“气水”做对比实验，结果证实，生气发怒对人体危害极大。心平气和时呼出的“气水”沉淀后，无杂无色，清澈透明；悲痛时呼出的“气水”沉淀后呈白色；悔恨时呼出的“气水”沉淀后则为蛋白色；而生气发怒时呼出的“生气水”沉淀后为紫色。由此，爱尔马分析说：人生气 10 分钟所耗费的精力，不亚于参加一次 3 000 米的赛跑；生气发怒时的生理反应十分剧烈，分泌物比其他任何情绪都复杂，更具毒性。

从野马效应中可以得出这样的结论：① 情绪是有成本的。在生活中难免会遇到不顺心的事情，如不能静心、宽容地对待，一时情绪激动，甚至暴跳如雷，大发脾气，就会危害自身的健康。动辄生气的人很难健康、长寿，有些人确实是被“气死的”。因此，暴怒是要以自己的健康作为代价来偿付的。② 情绪是自身选择的结果。外在刺激并不能很深地伤害我们，常常是我们自己对这些刺激的认识与态度让自己受到了深深的伤害。对于外部刺激的态度及情绪反应，体现了一个人的涵养和境界。因此，可以毫不夸张地说，学会控制情绪是人们工作和生活中一件至关重要的大事。

思想工作者要首先要控制好自己的情绪，同时还要帮助工作对象控制好情绪，为思想工作提供平和、舒缓的心理环境，便于思想引导、感情交流的工作能够入耳入脑入心，从而避免野马效应的发生。

(1) 端正认知控制情绪

要想控制情绪，首先要改变认知上的偏差。负性情绪就像身体上的疼痛一样，虽然人们都不喜欢它，但它的发生与存在却有着一定的原因。因为情绪的本能是保护自己免受伤害，但不能因此就认为任何情绪的存在就是合理的，也不应该长时间地沉浸在不良情绪之中，无法摆脱。人们说：“有气就要发出来。”但一定要注意发脾气的程度和场合，不能不加节制地过度愤怒。为了区区小事而大动肝火是情绪短路的表现，就像电器短路会造成电器损毁、引发火灾一样，情绪短路也会给自己及他人造成很大的负面影响。通过认知调整，会有积极认知和消极认知两种结果。当原有认知通过调整后，真正想明白了就会有理智的行为，摆脱负性情绪的干扰。

要清醒地认识到，在社会生活中每个人都会遭遇不如意的事情，都有属于自己的不良情绪，这个世界上不止你一个人如此，那些外表看上去光鲜亮丽、气度非凡的明星、名人、富豪无不如此。美国密歇根大学心理学家南迪·内森的一项研究发现，一般人的一生中平均有十分之三的时间处于情绪不佳的状态。所以，要用一颗宽广的心去与那些不良情绪做斗争，学会做情绪的主人，不要给外界干扰自己内心的机会。"境由心造"，心变大了，大事也会变小；心变小了，小事也会变大。虽然这是人所共知的道理，但真正能够随心所欲地排除不良情绪而拥有良好情绪的人并不多，这也正是为什么平庸者多于成功者的一个主要原因。

（2）豁达大度控制情绪

纵观古往今来成功者的历史，就会发现无论是哪个领域的杰出人物都拥有宽阔的胸襟、豁达的气度，这些豁达大度之人都能坦然面对生活中的种种不如意，对自己心中的不良情绪收放自如，从而克服艰难险阻，逐步走向成功。有专家提供了一个公式：心灵旺盛＝乐观的人格＋认知的调整＋主观幸福感。在这个公式中，主观幸福感是指知足和满足。主观幸福感不影响人们追求更高的境界，而是提倡根据自身现实状况去努力奋斗，对于追求不到的东西，不要一味地追求，否则会很痛苦。对于造成自己不良情绪的根源，如果没有想明白，那么就会随意宣泄气愤；如果想明白了，就会比较理智，静下心来思考，也会改变自己的偏执态度，不会为芝麻绿豆大的事儿就大动肝火。

每个人都有自己的问题和不足，关键在于人们知道不知道、愿意不愿意去改变，一旦自觉地加以改变，不良情绪就可以得到排遣，生活就会变得更有质量。因而要以平常心面对生活，始终保持积极向上、乐观豁达的心境，多给心灵减压，也可以用适当"糊涂"的方法调节自己对人对事的态度，只要不触犯原则就没必要过于计较。总之，只要控制好自己的不良情绪，便能感受到新的乐趣、更大的幸福。

(3) 协助他人控制情绪

思想工作者经常会与人谈心交流，也会有接待来访的任务，难免会遇到带有不良情绪、甚至暴怒的工作对象。这些不良情绪会令相关人员听不进劝说，干扰工作效果，甚至走向极端。这时，协助他人有效地控制情绪，就成为开展思想工作的必要前提。心理专家提出了一些行之有效的方法，值得思想工作者学习运用。

① 放低对方的重心。当对方生气发怒时，首先要请对方坐下，降低重心有利于降低火气。需要注意的是，要让对方坐在较低的椅子或沙发上，不要使用高脚椅，否则火气会越来越大。

② 反馈式倾听。当对方怒气冲冲地坐下来诉说事由和诉求时，倾听者一定要态度和蔼，及时做出反应，适当地表示出理解、抚慰。不能只是目不转睛地瞪着对方，面无表情，这会进一步激怒对方。

③ 转换场地。当对方暴怒的时候，可以找一个理由，引领对方换一个场地再谈，离开暴怒的对象和场所，同时让对方有一个情绪转换的契机。

42. 善疏则通　能导必安

——避雷针效应

在雷雨天气，有时一些参天大树瞬间就被雷电击毁，而周围一些更高的铁塔、楼宇等高层建筑却安然无恙。这是什么原因呢？物理学告诉我们，带电的云层通过树木对大地迅猛放电，巨大的电压和电流瞬间通过树木，顷刻之间就会将树体摧毁；而在同样的情况下，高层建筑之所以安然无恙，就要归功于“避雷针”了。

避雷针，又名防雷针，是用来保护建筑物等免受雷击损害的装置。一般认为，避雷针最早是由美国科学家富兰克林在 1749 年发明的。通常是将一根数米长的接闪器固定在高大建筑物的顶端，并用绝缘体与建筑物隔开，然后用符合规格的导线与埋在地下的泄流地网连接起来，因而具有引雷和泄流性能，能把云层中的巨大电荷从保护物上方迅速引入避雷装置，并安全地泄入大地，直接中和，从而保证建筑物的安全。人们把避雷针的功能延伸到社会生活领域，把通过一定的途径，建立沟通渠道，排解不良情绪，保证安定平稳环境，避免突如其来损害的现象，称为“避雷针效应”。

中国唐代王叡在《炙毂子》一书中记载：汉朝时柏梁殿遭到雷击引发火灾，一位巫师建议，将一块鱼尾形状的铜瓦放在屋顶上，就可以预防雷电所引起的天火。这被认为是避雷针的雏形。法国旅行家卡勃里欧别·戴马甘兰 1688 年所著的《中国新事》一书中记载：中国宫殿屋脊两头都有一个仰起的龙头，龙口吐出曲折的金属舌头伸向天空，舌根连接一根细铁丝，直通地下。若雷电击中了屋宇，电流就会从龙舌沿铁丝行至地底，避免雷电击毁建筑物。这说明中国古代建筑上的避雷装置在结构上已和现代避雷针基本相似。

在思想工作者的工作中，避雷针效应的实际应用比较广泛。避雷针效应提示我们，在群众工作中，要时刻注意对社会矛盾和人民群众关注的社会焦点问题及时加以解决和疏导，尤其是要关注工作对象心理、思想和实际问题，加强谈心、交流和心理疏导，解决实际困难，排解不良情绪，及时校正心理问题，预防不良心理和矛盾冲突的积聚和爆发。正所谓“善疏则通，能导必安”。

(1) 建立必要的沟通渠道

有效的沟通，是人际关系的“桥梁”，是矛盾冲突的“减压器”，也是单位或组织的“避雷针”。目前，我国正处于社会转型期，也是各种社会矛盾和敏感问题的多发期。我们要构建和谐社会，建立有序的工作和生活环境，就必须要建立各种沟通渠道，有针对性地化解矛盾、解决问题。

① 要确立“勤政为民”的观念，做到政务公开和信息公开。尤其是在城市建设、基础设施建设、民生工程等方面，对于正在筹划或正准备开展的涉及群众利益的工作内容和进程，都要通过不同的渠道予以公开，如政务公开栏和政务公开网、微博、微信公众号，以及政府部门的监督电话、咨询电话，使人民群众对政府工作有一定的了解，并能够通过适当的途径反映诉求、实施监督。另外，要正确对待民众的意愿和诉求，重视群众利益，有效实施沟通、疏导，做到“民有所呼，我有所应”，让矛盾及时得到化解。上海市多年前开通 12345 市民服务热线电话，将各类政务服务热线合并统一接入，实行“一号对外、集中受理、分类处置、统一协调、各方联动、限时办理”的工作机制，对不能直接解答的咨询类问题及求助、投诉和建议，及时转交相关区县、部门办理，并及时回复市民，极大地方便了市民咨询、求助和反映问题，很受好评。目前全国许多省市的城市都采用了这项便民措施，起到了避雷针的作用。

② 在单位内部建立沟通交流、化解矛盾的渠道。有资料表明，管理工作中70%的错误是由于不善于沟通造成的，成功的管理人员通常会将90%以上的工作时间用于与部属之间的沟通。思想工作者要协助领导，通过定期或不定期地到基层调查研究、检查工作、召开座谈会、接受员工评议、建立接待日制度等形式，面对面地与员工进行沟通交流，直接听取员工的呼声和诉求，避免信息阻隔

和信息失真，从而及时澄清疑虑、消除误解、化解矛盾，避免冲突，增强单位和团队的凝聚力。

（2）实施必要的心理疏导

心理学家的研究表明，对于不良的情绪，与其堵塞，不如疏导。当工作对象产生不良情绪时，尤其是逐渐增大的压力导致无助和无奈时，要通过有效的思想工作和心理疏导，晓之以理，动之以情，对其阻塞的心理进行疏通引导，使之畅通无阻，从而达到恢复心灵平静、促进身心健康的目的。首先要倾听对方讲清事情的来龙去脉，以及个人的想法和感受，然后以准确、鲜明、生动、灵活、亲切、适当、合理的语言，帮助对方分析不良情绪产生的根源和形成过程，认清其本质和特点，并且以换位思考、吐露心声、接受帮助、降低标准等方法来帮助其减轻心理压力，激励其自我领悟、自我认识和自我矫正，促进不良心理的转化，减轻、缓解、消除症状，提高对方主动应对心理应激反应的能力，使其以更好的状态投入到工作之中。这样，既平息了矛盾冲突，和谐了团队氛围，又有助于提高工作效率（参见“安慰剂效应”）。

（3）调整自己的不良情绪

人在一生中会产生数不清的意愿，而其中真正能得到满足的只占一小部分。那些未能实现的意愿、未能满足的情绪，如果没有及时地纾发、释放，很可能成为隐藏在心灵深处的“电荷”，就像蓄积在云层中的电荷，越积越多，就会在心理上形成巨大的压力。如果企图将其隔绝，一味压抑、克制，则会使人在内心深处与外界隔绝，造成精神苦闷、孤独和窒息，积聚过多的能量也许会冲破心理的防线，造成电闪雷鸣般的损害。正确的应对方法是，要为自己装上“避雷针”，随时安全地“放电”，释放过大的电压和电流，疏导自己的情绪，调节心理状态，冷静、理智地做出各种决定。

在个人的工作、生活过程中，如果遇到不如意的事情，或面对领导和同事的误会、亲友和群众的不理解，要及时调适自己的心理状态，运用适当的方法，尽快消除误会、矛盾和压力，创造和谐的工作环境和融洽的人际关系。第二次世界大战中，美国总统杜鲁门承受了巨大的压力与紧张，但这并没有使他加快衰老或降低活力，杜鲁门自己总结的秘诀是："我的心里有个掩蔽的散兵坑。"就如同一名战士躲进散兵坑，以求掩蔽、休息、静养一样，杜鲁门为了不让心灵承受过大的负担，也定时地退入自己的心理散兵坑，不让任何事情打扰他。这种能让自己的心灵得到及时放松的"掩蔽的散兵坑"，不就是一个很好的"避雷针"吗？

43. 摆脱负面情绪的干扰

——塞利格曼效应

美国心理学家塞利格曼在1967年用狗做了一项实验。起初把狗关在笼子里，每当蜂鸣器一响，实验者就对狗施加电击，狗难以忍受却又躲避不了，只能在笼子里狂奔乱叫。多次实验之后，只要蜂鸣器一响，还没有实施电击，狗就先趴在地上，惊恐哀叫。后来，当蜂鸣器响后，把笼门打开，此时狗却不躲不逃，而是主动倒地呻吟、颤抖。此时，狗是可以选择躲避的，却放弃了逃脱，绝望地等待痛苦的来临，因为在之前的经历中，狗已经获得了一种无助感——无论做什么都不能阻止电击的来临，于是就放弃了逃避电击的努力。这项研究显示，反复对动物施以无可逃避的强烈电击会造成其无助和绝望的情绪，这就是“习得性无助”。

1975年，塞里格曼通过以人为被试者的实验，证明了这种习得性无助在人身上也会发生。实验者把一群学生分为三组：让甲组学生听一种噪音，他们无论怎样做也不能使噪音停止；乙组学生也听这种噪音，不过他们通过努力可以使噪音停止；丙组是不听噪音的对照组。当在给定的条件下进行一段实验之后，即令被试者进入下一阶段的实验：当被试者把手指放在“手指穿梭箱”的一侧时，就会听到一种强烈的噪音；放在另一侧时，就听不到这种噪音。实验结果表明，乙组的被试者，即通过努力能使噪音停止的被试者，以及未听噪音的丙组，在“手指穿梭箱”的实验中都会主动探索，把手指移到箱子的另一边，使噪音停止；而甲组被试者已习惯于无论怎样也不能使噪音停止的想法，于是手指始终停留在原处，听任刺耳的噪音一直响下去，却不会尝试改变。

为了证明“习得性无助”对以后学习的影响，塞里格曼还做了另外一项实验：他要求学生把下列字母快速排列成单词，比如ISOEN、DERRO，可以排成

NOISE、ORDER。学生要想完成这一任务，必须掌握其中的排列规律。实验结果表明，在原来实验中产生了无助感的甲组被试者，相对较难完成这一任务。概括起来说，就是当一个人习惯了在挫折面前“无能为力”之后，无论外界环境发生怎样的变化，他依然会认为自己确实“无能为力”，人们就将这种现象称为“塞利格曼效应”，也叫“习得性无助效应”。

漫漫人生路，每个人都可能遭遇失败和挫折，许多成功者在起步时也曾经历过坎坷。如，德国著名哲学家费希特年轻时曾去拜访当时颇有权威的哲学大师康德，讨教哲学问题，可是康德却冷漠地拒绝了。费希特吃了闭门羹后感到苦恼和绝望，但他并没有放弃。后来他想明白了：任何人都会怕周围的人打扰自己，我说是去向他讨教，可我两手空空怎么向其请教呀？于是，他送去了自己刚刚完成的论文《一切天启的批判》，还夹了一封信：“我想用毛遂自荐的方式向你介绍自己，这篇论文是我最好的介绍信。”康德看了费希特的论文，拍案叫绝，他被费希特的才华所感动，亲自写了回信，并邀请费希特前去一同探讨问题。

塞利格曼效应实质上是在遭受了失败或挫折打击后的一种心理惯性现象，让人的挫败感、无助感持久延续，使人在情绪的低谷中无法自拔，在极端的情况下甚至会造成心理上的病态。在现实生活中，塞利格曼效应常出现在那些久病缠身的患者、无依无靠的老人，以及长期经历挫败的儿童等群体中。习得性无助者会出现三个方面的特征：① 凡事心灰意懒，自暴自弃，积极反应降低，消极被动，对什么事物都不感兴趣；② 失去正常的判断力和自信心，觉得什么都无法控制，无能为力，在工作和生活中处处表现出畏难情绪，自我怀疑，自我否定，自我设限，由此产生心理上的焦虑和行为上的逃避；③ 缺乏积极的情绪体验，表现为烦躁、悲观、冷淡、畏惧、颓丧、被动、退缩，甚至陷入抑郁、绝望状态。

思想工作者，尤其是领导干部的评价，往往成为工作对象自我评价的重要依据，影响到他们的心态和情绪。即使是随意表示的一些否定性意见，也可能会对工作对象产生比较严重的影响，对原本就存在的无助感造成推波助澜的作用。因此，思想工作者要注意培养积极的心态、坚定的信念，谨言慎行，引导工作对象乐观地看待失败与成功，尤其要帮助有习得性无助倾向的人员摆脱负面情绪的干扰。

(1) 多作积极评价，培养自控能力

习得性无助是一个渐变的过程，很多是由不恰当的评价方式引发或不断强化的。有些人在生活中遇到各种不如意的事情，经常受到周围人的批评、贬损等负面评价，久而久之，就会影响他们的自我认知，认定自己在这方面真的不行，进而认为自己天生愚笨、智力低下、能力不强，永远是一个失败者，无论怎样努力也无济于事。于是，他们想的更多的是失败，从而放弃努力，因而倾向于制定较低的目标以避免更多的失败，当遇到挫折时立即放弃，而且还往往固执己见，不能吸收别人的意见和建议。思想工作者要以客观、关心和帮助的态度来对待工作对象，对他们的积极行为，尤其是点滴进步作出及时的反馈，给予积极的鼓励，使他们感到自己是有力量、有能力的，提高自信心，形成良好的自控能力。尤其是对有习得性无助倾向者，更要注意自己的言行，避免无意中伤害其自尊心和自信心，加重其心理负担。

(2) 引导正确归因，克服归因障碍

习得性无助现象产生的主要根源在于人们不正确的归因。倘若人们认为造成其心理问题的因素是内在的、稳定的、不可控制的时候，就容易感到内疚、沮丧和自卑，认为无论花费多大努力，都难以改变现状，从而降低主动行为的动机，得过且过，不愿做尝试性的努力。为此，思想工作者要引导工作对象进行正确的归因，改变“只要失败就说明自己能力不够”的认知模式。当遭受挫败时，不要急于简单归因，陷于失落或沮丧的情绪，特别是当外部原因起决定性作用时，更不要急于揽责。即使是内因，也要找到相对积极的归因倾向，比如，“这次我大意了”的解释就比“我本来就不行”的结论要好得多。实际上，只要通过一定形式的有效训练，就可以帮助人们克服归因障碍，形成积极的归因方式。

有的教师通过创设一定的情境，让学生在规定的情境中学习，分析讨论成败的原因，并获得相关的体验。如，对于考试的失败，学生们通常会有以下几种归因：① 试题太难；② 我是一个没有能力的人；③ 我还不够努力，方法不当；④ 运气太差。习得性无助的学生往往会选择②，将失败归因为稳定的自身因素。对此，教师可以引导他们归因为③，使其明白自己失败的主要原因，或引导其归因于①或④，从而纠正"我是一个没有能力的人"的不当归因（参见"归因偏差效应"）。经过像这样多次耐心的归因训练以后，习得性无助学生的错误归因方式就能得到有效的纠正，学习动机就会增强。这种做法很值得思想工作者参考、借鉴。

(1) 构建良好氛围，营造和谐关系

心理学家认为：人们只有在心理上感到安全时，才不会产生因可能的失败而受到惩罚的恐惧，才敢于负责、敢于尝试、敢于创新。不良的竞争环境也是习得性无助行为产生的一个社会因素。有的人出现了某些过失之后，团队成员会以"有色眼镜"看待他。忍受着同事们的"冷暴力"，他就会把主要精力放在"维护"所谓的"面子"和"自尊"上，而忽略了为完成任务付出努力。人际关系的紧张，反过来又会强化无助心理。为此，思想工作者要积极构建良好的团队文化氛围，营造和谐真诚、团结友爱、互帮互助的人际关系，使工作对象在工作中增强自信心和成就感，防止不当竞争和过度竞争，有效地缓解习得性无助者的心理压力，减弱以致消除习得性无助现象的蔓延。

(4) 坦然面对挫败，勇敢走出逆境

每个人在生活中都会遭遇不同程度的挫折或者失败。有的人遭遇挫败的次数多、时间长，就可能形成一种深深的绝望和悲哀，产生习得性无助感。这其实是一种不正确的心理反应。思想工作者要积极引导工作对象在工作和生活中保持积极乐观的心态，即使身处失意的逆境时，也要有效地进行自我心理调节，使自己尽快从失意的泥沼中解脱出来，不要陷于过去的阴影中不能自拔（参见"斯万高利效应"）。相传清朝重臣曾国藩率领湘军作战时，接连打了败仗，不得不上疏皇上以自责。幕僚起草的奏折中有一句是"屡战屡败"，曾国藩提笔改为"屡败屡战"。这一字之改，强调了对朝廷的忠心和作战的勇敢，写出了奋战不息、虽败犹荣的气概。果然，皇上不仅没有责备他屡打败仗，反而还表彰他百折不挠的精神。可见，不轻言放弃，不被挫败击倒，是顽强意志和超凡智慧的体现。此外，人们常常把“好了伤疤忘了疼”当作一种负面的行为和品格加以批判，但实际上也要一分为二，对于那些曾经遭遇挫败的人来说，只有忘记过去的失败与伤痛，才能以健康的心态去迎接未来。这要比时时抚摸着伤疤垂泪更容易走出挫败的阴影，也更容易走向成功。

44. 纾解情绪的大起大落
——心理摆效应

钟摆是时钟上根据单摆原理制成的一种机件，它总是围绕着一个中心在一定范围内做有规律的左右摆动，控制一系列齿轮的转动，使钟的指针以均匀的速度转动。人的情绪也如同钟摆，常常会在“正向”与“负向”之间呈现出较大的波动，甚而表现为因爱生恨、喜极而泣、乐极生悲。在情绪心理学中，这种由特定背景的心理活动而引发的像钟摆那样向两极摆动的心理现象，就称为“心理摆效应”。

人的情绪变化是非常复杂的。事实上，情绪往“正向”剧烈摆动时，心理摆朝着“负向”的反作用力往往也很大。当某一种感情的等级越高、情绪越强烈时，心理摆就摆荡得越厉害，呈现的“心理斜坡”就越大，因此钟摆很容易转化为相反的情绪状态，迅速摆荡到另一个极端。心理摆不仅会在短时间内表现出很大的波动，而且会在一个较长的时期内出现由高涨到低谷的周期性变化。

20 世纪初，英国医生费里斯和德国心理学家斯沃博特同时发现了一个奇怪的现象：一些有精神疲倦、情绪低落等症状的患者，每隔 28 天就来治疗一次。于是，他们通过研究认为，每个人从出生之日起，其情绪会以 28 天为周期，发生从高潮、临界到低谷的循环变化。在情绪高潮期内，会感觉心情愉悦、精力充沛，能够平心静气地做好每件事情；在情绪的临界日内，会觉得心情烦躁不安，容易莫名其妙地发火；而在情绪低谷期内，往往情绪低落，思维反应迟钝，对任何事情都提不起兴致，严重时还会产生悲观厌世的情绪。其实，这些都是心理摆效应发挥作用的结果。

在现实生活中，人们难免会有喜、怒、忧、思、悲、恐、惊等各种情绪变化。但是，大起大落的情绪、大悲大喜的转换、长期的心理摆效应，会使人情绪异常，暴躁不安，甚而失去理智，做出一些事后懊悔的事情，还会给人的身心带来很大的伤害。在导致心理摆效应的诸多因素中，自我认知不足、情绪控制不当是关键。因此，思想工作者应该通过思想工作和心理疏导，帮助人们学会走出自我认知的盲区，加强对情绪的自我调适，缓解以至消除情绪过度波动的负面影响，保持心灵的恬淡，避免出现心理摆效应引发的巨大心理反差。

（1）提高对情绪的认知

要认识到，人生犹如大江大河的波涛，不可能总是高潮，也会有低谷。就像钟摆一样，向左到了极点，就会向右边摆荡。有些人希望永远生活在兴奋、浪漫、刺激等理想状态之中，因而对生活中平凡的常态总是心存不满，于是心境就会因实际生活场景的变化而大起大落。实际上，人生必然是有乐也有苦，有聚也有散，有顺境也有逆境，所有的潮起潮落、酸甜苦辣，其实都是很自然的。

情绪和情感的高低也是相依相存、相辅相成的。人的情绪在外界刺激之下，常会表现出多度性和两极性的特点。如果想要避免情绪的低谷，就不要给情绪过于高涨的机会。在顺境中要平和、清醒，在逆境中才能安详、镇静。如果在快乐、兴奋时不得意忘形，也就不会乐极生悲。当自己转入情绪的低谷时，要尽量避免不停地回顾、对比情绪高潮时的那些激动人心的场景，而要把注意力转移到一些能平和自己心境、振奋自己精神的事情上，“山重水复”之后，也许就是“柳暗花明”。只有这样，才能在生活场景发生较大转换时，避免心理上产生巨大的失落感和挫败感。

（2）掌握情绪变化的周期

人们的情绪变化周期一般为28天。如果感到这与自己比较吻合，就可以记录下情绪变化的实况，确定自己情绪变化的周期，以便提前预测自己的情绪变化，合理安排自己的工作日程，有意识地将最为重要的工作安排在情绪高涨、精力充沛的时段完成。情绪低落时则应尽可能回避一些容易引起矛盾冲突的事情，不要引发情绪激动，尽量避免情绪波动带来的负面影响。可以找朋友聊天倾诉，寻求心理慰藉，或参加文娱体育运动，减轻心理压力，安全渡过情绪低谷期。

(3) 学会体验各种不同的乐趣

人生是丰富多彩的，每一种生活状态，都包含着不同的乐趣，都能够让人们有所得——既可以在风花雪月中体验浪漫，也可以在惊涛骇浪中体验力量。当一段赏心悦目的风景已经过去时，就要及时地转向，寻找身边其他令人愉悦的美丽风景。所以，人们应该学会体验各种生活状态的不同乐趣，尤其是要学会缓解、消除一些负面情绪的影响。既能在激荡人心的活动中体验热烈奔放的激情，又能在平淡如水的日常生活中享受悠然自得的情趣；既能享受成功的喜悦，又能经受挫败的磨难。千万不要畏惧道路的坎坷，坎坎坷坷才是路；千万不要排斥生活的平淡，平平淡淡才是真。要保持一颗“胜之淡然，败之泰然”的平常心，进而达到“不以物喜，不以己悲”的人生境界。只有如此，才能在生活场景发生重大转换时，微笑着面对人生，安享每一种生活状态的乐趣。

(4) 加强理智对情绪的调适

人不但有情绪，更有理智，因而可以加强理智对情绪的调控作用。在受到情绪波动困扰的时候，应当通过调节认知的方式来调适自己的情绪，因为很多情绪的好坏都源于对事情的不同看法。比如，当受到上级批评的时候，不同的人往往会有不同的反应。悲观的人会认为这是上级故意刁难，是对自己的不信任；而乐观的人则认为这是上级的有意栽培，帮助自己认识并弥补自身的不足，加快进步。正是因为这些认识上的不同，人们才产生了不同的情绪反应。因此，我们可以通过改变对事情的看法，从根本上改善自己的不良情绪。无论是遇到什么麻烦，遭受什么打击，只要换一个角度来看待，保持一种乐观、开朗的情绪，达观、超然的心态，乌云密布的天空很可能瞬间就会变得一片清澄。

自我心理排遣，要找到一些适合自己的具体方法。如，相传西藏有一位叫作爱地巴的年轻人，每次与人起争执生气时，他就跑回家去，绕着自家的房屋和土地跑三圈。后来，随着年龄的增长，爱地巴的房子越来越大，土地也越来越多，但他的习惯依然没有改变。直到爱地巴衰老了，他生了气还是拄着拐杖艰难地绕着土地和房屋行走三圈。他的孙子很不理解，问他这样做的奥秘。爱地巴说道：

“年轻时我跟人争吵生气后，就绕着房和地跑三圈，边跑边想，我的房子这么小，土地这么少，哪有时间跟人家生气啊！想到这里，我所有的怒气都消了，就把所有的时间用来劳作。老了生气时，我也绕着房和地走三圈，边走边想，我的房子这么大，土地这么多，又何必与人计较呢？一想到这里，气也就消了。”爱地巴自我心理调适的方法，虽然简单原始，却也简便有效，值得借鉴。

45. 莫当不良情绪的传递者
——踢猫效应

有这样一个故事流传很广：一位男士在单位里受到了上司的叱责，心中很窝火。回到家里看着妻子不顺眼，就与妻子吵了一架。正好孩子回家晚了，正在气头上的妻子顺手就给了孩子一记耳光。孩子无端被打，怒火中烧，便用脚狠狠地踹了睡在地毯上的猫。这就形成了心理学上的“踢猫效应”，描述的是一种典型的坏情绪的传染所导致的恶性循环。

心理学的研究表明，人们常常对弱于自己或者等级低于自己的对象发泄不满情绪，并且会产生一种连锁反应。踢猫效应就形象地概括了这种社会现象：人的不满情绪和糟糕心情，一般会沿着等级和强弱构成的社会关系链条依次传递，由金字塔尖一直扩散到最底层，层层寻找自己的“出气筒”。这样就会形成一条愤怒的传递链条，最终的承受者就成了那只“猫”——最弱小的个体，成为他人抱怨或泄愤的“受气包”，因为会有多个渠道的怒气传递到他这里来，并且无处发泄。

美国洛杉矶的心理学家加利·斯梅尔曾经做过一个实验。他安排自己的两个性格完全相反的朋友在一起聊天，一个生性活泼、乐观开朗，另一个多愁善感，常为一点小事而郁郁寡欢。一个小时后，那个乐观开朗的朋友也开始唉声叹气起来了。斯梅尔由此得出结论，坏情绪比好情绪更容易传染给他人。

网上看到上海循环信息科技有限公司下属的问卷星网站关于踢猫效应的一项调查，参与人数为 281 人。① 你会把自己的负面情绪发泄到别的人或物上吗？回答“总是会”和“有时会”的占 60.49%。② 你向他人发泄负面情绪后会感到后悔吗？回答“每次都会”占 31.67%，“有时会”占 33.45%，“从来不会”占

2.14%。③ 你向他人或事物发泄完负面情绪后有带来过不良后果吗？回答“有”占 42.35%。④ 你是否试图克制自己随意发泄不良情绪？回答“是”占 62.63%。这一定程度上反映了踢猫效应在中国公众中的普遍程度。

《论语》记载，孔子对得意门生颜回的赞扬中有一条很重要，就是“不迁怒”，是赞扬颜回从来不把自己的怒气转移到别人身上。不迁怒，有涵养，有雅量，这是一项很难得的人生修养，在孔子三千弟子中也是很少有人能够做到的，所以颜回才被称为“贤人”。在现实社会中，迁怒于他人、他物的事情经常发生。最容易受到迁怒的就是家人了，有些人在单位里受了窝囊气，就把气撒在家人身上，还美其名曰：“家是受伤心灵停泊的港湾。”有人说，家暴实施者往往是在外面的“受气包”，不是一点道理也没有。有的领导者受到上级的批评后，马上就把情绪转移给下属，把脾气发到别人身上，抱怨组织，埋怨领导，责备下属，结果影响的只能是个人的威信，甚至会陷入“破罐子破摔”的恶性循环。专家指出，如果对自己的负面情绪采取放任自流的态度，随意迁怒于别人，将大大地损害自身的形象，也给人际关系带来损伤。

通过对踢猫效应产生原因及作用机制的分析，思想工作者要通过有效的心理引导，从以下几个方面着手，促进自己和工作对象，尤其是领导干部加强自身修养，为情绪安装一个“阀门”，管理好自己的情绪，控制踢猫效应发生的因素，阻断其传递路径，营造积极向上、健康和谐的心理环境。

（1）学会情绪管理

要避免发生踢猫效应，实际上就是要学会自我情绪管理。情绪管理是对个体和群体的情绪感知、控制、调节的过程，以提高对情绪的自觉意识，控制情绪低潮，保持乐观心态，不断进行自我激励、自我完善。心理学研究表明，善于情绪管理的人，能经常处于一种稳定而愉快的情绪中，有利于提高脑细胞的兴奋度，想问题、干工作就会思路开阔、思维敏捷，解决问题就会果断迅速、富有成效。情绪管理不是要去除或压制情绪，而是在觉察情绪产生之后，调整情绪的表达方式，以适当的方式在适当的情境表达适当的情绪。要提高情绪管理的能力，最根本的是要提高自身修养。中国古代文化倡导的“修身养性”，就是要通过提高自身素质，培养平和的个性，从而在面对任何困难与突发事件时都能保持从容的气度，把外部的愤怒、不满、指责的杀伤力降到最低，甚至消弭于无形。心理学对于情绪自我管理还总结了一些有效的方法，包括心理暗示法、注意力转移法、自我安慰法、交往调节法、适度宣泄法、情绪升华法等，可以适当学习运用，不断提高驾驭情绪的能力，并由此产生良好的管理效果。

(2) 正确对待批评

踢猫效应常常是由各种批评、指责触发的，因而如何正确地对待批评也十分重要。人不可能永远没有差错，要认识到，出现差错之后，有人能及时指出、给予批评，这是我们的福气，因为批评能引起我们的警觉，今后少犯或不犯同样的错误；如果没有人指出，我们也许就不知道自己出现了差错，就可能在错误的道路上越走越远。批评是每个人都会遇到的，同事之间、上下级之间，都需要有相互的批评指正。因此，无须因为受了批评而生气，而应该善待批评。

在现实生活里，我们常常发现，许多人在受到批评之后，不是冷静下来思考自己为什么会受批评，而是心里面很不舒服，或者暴跳如雷、怒气冲冲，或藏匿在心、忧愁烦闷，总想找人发泄心中的怨气。其实这是没有真正接受批评、没有正确认识自己错误的一种表现。还有一种情况是，有时批评意见不一定完全正确，有错怪、夸大、失实等成分，甚至代人受过，因此受批评者会感到十分委屈。受到这种不当的批评，心情不好，是可以理解的。此时，应当通过正当的途径予以说明，澄清事实，而不能采用"踢猫"的方式来发泄不满情绪。其实要明白，"踢猫"于事无补，并不能起到消除误解的作用，反而会扩大矛盾，也暴露了自己的心胸和风度方面的不足。真正有气度和风度的人，在面对压力情况下仍能保持平和的心态，面对突发状况能够从容不迫，控制好情绪，能与人为善、真诚、宽容、大度，不斤斤计较，不迁怒于他人，不用他人的错误来惩罚自己，从而体现出自身的人格魅力。

(3) 寻找宣泄途径

心理学研究表明，过分的心理压抑只会使情绪困扰加重，而适度宣泄则可以把不良情绪释放出来，从而使紧张情绪得以缓解。因此，要寻找适合自己的情绪宣泄途径，这其实也是情绪管理的一个有效方法。遇有不良情绪时，可以在没人的场合中，或面对知心朋友，进行适度的宣泄。专家推荐的方式有：① 向至亲好友尽情地倾诉自己的不平和委屈；② 通过逛街、散步、爬山、旅游、唱歌、听音乐，来排遣不快的心情；③ 通过体育健身、体力劳动等方式来尽情发泄；④ 在空旷的山林原野或封闭场合，针对假想目标大声叫骂、击打，发泄胸中怨气。一旦宣泄完毕，心情就会随之平静下来。必须指出，在采取宣泄的方法来调节自己的不良情绪时，必须增强自制力，要选择适当的场合和对象，采取正确的方式，不要采用喝酒、飙车等危险的方式，避免产生意想不到的不良后果（参见“宣泄效应”）。

（4）传递积极情绪

《论语》曰：“己所不欲，勿施于人。”孔子历来强调：自己所不愿意要的，就不要强加于别人。这揭示了处理人际关系的重要原则，并被誉为处理国家之间关系的“黄金法则”。著名思想家伏尔泰指出：“没有任何立法者比孔夫子曾对世界宣布了更有用的真理——‘己所不欲，勿施于人。’”并强调：“‘己所不欲，勿施于人’，是超过基督教义的最纯粹的道德。”踢猫效应所表现的却恰恰相反，把自己的愤怒、不快等不良情绪转嫁给他人。如果领导者遇到挫折或不顺心的事就拿下属当“出气筒”，经常向员工释放消极的因子，成为消极情绪的一个传染源，坏心情就会传递、循环，导致周边环境的恶化。于是，为了一时之愤，损伤他人，最终也损伤了自己，损伤了团队或单位。消极、怨怒的情绪可以传染，积极、快乐的情绪也是可以传染的。理性思考，与其因为踢猫效应而影响工作，还不如始终保持良好的心态，把快乐的情绪传递给别人，也传递给自己。在建设和谐社会的今天，人们需要一个和谐和睦的工作生活环境，不妨通过一个微笑、一句赞美，一条手机微信、短信，一个点赞、一个表情符号，把积极乐观、爱的情绪传递给身边的人，营造轻松愉快的情绪氛围。

（5）帮助员工减压

在任何团队中，员工有情绪是正常的，关键是如何创造条件让员工把情绪发泄出来，把压力消除掉，而不把坏情绪带到工作中去。如果不把员工的情绪当回事，听之任之，员工的抱怨和不满就会越积越多，最终表现为消极怠工或“隐性辞职”，对团队和单位的发展极为不利。所以，对员工的情绪应该更加包容，建立纾解情绪的渠道。松下电器公司的创始人松下幸之助一再告诫：“让员工把不满讲出来。”要欢迎员工提出批评、建议，让员工把对单位的意见都说出来，从而让员工和管理层有交流思想的机会，增强员工的主人翁意识，这既可以让员工宣泄情绪，又可以把员工的想法或意见作为改善管理的参考，这样就可以阻断踢猫效应，单位和员工双方都能释放、减轻压力，提高团队的执行力和战斗力，始终以昂扬的姿态投入工作。

46. 善待自尊心

——厚脸皮效应

心理学的研究表明，每个人天生都是有自尊心和羞耻感的。即便是婴儿，在出生后的6个月左右，也能识别出“好脸”“坏脸”。大人逗他笑，给他好脸，婴儿就会笑；大人横眉竖眼，大声吆喝，婴儿马上会哭。自尊心是尊重自己，维护自己的人格尊严，不允许别人侮辱和歧视的心理状态。人都是有自尊的，一个人只有受到别人的尊重，他才会有羞耻感，脸皮才比较薄。其实，脸皮就像手心里的肉，如果经常磨砺它，就容易形成茧子，再继续磨下去，感觉也就不那么灵敏了。有些人由于长期得不到别人的尊重，久而久之，其自尊心、羞耻感会逐渐降低，变得对别人的不尊重行为漠然处之、习以为常，脸皮便越来越厚，甚至到了“不要脸”“厚颜无耻”的地步。这种现象会引发一系列的后果，就是人们所说的“厚脸皮效应”。

按照生物学的观点来分析，“脸皮”是动物界的一种先天属性，本质上是一种生物原始本能的自我保护机制。在生物尚未完全进化的远古时期，灵长类动物大都集群生活。一旦哪个成员出现了什么不符合集体规范的举动，就会被其他成员排斥甚至抛弃。被种族抛弃的个体很快就会被猎杀，所以灵长类动物慢慢进化出一种自我保护机制，会尽量不发生那些可能会触怒其他群体成员的行为。直到现在，我们每个人的身体构造里，还保留着这种自我保护的基因。它让我们在产生去做一些事情的冲动时，会产生本能的恐惧和退缩。当然，人类社会发展到如今，已经构建起更加完备的文明规范和法治环境，构成人们自我保护机制的已经不仅仅是生物学意义上的那些东西，而有了更加广泛的内涵。

毋庸讳言，社会上有的人完全不顾社会规范，没有一点羞耻之心，只要是对自己有些许好处的事，就绝不甘心放过，把厚脸皮效应表现得淋漓尽致。如，在公共场合，有的人冒着众怒公然插队；在旅游景点，有的人不顾劝阻随意刻画留言；在公交车上，有的人拒绝给老幼、孕妇让座；在饭店，有的人把邻桌吃剩的菜肴端到自己的桌上，恣意嚼食；有的人不买票就越过地铁站闸机，或闯进公园；有的人在医院、学校等禁烟场所公然吸烟，吞云吐雾；有的人在影剧院大声喧哗或接听电话，旁若无人；有的人在高层住宅乱扔垃圾……当他人批评指责时，还拒绝接受，振振有词，怡然自得，不以为耻，反以为荣，脸皮厚得像城墙。

然而，事物也有相对立的另一面。我们说“厚脸皮”不好，但是过分的“薄脸皮”也不好。比如，有的人想认识对方，却扭扭捏捏不敢上前一步；想要跟上级请个假或提个要求，都不好意思开口。“薄脸皮”是因为太好“面子”，老想着别人会怎么看，自己会不会很讨人厌，于是就怕这怕那，优柔寡断，在人际交往中害羞、内向，隐藏自己的真实意愿和需求，不敢暴露，其内心是害怕“遭到拒绝”“惹怒他人”。

无论是“厚脸皮”还是“薄脸皮”，表现形式相反，实质上都是一个病根——没有摆正自己的位置，没有正确处理好自己的自尊心。自尊心过度，就容易扭曲成虚荣心，就会时时处处顾及自己的面子，做事之前顾虑太多，太在意别人的看法，总觉得别人的目光在追随自己，谨小慎微，害羞、懦弱，缺乏自信，不敢越雷池半步，生怕自尊心受到一点点的伤害，于是就表现为“薄脸皮”。自尊心缺乏，则对他人的态度不管不顾，胆大妄为，不顾社会公共准则和文明规范，一味按照自己的意愿去获取自己想要的东西，甚至没有羞耻之心，做事不择手段，于是就表现为“厚脸皮”。

因此，思想工作者要针对不同的对象特点，有的放矢，做好相关人员的思想引导和心理疏导工作，提高工作对象的心理素质和心理承受能力。

(1) 保持脸皮的适当“厚度”

脸皮是一个人外表和内心的重要窗口，实际上反映了人们的心理特征和心理素质。我们说“厚脸皮”不好，“薄脸皮”也不好，那么，就应当保持脸皮的适当“厚度”。相对而言，脸皮薄一点的人好害羞，脸皮厚一点的人不害羞；脸皮厚一点的人做事比较张扬，脸皮薄一点的人做事比较低调。有些行业，更需要脸皮厚一点的人员，如客服、业务员、营业员、记者、演员、主持人。这里所说的“脸皮厚一点”，是相对而言的，重点是指有较好的心理素质、较强的心理承受力，与厚脸皮效应所指的不是一个概念，与“不要脸”更是有着本质的区别。

在市场经济激烈竞争的环境中，保持脸皮的适当“厚度”尤为重要。“脸皮厚一点”，即有较好的心理素质、较强的心理承受力的人，往往内心比较稳定、强大，他们不在乎别人，也放得下自己，敢想敢做，不轻易放弃；他们不怕被拒绝、羞辱，不怕失败、挫折；他们目标坚定、锲而不舍，即使要做一些在别人看来有些丢脸的事情也在所不辞。世界上的事物充满了辩证法：不怕丢面子的永远也丢不了面子，不舍得面子的不仅什么也得不到，最终连面子也会丢掉。

许多事实证明，社会上、职场上的机会更多地属于“脸皮厚一点”者，“脸皮厚一点”的人也更容易取得成功。因为许多棘手的问题，只有“脸皮厚一点”才能解决。这是客观事实，也是人性所在。当然，这里的“脸皮厚一点”不是脸皮越厚越好，更不是厚颜无耻、不择手段，不能与“不要脸”的无赖行径混为一谈。

(2) 鼓励“厚脸皮”者走出阴影

心理学认为，获得自尊的需要是人与生俱来的本能，与年龄、性别、社会地位等关系不大。因此，要尊重身边的每一个人，只有首先尊重了他人，才会赢得他人更多的尊重，才能避免厚脸皮效应带来的消极影响。无论是在学校、企业，还是在机关、军营，都不能无视他人的自尊，不能让工作对象的心灵受伤。有的单位领导对于经常出现错失的人动辄就是训斥、辱骂，导致对方颜面尽失，天长日久，对方就会视训斥、辱骂为家常便饭，不再脸红，不再害羞，抱着“破罐子破摔”的想法，也就变成了厚脸皮的人。既然厚脸皮不是天生的，只要在日后的工作和生活中能够得到他人的尊重，领导者能够公正对待，予以鼓励，同事们能够给予理解和信任，不去揭他的短，就能促使其吸取教训，积极改进，迎头赶上，增强自信，从而从厚脸皮的阴影中走出来，成为一个合格的团队成员。

(3) 帮助“薄脸皮”者摆脱困扰

有些人认为，“薄脸皮”是一种良好的品质，于是，为了保持这种品质，他们甚至会以放弃某些方面的机会和利益为代价。其实,这是得不偿失的。“薄脸皮”的本质是过分看重了自尊心,因而太在意别人的看法,甚至表现为一种自恋,反映了心理素质上的不足。因此,有一些文章针对“薄脸皮”者提出了一些激励之词:“脸皮薄的人难以成功”“自尊是成功的绊脚石”“厚脸皮是人生的必修课”“厚脸皮才是真强大”“厚脸皮是一种重要的专业素质”,等等。其实都是极而言之,用意是希望对“薄脸皮”者猛击一掌,促其转变。

要客观地认识到,在很多时候,你以为人们都在关注你,其实大家都在忙着自己的事情,更多地关注的是他们自己,可能并没有注意到你,至少是没有十分关注你,因为你的言行与他们的利益并不那么直接相关。所以,做事不用过于考虑别人怎么看,不用过于高估自己的自尊。真正认识到这一点,就可以卸下心理的重负,提高心理承受能力,不去过分地关注和猜测他人如何评价,从而轻松自如地做好自己。

47. 精神因素也会影响生理状况
——安慰剂效应

科学家曾做过一个关于镇静剂和兴奋剂实际效果的简单实验。研究人员准备了红、蓝两种颜色的胶囊，并说明蓝色的是镇静剂，红色的是兴奋剂。应邀参加的60名志愿者每人随机选择服用一种胶囊，然后观察他们的表现。结果显示，服用蓝色胶囊的人更容易出现昏昏欲睡的症状，相当于服用红色胶囊者的两倍。如此看来，蓝色的镇静剂是起作用了。然而谜底揭晓了，60名志愿者服用的其实是同一种化合物，作为安慰剂，既不是镇静剂，也不是兴奋剂，既没有药理作用，也没有毒副作用，唯一不同的只是胶囊的颜色而已。这个实验充分说明了精神因素对于生理状况的巨大影响。

南安普顿大学的研究人员也做过一个实验。他们随机选取了两组病人，甲组病人得到医生的确诊，并被告知很快就会好起来，其实这些人并没有接受任何治疗；对乙组病人则给予含糊其辞的诊断，也没有保证他们能很快康复。结果，甲组中64%的病人病情出现好转，乙组好转率只有39%。这说明在治疗过程中，医生的态度和语言有时比他们开出的处方还灵验。

这里所涉及的安慰剂，其实是一种"模拟药物"，其物理特性如外观、大小、颜色、剂型、重量、味道和气味都与所替代的药物相同，但不含有药物的有效成分，通常只是含有乳糖、淀粉的药丸或生理盐水注射剂。

早在几百年前，医生们就意识到安慰剂的强大作用，使用安慰剂的历史也相当悠久。在抗菌素发明以前，医生们便给病人服用一些明知无用的粉末，而病人还满以为有了希望，之后，一些病人果真奇迹般地康复了，有的还幸运地闯过了鼠疫、猩红热等"鬼门关"。20世纪初，美国药剂师古尔的药房里来了一位顾客，他非要买一种必须有医生处方的药，但又拿不出处方。古尔不敢违法出售药品，又拗不过固执的顾客，他灵机一动，便拿出几粒没有药性的药片给顾客，并吹嘘了一番药效，才把顾客打发了。几天后，这位顾客专程来向古尔道谢，对那种药片大加称赞，简直就是灵丹妙药。这成为安慰剂历史上的一大美谈。

人们一般认为，安慰剂进入现代医学，最初始于“二战”时期的美国麻醉师比彻。在攻占意大利南部海滩的战斗中，伤亡严重，镇痛剂很快用完了。当伤兵嚎叫着要镇痛剂时，护士们万般无奈，只得给伤兵注射生理盐水，谎称是强力镇痛剂。注射盐水后，伤兵们的疼痛居然真的止住了。目睹这一情形的比彻战后回到美国哈佛，便开始了一系列测试药物疗效的实验。1955年，他发表了著名论文《强力的安慰剂》，描述了数十种常规药物的效果其实来自安慰剂的作用。他第一次指出，吃药这个动作本身就有一定的治疗作用，只有强于安慰剂的药物作用才能认定为有效药物。此后，在药物的临床试验中，与安慰剂作用对照就成为开发新的药物或疗法的一条重要原则。

事实上，患者服用或接受实际上没有药理作用且无毒副作用的药物或疗法，病情有时也会有所改善。在临床诊治中，这种无毒副作用的替代品对治愈病人确实起到了积极作用。但这种作用究竟有多大？它是如何发挥作用的？这些问题至今仍是萦绕在人们心中的不解之谜。有人说安慰剂能对大约三分之一的病人产生作用。实验证明，安慰剂对有精神抑郁症或疼痛的患者效果最明显。这种对身体无害的疗法通常能起到和真正的药物治疗一样好的效果。有数据表明，如果由病人高度信赖的医师治疗，安慰剂对患有精神抑郁症的病人来说，有效率高达80%；对胃及十二指肠溃疡的短期疗效最高可达70%；而对糖尿病等病症来说，作用可能为零。可见，安慰剂起作用的比例并非一成不变。

这种在不让病人知情的情况下服用完全没有药效的“模拟药物”，对于那些渴求治疗、对医务人员充分信任的患者，能在心理上产生良好的积极反应，从而改善人的生理状态、舒缓病患症状、达到预期疗效的现象，就被称为“安慰剂效应”，也有人称为“伪药效应”“代设剂效应”。

产生安慰剂效应的心理和生理机制相当复杂，至今是医学界令人困惑的奥秘之一。对此，研究者大致提出了六种解释：① 内心期待说。患者之所以能够产生病情缓解和生理变化，是因为他们期待自己的病情有所好转，相信所服的药物会有疗效。② 大脑分泌说。安慰剂效应是大脑在紧张时释放的内啡肽等缓解疼痛的吗啡类化学物质在起作用。③ 条件反射说。如果患者习惯于从医生那里得到真正的药品，并且服用后症状舒缓，那么即使从医生那里得到的是形状相似的糖片，也会习惯性地感觉到好转。④ 情感支持说。患者接受的不仅仅是药物治疗，同时还感受到来自白衣天使的关怀和抚慰，仅此即可使病症缓解，并刺激身体产生生理反应。⑤ 疗效紊乱说。部分患者暗中寻求其他的治疗方式，使得疗效与药品的对应关系产生混乱，可能是私下采用的其他治疗方式发挥了疗效。⑥ 疾病自愈说。人体是一个具有自然修复能力的机体，会自动达成整个生化系统的动态平衡，一部分患者的病情也可能因此而自行好转。通过上述分析，不得不承认，安慰剂引起的生理变化并不仅是内心信念的结果，同时也证明了身心的有机联系，并且说明人体具有天生的自愈能力。

需要指出，安慰剂效应并不总是有效的。有些安慰剂式的治疗手段不但费用昂贵，而且效果低下。有些患者寻求非正规医疗的安慰剂效应，而耽误了及时有效的正常医疗，延误了病情。安慰剂效应还可能为医疗欺诈、虚假医疗提供滋生的温床。这些都是需要警惕的。

起源于医学领域的安慰剂效应，后来也逐步运用到社会科学领域。如，在心理咨询中就常常运用安慰剂效应。从某种意义上来说，安慰剂效应本质上属于暗示效应的作用。思想工作者要学习心理学的一些专业知识和技术，组织开展好心理疏导、心理抚慰、心理咨询等活动，配合心理咨询师有针对性地解决部分工作对象的心理问题。尤其是当工作对象的思想问题、心理问题、实际问题交织在一起时，更好地对症下药，综合运用好各种方式方法，帮助其打开心结，促使相关问题的舒缓和解决。

(1) 了解心理咨询中安慰剂效应的特点

在心理咨询及治疗中，常常向来访者提供“安慰剂”，使来访者由于内心期待而促使心理障碍减轻或病情好转。这是多种心理咨询及治疗方法的综合运用，主要包含催眠疗法、认知疗法、暗示疗法，以及意象对话技术、自我防御、行为疗法。心理咨询的终极目标是“帮助来访者自立自强”，所以心理咨询所用的安慰剂不仅仅是药物，还包括引导来访者心理向积极方向发展。药物的安慰剂也主要是通过来访者对药物的认识、感受以及服药行为本身引起心理—生理的相互作用而产生效果的。心理咨询中的安慰剂范围很广，包括心理病理性药物、生物意义上的中性物质、咨询者的形象、咨询者的言语，以及非言语技术及咨询环境的建构等。咨询人员通过药物、药物替代、言行及环境暗示，来引导来访者实施自我改变和发展。心理咨询中的安慰剂与临床医学的安慰剂有所不同，主要是更强调咨询者本身的形象、对来访者的引导和心理咨询环境的建设，这些对个体认知改变、心理适应和发展的作用，甚至比药物安慰剂的作用更大。

（2）了解心理咨询中安慰剂效应的适用对象

安慰剂效应本质上属于暗示效应，所以在心理咨询中更适用于两方面的对象：① 容易受暗示的人群，对安慰剂容易出现相应的心理和生理反应的人，称作安慰剂反应者。这些人的人格特点为：好与人交往，有依赖性，易受暗示，自信心不足，喜欢注意自身的各种生理变化和不适感，有疑病倾向及神经质。② 容易受暗示的心理疾病，如癔症、强迫症、恐惧症、焦虑症、疑病症和神经质。如果两者同时具备，安慰剂就更容易产生疗效。

（3）了解心理咨询中安慰剂效应的作用

在心理咨询中，安慰剂效应可以发挥多方面的作用，如放松身心、心灵慰藉、消除疑惑、增强信心。在现实生活中，心理安慰剂所能起到的作用，远远超过了“安慰”两字，更多的是鼓励人们正确地认识自己，提振信心，鼓起勇气，保持积极乐观的心态，克服面临的困难，抛弃依赖心理，挖掘自身潜能，不断地走向成功。

48. 强势阻挠只会增强心理对抗

——罗密欧与朱丽叶效应

《罗密欧与朱丽叶》是著名戏剧家威廉·莎士比亚的代表性作品。故事发生在14世纪意大利的两个积怨很深、相互争斗的家族之间。来自这两个家族的青年男女罗密欧与朱丽叶一见钟情,相恋相爱,却因家族之间的世仇而遭到极力阻拦。但来自各自家族的百般阻挠和强势逼迫并没有使他们分手,反而使他们爱得更深,直到双双殉情。心理学家把这类由于外界强势阻挠反而增强心理对抗、引发逆反行为的现象称为"罗密欧与朱丽叶效应"。

罗密欧与朱丽叶效应得到了心理学实验的证明。美国社会心理学家布莱姆让一名被试者面临A与B两个选择,在低压力条件下,另一个人告诉他:"我们选择的是A。"在高压力条件下,另一个人告诉他:"我认为我们两个人都应该选择A。"结果,低压力条件下,被试者实际选择A的比例为70%,而在高压力条件下,只有40%的被试者选择A。1972年,美国心理学家德瑞斯科等人调查了91对已婚夫妇和相恋8个月的41对恋人,发现在一定范围内,父母干涉的程度越高,情侣之间的感情反而越深。可见,当出现干扰、阻挠的外部力量时,人们的自主选择不但不会因之而改变,反而会更加坚定。这就是罗密欧与朱丽叶效应揭示的道理。

在中国也有类似的美好传说。东晋时期,美丽聪颖的女子祝英台巧扮男装,往杭州访师求学。途中,邂逅会稽书生梁山伯,一见如故,义结金兰。两人同到杭州城内的万松书院拜师入学。此后三年,同窗共读,形影不离,情深似海。祝英台深爱梁山伯,但梁山伯却始终不知她是女子。待到祝英台回家之后,祝父将祝英台强行许配给了马家。等到梁山伯赶来时,方知实情。两人楼台相会,凄然而别，立下誓言：生不能同衾，死也要同穴。后梁山伯忧郁成疾，不久身亡。祝英台闻此噩耗，在被迫出嫁时，绕道去梁山伯墓前祭奠。时逢风雨雷电大作，祝英台奋身跃入坟中，风停雨霁，彩虹高悬，梁祝双双化为蝴蝶，蹁跹飞舞。"梁山伯与祝英台"便成为中国民间四大爱情故事之一，也是在世界上影响最大的中国民间传说，多年来成为各剧种共同表现的一个题材。2006 年 5 月，"梁山伯与祝英台"被列入国务院公布的第一批非物质文化遗产名录。

为什么人们在外界的干预、阻挠下会产生罗密欧与朱丽叶效应呢？心理学家的分析可归纳为以下几种意见：① 维护自主说。人们相信对自己的行为拥有控制权，天生不喜欢自己的自由受到他人的限制。因此，人都有一种自主的需要，而不愿被人控制。一旦别人越俎代庖，将某种选择强加于自己时，或力图改变自己的选择时，就会感到主权受到了威胁，产生出对立情绪和心理抗拒，进而采取对抗的方式抵御外部的干预和限制，甚至逆反地排斥他人强加的事物，同时更加渴望得到自己选择的事物，并为之而百倍努力，以保持自己心灵的自由、自主。② 消除违和说。当彼此相爱的两个人遇到障碍、不得不分手时，人会产生一种违和感，即不舒服、不适应、不协调的感觉。就像人体处于一个极不舒服的姿态时亟须改变姿势那样。当人在心理上存有强烈的压抑感时，要消除这种违和感的心理就会开始起作用。由于人的欲望一时无法改变外界障碍的现状，于是就通过加深感情来对抗干预。外界阻挠越大，就越要爱得"轰轰烈烈""荡气回肠"，以求逾越障碍。③ 团结抗争说。一旦遇到外力干预时，当事的双方具有共同语言、命运、遭遇和体验，这将会使两人更加团结，一致对外，不屈不挠，面对共同的挑战。即使他人的干预、阻挠有一定道理，也会被忽视、拒绝。而且在共同研究对策、奋力抗争的过程中，双方进一步相互理解、相互支持，感情随之加深。④ 爱情升华说。遇到外力干预、爱情受挫的人们进而会产生错觉，把战胜障碍的力量归结为是爱情的力量，把逾越障碍的成就感转化为恋爱的感情，促进了感情的升华。此时，强烈反抗的需求已经远远大于爱情本身的需求，于是，执拗的誓死抗争就成为唯一的取向，甚至导致当事人失去理智，酿成悲剧。

对思想工作者来说，了解并掌握罗密欧与朱丽叶效应，对于做好思想工作，坚持人文关怀和心理疏导，尤其是做好青年人的思想工作，纠正属于个人思想行为的偏差，有几点启示值得重视。

(1) 坦诚审慎处理

一些工作对象，由于年龄、学历、知识和阅历等因素，生活经验不足，辨别是非的能力相对比较弱，思考方式和处事方式比较简单，因而在日常生活和工作中情绪容易冲动，意气用事，出现这样那样的失误。对此，思想工作者应当在尊重对方自主选择的前提下，帮助对方从各个角度进行分析，晓以利害，坦诚而又审慎地提供各种参考意见，让对方自己在比较中看到自己的不足，自觉自动地转变态度和行为。切忌简单地否定对方的选择，一味地斥之为幼稚、冲动、愚蠢、顽固，防止引发心理逆反，强化对方的思想、行为。

(2) 切忌简单粗暴

在人际交往中，对他人想要获得的事物，不宜大费周章地严加制止，武断地逼迫他人违心地去接受或放弃某一事物，其效果只能是适得其反。思想工作者在劝阻工作对象个人的不当行为时，不能运用强硬的方法、武断的态度，切忌简单粗暴、横加干涉。不能操之过急，暂时的“冷处理”，给予对方必要的时间冷静思考，或许是有效的办法。在劝导过程中，一定要平心静气，不能厉言呵斥，也不能语带讥诮，更不能运用行政、社会或组织的力量施加各种压力和威胁，逼迫就范。须知，在许多情况下，压是压不服的。这样做，罗密欧与朱丽叶效应往往会表现得更加强烈，进而激化矛盾，更加坚定对方的选择，产生“看你能把我怎么着”之类“破罐子破摔”的对抗心理，甚至走向极端。

(3) 重在理解疏导

在现实生活中，思想工作者对工作对象出现的个人不当行为，应该以平等的立场和态度，尊重、理解对方，予以疏导、教育。在具体做法上，要注意三个环节。

① 倾听、理解。思想工作者要耐心倾听对方的陈述，切实了解对方的真实想法和情感需要，用同理心去理解、关怀对方（参见“倾听效应”）。

② 尊重、安慰。除了法纪的规定，人们有权坚持自己的选择和感受，思想工

作者应当表示尊重，不要简单地对他人的选择或困境作出是非判断，贸然表示“同意”或“反对”，也不要简单地指教他人“你应该怎样”或“你不应该怎样”；不要用自己的价值观忖度他人，认为他们正在受苦，需要接受帮助，进而居高临下地指手画脚。

③ 疏解、引导。在充分掌握情况和对方心理特点的基础上，运用引导和说服的方法，摆明事实，讲清道理，循循善诱，适当分享自己的经历和想法，提供给对方参考；通过心理交流、语言交流、情感交流等方式，启发对方的自觉，在各种方法和对策的比较、选择中，促使其解开思想上的疙瘩，化解心理上的纠结，提高思想认知水平和道德觉悟能力，从而自觉地转变思想，改变行为。只有这样，罗密欧与朱丽叶效应的强度才会减弱。

49. 禁果的味道格外甜

——亚当与夏娃效应

“禁果”一词来源于《圣经·旧约·创世纪》。上帝用七天创造了天地万物、完成了创世之功之后，又创造了男人亚当，再取亚当的一根肋骨造出了女人夏娃。上帝在东方的伊甸为亚当和夏娃建造了一个乐园，那里撒满了金子、珍珠、红玛瑙，各种树木上开满奇花异卉，结出的果子美味可口。上帝让亚当和夏娃看管伊甸园，吩咐道：“园中各样树上的果子你们可以随意吃。只是分别善恶树上的果子你们不可吃，因为你吃的日子必死。”受到魔鬼撒旦的百般诱惑，夏娃和亚当一起偷吃了分别善恶树上的果实。于是，他们开始分辨物我，产生了“自我”的概念。上帝知道之后，把亚当和夏娃逐出了伊甸园，让他们饱受人世间的痛苦。偷食禁果被认为是人类第一次违背上帝的命令，因而犯下了洗脱不掉的、必须世代救赎的罪孽，称为原罪。这种禁果所引起的心理现象——越是禁止的东西，人们越希望得到——就被称为“亚当与夏娃效应”，也叫作“禁果效应”。

在古希腊神话故事中，有位叫潘朵拉的姑娘从万神之神宙斯那里得到了一个神秘的小匣子。宙斯严令禁止她打开，这就激发了姑娘的好奇心和冒险心理，在急欲探求魔盒秘密的心理驱使下，她终于将魔盒打开。于是，魔盒里面所有的灾难、瘟疫和祸害都飞了出来，人类从此饱受痛苦的折磨，永无休止。由此，亚当与夏娃效应又被称作“潘朵拉效应”。

无论是叫作亚当与夏娃效应、禁果效应，还是称为潘朵拉效应，都讲了同一个道理：“不禁不为”“愈禁愈为”。在日常生活中，我们常常看到，不加说明的禁止必然引起人们各种各样的疑虑、揣度、猜测；没有充分理由的禁止反而会吸引人们的注意力，促使更多人的关注，甚至冒险犯禁。越是希望掩盖某个信息，越会勾起他人的好奇心和探求欲，反而促使人们利用一切手段来获取信息、了解真相。这正应了俄罗斯的一句谚语："禁果格外甜。"

亚当与夏娃效应的心理学依据大抵是两个方面，都是源于人类的天性。

一种是好奇心理。心理学的研究表明，探究周围世界的未知事物，是人类普遍的行为反应。对未知事物的好奇是人类的天性，也是人类创造力的根源。所以，人们通常倾向于对自己不了解的事物产生好奇，那些无法知晓的"神秘"事物，往往比能接触到的事物对人们有更大的诱惑力，也更能促进和强化人们渴望接近和了解的诉求。从传播理论来分析，人们对信息的完整传达有一种期待心理，一旦关键信息不全，在受众心里就会形成接受的空白，这种空白就会对被遮蔽的信息产生强烈的召唤，这种"期待—召唤结构"就构成了亚当与夏娃效应的心理基础。在某些场合，对一些未公开的信息，在无法知晓和渴望知晓的内心搏杀过程中，会引来更大的兴趣和关注，特别是在涉及公众利益的问题上，人们好奇或恐惧的往往不是确定的事实，而是那些不确定的、难以知晓的事情。这时，人们会充满好奇和窥探的欲望，甚至千方百计通过各种渠道打探，试图获得相关信息；而一旦这些真假难辨的"内幕信息"进入了传播领域，会因为它所具有的"神秘"色彩被好奇的人们争相获取，并产生一传十、十传百的结果。马克思很早就对亚当与夏娃效应满足人们的好奇心理做过论证，他指出："一切秘密都具有诱惑力。对社会舆论自身来说是一种秘密的地方，形式上冲破秘密境界而出现在报刊上的每一篇作品对于社会舆论的诱惑力就不言而喻了。"

另一种是逆反心理。"逆反心理是客观环境与主体需要不相符合时产生的一种心理活动，具有强烈的抵触情绪。"逆反心理基于人们挣脱束缚、追求自由的天性。一些事物因为受到禁止，反而更加吸引人们的注意力。有时，当外界的阻碍迫使人们无法自由获取信息时，人们往往会对被迫疏离和失去的那部分信息产生更强的了解欲望，形成"越是禁止的东西，人们越要得到"的逆反心理。因为面对"被禁"的事物，人们首先会产生好奇：这种事物为什么"被禁"？它是否真的会对我们产生危害？如果这种好奇得不到令人信服的解释，人们就会倾向于逆反，想要亲自尝一尝禁果的滋味。同时，"禁止"会让很多从前并不知晓"被禁"事物的人，或者原本并不关心"被禁"事物的人，都知晓了这些禁果的存在。其结果是，没有发布禁令之前，并没有很多人去关注某一事物；在成为禁果后，却引来了大量的人品尝禁果，造成了与“禁止”的初衷相悖的局面。为此，有的微信公众号中在消息的封面上标注了“趁还没禁，速看！很快就会删除”之类的语句，吸引读者的眼球。

学习、了解亚当与夏娃效应及其产生的原理，对于思想工作者的启示也是多方面的。

（1）不要因为一时的好奇而做一些自食其果的事情

好奇心是人们遇到新奇事物，或处在新的外部环境中所产生的注意、询问、尝试等的心理倾向。一般来说，好奇心是个体学习的内在动机之一，是人们寻求知识的动力，也是创造性人才的重要特征。塞缪尔·约翰逊说过：“好奇心是智慧富有活力的最持久、最可靠的特征之一。”爱因斯坦指出：“好奇心是科学工作者产生无穷的毅力和耐心的源泉。”居里夫人甚至说：“好奇心是学者的第一美德。”然而，好奇心也要在适当的时间、空间和限度中有节制的发挥，一旦过度了，就会如西方谚语所说的“好奇心杀死猫”。在传说中，猫有九条命，怎么都不会死去，而最后恰恰是死于自己的好奇心，可见好奇心有时是多么的可怕。在很多西方人眼里，猫是好奇心和神秘的象征，说好奇心足以使自己丧命，是告诫人们对好奇心要保持一定的限度，因时因地而适度地抑制好奇心，否则就可能陷入危险的境地。这无论是对于思想工作者，还是思想工作对象来说，都同样是值得重视的。

（2）不要轻易将“不可为”的事情列为“禁果”

亚当与夏娃效应告诉我们：要求人们做什么或不做什么，必须有相对充分的理由。思想工作者如果要阻止做什么事情，一定要讲究方式方法，坦率地讲清楚来龙去脉，理由充分，分析清晰，工作对象就会欣然接受，令行禁止；但如果对禁止的事情和理由瞒着掖着，吞吞吐吐，语焉不详，就会人为地激发人们的好奇心或逆反心理，工作对象就会产生出进一步探究、探秘的兴趣动机，甚至擅闯禁区。前些年一些地方对突发事件封锁信息，反而引得流言蜂起。因此，除非特殊的情况，一般不宜采用硬性禁止的手段，而应该做好疏导教育。只有这样，才能降低亚当与夏娃效应的消极作用。

历史上屡屡出现的禁书现象，就说明了这一点。任何社会为了对社会公众的身心健康负责，都会对信息传播的内容和渠道有所取舍。但如果方法不当，滥用禁书的手段，效果常常适得其反。如古典名著《金瓶梅》就因“禁书”而闻名，在禁止阅读时期，有人竟然将70多万字的全文抄录；在“内部出版”时期，人们千方百计地通过关系获取；如今书店公开出售，反倒买者寥寥了。罗马教廷早在1559年发表了一份《禁书目录》，400多年中修订了32版，直到1966年才被教皇保罗六世废止。《禁书目录》所包含的书目，几乎就是中世纪以来的西方文明史，被禁并没有使这些书销声匿迹，反而在严厉的禁止声中被保留下来，却让更多的人因此而知晓、认同，并成为各个学科的经典。

(3) 适当借助禁果效应来引导社会公众关注某件事情

亚当与夏娃效应反映了信息传播者与受众之间的一种矛盾关系，如果传播者能够恰当地、巧妙地利用亚当与夏娃效应，就可能将这种矛盾关系转化成和谐共赢的关系，故意包装出一些“禁果”，引发受众的探究意愿，从而达到扩大营销和知名度的目的。相传，当年土豆刚传到法国的时候，由于外形不规整而被称为“鬼苹果”，没有农民愿意引种。法国政府大力宣传推广，却收效甚微。有人出了个主意，派出全副武装的国王卫队在种植土豆的地块周围警戒。这果然激发了周围农民的好奇心，他们便趁士兵“疏忽”时溜进去偷土豆，种植在自家的田里。采收之后，大家都认识了土豆的优点，于是，土豆种植迅速在法国得到了推广。电影《白鹿原》在放映前也借用了“激发好奇”的方式，经过一系列“犹抱琵琶半遮面”的运作，使得这部电影成为一颗吊足人们胃口的“禁果”，首映日票房就达到1 000万元。

与激发好奇一样，还可以采用引发逆反的手段。如，苏联心理学家普拉图诺夫在《趣味心理学》的前言中，专门提示读者“请勿先阅读第八章第五节”，然而大多数读者却采取了与作者告诫相反的态度，首先就翻阅这一章。近年国内出版的心理学书籍，也有袭用这一做法的，在目录中用黑体大字标示“请您千万不要先看这一篇”。有的微信公众号中也设置了“不要点我”的栏目，反而引起了读者的关注。当年，恩格斯谈到他的著作《反杜林论》时写道：“在反社会党人法颁布之后，本书和几乎所有当时正在流行的我的其他著作一样，立即在德意志帝国遭到查禁。谁要是不死抱着神圣同盟各国的传统的官僚偏见不放，谁就一定清楚地了解这种措施的效果：被禁的书两倍、三倍的畅销。”他的另一部著作《论住宅问题》也借助这种效应而收到意想不到的传播效果：“对它的禁令像往常一样使销路大增。”

50. 以宽容礼让化解怨恨
——海格力斯效应

海格力斯是希腊神话中的一位大力士，作为众神之王宙斯与阿尔克墨涅之子，他擅长各种武艺和技能，神勇善战，完成了十二项英雄伟绩。一天，他走在坎坷不平的路上，看见脚边有个丑陋的东西，就像鼓起的袋子，海格力斯便伸腿踩了一脚。谁知那东西不但没被踩破，反而成倍成倍地膨胀起来。这激怒了海格力斯，他顺手操起一根碗口粗的木棒狠狠地砸去，那东西还是不断地膨胀，竟把路也堵死了。海格力斯怎么也奈何不了它。正在纳闷间，一位圣者走到跟前，对海格力斯说："朋友，快别动它了，忘了它，离它远去吧！它叫仇恨袋，你不惹它，它便会小如当初；你若侵犯它，它就会膨胀起来，与你敌对到底。"人与人之间产生了矛盾，就如同海格力斯遇到的那个仇恨袋，开始时很小，如果你忽略它，化解了矛盾，它会自然消失；如果你与它过不去，加恨于它，它就会加深对你的仇恨，挖空心思地加害于你；如果你还不罢休，它就会更加恶毒地加倍报复你。在这个过程中，你心中的敌意越深，对方对你的报复可能就会越狠毒，直到两败俱伤。这种现象的延伸扩展，就称为"海格力斯效应"。

海格力斯效应是一种人际互动现象，描述了一种人与人之间或群体之间存在的冤冤相报、致使仇恨越来越深的社会心理。在日常交际中，人们如果深陷海格力斯效应，就会陷入无休止的烦恼之中。这样，不但无法拥有良好的人际关系和心理环境，也会错过路边许多美丽的风景，失去人生的真正快乐。

生活中经常出现这样的状况，由于主客观方面的各种原因，人们之间产生了矛盾或隔阂，心灵受到了恶性刺激，就会产生不良情绪，陷入烦恼之中。"你跟我过不去，我也让你不痛快""以眼还眼，以牙还牙"，就会用各种方式给予回击，受到打击的一方就可能再予以报复。于是，报复与反报复的争斗就逐步升级，愈演愈烈。古今中外无数事实都表明，复仇者和被报复的人最终都不是真正的胜利者，两败俱伤常常成为最终的结局。哈佛大学创始校长约翰·哈佛曾经指出：以怨报怨是一种社会效用最差的选择，很容易让人们陷入“冤冤相报无了时”的泥潭。

处理好人与人之间的矛盾和冲突是人生的一种智慧与艺术。思想工作者要引导工作对象，以社会主义核心价值观为指导，学习处理人际关系的智慧与艺术，尤其是要学会宽容，学会忍让，克服仇恨心理、报复冲动，拒绝海格力斯效应。因为宽容和忍让不是消极的退让，而是一种有力量、有自信的表现。只有忽略仇恨，忘记仇恨，善于宽容，善于忍让，才能更好地与人和睦相处，才会赢得他人的友谊与信任，从而赢得他人的支持与帮助。对此，以下四点提示是值得重视的。

(1) 反躬自省

反躬自省，是中国传统文化倡导的一种美好的品行。《论语》记载：“吾日三省吾身：为人谋而不忠乎？与朋友交而不信乎？传不习乎？”《礼记·乐记》曰：“好恶无节于内，知诱于外，不能反躬，天理灭矣。”都强调了反躬自省的重要性。所以，遇到不称心的事情，与其怨天尤人，不如反躬自省。尤其是在与人发生矛盾时，更要从自身找原因，回过头来检查自己的言行得失，是不是有意无意间冒犯了对方，侵占了对方的利益？如果我们能真正做到把握分寸，谨言慎行，修身养性，就能熟练地运用为人处世之道，就会少了很多烦恼和嗔恨。人非圣贤，孰能无过？因而要接受自己和他人都是不完美的这个事实，既要看到自身的不足，也要宽容他人的过失，对己对人都不要过度挑剔，这样就不容易产生嗔怒的心理了（参见“照镜子效应”）。

(2) 化解怼怒

人生在世，出现种种摩擦、误解乃至纠葛、恩怨总是在所难免。如果遇到这类事情，尤其是受到他人的侵犯，造成自己在物质上、精神上受到损伤，人难免会生气。要认识到，生气其实是一种正常的情绪反应，重要的是要学会如何转化愤怒的情绪，不让自己因为生气而受到伤害，造成不良的后果。对于引发自己生气的事情，要设法搞清楚原委，适当地处理和化解。如果心里总是装着仇恨袋，生活只会如负重登山，举步维艰了，最后只会堵死自己的路。所以，多一点谅解，多一点换位思考，就可以寻找到化解矛盾的途径。对于心中的怒气，千万不要刻意压抑，可以将自己的内心感受写下来，或者试着向自己信任的亲朋好友倾诉，寻求慰藉和开导。如果出现激愤、冲动的心理时，就应当立即离开现场，独处片刻，多角度地深入思考，询问自己真正的感觉是什么，准备采取什么行动来化解，会引发什么后果？一旦考虑清楚了，激愤的情绪也许就平缓了。

(3) 宽容礼让

“温良恭俭让”，是儒家待人接物的五项准则，指温和、善良、恭敬、节俭、忍让五种美德。贾谊《新书·道术》云：“厚人自薄谓之让。”孔颖达疏引郑玄注：“推贤尚善曰让。”《字汇》云：“先人后己谓之让。”可见，古人给予“让”以极高的评价。有学者指出：“让”的基本精神是把方便、好处、利益留给别人。这里的“让”，不是逆来顺受地忍辱，而是胸怀大度地宽容，包含着讲文明、讲礼貌、讲团结、讲道德、克己为人、顾全大局等丰富内容。在“让”的外表下隐藏的是积极进取、有所作为的精神。其实说到底，有的人之所以不愿意“让”，主要还是怕吃亏。平心而论，让，常常是要吃一点亏的，但作为道德情操高尚的人，应该有甘于吃亏的精神。

很多时候，我们都需要宽容，宽容不仅是给别人机会，更是为自己创造机会。《后汉书》记载了这么一个故事：曹节的邻居丢了一头猪，恰好与曹家的猪外貌相似，邻居就上门去讨要。曹节不同他争执，把猪让给了他。后来，丢了的那头猪回来了，邻居十分惭愧，把错认的猪送还曹家，曹节“笑而受之”，一点也不生气。人们熟知的“六尺巷”的故事也是如此，如今依然矗立在安徽省桐城市的牌坊上，刻着的正是“礼让”二字。可见，礼让一方虽然暂时吃了一点亏，但却赢得了人们的信任和尊敬。

(4) 以直报怨

《论语》记载，孔子在回答“以德报怨，何如？”的请教时，提出了“以直报怨”的主张。这里的“直”，是指不违义理，也就是要以直道而行，以公平正直的态度对待伤害自己的人。在遇到矛盾时，只要不涉及原则问题，如果双方都能从大局出发，宽怀待人，依理而行，就能避免冲突，和谐相处。如果相互间斤斤计较，白眼相视，攥拳相持，冤冤相报，冲突就会不断升级。当然，如果能有以德报怨的境界，那更是值得赞赏的。

西方有一个事例：卖砖商人卡尔与一位竞争对手产生了龃龉，对手就在建筑师与承包商中散布了一些对卡尔公司不利的言论。卡尔闻讯后心中生出无名之火，真想“用一块砖来敲碎那人肥胖的脑袋作为发泄”。在教堂聆听讲道时，卡尔记住了牧师的教诲：要施恩给那些故意跟你为难的人，化敌为友。当天下午，他发现一位顾客正需要一批砖，而砖的型号不是卡尔公司经营的，却正好是竞争对手出售的。卡尔的内心挣扎了一段时间，牧师的忠告终于在他心头占了上风。最后，他拿起电话拨到竞争对手家里。对手拿着电话，难堪得一句话也说不出来。结果，那个对手做成生意后，非常感激卡尔，不但停止散布谎言，而且还把他无法处理的一些生意转给了卡尔。

美国总统林肯曾经说过：把敌人变成朋友，既消灭了一个敌人，又多得了一个朋友。以德报怨，化敌为友，以德报德，投桃报李，就能促使社会风气良性循环。

51. 别让挫败感滋长蔓延

——斯万高利效应

美国亚利桑那州博览会上曾展示过一副让人着迷的“斯万高利”魔术牌。表演者先将整副牌展开，让观众看清楚每张牌的牌面都是不同的，然后请一位观众随意抽出一张。假如这位观众抽到的是红桃K，并不需要告诉表演者，只要暗暗地把红桃K塞回到整副牌中。表演者多次洗牌后，大叫一声“斯万高利”，当牌再次展开时，奇迹出现了——每一张牌都变成了红桃K。在现实生活中，一个人遭受了挫折如果不能及时排解，而是听任挫折像红桃K那样在脑海中滋长、蔓延，最终会使自己的整个心灵都笼罩在挫败的阴影之下，这种现象就是心理学上的“斯万高利效应”，又称为“蔓延心理效应”。

现实生活中的各种挫折、失败和磨难，都可能引发挫败感，导致斯万高利效应。譬如，竞争中的失利、学习上的困难、就业中的波折、情场上的失意、身体上的病痛、生活中的坎坷、人际关系中的冲突，都会交相激发，造成消沉、抑郁、绝望等不良心理状态的蔓延。

思想工作者要清醒地认识到，在人类进入高度信息化时代的今天，过快的生活节奏、过重的竞争压力、过多的冗余信息、过高的自我期待等，导致了部分现代人的心理问题，其中挫败感是一种主要的表现。早些年的调查结果显示，中国社区心理障碍发病率已经接近发达国家水平，如北京社区居民抑郁障碍的终生患病率为6.87%，而60岁以上的患病率竟达8.18%。我国中小学生中34%有不同程度的心理障碍，12.5%有心理缺陷，28.1%有心理异常，突出表现为人际关系、情绪稳定性和学习适应方面的问题。17岁以下的未成年人中，至少3 000万人存在各类学习、情绪、行为障碍。在对大学生的抽样调查中，心理疾病率达

20.23%，而心理有问题的比例则更高。心理健康问题日益受到社会各方面的关注。实际上，一些心理问题如果能得到及时的疏导，根本不会成为“问题”；即使是心理疾病，如果及时请心理医生咨询和治疗，也会很快好转。但是，如果不及时疏导，就会产生斯万高利效应之类的不良心理反应。

为此，思想工作者要通过有效的思想工作和心理疏导，培养工作对象健康向上的思想境界和心理素质，正确对待成功与挫败，及时阻断斯万高利效应，不能让挫败的阴影蔓延、扩展。

(1) 充分认识挫败的本质，别为一时的挫败而伤感

人生的道路，时而平坦，时而坎坷，时而平直，时而蜿蜒，本来就是充满崎岖曲折的。对于任何人来说，遇到一些挫折，走一点弯路，是普通而又正常的。只要处理得当，挫败也可以成为走向成功的阶梯。不少成功人士体会到，正是挫折丰富了自己的人生，成就了自己的事业。在人生的征途上，挫败的教训往往显得更深刻、更珍贵、更有价值，有时吸取一次挫败的教训，要比多次成功的经验还要深刻、有用。正如恩格斯所说的：“要明确懂得理论，最好的道路就是从本身的错误中、从痛苦的经验中学习。”“伟大的阶级，正如伟大的民族一样，无论从哪个方面学习都不如从自己所犯的错误的后果中学习来得快。”

毛泽东在《论人民民主专政》一文中写道：“错误和挫折教育了我们，使我们比较地聪明起来了，我们的事情就办得好一些。”毛泽东一生中经历过无数挫败，早在井冈山时期，他就从南昌起义、广州起义、秋收起义等失败中吸取了教训，悟出了“枪杆子里面出政权”的道理，并作出了到敌人统治力量薄弱的农村去开展武装斗争、发展革命力量的正确决策。

1961年，周恩来在上海视察时，有人建议他写一本书，周恩来爽快地回答说：“如果我写书，我就写我一生的错误。这可不是卢梭的《忏悔录》，而是要让活着的人们都能从过去的错误中吸取教训。”可见，面对挫败，完全不需要惊慌失措、怨天尤人。从容正视挫败，勇敢面对挫败，大胆经历挫败，最终战胜挫败，才是科学、正确的态度。因此，当遇到挫折时，完全可以把它当作奋起的契机；当遇到失败时，请把它当作成功的起点！

(2) 提高心理调适的能力,别为“我最不幸”而苦恼

当然,挫败会给人压力,给人造成负面的影响。此时,对于挫败的心理调适就极为重要。心理调适是使用心理科学的方法对认知、情绪、意志、意向等心理活动进行调整,以保持或恢复正常状态的实践活动。心理调适可以帮助人们更好地化解内心和外部的压力,适应各种环境的变化。比如,转移注意、适度宣泄、果断放下,都是自我心理调适的有效方法。

有些人在遭遇挫败之后,往往会认为自己是“世界上最不幸的人”,这也许是触发斯万高利效应的一个重要因素。读了印度的这个古老故事或许会有所帮助:佛祖为了解除人们的疾苦,从人间选了100位自以为最痛苦的人,让他们把自己的痛苦写在纸上,然后让大家把手中的纸条相互交换阅读。结果,这100个人看了别人写的纸条之后,个个都惊奇异常,之前总以为自己是“最不幸的人”,现在才知道还有很多人比自己更痛苦,自己的那点不幸根本不值得一提,更别说是什么苦恼、沉沦的理由了。

(3) 培养积极乐观的心态,别为“打翻的牛奶”而哭泣

“别为打翻的牛奶哭泣”,是一句英国谚语,类似于中国成语中的“覆水难收”。既然牛奶已经打翻,挫败已经发生,事实上已无可挽回,那么哭泣又有什么用处呢?何苦还要为此而烦恼呢?何不振奋精神去寻找新的牛奶呢?乐观不仅是一种优良的性格特征,而且是一种有效的心理免疫力,更是人们认识世界的一种方式。哲人说,当无法改变环境和现状时,能够改变的唯有认识世界的方式。乐观的品性,来源于乐观的思维方式,而乐观的思维方式是可以培养的。乐观的思维方式,有助于更多地看到事情和环境中有利的一面,期待有利的结果。尤其是在挫败面前,乐观的心态能够让人更好地应对,激励人们不断进取,直到收获最终的成功。如果时时用积极乐观的心态对待人生,那么未来就会充满灿烂的阳光。

52. 害怕失败就是最大的失败

——瓦伦达效应

瓦伦达是美国著名高空走钢索表演者，以稳健而精彩的高超技艺闻名，多年来从来没有失过手。在一次重要的表演中，他有100%的把握不会出错，就没有用保险绳。但是，意想不到的事情发生了，当他刚刚走到钢索中间，仅仅做了两个难度并不大的动作之后，就突然从10米高的空中摔了下来，不幸身亡。事后，他的妻子说："我知道这次一定要出事，因为他在出场前不断地说：'这次演出太重要了，不能失败。'在以往每次成功的表演中，瓦伦达只是想着走好钢丝这件事本身，不去管这件事可能带来的一切；这次他太想成功了，太患得患失了。"心理学家于是把这种为了达到一个目的而压力倍增、患得患失，结果却适得其反的现象称为"瓦伦达效应"。

传说中的神射手后羿，原本是百发百中，但在夏王面前表演射靶时，却以失败告终，就是因为太在乎万两黄金的赏赐，心态失衡了。在当今竞争白热化的时代，在各种应聘、述职、面试、答辩、考试、比赛等挑战中，不少人因为求成心切、包袱沉重、临阵怯场，最终发挥失常，以失败告终。据圈内人士透露，在1993年举行的全国排球冠亚军决赛中，东道主队如果正常发挥，夺冠无疑。赛前，东道主各级领导高度重视，上至省、市几套班子领导，下到体委主任、体工队长，都亲临该队参加赛前准备会，各位领导都语重心长地发表见解、予以鼓励。但事与愿违，东道主以0比3败北，留下了无奈与遗憾，其失败的原因不言自明。

有心理学家做过这样一个实验：让被试者给细小的绣花针穿线，并且以价值不菲的奖品来激励选手。结果发现，被试者的目的性越强，越全神贯注地努力，手就颤抖得越厉害，线就越不容易穿入针孔。心理学家将其称为"目的颤抖”。生活中经常会出现这种“目的颤抖”：太想写好字，你的手会颤抖；太想踢进球，你的脚会颤抖；太想做出创意，你的脑会颤抖。许多事情就是这样，过犹不及。人们从事某项工作，没有目的性当然不行，目的性太强了更不行。目的性太强，大脑被各种欲望塞得满满的，行为就会偏离预定的轨道，出现“目的颤抖”，重蹈瓦伦达的覆辙。

现代心理学进一步解释道，做事的目的性越强，越害怕达不到目的，就越害怕失败的结果。害怕失败，往往就是最大的失败。美国斯坦福大学的一项研究表明，人的大脑里的某一图像，会像实际情况那样刺激人的神经系统。越是害怕失败，大脑中就越容易出现失败的图像。比如，当一个高尔夫球手击球前一再告诫自己“千万不要把球打进水里”，这时，他的大脑里偏偏就会出现球掉进水里的情景，这一情景会指挥他的神经系统，使事情朝着他害怕的方向发展，结果球大多会掉进水里。一位重点高中的尖子，最后竟连专科线也没过的高考生曾总结道：“我的压力太大了，我是全校的前几名，许多人都关注我，我要考北大，我经不起失败的打击。我常常告诉自己，挺住，绝不能失败。过度的紧张使我焦虑不安，彻夜难眠，莫名的恐惧不时袭上心头。高考前一天晚上，我甚至失眠。这样子又怎么会发挥正常呢?”这恰好反映了意义心理疗法创始人弗兰克尔所揭示的“预期焦虑”。弗兰克尔通过总结自身的经历指出：恐惧导致了所害怕事情的发生，过度渴望使其所希望的事情变得不可能。

思想工作者要引导工作对象，在面临各种应聘、述职、面试、答辩、考试、比赛等挑战时，保持良好的心态，克服胆怯、害怕等不良情绪，避免瓦伦达效应，充分发挥自己的水平，经受住挑战和考验，取得良好的成绩。

(1) 树立必胜信心

信心是发挥水平和夺取胜利的精神支柱。鲁迅说：“不怕的人面前才有出路。”只有精神上的强者，才能勇往直前，驾驭各种困难复杂的局面。面对竞争对手和竞争的环境，要抱有一种必胜的心态，用“我是最强的”“我是去夺取胜利的”“我不成功谁还能成功?”之类的信念去激发出无穷的行动力。即使曾经遭遇过失败，也要以“失败乃成功之母”来鼓舞自己，彻底摆脱过去的失败阴影。

（2）掌握技术战术

要把信心建立在通过科学刻苦训练而熟练掌握技术战术的坚实基础之上。正所谓“艺高人胆大，胆大艺愈高”。拥有高超的技艺和有利的战术安排，才能专心致志地发挥水平，迎接挑战，完成任务。有运动专家指出：只有领先不松懈、落后不泄气、相持不紧张、关键不手软，才能专注于每个技术动作，去争取比赛的胜利；而领先怕追、落后放弃、相持胆怯、关键心虚的人，必将因心猿意马、思想分散、动作变形、技术失误增多而招致失败。

（3）保持平常心

心态引导行动。面对考核、比赛等挑战，保持一颗平常心，集中精力迎接挑战，而不去考虑名誉、金钱等，反而容易取得成功。如果一心想着扬名、挣钱，老是牵念于成功的喜悦与表扬，或失败后的痛苦与冷眼，行动就往往会出偏差，导致技能水平发挥失常。俗话说：“紧了崩，慢了松，不紧不慢才成功。”只有让心情处在一种平静悠然的状态之中，人的最大潜能才能发挥出来。因此要学会举重若轻，内紧外松，引而不发，藏而不露。要善于平稳心态，调整情绪，集中意志，放松自如，以便把全部精力投入到迎接挑战的过程之中。

（4）排除各种干扰

专心致志，注意力就能高度集中，就能排除各种干扰。在现实生活中，许多人做事情总是想得太多，太在乎事情所带来的后果，太在乎别人的闲言碎语，太在乎现在和未来的一切，因而，在考核、比赛等挑战中，想赢怕输，期望太高，摆位不正，信心不足，顾虑重重，计较裁判，顾及观众，各种主客观的因素，导致“压力山大”、患得患失，从而影响自己集中注意力，不能正常发挥技术水平，从而招致失败。心无旁骛，轻装上阵，不为其他因素所干扰，注意力高度集中在项目上，就容易取得优异的成绩。英国著名科学家法拉第说过：“拼命去换取成功，但不希望一定会成功，结果往往会成功。”

53. 要想吃甜品，请先吃点蔬菜

——普雷马克效应

1959年，普雷马克做了一个有趣的实验。他让孩子们在玩弹球游戏机、吃糖果这两种活动中选择一种，于是自然分成了两组：甲组孩子选择玩弹球游戏机，乙组孩子选择吃糖果。有趣的是，对于乙组的孩子，若将他们喜爱的糖果作为强化物，便可以增加其玩弹球游戏机的频率；相反，对于甲组的孩子，若以玩弹球游戏机作为强化物，便可提高其吃糖果的数量。不少祖母对付孙子也常用类似的方法，譬如说："你先吃了蔬菜，然后就可以吃甜点。"说得更明白一点，就是先让孩子做一些不太喜欢做的事情，然后就可以尽情地做自己喜欢的事情了，所以这常被称为"祖母规则"。据此，普雷马克总结为一条原理：可以用高频行为（喜欢的行为）来强化低频行为（不喜欢的行为），从而促进低频行为的发生。换个角度来说，如果有一件愉快的事在等着我们，我们会很快就完成另一件不太喜欢做的事情。后来，这种现象就被称为"普雷马克效应"。

普雷马克效应是有心理学依据的。美国行为主义心理学派的代表人物伯尔赫斯·弗雷德里克·斯金纳曾研究了白鼠的学习现象。他在特制的实验箱内装了一个杠杆，杠杆与传递食物的机械装置相连，只要杠杆被压动，一颗食丸便会滚进食盘。将白鼠放进箱内，让其自由活动，当白鼠踏上杠杆时，就能吃到滚进来的食丸。白鼠再次按压杠杆，又有食丸滚出，反复多次，白鼠就学会了通过按压杠杆来取得食物。斯金纳将这种行为命名为操作性条件反射，由此所构成的行为叫操作行为。斯金纳认为：强化是形成操作行为的重要手段，并进一步提出了促进操作行为的基本规律——如果一个操作行为发生后，接着呈现一个强化刺激，则这个操作反应发生的概率就会增大。在白鼠的学习实验里，食物是一种强化物，它总是伴随着白鼠按压杠杆的行为反应出现，从而使白鼠按压杠杆的行为不断被增强。可见，强化总是伴随着反应而出现，强化与反应之间的这种依随关系于是被称为强化的依随性。用行为主义学派的术语来说就是："更有可能发生的活动可以用来强化不太可能发生的活动。"

普雷马克效应在儿童教育中相当常见而有效。家长和老师总是用孩子喜欢得到的事物作为一种强化手段，刺激孩子做出他们本来不喜欢但却是父母和老师希望他们做出的行为，以培养儿童的良好习惯，帮助孩子克服某些缺点。同理，思想工作者有时也会要求工作对象去做一些他们内心并不喜欢或不愿意做的事情，这时，适当运用普雷马克效应来调节一下，可以促使他们去做好这些事情，效果有时也会相当好。

(1) 要认清两者的先后顺序

既然要用高频行为（喜欢的行为）来强化低频行为（不喜欢的行为），那么，首先要搞清楚孰为高频行为，孰为低频行为，而且其前后顺序必须是先有行为，后有强化，这种前后关系不容颠倒。比如，小明喜欢看电视，家长便做了一项规定：必须做完功课，才可以看电视，若功课没有做完，则禁止开电视。有几次，小明没有做完功课就想看六点钟播放的动画片，都被妈妈严格禁止了。结果，小明均能遵守这项规定，总是保质保量地按时完成作业，然后再去看他喜欢的电视节目。有的家长没有弄清楚先后顺序，认为只要最终能完成作业，就允许孩子先看电视，后做作业。殊不知，这样本末倒置，普雷马克效应就失效了，不能起到引导孩子正确行为的作用。

(2) 要认识两者的依随关系

运用普雷马克效应，要使对方在主观上认识到强化措施与其行为之间的依随关系。比如，如果想让对方很好地实施某行为，有时可以采用事后发红包的奖励形式。但是必须明确，发红包是对实施行为的奖励。有的对象没有弄清两者的依随关系，要求先发红包，再做事情，于是就诱发了讨价还价的现象，进而引出了"不给钱就不干活""给得少就敷衍了事"的咄咄怪事。有时因为情况发生变化，不需要实施某行为了，但红包却还必须照样发，于是把好端端的奖励行为搞成了一场纯利益的争夺。如，有的单位为了鼓励自愿献血，对献血者给予一定的营养补贴和物质奖励，这本来是一件好事，可是有些人却颠倒了两者的依随关系，使之变成了变相的“卖血”行为。

(3) 要注意个体的差异

运用普雷马克效应既要注意对象和范围，也要注意对象的个体差异，不能简单套用。比如，对一名对象有效的强化物对另一名对象就可能不适合，因为各人的喜好和需求很不相同。一般来说，在儿童的家庭教育中，属于高频行为、应当先完成的是：完成作业、整理房间、睡午觉、洗碗碟、吃蔬菜、弹钢琴等；属于低频行为、应当后实施的是：看电视、出去玩球、玩游戏机、去游泳、吃甜点、找朋友玩等。可偏偏有些学生就是喜欢弹琴，不喜欢游泳，就需要适当予以调节，不能胶柱鼓瑟。

(4) 要注意防止出现弊端

在运用普雷马克效应的方法时，有几点可能出现的情况需要注意：① 要严格实施确定的规则，决不能“屈服”于对方的眼泪和吵闹，否则就将前功尽弃；② 在同一类事情上，这种强化的手段不能多用，运用普雷马克效应，对于对方养成良好的习惯是有一定帮助作用的，但如果过度使用强化物，对象就可能产生心理厌倦，或者想出应付的对策，强化物就可能失去原有的效力；③ 经常运用普雷马克效应，容易让对方形成一种“完成甲任务是为了得到乙”的误导和惯性思维，从而缺乏真正持久的动力，这从对方的长远发展来看是不利的。

54. 戒除对不良嗜好的依赖

——海洛因效应

海洛因来源于鸦片，是吗啡二乙酰的衍生物，化学名为二乙酰吗啡。1874 年，伦敦圣玛丽医院的化学家莱特首次提炼出镇痛效果更佳的半合成化衍生物二乙酰吗啡，这就是最早合成的海洛因。1897 年，德国拜耳药厂化学家霍夫曼将海洛因制成药物，其止痛效力远高于吗啡，能明显抑制肺痨病人的剧咳、久喘和胸痛，促进患者情绪安定。1898 年，拜耳药厂开始规模化生产该药，并正式注册商品名为“海洛因”，该词在德文中意为“女英雄”。海洛因发明后，最初用作强效止痛药，还曾用作儿童止咳药，后来才发现该药在肝脏中会转化成吗啡，令使用者沉浸在半麻醉状态，唯有快感存在，并形成生理和心理上的依赖，且耐受量不断增大。成瘾后的海洛因服用者身陷毒潭，身不由己，戒断相当困难，精神和身体会慢慢崩溃。因此，海洛因曾被称为“世界毒品之王”。于是，人们就把对于某种不良嗜好产生依赖，明知结局不好而又深陷其中、无法自拔的瘾癖行为称为“海洛因效应”，又称为“药物依赖效应”。

2007 年 12 月，我国颁布了《禁毒法》，并持续加大对海洛因、冰毒、摇头丸等毒品的打击力度，吸食毒品的行为得到了有效的控制。然而，由于社会的发展，人们所由产生依赖性的物品已不仅限于海洛因、冰毒等化学药物，依赖的因素也更多地由生理依赖转为心理依赖，其他一些使人成瘾行为逐步蔓延，诸如赌瘾、网瘾、游戏机瘾。这些瘾癖除了会对健康造成伤害，还会使人夜以继日、废寝忘食，精力分散，经济负担加重，工作能力大减，破坏正常的家庭人际关系，影响社会和谐，甚至使人失去自主能力。

其实，网瘾和药物依赖并不相同。从社会心理学角度来看，网瘾更多地可以看作是一种“补偿行为”。沉湎于网瘾大致有三个原因：① 刷存在感。人们都渴望有各种各样的人际联系，表达自己的观点、成果、成就感。通过微信等网络工具，人们把大量的感情、精力都投入到虚拟的网络中，出于各种动机地晒照片、晒衣服、晒工资，乃至晒房、晒车、晒孩子，不一而足。有的还通过发微信红包等方式来吸引人气，体现个人的号召力和成就感。于是，刷存在感这种人性的弱点就产生急速共振，放大为对社会的影响。② 替代面对面沟通。通过微信等网络工具，可以随时与亲友频繁的沟通，满足交流的心理需求，宣泄孤独、寂寞的情绪。③ 被一些内容所吸引。微信等网络平台上不乏人们感兴趣的信息、知识和娱乐内容，有些还是诱惑性颇强的秘闻逸事，而且标题也做得相当抢眼，引起人们乐此不疲地阅读并分享传播。

国外的一项研究表明，网络成瘾的老年人较少，但是一旦陷入，就不能自拔，相较于年轻人有过之而无不及。研究者对青年和中老年人的大脑进行扫描，发现老年人的前额叶皮质、右侧海马体和后带状皮质出现频繁的活动，而且持续时间比年轻人更长；好友互动又构成了一种奖励，刺激了前额叶皮质的频繁活动，唤起了过往的记忆，让老年人产生强烈的亲切感和感情依赖……于是，成瘾所需要的视觉冲击、记忆能力、回报奖励、行为动机和自我管理五个条件都具备了，有些老人对微信等逐渐达到了“沉迷”的状态。

“游戏机病”曾一度像瘟疫一样在全国中小学生中蔓延，一些上瘾成癖的青少年终日沉湎于游戏机房，有的一放学就钻进游戏机房，有的上课时间逃学去玩游戏，有的学生甚至夜不归宿，在游戏机房吃、睡、玩，中毒之深到了触目惊心的地步。有一项调查表明，至少有 10%的中小学生沉迷于玩游戏机，有的城市甚至达到 20%—30%。武汉市公安局对五所学校的 2 360 名学生问卷调查表明，对玩游戏机，55%认为易导致厌学、影响学习，30%认为易引发打架斗殴、赌博，造成治安不稳定因素，27%认为易诱发偷盗、抢劫等犯罪，29%认为可导致道德品质下降、形成不良风气，27%认为易导致辍学。几乎所有的学生都认识到了游戏机的危害，赞成规范管理或取缔的学生超过半数。83%的家长反对子女玩游戏机。青少年一旦沉迷于游戏机，即会产生愈来愈强烈的心理依赖和反复操作的渴望，不能操作时便出现情绪烦躁、抑郁等戒断症状。这种成瘾症状和戒断症状同时存在的特征，与毒品海洛因的成瘾行为特征极其相似，故被称为“电子海洛因”。由于青少年心理发育不成熟及其生理特征，电子海洛因总是瞄准他们，一旦成瘾，很难戒除。

微信作为一个社交媒体，是腾讯公司推出的为智能终端提供即时通讯服务的应用程序，自 2011 年 1 月 21 日问世以来，迅速在全国城乡崛起。据报道，截至 2016 年 12 月，微信在全球共有 8.89 亿个活用户，覆盖了 90%以上的智能手机。微信 APP 人均每天使用时间达到 65.6 分钟，日均使用微信在 4 小时以上的用户约为 35%，个人好友数量在 200 人以上的接近 45%。2017 年的农历除夕至大年初五，微信红包收发总量达到 460 亿个。可见，微信已成为最受欢迎的社交和生活方式，是人们生活中不可或缺的日常工具，使用微信也可能是目前最普遍的上瘾成癖行为。据一项调查统计，中国网民中 20%的人每天查看手机 100 次，23%的人如果没有手机就会心慌，34%的人起床后第一件事就是看微信。正所谓“早上不起床，起床就微信；微信到天黑，天黑又微信”，这反映了当下微信热的真实状况。

微信成瘾是网瘾的一种类型，具有以下特点：① 易获得性。不需要很复杂、很特别的工具和条件，有一个智能手机即可，随时随地都可使用。② 普遍性。无论是在商场酒店、地铁车厢，还是公园旅馆、旅游景点，一眼望去，全是“低头族”，男女老少都在刷微信。③ 快速蔓延性。从青少年到中老年，从城市到乡村，微信迅速传播到每一个角落。④ 隐蔽性。微信交流方便快捷，私密性比较强，使用时不影响他人。⑤ 易感性。微信拉近了人们之间的距离，许多信息看似也是有益的、有用的，因而许多人对微信成瘾有易感性，其中自信不足、缺乏安全感、归属感和存在感的人更易上瘾。由于过度使用，微信成瘾者陷于虚拟社交而不能自拔，一有时间就去狂刷、狂晒，在不知不觉中耗费了大量的时间，影响了工作。想抛开手机，却难以控制，会产生一种严重的心理依赖、心理恐慌，甚至出现强迫症状。

多地医生都指出，网瘾会对身体健康带来一系列损害：① 视疲劳。眼睛聚焦手机图文更费劲，眼部睫状肌处于调节紧张的状态，时间过长会导致调节痉挛，更容易导致视疲劳，出现重叠串行、短暂的模糊不清等现象，甚至引发斜视、干眼症等疾病。② 腱鞘炎。频繁地用手指在屏幕上做点、画、拨等动作，易引起手指、腕部的肌肉和关节过度疲劳而受损，最终引起腱鞘发炎。③ 颈部肌肉慢性劳损。长时间上网或低头看手机，都会牵拉颈椎，导致正常的生理曲线变形，最后导致颈椎病。④ 易患痔疮。曾有一个调查显示，82%的受访者表示，会在如厕时使用手机。这会延长如厕的时间，引起腹压增加，过度挤压、摩擦肛门，日久会使血管变脆，失去弹性，从而导致痔疮出血、肛门脱出。⑤ 影响睡眠。在床上玩手机还会推迟入睡时间，打乱人体的生物节律，导致失眠。另据研究，在床上看手机会令褪黑素生成总数减少 22%，其直接影响是人们始终处于浅睡眠状态，甚至大大减少睡眠时间。

思想工作者对各种成瘾行为的危害性要有充分的认识，引导工作对象科学地运用现代科技带来的新技术、新工具，尤其要认识到各种成瘾行为对身体、心理、人格、人际关系、亲情、家庭和事业等多个方面的不良影响，从而有节制地加以使用，享受其乐趣，拒绝其危害。

(1) 远离毒品

海洛因、冰毒、摇头丸等毒品符合《中华人民共和国刑法》中“国家规定管制的其他能够使人形成瘾癖的麻醉药品和精神药品”的规定，法律明确把吸毒作为一种违法行为，《刑法》有关这方面的定罪就有十项：走私制毒物品罪；非法买卖制毒物品罪；引诱、教唆、欺骗他人吸毒罪；非法提供麻醉药品、精神药品罪；强迫他人吸毒罪；容留他人吸毒罪；包庇毒品犯罪分子罪；窝藏、转移、隐瞒毒品、毒赃罪；非法持有毒品罪；走私、贩卖、运输、制造毒品罪。因此，要教育工作对象，尤其是青少年不要以为吸食毒品“提神、解乏、时髦、刺激、好玩”，不要听信吸食毒品“可以减肥”等谎言，自觉地远离毒品，千万不要去触碰法律的高压线。

(2) 远离赌博

赌博是又一项容易使人形成瘾癖的活动。由于赌博在程序上简单易懂，不易作弊，胜负有很大的随机性和不确定性，多凭“天意”和“运气”，所以人们容易参与，也容易成瘾。随着互联网的发展，网络赌博也随之兴起，赌球、赌马、网上百家乐等花样百出。赌场大多设立在国外，一般采用信用卡投注或电话下注、电子划账的方式进行资金转移，由于是在虚拟空间运作，具有更强的诱惑力、隐秘性和危害性。心理专家指出，心理因素、寻求刺激、冲动性格、反社会行为等四个因素让人嗜赌成瘾。对于有赌瘾及行为者，除了要按照《中华人民共和国刑法》《中华人民共和国治安管理处罚法》的规定予以处罚外，思想工作者还可以组织实施心理疗法：① 由于赌瘾是一种不能强行控制的病态，对于戒赌者来说，戒赌过程中要承受躯体和精神的双重痛苦，因而要对嗜赌者的戒赌行为给予适当的鼓励和支持；② 对戒赌者要有耐心，戒赌可能需要长期的努力，不能指望一下子就强制性地戒除赌博，要让其感受到更多的关怀；③ 鼓励戒赌人士参与有益身心的活动，形成新的兴趣点；④ 在亲情和友情等方面给予戒赌者更多的支持和帮助，创造有利的条件和环境，促使他们远离赌博的泥潭。

(3) 远离网瘾

要认识到，网络成瘾的现象，大都是源于现实生活不能自我控制的代偿行为。事实上，在网络空间中寄托更多的情感，往往会使得社会孤立感、抑郁更加严重，因为人类的真实情感是无法用网络文字和语音完全替代的，因而还是要加强人际交流沟通，去做更多有趣的事，去发现生活中的美，将有限的时间过得更有意义。对于电子游戏、微信等形成瘾癖者，要鼓励其增强自制力，并用正确的方式引导并帮助其逐步戒除心理依赖，用心理学的语言说就是系统脱敏。

① 时间规划。可以自我限定在什么时候看，什么时候不看。在时段控制上还可以由短到长、循序渐进。如有的人离开手机 10 分钟就开始焦虑，就可以先规定自己坚持半小时不看，随后一天有几次半小时不看，然后再慢慢养成在固定时间看手机的习惯。

② 场合规定。如，出席会议、参加培训时，一定不看微信，一来戒除瘾癖，二来体现对会议的重视和专心，以及对主讲人的尊重。

③ 兴趣转移。培养自己新的兴趣爱好，作为微信等的替代品。比如运动、阅读、弹琴、写字、绘画，自我规定在这段时间里不带手机，专注地、纯粹地从事这些兴趣活动。

久而久之，就会摆脱对于网络游戏、手机微信等的依赖心理，戒除瘾癖。

四 褒贬激励篇

55. 用期待唤醒沉睡的潜能

——皮格马利翁效应

皮格马利翁效应源于希腊神话中的一个美丽故事。皮格马利翁是年轻的塞浦路斯国王，同时也是一位手艺精湛的雕刻家。一次，他用象牙雕刻了一尊表现自己理想中的美女像，取名为加勒提亚。他和雕像久久依伴，最后竟情不自禁地爱上了她，日思夜想，茶饭不进。最后感动了宙斯，把这个雕像变成了真正的美女，皮格马利翁遂迎娶加勒提亚为妻。据说，他们的女儿帕福斯就是塞浦路斯西南部海岸同名城市的创建者。这个神话说明了一个心理学的原理：在人际交往中，一方充沛的感情和较高的期待可以引起另一方微妙而深刻的变化，从而产生奇迹。

也许是受这个希腊神话的启发，1968 年，美国著名心理学家罗森塔尔和雅各布森来到一所小学做了一项实验。他们从一至六年级里各选了三个班，举行了一场“预测未来发展趋势”的测验。随后将一份“最有发展潜能”的学生名单交给了校长和教师，强调的是这些学生的“未来发展”，“而不是现在的基础”，并叮嘱他们务必要对学生保密，以免影响实验的准确性。八个月后，罗森塔尔等再次到校进行第二次测验，奇迹出现了，凡是上了名单的学生，个个求知欲旺盛，成绩都有了较大的进步，而且在品行、师生关系等方面也表现得更好。一年后进行的第三次测验结果依然如此。可能你已经猜到，罗森塔尔在第一次测验中撒了一个“权威性谎言”，那份名单上的学生事实上是随机挑选出来的。于是，罗森塔尔和雅各布森就将这种现象称之为“皮格马利翁效应”，也有译作“毕马龙效应”，或称为“加勒提亚效应”“罗森塔尔效应”，或径称“期待效应”。

罗森塔尔的实验其实也不难理解。显然，是罗森塔尔的“权威性谎言”对教师产生了暗示，影响了教师对名单上学生潜力的评价；而教师又将自己的这一心理活动通过情绪、语言和行为传染给了这些学生，使他们强烈地感受到来自教师的期待，变得更加自信和自强，从而使各方面有了异乎寻常的进步。

科学的原理是可以重复检验的。1982年，美籍物理学家钱致榕在参加南京大学建校80周年纪念活动时，谈及他中学时代的一段经历：20世纪40年代，学校风气不好，很多学生不求上进。为了改变这种状况，一位责任心很强的老师就从300个学生中挑选出60个组成了一个“荣誉班”，钱致榕就是这个班的学生。老师告诉“荣誉班”的学生，他们是最有发展前途的。学生们个个十分高兴，对自己的前途充满了信心，严于律己，勤奋学习。结果，奇迹同样出现了，“荣誉班”的学生后来大都学有所成。钱致榕后来回国后，遇到了组织“荣誉班”的那位中学老师，一问才知道，原来这60个学生全是他随意抽取的，并未经过专门挑选，由此可见皮格马利翁效应的力量。

有研究表明，人有70%的潜能是沉睡的。对一个人传递积极的期待，会激发出他沉睡中的潜能，使他进步更快、发展更好。可见，皮格马利翁效应的心理基础是，信任和期待具有一种能量，它能改变人的行为，激发人的潜能。当一个人获得他人的信任和期待时，他便感觉获得了社会的支持，从而增强自我期待，变得自信、自强，获得一种积极向上的动力，从而尽力达到对方的期待，以避免对方失望，从而维持这种社会支持的连续性。对于思想工作来说，皮格马利翁效应可以广泛运用于先进典型的培养、后进人员的帮教、专业人才的带教、创新团队的组建等各个领域。

在思想工作中，皮格马利翁效应提示我们，期待者有可能通过一种强烈的心理暗示，唤醒沉睡的潜能，开启幽闭的心智，使被期待者改变心态和行为，达到预期的要求。正所谓“期待什么，就可能会得到什么”。即使是期待时所依据的资料不准确，仍然有可能得到所期待的结果。只要充满自信的期待，真诚地相信事情会向好的方向发展，就有可能取得良好的结果。这种积极期待的态度，正是赢家的态度，也是思想工作者应当具备的心态。

根据罗森塔尔的分析，皮格马利翁效应发生作用，主要取决于四种心理机制：① 气氛。对他人高度的期待会形成一种温暖、关心、情感上支持的良好气氛。② 反馈。对被期待者要给予及时的反馈和更多的赞扬。③ 输入。要用恰当的方式向被期待者表明这种高度的期待，并给予适当的帮助，提供有用的材料和条件。④ 鼓励。即对被期待者的点滴进步给予各种各样的鼓励，促使其不断朝着所期待的方向发展。

运用到思想工作中，就要求思想工作者对工作对象投入深厚的感情，寄予深切的期待，给予特别的诱导，而且一直坚守这种期待，从而使得工作对象得到充分的激励，发挥自身的主动性、积极性和创造性。如在沟通谈话后，不妨鼓励说："我相信你一定能做得更好！"交办了一项任务时则可以说："你一定会有办法完成的。"通用电气原 CEO 杰克·韦尔奇就经常通过写便条来激励下属，这虽然花不了多少时间，却几乎总能立竿见影。即使工作对象的能力本来不是很强，但是经过激励后，潜能就可能得到最大限度的激发。韦尔奇曾说："给人以自信是到目前为止我所能做的最重要的事情。"这样，对方就会朝着你期待的方向发展，人才也就在期待之中产生并成长。

思想工作者还需要进一步了解，有一些因素会影响皮格马利翁效应发挥的效果，在思想工作过程中要注意利用和把握。

(1) 期待者的权威性

一般而言，期待者的社会地位越高，或专业评价越高，就越容易产生较高的威信，皮格马利翁效应也就越容易发挥。尤其是青少年，对心中崇敬、钦佩的名人、明星、作家、教授的言论，常常深信不疑，这些人表达的期待，就会具有更强的权威性，会更多地给被期待者以信心，使他们更加自尊、自爱、自信、自强（参见"权威效应"）。为此，党组织、工会、共青团等组织，可以运用报告会、读书会、歌咏会、演讲会等形式，邀请相关名人、专家来予以指导，在深入接触中给予爱好者更多的辅导和鼓励，激发出更大的潜能。

(2) 期待结果的可能性

我们肯定皮格马利翁效应，绝不是说有了良好的期待，就一定都能够实现。事实上，个人的阅历、受教育程度、家庭背景、社会关系等许多因素都会对期待结果产生影响，因此，期待只能在一定的条件下发挥作用。一般来说，期待结果与现实基础应当有一定的接近性，实施起来又有一定的可行性，这样的期待才是有作用的。这种可能性又不只是外界他人的认识，而必须得到被期待者经自我衡量后的认可，确认自己确实有潜力，经过努力可以达到，而且这种期待结果对自己是有意义的，从而持久地保持自信心，提高对自己的要求标准，克服心理上的懈怠，最终实现人们所期待的目标。这里，外因与内因的一致性非常重要。

(3) 期待进程的阶段性

在被期待者确认目标后，如果只是在口头上给予抽象的肯定和承诺是不够的，还要帮助他们制订实现这些期待的具体计划，尤其是要把期待目标切分为若干个阶段性的小目标，并把期待的小目标具体化、行动化，从而让其能够衡量具体的进步，感受到实现期待小目标的乐趣，克服实现目标过程中的挫折，不断鼓励、支持他们朝着期待的方向前进。

(4) 期待实现的渐进性

皮格马利翁效应是按“憧憬—期待—行动—反馈—接受—外化”的机制逐渐显现成效的。这就是说，期待者对被期待者提供了美好的憧憬，并指明了具体的期待目标，还要为此而做出具体的努力，如持续给予积极的评价、肯定、表扬、帮助，持续做好反馈、暗示、鼓励、指导等思想工作和心理支持，使被期待者真切感受到期待者和周围人对自己的特殊关怀和鼓励，并从内心接受这种爱心和帮助，以致做出相应的努力，把内在的潜能激发出来，最终达到所期待的结果。这一过程中任何一个环节出现差错，都会影响皮格马利翁效应的产生及其作用的强弱。

56. 给予更多的关注与鼓励

——霍桑效应

霍桑是美国西屋电气公司坐落在芝加哥的一家制造电话交换机的工厂。1924年至1933年间，哈佛大学心理学教授乔治·埃尔顿·梅奥带领研究小组在霍桑工厂开展了一系列关于科学管理的实验研究，在有关工作条件、社会因素和生产效益关系的实验中发现了一些带有规律性的现象，统称为“霍桑实验”，这在心理学、管理学历史上都是非常重要的事件。本节所说的“霍桑效应”，是狭义的概念，仅指由于受到额外的关注而引起努力或绩效上升的现象。

通过霍桑实验，专家们获得了许多不同于前人的重要认识。譬如，以前的管理都把人假设为“经济人”，认为金钱是激发积极性的唯一动力；霍桑实验则证明人是“社会人”，是复杂的社会关系的成员，影响生产效率最重要的因素并不是待遇和工作条件，因此，要调动工人的生产积极性，还必须从社会、心理方面去努力。以前的管理把物质刺激作为唯一的手段；霍桑实验则发现在工人所要满足的需求中，金钱只是其中的一部分，大部分的需求是感情上的慰藉、关系上的和谐、安全感、归属感。以前的管理对工人的思想感情漠不关心，管理人员单凭自己的习惯和嗜好开展工作；霍桑实验则证明，管理人员应当重视人际关系，设身处地地关心下属，通过上下级交流沟通，达到感情上的融合。

在历时9年的实验和研究中学者们意识到，在管理活动中人们不仅仅受到外部因素的刺激，更多的是受到自身主观心理上的激励，所以工作效率主要取决于职工的积极性，取决于职工的家庭和社会生活及组织中人与人的关系，从而提出了科学管理行为理论。就霍桑实验中的具体案例来分析，当6名女工被抽出来暂时组成一个小组、被召进部长办公室谈话的时候，她们就已经意识到了自己是实验的主要对象，也是专家们一直关心的一个特殊群体，认为这是莫大的荣誉。这种受到格外注意的感觉，促使他们刻意改变一些行为，加倍努力地工作，从而证明自己是最优秀的，也是最值得被关注的。这说明被重视的自豪感对于人的积极性有明显的提升作用。

霍桑效应给予思想工作者的一个重要启示是：当人们意识到自己正在被别人所关注的时候，就经常会出现主动改变行为的倾向，而且往往是朝好的方向改变行为。适当的关注，可以造就一个人。同时，只有不断地表现出自己的良好行为，才可能赢得更多人的关注，进而充满自信，不断进步。

因此，思想工作者在管理活动中，应当给予工作对象更多的关注，促使他们有更好的表现。需要指出的是，这种关注，不仅仅是专职思想工作者的任务，同样也是所有管理人员的共同任务。思想工作者要对基层管理人员开展训练，使他们成为能够倾听并理解工作对象的兼职思想工作者，在与工作对象相处时更为热情、表达出更多的关心，更加有效地实施激励，这样才能进一步改善人际关系，提高群众士气，形成良好的氛围，提高管理的效率。对工作对象表示关心、关注的途径是多种多样的，可以因人制宜，恰到好处地选择运用。

(1) 接触与抚慰

思想工作者要转变作风，创造条件多与工作对象接触。许多有成就的政治家、企业家都深知其中的道理，以身作则，深入基层，深入群众。习近平等党和国家领导人，每年都抽出时间前往城乡各地，尤其是重点发展地区、企业、院校和贫困山村，嘘寒问暖，访贫问苦，慰问激励，密切了与群众的联系。比如，上海龙头股份三枪集团有限公司原董事长苏寿南就是从思想工作者成长起来的知名企业家，几十年来，他每天都提前一个多小时上班，总要先到车间去转一转，现场了解生产运行情况，与工人群众建立了深厚的感情，因而推出的改革措施总是考虑到职工的实际利益，6 年中先后成功兼并了 7 家亏损企业，以“兼并出效益”为主旨，不让一名工人下岗，从而使三枪集团的资产运行规模扩大 10 倍，销售收入增长 12 倍，经济效益提高 100 倍，一直受到广大工人群众的拥护和支持。

(2) 展示与奖掖

让工作对象能够展示各方面的才华，获得提高，获得荣誉，获得重用，是最好的关心和关怀。上海新联纺进出口有限公司每一两年举行一届企业文化周活动，让员工展示歌唱、舞蹈、小品、演讲等才艺，展开多样化的体育比赛，展示手工、收藏的精品，公司每位员工都写作一篇在公司成长发展的感言、诗歌、散文和祝福，汇编成报纸或书籍，通过员工们的心声展望新联纺的美好前景，体现正能量，增强凝聚力，促进新发展。

(3) 倾听与疏导

关注，并不一定是单向的给予，还可以是双向的交流沟通。在交流沟通中，倾听的效果有时更好。思想工作者要认识到，"听"常常比"说"更重要(参见"倾听效应")。高明的思想工作者在倾听时，不论对方说了什么，自己知道的还是不知道的，都会放低姿态，频频点头，不断鼓励、引导对方尽情地说、大胆地说，适时地赞赏对方的一些想法和建议，让对方产生感兴趣、受重视的感觉，这会让对方有一种成就感、自豪感。这样，对方就会有更多出色的表现。

(4) 理解与鼓励

思想工作者对工作对象的关注应当是无条件的，不仅要关注优秀分子，也要关注中间层次和后进的群众，把周密细致的思想工作覆盖到每一名员工。对那些偶有失误的对象，更要雪中送炭，热情关怀，以宽容的态度，表示充分的理解，让他们放下思想包袱，轻装前进。在工作对象取得点滴进步时，都要适当给予精神鼓励，勉励他们再接再厉，迈出新的步伐。

当然，按照边际效用递减的法则，任何激励手段总会有效用饱和的限度，霍桑效应对于提高工作效率的作用也是有边界的。思想工作者还应该综合运用思想工作和管理工作的其他手段，如企业文化建设、培育学习型组织、工作流程再造的方法，不断调动工作对象的积极性、主动性和创造性。

57. 在激励下跑得更快

——马蝇效应

1860年美国大选结束后，银行家巴恩劝说当选不久的新总统亚伯拉罕·林肯不要将参议员萨蒙·波特兰·蔡思选入内阁。林肯惊异地问是什么原因，巴恩答道："因为此人认为自己比你伟大得多。"银行家的话是有根据的，蔡思确实是个狂妄不羁的能人，狂热地追求最高领导权，而且嫉妒心极重。他本想入主白宫，却被林肯"挤"掉了。他不得已又想当国务卿，结果又落空了。惜才的林肯十分器重他，还是任命蔡思为财政部长，并尽量与他减少摩擦。目睹蔡思的种种行径，《纽约时报》主编亨利·雷蒙特拜访林肯时，特地告诉他蔡思正在上蹿下跳，谋求总统职位。林肯却说了一段少年时代的故事："有一次，我和我的兄弟在肯塔基老家的一个农场犁玉米地，那匹马很懒惰，慢慢腾腾，走走停停。可有一段时间，马忽然跑得飞快。我感到奇怪，仔细观察后发现有一只很大的马蝇叮在马身上，于是就伸手把马蝇打落了。我的兄弟抱怨说：'你为什么要打掉它！正是那家伙使马跑起来的嘛！'"说完故事后，林肯意味深长地说："如果现在有一只叫'总统欲'的马蝇正叮着蔡思先生，那么只要它能使蔡思不停地跑，我就不想去打落它。"这就是"马蝇效应"的由来。"马蝇效应"又称作"马蜂效应""牛蝇效应""激励效应"。

非洲的大草原上，每当太阳升起来的时候，动物们就开始奔跑觅食了。狮子妈妈教育小狮子：孩子，你必须跑得再快一点，再快一点，你要是跑不过最慢的羚羊，你就会活活地饿死。羚羊妈妈也在教育小羚羊：孩子，你必须跑得再快一点，再快一点，如果你不能比跑得最快的狮子还要快，那你就会被狮子吃掉。虽然狮子妈妈和羚羊妈妈激励孩子的话语正好对立，但意思却是同样的：只有跑得比别人更快，才能生存下来！

一个年轻人来到古希腊哲学家苏格拉底的门下，想要学习哲学。苏格拉底一言不发，带着他来到一条河边，突然用力把他推到了河里。年轻人起先以为苏格拉底在跟他开玩笑，并不在意。没想到苏格拉底也跳进水里，拼命地把他往水底按。这下子，年轻人真的慌了，求生的本能使他拼尽全力将苏格拉底掀开，爬到岸上。年轻人不解地问苏格拉底为什么要这样做，苏格拉底回答说：一个人如果在没有受到外力威胁的情况下，是不会使出十二分的努力来做事情的；只有当他觉得有人给自己施加压力的时候，才会万分地努力。可见，外部的激励对人们的推动、促进作用是不可小看的。

专家分析，马蝇效应的产生主要有两个原因：① 外界环境的变化会影响个体的行为：一匹安逸的马突然被马蝇叮咬而产生的疼痛感，会刺激马立刻做出反应。② 个体在刺激之下会积极地应对外界环境的变化：在马蝇的刺激之下，马会抖擞精神，飞快奔跑，试图摆脱马蝇的叮咬。在管理学上，人们又将马蝇效应引申为：明确的目标和压力，会激励员工更好地投入工作。马蝇效应给人们的启示是：有刺激，才有反应；有压力，才有动力。一个人只有被叮着咬着，他才不敢松懈，才会精神抖擞，努力拼搏，不断进步。因此，要注重激励，促使人们克服懈怠，积极地“跑动”起来。

在现实的管理工作中，一个部门或一个团队，如果长时间保持风平浪静，表面上看起来是一片“和谐”，实质上是在孕育“一潭死水”。这种过分的平静将会使团队失去激情，失去动力，失去创意，从而慢慢地失去战斗力。美国著名企业家艾柯卡曾说过：企业管理无非就是调动和激励员工的积极性。因此，高明的管理者总会设法提出一些新鲜的任务，改变员工的工作环境，以此来刺激员工的行为，必要时还会制造一点“冲突”，如日常管理工作中常见的换岗、轮岗、搞交流、赛技能、评先进、树标杆、总结评比，形成一个个“马蝇”，以此来激发员工的斗志和潜能，以防员工在“平静中休克”。

心理学家认为，每个人都有需要，而且需要是多种、多样、多层次的，当需要的强度达到某种水平时就成为愿望，愿望经一定诱因的刺激就变成动机，动机最终唤起人的行为。由此可见，需要是人产生积极行为和进行有效激励的动力源。

人的需求是千差万别的，有的人比较看重荣誉、尊重等精神层面的东西；有的人比较在意功利，更看重物质层面的东西。所以，要针对不同的对象，投其所好，对症下药，分别采用理想激励、荣誉激励、目标激励、榜样激励、竞争激励、情感激励、物质激励、参与激励等不同的方法予以激励，才能发挥激励的最大效用，使工作对象“智者尽其谋，勇者竭其力，仁者播其惠，信者效其忠”。

思想工作者要知道，恰到好处地运用激励的方法和手段，既是管理工作中的基本要求，也是思想工作的一项重要的基本功。顺着马蝇效应说下去，这个“马蝇”到底多大为宜？叮在哪个部位最有效？叮到什么程度最合适？不能让马跑起来，或者让马跑得精疲力竭，都会成为激励中的败笔。如果激励方法和力度掌握不当，不仅无法激励员工努力工作，还会惹出许多麻烦。可见激励员工并不是一件容易的事，要讲究一些方法和技巧。那么，思想工作者应当怎样有效地实施激励呢？可从以下几个方面入手。

(1) 鼓励赞美

要想使工作对象受到激励和鼓舞，始终处于一种最佳的工作状态，最好的办法莫过于对他们适当地进行表扬和赞美，让他们感觉受到尊重，感到付出的心血是有意义有价值的，他人是看到的、认可的，因而产生成就感和实现感（参见“赫洛克效应”）。

(2) 设定目标

要为员工设定一个明确而具体的工作目标。恰当而又有挑战性的目标会使员工产生压力，可以激发出他们的自觉性和积极性，从而在一段时间内持续做出较高的绩效。定期对目标完成情况进行考核、公示、评比，并向本人反馈，有助于激励员工更加努力地工作，更好地实现目标。

(3) 及时奖励

薪酬是激励的重要手段。可以设法增加薪酬的透明度，保证奖励的及时性，多实施一些单项的小奖，从而将物质鼓励与精神鼓励结合起来，在员工中更好地产生激励作用。如，上海某出租汽车股份公司针对新驾驶员多的情况，专门选拔了一批经验丰富、服务优良的党员驾驶员作为带教师傅，并对带教效果好的师傅给予奖励，促使他们经常通过电话、短信、家访等方式为新驾驶员“指点迷津”，提高了师徒带教的效果。

(4) 设立对手

一个卓越的对手，远比一个平庸的朋友能给人的帮助更多。竞争可以令人时刻都有“前有榜样，后有追兵”的心理压力，就像马蝇一样紧叮不放，丝毫不敢懈怠。“有对手则进步神速，无对手则原地踏步。”因此，可以在员工中指定或自由结成竞争对手，工作时间是对手，工余时间是帮手，互相促进，互相帮助，互相激励，友好竞争，共同进步。

(5) 适当鞭策

对于自觉性比较差的员工，需要采用鞭策、规诫的手段，及时制止消极散漫的心态，激发其内在的潜力。对于依赖性较强的员工，一旦发生满足、懈怠、消沉等情况，也要予以适当的批评和惩罚，帮助他们重新激发工作斗志。

(6) 赋予责任

对员工赋予更多的责任和权利，让员工参与单位的民主管理，便于他们发挥智慧和才干，是对员工的尊重和肯定，也能满足员工自我价值实现的精神需求。一旦员工把本单位的发展视为自身的责任，他们就会自动自发地为单位做出不同凡响的贡献，从而取得令人意想不到的成绩。

58. 舒缓情绪　激发潜能

——压力效应

在日常生活和工作中，不同的压力会导致心理上的不同反应，从而影响个人的情绪、态度和绩效。心理压力是无形的，可它对每个人的作用及其程度却是不一样的。由于每个人的知觉、经历、人际关系和心理因素等不同，因此每个人对压力的体验也会有所不同，所能承受的压力也不相同。理智地对待因心理压力而形成的适度紧张，能增强大脑的兴奋程度，提高大脑的生理机能，使人思维敏捷，反应迅速，集中注意力，提高耐受力，充分发挥潜能，更好地应对工作和生活。如果消极地对待压力，被动承受，抑郁沮丧，怨天尤人，就可能被压力所压垮。人们将这种现象称作“压力效应”。

在工作和生活中因压力效应而促使人们取得成功的事例比比皆是。比如，一艘卸货后的巨轮返航时，在大海上遭遇了巨大的风暴，巨轮有随时倾覆的危险，不少水手惊慌失措。一位经验丰富的老船长果断命令水手们立刻打开货舱，往里面灌水。年轻的水手觉得，往船舱里灌水只会增加船的压力，使船加速下沉，不是自寻死路吗？看着船长严厉的神色，水手们还是照做了。随着货舱里的水位升高，巨轮一点一点地下沉，狂风巨浪对巨轮的威胁也一点一点地减少，巨轮渐渐平稳了。事后，老船长解释说：“船在负重的时候，是最安全的，空船则最危险。适当的压力可以抵挡暴风骤雨的侵袭。”又比如，在某旅游景点，有一段路窄坡陡的山道，两边是万丈深渊，被当地人称为“鬼谷”。每到此地时，导游们都要叫游客们适当背点东西。游客不理解地问道：“这么危险的地方，我不拿东西两腿都打颤，再负重前行，不是更危险吗？”导游解释道：“这里发生过好几起事故，都是迷路的游客在毫无压力的情况下摔下去的。如果负重前行，反而会更安全。”人们熟知的大庆油田“铁人”王进喜曾说过：“人无压力轻飘飘，井无压力不出油。”正是在巨大的压力之下，以王进喜为代表的石油工人为国家建设做出了重大贡献。邓稼先、钱学森、钱三强、任新民、赵九章等“两弹一星”的功臣们，也都是在巨大的压力下，发挥了潜能，打破了少数大国的垄断，创造出举世瞩目的中国奇迹。

人们产生心理压力的原因很多，主要有以下三个方面：

① 由工作因素引起的心理压力。包括工作任务太多、责任太重、时限紧迫、条件不足、环境太差、缺乏安全感等客观情况，也包括因职责分工不明确、与上下级沟通不好、人际关系紧张而造成的工作开展比较困难等。由于这些因素的存在，人的心理压力随时可能升高，并且日益积累。为了减轻心理压力，人们就会做出种种努力，以求恢复心理平衡。一般来说，这是目前引起许多人压力效应的直接原因。

② 由生活因素引起的心理压力。生活中许多事情都会引起人们的心理压力。美国华盛顿大学医院精神病学家霍姆斯等人对 5 000 多人开展社会调查后编制的《生活事件心理应激评定表》，归纳了人类社会生活中构成心理压力的事件以及对这些压力的评价(LCU)。此后，他们又研究了压力评分水平(LCU)和罹患疾病之间的关系。若一年内个体所经历的生活事件得分(LCU)在 50 分以下，就预示次年会基本健康；若评分在 150 分—300 分之间，那么次年患病的概率是 50%；若评分大于 300 分，次年患病的概率会增加到 70%。当然，同样一个生活事件对于不同个体的影响程度是存在很大差异的。

生活事件心理应激评定表

生活事件变化	LCU	生活事件变化	LCU
配偶死亡	100	个人受伤或患病	53
离婚	73	结婚	50
夫妇分居	65	被解雇	47
坐牢	63	复婚	45
亲密家庭成员丧亡	63	退休	45

(续表)

生活事件变化	LCU	生活事件变化	LCU
家庭成员健康变化	44	生活条件变化	25
妊娠	40	个人习惯的改变(如衣着、习俗、交际)	24
性功能障碍	39		
增加新的家庭成员(如出生、过继、老人迁入)	39	与上级矛盾	23
		工作时间或条件的变化	20
业务上的再调整	39	迁居	20
经济状态变化	38	转学	20
好友丧亡	37	消遣娱乐的变化	19
改行	36	宗教活动变化(远多于或少于正常)	19
夫妻多次吵架	35		
中等负债	31	社会活动的变化	18
取消赎回抵押品	30	少量负债	17
所担负工作责任方面的变化	29	睡眠习惯改变	16
子女离家	29	生活在一起的家庭人数变化	15
姻亲纠纷	29	饮食习惯变异	15
个人取得显著成就	28	休假	13
配偶参加或停止工作	26	圣诞节	12
入学或毕业	26	微小违法行为(如违章穿马路)	11

由于上述生活事件因素的存在,人的心理压力随时可能产生变化。为了减轻这种心理压力,避免患病,人们就会做出各种努力,尽量释放由压力所带来的巨大能量。

③ 由个人对压力的敏感性所引起的心理压力。上述的工作压力源与生活压力源都可能引起压力效应,但是这种可能性能否转变为现实,还要依据各人的个性特征和承受能力。在所有个性特征中,人对压力的敏感性尤为重要。对压力源的敏感性越强,就越会产生压力,从而产生压力效应;反之,对压力源的敏感性较弱,就不容易产生压力效应。这是引起压力效应的根本原因。

思想工作者要恰如其分地发挥压力效应的积极作用,激发自己和工作对象的潜力，促进工作绩效的提升。

（1）适当的压力有利于成长进步

人生的征途上处处都有压力，从升学到就业，每一次考试，每一次应聘，每一次人生的变故和选择，都会产生种种压力。适当的压力并非不是一件好事，它有利于调整人们的情绪、态度和绩效。现代人普遍感到的生存压力，如果处理得当，就可以变成工作的动力，开掘出更大的潜能，用加倍的努力去化解压力，推动个人的成长和进步。从这个意义上来说，压力是人们成长的重要动力，人生的每一步都是承受压力、冲破压力的结果。如果没有压力，我们也许不会这么快地成长，我们的生活也许会是另外一个模样。所以，当我们尽情享受生活乐趣和成功喜悦之时，也应该对那些曾经让我们烦恼不已的压力心存一份感激。

（2）压力的施加要因人而异

要知道，人们对于心理压力的感知和承受程度是存在相当大的差异的，因此，施加压力，不仅要注意把握压力的分量，也要注意承受压力者的个体差异。对此，个人的工作经验、专业素养、实际能力有时起到了基础性的作用。对于同样的工作担子，有经验、有能力的人能够举重若轻，应对自如，这是因为这些人有应对压力的经验，喜欢迎接挑战，担子越重、压力越大，工作干劲就越大。而对于缺乏经验和能力的人来说，些许压力就会承受不了。同时，对于压力的承受能力，也与人们的主观认识有关：有的人往往把领导交给的重担视为组织的信任，是增长才干、实现价值的好机会；而有的人却视为对自己的一种惩罚，是一种麻烦、辛劳的开端。这种不同的认知，压力产生作用的方向就大不一样，前者令人振奋、精神勃发，而后者则会感到绝望、无力承受，甚至会选择放弃、逃避。对此，一定要有适当的预判，对于不畏压力、乐意迎接挑战者，可以适当地加大压力，进一步激发其潜能。对于承受压力能力较弱者，要对症下药，逐步给予压力，提高他们对压力的承受能力，不能一下子就施压过大，将其压得趴下，也不能因为其害怕压力就一味迁就，这样做会使其形成逃避压力的心理倾向与不良习惯。

(3) 压力的施加要恰到好处

压力施加得恰到好处，才能取得良好的效果。当压力超出人们所能承受的负荷时，压力就会产生副作用。因此，在压力施加时有四点注意事项。

① 要把握好时机。在工作对象近期生活中麻烦较多、处于生活事件心理应激评分(LCU)高值时，应当予以适当的关心，创造必要的条件，适当地减轻一些工作压力，帮助他们舒缓情绪，调适心理状态，妥善地处理好生活事件，而不要继续给予过重的压力。

② 要提供必要的支持。施加压力时，要为其提供必要的环境和条件，有时要配备好适当的助手或团队，帮助其化解压力，而不能让其单枪匹马地与压力搏斗。

③ 要消除额外的压力。研究表明，一个人的人际关系也会影响到对压力的感受，如果与其关系紧张的人在场，其压力就会增大，降低其应对压力的能力。反之，如果与其关系较好的人在场，就有可能产生社会助长作用，使他精神焕发，更有效地应对压力。因此在组建团队时，要适当考虑这些因素，让大家都能心情舒畅地投入工作，发挥潜能。

④ 要及时褒奖。对于迎战压力卓有成效的个人或团队，要及时给予表扬和嘉奖，让他们得到正向的激励，从而以高昂的斗志和成功的体验，迎战新一轮的压力，同时也会对其他相关的个人和团队起到引领、示范作用。

59. 抛开心理包袱　发挥最佳技能

——詹森效应

美国速度滑冰运动员丹·詹森平时训练有素，实力非凡，表现十分突出，到1994年，詹森已经赢得了7枚世界杯奖牌，并且7次打破世界纪录，但在之前的三届奥运会上总是与金牌无缘，留下了无尽的遗憾。人们借此把这种平时表现良好，但由于缺乏良好的心理素质而导致竞技场上连连失利的现象称为“詹森效应”。令人欣慰的是，在1994年挪威利勒哈默尔冬季奥运会上，詹森再次打破1 000米速滑世界纪录，夺得金牌，终于以一枚奥运金牌为自己的运动生涯划上了一个圆满的句号。

无独有偶，20世纪60年代，澳大利亚长跑名将罗·克拉克曾19次打破5 000米和10 000米的世界纪录，同时代的长跑运动员几乎无人能与他匹敌。然而，他在参加两届奥运会时，却连续发挥失常，没能登上冠军的领奖台，仅获得过一枚铜牌，让所有人大跌眼镜。当时，克拉克被人们誉为“伟大的失败者”，研究者也借用“克拉克现象”来研究优秀选手的大赛失利问题。

詹森效应在中国运动员身上也曾经出现过。如曾在2000年悉尼奥运会夺得双杠金牌，在2003年世界体操锦标赛获得两项冠军的李小鹏，却在2004年雅典奥运会男子单项比赛中发挥失常，仅获得一枚双杠铜牌。他在赛后接受采访时表示，这次发挥失常的主要原因是某些特殊情况给自己带来了较大的压力，心情紧张。

詹森效应并不只是竞技领域的专有现象，也反映在日常生活的各个方面，出现在高考入学、应聘面试、歌舞比赛、才艺选拔、技能比武等场合。特别是一些年轻学生，平时训练和考试成绩都很好，可到了大考的时候就砸锅。事实上，在面临重要场合时，人们或多或少在心理上都会表现出与平日的不同，或紧张，或兴奋，或激动，或恐慌。如果对自身的这种心理变化不能有效地控制，就会直接引发詹森效应。有心理学家测试表明：75％的学生临考前都有紧张、焦虑、恐慌情绪。因此，詹森效应是一种将现有困境无限放大的心理异常波动现象。

思想工作者常常会遇到自己或者组织工作对象参加的各类考核、赛事活动，或是组织一些招聘、应聘活动，那应当如何让自己或工作对象走出詹森效应的怪圈？下列提示可供参考。

(1) 坚定自己获胜的信心

詹森效应告诉我们，在各种考试、赛事及竞技活动中，考验的不仅是选手的实力，更是选手的心理素质。乒乓球女将邓亚萍当年在赛场上叱咤风云，在面对决定胜负的最后几个球的关键时刻，总能沉着冷静，最终赢得胜利。她自己总结道：其实技术有时是不分上下的，这时靠的就是心理素质，只有充分相信自己的实力，才能在赛场上沉着冷静，发挥出正常的水平。因此，要克服詹森效应的不良影响，首先就要通过自我暗示来唤起自信，充分相信自己能够战胜对手，取得优异成绩。尤其是在遇到困难时，更要不断提醒自己冷静、细心、沉住气。

(2) 及时调适心理状态

比赛前，如果对自己的期望过高，过于追求完美，就会使精神时刻处于紧张状态中，疲惫不堪，反而影响正常水平的发挥。有些人之所以在重大比赛中没能发挥出最佳水平，与他们对比赛结果过分重视有关，总想着只能赢不能输，输了就会怎样怎样，这样无形之中就给自己增加了过多的压力，甚至把自己压得喘不过气来。因此，要理性理智、平心静气地对待比赛，突破患得患失的狭隘思维，不贪求成功，不过多考虑结果如何，一心注重赛事过程，只求正常地发挥出应有的水平，从而使自己的心理状态保持平稳与放松。可以适当提前到达赛场，熟悉环境和器材，调适心理状态。从前麒麟童、盖叫天等许多老一辈艺术家在表演之前，即使是十分熟悉的戏目，也早早地来到舞台候场，其中就包括对心态的调适。此外，对于在考试、比赛中出现的瑕疵和失误，当时都不要多想，集中精力完成后面的考试和比赛。在考试、比赛的间隙，不管自己发挥得如何，都不要刻意打探、询问，而是全力准备好下一阶段的考试和比赛。

(3) 坦然面对临场时的紧张

在考试、比赛正式开始前后的一段时间里，有些人会突然感到一阵紧张，表现为心跳加快，精神高度紧张，甚至脑海中一片空白。从心理学的角度说，选手的精神紧张会直接导致意识范围变窄，思维、记忆受到抑制。这时，如何迅速平复心情、消除紧张就变得十分重要。

① 不要试图与这种紧张情绪对抗，而是要体验它、接受它。应该意识到自己的紧张是正常的，对手可能比你更紧张，这样想，紧张情绪也许就会松弛下来。你还可以默念："如果我感到紧张，那我确实就是紧张，但我不能因为紧张而无所作为。"

② 适当转移注意力，用物理的方法缓解自己的紧张情绪：闭上眼睛，想象平时轻松活泼的趣事；连续做深呼吸，使自己静下心来。

③ 用肯定的词语来唤起积极情绪，如用"冷静！细心！沉住气！"等词语暗示自己，而不能用否定性词语，如"别紧张！别慌！可千万别出错！"，以免适得其反，让平时的努力和积累功亏一篑。

(4) 切勿形成无谓的压力

许多人出现詹森效应，在心理素质不好的背后，往往与得失心过重有关。这在很大程度上来源于他人的过高期望。有些选手平时卓然出众，于是大家对他如同众星拱月，充满期待，这就在无形中给他造成了一种心理压力：只能成功不能失败，不然的话会让看好我的人失望。于是，他越出色，别人对他的期望就越高，他的心理压力就越大。所以，在赛事之前，领导、同事和家属都要适当淡化对考试、比赛结果的期望，不要给选手造成过多的压力。亲友对选手鼓励的话也要注意分寸，"别紧张！没有什么大不了的！""别粗心，别出错！"之类空洞的、否定式的语言，反而会制造出更多的紧张情绪，使人更加感到不安，实际上是将自己过度紧张的情绪传染给了选手，正所谓"情绪如潮，越堵越高"。

考试、比赛，往往是技能水平的比拼，同时也是心理素质的较量。“狭路相逢勇者胜”，只要树立起充分的自信心，赛前做好充分的准备，又有现场应对之策，那么，一分耕耘，必定有一分收获，最终一定能交出令人满意的答卷。

60. 走出最初的一小步尤为重要

——飞轮效应

飞轮是安装在机器回转轴上的具有较大转动惯量的轮状蓄能器。当机器转速增高时，飞轮的动能增加，可把能量贮蓄起来；当机器转速降低时，飞轮的动能减少，可把能量释放出来。要使静止的飞轮转动起来，一开始必须给予很大的推动力，一圈一圈反复地推动，当达到一定的速度、突破临界点之后，飞轮所积蓄的动能就会发生作用，足以克服阻力，维持原有的运动。此时，无须再费多大的力气，飞轮依旧会快速转动，而且旋转不停。

飞轮的这一特性启示人们：万事开头难，努力再努力，成功在前头！在每项事业的起始阶段都必须付出艰辛的努力，才能使事业之轮转动起来。而当一项事业走上平稳发展的快车道之后，飞轮就会产生巨大的惯性，一切都会顺利得多。于是，人们将这种现象概括为“飞轮效应”。

事实上，人们在进入一个陌生的领域时，都会经历这样的过程。无论是学习外语、游泳、书法，还是想掌握驾驶汽车、修理电器、烹饪菜肴等专业技能，起初都必须付出比熟手多好几倍的努力。就像推动飞轮一样，尽管开始时每转一圈都很费力，但是每一圈的努力都不会白费，飞轮会转动得越来越快。只要坚持不懈地推动飞轮，终有一天，它会飞快地旋转起来。

“其始也简，其终也巨。”许多国际知名企业在崛起时的经历，也都是飞轮效应的典范。20 世纪 70 年代初，美国著名管理学家吉姆·柯林斯在担任克罗格公司总裁、推行改革方案时，就运用了飞轮效应。他深知改革不可能一蹴而就，于是，他没有用煽情的演讲去说服公司 5 万名员工接受他的方案，而是组建了一个高效的团队，来“慢慢地但坚持不懈地转动飞轮”，用实实在在的业绩来证明他的方案是可行的、有效的。员工们渐渐地看到了柯林斯改革的成绩，受到鼓舞，越来越多的人对改革充满信心，于是团结一致，全力向前冲。此时，克罗格公司这个“飞轮”就正常转动了，改革方案得到了顺利地推进。

美国纽可钢铁公司从20世纪60年代中期起推动“飞轮”，起初只是为了避免破产的厄运，好不容易才建立了第一座钢铁厂。经过不懈努力，纽可公司很快就形成了自己的核心优势：有办法把钢铁炼制得又好又便宜。于是依法炮制，新的炼钢厂一座又一座地建立起来。一年又一年，一圈又一圈，“飞轮”终于积聚了充足的动力。1975年，纽可公司总经理肯尼思·艾弗森表达了远景设想：“我想，我们应该可以成为美国排名第一的钢铁公司。”果然，纽可公司2004年钢产量超过1 900万吨，进入世界500强，利润跃居全美钢铁业第一。纽可钢铁公司终于成为美国最大的钢铁企业，还在技术上领导了世界钢铁生产的新潮流。

思想工作者应当从本单位的发展阶段、发展态势、发展任务、发展前景出发，协助单位领导，做好思想工作，团结广大群众，促使“飞轮”获得更大的动能，转得越来越好。

(1) 起始阶段：克服阻力

俗话说：“万事开头难。”因此，在面临一项新的工作目标、任务时，要有迎战困难的足够的心理准备，不要畏惧开始时的艰难和煎熬，坚信只要坚持不懈、克服阻力，度过困难期，终将步入平稳发展的快车道。开头，不能简单地认为只是一个短暂的瞬间，有时可能代表着长达数周、数月、数年的一个周期。此时，费了九牛二虎之力，才能让飞轮转动一点点，甚至遭受挫折，徒劳无功，遇到这种情况，很容易感到束手无策，放弃的念头会不时地在脑海中浮现，压迫着人们的神经。其实，在人生的道路上，办法总比困难多，此路不通，可以另辟蹊径。只要方向正确，走出了最初的一小步，并且正视困难，开动脑筋，群策群力，总会想出解决的办法。往往只要能挺过这段艰难的时期，冲破阻力，就会发现，之后的一切都会变得相对简单、顺畅。

(2) 发展阶段：持续改进

我们强调开头的重要性，并不是说之后就一帆风顺了。由于惯性的作用，转动的飞轮即使一时失去外力的推动，也可以在一定的时间内继续转动，但不久还是会停止下来。因此，只有持之以恒地不断加力，持续改进，形成独特的核心竞争力，才能使飞轮的转动速度越来越接近临界点。“飞轮转了一圈又一圈，日积月累，年复一年，最终积累发挥了很大的功能”，“巨大的动力依赖于不断的改进和成果的取得”，这是著名管理学家吉姆·柯林斯得出的研究结论。当年，柯林斯带领21人的研究团队，调查了1965—1995年《财富》杂志全球500强排行榜上的1 435家企业，经过分析、比较、研究，写出了一部管理学的名著《从优秀到卓越》。书中指出，在从优秀公司到伟大公司的转变过程中，根本没有什么“神奇时刻”，成功的唯一道路就是清晰的思路、坚定的行动，而不是所谓的灵感。成功需要人们排除一切干扰，把精力集中在最重要的事情上，全力以赴去实现目标。因此，在发展阶段必须要脚踏实地做好基础工作，持之以恒，打好根基，走好一步，再走下一步，为以后的发展提供有效的保障。

比如，当受到国际金融危机影响，全球主要汽车市场的销量下跌30%—50%之际，上海汽车地毯总厂党政班子认识到，原来的市场已无法支撑公司的运营，开辟新市场势在必行。为此，他们提振员工士气，发动求新求变之战。此时，恰好德国宝马公司为了弥补原材料价格上涨所带来的不利影响，试图通过外包获得价廉物美的汽车零部件。当时他们正在为新车型F18寻找内饰供应商，但是其对配件的要求非常严格，有的厂商把样品送过去上百次也没能通过。汽车地毯总厂决心破釜沉舟，放手一搏。在邀请宝马公司高层来访、获得肯定之后，总厂总工程师龚杜弟立下军令状——一定要通过持续改进，给这匹“宝马”套上“马辔”。龚杜弟率领团队深入开展宝马F18地毯的研制工作，一环扣一环，环环有难关，产品研发每进一步都异常艰难。宝马公司对地毯样品检验之严也让人大开眼界，德国人竟用高温烘烤的方式来检验，如果样品有轻微变形，就不算合格。无数个通宵达旦，无数次卡壳，但是整个团队没有一丝松懈，因为他们将此视作一种使命，他们要夺取驯服“宝马”的最终胜利。三个月过去了，经过千百次试验，龚杜弟创造性地运用超声波焊接技术取得了关键性的突破，克服了一个个似乎不可逾越的技术瓶颈，产品顺利获得了宝马公司的检验认可，使汽车地毯总厂成功地迈出了跻身世界顶级轿车市场的第一步。一旦跃上了马背，以后就越跑越快，汽车地毯总厂已在全国各地开设了28家配套工厂。

但是，有些单位缺乏足够的韧劲去获取飞轮效应，而以一种狂躁的热情推动变革，想一口吃成个胖子；一旦遭遇到挫折，马上变换一种策略，转到另一个方向，或推行所谓的多元化战略，从而就进入了飞轮效应的反面——“死亡循环”。

(3) 成功阶段：力求创新

当飞轮的旋转速度达到临界点时，如果不注入新的推动力，飞轮会越转越慢，最终停止转动。此时，就必须让飞轮持续地获得新的动力，并且保证飞轮主受力方向与它转动的方向一致。如果新的推动力已经难以为继，就应当考虑创新，乃至转型。在互联网时代，很多行业已经或正在被互联网颠覆、重构。以大数据、云计算、移动通讯、人工智能为核心的互联网新技术、新模式与传统企业的融合、创新，以及互联网企业的跨界发展，正成为主流方向。为此，《飞轮效应：数据驱动的企业》一书通过对亚马逊、ZARA、红领服饰、尚品宅配等百余个企业案例的剖析，总结出了企业数据化转型中的“数据飞轮”理论：企业数据驱动过程像是在推动一个巨大的轮子，初始启动非常艰难，需要持续不断地努力推动，飞轮开始旋转很慢，但会越来越快，飞轮快速旋转时，只要一点点推动，就会产生巨大的效果。于是，通过构建“数据飞轮”，亚马逊能够在8分钟内解决客户退货问题，红领服饰能够在7个工作日完成西服定制，ZARA可以做出更精确的生产和销售决定，尚品宅配完成了O2O布局和整个产业链的串联。成功的企业可以从企业顶层设计“数据战略”，并在企业内部构建“数据飞轮”，从而使企业运行的四个基本模块(产品、渠道、基础设施、营利模式)产生“飞轮效应”。没有核心技术支撑的企业转型、产业变革终将是昙花一现。

虽然这里较多地说了企业发展的问题，但对于其他各行各业的思想工作者来说，其中的道理不也同样适用吗？

61. 再跨一步，就能越过那道坎

——沸腾效应

沸腾是指液体受热超过其饱和温度时，在液体内部和表面同时发生剧烈汽化的现象。在通常情况下，水必须达到100℃才会沸腾。水加热到99℃时，还不能算是开水，此时再添一把火，在水温99℃的基础上继续加热，使它再升高1℃，水就会沸腾，并产生大量水蒸气，就可获得巨大的动力。这最后的1℃就是关键的因素，这1℃就能使水发生质的变化，从液体变为气体。在心理学中，人们把因最后那少量的关键因素而引起本质变化的现象称为“沸腾效应”。

俗话说：“最后一根稻草，压弯了骆驼的脊梁。”只差那么一点点，可能就是关键的一点点。就差1℃，可能就是万事俱备，只欠东风。赢可能就赢在这一点点上，输也可能只输那么一点点。而这关键的一点点，往往要靠核心能力、精神力量来支撑。

在日常生活和工作中，也常常会遇到这种沸腾效应的现象。比如，有些单位选送参加技能比赛的选手，平时刻苦钻研技术，操作水平相当高超，但一到赛场就会晕场，不能很好地表现自己平日的技能水平，特别是一些大家都看好的技艺高手，临场失手，名落孙山。这就是因为发生了沸腾效应的消极作用，缺乏大赛经验，以致怯场，紧张过度，无法正常发挥应有的水准。又如，有的企业看似已经有了一定规模，但是在行业中仍是“永远的老二”，只能看着其他企业“独占鳌头”，其实他们相差的有可能只是1℃而已。但是有没有这1℃，就决定了这家企业的行业地位是量的变化还是质的飞跃。

究竟是什么原因引发了沸腾效应呢？专家分析指出，导致沸腾效应的主要原因有以下三个方面。

① 关键因素及时到位的作用。比如,获得 2015 年诺贝尔生理学或医学奖的屠呦呦教授,带领团队从系统整理历代医籍、本草入手,在包括各种植物、动物、矿物在内的 2 000 多个方药中整理出 640 个,再从中选择了 100 多个样本以现代科学方法组织筛选,最终选出的胡椒"虽然对疟原虫的抑制率达 84%,但对疟原虫的抑杀作用并不理想",而"曾经出现过 68%抑制疟原虫效果"的青蒿,在复筛中因为结果不好而被放弃。之后,屠呦呦在重温东晋葛洪《肘后备急方》时发现,古籍记述的用青蒿抗疟是通过"绞汁",而不是用传统中药"水煎"的方法来提取的。她由此想到用这种特殊的方法可能"有忌高温破坏药物效果"。据此,她率领的团队不断改进提取方法,终于在 1971 年分离获得第 191 号青蒿中性提取物样品,最终发明了这种高效、速效、低毒的抗疟新药,挽救了全球特别是发展中国家数百万人的生命。青蒿还是那些青蒿,但是由于古籍中记载的"绞汁"所带来的"改用低沸点溶剂"这个关键因素的介入,才促成了这项伟大成果的诞生。

② 非关键因素的量变作用。关键因素虽然重要,能起到画龙点睛的作用,但在许多情况下非关键因素也衬托或反映了关键因素。英国科学家戴维和法拉第发明了一种电弧灯,但光线刺眼,耗电量大,寿命很短,极不实用。爱迪生下决心要发明一种灯光柔和的电灯,让千家万户都用得起。他选择各种材料制作灯丝,可灯亮了片刻就被烧断。一次次试验的结果,总是一次次的失败。于是,英国一些著名专家讥讽爱迪生的研究是"在干一件蠢事";一些记者也报道:"爱迪生的理想已成泡影。"面对失败,爱迪生没有退却。他明白,每一次的失败,意味着又向成功走近了一步。在经过 13 个月的艰苦努力、试用了 6 000 多种材料、试验了 7 000 多次之后,他终于取得了突破性的进展。1879 年 10 月 21 日,一盏电灯持续亮了 45 小时,这是人类第一盏有实用价值的电灯,后来这一天被定为"电灯发明日"。经过进一步试验,灯泡寿命延长到 1 200 小时以上。于是,爱迪生开始大批量生产,电灯也从此进入寻常百姓家。可见,电灯的发明成功,不仅是 7 000 多次失败经验量的累积结果,也是爱迪生顽强的毅力所致,这里的 7 000 多次就是非关键因素的量变,爱迪生的毅力就是在非关键因素中体现出来的关键因素,没有这两者的结合,电灯就不可能发明成功。俗话中的"瓜熟蒂落""水滴石穿"等,都揭示了沸腾效应中非关键因素至关重要的作用。

③ 良好心理特质的作用。沸腾效应的产生，与是否具备良好的心理特质是密切相关的。一般来说，能产生沸腾效应的心理特质主要有：定力、毅力、愿景力、自信力、成功力。这些心理特质能促使量变不断发生，直至引起质变，避免功亏一篑的现象。这在对抗性体育比赛中表现得十分明显，因而教练员在临场指导时多是给予队员们心理指导。比如，中国女排 2014 年在世锦赛半决赛中以 3 比 1 淘汰了东道主意大利队，主教练郎平赛后表示："说实话，这场球我们没想到会赢。我和孩子们说，我们实力不如对手，但对手压力更大。我们要敢于争胜，只要有百分之一的希望，就要尽百分之百的努力，哪怕这一局还有一分，我们也不能让对手轻易过关。"正是靠着这种勇于拼搏的心理特质，中国女排才屡屡涉险过关。2016 年 3 月在漳州的封闭强化训练中，郎平仍然将心理调整列为一项重要内容，她说："每天的训练首先要加强自身的实力，要提高自身的水平，包括这种心理，在关键时刻怎么承受这种心理压力……我们该怎么打，现在就应该去考虑这个问题，在训练当中来解决。"记者问起中国女排称雄世界多年的秘诀，郎平回答说："女排精神不是赢得冠军，而是竭尽全力。"显然，"竭尽全力"，就包括了良好的心理特质和拼搏精神。体操名将李小双也是一个典型的例子。1996 年，李小双成为中国体操第一个奥运会个人全能冠军，但又因为他在吊环项目中的一个失误，中国军团痛失男团金牌。当拿到团体银牌后回到休息室，李小双忍不住当众把银牌给砸了，银牌和地板都被摔出了一个坑。事后，李小双将这次失误的原因归结为心理素质不稳定。可见，心理特质对产生沸腾效应具有重要作用。

沸腾效应是经常发生的，有积极的，也有消极的。思想工作者要有意识地促使沸腾效应的积极作用在自己和工作对象身上发生，尽力避免和克服其消极作用与危害。

(1) 要聚焦重点，努力提升关键的 1℃

无论是在哪个领域，经过长期的艰苦努力之后，离 100℃的沸点总还是差那么一点点，这很可能使人们的信心受到打击或消磨，于是，有些人懊丧、消沉了，失去了继续努力的意志。还有些人面对关键的 1℃，粗枝大叶，错失时机。1824 年，法国 22 岁的青年学生巴拉尔在研究时发现了一种棕红色液体，通过一系列研究分离，最终发现了新元素溴。其实早在几年之前，著名化学家李比希就曾经发现过这种棕红色液体，以他当时的实验设备和技术，完全有条件从这些液体中发现新元素溴。但是，李比希忽略了这个关键的1℃。当李比希读到巴拉尔的研究报告后，赶紧翻箱倒柜，找出那瓶棕红色液体，分析的结果使他既激动又痛心，其成分正是巴拉尔发现的新元素溴。于是，李比希与一项重大的科学发现失之交臂。为了警诫自己，李比希把那瓶棕红色液体放到大厅中，贴上“错误之柜”的字条，还把瓶子上的标签装裱在镜框里，挂在床头，时刻警醒自己和同行。

(2) 要聚焦目标，咬定青山不放松

要实现一个宏大的目标，就必须坚持目标导向，必须具有“咬定青山不放松”的精神。只有死死咬住目标，才不会甘心停滞在99℃，才不会功亏一篑。因此，不能没有目标，也不能游离目标，更不能在目标的下位停留，甘居中游。可以在一个大目标之下，制定若干个分层次、阶段性的目标，便于分头推进，针对相关的主要问题，集中优势兵力，聚而歼之，积小胜为大胜，促成量变到质变的转化。

(3) 要聚焦问题，培养良好的心理特质

要有问题导向，把注意力集中到面临的主要问题上，从中发现影响关键的1℃的因素，牵住牛鼻子，寻求突破。在此过程中，要有意识地培养定力、毅力、愿景力、自信力、成功力等良好的心理特质，坚定信心，坚韧不拔，不为暂时的停顿、局部的挫折所干扰，促进关键要素的到位，促进其他非关键要素的积累，最终促进沸腾效应早日形成。

62. 驱除成功道路上的“拦路虎”

——半途效应

心理学的研究表明，人们在追求一个目标的过程中，在某些时点上会对自己达到这一目标的信心产生动摇，甚至对这个目标的意义产生怀疑，这时的心理会变得极为敏感和脆弱，成为阻碍成功的“拦路虎”。大量的事实表明，人们在做一件费时较长的事情时，很多时候都会在“半途”附近停下来，因为“中点”附近是一个极其敏感、极其脆弱的区域，由于心理因素及环境因素的交互作用，会对目标行为产生一种负面影响，这时最容易导致半途而废，心理学上称之为“半途效应”。

中国古人很早就懂得了这个道理。《礼记 · 中庸》云：“君子遵道而行，半途而废，吾弗能已矣。”后来引申为“半途而废”的成语。《后汉书 · 列女传》记载了一则故事：乐羊子远离家乡去拜师求学。过了一年，乐羊子突然回到家中，妻子很惊讶地问他：“你怎么这么快就完成学业了？”乐羊子答道：“学业还没有完成，可是我在外面天天想念你，所以回来看看。”他的妻子听后大怒，转身拿起剪刀，嚓嚓几下就把织机上已经织成的布剪断了，对乐羊子说：“这织布机上的布是一根根蚕丝累积成尺、成丈、成匹的，是长期辛劳的结果，现在我把它剪断了，就等于前功尽弃，白白浪费了时间。你读书求学，不是也和我纺线织布一个道理吗？”乐羊子被妻子的话所感动，立刻就离开家，继续拜师求学，七年不归。史书记载这则故事，就是为了表彰这位烈女制止乐羊子半途而废、鼓励丈夫最终完成学业的可贵行为，给后人以极大的教益。

1983 年全国高考的作文题就用了一幅挖井的漫画。甲、乙两人同时挖井，甲挖了不久没见水，就换地方开挖，挖了多处也没有见到水；乙认准一个地方挥锹不止，最终挖成了一口井。故事得出启示：做任何事情都必须目标明确，行动执着，否则浅尝辄止，终将一事无成。

在古今中外的社会生活中，半途而废的事例举不胜举。在中国成语中，除了半途而废之外，还有功亏一篑、为山止篑、前功尽弃、功败垂成、棋输一着、虎头蛇尾、有头无尾等一大串相关意义的成语，可见半途效应的普遍性。半途效应反映在社会生活的方方面面，对人们大小目标的实现起到了极大的阻碍作用。虽然人们总是告诫自己无论如何都要坚持，但却总在轻而易举地放弃自己已经付出许多努力的事情。无数事实表明，人们都知道半途而废是一件多么愚蠢的事情，但还是很容易就陷入半途而废的怪圈，无法自拔。

专家指出，导致出现半途效应主要有三个原因：① 目标设置不当。在没有把握的情况下，如果提出过高的目标，结果很可能是不但实现不了目标，还会导致信心锐减，打退堂鼓。② 急于求成的心态。不少人心态浮躁，遇事急于求成，投入一项工作之后，总是急于看到最终的结果。如果短时间内看不到成效，就会渐渐失去耐心，疲惫懈怠，甚至怀疑目标的意义，并最终选择放弃。③ 个人意志力不强。不少人起初满腔热血，干劲十足，随着时间的推移，外部的压力、困难导致不良因素不断累积，各种负面情绪就会逐渐浮现，心理疲惫和惰性增加，意志力薄弱的人就会以各种“合适”的借口来逐渐放松努力，最终导致整个计划泡汤。归根结底，薄弱的意志力是产生半途效应的根源。上述因素的综合作用，到“中途”的时候就成为一个临界点，这时人们的情绪负荷很大，很可能再累加一点点就变成“压垮骆驼的最后一根稻草”，半途效应就出现了。

思想工作者要认识到，要克服半途效应，在正确设置目标、克服急于求成心态和心理惰性的同时，最根本的是要通过有效的激励，培养、磨炼工作对象坚强的意志力，驱除成功道路上的“拦路虎”，这是克服半途效应最根本的途径。

(1) 强化动机，增强意志力

人们的行动都是受动机支配的，而动机的萌发则起源于需要的满足。人都有各自的需要，也有各自的追求。不同的人总是把不同的追求作为自己最大的满足。一个人如果清楚自己想干什么，就会有更大的勇气和意志去克服困难、实现目标。无论是革命战争年代李大钊、邓中夏、方志敏、杨靖宇、赵一曼、江竹筠、刘胡兰面对腥风血雨的战场，还是社会主义建设时期焦裕禄、时传祥、杨富珍、赵梦桃、杨怀远、马桂宁、吴孟超、吴尔愉面对千辛万苦的工作，他们都凭着崇高的理想信念和人生目标，激发出了坚忍的意志，认准一个方向，不屈不挠地奋斗。

(2) 培养兴趣，增强意志力

兴趣是意志力的源泉。一个人一旦对某种事物、某项工作发生内在的稳定的兴趣，那么，百折不挠、永不消退的意志力就会紧紧伴随着他。俗话说："乐此不疲。"有了浓厚的兴趣，就不会感到疲惫，更不会感到厌倦，就会克服心理惰性及不良情绪，积极地迎接困难和挑战。法国博物学家、昆虫学家亨利·卡西米尔·法布尔对昆虫有特殊的爱好，常常在树下一趴就是半天，仔细观察昆虫的习性，留下了十一卷的皇皇巨著《昆虫记》。诺贝尔奖获得者丁肇中曾说，他经常不分日夜地把自己关在实验室里，有人以为他很苦，其实这正是其兴趣所在，感到"其乐无穷"的事情，自然有毅力干下去了。

(3) 化繁为简，增强意志力

有些人很想把某件工作善始善终地做到底，但往往因为难度太大或拖延日久而难以为继。因此，对于意志力不够强的人来说，在确定目标时，一定要从自身的实际出发，坚持化繁为简、由易入难的原则，从小事做起，逐步磨炼自己的意志力。著名作家高尔基说过："哪怕是对自己的一点小小的克制，也会使人变得强而有力。"因而，可以将目标分解成一个个具体的小目标，这样，每完成一个小目标，都能及时看到自己的劳动成果，进而增强自己的成就感和自信心，也就更容易坚持下去，实现更大的目标。不善于细化目标，就很容易半途而废。意志力往往是与克服困难的过程伴生的，克服困难的过程也就是克服心理惰性，培养、增强意志力的过程。英国化学家、物理学家约翰·道尔顿坚持 57 年每天观测气象并写下日志，地质科学家李四光年轻时就锻炼自己每步走 0.8 米，都是从小事做起，形成了一丝不苟、顽强坚忍的意志。可见，积克服小困难之小胜，就能使人增强克服大困难的意志力。

63. 发挥褒扬的正面强化作用
——赫洛克效应

美国心理学家赫洛克曾做过一个实验，他把106名被试的学生随机分成四个组，在四种不同的条件下，进行难度相等的加法练习，每天15分钟，持续五天。甲组为表扬组，每次练习后都予以表扬和鼓励；乙组为受训组，每次练习后都严加训斥；丙组为忽视组，不予评价，只让学生静听其他两组受表扬和挨批评；丁组为隔离组，让他们与前三组隔离，不予任何评价。结果，四个组在五天中的平均成绩出现了显著的差异。其中，甲组位列第一，乙组第二，丙组第三，丁组最低。

这个实验表明：不同的反馈与评价都会影响学生的学习积极性。可见，及时对工作结果进行评价，能够强化工作动机，对工作起到促进作用。其中，适当表扬比训斥的效果明显，而批评比不给任何评价的效果好。这种现象被称为"赫洛克效应"，又称为"赞美效应"。

美国哥伦比亚大学盖兹、西斯兰德两位教授对考试学生做了类似的实验，得出了同样的结论：对考试结果的评价会给学生下一次考试带来不同的影响，受到赞扬比受到批评好，而无论是赞扬或批评的反馈，都比不闻不问好得多。从这个角度上来说，赫洛克效应又被称作"及时反馈效应"。

由此可以看到，赫洛克效应实际上强调了三个方面的激励因素：① 要多给予赞扬。在现实生活中，每个人都期待他人的赞扬，因为每个人内心都希望自己所付出的努力被他人看到，自己所取得的成绩被他人认可。著名作家马克·吐温就说过："听到一句得体的称赞，能使他陶醉两个月。"所以，只要愿意尊重对方的特殊才能，给予高度的赞赏，对方都会把自己的优点表现得淋漓尽致。不久前，有一项关于激励的专业调查研究，对1 500名从事不同种类工作的员工进行询问，让他们说出自己心目中最有效的激励因素。结果，“得到上级的赞美”占据了首要的位置。同样在这项研究中，近60%的员工表示，领导一般很少会给予这样的赞美。这不免令人遗憾，也应当引起思想工作者的注意。② 要及时的反馈。反馈，原来是物理学的一个概念，是指在电子管或晶体管线路中，输出端的一部分信号又输送给同一线路的输入端，以增强或减弱输入信号的过程。心理学、社会学等现代科学技术都借用了这一概念：反馈是一种接收信息与使用信息的过程，系统输出去的信息作用于被控对象后所产生的结果再输送回来，并且对信息的再输出产生新的影响。在思想工作过程中，反馈是双向的。工作对象在做出某一行为之后，思想工作者的及时反馈，可以强化其行为动机，促使其继续保持良好的行为，或纠正偏差；而思想工作者在开展工作行动之后，及时收集工作对象的反馈信息，就可以迅速掌握思想工作的实际状况和工作目标的差距，找出信息传输中的各种偏差，从而调节、补充传输的信息，优化沟通交往的方法，增强针对性有效性，切实提高沟通交往的质量。要认识到，比批评更可怕的是放弃，对工作对象的举动不予理睬、不闻不问，是最大的伤害。③ 要适当的惩罚。在反馈之中，不但包含着重视和肯定，也应当包含批评和惩罚。教育专家指出：“没有惩罚就没有教育。”必要的批评、惩罚是控制人们不当行为的有效信号。批评、惩罚同样要适时、适度、就事论事，使对方明白为什么受到批评和惩罚，以及怎样改正，同时让周围的人受到教育。需要注意的是，对错误和问题的批评要及时、慎重，不能夸大其词，不能讥笑和嘲讽。惩罚也要适度，要本着与人为善的态度，立足于帮助对方认识问题、及时改进，而不是打击、贬损对方，更不能伤及对方的自尊心。同时还应注意表扬与批评的结合运用，从心理学的研究结果看，当奖惩比例为5∶1时，效果往往最好。

尺有所短，寸有所长，任何人都有自己的长处和优势。在思想工作中，对工作对象的赞扬是一种正面强化，能让被赞扬者增强优势动机，从而达到扬长避短的效果。成功学大师拿破仑·希尔曾说：“人类本性最深的需要是渴望他人的欣赏，所以我们要多夸奖他人。”实际上，赞美是一种切实有效的激励方式。对于思想工作者来说，要重点通过赞美、褒扬来激励工作对象的积极性、主动性、创造性。

(1) 发挥赞美、褒扬的强化功能

任何团体、单位、企业想要推动工作，都必须要调动起所有人的竞争热情，因而赞扬是必不可少的一种手段。很多人对自己细微的优势和特长没有觉察，有些优势和特长还处于萌芽状态，如果得到外界的认可和赞扬，就会提示其强化这些优势和特长。经过多次反复的赞扬激励，人的偶然的外在行为将逐渐变为内在素质，从而演变为长期行为(参见“标签效应”)。因此，对于每一个有进步的人，即使只是在某个方面做出一个小小的贡献，哪怕是微乎其微的，也要及时给予适度的肯定、真诚的赞许和热情的鼓励。这会激发人们想再次听到赞扬的期待，从而强化被赞扬者的后继行为。不少后进转化的案例都充分说明了这一点。

(2) 发挥赞美、褒扬的催化功能

赞扬就像兴奋剂，是一种由外在动力转化而来的内在动力，能启发人的内在动机，激发人的内在潜力，增强人自身全部的活力。世界上的任何人听到他人赞美自己的某个优点，就肯定会尽全力去维护自己的这一份美誉，生怕辜负了自己与他人。一些先进、劳模在最初获得荣誉之后，想的是怎样不辜负组织的信任和培养，不辜负周围人的期望和帮助，保持先进的荣誉，于是增强了内在动力，向更高的目标发起冲击，终于不断创出佳绩，催生出更加值得赞美的硕果。

(3) 发挥赞美、褒扬的延伸功能

对一个人某个方面的肯定和赞扬，有时还可以促使其从时间和空间上得到延伸，从一个优点扩展成多个优点，由“单项”到“全能”。思想工作者就应时时刻刻对工作对象的良好行为给予及时、适度的赞扬，还要准确抓住身边每个人的优势和特长，为工作对象多方面的完善不断提供精神动力。三枪、海螺、民光、菊花、钟牌 414 等许多老字号名牌产品，起初也只是比同类产品在某个方面高出一点点，然而在受到赞扬之后，相关企业就着意发挥优势，把产品做到极致。在受到社会公众认可后，这些企业再也不敢松懈，不断改进创新，竭力维护品牌的信誉，终成名扬天下的老字号。

(4) 发挥赞美、褒扬的塑造功能

人们在被赞扬时，心理上会产生一种“行为塑造”，会鼓励自己朝着好的方向发展，把自己塑造成真正具有某种优点的人。在日常生活中，面对纷繁的人际沟通，责备与批评只会增加对方的怨恨与不满。要想改善状况，可以尝试使用赞扬的语言，这也许会带来奇妙的效果。如果想与他人消除误会或隔阂，注意和肯定他人的长处，常常是一种有效的方法。如果想让人懂得自尊自爱，那么，就应该率先尊重他。如果想矫正一个人的缺点，不妨先反过来赞美对方的一些优点，他才乐于迎合你的希望，改正缺点，完善自我。

(5) 发挥赞美、褒扬的导向功能

赞扬的形式多种多样，如公开赞美、单独赞美、由他人传递赞美。多种形式相结合就能把赞扬的作用、范围有效地扩大，进而增强赞扬的效果。通过赞扬，人们不仅会自动自发地强化自身优势，更重要的是还会影响、带动周围的人，形成一种良好的舆论氛围和示范效应，引导人们自觉地去学习他人的优长，从而达到共同提高的目的。

此外，赫洛克效应还启迪我们：不能忽视任何一个工作对象，对每个人都要给予适当关注和及时反馈。因此，在运用褒扬、反馈、惩罚等激励手段时，思想工作者尤其要关注中间层次人员的心理需求，留意他们的举止，给他们表现的机会，并对他们的表现及时做出适当的反馈，该表扬就表扬，该批评就批评，让他们感到自己是受到关注、尊重的，也是被期待的，从而增强其前进的动力。要使各种反馈，包括表扬和批评都收到实效，关键是理解和尊重。思想工作者要凭借敏锐的感觉和沟通的智慧，掌握对方的真实思想和诉求，以情动人，对症下药。人本性中的一个弱点就是对那些习惯性的行为熟视无睹。有教育工作者研究发现，许多教师都将精力放在优等生和后进生身上，而占大多数的中等生就成了被忽视的群体，成为“有我不多、没我不少”的“多余的人”，这就使这些中等生被冷

落和淡忘，甚至相处几年后教师还叫不出其姓名，更使他们失去了表现的机会，潜能没有被展示和发掘。在企业、团体等其他一些群体中，也都有这种忽视“沉默的大多数”的现象。对此，思想工作者必须予以充分的重视。

64. 巧用表扬和批评的手段

——阿伦森效应

美国著名社会心理学家阿伦森曾设计了一个很有意思的实验，来研究人们对于外界评价的反映。参加实验的对象被分为四组，分别听取研究助手对自己的评价。甲组：自始至终给予褒扬、肯定的评价；乙组：自始至终给予贬损、否定的评价；丙组：先贬后褒，评价逐渐好转，最终达到甲组的肯定水平；丁组：先褒后贬，评价逐渐下降，最终达到乙组的否定水平，之后，研究者征询参与者对研究助手的喜欢程度。结果发现，由否定变肯定的丙组受喜欢程度最高，而且高于始终给予肯定的甲组；由肯定变否定的丁组受喜欢程度最低，而且远低于始终给予否定的乙组。阿伦森的这一实验说明，人们大都喜欢那些对自己表示肯定、褒奖的态度或行为不断增加的人，而反感肯定、褒奖态度或行为不断减少的人。这就是心理学上的“阿伦森效应”。

细细分析阿伦森的实验还可以看出，褒奖和肯定水平的增减方向起着决定性的作用，所以阿伦森效应又叫作“增减效应”——褒奖逐渐减少，会导致人的态度逐渐消极；而褒奖逐渐增加，则会使人的态度逐渐积极。原因何在？其实主要是挫折感在起作用，肯定程度的递减会导致一定的挫折心理，之后不被褒奖反被贬低，挫折感会陡然增大，一般人是难以接受的。所以，挫折感的递增很容易引起人们的心理反感。

再从更深层的心理来分析，阿伦森效应揭示了个体对自我价值的保护意识。评价由肯定转向否定，意味着他人正在减弱对个体自我价值的既有支持，为了保护自我价值，个体的一般反应是采取拒绝、排斥的态度。

在日常生活中也是这样。我们在食堂买饭菜，常常会看到这样的场面：有的炊事员在打菜时先将超量的菜肴盛入餐盘，然后减掉一些；有的炊事员则先少盛一点，然后加至适量。虽然两者最终盛放的菜肴数量大体相同，但给人的心理印象，后者往往会比前者好。这就是增减效应在起作用。

在学校教育中更是如此。一位老师看到一名学生的字写得不错，脱口表扬道："写得好，你再写一张看看。"学生又写了一张，老师指出其中的毛病，要求学生再写一张。学生写完，老师严厉地说："怎么回事？一张不如一张？"这位老师的确是实话实说，却没有顾及学生的心理感受，学生听后感到非常沮丧，丧失了学好写字的信心。而有经验的老师却恰恰相反，不断鼓励，促使学生的学习热情持续增长。两者的结果常常有天壤之别。

阿伦森效应还提醒人们，在日常工作与生活中，应该尽力避免由于自己的表现不当而造成他人对自己的印象向不良方向的逆转。比如，有些恋人之间的矛盾就是这样形成的：初恋时过于兴奋热烈，把所有的好话都说尽了，关心体贴也超过了正常的限度，千方百计满足对方的欢心，但随着时间的推移，甜言蜜语和关心体贴都难以为继，对方就感到情意渐褪，一天不如一天，于是就渐生嫌隙。又如，有的初入职场的年轻人，为了博得领导和同事的好感，不惜一切地拼命表现，甚至借助他人的资源，尽力表现出众，令他人的期待不断提高，不久后就"黔驴技穷"，难以坚持，反倒被人认为是"三分钟热度"，令人感到失望。实际上，在这两个案例中，还不如表现真诚，细水长流，让他人对自己的正面评价逐步递增为好。

在日常思想工作中，思想工作者可以适当地运用阿伦森效应的原理，恰到好处地交替运用表扬和批评这两种教育引导手段，灵活地用好褒奖递增的技巧。

(1) 坚持正面教育引导

总体上说，要坚持正面教育引导，以表扬为主，以批评为辅。通过表扬来激发工作对象的光荣感、自觉性，再接再厉，继续提高；通过批评来促使工作对象认识不足，产生愧疚感、自责感，进而弥补不足，迎头赶上。心理学家威廉姆·杰尔士说过："人性最深切的需求就是渴望别人的欣赏。"莎士比亚说得更形象："赞美是照在人心灵上的阳光。没有阳光，我们就不能生长。"人人都喜欢得到积极的褒奖，而不喜欢受到负面的贬损。因此，要想使工作对象始终保持良好的工作状态，最有效的方法莫过于给予适当的表扬和奖励。

（2）褒奖一定要适度

实施褒奖也一定要适度，不能超出应有的限度，尽力避免由于思想工作中的举措不当引起意想不到的不良后果，或者造成他人对思想工作的心理逆转。工作对象取得一点进步或成绩，要及时予以恰如其分的肯定，注意场合和分寸。如果褒扬过度，一则会使其本人心理预期过高，对以后的进步不利；二则会引起周围人员的心理不平衡，引发人际矛盾。如，曾经有一名设计师在比赛中获奖，一下子受到了很高的褒奖，大众媒体也连续宣传报道，她本人似乎受宠若惊、不知所措，心态上也没有适应，很快就受到周围人的孤立。不久，随着褒奖的退潮，她本人也因此造成巨大的心理落差，提不起工作热情。

（3）批评之后要肯定主流

阿伦森效应还提示我们，批评和否定会导致一定的挫折心理，递增的挫折感是很容易引起对方的不悦及心理反感的。这是因为人们通常很忌讳由于自己的表现不当而造成他人对自己印象向不良方向的逆转。因此，在批评他人，使其认识到问题的严重性和自身的不妥后，不要忘记肯定对方的主流和优点，要给予足够的肯定和鼓励，且必须是诚恳的而非敷衍了事的（参见“三明治效应”）。这样才有利于鼓励对方树立信心，从挫折中走出来，深怀感恩之心，看到希望，克服缺点，继续上进。

需要注意的是，阿伦森效应既可以运用在与工作对象的单次谈话中，也可以运用在一段时间内的连续沟通中。尤其是在典型培育中，更要把握好热情鼓励与严格要求的关系，帮助先进苗子持续成长，不断取得新的成绩。

65. 让批评的良药不再苦口

——三明治效应

三明治是一种在两片面包中夹入肉片和奶酪，以及各种调料制作而成的快餐食品，广泛流行于西方各国。用“三明治”来命名一种批评的方式，可谓十分形象：第一层是认同、赏识、肯定、关爱，先强调工作对象的优点或积极面；第二层夹着批评、意见或不同观点，帮助工作对象提高认识和不足；第三层是信任、支持、希望和鼓励，使之增强信心和勇气。采用这种批评的方法，如同三明治，可以将原本辛辣的批评变成可口的美味，不仅不会挫伤受批评者的自尊心和积极性，而且还有利于受批评者诚恳地接受批评，并改正自己的不足方面，在实践中往往能消除批评所带来的抵触、反感，收到良好的效果，所以被称为“三明治效应”。

批评，就是指对别人的缺点或错误提出意见，帮助工作对象提高认识，纠正错误，弥补不足，解决矛盾，从而更好地完成工作任务，因而是思想工作的常用方法。正确、周到地运用批评的武器，其实大有讲究。三明治效应就提示了在批评中需要注意的方式方法。

三明治效应的核心是把批评的内容夹在两个表扬之中，降低批评的冲击力，以尽量保护受批评者的自尊心、积极性。看看当年教育家陶行知是如何运用这种方法的：有一天，陶校长看到一个男孩用砖头扔另一个男生，十分危险，便立即制止，并叫他下午三点到校长室。男孩早早地就到校长室门口等候，眼神迷离无光，情绪起伏不定。对于一名小学生来说，被校长约谈可不是小事！面对即将到来的校长的责问、同学的看笑话、家长的责难，巨大的恐惧包围着男孩。这些都被陶校长看在眼里，他去小卖铺买了一包糖果，准时回到办公室，发现男孩已经等在那里，就笑着掏出一颗糖说：“这颗糖是给你的，因为你很守信，没迟到还提前到。”这颗糖一下子把男孩弄晕了，完全不明白是咋回事。接着陶校长又掏出一颗糖，说：“这也是给你的，我让你住手，你就立即住手了，说明你很尊重校长，尊重别人是最重要的品质啊。”男孩这回被这第二颗糖彻底击晕了。陶校长又说道：“据我了解，你拿砖头扔同学是因为他欺负女生，这说明你很有正义感，我再奖励你一颗。”这时，几股奇妙的能量开始围绕着男孩旋转，良知之光越来越亮，男孩说：“校长，我错了，同学再不对，我也不能采取这种方式。”陶校长感到效果达到了，便又掏出一颗糖：“你知错认错，实在难得，不得不再奖励你一颗。我的糖发完了，我们的谈话也结束了，回去吧！”男孩手握四颗糖，眼神里充满着一种前所未有的光亮。

思想工作者要认识到，运用三明治式的批评，之所以会产生“良药爽口”的效果，主要是因为在药丸外裹了一层“糖衣”，不那么苦口了。因此，要灵活地运用三明治式的批评，以取得更好的教育引导作用。

(1) 拉近心理距离，去除防卫心态

人对于自己的言论、行为，多少都会有一点固执；对于外界的不同意见，多少都会有一点防备。于是，工作对象进入谈话的环境，一开始时总有一点不适应，在犯了错之后更是如此，难免会产生一种反射的防御反应。一旦这种防卫心态形成，就很难听进批评意见了。所以，首先就要去除受批评者的防卫心态，使其乐于接近批评。因此，在批评之前，先说些询问、关怀、赞美之类的亲切话语，营造友好的沟通氛围，可以让对方先平静下来，然后再开展对话。如果一开始就是直接的批评，语气又十分严厉，那么，即使批评是完全正确的，也难以取得好的效果。

(2) 尊重工作对象，照顾对方自尊

批评不是目的，只是手段，最终目的在于提高认识、改善行为。因此，如何批评就需要特别讲究。要始终从尊重人、关心人、爱护人、帮助人的角度出发，既要明确指出问题，同时也要易于让他人接受，而且不留下后遗症。这就要求批评的语言要入耳中听，不伤人的感情，不损人的自尊心，而且能激发向善的良心、向上的进取心、勤勉的积极性。譬如，某青工上班迟到次数多了，车间书记是如此批评的：你一向表现不错的，按时上下班，工作中也很负责，最近是否身体不佳？是否堵车厉害？要不然你是不会迟到的。身体不好的话要早点去看医生；如果家里有事，或临时堵车，可以及时请假。弄清楚迟到的缘由后，车间书记顺势指出：按照单位的规定，迟到是要给你一点惩罚的，否则单位的纪律就松弛了，你说对不？一番话，有理有节，充满着信任，又隐含着严厉，顺利地解决了问题。

(3) 重在加油鼓劲，消除后顾之忧

如果工作对象是有文化、好面子的人，所犯错误又不是原则性的，批评常常可以在对方已经听懂、认同时就结束，不能盯住不放、让人心有余悸。交谈的最后，还要表示对受批评者优点和长处的肯定，给予热情的鼓励和希望，表示组织上还是充分信任、支持的，有错就改，改了就好，消除对方“背上黑锅”之类的后顾之忧，使之振作精神，重新再来，而不是陷入错误、懊丧的泥潭之中。

(4) 开展思想交锋，防止“四避四就”

运用三明治式的批评，与一味做“和事佬”有着本质的不同，关键是要区分批评对象及错误的性质和程度。其实，对于领导干部，对于一些原则性的问题，在运用三明治式批评之际，在中间一层的批评环节，还是可以再严肃、严厉一点的。如今在许多单位，开展批评中存在的主要问题是失之过宽，怕得罪人，不敢严肃认真地开展批评的现象比较普遍。主要表现为：“避里就表”，仅停留在肤浅层次上，不触及思想，不触及痛处；“避近就远”，只讲过去存在的问题，对当前的缺点和错误讳莫如深，避而不谈；“避实就虚”，只谈问题的表现，而不涉及具体问题和原因；“避重就轻”，蜻蜓点水，遮遮掩掩，讲一些无关痛痒的原则话、套话。分析这“四避四就”现象的根源，主要是一些人对批评没有正确的认识，从而不愿意进行批评，也不乐于接受批评。

党的十八届六中全会通过的《关于新形势下党内政治生活的若干准则》指出：“批评和自我批评是我们党强身治病、保持肌体健康的锐利武器，也是加强和规范党内政治生活的重要手段。必须坚持不懈把批评和自我批评这个武器用好。”党内批评是解决党内矛盾、坚持真理、修正错误的基本方法，是在马克思主义原则基础上巩固和加强党的团结，实施党内监督，解决党内矛盾，改进党的作风，保持党的肌体健康，使党充满生机和活力的有力武器。对于领导班子成员之间的互相批评，有基层干部提出了“稳、准、狠”三字诀。稳，就是要准备充分，胸中有数，有一说一，有二说二，实事求是，恰如其分。准，就是要切中要害，弹无虚发，要本着严肃负责的态度，根据切实存在的问题，实事求是地提出批评意见，对症下药，让被批评者豁然开朗，了然于心，并明确整改方向。狠，就是要戳到痛处，具有“辣”味，要以公心和诚恳的态度，做到“知无不言，言无不尽”“言者无罪，闻者足戒”，切忌蜻蜓点水，不痛不痒。如果能结合运用三明治式的批评方法，批评就能真正让人心悦诚服，达到红脸、出汗、排毒的效果。

66. 挫折感有助于心智成熟

——淬火效应

淬火是将金属工件加热到某一适当温度，随即浸入淬冷介质中，使之快速冷却的金属热处理工艺。通过淬火，可以大幅度提高金属工件的硬度、强度、耐磨性及疲劳强度，或获得一定的物理化学性能，并达成这些性能之间的配合，以满足不同的使用要求。心理学上把这种做法移植过来，有意识地将人放到反差强烈的环境中去“淬火”，让其尝到挫折的滋味，促使其心智成熟、心理承受能力增强，这个过程就被称为“淬火效应”。

如今走进职场的很多是独生子女，他们享有较为优越的物质条件和教育条件，身体健康、精力旺盛、情感丰富、才思敏捷、聪明伶俐、活泼开朗、兴趣广泛。在充分肯定他们的主流的同时，也要实事求是地指出，不少独生子女在家时集全家几代人的宠爱于一身，从小娇生惯养。有的多少沾染上了“小皇帝”“小公主”的习气，骄横任性，随心所欲；有的个性倔强，唯我独尊，自我意识强烈而顽固，事事以自我为中心；有的自立性较弱，生活自理能力差，生活上追求奢华，有铺张浪费的习惯；有的因从小受到过多的心理压抑和限制，形成了胆小怕事的畸形心理品质；有的社会适应能力较差，存在骄、娇二气，不善于换位思考，缺乏包容心和同情心；有的抗挫折能力不足，对他人的不信任感比较强，听不进不同意见，受到批评时会表现出强烈的抵触、对抗情绪及行为。针对独生子女的这些特点，当然也不仅限于独生子女，思想工作者要根据年轻人的实际状况，采取一些与之相适应的教育引导方法。

基于上述认识，对于做好独生子女等年轻人的思想工作和心理疏导来说，淬火效应能带来三个方面的有益启示。

(1) 挫折教育,促独生子女成熟

人的一生不可能总是一帆风顺,难免会遭遇到一些挫折。许多成功人士都是在挫折中成长起来的。然而,有些人面对挫折能够愈挫愈勇,将挫折转化为前进的动力;而有些人却在挫折面前慢慢沉沦,最终被挫折所击垮。在其背后,必要的挫折教育和实践往往起到了决定性的作用。可见,对于独生子女来说,开展一些"挫折教育",正确地认识并经历"淬火",是十分必要的。

① 学会正视挫折。思想工作者要引导工作对象真正认识到在现实生活中不遭受挫折是不可能的,关键是对待挫折的态度。如果遇到挫折便心灰意冷,没有战胜挫折的勇气,那么,就将无法冲破种种难关夺取成功。因此,要帮助工作对象领悟这样的思想:挫折可以让我们得到一些在通常情况下无法得到的锻炼,是使我们走向成熟的一条有效途径。只有这样,我们才会不怕挫折,进而战胜挫折。

② 学会克服挫折。倘若遭受挫折,就要用良好的心态和正确的方法去摆脱它、克服它,渡过难关。这不仅能使工作对象掌握一道难题的答案,更重要的是能够使他们掌握破解难题的方法,并且享受破解难题、取得成功的喜悦。

③ 学会避开挫折。提前采取措施避开挫折,是一个较为理想的解决问题的方法,因为这可以让人们不需要付出太多的代价便能达到目的。但避开挫折是需要一定功力和技巧的,需要有良好的前瞻性和熟练老到的处置能力,不是一般人随便就能够做到的。

④ 在挫折中学习。人不应当在同一个地方跌倒两次。对于在工作中遭到的挫折,要吃一堑、长一智,善于总结,从中汲取一些经验和教训,内化为自己的能力,并且触类旁通,举一反三,防止在同一个地方再次跌倒,这就可能成为挫折带给人们的礼物。

(2) 设置障碍,为独生子女"淬火"

按照淬火效应的原理,对于一些在成长中一帆风顺、常受表扬、有点骄傲情绪、头脑有些发热的好苗子,可以有意地设置一点小小的障碍,把他们放到冷水中去“淬火”，让其尝到挫折的味道，几经锻炼，促使其心理承受能力更强，心智更趋成熟。譬如，在考试中出一些比较难的题目让学生去做，在工作中提出一些超过其实际能力的任务要求其完成，对方可能费了好大劲却仍然无法完成；或者对其工作成果有意地吹毛求疵，提出苛责，反复要求修改，乃至返工，让其人为地遭受挫折，磨炼其心志。这对于培养后备人才忍受挫折和逆境的能力、百折不挠的探究精神和创新能力，都是很有帮助的。当然，这种挫折应当有一定的限度，应当在事后向相关人员说明。这种人为设置挫折的做法，并不是以打击他们为目的，而只是让他们受到教育和锻炼，使其明确挫折对自己的作用，并正确认识自己的能力，促使其戒骄戒躁，增强毅力和韧劲，从而取得更大的进步。

(3) 实施“冷处理”，让独生子女“缓冲”

所谓“冷处理”，原本也是“淬火”中的一个环节，就是对金属工件加热之后，待降到一定温度时才使之快速冷却，“淬火”才能达到最好的效果。因此，“冷处理”是相对于“热处理”而言的。思想工作中的“热处理”，就是以正面教育为主，当工作对象出现错误时及时指出，当即严肃教育，晓之以理，动之以情，纠正错误认识与行为，遏制事态的进一步发展。有些严重违纪的行为，如果不及时批评教育，就会产生“惯性”，以至在错误的道路上越走越远。

然而，当工作对象做出不良行为后，情绪过于激烈，产生了逆反和抵触心理，对于批评意见出现“顶牛”的情况，或表现出无所谓的态度时，思想工作者就不妨进行“冷处理”。所谓“冷处理”，就是对于一些麻烦事情或已经激化的矛盾，不急于处理，暂时搁置一段时间，让对方有个冷静的过程；自己也可以反复斟酌，思考得更周全，处置得更稳妥。一些有经验的思想工作者“冷处理”的具体做法是，在充分掌握其情况的前提下，可以对其暂不理睬，不采取教育措施，搁置较长一段时间，让其感到无形的压力，逐步清醒，促使其自我反省。待其对抗情绪云消雾散之后，再心平气和地摆事实，讲道理，论危害，明是非，使其认识自己的错误。如果贸然采用常规的方法来解决问题，企图以强力迫使其就范，结果往往是你嗓门越大，对方的拳头也握得越紧，这样就容易激化矛盾，促使其“破罐子破摔”。

因此说，在批评教育时，适当“冷处理”，给对方提供一个思考和自省的机会，也给双方留出了缓冲的空间，这体现的是一种平等、民主、友善的作风，也体现了思想工作者宽阔的胸怀和海纳百川的思想境界。

67. 反向刺激诱发正向行为
——激将效应

中国有句老话:“请将不如激将。”原本是指用刺激性的话语促使将领勇敢出战的一种方法,逐渐延伸为刺激别人来做某事往往要比正面请他来做事的效果更好。在心理学上,这种通过反向刺激促使被刺激者实施正向行为的心理现象,叫作“激将效应”。

激将是自古以来人们常用的计谋形式,既可用于己方,也可用于友方,还可用于敌方。在《三国演义》中就有许多例子。① 激将的手段用于己方时,目的在于调动己方将士的杀敌激情,如诸葛亮故意说黄忠已经年迈,不让黄忠出战,以此激发黄忠杀敌的勇气。② 激将的手段用于盟友时,多半是由于盟友的决心不够坚定,如诸葛亮舌战群儒,有意讥嘲东吴无人,激励周瑜下决心联手抗击曹操。③ 激将的手段用于敌方时,目的在于激怒敌人,使之丧失理智,做出错误的举措,给己方以可乘之机,如蜀军六出祁山伐魏进程中,魏军连吃败仗,闭守不战,诸葛亮就给魏军主将司马懿送去女子服饰,意在羞辱、激怒对方。这些都是激将效应的妙用。总之,激将效应是利用对方的特殊心理,狠狠地泼上一盆冷水,打击一下对方的情绪,用反话去激发动力,让被刺激的对象在愤怒之下迸发出更强的力量。

在日常生活中,使用激将效应是十分常见的方法。如,有的家长为了锻炼孩子的胆量,故意对孩子说:“你不敢爬到楼顶,手扶栏杆往下看!”孩子可能就偏要爬上去。再如,一对情侣到商店选购服装,正试穿时,营业员故意说:“别试了,这衣服太贵!”男青年可能立刻就勃然大怒:“你凭什么瞧不起我?咱有的是钱!”于是不还价便果断成交。在学校教育中,激将效应运用得更为普遍。譬如,一位有经验的化学老师针对教学中的一个难点，刚上课时就对学生说："今天大家要学的是化学在高中阶段最难的课程，我估计会有很多同学跟不上进度。"有些学生立即很不服气地表示："还没学呢，怎么知道我们会跟不上？"于是，全班进入了学习探究新知的状态，整堂课下来，学生们都表现出了特别的认真和专注，获得了满意的教学效果。

激将效应在具体实施中通常有三种方式：① 直接激将，即故意贬低对方，表示看不起他，说他不行，借以激起对方求胜的欲望，促使其超水平地发挥能力；② 间接激将，即以称赞第三方的方式，间接贬低对方，列举第三方的长处，让对方相形见绌，以激发对方不服气的心理，进而主动表示压倒、超越第三方的决心，从而圆满完成任务；③ 暗中激将，即利用强势方对本方的轻视、藐视而伪做正面劝导，实际用意却是促使强势方更加固执于原有的错误主张，便于本方乘虚而入。

激将效应的运用是有条件的。心理学研究发现，一个人有了激烈的情绪反应，尤其是有了不良情绪时，其思维能力、决策水平和行动质量都会明显下降。因此，激将效应最适用于以下三种情形：① 忧伤。人在过度伤心的时候，成本意识淡薄，分不清贵贱高低，决策容易混乱，行为容易失控。② 激动。人在特别兴奋、激动的情况下，容易偏听偏信，热血沸腾，脑子一热，就容易走极端，失去理性，丧失判断力。③ 疲惫。人在疲惫不堪的情况下，容易失去主见，被别人忽悠和操纵，从而轻率地作出决定。

激将效应是一种逆向劝服对方的方法，需要较高的思维和语言技巧。思想工作者运用激将效应，应当要注意掌握以下五个要点。

(1) 因人而异，对症下药

运用激将效应，一定要因人而异，在摸透对方的性格脾气、思想感情和心理特征后，才能因人施法，对症下药，还要注意对方的心理承受度，绝对不能盲目滥用，否则会适得其反。研究表明，激将效应并不是对任何人都起作用的。一般来说，心智尚不成熟的儿童，具有外倾性的胆汁质的人，争强好胜的 A 型性格的人，好面子、虚荣心强、爱拿主意的人，有强烈的自我实现愿望、总想在众人面前证明自己的人，激将效应发生作用相对比较明显。《西游记》中孙悟空常对猪八戒使用激将法,《水浒传》中智多星吴用也常对黑旋风李逵使用激将法,并且屡屡成功,可见激将效应在这类人身上阈值较低。而对于那些富于理智、工于心计、老谋深算的人,那些自卑感强、谨小慎微、性格内向的人,那些不思进取、怕担责任、怕冒风险的人,都不适用激将效应,反而容易产生副作用。

(2) 把握时机,掌握火候

运用激将效应要认准时机,掌握火候。须知,激将往往是在情势所迫的特殊情景中才采用的,不到那种情境,"将"是"激"不出来的。如果出言太早,时机不成熟,也许会严重打击对方的自尊心;出言太迟,错过时机,就又变成了"马后炮"。火候太过,会造成过重的心理压力,诱发出逆反心理,反而使其固守原先的立场;火候不足,不痛不痒,激发不起对方的情感波动。

(3) 尊重人格,防止憋气

使用激将效应必须尊重对方的人格,态度要和善友好。激将是用语言,而不是态度,因此,用语措辞要切合对方的特点,切合追求的目标,不能盛气凌人、态度蛮横,更不能以隐私、生理缺陷等贬损对方。激将的目的是激励、激发,而不是激怒,如果损害了对方的人格尊严,由此产生误会,对方会认为是真的看不起他,很可能会被惹怒,真的生气起来,就不仅不能达成激将的目的,还将影响将来的关系和合作,甚至引发报复的行动。

(4) 拿捏分寸,进退有度

在运用激将效应时,一定要拿捏好分寸。没有一定的强度,不痛不痒,隔靴搔痒,就收不到应有的效果。但如果超过限度,言语过于蛮横、尖刻,又会让对方反感,把那些刺激性的语言视作奚落和嘲讽,因而消极悲观,甚至产生怨恨心理。语言是一门艺术,要做到在不伤害对方尊严和面子的前提下激发起承担重任的激情。

(5) 激而无形,不露声色

高明地运用激将效应,要不露声色,使对方不知不觉地朝着预期的方向发展。如果激将手法用得太露骨，被周围的人看出来，就会使大家都陷入尴尬；如果被对方识破，可能不仅达不到预期的效果，反而会使自己处于被动的地位，甚至可能被高明的对手利用，反中他人的圈套。

作为一个合格的思想工作者，不但要善于运用激将效应，而且要善于识破他人的激将手法，沉着应对，不为所激，不落圈套。

68. 好之者不如乐之者

——德西效应

西方有一个流传很广的有趣故事：一群孩子总在一位老人的门前追逐打闹，喧哗的吵闹声使得老人难以忍受，却又屡禁不止。老人便想了一个办法，他把孩子们叫到一起，给每个孩子10美分，对他们说："你们让我觉得自己年轻了，这点钱表示谢意。"孩子们很高兴，第二天又来嬉闹了，但老人只给他们5美分。第三天，孩子们只得到2美分，这令他们愤愤不平。于是孩子们决定再也不会为了让老人高兴而到这里玩了。在这则故事中，老人将孩子的内部动机"为自己快乐而玩"变成了外部动机"为得到奖赏而玩"，从而通过掌控外部因素成功地操控了孩子们的行为。

很多人都把这个故事当作一个笑话，但实际上包含了心理学的原理。1971年，美国心理学家爱德华·德西做过一个实验。他让一些大学生在实验室里解有趣的智力难题，实验分为三个阶段：第一阶段，所有的被试者都无报酬；第二阶段，将被试者分为两组，甲组完成一个难题可得到1美元的报酬，而乙组没有报酬；第三阶段为休息时间，被试者可以在原地自由活动，并记录他们是否会继续解题。甲组在第二阶段确实十分努力，而在第三阶段继续解题的人数却很少，表明兴趣与努力的程度在减弱；而乙组的人则愿意花更多的休息时间去继续解题，这表明兴趣与努力的程度在增强。于是，德西得出结论：在某些情况下，人们在外在报酬和内感报酬兼得的时候，不但不会增强工作动机，反而会降低工作动机。这与人们通常的认识大相径庭。从事一项愉快的活动（内感报酬），如果同时提供外部的物质奖励（外在报酬），动机强度会变成两者之差，反而会减少这项活动对参与者的吸引力。心理学上把这种外在报酬抵消内感报酬的现象称为

"德西效应",又称为"过度奖励效应"。

德西效应启示我们:不要以为物质奖励越多越好。当事情本身已经使人们感到很有兴趣的时候,就无须加入更多的物质奖励。有时,一些不必要的物质奖励、过度的物质奖励,效果适得其反,会带来一些隐性的代价。因为给人们物质奖励,会让他们将做自己喜欢的事情归因于获取报酬,这样就会出现功利化的倾向,削弱他们的自我直觉——因为兴趣而去做,而且会导致他们将目标转移到为了物质奖励或名次、荣誉,这与奖励的初衷恰恰是相反的。

为什么会产生德西效应呢?有专家给出了几方面的解释:① 原有的外在报酬距有关需要满足的水平太远,对外在报酬的要求太强烈;② 原有直接激励的强度不足;③ 价值观的某种偏差,未能将需要层级结构调整得合乎工作要求。如果注意把握好这几个因素,一般会降低外在报酬对内感报酬的消极影响,从而让外在报酬在不影响内感报酬的情况下发挥积极作用。

需要指出的是,促使员工努力的动机一般有四种:① 外在动机,如加薪或奖励、补助;② 内在动机,即对完成任务本身感兴趣;③ 成就动机,如工作受到肯定、表彰;④ 社会动机,如获得人际肯定和支持。因此,增加薪酬并不是唯一的激励手段,而且各种激励手段不能偏废。比如,美国 IBM 公司就有一句宣言:"加薪非必然。"又如,美国一项针对 5 388 名员工的研究发现,如果员工能预见到两年内有晋升的可能,那他们会有更好的表现和满意度,效果相当于薪酬提升了 69%。可见,明确的职业发展空间,能大幅度提升员工的职场幸福感。

思想工作者在运用物质和精神激励手段时,要充分认识人们行为动机的复杂性,因人而异,因地制宜,恰到好处地设计好激励方案并有效实施,充分调动工作对象的积极性、主动性、创造性,避免出现德西效应。

(1) 激发人们内在的成就动力

苏联教育家苏霍姆林斯基说过:"如果你只指望靠表面看得见的刺激来激发学生的兴趣,那就永远也培养不出学生对脑力劳动的真正热爱。要力求使学生亲自去发现兴趣的源泉,使他们在这种发现中感到自己付出劳动并得到了进步。"虽然这是针对学生说的,但对成人同样适用。内在兴趣是指一个人力求认识某种事物或从事某种活动的心理倾向,兴趣能使人们工作目标明确,积极主动,自觉克服各种艰难困苦,获取工作的最大成就,并能在活动过程中不断体验成功的愉悦。正如孔子说的:“知之者不如好之者,好之者不如乐之者。”思想工作者要注重引导工作对象树立职业理想,增进对工作的情感和兴趣,激发工作对象内在的成就动机,更多地追求“内在的成功”。要协同相关管理部门,提供各种机会让工作对象充分发挥才能,体现自身价值,帮助人们从事有内在兴趣的工作并取得成绩,从而由衷地获得满足感和成就感。这往往比一味地增加外在报酬更有效果,而且能让员工从目前从事的工作中真切地体验到乐趣。

(2) 培养强烈的工作责任感

要明确区分“该做”和“该鼓励”的行为。“该做”的是指分内职责,一般不应设置物质奖励,而应点到为止地给予肯定,以增强员工的内在成就感,激发成就动机。责任心是做好工作的前提,无论在什么情况下,都要把单位或组织的利益当作是自己的利益,把做好本职工作作为自己的责任,尽自己的所能推动单位或组织的发展。同样,要把应承担的义务看作是自己“应该做的”“必须做的”,看作是自己的职责,做不到应该受到批评,做到了也不应当“邀功请赏”。

(3) 正确运用激励的方法

物质激励不能滥用,精神鼓励同样不能滥用。只有对那些一般人难以做到的,或需要员工“跳一跳”才能完成的任务,或做到非常出色的程度,才适合采用物质奖励和精神鼓励相结合的方法,大张旗鼓地进行表彰。过于频繁的评比、表彰活动并不可取,因为这种评比表彰往往流于形式,很难真正起到树立典型、弘扬先进的作用。尤其不能为了照顾某些人的情绪,拿表彰做人情,或者“轮流当先进”,以免出现负效应。

心理效应与思想工作（下册）

赵磊◎著

上海社会科学院出版社
SHANGHAI ACADEMY OF SOCIAL SCIENCES PRESS

五

信息传播篇

69. 为正确观点构建“防御工事”
——接种效应

在医学上，把用人工培育并经过适当处理的病菌、病毒等疫苗接种在健康人的体内，以刺激人体在不发病的情况下产生相应的抗体。当人体再次遭到大量同类病菌、病毒的侵袭时，肌体中已产生的抗体就足以抵御病菌、病毒，使人体具有免疫功能。1796 年，英国医生琴纳受中国人痘接种术的启发，成功地实施了牛痘疫苗接种，有效地预防了虐害人类的天花，为免疫学开创了广阔的天地，拿破仑称他为“人类的救星”。经过 200 多年的推广，1980 年第三届世界卫生组织大会庄严宣布：危害人类达数千年之久的头号瘟神——天花已从地球上彻底根除了！

20 世纪 60 年代，美国心理学家威廉·麦圭尔和巴巴季奥奇思通过研究，将预防疾病的接种方法类推到了说服的心理防御方面。他们运用一些常识性的意见进行实验，分别准备了两种资料：一种是支持和解释常识性意见的，可以说是对常识性意见的“滋养”；另一种是既有反对常识性意见的，又有对这种反对意见进行批驳的，可以说是一种“接种”。对甲组被试者，只给予“滋养”的材料；对乙组被试者，同时给予“滋养”和“接种”两种材料。一段时间之后，再让两组被试者接触反对意见，分析其对常识性意见态度的变化。实验结果表明，乙组被试者因为已经受过反对意见的预防“接种”，有了较强的免疫力，因此对常识性意见比较坚持，态度改变较小；而甲组被试者没有免疫力，就比较容易受到反对意见的影响。这就是社会心理学中关于信息传播策略直接影响态度改变的“接种效应”，也称为“预防注射效应”“免疫效应”。

于是，麦圭尔得出结论：在信息传播的效果上，“事前滋养”不如“事前接种”，接种预防策略是一种更为有效的抵御说服方法。该策略首先选择轻微地攻击一种信念（态度），通过向人们提供用以反驳的论据，鼓励人们自己想出用以反驳攻击的论据，来促使人们反驳攻击。由于已经遇到过微弱攻击的挑战，人们此时便有足够的“认知抗体”，去抵制“说服细菌”强有力的入侵。麦圭尔的后续研究发现，那些一开始时信念受到轻微攻击并很快被他们自身反驳了的人，在后来遇到对该信念强有力的攻击时，能够更好地坚持自己的立场。

从接种效应的心理机制来说，处于态度改变情境中的个体，在受到某种反向态度的轻微攻击或劝导性的进攻后，就好像是在“接种疫苗”，会刺激其对类似的攻击做出抵抗反应，并不断增强自身的抵抗力，以后再受到同一反向态度的强大攻击时，不但不会改变其原有态度，反而会更加执着于自己的态度，并“抵抗”各种不同意见。

美国社会心理学家在20世纪40年代末曾做过这样的实验：实验者要使被试者相信，苏联至少在五年内不会制造出大量的原子弹。甲组接受宣传后，没有安排反驳；乙组接受宣传后，则给予轻微的反驳，告诉他们一些相反的观点和信息。过了一段时间以后，再集中对所有被试者进行相反的宣传。结果，甲组被试者只有2%的人维持原来的态度，而乙组被试者则有67%的人坚持了原来的观点。

这对思想工作有很大的启示。如果对人们开展某项教育引导，让他们认同某种观点，但从未给予其他的相反刺激，那么在其周围就不会建立起任何防御系统。当他突然遇到相反意义的说服性诱导因素时，会感到很新鲜，容易丧失原来的立场，从而改变态度，顺应相反观点。反之，如果人们认同某种观点时，同时又受到过反向的刺激，哪怕是轻微的刺激，人们也就经受了锻炼，那么在人们的头脑中就会围绕着这种观点建立起比较坚固的“防御工事”，从而可以经受较为有力的冲击。

由此可见，在思想工作过程中，当需要说服他人时，不仅想使对方接受自己的观点，同时还希望他不再受相反观点的影响，这时就可进行预防性“接种”，预先培养他对相反观点的抵抗能力，从而使正确的观点真正做到入耳入脑入心，坚信不疑。思想工作者运用接种效应的原理和策略，需要注意把握以下几个要点。

(1) 控制接种“疫苗”的强度

接种效应的原理告诉我们，要保持人们正确观点的免疫力，就应当有意识地让他们接触一些相左的观点，并做出适当的点评和批驳，使人们在与消极思想的博弈与交锋中，产生更强的认知抗体。比如，中央决定从 1957 年 3 月 1 日起扩大新华社出版的《参考消息》的订阅范围，成为那个封闭的年代里中国大陆仅有的能够合法直接刊载外电的报纸，每日精选世界各地的最新消息、评论，全方位、多视角报道国际国内新闻，原文摘登西方报刊的反华言论，为读者开启了看世界的窗口，开阔了视野。毛泽东同志对此的解释是：“如果我们让人们为了防病而打防疫针，为什么我们不能对‘危险的思想’采取同样的办法呢?”“要见世面，要见风雨，不要坐在暖室里头，暖室里头长的东西是不牢固的。”事实证明，此举有效地提高了领导干部和骨干分子的鉴别水平与免疫能力。但是，用于接种的“疫苗”要充分考虑工作对象的政治觉悟、道德水准、文化基础、接受能力等方面存在的差异，针对不同层次人员的现实思想基础和心理发展状况，注入其可以承受的适量的“疫苗”，使接种目标契合于工作对象可能接触到的不良信息，而不是“毒性”越强越好，“剂量”越大越好，把正面宣传变成了“反宣传”。

(2) 选择“接种”的有效时机

要以思想工作的需求、任务为导向，契合工作对象的思想实际和心理脉搏，有意识、有针对性地实施“接种”，提高工作对象抵御消极思想侵蚀的能力。专家提示，应把握好以下几个有效的工作时机。

① 倾向性思想问题的萌发期。当社会上产生某种不良思潮，当工作对象思想上存在不健康的潜在趋势，尤其是当某类不良现象可能蔓延并成为显性的倾向性问题时，及时采取“接种”的方法，可以有效地帮助工作对象提高思想认识，正确处置应对，以取得事半功倍的效果。

② 涉及个人利益的敏感期。一般来说，在工作岗位变动、业绩考核、评优评先、入团入党、选拔晋级、薪酬待遇变化等涉及工作对象实际利益和进步发展等敏感问题上，工作对象可能心理波动大，思想顾虑多。这时正是思想引导、心理

疏导的重点时段，也是提高工作对象思想觉悟的重要契机。应针对工作对象的不同利益诉求，有侧重、有选择、有区别地进行“接种”，帮助工作对象正确认识自我，端正人生态度，学会正确对待个人需求和组织安排，提高他们战胜挫折、战胜自我的心理柔韧度。

③ 执行重大任务的攻坚期。在完成“急、难、新、重”及处置突发事件等工作任务时，常常由于工作压力大、时间紧，工作对象容易产生紧张、恐惧、疑虑、自责、疲劳等不良心理和行为反应，如果不能及时地予以缓解和消除，必然给工作对象带来累积性、超负荷的身心压力。因此，可选取易发的、多发的不良心理行为倾向，有意识地适当实施“接种”，在认知调整中强化责任意识，缓解身心负荷。

比如，中国航天科工集团第二研究院在新闻宣传上把握好时机和时效性，打好主动仗。日常宣传根据新闻事件的重要和紧急程度划分为三个级别，达到快捷的时效性要求，院部重要新闻四小时以内上院网报道；对群众关心的工作主动发声回应，自始至终做好宣传思想工作，及时解读有关政策，回应职工关切，确保思想稳定；密切监测舆情，对不良不实信息主动应急处理；对重大主题事先周密策划，集中声势，做到明确宣传方案、明确报道内容、明确报道级别、明确报道媒体，确保达到宣传目的，强化传播效果。

(3) 注意措辞用语的弹性

在日常思想工作中，要注意表达的方式方法，措辞用语要留有一定的余地，不要把话说得太绝对、太肯定。常常可以见到一些有经验的领导者在面对记者的询问时，常用一些富有弹性的词语，比如大体、基本上、总的来说、尽可能、或许、可能、研究、考虑、评估、征询各方意见，显得老到、巧妙、成熟。使用这些富有弹性的词汇，其实就是在进行预防性的“接种”，在给自己留下容纳“意外”的空间。否则，一下子把话说死了，结果一旦情况有所变化，就很难自圆其说了。同理，在上级交办比较艰难的工作任务时，最好不要说“保证没问题”，而应代以“应该没问题，我会全力以赴”之类等词句。这样说，既表达了决心完成任务的诚意，同时也显出谨慎、沉稳的气质，别人会因此而更加信赖你。

70. 乐用新词唱新曲

——新词效应

计算机科学对人类生活的影响远远超出了以往时代的任何一种发明，它渗透到人们的日常生活、工作、学习和娱乐中，甚至还造就并传播了一批新词。近年来出现的新词大部分都来源于网络语言。语言是发展的，新词总会不断地出现。但是，新词从来没有像当今社会出现得这么多，这么迅速。这很大程度上是由于计算机网络通讯催生了网络语言，也改变了人们的思维方式和习惯，网络语言越来越成为人们网络生活中必不可少的一部分。2016 年《中国青年报》社会调查中心的一项调查显示，89.6%的受访者会频繁接触网络用语，66.9%的受访者平时会使用，57.5%的受访者认为网络语言是互联网时代的必然产物，62.1%的受访者建议将有意义和创意的词汇收进词典。众多新词的产生、使用和传播，引发出一连串的社会现象，这称为“新词效应”。

专家指出：人们创造网络新词，主要出于以下几个方面的考虑：① 节约时间和上网费用。网络交流时，为了提高文字输入速度，节省上网时间和费用，网民会对一部分汉语和英语词汇或句子进行改造，创造出新的词汇。② 打破成规，满足需求。网民大多数很年轻，具有自主、开放、包容、多样和创新的特点，他们具有极强的反传统意识，崇尚创新，喜欢诙谐、逗乐，于是完全不受传统词汇、语法规范的约束，创造出新词，以满足网上交流的各种需要。③ 张扬个性，引起关注。不少网民故意显得另类，创造出一些新异奇特的词汇和网名，来张扬自己的个性，引起别人的重视。④ 掩饰身份，畅快表达。为了掩饰个人的身份、年龄、性别，不流露自己的语言习惯，适应虚拟现实的需要，创造出一些新词，便于在网上与人聊天交流、参与论战。许多新词颇具趣味性，经网络传播，很快就被网民们接受，形成时髦的新词，流行一时。

有专家对近些年来创造的新词做了粗略的分类：① 数字型。一般采用谐音的方法，如520表示“我爱你”，88表示“拜拜”（再见），555表示“呜呜呜”（哭泣声），7456表示“气死我了”。② 字母型。造词方法可分为两种：一是以单纯拼音的发音代替原有的汉字，如MM表示“妹妹”，S表示“死”，或以单纯字母的发音代替原有的英语单词，如u表示you，r表示are；二是缩写，多为汉语拼音缩写，如JS表示“奸商”，BT表示“变态”，一些粗俗词句也用字母缩写的形式。③ 符号型。多以简单符号表示某种特定表情或文字，如O.O表示惊讶的表情，TT表示流泪的表情，^_^表示高兴的表情，/□\表示“囧”。这种表情型符号据说起源于日本漫画，后演变为漫画杂志中常出现的文字符号。④ 谐音型。外来语一般根据原文的发音，找合适的汉字代替，颇有意味，如“伊妹儿”表示e-mail（电子邮件），“荡”表示download（下载），“晒”表示share（分享），可灵活搭配出“晒工资”“晒奖金”“晒福利”等。⑤ 同音型。在使用拼音输入法时，尤其是使用缺损输入、模糊输入时，索性采用呈现的同音首选词，如想输入“大侠”，首选项却是“大虾”，想输入“同学”，首选是“童鞋”，“悲剧”就成了“杯具”，“这样子”成了“酱紫”，“竹叶”成了“主页”，“我喜欢你”成了“偶稀饭你”。很多网民为了节约时间，同时也觉得新鲜有趣，就只求沟通效果，“明知故犯”地错用了。⑥ 借用型。借用动植物等名称，使语言显得形象、风趣，如猫（MODEM，调制解调器）、老鼠（Mouse，鼠标）、恐龙（丑女）、青蛙（丑男）、爬虫（初级网虫）、菜鸟（网络新手）。⑦ 混用型。有些年轻人随意使用中文、外文、数字、拼音、字母等符号体系，自由组合发挥，如“我服了你”写成“I服了U”，“好久不见”写成“N久不见啦”，还有“昨天考试pass了”“去商场shopping”等。有时新词只是一个词素，可以与其他字词搭配使用，如“裸”就可以搭配出“裸婚”“裸官”“裸退”“裸辞”等。⑧ 简化型。多有简化、借义的倾向或形象化的特征，如“东东”表示“东西”，“美眉”表示“妹妹”“美女”，“写手”表示“网络文学作者”，“拍砖”表示“发表不同见解”，“灌水”表示“发表内容空洞无物的长文”，“爬楼”表示“翻看之前所发的帖子”，“见光死”表示“一见面就完蛋”。⑨ 缩并型。来源于词句的缩写或变形，近年来最为多见，如“喜大普奔”意为“喜闻乐见，大快人心，普天同庆，奔走相告”，“不明觉厉”意为“虽然不明白你在说什么，但好像很厉害的样子”。还有英文词句的缩写，如PS表示Photoshop，APP表示“智能手机的第三方应用程序”，BBS表示“电子公告牌系统”，DIY表示“自己动手”，OMG表示Oh My God，BTW表示By The Way。此外，还有部分新词是对一些社会事件的概括，如“打酱油”“躲猫猫”“周老虎”“吃瓜群众”等新词背后都有一个社会故事。

网络新词是作为网络的伴生物应运而生的，在使用和传播过程中形成了鲜明的特征：① 口语特征。与传统语言相比，网络语言主要是一种通过文字进行口语式沟通的工具，表达比较随意，不像书面语言那样需要字斟句酌，注意语法、逻辑关系，不少网络语言频繁运用倒装、省略等形式，只要清楚表达意思，不很讲求规范。② 随意特征。网络新词生动有趣，幽默诙谐，常常追求率性而为的即时表意功能，营造出一种轻松、自由的交流氛围，尤其受到年轻网民的喜爱。③ 便捷特征。为提高输入速度，人们根据便捷原则，对一些汉语和英语词汇进行改造，对文字、图片、符号等灵活地进行组合、链接和镶嵌，创造出许多网络缩略语。④ 键盘特征。充分利用计算机键盘上的各种符号，创造网上交流所用的语言符号。这些卡通式的新词不仅更加传神，同时也体现了网络传播超文本的特点。

经过20多年的实践和争论，网络语言越来越成为人们网络生活中必不可少的一部分。2010年11月10日，《人民日报》头版头条发表了《江苏给力“文化强省”》一文，用了当时的网络热词“给力”，这仿佛是给了网络新词一张“出生证”。“‘给力’登上《人民日报》头版”这一事件也被网友们评为当年的“十大文化事件”。实际上，自2006年5月起，教育部、国家语委每年都发布《中国语言生活状况报告》，及时反映了活跃在社会语言生活中的新词，以引导社会语言生活向着健康、和谐的方向发展。不久前发布的2016年度十大网络用语包括：洪荒之力、友谊的小船、定个小目标、吃瓜群众、葛优躺、辣眼睛、全是套路、蓝瘦香菇、老司机、厉害了我的哥。

思想工作者要认识到，语言是人类社会发展到一定阶段的产物，并随着社会的发展而不断丰富。计算机网络给人们提供了发挥创造力和展现个性的平台，也催生了网络新词。当今的新词确实多姿多彩，适应了网络时代人们交流的需要，生动展示了社会生活中普通人的关心与关注，以简单明了的方式呈现草根百态，这是社会发展的必然产物。网络新词展现的是网民在语言使用上的创造力，但是其反映的深层次意义远远超过语言本身。面对新词风起云涌的局面，思想工作者要热情地关心和支持，虚心地学习和研究，恰当地运用和传播，促进其健康的发展。

(1) 热诚支持语言创新

语言是伴随着人类社会形成、发展而产生的一种特殊的社会现象，必将随着社会的进步而不断发展、变化。语言是思想的直接现实。当今社会变革剧烈，社会发展的步伐迅速，社会思维活跃，不同文化接触频繁，语言发展变化的速度必然会快一些。伴随着网络通信的快速普及，人们不再满足于使用一般的规范词汇，而是创造出一些新词，以满足沟通、交际的需要。网络新词简洁方便、形象直观、生动有趣，被人们喜爱并广泛使用和传播，在一定程度上也丰富了语言词汇。新词已成为网络语言的标识，成为网上交流必不可少的“通行证”，甚至已成为人们口中的常用语，网络交流中不理解或不会使用新词会被认为是“菜鸟”。这些都说明，网络新词是社会文化发展带来的语言的发展变化，因此，对于网络新词，思想工作者要抱以积极支持的态度，而不能采取否定、排斥的态度，像前些年有人著文，简单地斥之为“网上黑话”“文化垃圾”“精神污染”，是“对有几千年传统的汉语的破坏”。也不能简单地用规范化、纯洁化来要求网络新词，因为许多新词毕竟还处于探索、完善的过程之中，在构词方法、语法结构上还不可能符合原有的规范。北京广播语言学院传播研究所所长于根元说得好：“交际值（交际到位的程度）是衡量语言是否规范的唯一标准。求稳和求新是语言既能用来交际又交际得好的要求。如果一种语言不能发展了，那是最大的不规范。在语言创造面前人人平等。”

(2) 理性对待新词不足

思想工作者要清醒地看到，在网络的虚拟空间里，人们表达思想、情感的方式与现实生活有所不同，而且网络新词还在不断创造之中，由于突破了传统的构词法等语法规范，各种汉字、数字、英语或简缩混杂在一起，怎么方便怎么写，语序也不受限，因而时常显得粗糙，还不成系统，不具备规范的体系。同时，新词多用于网上交流，带有即兴的特征，在表达上更偏向于口语化、通俗化。再加上有的新词过于注重求新、求异，吸引眼球，所以就比较随意，繁复多变，如“版主”就有“斑竹、班主、版猪、版竹”等多种写法。有的新词会出现一些怪字、错字、别字，令人新奇也令人费解。甚至一个新词还未定型，就有另一个新词取而代之。这些都会对人们的识读、认知带来一定的困难，不利于人们养成正确使用语言文字的习惯，尤其可能会对青少年学生传统正规的语言学习产生一定的负面影响。对此，要有正确的认识，以理性、积极的态度对待新词，取其精华，去其糟粕，使网络新词对优秀的中华传统文化起到积极传承和发扬光大的作用。

(3) 媒体谨慎运用新词

思想工作者平时所用的语言，尤其是发表在各类媒体上的语言，常常出现在大庭广众，会产生一定的示范作用。为此，思想工作者需要采取审慎的态度。一方面，要提倡采用一些新词，恰到好处地表达新鲜的内容，同时也体现与时代、与群众语言的“合拍”“接地气”。另一方面，要有选择地运用那些比较符合规范、表意明确、得到公认、相对稳定的新词，尽量不用那些含义模糊不清、认同度不高的新词，尤其是同音型的错字错词。因为新词在发展之中、在语言实践中，新词也将不断地被检验、更新、淘汰、完善。如十多前年人们把手机叫作“大哥大”，但这个新词多少有点黑社会的痕迹，因而就逐渐被废弃了，民间口语也没有采用“移动电话”的正式名称，而称为“手机”。前两年出现的一批新词，如“喜大普奔”“不明觉厉”“然并卵”等，红极一时，仅隔一两年，人们就很少使用了。这体现了一个社会选择、取舍的过程。思想工作者在媒体传播中要主动适应这种变化，形成有利于语言健康发展的环境。

(4) 制止网上不文明言行

网络语言充满活力，但是伴随着新词的产生和传播，也出现了一些粗俗、不道德、不文明的现象。有些人故意用新词表现出另类性格和反调言论，与现实社会的行为规范存在明显冲突;有些人用粗话、脏话,以及粗俗下流、庸俗不堪的词语来贬损他人,吸引眼球;有些人采用网络语言暴力,即用谩骂、诋毁、蔑视、嘲笑等侮辱歧视性的恶毒语言,进行人身攻击、恶意诋毁,致使他人在精神和心理上遭到侵害;有些人甚至将网上的讨伐转移到现实社会中,对某些事件的当事人进行"人肉搜索",将其真实的身份、姓名、照片、生活细节等个人隐私公布于众,使其遭受更加激烈的辱骂和攻击,明显违反了法律法规和社会公德。2016 年 7 月修订发布的《新华社新闻信息报道中的禁用词和慎用词》规定了新闻媒体和网站应当禁用的 38 个不文明用语。对此,思想工作者,尤其是从事媒体传播的宣传工作人员,一定要充分重视,倡导文明行为,净化网络语言,依法制止网上语言暴力,提升网络传播的品位,营造健康、文明的媒体传播环境。

71. 反复宣传有奇效

——戈培尔效应

有句话说:“谎言重复一千遍,也就成了真理。”据说是戈培尔的“名言”。他还说过:“如果你说的谎言范围够大,并且不断重复,人民最终会开始相信它。”这些言论虽然被无数次批驳,但依然流传广泛,甚至被称作“戈培尔效应”。

戈培尔何许人也？保罗·约瑟夫·戈培尔臭名昭著,是第二次世界大战中德国纳粹党魁阿道夫·希特勒的“喉舌”。戈培尔 1921 年在海德堡大学获得哲学博士学位。1924 年,他受到希特勒演讲的感染,加入纳粹党,随后狂热地宣传“纳粹主义”,因此得到希特勒的赏识。1933 年,希特勒及纳粹党执政后,任命他为国民教育部长和宣传部长。此后,戈培尔牢牢掌控舆论工具,宣扬纳粹思想,焚毁纳粹党所列的禁书,颠倒黑白,混淆是非,散布谎言,制造谬论,蛊惑人心,鼓动战争,愚弄德国人民。1945 年德国法西斯垮台前夕,希特勒在自杀前任命戈培尔为德国总理。此后不久,戈培尔在毒杀自己的六个孩子后,与妻子一同自杀。

《战国策》中记载的“曾子杀人”“三人成虎”两则故事,就很好地诠释了戈培尔效应对人们的影响。山东费县有一个与曾子同名同姓的人杀了人。有人跑去告诉曾母说:“曾参杀人了。”曾参的母亲说:“我的儿子不可能杀人。”仍然自如地织布。不一会儿,又有人跑去说:“曾参杀人了。”他的母亲还是埋头织布。很快,一个人又去告诉她说:“曾参确实杀人了。”曾参的母亲终于动摇、相信了,丢下梭子,翻墙逃跑。对于并不相信的谣传,曾母开始处于拒绝状态,中间逐渐相信,最后被反复的刺激控制而逃逸。古人感叹道:在多次重复的谣传之下,连慈母也不能相信自己的儿子了！“三人成虎”就更离谱了。大臣庞恭要陪魏太子到赵国去做人质,临行前庞恭对魏王说了一个故事:现在有一个人来说集市上出现了老虎，大王相信吗？魏王当然表示不相信。如果第二个人说集市上出现了老虎，大王会相信吗？魏王表示将信将疑。如果第三个人又说集市上出现了老虎，大王会相信吗？魏王这回表示相信了。庞恭说，集市上没有老虎是显而易见的，但当有三个人都说有老虎，就变成真的有老虎了。庞恭讲这个故事是担心自己离开后，魏王会听信别人对他不利的谣传。魏王当时也表示懂得这个道理。但是，当庞恭离开后，在各种各样的谣言包围、裹挟下，魏王还是相信了诽谤庞恭的言论。

深入分析戈培尔效应产生并发生作用的原因，主要有几个方面：① 心理暗示的累积。反复多次的刺激会导致心理暗示的叠加（参见“暗示效应”）。② 不断地重复宣传。在纳粹上台之初，戈培尔之流强令集体收听广播，人们在上班时间也必须放下手头的工作收听。即使是在餐厅、咖啡馆里，甚至是马路上，无处不在的扬声器照样会把纳粹的声音传送进人们的耳朵。无数次的重复之后，不由人们不相信。③ 对各种信息按照自己的需要有选择地加以封锁与夸大，实际上就是在制造有利于自己的谣言，以售其奸。当人们不知内情、不明真相时，便无从判断真伪、虚实、是非，于是，那些貌似真实、有理的东西，通过反复“洗脑”，俨然成了“真理”。

尽管戈培尔效应的名称不好听，一开始就跟恶人挂上了钩，但是戈培尔效应确实揭示了一些带规律性的因素，抛开其原本的反社会反人类的本质，对思想工作者还是能提供一些有益的启示。

(1) 思想工作要反复做，才能入耳入脑入心

重复是一种强大的力量。这是因为重复能在多次刺激、反复刺激中深入潜意识，可以使思想工作中蕴含的深刻道理和生动事例逐渐印入人们的脑海，从而转化为受教育者自己的思想和内在需求，引起受教育者的模仿和延伸。

比如，上海纺织系统具有开展思想工作的优良传统，他们几十年来创造的经验中就有这样一条：思想工作要反复做、做反复。反复做，不是简单地重复，而是从不同的角度、联系不同时期的工作任务、针对不同人群的思想特点，反复地开展思想教育，循循善诱，循序渐进，力求讲清、讲准、讲全、讲透，使广大群众听得清、看得懂、好接受，使党的路线、方针、政策深入人心，让社会主义理想、道德、

文明化为人们的实际行动。做反复，就是说思想工作往往不是一次就能完成的，有时会出现思想的波动、不当行为的回潮，这就需要针对引起思想反复的根源，多次地、不厌其烦地做好思想工作，解开心结，化解矛盾，从而真正达到“入耳、入脑、入心、入行”。

(2) 思想工作要提供全面、准确的信息

改革开放以来，面对思想工作对象自主性、独立性、选择性、务实性、流动性、融合性不断增强的变化，思想工作在方式上也出现了许多创新。如，改变了过去以结论式教育、灌输为主的方法，逐步构筑起让群众自己作出结论的教育方法体系。心理学研究表明，人们对于自己思考得出的结论，往往比从外部单向地灌输进去的结论，认识更深刻，作用更持久。但是，让群众自己作出结论，思想工作者不是放弃责任、放任自流，而是要做好引导工作，难度或许更大。有些人之所以作出了错误的结论，出现了一些思想认识问题，常常同他们所占有的信息资料不全面、不准确有着很大的关系。因此，思想工作者要更多地向工作对象及时提供全面准确的信息，包括提供形势背景、信息引导、正确思路、思想方法，引导他们按照正确的思维方法，通过独立思考得出正确的结论。这样就可以使有些思想问题迎刃而解，或容易沟通而便于解决。在向群众提供更多的真实信息方面，也要解放思想，相信群众，不能再像过去那样，不让群众了解真实的信息。其实，在互联网、自媒体如此发达的今天，许多信息是隐藏不住的。当年，戈培尔居然理直气壮地声称：“如果真实地公开披露一些纳粹党的消息，将会损害国家的威望和利益，因为这会为英法等西方国家提供攻击德国的证据。”这种典型的愚民政策的言论，正反映了其虚伪与虚弱，如今显然已经行不通了。

(3) 要及时揭穿各种虚假的谣言

其实，哲学博士戈培尔本人的心里也清楚，谎言即使重复一千遍、一万遍，也不会成为真理。但是，谎言如果重复一百遍而又不被人揭穿，许多人就可能把它误认为真理。因此，要充分认识谣言的危害性，因为谣言是对人和社会事件的一种错误信息的传播，最容易造成负面暗示，它可以伤害个人、伤害群体、伤害社会、伤害国家。有研究者分析，谣言可以使原来比较稳定的人际关系变得互相猜疑、紧张、倾轧；可以使原来比较稳定的社会秩序变得混乱，人心惶惶；可以麻痹人们的思想警惕，减弱人们的防备心理，使人不知不觉成为谣言的俘虏；可以破坏人们之间的团结，削弱彼此之间的信任；可以制造内耗，瓦解团队的战斗力。而且谣言一经传播，就可能会变得越来越离奇，越来越走样。

有人认为："谣言可以不攻自破。"我们认为，这样的想法是天真的、有害的。"谣言不攻自破"是有前提的，必须是"在事实面前"，谣言才可能不攻自破。如果事实没有现身，谣言依然能够在事态处于模糊的状态下继续蛊惑人心。只有当事态变得明朗时，谣言才会像肥皂泡一样瞬间破灭。因此，思想工作者在面对谣言时，不能听之任之，不能坐等"谣言不攻自破"，而应当有所作为。

① 运用科学的思维分析。"谣言止于智者。"有些谣言，在逻辑上、事理上违反常识，漏洞百出，甚至荒唐可笑，稍加分析便不值一驳。如微信上流传很广的"中国移动、中国联通成立多少周年，只要点击，就赠送通话费"等信息，显然是无稽之谈。对这类"小道消息"，决不能迷信、盲从。对有些一时间拿不准的信息，可以暂时存疑，不听信，不转发，等待核实。

② 运用传播的手段辟谣。通过向权威机构和专家请教，采集全面、可信的信息，用广泛的传播手段，公布真实的信息和针对性的意见，澄清事实真相。如上海《解放日报》在手机 APP"上观新闻"中开设了"上海辟谣平台"专栏，及时回应社会上流传的"塑料大米""棉花肉松""三伏天飞雪""姚明吸毒被抓""社保断缴三个月账户清零""境外刷卡消费有 1 000 元额度限制"等谣传，披露真相，终结谣言，获得了市民的好评。

③ 运用法律的手段遏制。对于居心不良、有意造谣滋事者，要通过法律途径，采取果断措施，坚决予以制止。

72. 塑造理智的舆论氛围

——群体极化效应

詹姆斯·斯托纳在1961年研究群体讨论现象时而率先提出了“群体极化”的概念。所谓“群体极化”，是指在群体决策时，人们往往会比个人决策时更倾向于冒险或保守，向某一个极端倾斜，从而背离最佳决策。也就是说，群体讨论可能会出现更加极端的决策。这种群体决策极端化的倾向又分为两种情况：一种叫冒险偏移，另一种叫谨慎偏移。比如，在处理有风险的事件时，如果参与的成员大多比较谨慎，经过群体讨论后的决策就会更加保守；相反，如果大多数个人的意见趋向于冒险，群体讨论后作出的决策就会更加冒险。后一种倾向意味着与个人单独行动相比较，群体成员更愿意拿组织资源去冒险。于是，在决策心理学中，人们把集体决策中往往会出现向更加冒险或更加谨慎这两个极端转移的心理现象，称为“群体极化效应”，或“组极化效应”。

国内外心理学家对群体极化效应做了多方面的研究，都证明了这一效应的客观性。如心理学家柯根等人1967年的研究表明：个人单独决策时，倾向于认为需要有70%的成功把握时才能进行投资，而群体决策时降到了50%。然而，莫斯科维西、扎瓦洛尼等人的进一步研究表明，群体极化的现象主要发生在非正式群体的决策中，也就是在朋友、邻居、同事等群体无拘无束的讨论中，最易发生群体极化效应，特别是在态度、价值、个人知觉判断和群体范型判断等问题上。这种现象在美国、加拿大、德国、英国、以色列等国家的测试中都发生过。

群体极化效应与“去个性化”的心理有关。法国社会学家G. 勒邦发现，在某些情况下个体会丧失其个体性而融合于群体当中。所谓去个性化，是指个人在群体压力和群体意识的影响下，似乎感到自己被淹没在群体之中，丧失了他们的个人身份和责任感，产生一些个人单独活动时不会出现的行为。这常常是出于以下三个因素：① 群体成员往往会依从于最早冒出的观点，只要没有压倒性的反对意见，人们就会在这个方向上提供更多的支持意见；② 群体成员倾向于与其他成员保持言行的一致，以获取群体的认可及团体归属感；③ 群体成员在对需要决策的事件拿不准的时候，模仿与顺从他人的言行往往是安全的。因此，个人在参与群体讨论时，由于受群体气氛的影响，通常会出现支持极端化决策的心理倾向。在更多情况下，群体决策会偏向于冒险的一端。

专家们研究了群体极化效应中较多产生冒险偏移的原因，并归纳为以下五个方面：① 群体责任分散作用。在社会群体中，个人对其行为的责任意识会明显下降。通俗地说，群体决策时一旦出现失误，责任是大家的，每一个体只承担很少的一部分，因此，就增加了人们决策的胆量，促使人们选择更大风险的决策（参见“责任分散效应”）。② 群体中心人物的偏好。在一个群体中，如果中心人物作冒险性决策，那么就容易引发决策的冒险转移，群体会出现从众效应（参见“从众效应”）。③ 社会价值取向的影响。当社会价值趋向于冒险精神时，群体决策时就易于作出冒险性的决策。④ 群体内的舆论评价作用。在群体决策中，个人的行为往往会受到群体舆论评价作用的影响，如果个人过于谨慎，就会被群体其他成员鄙视为“胆小鬼”“没男子味”“缺乏英雄气概”等，从而有意无意地偏向于冒险性决策。⑤ 竞争环境的影响。一般来说，在竞争的环境中，有时会把局势估计得过于严重，似乎不冒险就意味着死亡，还不如放手搏一搏、拼一拼，因此，群体易于作出冒险性的决策。

如今的网络因其开放性、及时性、交互性的优势，越来越成为普通网民表达意见、形成社会舆论最重要的渠道之一，这为信息的公开、社会的公正、社会事件的监督和解决带来了便利。但由于网络表达意见的匿名性、非理性等因素，导致网络负面舆论大行其道，群体极化效应随处可见，这在促使一些社会事件快速解决的同时，也出现了不少负面影响。在以网络为主体的社会传播中，群体极化效应表现得非常典型：“团体成员一开始即有某些偏向，在商议后，人们朝偏向的方向继续移动，最后形成极端的观点。在网络和新的传播技术的领域里，志同道合的团体会彼此进行沟通讨论，到最后他们的想法和原先一样，只是形式上变得更极端了。”这种现象，在“罗彩霞事件”“邓玉娇事件”“拉萨 3.14 事件”“云南躲躲猫事件”“我爸是李刚事件”“韩寒代笔事件”“浙江钱云会案”“陕西周老虎造假案”“杭州富二代飙车撞人案”“复旦林森浩投毒案”等舆论群体性事件中都得到了充分的表现，网上许多极端化的观点、信息与事实都有很大的出入。

2011 年的“小悦悦事件”就是其中的一例。2011 年 10 月 13 日，2 岁的小悦悦在佛山相继被两车碾压，7 分钟内，18 名路人路过但都视而不见，漠然而去，最后一名拾荒阿姨上前施以援手，10 月 21 日，小悦悦经抢救无效离世。此事引发网友热议。10 月 23 日，广东佛山 280 名市民聚集在事发地点悼念小悦悦，宣读了“拒绝冷漠、传递温暖”倡议书。之后，在肇事者、捐款总额及去向等问题上，网上出现了海潮般的信息，引起了轩然大波。许多网民在没有事实依据的情况下，凭着主观臆测，发表了一些极端的意见。以新浪微博为例，截至 12 月 6 日，以“请停止冷漠”为关键词的微博内容共 65 万条，事件总评论 766 万条，引得网络舆论几乎“一边倒”，对政府部门、主流媒体和小悦悦父亲构成了巨大的压力。

学者分析，之所以会发生这类网络媒体传播上的群体极化效应，大致有这样一些原因：① 从信息选择来看，网站在同类搜集和网址链接的方式上导致了信息“窄化”，不同意见刊发数量下降，多种声音逐渐被一种声音所取代，无可避免地导致群体极化。② 从匿名效应来看，真实身份的隐匿使得网民往往处在社会约束力弱化的匿名状态下，在“法不责众”心理的支配下，网民容易传播很多不负责任的声音，从而混淆了人们的视听。美国皮尤研究中心的研究报告显示，23% 的美国人承认自己在社交媒体上转发过虚假的政治新闻。尤其是一些情绪化的煽动会通过群体感染不断放大，最终造成集体性的情绪宣泄，并走向群体极化。③ 从群体意见的抑制作用来看，群体的压力导致持相反观点的人为躲避群体的“攻击”不敢或不愿意提出相反的意见，从而导致持相反意见者形成随波逐流或只看不语的行为，这就进一步导致了群体极化的走向。德国社会学家纽曼提出的“沉默的螺旋”理论就基于这样一个假设：大多数个人会力图避免由于单独持有某些态度和信念而产生的孤立。因为害怕孤立，便不太愿意把自己的观点说出来，于是就会出现一方声音越来越大、另一方越来越沉默的螺旋式过程。④ 从舆论领袖的作用来看，一些网络舆论领袖确实起了关键的引导作用。据统计，网络论坛中超过80%帖子和议题通常是由不到5%的参与者提出来的。

思想工作者要充分认识群体极化效应的心理机制,以及在当前网络媒体传播中的具体表现,有针对性地做好思想工作,配合做好网络引导和监管工作,塑造良好的网络传播空间。

(1) 充分认识网络突发事件应对的重要性

中国网络突发事件,尤其是群体极化效应频繁发生,对社会治理和网络舆情引导提出了严峻挑战。网络传播群体极化效应表现出显著的突发性、动态性和不确定性,由于各种意想不到因素的影响,它涉及的议题,甚至事件性质都可能发生很大变化。网络突发事件大致可分为曝光型、泄愤型、抗争型、反思型等几类,而且大多数事件都具有混合型特征,很难预测其发展走向及可能造成的社会影响。

专家指出,转型期的"风险"往往是"媒介化风险"。其中,"媒介信息风险"和"媒介舆论风险"表现得尤为明显。就前者而言,信息不足、信息泛滥、信息失控均会造成风险。就后者而言,舆论本身不一定是理性的,但它很可能体现了公众对于风险的合理恐惧。而网络同质化舆论的虚拟串联,不利于信息与经验分享,不利于相关事件的合理处置。因此,要充分认识网络突发事件应对,包括群体极化效应的严重性、迫切性。为此,党的十八届三中全会指出,要"健全网络突发事件处置机制,形成正面引导和依法管理相结合的网络舆论工作格局"。

(2) 加强网民媒体传播素养教育

与网络媒体发展的速度相比,网民的媒介素养远远跟不上,这势必影响网络舆论的发展与传播。为此,亟须加强网民媒介素养教育。

① 引导网民运用批判的眼光评估各种信息,学会从社会属性、技术力量、信息内容以及策划设计等各个方面综合考查网络站点,从而评价一个网站的权威性、可靠性,做到去伪存真,去粗取精,防止偏听偏信。

② 引导网民理性思考,合理表达意见,不盲目从众,不走极端,正确发挥舆论监督作用,不出现滥用言论自由干预司法公正等"越位"行为,形成"网络媒介

审判”现象。

③ 对于存有疑问的网络信息，尤其是有极端化倾向的意见，不轻信，不传播。单位内部的微信公众号等媒体，更不能转发、传播不实信息。

④ 对一些网上信息要理智、正确地解读。社会心理学认为，任何信息的报道，对某些事实的描述，如果不加专门的阐释和评论，对人们的思维定式是几乎不产生任何影响力的。因此，必要的解读就是有效的引导，这是媒体的责任。

(3) 形成良性的网络舆论环境

近些年来，党和政府积极建立健全网络管理的法律法规，完善网络媒介的管理机制和网络舆论传播中的法律法规，提升并完善主流媒体的网络影响力，加大对网络传播的监管力度，运用法律手段预防和减少网络犯罪，取得了一定的成效。思想工作者要积极支持和配合政府对网络传播的监管，加强正面宣传，以建立网民信赖度，消除误会和误解，将网络舆论传播引向正轨。思想工作者要引导工作对象冷静思考、理性表达，支持并遵守政府对网络传播监管的措施，尤其是要加强对网络意见领袖的思想引导工作，促使他们在网络监管的条件下更好地发挥积极作用，形成良性的网络舆论环境。

73. 信息传递“拷贝不走样”

——传播扭曲效应

记得小时候曾做过一个“传口令”的游戏。在教室里，老师分别对坐在第一排的八位同学小声地下达一道不同的口令，要求立即传给身后第二排的同学，再由第二排传给第三排，直至末尾一排，规定不能让旁边的同学听见。最后，让末尾一排的同学说出所听到的口令，然后老师挂出写有八道口令的黑板。结果，末尾一排同学所述与老师最初发出的口令完全变了样，八列同学没有一列是正确的，而且笑料百出，引得大家笑得合不拢嘴。老师告诉同学们：传话务必要听仔细、说清楚，否则就很容易走样，甚至造成严重的后果。20 世纪 80 年代，上海电视台也做过“拷贝不走样”的娱乐节目，主持人让一排明星依次传话，当传到最后一个人时，她说出的语句与原话简直是风马牛不相及，令观众捧腹大笑。主持人依次查找出现差错的原因，原来，信息在传播过程中逐渐发生了偏差，有的因谐音而出错，有的遗忘了重要元素，有的好心地添油加醋，结果就被传得面目全非。概括起来说，信息在传播过程中被若干传播者层层过滤，产生扭曲，且多半是夸张、增添或遗漏，逐渐脱离其本来面目，甚至与信息源发布的原始信息面目全非，大相径庭，这种现象被称为“传播扭曲效应”，又称为“信息扭曲效应”。

信息传播扭曲的现象古已有之。《吕氏春秋》中就记载了“穿井得人”的故事。宋国有一户姓丁的人家，家里没有井，因此每天都要花费一个人的劳力到别处挑水。后来，丁家在后院打了一口井，用水方便多了，还节省了劳力。于是，丁家人对邻居说：“我家打了口井，等于得了个人！”有人在旁听到此话，当作奇闻告诉了朋友。过了几天，人们纷纷传说：“丁家打井，从井里挖出了个人！”一传十，十传百，一时间全国各地都传开了：“丁家从井中挖出一个大活人！”居然惊动宋国国君派人到丁家询问此事，一场误会方才澄清。

研究者分析指出，口头传播最容易产生传播扭曲效应。在口头传播的过程中，一条信息被口口相传，层层扭曲，以至面目全非，其主要原因有以下几个：① 口头传播具有与生俱来的不确定性、不严密性、不精确性。② 人们在接收到信息后，会按自己的方式对信息进行阐释、解读，也就是“解码”。每一个人对待信息的主观态度不同，因而对于信息的“解码”也存在差异，往往不能完全理解和反映原始信息的真相和意图。③ 人们往往喜欢在不确切的东西、片段的情况、无从查证的信息中，加上个人的理解和想象，使其完整、合理、丰富，然后向别人转述，以增强传播的可信度。④ 有些人喜欢带有夸张性地传播耸人听闻的消息，寻求刺激。在传播中，夸张的表情与语言更能吸引他人、刺激他人，从而更强烈地自我宣泄、自我实现。⑤ 口头传播往往容易添加进个人的感情色彩，这就会使信息在传播中被加入某种倾向性。传播者喜欢某人，就会夸大对其有益的信息；若讨厌某人，则会夸大对其有害的信息。⑥ 有些人有意无意地以扭曲、夸张性的传播，来打发空虚与无聊，以扩大知名度，赢得众多“粉丝”，或赚取网络点击率。

当今各种媒体快速发展，采访、报道或转载的失误也造成了不少信息传播扭曲的现象。值得注意的是，有些媒体出于各种目的和动机，倾向于夸大或强化那些符合自己观念的信息，乐意进行绘声绘色地传播；贬低或忽视那些不符合自己观念的信息，有意无意地进行抵制或改造，从而造成了传播扭曲效应。比如，西方媒体集中报道的“美泰事件”中，关于“中国制造”的话题就是这样被扭曲传播的。2007 年 8 月开始，全球知名玩具企业美泰公司宣布了三次大规模召回，涉及在中国制造的 2 100 万件玩具。部分西方媒体刻意炒作，美联社的文章甚至写道：“您以后还敢为孩子购买中国制造的玩具吗？”一时间，西方消费者对“中国制造”的产品产生了畏惧心理。西方媒体对“中国制造”存在的偏见，导致他们混淆了“品牌”与“产地”的概念，掩盖了美国品牌公司应对其产品安全负责的关键问题，有的还借机宣扬“中国威胁论”。经过多方努力，美泰公司当年 9 月 21 日公开承认所召回的玩具绝大部分是美方设计缺陷所致，而不是中国制造商的问题，并向中国方面致歉。又如，2003 年，美国政府借英国政府宣称的“伊拉克有能力在45分钟内部署生化武器”的信息，决定出兵伊拉克。其中的信息传播受到了多重扭曲，其缘由多种多样，但足以证明传播扭曲效应的影响是巨大的。

标题对真实信息的扭曲更甚于新闻主体，造成了很多误导。有媒体人指出，在当今缺乏耐心、浮躁轻率的浅阅读时代，很少有人再去细读新闻报道的原文，网民情绪轻易就被标题所煽动。于是，有些媒体就通过制作有特色、有冲击力的新闻标题，以大幅度提高新闻的内在价值。有些网络媒体甚至对原文断章取义，曲解作者本意，放大次要信息，甚而无中生有，用刺激性的语言摆足噱头，行“标题党”之实。有学者综合分析了大众媒体的标题出现传播扭曲效应的12个典型案例，并归纳为以下九种情况：理解偏差、图文不符、断章取义、假冒“亲”见、无中生有、篡改事实、技术失误、编译失误、将错就错。这些很值得媒体传播工作者注意防范。另外，美国知名的民意调查公司盖洛普的一项联合调查研究表明，网民往往通过浏览标题来决定是否要阅读这则消息。参与调查的读者阅读过56％的标题，相比之下，其中阅读过新闻报道正文的不到一半，只有25％。国内网民看新闻时，只阅读标题的比例高达80％，点开网页详细看新闻的比例则不到5％。可见，一条失实的标题，带来的危害有时远大于网络虚假消息。

无论是大众媒体，还是内部媒体，都是开展思想工作的有效载体。对此，思想工作者担负着重任，守土有责。思想工作者应当从维护党和国家利益的高度，从维护社会安定、增进人民福祉的高度，充分重视并努力做好信息传播工作，防止和避免传播扭曲效应。

(1) 源头控制，保证传播信息的准确性

对于主动发布的信息，思想工作者一定要从源头上把关，确保信息传播内容的真实性、准确性。工作部署、领导讲话、专项总结等重要的信息，要形成书面的材料、纪要、要点；重要的新闻事件，要形成新闻统发稿或素材稿，主动散发给相关的媒体，以此保证源头信息的准确性。思想工作者要掌握新闻宣传的基本功，以及提高信息传播准确性的技巧。比如，新闻的“五个W一个H”(何时、何地、何人、何因、何事、怎样)等基本要素；主题要放在消息的导语中强调；对于诸多信息，要挑选最重要的信息、最关键的字句进行描述；尽量使用主动语态和肯定句，少用被动语态和否定句；多用简短句式、流程图、列表；适当提供人物、事件、单位等背景材料。必要时要主动提出审稿的要求，避免差错。这样，就可以保证信息在传播中得以准确的表达，将信息的形变控制在可接受的范围中。

(2) 严格把关，力求传播的真实、完整

思想工作者从事媒体宣传，不可能都是最原始的第一手信息，更多的是从各方面汇集过来的信息。此时，必须全面地判断一个信息是否真实、完整，有没有被扭曲，以及可能产生的影响，并且加以理解和使用。作为信息的接收者，要培养敏锐的洞察力，批判性地接收信息，不能听风就是雨，盲目轻信小道消息。要学会通过自己的思考来判断，分析其新闻价值；对来源不明或可疑的信息要细加甄别，至少要从以下几个方面来考察，严格把关：这是事实吗？这符合逻辑吗？这能产生正面的效应吗？以何种媒体、何种方式传播最为有效？目前是传播的合适时机吗？必要时要补充采访，适当核实，减少信息传递的扭曲，以保证信息传播不走样、不衰减。还可以运用微信、微博等现代化手段，以书面信息代替随意性很强的口头传播，提高传播的时效性、直接性，最大程度地减少信息传播中的扭曲、失真。

(3) 责任到人，选择安排可靠的编辑

信息传播的媒介是人，人是信息传播中最重要的因素。信息在人们之间的传播流动必然要经过一些媒体的编辑。这些担任编辑的个人或集体往往带着自己的经验、看法、标准或个人理解进行信息的选择和编发，编辑的素质对于传播的质量和效果起着举足轻重的作用。因此，要挑选政治和业务素质高、责任心强、表达能力好的人员担任信息传递第一个重要关口的编辑，并加强制度管理，提高信息传播的时效性和准确性，确保将完整的信息不走样地传播出去。

(4) 减少层级，避免传播的衰减、失真

在信息传递过程中，无论是组织内部传播，还是社会媒体传播，信息被人为的加工、扭曲，甚至衰减的现象都比较严重。一家著名的美国公司对组织传播状况的调查显示，信息在下行传播中，好像经过一个个漏斗，层层过滤，就会衰减、失真。如果董事会发布的原始信息是100%，口头传播5个层次，到最后一个接受者那里，仅剩下20%。因为各种原因，80%的信息被筛掉或丢失。因此，应当尽量采用原始资料进行编辑处理，尽量减少信息传递中加工传播者的数量和层次。根据经验，信息的传播者以不超过3级为宜。这样，才能保证信息较为完整的传递。同时，对于重要的信息，应当实行严密的监控，保证在最短的时间内，信息能够完整地传递到所有的接收者。

74. 不要被自己的耳朵“欺骗”

——鸡尾酒会效应

或许大家都有过这样的经历：在舞会、酒会等人声嘈杂的场合，音乐声、谈话声、杯盘餐具的撞击声等各种声音混杂一片，但人们却还是可以将注意力集中在与某人的谈话上，听清楚对面朋友轻声说的内容，“只听到所希望听到的”，而对周围其他的声音充耳不闻。但无论如何专注，一旦有人叫我们的名字或提到我们感兴趣的事情，我们会立即有所反应，关闭所有无关的噪音，竖起耳朵，只听自己关注的那一个声音。在周围交谈的语言都不是我们的母语时，较远处用母语说出的话语，也马上就可以引起我们的注意。早在 1953 年，心理学家就把这种常见于鸡尾酒会上的现象称作“鸡尾酒会效应”。

鸡尾酒会效应，也称作“选择性关注”，是指下意识地将自己的听觉注意力集中在某个特定的关注兴奋点，而将其余的声音过滤或忽略的听觉选择能力。心理学上所说的“注意”，是人的心理活动对一定对象的指向和集中，是伴随着感觉、知觉、记忆、思维、想象等心理过程的一种心理特征。平常只说“注意”，实际上是省略了“看”“听”“想”等心理过程，说完整了就是“注意看”“注意听”“注意想”。因此，鸡尾酒会效应实际上还有许多类似的情况，比如，人们能够从毫不关注的兴奋点中立即识别出对自己重要的文字、图像信息，如在众多的新闻报道中，很快就找到自己感兴趣的内容；在一大堆照片中，人们会很快就发现与自己有关的那一张。

心理学家的研究证明，鸡尾酒会效应揭示了人类听觉系统中令人惊奇的能力。平时，各种刺耳的声音会抓住人们的注意力，强行进入人们的意识之中。当人的听觉注意集中于某一事物时，意识会将一些无关的声音刺激排除在外，而无意识却始终在监察着外界的刺激，一旦出现与自己有关的特殊刺激，就能立即将注意力转移过去。可见，人们的大脑对声音时刻进行着某种程度的判断和掩蔽，决定“听”或“不听”。总之，是“只听到所希望听到的”。

怎样解释这种神奇的听觉选择现象呢？心理学家先后提出了三种假说：① 过滤器模型。由英国著名心理学家布鲁德本特提出。他认为，来自外界的信息是大量的，但人的感觉通道接收信息的能力以及高级中枢加工信息的能力是有限的，因而对外界大量的信息需要进行过滤和调节。过滤按照“全”或“无”的原则，只允许一条通道上的信息经过并进行加工，其余通道则予以关闭。② 衰减模型。由美国心理学家特瑞斯曼提出。她认为，信息在通路上并不完全被阻断，而只是被减弱，其中重要的信息可以得到高级的加工并反映到意识中。双耳听音实验发现，被试者能觉察出追随耳中87%的词以及非追随耳中8%的词。这表明，被试者可以同时注意两个通道的信息，但信息有不同程度的衰减。目前，人们倾向于把上述两个模型融合，称为过滤器—衰减模型。③ 容量分配模型。由心理学家卡里曼提出。他认为，注意这种资源和容量是有限的，且可以灵活地分配去完成各种各样的任务，甚至同时做多件事情，但完成任务的前提是所要求的资源和容量不超过所能提供的总量。人们之所以能够同时进行两种或两种以上的活动，是因为这些活动所要求的注意容量没有超出其所能提供的总量。外部世界纷繁复杂，随时都有大量的刺激作用于人的感觉器官，但是人的感觉器官接受外界刺激的能力又是有限的，因此人就要有选择地接受外界刺激，以便对相关的刺激进行精细的加工。

思想工作者进行媒体传播工作，从鸡尾酒会效应中至少可以获得两方面的启迪。

(1) 在收集信息时要注意全面准确，防止“以偏概全”

开展思想工作，做好媒体传播，常常需要收集各类新闻线索，分析信息真伪，确定采访重点。如今，媒体传播的题材内容十分广泛，而且思想文化和价值观多元化的情况愈加繁杂，因此，准确、全面地了解、分析新闻线索，合理地取舍，是做好媒体传播工作的前提。尤其是在收集、汇总群众的各种思想信息时，一定要把握"客观、真实、全面"的原则，无论是主流、非主流的信息，都应适当地了解和反映。切不可因个人的喜好、偏向，有意无意地只"听到"自己愿意听到的信息，只反映与自己观点一致的信息，防止被自己的耳朵"欺骗"，以致在工作指导上发生偏差。不仅如此，在谈话、调研等思想工作过程中，思想工作者也常常会受到鸡尾酒会效应的影响，再加上工作对象"投其所好"有选择地反映等因素，很容易将自己"听到"的信息误以为是真实、全面的信息，将"顺耳之言"当作是主流观点，导致"盲人摸象"的偏差。一百多年前，在袁世凯复辟的闹剧中，其子袁克定为了促成袁世凯称帝，以圆自己的"太子梦"，竟然偷梁换柱，每天伪造只印一张的假《顺天时报》，专门刊登一些鼓吹帝制、拥护袁世凯做皇帝之类的消息，送给袁世凯看，从而造成了袁世凯对局势的误判，导致众叛亲离而自取灭亡的结局。所以，对于从各种渠道获取的信息，要善加甄别，不能"只听到所希望听到的"，更不能以偏概全、偏听偏信。

（2）在发布信息时要注意受众的兴趣爱好，让受众喜闻乐见

开展思想工作，常常需要通过内部媒体和社会媒体发布各种信息，尤其是进入"自媒体时代"，传播的渠道十分广泛。因此，传播内容和形式的选择，对于传播效果的影响非常大，这就需要特别关注受众感兴趣的信息，做到"贴近实际、贴近群众、贴近生活"，而不能不顾读者需求，一味地追求"高大上"或个人的口味。要根据受众的关注点、兴奋点来选择传播的主题和角度，合理设置版面和栏目，运用受众听得明白、听得有兴趣的语言，尽可能密切与受众实际利益和兴趣的关联，增强亲和力、感染力，切实提高传播的效果。

75. 排除无关或相悖刺激的干扰

——斯特鲁普效应

1935 年，实验心理学家斯特鲁普进行了一项关于干扰对反应时间影响的有趣实验。第一次，他拿出一些颜色块，要求被试者尽快说出所看到的颜色；第二次，拿出一些表述颜色的字词，同样要求被试者尽快地说出这些字词。结果，被试者都很顺利地完成了这两次任务。第三次，再出示一些表述颜色的词，但每个词所用的颜色与所表述的颜色并不相同，如“红”字是用蓝色写的，“绿”字是用黄色写的，“黄”字是用黑色写的，要求被试者尽快说出字词的颜色。这时，出现了一种意外的心理现象：被试者不能像前两次测验那样迅速而又准确地说出字词的颜色，停顿思考片刻，却不由自主地说出了字词所表述的颜色。

在不久前湖南卫视的一档电视节目中，也看到类似的游戏，面对颜色和其字面意义不符的词语时，嘉宾们结结巴巴，频频出错，常常需要他人帮助，需要反复思考确认后才能继续往下念。

斯特鲁普的这一发现表明：环境刺激的各项物理特征如果相融，则会使辨识加速，反应时间缩短；但若互不相融，则会造成干扰，使反应时间拉长。由于某种因素的干扰，被刺激者难以集中精力对特定刺激作出反应的现象，就被称为“斯特鲁普效应”，又称为“颜色干扰效应”，也译作“斯特鲁效应”“斯楚普效应”。

确实，当有几个表示颜色的不同词语，如红色、黄色、绿色、黑色等，分别涂上与词意不同的颜色，蓝色涂上白色，红色涂上黄色，黄色涂上绿色……让你马上读出来，你也会觉得困难，而且反应速度变慢了。这是因为人们经常看见并阅读文字，大脑分析文字比较多，所以看见这些颜色不同的字词后，大脑会首先对文字作出反应，但是那些文字的颜色与大脑贮存的文字资料并不相符，这时大脑就必须花费一段时间来思考、辨别、确认才行。在斯特鲁普的实验中，人们说出100个方块的颜色，平均只要63秒，而要说出100个有冲突的字词的颜色，则平均要花费110秒的时间。不受此干扰的最佳方法，无疑是忽略掉文字，只当文字是图片，那样大脑就不会处理文字信息了，速度也可以迅速提升。

斯特鲁普认为，出现斯特鲁普效应的原因，主要是人们无法控制刺激情境中无关特征的强烈影响，从而产生心理干扰，使人无法对当前特定刺激作出正常的反应。具体分析起来，研究认为还有以下因素的影响：① 与人们的注意转移力有关。注意转移力，是指根据情境的变化或面临任务的变化而把注意力从一个刺激迅速转到另一个刺激上的能力。那些注意转移力弱的人，极易因其他刺激的干扰而分心，因而容易发生斯特鲁普效应。② 与刺激情境中的无关特征有关。这种无关特征与人们所要反应的特定刺激具有密切的联系，如上例中的字词含意与所用颜色的交叉，易于形成干扰。尤其是刺激情境中出现的新异刺激或对个体具有重要意义的刺激，以及某些情绪性因素的影响，都容易引发斯特鲁普效应。③ 与一个人所担任的多重角色有关。一个人担任了不同的角色，在对特定刺激作出反应时，不同的角色都会跑出来解释、认同、表态及行动，但在同一时间内，人的思维又不允许同时进行，这样就可能出现一会儿甲角色思维，一会儿乙角色思维，或出现同时互相交错的混同思维现象，这种角色冲突现象也会导致斯特鲁普效应的发生。

对于思想工作者来说，斯特鲁普效应对媒体传播等方面的工作有比较直接的启示和作用。

(1) 内容和载体要保持协调

无论是媒体宣传，还是组织活动，所传递的信息意义与传播载体应该保持一致性。如果对信息传播载体的选择不当，就会使信息的意义、内容受到干扰，从而影响信息的传播效果。例如，医务工作者开展健康卫生知识宣传活动，交通民警举办交通安全知识宣传活动，参与活动的人员应该穿着职业装，穿白大褂的医务人员形象与宣传内容一致，穿制服的交警形象与其宣传内容也相协调，与穿着便装相比，明显可以增强宣传效果。此外，在场合的选择，以及氛围的营造上，也应力求和活动的内容协调一致。如庆祝“六一”的活动，参与主体是少年儿童，就应当布置得生动活泼、色彩丰富、鲜艳夺目，如果过于沉闷、老气横秋，就不能体现欢快的节日气氛。又如，访贫问苦、捐款帮困、慈善活动，就不宜安排在豪华的场所举行，场景安排也不能过于奢华，否则就会出现适得其反的效果。在媒体报道时，尤其是新闻图片、视频的编辑选用时，要注意回避与主题不吻合的场景和人物。

(2) 版面安排上要突出主题

如今被认为是“读图时代”，报刊上的图片具有很强的视觉冲击力，对于吸引读者眼球有着显著的作用。图片与文字恰到好处的配置，可以增强文字的说服力，使读者加深印象。但是，如果图片选择不当、处理不妥，出现了与报道内容无关或相悖的刺激，则会对主题的表达起到干扰作用。新闻标题的不当使用，在某种程度上也会导致斯特鲁普效应。如，有些编辑受到“标题党”的影响，为了吸引眼球，提高发行量、点击率、收视率，故意制作一些夸大其词、耸人听闻的文章标题，来提高传播效果。实际上那些耸人听闻的标题与内容完全无关，或关系不大，或无限夸大，欺骗了受众的感情，浪费了受众的时间，还会使受众错过真正有价值的信息。

需要强调，新闻标题是图片的眼睛，它或提示新闻事实的内容，或点明新闻图片的意义，或评论新闻事实的价值，都直接影响到图片的表达和传播效果。有时为了局部的考虑，造成了新闻标题与图片不匹配，扰乱了版面主题的确立，也干扰了受众正确理解图片的意义。

(3) 角色冲突时要认准定位

每个人在职场上都有一定的职业定位，个人的行为要服从职业定位。在社会上，人们总是强调个人利益要服从集体利益，必要时要不惜牺牲个人利益。尤其是在一个人所担任的不同角色之间发生冲突时，要认准自己的主要定位，以社会主义核心价值观为指导，恰当地处理好角色之间的矛盾。在 2003 年抗击“非典”时，北京市有 15 名医务工作者因擅离职守、临危退缩，受到了严肃处理，也受到了社会舆论的谴责。在2008年汶川地震中，教师范美忠为了保全女儿生命，不顾学生的安危而逃跑，背弃了教师应尽的职责，被人们唾弃为“范跑跑”。

又如，南非的自由摄影记者凯文·卡特拍摄的照片《饥饿的苏丹》，生动地记录了苏丹女童即将饿毙，跪倒在地，而兀鹰正在女孩后方不远处虎视眈眈，等候猎食女孩的真实画面。这让他获得了1994年普利策新闻奖，然而也引来了社会的诸多非议：为什么他不去救助秃鹫前的小女孩？之后，卡特内心也非常后悔没有带走小女孩。面对道德的困惑和舆论的压力，卡特选择了自杀来作补偿。他最后留下了一句话：“真的，真的对不起大家，生活的痛苦远远超出了欢乐的程度。”可见，一旦背离了人性的原则，内疚与自责的压力是多么巨大啊！

76. 避免事与愿违的努力
——飞去来器效应

许多人都曾见到过，一件飞镖状的道具被杂技表演者抛出之后，绕着观众的头顶盘旋一圈，在一片惊呼声中又飞回表演者的手中。这种道具就是飞去来器的一种，也叫作回旋镖、自归器等。顾名思义，就是飞出去以后会再飞回来。其形状也是多种多样，如二人转所用的就是边长为 40 厘米左右的转巾。据说，V 字型和香蕉型的飞去来器最早是澳大利亚土著人的传统狩猎工具，熟练的猎手向猎物抛出飞去来器以后，飞去来器会沿着一条弧线飞出，如果没有击中目标，就会沿着弯曲的弧线折回来，重新返回到猎人的手中。抛出时用力越大，飞回来的速度和力量也越大。社会心理学对此作了借用和延伸，把行为举措产生的结果与预期目标完全相反的现象，称为“飞去来器效应”，又称作“飞镖效应”“回飞镖效应”。

这种飞去来器效应在日常工作与生活中时常会发生。在学校里，下课铃响了很久，有的老师还在滔滔不绝地讲课，恨不得把满肚子的知识都掏给学生，可同学们早已心不在焉，期盼着能早点下课。有些学生为了提升学习成绩，拼命加班加点开夜车，搞题海战术和疲劳战术，弄得整天头昏脑涨，学习效率低下，结果适得其反，考试成绩一落千丈。有的思想工作者在宣传某种一时并不能使人接受的观点时，苦口婆心，反复解说，竭力说服听众接受，其结果反而使听众越来越反感，听众的认知距离宣传的观点越来越远。当出现社会公众事件时，有的主管单位出面解释，百般掩盖，推卸责任，理由并不能让人信服，结果事与愿违，越描越黑，激起公众更大的反感。所有这些，都好比用力把飞去来器往一个方向抛掷，结果它却飞向了相反的方向，搬起石头砸了自己的脚。

为什么会发生飞去来器效应呢？概括地说，有两条主要原因：① 目标与手段的不协调。在出现飞去来器效应的案例中，当事人在考虑问题时常常犯了简单化、片面化的错误，只是把注意力盯在所要达到的目标上，而忽视了手段的择优选取和最佳匹配，以致手段与目标相违背，引发了一系列有违初衷的反应，对目标的实现产生了干扰作用。② 情绪逆反的作用。沟通交流中的话不投机，会引发厌烦心理，再加上强行灌输，就更加重了厌烦情绪，以致情绪越来越向相反的方向发展。如夫妻之间吵架，正在气头上，如果一方想对另一方作出解释，往往是越解释越糟糕，因为对方会认为这是别有用心，是在使用计谋掩饰，而不是在陈述事实。实际上，许多心理问题演化的过程，正是飞去来器效应发生作用的过程，当事人在不明了自己问题产生的原因时，为克服心理障碍所做的种种努力，其实恰恰是在“巩固”“加强”这些问题。

思想工作者应当从工作对象各方面的特点出发，围绕主要的目标任务，采取适当的方法，卓有成效地开展思想工作及媒体宣传工作，努力避免飞去来器效应。

(1) 说服教育中的策略

做说服工作难，难就难在并不是你“说”了对方就会“服”，一定要注意说服、劝解等的内容、时机与场合。时机与场合不当，结果往往是“不说倒还好，越说越糟糕”。因为根据飞去来器效应的特点，人们情感的波动势急力强，逆反的心理更是强烈难挡，如果硬要阻挡拦截，常常会事与愿违，导致两败俱伤。这里介绍两种说服的策略。

① 系统脱敏法。简单地说，就是你要说服对方，应该分阶段逐步提出要求，不要急于求成，防止产生“抗拒心理”。社会心理学家认为，工作对象对外部传递来的信息，既有其可以接受或容忍的范围即“接受纬度”，也有不愿意接受或排斥的范围即“拒绝纬度”。在实施说服时，要充分估计发出的信息会落在什么纬度之中。如果信息落在“拒绝纬度”之中，就不能操之过急、急于求成，而应该分阶段逐步实施，使信息的落点逐渐从“拒绝纬度”移向“接受纬度”，这样才能真正达到说服的目的。否则，要求过高过急，容易使工作对象产生反感，进而拒绝和排斥，引发飞去来器效应。

② 单面论证和双面论证法。单面论证，是指在说服别人相信自己的观点时，只提对自己观点有利一面的分析和论证。而双面论证则是在陈述自己的观点时，将利弊得失两面同时谈及，加以比较，突出有利一面，让对方思考权衡。这两种方法都是有利有弊的。单面论证可以避免相反信息的干扰，但如果处理不好，工作对象觉察到还有其他相关信息，便容易产生怀疑，以致降低信息的可信度，甚至引起反感。双面论证可以与工作对象一起分析对比，使之产生“免疫力”，但如果处理不好，也容易产生信息传递上的干扰，使工作对象反而去接受相反的立场(参见“接种效应”)。相对而言，当工作对象对你的观点比较赞赏或处于中性态度时，采用单面论证的效果较好；而当对方一开始就持怀疑或否定态度时，则双面论证较为合适。当对方的文化程度、理解水平、信息知晓度较高时，采用双面论证比较适宜；而对于理解水平和文化不高者，则用单面论证比较简捷。

(2) 媒体宣传中的策略

在媒体宣传中，传播者必须有正确的立场、纯洁的动机、真实可信的内容、分寸恰当的言论、正派机敏的作风，以及健康朴实的风格。因为受众是具有主观能动性的，绝不会只是机械地、被动地接受传播者所传递的信息。如果传播方式生硬，强行灌输，虚夸过度，就容易引起受众的反感。因此，传播者应当依据社会环境和目标受众的特点和需求，采用适当的方法和技巧，有效地传播信息。否则，非但不能达到预期的目的，反而容易适得其反，使受众产生逆反心理。

比如，典型报道是受到诟病较多的媒体报道类型，其表现是：不自觉地把典型人物的事业和生活对立起来，和人性、人情对立起来，于是，典型人物高高在上，千人一面，空洞说教，毫无情感；在表现手法上，以点带面，以偏概全，夸大其词，随意拔高，甚至移花接木，而且故意回避其缺点，营造耀眼的光环，造成典型人物失去亲切感，缺乏可信性，没有吸引力。事实上，不食人间烟火的英雄模范是很难感动受众的，而且还会造成受众敬而远之。多年前，新华社“舆论引导有效性和影响力研究”的课题问卷调查显示，68%的被调查者认为典型报道的主要问题是“都是优点，没有缺点”，61%认为这类报道“模式化、概念化”，50%认为“空话、套话多”，39%认为“对典型人物的个性特点挖掘不够”，32%认为“对典型人物的时代特色挖掘不够”。由此可见，受众对典型人物报道存在一种怀疑、排斥，甚至逆反的心理。近年来，这种情况已经大有改善，但仍然需要引起重视，对典型人物的报道要特别注意以人为本，真实地反映典型人物的精神世界，尽量避免飞去来器效应的产生。

(3) 危机应对中的策略

媒体信息发布作为危机应对中的关键环节，具有通报情况、沟通感情、调节舆论、修复形象等多重功能，目的是同社会公众沟通，争取谅解和支持。在实践中却可能由于各种人为的疏漏和失误而导致飞去来器效应的产生。一般来说，危机本身就具有较强的新闻价值，会吸引各种媒体高度介入和公众高度关注，信息环境对于当事方而言相当不利，舆论可能出现“一边倒”的局面。这一是因为危机产生后，人们通常会将当事方推定为有过错的一方，先入为主地产生不佳的印象，倾向于对当事方采取怀疑或否定的态度；二是因为危机传播所要试图调整的信息流、影响流和噪音流通常都存在一定的不确定因素和难以预测性。这些都增加了沟通和说服的难度，也增加了媒体信息发布产生“负效果”的风险。在“攻击指控者、否认、借口、合理化、迎合、修正行动和完全道歉”等危机应对的主要策略中，前三种行为最易引发飞去来器效应，因为指控者是站在公众一方的，对指控者的攻击、否认或寻找借口，很可能给人以不诚恳、不值得信赖的印象，恶化当事方的舆论环境，令当事方站到公众的对立面。如，2005 年中秋节前后，南京冠生园用陈馅翻炒后再制成月饼出售的事件就是一个典型案例。被媒体曝光后，南京冠生园负责人在接受记者采访时，先是不承认使用陈馅，拒绝做出任何道歉，后来又声称陈年馅月饼是普遍现象，是全行业公开的秘密，甚至指名道姓地提到相关厂家的名字。这种说法激起了消费者和月饼生产企业的强烈不满，从而将自身推向更加不利的境地。在外界的重重压力下，此事最终以南京冠生园破产倒闭告终。可见，在危机传播中，公众不但关注当事方“说了什么”，同时也关注是“如何说的”。

因此，媒体传播者危机应对中要注意以下几个环节。

① 必须以真诚、开放的态度，向社会公众如实地报告情况，争取谅解和支

持，千万不能隐瞒，不能撒谎，更不能抵触。

② 要从信息接受者的知识结构、过去经验、知觉特点等出发，对专业话语进行转换，实现意义的等价代换，并借助于专家、权威，用公众听得懂的通俗语言进行沟通和交流。

③ 在进行具体的信息编排时，要对各种符号资源进行合理的结构组合，做到诚恳、真实、准确、可信，力求使信息在主题、逻辑、结构和内容上无懈可击。当事方及时、真实、准确、恰当地披露信息，不仅能够表明坦诚、谦逊、开放的沟通态度，还能借助内容之力对抗不利信息，从根本上扭转舆论困境.甚至转“危”为“机”，修复自身的形象。

77. 美能增加对事物的好感度

——美女效应

意大利首都罗马一家自助餐厅的老板想出了一个赚取小费的妙计。他请来一位非常漂亮的姑娘坐在柜台边收钱,这令男客们神魂颠倒,欣赏之余,纷纷慷慨解囊。谁知没过几天,那位姑娘上班后就对老板说:“我想,我不如以前漂亮了。”老板忙问:“这是怎么回事呢?”姑娘说:“现在,所有的男客都在柜台边反复地数找给他们的零钱。”据说,这就是“美女效应”的由来。

在现代社会,美女也成了一种资源,而美女经济就是围绕美女资源所进行的财富创造和分配的经济活动。其中,美女不是被直接消费的商品,而是传播美丽、促进增值的介质。作为“注意力经济”“眼球经济”和“信任经济”的重要组成部分,美女经济有其特定的经济要素、运行机制,因而形成了自己的经济特点。美女经济不仅影响的领域多、层次高,而且涉及的范围广、作用大,赢得了良好的经济效益,也取得了可观的社会效益。

如今美女效应极为普遍,电视要美女,电影要美女,广告要美女,杂志要美女,车展要美女,促销要美女……无论是翻开报刊,还是启动电脑、打开手机,众多美女就会扑面而来。多年前关于电视广告中女性形象的研究报告指出:“广告中偏爱使用女性角色,70.5%的广告中出现了女性,而只有47.5%的广告中出现了男性,而且更加偏爱使用年轻(83.1%)、美貌(81.8%)的女性角色。”美女更多地在服装美容类的广告中担任主角,所占比例达60.8%。可见,美女效应和经济发展确确实实是挂上了钩,接上了轨,全世界的商家都对美女趋之若鹜,借助于美女效应来增加利润,美女效应已成为一种促进经济效益增长的方式。

简言之,美女效应的心理基础是“爱美之心,人皆有之”。美女,是造物主给予人类的神奇尤物,引人注目,给人美感,令人愉悦。美感是人接触到美的事物所引起的一种赏心悦目、怡情悦性的心理状态,是人对美的认识、感受与欣赏。对于美的事物,人们自然愿意多看几眼,这也是人的本性使然。所以,美女在就业及薪酬方面也就相对地占有一定的优势。据报道,某母婴护理公司直接为育儿嫂颜值标价:颜值列为“较好”的育儿嫂价格每个月要贵500到1 000元,理由是育儿嫂长相会影响到宝宝。好感与美感,这两种都能给人带来愉悦的感觉,存在着内在的联系,具有互相影响的作用。对于能产生美感和好感的客观事物,人们通常都会给予特别关注和细致体验。客观事物给人的美感,通常使人在主观上感觉到“迷人”“动人”“诱人”“令人神往”,会使人增加对该事物的好感程度,并且会引导人们去努力争取获得该事物。在美女经济中,美女就成为市场经济的重要媒介,形成了以美女和欣赏美女的人们为目标消费人群的经济形态,让整个社会达成对美的分享。难怪一些社会学者认为,美女经济是“真善美的传播者,人类文明的使者”。人们对于美的追求永无止境,社会越进步,经济越发展,社会对美女经济的需求就越大,美女效应的作用也会随之放大。

于是,美女就以其亲和力强、感染力强的特点,在传播过程中效果突出,成为各界竞相选用的传播媒介。比如,宝洁公司全球著名的护肤品牌OLAY玉兰油,近些年来超越了对产品功效的宣传,更加注重对女性情感世界的关注,推出“宠爱自己”“和谐”“美好”等关爱女性的理念,先后启用了张曼玉、周迅、林志玲、宋慧乔、范冰冰等作为品牌代言人,在人们心目中努力塑造美丽先导的形象,引得多少女性消费者受到诱惑而购买。又如,在超市促销中,促销人员几乎都是清一色的美女,身材窈窕,面容秀丽,着装时尚,轻声细语,举止优雅,热情周到,人们对他们推荐的商品怎能忍心拒绝?不知不觉间,就中了商家的美女“圈套”,无论推销的是什么,只要不是贵得离谱,人们也就欣然掏腰包了。可见美女效应的威力有多大!

对于美女效应,思想工作者既要认清市场经济发展的趋势,支持相关的业务经营部门和媒体广告部门,充分发挥美女效应的作用,树立良好的企业形象和商品形象,促进经济活动的开展和经济效益的提高,同时也要注意避免美女效应的消极影响和不当运用。为此,对媒体传播提出几点工作建议。

(1) 防止价值观的误导

美女效应作为市场经济发展的产物，体现了人皆有之的“爱美之心”。利用美女天生丽质的特殊价值来包装、映衬商品，吸引消费者的注意，对于促进经济发展有着积极的作用。然而，有些利用美女效应传播的信息，潜台词中包含的价值观却值得商榷。有的在促销商品、传递消费信息的同时，在有意无意之间，宣扬“及时行乐”“物质至上”“只要美丽即可获得幸福”等享乐主义的意识，试图改变人们的价值观、消费观念，乃至生活方式。如，竭力鼓励不顾实际的高消费，把使用某种高档商品作为高贵身份的象征、时尚生活的符号、人生追求的目标，甚至是阶层区隔的标志，以致人们不得不接受这些“附加值”，产生盲目的购买行为，否则就有“落伍”的“危险”。享乐主义是指把追求一切能够引起各种感官快乐的刺激看作是人生目的的思想观念，使人们尽情地追求物质上的享受和肉体上的快乐，容易使人们陷入贪图享乐、意志消沉、缺乏进取精神的状态。对此，思想工作者要引起注意，在参与相关的策划、传播工作时，要坚持正确的导向，倡导社会主义核心价值观，倡导应尽的社会责任，倡导健康、文明的消费方式和生活方式。

(2) 防止对女性形象的损害

有些运用美女效应的广告，不惜损害女性的形象，将“女性美”的概念引入歧途。有的美女广告，简单地从满足男性的感官需要出发来界定女性美，仅仅把女性当作审美对象，并且过于强调审美标准的外在化和单一性，以及女性在审美活动中的被观赏性和从属地位，忽略了女性在审美活动中的主体性和全面感受，以及妇女在社会发展中多方面的作用和多种形象。有的美女广告强调女性曼妙身材可以满足种种物质需求，甚至可以一夜成名、名利双收，进而鼓励以牺牲健康为前提去博取外在美。还有的信息隐含了对不够漂亮的所谓“丑女”的讥诮和鄙视。这些对于女性形象的曲解、偏见和损伤，都是应当避免的。

(3) 防止审美的低级趣味

人类的美感来源于动物的本能，却超越了动物的本能。审美情趣，也称审美鉴赏力，是审美主体欣赏、鉴别、评判美丑的特殊能力，是审美知觉力、感受力、想像力、判断力、创造力的综合，又是以主观爱好的形式表现出来的对美的认识和评价。因而，审美情趣有高雅和低俗之分。有些运用美女效应的广告，以低级趣味对社会公众造成了精神困扰，污染了社会空气。如个别美女广告以着装暴露、突出女性的敏感部位来做招徕，裸肩、裸背、露乳沟、露大腿，不一而足；某些电视广告甚至通过美女模特性感的肢体语言来挑逗，使男性产生性幻想。有一组统计数据，国内5个样本大城市电视台播送的1 100多条广告中，衣着暴露的女性占女性角色总数的14.5%。在运用美女效应的信息传播中，应当引起注意。

当然，随着《广告法》的实施及各级政府对媒体监管的加强，上述在运用美女效应进行信息传播中出现的问题，已经有了明显的好转。在网络媒体、自媒体和电子商务迅速发展的今天，有些现象又以新的形式出现。对此，思想工作者要予以关注，发挥自身的作用，尽量克服其消极作用。

78. 不让情色传闻毒化空气

——绯闻效应

绯闻，也称为桃色新闻，泛指与不正当男女关系有关的媒体报道。绯闻，尤其是男女之间的性丑闻传播得最快最猛最广。有些传媒为了吸引眼球，千方百计地窃取他人的隐私，或者把人们之间正常的恋情、婚姻关系加以渲染，人为地制造绯闻，甚至设陷阱、泼脏水，然后突然爆料，四处兜售。因传播绯闻而引起的轰动性效果就是“绯闻效应”。这种轰动效果往往会使当事人名誉扫地，同时也给受众带来负面的心理阴影，给社会风气造成不良的影响。

现代社会五光十色，光怪陆离，绯闻的出现缘由也是五花八门。有些是当事人一时疏忽而被发觉隐情的。也有的是因为情变而由当事人抖搂出来的。还有的是在追问下失言而露馅或无奈承认的。甚至有的是当事人有意无意透露的。现代科技手段日新月异，社会管理日渐开放，网络通信又即时快捷，有的媒体便模仿西方和港台地区，雇用狗仔队、私人侦探，运用电子眼、监视器、针孔摄像等技术手段，采取偷拍、偷摄、窃听、录音等方式秘密获取第一手资料，然后剪切、拼合、编辑、加工，制作成文字、图片、音频、视频资料，在媒体上刊登，广为传播，引发街谈巷议，博取不当利益。

绯闻传播快、范围广、影响大，这源于人们深层的心理原因：① 对他人隐私的好奇心理。人们对于他人的隐私，尤其是涉及性关系方面的隐私，常常怀有强烈的好奇心，甚至还会引发进入迷宫似的遐想。② 对色情新闻的窥秘心理。一些人对色情信息比较感兴趣，如喜欢听“黄段子”、观看色情图片，觉得新鲜、刺激，色情新闻就更容易被采信和传播，越是不想让人知道的，就越想知道，窥探他人私密而津津乐道。③ 对名人轶事的追逐心理。涉及名人、明星、巨富、权贵、要人的绯闻,格外引人注目,闹得沸沸扬扬,却真假难辨。④ 对事态发展的猜测心理。那些捕风捉影、似是而非的绯闻,往往充满悬念,加上不断跟进、追踪的连续报道,伴随着求证、澄清、辩解、深挖、反击的进程,不断挑起人们对事实真相的追寻,于是就越炒越热,越传越快,越传越广。⑤ 对媒体传言的轻信心理。人们会觉得“无风不起浪”“宁可信其有,不可信其无”,将绯闻作为茶余饭后的谈资、笑料、开心果。不仅如此,绯闻在传播的接力过程中往往被多次误传、漏传、失真、篡改、添油加醋,拼凑出许多不同的版本,更增添了扑朔迷离的诱人色彩。⑥ 对某些丑闻的幸灾乐祸心理。英国《金融时报》专栏作家卢克·约翰逊曾指出:“所有人都喜欢听发生在别人身上的灾难。”美国调查机构的数据表明,患有“坏消息综合症”者平均值约为 41%。他们在各种消息中乐于相信、传播、分享坏消息,正如俗话所说的:“好事不出门,坏事传千里。”

有学者分析,绯闻效应有各种不同的表现形式,有被动的也有主动的,其能量和范围也各不相同。绯闻一经传出,就会起到各种各样的作用:① 玷污作用。有些绯闻玷污了当事人的名誉,引起家庭或亲友间的矛盾冲突,有的还造成了严重的后果。1935 年,电影明星阮玲玉和几个男人的感情纠葛被一些小报炒得沸沸扬扬,在社会传闻的重压之下,阮玲玉在家中自杀身亡,年仅 25 岁,留下了“人言可畏”的遗言。② 吸金作用。在利益驱动之下,少数媒体片面追求销量、订阅量、收视率、点击率、关注量,利用人们对情、色、爱的兴趣,大肆增加其“色、香、味”,使绯闻成为某些媒体招徕受众的调味剂,成了信息传播内容的畅销符号。③ 敲诈作用。有些绯闻还被用作敲诈勒索的工具。最典型的例子是 2012 年的“雷政富案”。肖烨等人长期采取色情勾引、秘拍不雅视频等手段,敲诈党政干部和国有企业负责人,被拉下水者多达十余人。其中,以不雅照片及视频对重庆市北碚区委书记雷政富敲诈 300 万元,随后又通过人民监督网朱瑞峰爆料,引发了全国舆论的关注。④ 倒台作用。在西方,绯闻有时也成为搞臭对手的政治手段。1998 年,美国总统威廉·杰斐逊·克林顿同白宫女实习生莫尼卡·莱温斯基的性丑闻被曝光,受到司法部门调查。共和党在国会对他提出弹劾,虽然议案未获通过,但导致克林顿颜面扫地,公众形象遭到损毁。克林顿承认这是咎由自取,是自己“给了政敌们一把刀子,而他们把刀子刺进了他的心脏”。近年来,国内一些官员也因绯闻引发了贪腐行为的曝光，导致了被查处、被罢免，乃至受到刑事处罚的结局。⑤ 扬名作用。受到西方性开放思潮的影响，有些人有意借绯闻扬名，换取某些利益。有的明星以故意制造的绯闻来吸引眼球，为最新作品作预热宣传；有的“星途”暗淡的新人试图借助绯闻来引起关注，以求在群星璀璨中崭露头角，这在文娱、艺术领域已不鲜见。

绯闻效应借助于人们的一些不健康心理，时常通过夸大事实、借题发挥、无中生有、无事生非、凭空想象、任意捏造等手段，制造人们关注的热点新闻，混淆视听，加剧了文化的商业气息，毒化了社会空气，污染了人们的心灵。思想工作者应当坚守媒体宣传的阵地，坚持社会主义核心价值观和正确的舆论导向，并通过多方面的思想工作，纠正这些错误的传播观念和行为，消除绯闻效应的不良影响。

(1) 帮助受众认清真相

思想工作者要引导受众不轻信流言蜚语，尤其是对一些绯闻挑起的低级趣味的消息，要运用常识来判断，相信主流媒体的报道，不能人云亦云。对那些未得到正常途径证实的绯闻，不能信以为真，更不要当作趣闻，用微信、微博等自媒体形式转发、传播，以免给造谣者当传声筒、替罪羊。

(2) 鼓励受害者澄清事实

要关心在工作范围内的不实绯闻的受害者，迅速查清真相，以及绯闻的来龙去脉，鼓励和帮助受害者通过正常渠道，及时辟谣、澄清，尽快灭火，不让死灰复燃。要维护社会的安定，维护当事各方的合法权益，防止矛盾激化。受害者在必要时要拿起法律武器，维护个人的名誉权、肖像权、隐私权，追究诬陷者的罪责，还自己以清白。

(3) 协助当事人走出阴影

要在查清事实真相的基础上，对在工作范围内的绯闻当事人，要批评其过错，必要时要给予一定的处罚。如果确因一时糊涂而犯错，应促使其尽快醒悟，认识到自己的问题，勇于承认错误，诚恳道歉，悔过自新，并主动承担相应的责任。还要帮助他们从绯闻的痛苦和耻辱中自省、自责，及时纠正错误，改邪归正，勿蹈覆辙。

(4) 协助有关部门净化传媒

要支持和协助主管部门加强对各类媒体的监管，加强社会公德、职业道德、家庭美德教育和案例警示教育，促进媒体自律和社会法律他律，依法惩处通过绯闻来实施的违法犯罪行为，使形形色色的绯闻效应现象受到管控，维护人民群众的正常生活秩序，营造健康、文明、和谐的精神家园。

六

团队和谐篇

79. 结伴行动效率高

——群体效应

19 世纪末，美国心理学家特里普里特设计了一系列实验来验证人们在群体活动中的工作效率变化。他让 40 名儿童在指定的时间里尽快转动钓鱼竿卷线轮绕线，结果，两两结伴绕线的比单独绕线的速度更快一些。在上下跳跃、数珠子、数硬币等实验中，结伴儿童的速度都有明显的提高。

1916—1919 年，F. 奥尔波特在哈佛大学也进行了这方面的一系列实验。结果证实，一个人单独做一项工作往往不如一群人一起做同样的工作效率高。也就是说，个体在群体中活动有增质增量的倾向。他把这种现象称为社会助长作用。进一步的研究表明，社会助长作用包括两种情况，一种是在与他人共同活动时效率的变化，这叫"群体效应"，或称为"共同活动效应""结伴效应"。另一种是当他人在场旁观时活动效率的变化，这叫"观众效应"（参见"观众效应"）。

在此之前，马克思在研究经济现象时就已经发现："12 个人在 144 小时的总劳动日中共同劳动，比 12 个孤立的劳动者各自做 12 小时，或一个劳动者每日做 12 小时连续做 12 日，会提供给一个更大得多的总生产物。"

群体效应是指个体形成群体，从事相同的一项活动时，通过群体对个体的牵制和指导，以及群体中个体之间的相互影响，个体会感到某种比较的压力，增强了被他人评价的意识，增加了相互模仿的机会和竞争的动机，从而提高了个体的兴奋水平，还会减少单调的感觉和因孤独引发的心理疲劳，所有这些都会使群体中的人们在心理和行为上发生一系列的变化。这就启示思想工作者，可以运用群体效应的原理，来增强团队的凝聚力，提高群体工作的效率。

需要指出的是，群体效应并不总是会产生积极的效果，其作用可能会有各种可能性，既可能产生 1+1>2 的工作成果，也可能产生 1+1=1 的结果。群体工作的成果究竟如何，与群体成员的心理倾向、工作态度和行为方式有直接的关系。概括起来说，群体效应大致有五种表现形式：① 积极助长。这是指群体对成员产生正向促进、提高效率的效应。群体活动中成员的行为是在一定的群体氛围中进行的，个体一旦意识到这种行为涉及群体的评价、监督和鼓励等因素，在成就动机和竞争意识的激发下，会调动自身的热情、积极性和聪明才智，尽力完成任务，以赢得群体的肯定、赞扬和尊重，并使群体获得较高的社会评价。② 消极致弱。这是指群体成员受到群体压力的干扰，妨碍自身能力的发挥，降低工作效率。一般来说，当竞争气氛太强、心理压力太大、工作难度太高时，社会致弱的作用会较为明显。如，有些运动员在小型比赛能取得好的成绩，而当参加大型比赛时就频频失手，最终失败而归。③ 群体惰化。这是指个体在群体中的工作成果不如单独工作时那么好的一种现象。20 世纪 20 年代末，德国心理学家瑞格尔曼进行的拉绳实验证明，三人一起拉绳的拉力只是一个人拉力的 2.5 倍，八人一起拉绳的拉力还不到一人拉力的 4 倍。正如俗话所说的："一个和尚挑水喝，两个和尚抬水喝，三个和尚没水喝。"这说明在人多的情况下，如果职责不清、方法不当、分配不公，群体成员就会出现相互扯皮的现象，力量互相抵消，从而影响工作效率。④ 行为趋同。这是指群体成员在群体规范的影响下，会自动地缩短与他人的差距，而趋向于相同的意见、观点和行为。这主要是个体为了维护自身的利益，将注意力转移到群体规范和标准的下限，以免触犯群体规范而受到惩罚。这还与群体成员之间的相互影响、相互感染有关。同时，如果某个成员的行为与其他成员有太大的差别，就会受到其他成员的孤立和排斥，所谓"出头椽子先烂"，于是，群体成员会尽量将个人的行为变得"大众化"。⑤ 从众效应。这是指个体在群体的压力下，有意无意地改变自己的观点，在意见和行为上保持与群体其他成员一致的现象（参见"从众效应"）。

根据上述分析，思想工作者应当与管理部门通力合作，从四个方面着力，兴利除弊，将群体效应的积极助长作用发挥到最大化，克服其不良的作用，打造有凝聚力、战斗力、竞争力的团队。

(1) 明确各自职责

当群体中的职责不清、分工不明时，最容易出现扯皮现象。这是因为职责不清就会导致群体活动的产出与个体的投入之间关系不明的结果，群体成员感到自己的贡献无法衡量，更无法得到应有的体现，感觉不到自身的成就感、实现感，于是，群体成员就会降低个人的努力程度。为此，要避免群体成员产生这种消极致弱的态度，将工作任务和岗位职责项目化、明朗化、合理化，制定并实施公开、公平、公正的绩效评估办法，充分发挥积极助长作用，让做得好、做出成绩的人得到应有的表现，获得应有的成就感、荣誉感。

比如，上海大众汽车有限公司以共产党员先进性教育为契机，针对部分员工遇到问题相互推诿和埋怨的突出问题，在全体党员中开展责任意识教育，要求不仅要在工作中发现问题，还要发现和解决“问题背后的问题”，以提高工作的实际效果。通过读书活动、学习讨论、对照分析、跟踪实施等教育引导，大家破除了以往“这不关我的事”“我没办法”的习惯思维，形成了“不埋怨，做好自己的事情，尽快解决问题”“不推诿，不管是谁的事情，先把问题解决掉”的良好氛围。

(2) 优化制度规范

制定规章制度的目的是为了保证企业、团体、单位的正常运行，协调内部成员之间的关系，形成良好的工作氛围，提高工作效率和成果。成功的规章制度，不仅是对群体成员的约束，更能鼓励群体成员多方面地发挥积极作用。“大锅饭”式的管理最容易抑制群体成员的积极性，引发群体惰化现象，因为群体成员无论付出多少都不会影响实际收入，而且眼中又总是看到少数人懒惰、不尽责却仍旧“旱涝保收”，因此就会减少自己的努力，以免别人占太多的便宜，于是就会出现“三个和尚没水喝”的后果。

(3) 弘扬先进典型

对于工作表现好的优秀分子、先进苗子，要恰到好处地宣传他们的感人事迹，做到见事、见人、见精神，并且符合特定人物的层面特点，因而是可敬、可信、可学的，周围的群体成员在了解的基础上就会产生敬佩、学习、模仿、追随的意识。要知道，任何脱离实际的夸大拔高、“归功于先进一人”、提出不切实际要求等做法，只能使先进人物陷入被孤立、受排斥的境地。要关心爱护先进典型，维护他们的合法利益，及时制止损害先进典型的言行，并且要指导先进人物与群体成员搞好关系，适当分享荣誉和成果，进而带动他人一同前进。

比如，上海纺织集团前两年在广泛调研、专题研讨的基础上，形成了《关于加强培育先进工作的指导意见》，确定了“集中运作，归口管理，分层培育，分工负责”的工作格局和具体方法，还总结并倡导“交任务、配团队、给资源、定带教、送培训、搭舞台、助社交、入党团、压担子、增动力”等十项工作方法，指导基层企业实践，丰富并创新经验，促进先进苗子茁壮成长，有效地提升了培育先进工作的实际效率。

(4) 注重个性特点

群体效应对群体中每个人的作用是有差异的，会受到个体的心理特征和个体对活动的熟练程度等多方面的影响。一般来说，就个体心理特征来说，对自信、开朗、外向、心理成熟的人，容易表现出积极助长作用；而自卑、孤僻、内向的人，则容易受到消极致弱作用的影响。从个体对活动的熟练程度来说，个体对活动越熟练，在群体的环境中就越容易表现得出色；如果对活动越生疏，就越容易出差错，或出现消极的表现。为此，思想工作者要掌握工作对象的个性特征，有针对性地给予帮助和指导。

80. 一群人可以走得更好更远
——共生效应

自然界有这样一种现象，当一种植物单独生长时，显得矮小、枯瘦、单薄，而与不同的植物一起生长时，则根深叶茂，生机盎然。人们把生物界中这种不同个体之间相互影响、相互促进的现象，称为“共生效应”，以后又延伸到社会生活领域。

在生物学上，两种生物生活在一起，有共栖和共生两种情况。他们的区别在于：① 共栖：两种不同的生物仅仅是在一个地方共同生活，其中一方受益，另一方既不受益，也不受害。如，海洋中体小的鲫鱼，用吸盘吸附在游泳能力强的鲸、鲨等大型鱼类的体表，被携带到各处，觅食时暂时离开大鱼，这对大鱼无利也无害，但给鲫鱼增加了觅食的机会。② 共生：两种生物共同生活，双方互相依靠，彼此受益，所以又称为“互利共生”。如，某种海葵附着于海螺的外壳，其刺丝对海螺起到保护作用，同时寄居在海螺壳内的海蟹不时地移动，又给了海葵捕取食物的便利。又如，农民们有意识地把玉米和大豆套种在一起，可以同时提高玉米和大豆的产量。奥秘就在于大豆的根部长有一种根瘤菌，能吸收空气中的弥离氮，固化成植物所需的氮肥；而玉米生长特别需要氮肥，因而与大豆套种在一起时，玉米就能从大豆那里获得足够的氮素养分。同时，玉米也会通过自己的根毛，把不需要的营养物质分泌到土壤里去，从而满足大豆根瘤菌的营养需求。于是，长在一起的大豆和玉米不仅不会争夺营养，还能共同增产。类似的共生促高产现象，在其他豆科植物中也广泛存在，在桑田里套种苜蓿，在瓜地里套种豌豆，在果园里套种蚕豆，在草莓大棚里套种扁豆，在蔬菜地里套种大豆，万变不离其宗，都是利用根瘤菌固氮作用而形成植物共生的现象。

对共生现象和理论的研究最早就是从生物学家开始的，1879年德国真菌学家德贝里首先提出了共生的概念。一百多年来，对共生现象和理论的研究已逐渐由生物学延伸到社会学、管理学的许多领域，并且成效卓著。如今，研究共生关系形成和发展的条件及规律，共生关系对共生单元进化的作用及规律，以及如何运用这些规律来指导可持续发展，都成为共生理论研究的重要内容。

在犹太经典《塔木德》中有一句名言："和狼生活在一起，你只能学会嗥叫；和那些优秀的人接触，你就会受到良好的影响。"因此，多与优秀的人交往，就有可能产生共生效应，让人们变得更优秀，取得更出色的成就。如，我国很多文化名人都出生于"诗书门第"，军事方面则是"将门多虎子"，这证明了来源于家庭的共生效应。又如，1968年，保罗·艾伦与比尔·盖茨在湖滨中学相识，艾伦拥有丰富的学识，盖茨在计算机方面极具天分，于是互相之间的钦慕使他俩成了好朋友，随后一同创立了微软计算机王国。艾伦专注于微软新技术和新理念的创新，盖茨则以商业拓展为主，在两人默契的配合下，微软掀起了一场软件革命，称雄全球。有人说，没有盖茨，就不会有微软；但如果没有艾伦，盖茨也没有今天的成就。他们能走到一起，共同成功，并非偶然，这也许只有共生效应才能够解释。比尔·盖茨说过："有时决定你一生命运的在于你结交什么样的朋友。"换句话说，你与怎样的人交往决定了你的未来。

在经济管理领域，连锁经营也印证了共生效应的威力。许多分散的、互不依赖的个体经营转化为一个相互联系和合作的连锁群体经营，其总能量不是各连锁单元原有能量的简单累加，而是由连锁机制形成了连锁共生能量，体现为连锁关系的协同作用和创新活力。专家分析，这主要基于以下原因：① 由于总部核心能力导入各连锁单元，质的提高使各连锁单元都提高了经营能力；② 由于群体经营摆脱了个体经营的局限，产权多元化和业态多样化使经营范围在空间和内容上都得到了扩大；③ 连锁机制使资源共享范围扩大，资源配置更为优化，减少了内部的阻力和冲突，从而降低了经营成本，提高了资源整合和利用效率；④ 由于合理的分工、兼容和合作，提高了有序化和组织化程度及连锁经营效率；⑤ 连锁经营机制激发各连锁单元的竞争热情和创新精神，调动了积极性、主动性，使大家同心协力，竞相提升。总之，由于连锁经营能力提高，成本降低，空间扩大，经营范围和机会增加，经营效率提升，促进了连锁经营在全球范围的快速发展。

在共生关系的形成上，人类社会与自然界存在着显著的不同。自然界的共生现象往往是原始的、初级的、自然的和被动的；而人类社会则往往是高级的、主动的、能动的。因此，思想工作者要通过有效的工作，为团队和人才营造展示才华、脱颖而出的良好氛围，尤其是要促进共生效应在人才的培养和团队发挥作用方面得到更好的运用和体现。

（1）激发共生动机

研究表明，人们如果长时间在一起工作或生活，彼此之间会互相影响，在脾气、禀性、兴趣、嗜好，乃至思维方式、行为方式等方面产生相近似的地方，共生效应就可能会发生作用。诺贝尔物理学奖获得者斯蒂文·温伯格曾说过："你想成为什么样的人，多少有点取决于你与谁一起上学。这里有一种共生效应。"从这个意义上来说，"孟母三迁"的故事恰恰暗合了共生效应的道理。孟子的母亲为了选择适合儿子成长的环境，不厌其烦地多次迁居，最后把家搬到学堂旁边，于是，孟子就跟着同学们一起专心读书，发愤用功，身体力行圣人的教诲，终于成为一代大儒，被后人尊为"亚圣"。如今的不少名校也是这样，汇集了热爱学习、善于学习的优秀学生，形成了积极进取的学习氛围，进一步激发了学生勤奋学习的动机，结果是人才辈出。

不但是少年儿童，即使是学有所长的科学家也是如此。英国教授贝弗里奇曾指出："一个人如果被隔绝于世，接触不到与他同样兴趣的人，那么，他自己是很难有足够的精力和兴趣来长期从事一项研究的。多数科学家在孤独一人时停滞而无生气，而在群集时就相互发生一种类似共生的作用。"英国剑桥大学卡文迪许实验室从 1904 年至 1989 年先后有 29 位科学家获得诺贝尔奖，这除了良好的研究环境、学术交流的氛围，科学家之间互相鼓舞、互相激励的创新动机，恐怕也是一个十分重要的因素。

上海纺织时尚产业发展有限公司在引领下属企业建设学习型组织的过程中，通过思想工作研究会的形式，打破企业之间的区隔，围绕打造时尚产业的主题，组织各企业领导干部“抱团学习”，不仅在公司内部“抱团”，还和业外单位“抱团”，通过学习、交流，让各种思路、思想碰撞，不断更新观念，拓宽思路，淬炼成钢，逐步形成了反思、反馈、共享、互动的良性循环，使整个公司的智力、智慧资源得到了充分的发掘，实现了研究成果的应用、延伸、辐射，提高了工作的实效性。

(2) 集聚优秀人才

在一个人才荟萃的群体中，人们之间的互相交流、信息传递、感染影响往往会极大地促进人才及群体的提高。因此，要充分运用并不断强化共生效应，形成一个吸引人才、有利于人才成长并脱颖而出的群体。对于单位和组织来说，有时引入一个杰出的人才，不但可以为工作注入新的活力，而且可以吸引四方贤才纷至沓来，进而逐渐形成一个人才群体，实现思维、智慧上的交流和碰撞，为单位和组织赢得巨大的效益。对于个人来说，要努力寻求加入优秀团队，与志同道合的人一起携手同行，既可以学到成功的经验，也可以吸取失败的教训，从而让自己在良好的群体中获得更快的成长，使自己变得更优秀，同时也为群体的成长贡献自己的力量。为此，“筑巢引凤”、以人才引人才等做法体现了人才成长、开发和运用的规律，有助于激发互利共生的效应。

(3) 营造共生环境

“一个人可以走得更快，但一群人可以走得更远。”据美国学者朱克曼的统计，从1901年到1972年获得诺贝尔奖的286人中，有185人是与他人合作取得卓越成果的，比例高达三分之二。要强化人才的共生效应，就必须形成一个有利于人才合作、成长、脱颖而出的环境和机制。人才群体之间的分工与合作往往是在人的能动作用基础上通过共生关系和竞争关系来实现的，因而要在群体中形成团结、竞争、和谐的浓郁气氛，并且通过某种互利机制把群体成员有机地组合在一起，共同生存发展。在一个研究、研发团队中，人们之间在知识结构、技术专长、思维方式、科研水平等方面各有所长，因而要营造相互学习、相互探讨、相互帮助、相互影响的条件和氛围，促使人才的思维得以互补，不断提高创新能力，让每一个成员都因这个群体而获得比单独发展更多的利益和帮助。事实上，许多企业的新产品、新技术都是在吸取众人智慧、发挥众人所长、集思广益的过程中创造出来的，也可以说是 1+1>2 的共生效应的成果。

比如，上海纺织发展总公司领导班子深刻认识到用团队荣誉提高员工幸福感的重要性和必要性。于是，他们组织开展“幸福大讨论”，引导大家正确认识究竟什么是幸福？如何提升幸福感？他们先后运用讨论法、测评法、辅导法等多种形式，引导员工在工作生活中寻找幸福、感知幸福、追求幸福，并邀请著名心理咨询师做“幸福人生，从心开始”的专题辅导，让员工们认识到，幸福包含了对金钱、地位、名誉等物质和精神两方面的追求，人应当不断寻求更高层面的幸福感。他们因势利导，组织开展“‘与成功相约’三年职业生涯规划”系列活动，引导员工在事业的成就上、在个人职业能力的提高上、在家庭理想的追求上，将个人发展与公司发展紧密结合在一起，将个人成功的梦想与公司的各项工作联系在一起，不断为员工指明职业发展方向，为员工提供良好的个人发展空间，并启动“重大项目要素参与分配”的激励机制，激发团队攻坚克难、把工作做到“极致”的勇气和力量，从而获得更多的成就感和幸福感。

81. 形成健康和谐的团队生态

——内耗效应

物理学上有一个著名的内耗现象，是指机器或其他装置没有对外做功而本身消耗了能量。在群体心理学中，人们就把社会或部门内部因不协调或人际矛盾造成人力、物力等方面无谓消耗而产生的负面现象，称为"内耗效应"。

内耗，俗称"窝里斗"，常常发生在群体内部，如领导班子、班组、团队之中；也可能发生在群体之间，如部门与部门、团队与团队之间；还可能发生在个体与群体之间。不论何种形式，其本质都是没有对外做功，而只是在内部消耗了能量。内耗的危害性是显而易见的，不但造成了力量抵消，降低了工作效率，还会对单位、部门、个人都造成不利的影响。如果一个成员长期处在"相互猜疑，彼此防范，嫉贤妒能，造谣中伤，派系林立，互相拆台，以权压人，以势欺人"的内耗氛围中，其心态就会发生严重的扭曲、变态，其结果要么把人变成"两面派"，要么把人逼成"精神病"，至少也会让人郁闷苦恼、意志消沉。

专家分析，产生内耗效应的原因主要有四个方面：① 认知不协调。由于群体内的成员所处的空间、时间，以及知识、经验，特别是认识能力、处事风格等方面存在差异，因而对同一事物的认识就会不一样，甚至产生截然不同的观点。这种不同的认识、观点就会经常造成相互间的矛盾、误会，如果没有及时有效地协调和消除，就会产生摩擦、冲突、对抗，最终产生内耗效应。② 情感不融洽。人都是有情感的，但由于各人的认识不同、个性有别，各人对事物或他人所赋予的情感也是不同的，这对人的行为起着直接的调节作用。如果大家情投意合、感情融洽，就会产生凝聚力，减少甚至没有内耗；如果大家关系紧张、情感分离，"意气用事""感情用事"，那么内耗就会增大。③ 行为方式与习惯不同。

由于生活环境和扮演角色的不同，常常会发生不同的行为方式与习惯，如有的人会表现出支配性强、命令口气重、雷厉风行等特点，而有的人则带有顺从、听话、缓慢等特点。这些不同行为习惯的人在一起，协调得好，就会产生互补作用；如果不加以有效调节，内耗效应就易于发生。④ 个性不同。人的个性差异是普遍存在的，在人际交往中这种差异更易于表露，常会引起对同一事物的不同看法，也会造成不同的处理方式，这样就容易造成冲突、内耗。因此，要克服内耗效应，就必须协调好这四个影响因素，尽可能达到统一和谐，以减少内耗，避免负面效应。

著名学者易中天概括了内耗的四个特征：①“阴”——不公开。在公开场合，大家都是好同志、好朋友、好兄弟，笑容满面，一团和气；背地里则咬牙切齿，磨刀霍霍，甚至放暗箭、打冷枪。总之，“当面说好话，背地使绊子”“当面是人，背后是鬼”。②“软”——不硬来。背后搞鬼，用软刀子、软功夫，不引起当事人、旁观者的警觉，在不知不觉中杀伤对方，即便被发觉了，也难以还手。③“小”——不起眼。通过做小动作、打小报告、闹小纠纷、搞小摩擦等来打击对手，至少给对方造成心理、情绪上的刺激，积小成大，置人于死地。④“黏”——无休止。内耗总是黏黏糊糊，没完没了。这几个特征正是内耗的可怕之处，也反映了治理内耗的难度。

热衷并擅长于内耗的“小人”也有四个特征：心胸狭窄、道貌岸然、自以为是、拉帮结伙。这些人光捉摸人不考虑事，专走歪门邪道，两面三刀、见风使舵、媚上欺下、挑拨离间、阳奉阴违，只计算个人得失，不考虑整体利益。在日常工作中，大多数内耗通常都是由这种“小人”挑起的，从而会迫使一般人，甚至好人也自觉不自觉、被逼无奈地参与到内耗中去。

有些人只看表面现象，把内耗与竞争混为一谈，似乎都是一种矛盾、冲突的现象。这是极大的误解。其实，内耗与竞争有着本质的区别。从个体的角度来看，竞争是按照公平的规则进行的，个体全力追求自身价值的体现，遵循优胜劣汰的机制，因而有利于组织的长远发展；内耗则是个体之间由于不协调或无序而引起的互相干扰、互相抑制作用的一种现象，不顾整体利益，相互掣肘，力量抵消，会破坏组织内外生态，因而不利于组织的长远发展。因此，思想工作者应着力倡导单位或组织的共同价值观，形成文明和谐的文化氛围，建立公平竞争的运行机制，围绕追求正当利益展开公平博弈，最大限度地减少和抑制内耗，保证单位和组织目标的顺利实现。

(1) 形成共同价值观

共同价值观是指一个组织内部所有成员自觉遵循的同样的价值观念。这些价值观念由组织的使命、愿景派生出来，贯穿于整个组织之中，为组织成员所接受，并指导所有成员理性地从事组织的活动。共同价值观是组织文化的核心和基石，是组织的灵魂，也是维系组织生存发展的精神支柱。当共同价值观渗透到组织中时，就会成为人们行动的判断标准，组织就会存在独特的同一性。此时，那些可能引起内耗的因素，就没有生存的余地。当然，在塑造共同价值观的过程中，不能简单地归结为几句空洞的口号，不能变成少数人的主观意志，而是要通过内化的过程，对组织成员发挥导向、凝聚、约束和激励的作用，对他们的动机和行动形成支配和制约，从而让组织成员勠力同心，志同道合，为了整体的利益和目标而抛弃个人的利益计较。

(2) 建立公平竞争的机制

建立公平竞争的机制，就是要让竞争者在同样的条件下共同接受价值规律和优胜劣汰法则的检验与评判，并各自独立承担竞争的结果。要创造良好的工作环境，建立公开、公平、公正的考核机制、衡量标准和奖励制度，并严格执行，让一心干好工作的人得到肯定，有名有利，让干不好工作的人受到批评，无名无利。在管理中要用制度的稳定性代替人治的随意性，在制度和责任面前人人平等，让埋头努力工作的员工正当、合理的利益诉求得到满足，不被热衷于搞关系的人排挤，不受小人的暗箭和流言伤害，不用担心得罪人而受到打击报复，让热衷于内耗的小人没有市场，无法肆意妄为。

(3) 促使意见的有序统一

防止内耗，就要建立正常表达个人意愿的渠道，形成合作、交流的文化氛围，促使大家的不同意见在充分讨论中趋于一致。有人提出了以下四个方法：① 畅所欲言。让各方充分表达和解释自己的意见和观点，陈述自己的理由。② 仔细聆听。通过倾听，尽最大努力去理解对方真实的观点和意图，并展开讨论，试着换位思考，认真反省自己观点和立场的局限性。③ 提出方案。综合各方的观点与意见，提出各种解决方案。④ 确定方案。大家就某个最行之有效、最能兼顾各方利益的解决方案达成一致意见。也许最终方案并不能让每一个人都百分之百满意，但由于较大限度地集中了大家的智慧，一定要比无休止的纷争或力量抵消的内耗好得多。

比如，有的公司修改制定了严格的规章制度，但是，从不同地方汇聚过来的员工并没有养成遵章守纪的习惯，这套制度一度难以落实。公司就设立了曝光台，发挥警示作用，鞭策违规者。消息传开后，尤其是管理人员的意见不小："曝光台上要给管理人员留点面子，否则我们在群众中的威信都没有了。"针对这种想法，公司党委展开了耐心细致的思想工作，在职工中强调，严格曝光的最终目的是为了帮助大家尽快地适应新规章，组成一支纪律严明的团队，使企业进入良性发展的轨道；对管理人员则重申，曝光台前人人平等，各级管理人员要率先垂范，一级带着一级干，一级做给一级看。在晓之以理的同时，公司党委坚持导之以行，无论是谁，只要违反了规章制度，就马上曝光，让曝光台做到实事求是、不偏不倚。公正、公开的曝光，避免了互相猜疑，也预防了内耗。

(4) 营造和谐的生态环境

单位和组织要让每一位成员都有"家"的感觉，员工是家庭的一员，既是财富的创造者和奉献者，也是劳动成果的分享者和受益者，因而每个人都要为这个家庭的发展出力，多做有利于"家"的事情，不做不利于"家"的事情，这样就能享受到家庭的关爱和温暖。员工彼此之间应当相互信任、相互支持、相互谅解、相互帮助，悦他人所悦，悲他人所悲，同甘共苦，同舟共济。要提倡心理上的相容和性格上的互补，正确地对待自己与他人，并克服自己的成见和偏见，防止唯我独尊、唯我正确和一切以自己的标准去评价别人、评价自己。要用正确的态度与方法化解组织成员之间的冲突与矛盾，正视矛盾，把问题摆到桌面上来，当面交流探讨，分析产生的原因，依据实际情况，采取不同的方式进行处理，绝不要闹个人意见，不要动辄就发火，给人穿小鞋，更不能到处散布不同意见，人为地制造矛盾，从而形成健康和谐的团队生态，防止内耗效应发生。

82. 处理好竞争与合作的关系

——竞争优先效应

心理学上有一个经典的实验：参与实验的学生两两结合，在不能商量的前提下，各自将自己希望得到的钱数写在纸上。约定的条件是：如果两个人写的钱数之和刚好等于100元或小于100元，那么两人就算赢，可以拿到自己写的钱数。如果两人写的钱数之和超过了100元，就算输，要共同支付这个钱数。比如说钱数之和是120元，那么，两人就要分别赔付60元。结果是几乎没有哪一组的学生写下的钱数之和小于100元，于是他们就都得付钱。对此，心理学家点评说，人们在存在共同利益的情况下，依旧会优先选择"竞争"，希望自己多得利益，而不是选择对双方都有利的"合作"。这种现象就被心理学家称为"竞争优先效应"。

国外有这样一个笑话。上帝向一个人允诺说："我可以满足你的三个愿望，但有一个条件——你在得到你所想要的东西时，你的邻居将得到你所得到的两倍。"于是这人开始提出自己的愿望，第一、第二个愿望都是一大笔财产，第三个愿望却是"请你把我打个半死吧！"这句话背后的含义是：如果把我打个半死的话，那么邻居岂不是要被"完全"打死？要真是这样的话，就算他之前得到的财产比我多两倍，最终还是会没命的。为了不让自己的对手占上风，自己被打个半死也在所不惜——可笑的逻辑！

这样的笑话并不仅仅是笑话，现实生活中就有不少类似的例子。有一对夫妻离婚之后不久，丈夫就娶了新妻子，他的前妻心生嫉妒，认为丈夫不该刚离婚就重新过上幸福的生活。在这位前妻的思想中，"我得不到的东西，别人也休想得到"，强烈的心理不平衡促使她千方百计地挑拨、离间前夫与新妻子的关系。

不久，这个丈夫和新妻子离婚了。没过多久，心胸狭隘的前妻也遇到了合适的对象。在前妻的婚礼上，前夫也以报复的手段破坏了他们的新生活。更有甚者，也是一对离异的夫妻，根据法律的规定，丈夫应该把自己财产的一半转到妻子的名下。为了不让妻子平白无故地得到一大笔财产，丈夫竟然将自己价值几百万美元的房子和车子以极低的价格抛售，结果妻子获得的利益大大减少，可丈夫自己也同样损失了一大笔财产。为了阻止对方获取较大的利益，这两对离异夫妇利令智昏，在竞争优先效应的消极作用下白白葬送了各自的幸福或财产，让人啼笑皆非。

社会心理学家认为，人们与生俱来就有一种竞争的天性。所谓竞争，是指个体或群体间力图胜过或压倒对方的心理需要和行为活动。竞争作为一种社会性刺激，会对个体或群体产生一系列心理和行为反应，其积极作用是能使人振奋精神，奋发进取，最大限度地获得个人或群体利益，实现富有吸引力的目标。每个人都希望自己比别人强，没有人愿意承认自己是弱者。在偏狭心理的驱使之下，有些人不能容忍自己的对手比自己强，甚至不能容忍自己的朋友比自己好。因此，不难理解，当涉及自身利益时，人们必然会奋力争取，即使拼个两败俱伤也在所不惜。不仅如此，在双方存在共同利益的情况下，人们仍然会冒着风险去选择竞争，这就令人费解了。看了下面这个故事，或许会有所启发。

战国时，秦王对范雎说："天下的贤才武士，以合纵为目标，相聚在赵国，准备要攻击秦国，我们该如何对付?"范雎说："大王不必忧愁，让我来破解他们的合纵关系。秦国与天下的贤才武士，并没有什么仇恨呀，他们相聚要来攻打秦国，只是为求一己的富贵。一群狗在一处，卧的卧，立的立，走的走，停的停，不会互相争斗；如果投一块骨头过去，所有的狗就会起来抢夺，并且互相撕咬。这是什么原因呢？因为那块骨头，彼此都有起了争夺之意。"按照范雎的策划，秦王派范雎带了五千金，在武安大摆宴会，散给合纵之士的黄金还不到三千金，他们就互相争斗起来，再也不谋划对秦国的攻击了。从这个故事可见，即使有共同利益，因为利益分配的不均，以及长期利益与眼前利益的矛盾，人们仍然会选择竞争。

于是，不当竞争的消极作用就暴露无遗了：竞争者会运用各种低劣的手段，不惜牺牲他人的利益，造成个体或群体之间的不团结，挫伤各方的积极性，形成内耗，使有限的资源难以发挥最佳效益，甚至会滋长宗派主义情绪，不利于建立群体之间的良好关系(参见“内耗效应”)。

因此，认识了竞争优先效应之后，思想工作者要注意鼓励良性竞争，尤其是在单位内部，要充分发挥竞争的积极作用，避免不当竞争、过度竞争、恶性竞争。可以从以下五个方面着手，做好思想工作。

(1) 树立正确竞争观

树立正确的竞争观，培养良好的竞争意识和竞争能力，应当是思想工作的重要内容。要端正对竞争的性质、手段、方法、结果的思想认识及态度。要以集体主义、社会主义思想为指导，尤其要培育和践行“富强、民主、文明、和谐，自由、平等、公正、法治，爱国、敬业、诚信、友善”的社会主义核心价值观，协调好局部利益和整体利益、长期利益与眼前利益，合理合法地开展竞争，克服竞争中的消极因素。在开展竞争的过程中，竞争者应当具有广阔的胸襟，而不应是狭隘、自私的；应当以实力超越对方，而不应暗中算计他人，尤其要防止不择手段的恶性竞争。

(2) 形成平和心态

一个人要想实现自身价值，就必须与周围的人友好相处，精诚合作，实现优势互补，在竞争中共同发展。在人际交往中，要形成平和、友善的心态，不能过多地产生竞争优先的意识，不能时时都想着高过对方一筹、处处都力图胜过或压倒对方，不能斤斤计较于一句话、一件事、一分钱的高低、是非、成败、得失。如果成天都是这样的思维和行动，就会表现出过分的争强好胜，一定是紧张、好斗的，一定是孤独、无助的，也一定是郁郁寡欢、无情寡趣的。著名心理学家卡尔·荣格曾提出一个公式：我＋我们＝完整的我。意思是说，世上不存在绝对的“我”，唯有融入“我们”的“我”才是“完整的我”。单枪匹马的强者常常是腹背受敌、孤立无援的，也很难取得真正的、长久的成功。

(3) 开展有效沟通

缺乏良好的沟通，也是人们选择竞争优先的一个重要原因。在很多情况下，如果竞争双方就利益分配问题进行心平气和的商量，达成共识，合作“双赢”的可能性就会大大增加。试想，在上面的几个实验和案例中，如果允许涉及的个人事先商量，从而对对方的思路和选择有一定的了解，对竞争可能引起的利弊得失形成一个完整的预判，就必定会出现不同的结果。

(4) 倡导合作共赢

要消除竞争优先效应的负面作用，就要倡导合作、双赢。合作是个人与个人、群体与群体之间为达到共同目的而彼此相互配合的一种联合行动及方式。合作不仅能满足竞争双方的共同利益，更会为双方的发展营造无限的空间。因此，合作应当成为时代的主旋律。在任何一个团体、单位内部，合作为每个成员提供了共同发展的机遇和条件。所以，不管是个人还是团队，不管是人际交往还是市场经营，都要处理好竞争与合作的关系，形成合作优先的意识，尽量发挥合作的积极作用，避免过度竞争的消极影响，努力实现“双赢”“共赢”，这样，发展才能更健康、更持续。当年，美国总统林肯对政敌的友好态度曾经受到一位官员的严厉批评，他指责林肯不应当试图跟那些人交朋友，而应当消灭他们。林肯却温和地回应道：“难道我这样做，不正是在消灭我的敌人吗？”其实林肯友好、温和的做法正是在化敌为友，化干戈为玉帛。从某种意义上来说，只有“双赢”，才是真正的赢。

(5) 遵守竞争规则

现代市场竞争中的合作通常要通过谈判来实现。在所有的谈判中，当事双方都会表现出一定的态度，或友善或敌对，或竞争或合作，这种态度会影响他们之间的相互关系及言行举措。苏联作家帕斯捷尔纳克指出：“生活是一个宏伟的竞技场，大家尽可以在那里进行争取胜利的较量，但必须老老实实地遵守比赛规则。”无论怎样竞争，都要遵守平等、坦诚等竞争的一般规则，给对方留下必要的利益空间，力求获得“双赢”。美国谈判高手斯腾伯格提出了“以诚实取胜”的谈判策略，他强调的谈判“规则”包括：① 与懂得分享你的价值观的人密切合作；② 尽可能地向对方学习；③ 营造一种合作而不是冲突的气氛；④ 在面对威胁时，不要表现出胆怯；⑤ 学会聆听，习惯于沉默，避免妥协折中；⑥ 绝对不要将一个看来要失败的争论推到极端；⑦ 发展关系，而不是征服。这些都是千金难买的经验体会，值得参考借鉴，以求实现竞争双方共同利益上的“双赢”。

83. 合理的依赖才会更强大

——安泰效应

安泰是古希腊神话中的一位大力神，他是海神波塞冬与大地女神盖娅的儿子。安泰力大无比，只要保持与大地的接触，他就可以从母亲那里持续获取无穷的力量，就不会感到疲劳，因而几乎不可战胜。但他也有一个致命的弱点，那就是他一旦离开大地，离开母亲的滋养，就立刻失去了一切力量。在与另一位英雄赫拉克勒斯较量时，安泰屡次被击倒在地，但他每次都站立起来，恢复力量，继续搏斗。最后，赫拉克勒斯发现了安泰不断获取力量的秘密，就抓住安泰，高高举起，让他双脚离地，最后把他勒死在怀里。后来，人们把一旦脱离相应条件支持就失去某种能力的现象称为“安泰效应”。

安泰效应给我们最大的启示就是，人不能失去力量的源泉，不能离开赖以生存和发展的必要环境。思想工作者要引导工作对象清楚地认识到：组织是肥沃的大地，自己是生长在大地上的一株小草；再大的树离开了土壤，也只能枯萎、凋亡。如果没有群众的支持，任何个人都是软弱无力的；如果失去了力量的源泉，纵有“力拔山兮气盖世”的能耐，也难以逃脱失败的结局。因此，要学会依靠组织、依靠集体、依靠群众。

当今社会，到处都充满了竞争，如果你想在竞争中获胜，就应该充分地认识和掌握周围的一切有利条件和资源，能够比对方更早地占据并运用这些优势，为我所用。所谓“小智者，借物；中智者，借钱；大智者，借人；超智者，借势。”在一个天寒地冻的夜晚，一个卖包子的人和一个卖被子的人同时到一座破庙里躲避风雪。当时，卖包子的很冷，卖被子的很饿，但他们都想让对方先求助于自己，所以谁也不愿意先开口。于是，卖包子的人只能一个接一个地吃包子，卖被子的人只能一条接一条地盖上被子。一个忍寒受冻,一个忍饥挨饿,谁也不愿先跨出那一步。最后,一个被冻死,一个被饿死。如果两人中有一个能够有主动合作的意识,借助别人的资源,就能得到“双赢”的结果。

“水失鱼,犹为水;鱼无水,不成鱼。”思想工作者要经常思考并宣传安泰效应的道理,通过思想工作和企业文化建设,引导工作对象树立组织观念、团队观念、集体观念,通过更多的沟通、交流、合作,让大家切实感受到集体的温暖、合作的效果,从而更多地从集体的大地中汲取养分,既能快速地解决问题,完成工作任务,又能学到更好的思维方法和工作技能,促使单位和个人不断走向新的成功。

(1) 真诚依靠集体,从集体中吸取营养

民间有一句老话:“一个篱笆三个桩,一个好汉三个帮。”还有一句话叫作:“朋友多了路好走。”人是群居的动物,一旦离开了群体,就好比大力神安泰离开了大地,失去了力量的源泉,是很难在社会上取得成功的。因此,一个人的力量有多大,并不在于他能举起多大的石头,而在于他能获得多少人的帮助。要把自己融入集体中去,也许你苦苦为之而不能解决的事情,在别人那里可能是轻而易举就能办到的,那何不借助一下别人的力量呢?

事实上,聪明的人总是善于借助别人的力量和智慧,去达成自己的目标。荀子在《劝学》中写道:“假舆马者,非利足也,而致千里;假舟楫者,非能水也,而绝江河。君子生非异也,善假于物也。”意思是说,善于借助车马的人,自己不必跑得很快,却能远行千里;善于借助舟船的人,自己不必懂得水性,却能横渡江河。这并不是说君子有什么特殊的秉性,而是他们善于借助和利用外物,从而使自己变得强大。有一个小例子,一个人手上端着一杯水行走很容易洒出来,如果加一个托盘,把水杯放在托盘上,减少了不稳定性,水就没那么容易洒了。学会把你周围的能量都聚集起来,就能照亮美好的人生。同时,还要善于从集体中吸取营养,不管组成集体的个体看起来多么普通、平凡,也千万不能忽视集体的整体力量,因为再普通的群体也有其超过个人力量的地方,有其值得吸取的精华,集思广益,“众人拾柴火焰高”“众人划桨才能开大船”,才能在集体的支持和帮助下得到成长和提升。

(2) 克服个人英雄主义，不过于凸显自己

大雁之所以排成一字形或人字形，都是为紧随其后的同伴增添一股向上的力量，每只大雁都能比单飞时增加70%的飞行效率。在职场中，有的人信奉个人英雄主义，自认为什么事情都可以凭借一己之力来完成，没有什么事情是自己办不到的，不需要谁的帮助，就可以独自打下一片江山。因此，在工作中就忽略了的团队合作意识，渐渐成为职场“独行侠”。有的人觉得，夹在团队中无法快速地体现自己的个人能力，因此总想寻找机会跳出集体的包围，时时刻刻都想着以各种方式来表现自我，以期“显山露水”“鹤立鸡群”。然而，这种做法也许会一时生效，使自己崭露头角，但同时也容易忽视团队的作用，会导致一意孤行，结果是影响后续工作的进展。要知道，在现实生活中，个人的力量毕竟是有限的，无法确保在任何境遇中都能所向披靡，独步天下；即使个人才华横溢，无所不能，也难以真正地所向无敌。每年迁徙于南北两地的大雁，在漫长而遥远的路途中靠的就是团队的紧密合作。如果执意要突出自己，脱离团队，成为离群的孤雁，那迟早会成为惊弓之鸟。所以应当克服个人英雄主义的思想，学会融入团队，学会凭借团队的力量，更为稳妥地处理工作中的难题。

(3) 养成相互合作的习惯，感恩他人的帮助

人们常说：“滴水难成海，独木不成林。”合作，能汇聚成功的力量；合作，也是建立优势的有效措施。这就好比用筷子吃饭，如果只用一根筷子，那么什么东西都夹不起来；而两根筷子互相配合，就能随心所欲地夹起食物。可见合作能产生大于个体的力量。有人提供了这样一个数据，一个人在事业上的成功，大约20%来自他本人的努力，而80%来自与别人的合作。在现代社会，再优秀的人，如果不能与他人合作，也很难取得成功。所以，一个人无论多么聪明能干、勤奋努力，也不可能离开与他人合作而独自成就一番大业。

有一个故事值得玩味。从前有三个和尚在一所破寺庙里相遇，在分析寺庙荒废的原因时，和尚甲说：“必是和尚不虔，所以菩萨不灵。”和尚乙说：“必是和尚不勤，所以庙宇不修。”和尚丙说：“必是和尚不敬，所以香客不多。”最后他们决定

留下来，各尽其能。和尚甲礼佛念经，和尚乙修缮寺庙，丙和尚化缘讲经，都做得井井有条。不久，寺庙果然香火渐盛。就个体而言，哪个和尚都没有足够的见识和能力让香火鼎盛，但是他们各展所长，借助与他人的合作，终于使破败的庙宇恢复了往日的生机。同时，还要尊重他人的付出，珍惜身边每一个人的帮助，对帮助过自己的人给予肯定和感恩。在他人需要帮助的时候，同样热情、主动地伸出援手，设身处地地为他人着想，表现出诚意，给予真诚的关心和帮助。这样，你也能获得他人更多的肯定和支持。可见，只有“我为人人”，才可能“人人为我”。

84. 男女搭配，干活不累
——异性效应

在宇宙飞行中，清一色的男性宇航员在脱离社会的密闭环境里长时间飞行，约有 60.6%的宇航员会产生“航天综合症”，表现为头痛、眩晕、失眠、烦躁、恶心、情绪低落等，而且一切药物均无济于事。无独有偶，在南极考察的澳大利亚科研人员也出现过同样的病症，晚上失眠多梦，白天昏昏沉沉，用了多种治疗方法，均无法治愈。经过研究，专家得出的结论竟是“性别比例严重失调，导致异性气味匮乏的结果”。于是，著名医学博士哈里教授向美国宇航局提出建议，挑选一位健康貌美的女性参加宇航飞行。一些国家也有意安排一两位女性参加南极考察活动。谁知，就这么一个简单的措施，就使困扰宇航员、考察队员的难题迎刃而解。

心理学家曾以高中生为对象，做了野餐实验。第一次，男女学生分开入座，男生个个狼吞虎咽，女生则嬉嬉闹闹，杯盘狼藉。第二次，男女合席，男生顿时变得彬彬有礼，你谦我让，大有君子风度；女生温文尔雅，细嚼慢咽，颇具淑女风韵。心理学家还做过一个劳动的实验，把男女中学生按照性别分成两组进行劳动，结果发现两个小组的纪律涣散，劳动效率低下。后来，将男女学生混合编成两个小组，结果大为改观，两组的劳动热情明显高涨，学生们不但互相帮助，还开展了劳动竞赛，大大提高了劳动效率。前后两相比较，真有天壤之别。于是，人们就把这种“男女搭配，干活不累”的现象称为“异性效应”。

科学家研究证实，动物能分泌一种外激素，并以此来传递信息，互相交流。而人的腋窝、乳房、外生殖器等部位会分泌多种具有特定气味的外激素，当异性相互接触时，会通过空气传递气味的信息，从而协调彼此间的生理和心理活动，对工作、学习、生活能产生积极的影响。法国里昂的一所男子监狱经常发生囚犯斗殴事件，后来在医学专家的建议下，管理者向监狱中喷洒了一种含有女性体味的香水，囚犯们的暴力行为随即明显减少了。

“男女搭配，干活不累”，在心理学上也是有解释的。从男性方面来说，男性的表现欲和征服欲往往比女性强，潜意识里希望得到异性的赞美和欣赏。在一同干活的过程中，一旦得到女性的赞赏，男性的心理体验将得到极大的满足，心理上的成就感冲淡了工作带来的劳累和压力，所以感觉不到累。从女性方面来说，女性的心思远比男性细腻，一旦得到男性的关注或赞赏后，女性会觉得自己是优秀和出色的，这种心理体验得到满足后，工作中的委屈和劳累便会大打折扣。而且女性一般都认为男人应该承担更重一些的担子，因此她们在工作中遇到困难时，总是倾向于向男同事求助，而不愿意向同性求助，以免有“丢面子”“占便宜”之嫌；而且和男性共事，不必为琐碎的小事操心，不需要承受更多的压力，还没有女性之间潜意识中存在的攀比和争夺，因而在工作中更有安全感，更放得开，心情也就更为轻松、舒畅。

异性效应是一种普遍存在的心理现象，其原因在于当有异性参加活动时，异性之间心理接近的需要得到了满足，因而会使人获得程度不同的愉悦感，并激发其内在的积极性和创造力，“男女搭配，干活不累”的现象也就出现在各个层面、各种场合。譬如，在记者采访时，男记者采访女嘉宾，女记者采访男嘉宾，往往会取得比同性采访更好的效果。又如，著名教练米卢 2000 年执教中国国家男子足球队后，一般不接受媒体的采访，但只有《足球》报女记者李响例外，两人一见投缘，渐行渐近，也许就是异性效应的作用，以致当时中国足球队所有的重要新闻都由李响首发。米卢公布国家队集训名单，也会在通知中国足协之前就告诉李响。2001 年 10 月 7 日，随着米卢率领中国队在亚洲预选赛上出线，首次进入世界杯决赛圈，李响也名噪一时。

有研究者指出：异性交往是人际交往中最敏感、也是最微妙的一种交往；异性之间最简单的关系也比同性间的关系更复杂。在男女接触中，在对异性爱的欲求与尊重欲求的本能支配下，男女都会潜意识地表现良好，以取悦对方。男女都以异性为镜子，谁都希望自己能在对方的镜子里映出美好的形象。专家指出，异性效应发生作用有一个条件，即在一个集体中，异性个体数的构成，无论哪一方都不能少于20%，而且年龄要相差不大。如果性别比例比较均衡，内部的心理结构就会比较平衡。性别单一，就容易造成心理相容性差、互相掣肘、矛盾丛生的局面，这在领导班子的组建中表现得更为突出。

毋庸讳言，如今的社会还是一个男性占较大优势的社会，人们外出办事多数时候要和男性打交道。由于异性效应的作用，一般由女性出面会较为顺利。因此，职场女性可利用自己的性别优势，让自己在异性面前办事更容易一些。① 沟通优势。女性感情丰富，心思细腻，容易把事情完整、顺畅地表达清楚，让他人易于理解。而且男性在聆听女性叙述时，能更有耐心，更易于接受来自女性的信息。因此，信息就能够较好地得到交流和沟通。② 情感优势。相对男性来说，女性更富有感性，也更容易将情感倾注到工作中，不仅会从理性的角度考虑问题，还常常考虑到情感因素，更能动之以情、晓之以理，能够更为全面地考虑各方面的利害得失，而不是一味地通过生硬的道理来说服对方，而人的本性是愿意贴近情感的，因此，女性理中融情、情中带理的工作方式更能打动对方。作为管理者，女性也更能发挥自身的情感特质，对下属表示关心和体贴，因而更容易获得下属的信服。③ 心理优势。女性在男性面前常占有心理优势。一是因为男性出于天性，喜欢和女性打交道；二是因为女性在社会中担任着母亲的角色，容易给人以信任感、安全感。相对来说，人们对女性的心理防范意识会相对较弱，女性在推销商品时，也就更容易找到突破口。

思想工作者可以有效地运用异性效应，指导团队建设，提高思想工作的有效性，激发工作对象的积极性和成就感，促使“男女搭配，干活不累”效果的出现。

(1) 发挥异性相吸的作用

异性相吸是人类的本性。在异性面前，人往往对自己要求更严，表现得更出色。与全部是同性出席的活动相比，如果有异性加入，参加者一般会感到更愉快，也更起劲，甚至会做原本不愿意做的事情。这是因为与异性在一起时，人满足了异性之间心理接近的需要，因而能获得程度不同的愉悦感，并激发起内在的积极性和创造力。在一个团队中，男女同事相互交往，相互吸引，可在团队成员中形成自然融洽的关系，产生一定的情感联系，增强凝聚力，互相帮助，团结协作，进而培养团队成员勇敢、负责、团结、文明等可贵的品质。同时，思想工作者也要注意防止异性效应的消极影响，如，有的男士会举止矫揉造作、卖弄乖巧，或过于追求自我表现和个性形象，甚至为了在异性面前表现自己的强壮而去打架斗殴。思想工作者要善于发现隐藏在这些反常举止背后的表现欲，耐心地引导他们正确地维护自尊，体现价值。

(2) 发挥异性约束的作用

中青年男女，尤其是处于青春期的俊男俏女，都希望引起异性的关注，希望自己的某些特点或特长受到异性的青睐。因此，男士总想在女士面前显示自己，而女士也往往尽力给男士留下好的印象。于是，大多数人在异性面前会更注意约束自己的言行。为了在异性面前呈现一个完美的形象，俊男俏女都会尽其所能，重视自己的容貌和装束，充分发挥自己的潜力，更强烈地维护自尊心和优越感，以引起异性的关注和尊重。异性的评价，有时也许比领导的评价更重要，异性的鼓励也许比其他人的教育更起作用。这无异于一种无形的约束力，使人们加倍约束自己的言行举止，检点并改进自己不合理、不完善的表现。思想工作者恰到好处地运用这种异性评价所产生的无形约束力，有时可以解决单靠说服教育难以奏效的棘手问题。

(3) 发挥异性相补的作用

男女之间在智力上没有高低之分，但在个性特征方面确实存在一定的差异。一般来说，男性在思维方法上偏重于抽象，概括能力强，生性好动，勇于迎接挑战，不拘泥于细枝末节，不计较点滴得失；女性在思维方法上多倾向于形象，观察细致，感情细腻温和，情绪多变，富有同情心和想象力。美国加利福尼亚一家著名医疗机构的研究人员最近分析了 4.5 万份案例，研究证明女性的大脑比男性活跃得多，尤其是在前额皮质（与集中控制和脉冲控制相关）和边缘系统（与情绪障碍和焦虑症相关）这两部分，因而女性更易集中注意力，更富有同情心，有更敏锐的直觉、更好的合作力和自制力，同时也更容易受到焦虑症、失眠、进食障碍的困扰。而男性大脑的视觉中枢和协调中枢比女性更活跃。因此，男性与女性在智力、体力、特长、性格、气质，以及行事风格、生活能力上，都可以互相补充。心理学家指出：“男女双方的个性存在相反的差异时，往往相互吸引。一般说来，男人的刚毅和女人的温柔正好可以互补，可以给苦恼中的异性朋友以慰藉。”同时，在相同的条件下，人们乐于向异性提供帮助，同时也希望得到异性的理解和帮助，对于异性也更倾向于耐心和宽容，因而可以在工作、学习中互帮互助，相互启发，从而使思路更加开阔，思维更加活跃，激发出智慧的火花，并且取长补短，共同提高。

(4) 把握异性交往的尺度

在个体之间的联系中，异性交往会产生一种特殊的相互吸引力和激发力，对工作和学习通常能起积极的影响。尤其是英俊潇洒、聪敏的男性，外表漂亮、气质优雅的女性，都具有与异性交往的优势，如果合理地挖掘和利用，就比较容易在职场上赢得好感，取得成功。但是，异性效应也不能滥用，必须要文明、真诚，遵循社会道德和法律。如果为了达到某种目的，利用色相去引诱别人，那就不道德了。所以，要注意男女有别，适当把握异性之间交往的“度”，提倡进步、发展和无伤害的道德原则，努力做到男女交往不伤害公序良俗，不伤害他人的家庭，不伤害身心健康，不伤害隐私权，不把自己的幸福建筑在别人的痛苦之上，这样才能使异性交往健康顺畅地进行。

85. 弥补短板　发挥优势

——木桶效应

“木桶效应”最初是由美国管理学家彼得提出的。他运用了一个极为巧妙的形象化比喻，说的是一个木桶的价值在于其盛水量的多少，但决定木桶盛水量的关键因素不是其最长的那块木板，而是最短的那块木板（下图左）。从这个角度说，“木桶效应”又被称为“短板效应”。这个由许多块木板组成的木桶，不仅可以象征一个企业、一个部门、一个班组、一个团队，也可象征某一个员工，而木桶的最大容量则象征着整体的战斗力和竞争力。往深层次说，任何一个组织都面临着一个共同的问题，即构成组织的各个部分往往是优劣互见、参差不齐的，而整个组织的战斗力和竞争力往往取决于那个劣势的部分。

在日常工作、行政管理、生产经营中，我们随处都可以看到木桶效应的表现：短板的长度往往决定整体的发展实力和水平。一件产品的优劣，并不取决于那个品质最好的零部件，而取决于那个品质最次的零部件；一支由多人组成的团体竞技队，决定其成绩的并非是水平最高的那个人或者全队的平均水平，而常常取决于水平最低的那个人；一个团队整体素质的高低，也不取决于团队中最优秀分子的素质和能力，而取决于这个组织中普通分子的素质。所以，许多优秀企业都强调“无缺陷管理”，对影响产品质量的重要因素实施“一票否决制”。因为他们认识到，从员工手上溜走的 1%的不合格品，都了用户手里就成了 100%的不合格。于是，在管理学等一些领域，木桶效应的应用越来越频繁，应用场合及范围也越来越广泛，已由一个单纯的比喻上升到了理论的高度。

学者们进而详细分析了木桶上的各个要素同储水量的关系，提出了木桶效应的八种演变情况：① 一个木桶的储水量，取决于木桶的直径大小；② 在每块木板都相同的情况下，取决于木桶的形状；③ 取决于木桶的使用状态和相互配合；④ 木桶理论的动态演变；⑤ 木桶理论中水的使用演变；⑥ 取决于各块板之间的配合程度；⑦ 取决于各块木板的厚度；⑧ 取决于木桶底部的面积。这样，就开拓了思路，大大丰富了木桶效应的讨论，引导人们获取更加全面、深刻的认识。

近几年，有人认识到了短板效应的局限性，于是针锋相对地提出了“长板效应”，甚至宣称：短板效应已死！长板效应强调：优势才是王道。它提示人们不要总是重视自己的短处，而要集中精力提高自己的优势才能。

长板效应的精彩之处在于改变了立论的条件，富有创造性：① 可以把桶适当倾斜，把最长的一块木板放在下部，把短板放在上部，这时就会发现，能装多少水决定于你的长板（下图右）。一旦你有了这样一块长板，就应当围绕这块长板来形成你的核心竞争力。② 如果你同时拥有系统化的思考，就可以用合作、购买的方式，补足其他的所有短板。这是由于当今专业的细分让人们无法自行补齐所有的短板，互联网加快了企业内外信息交流的速度，让合作的成本变得越来越低。

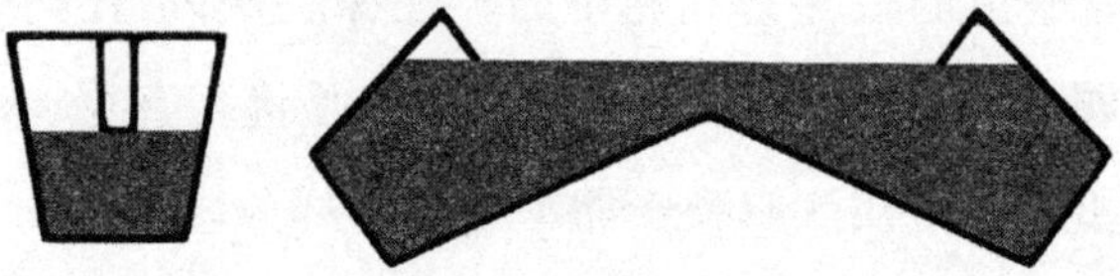

平心而论，长板效应和短板效应其实是木桶效应的两个方面，它们的区别只在于认识对象的特点和看待问题的角度不同。

如果是在一个封闭的系统中，你的个人能力素质的各个方面就构成了木桶上所有木板的长度，所以当你某一块木板特别短的时候，短板效应就显露无遗了。譬如，高考中一门课程成了“短板”，一下子掉了 50 分，就势必导致总分的急剧下降，造成致命性的损失。

但如果是在一个开放的系统中，社会分工的细化使得每个人都被安排做特定的工作，每个人只是大木桶上的一块木板。这时，在多人合作的环境中，就要更多地重视自己的长板，让自己某一方面的长板在和他人协作的整个木桶里发挥更大的作用。因为在整个木桶中，你的主要价值就体现在你的专业技能上，比如说你有过人的创新设计能力，具有不可替代性，这时你其他的一些短板，诸如沟通能力、经营能力都可能被忽略了，因为单位里需要并看重你的只是创新设计能力。

比较全面地分析了木桶效应的特点和多方面的表现形式之后，思想工作者不但可以获得自身修养和提升的动力，还可以在团队建设的思路和方法上获得更多的裨益。

（1）尽力弥补“短板”

思想工作者要意识到，一个组织、一个单位、一个团队要想成为一个结实耐用、储水量大的木桶，就要想方设法提高所有木板的长度，并始终保持足够的高度和紧密度，才能充分体现团队精神，形成团队优势。在如今用人精简、竞争激烈的年代，团队里一名员工的能力很弱，就可能暴露出团队的短板，影响整个团队实现预期的目标。很多时候，往往就是一个人、一件事毁了团队所有的努力。因此，如果发现了“最短的木板”，就一定要迅速将它补齐，否则给团队造成的损失就可能是毁灭性的。这里所说的“最短的木板”，对于人员来说，可以是某个人、某个团队、某个部门；对于企业的各种资源来说，也可以是研发、生产、市场、营销、管理、服务等业务能力；对于人力资源管理来说，可以是人力资源规划、职位设计、招募甄选、员工培训、绩效管理、薪酬福利等环节。不管出现在哪个方面，都应该及时补上那块“最短的木板”，尤其是出现在关键位置上的短板，千万不能拖延，以免拖了组织和团队的后腿，造成难以弥补的损失。思想工作者要主动协助领导，尽力做好弥补短板的工作。

（2）鼓励发挥所长

在现代社会中，最长的一根木板往往就标志着木桶的特色与优势，在一定范围内就能形成制高点；对组织或团队而言，就可以凭借其鲜明的特色，独树一帜，形成自己的核心竞争力。现代管理学之父彼得·德鲁克曾经指出：要把你的业绩建立在自己的优势资源上，而不是劣势。在一个互相协作的组织或团队里，要发挥长板效应，要十分注重用好有专长的人才，集聚并发挥他们的优势，形成本单位的核心能力。同时要注意发挥优秀人才的带动作用，让更多的人拥有自己的特长，扩大组织或团队的优势。

在实际工作中，还可以通过岗位调整和轮换，让员工的优势显现出来。每个人都有自己的长处与短处，关键是如何用好他的长处，弥补他的短处。美国政治家富兰克林说过："宝贝放错了地方就是垃圾。"有些人承担甲项任务可能不够称职，但如果换做乙项工作，就可能做得非常出色。因此，思想工作者要协助领导，发掘人才之所长，用好人才之所长，把各类人才安排到最能发挥优势的岗位上去。作为员工个人来说，也要尽可能地做到扬长避短，发挥特长。有职场人士总结了自己在职业生涯发展中"一专多能零缺陷"的能力策略："一专"指让自己有一项专长非常强；"多能"指尽可能多储备几项能力，可以搭配着使用；"零缺陷"指通过自身努力和对外合作，让自己的弱势达到及格以上。这些经验之谈，都值得参考和借鉴。

(3) 让"长板"和"短板"融为一体

客观地说，在任何一个组织、一个团队中，木桶上的木板总是有长有短、参差不齐的，不可能完全一致，相对的短板也是永远存在的。因此，在一定的限度内，短板也是组织、团队中有用的部分。除了这种短板的素质、能力之差已成为阻碍工作的瓶颈而难以容忍、必须清除外，对于木板之间的高低错落都应当采取取长补短的方法，通过木板之间的紧密契合、有效组合，构成木桶最大的储水量。

深入分析来看，木桶的结构也决定储水量。木桶要长久地储水，各木板之间的紧密性非常重要，必须按照特定的位置和顺序，互相衔接，没有空隙，不能出错。如果每块木板之间的契合不密，出现缝隙，单块的木板再长也没用，最终也无法储存多少水。一个团队也是这样，如果没有良好的团队合作意识，不能做好互相补位和衔接，这样的组合只能说是一群人，而不是一个完整的团队。因此，团队中的每个员工都要发挥自己的优势，包容他人的不足，团结协作，密切配合，只有这样才能缩小相互之间的缝隙，更好地衔接配合，达到最佳储水量。

86. 摆脱盲目追随的群体惰性

——鲦鱼效应

鲦鱼是一种性情活泼、善于跳跃、常在水面结群游动的淡水鱼。《当代生物学》杂志曾报道称，鲦鱼的两组基因决定着鲦鱼的动向，一组基因控制着鱼加入较大群体的习性，另一组基因决定一条鱼在鱼群编队里的“泳技”有多好，“通过集结在一起，鱼群以不同的方式感受世界”。行为习惯和身体能力结合在一起，产生了鱼群经常的队列变换，帮助它们躲避或防御掠食者。德国动物学家霍斯特研究发现，鲦鱼因个体弱小而常常群居，众多弱小的鲦鱼总是跟在强壮的鲦鱼后面行动。然而，如果将一条强健的鲦鱼脑后控制行为的部分割除后，此鱼便失去自制力，行动也发生紊乱，但是其他鲦鱼却仍像从前一样盲目地追随它。人们就把这类现象称为“鲦鱼效应”，又称为“头鱼效应”。

在日常生活中，我们常能看到鲦鱼效应之类的现象。如，某个网络大 V 发表了什么意见，不少“粉丝”还没有搞清楚究竟是怎么一回事，就纷纷转发，于是一时间众多人奉为经典；一旦有人提出不同意见，便有众多“鲦鱼”出来维护，“口诛笔伐”，简直欲“置之死地而后快”。又如，在某个行业中出现了一种创新产品，许多同类企业立即群起仿效，也不管自己是否具有这方面的资源优势，结果把好端端的一个新市场迅速就给做坍了。20 多年来，我们已经看到了太多因企业家个人能力而崛起的新企业，也看到了太多由于企业家个人失误而导致的企业衰败，这似乎成了一个怪圈。很多企业家都自信不会陷入这个循环，但又往往无力跳出自己构建的循环。这种表现出鲦鱼效应的群体并不是不能自主思维，而是他们此时的思维陷入了一种群体惰性。可见，不少人的失败是由于盲目跟随造成的。

霍斯特的发现，提醒人们要警惕组织内的鲦鱼效应。由于鲦鱼效应，有些人常常因其思维定式和惯性行为而不喜欢甚而反对各种变革，常常表现出一些保守主义的倾向。尤其是对于一些领导者的意见，不管是否正确，也不思考理解，便一味地跟从乃至盲从。有个笑话，一位领导者刚开始讲话，一名下属便连声赞叹说："对！对！对！"众人愕然。领导者也不好意思了，便问这人："你认为对在哪里？我还没有说到正题呢。"众皆哄然，此人赧然。

有"全球学习型组织之父"美誉的彼得·圣吉在《第五项修炼》一书中，进一步阐述了鲦鱼效应等现象的危害，他指出：组织内群体的思维定式和行为惯性源自内心的习惯性防卫。作为人类根深蒂固的一种习性，习惯性防卫犹如穿在身上却又看不见的防护服，在保卫自己免受外界威胁和变化影响的同时，也遮蔽了自己的眼界和真实想法，对于创新形成了阻碍。美国心理学家阿吉瑞斯说："防卫性心理使我们失去了检讨自己想法是否正确的机会。"一旦领头的鲦鱼出现失误，就会失去纠正的时机，也丧失了超越习惯思维的机会。

思想工作者要通过有效的思想工作，激励各级领导成员增强领导意识、明确领导责任、发挥好领导作用，团结带领广大群众，克服鲦鱼效应，摆脱盲目追随的群体惰性，倡导创新思维，坚持开拓创新，从而更好地实现单位和组织的目标。

(1) 要独立思考，不能盲目地跟随

无论是领导干部还是普通员工，都要倡导独立思考，不能让自己的脑袋长在别人的肩膀上。即使是对值得信任的领导者的意见，也要充分理解、领会精神，然后增强行动的自觉性，不能盲目遵从。尤其是当领导者出现偏差或失误时，要能够提出自己的思考意见，提请领导者慎重思考，避免像鲦鱼那样盲目地追随那些判断力、自制力出了错的头鱼，造成无法纠正的后果。相对来说，猴子的独立意识比较强，因而在猴群中就不存在鲦鱼效应，表现不正常的猴王随时会被强者取代。因此，领导者要把经常性的自我反省作为自我修养的重要手段，平心静气地审视自己，客观地反省反思，防止陷入惯性思维和群体惰性的泥潭，居安思危，与时俱进，未雨绸缪，不断地提升自己的领导力和竞争力。

(2) 要不断学习，走出自己的“舒适区”

就像鲦鱼首领的行动紊乱必然导致整个鲦鱼群行动紊乱一样，任何一个团队、单位或组织只要出现了问题，领导者都应当承担不可推卸的责任。因此，单位或组织的领导者要不断学习，开阔视野，掌握新知，保持对外部发展变化的敏感，保持对新鲜事物的热情。因为这会直接影响核心团队乃至全体员工的精神面貌，产生无法估量的巨大影响力。管理学指出了一种常见的现象：“领导者往往是团队中最后一个知悉问题的人，而且领导者所看到的一般只是一小部分而已。”就像漂浮在大海上的冰山，能看到的只是冰山的一角，而隐藏在水底下的部分则要大得多，也更具有破坏性。因此，领导者要破除“小富即安”“小成即乐”的思维，不满足于已经取得的成绩，而要不断挑战自己走老路、走熟路的“舒适区”，深入第一线，深入基层群众，加强调查研究，了解真实的情况，有针对性地解决问题，这也应当成为领导者学习研究的一项重要内容。

(3) 要集思广益，运用好集体智慧

实践证明，个体决策容易受到各种情境的影响，所以决策偏差、失误都是无法避免的。所以，对于团队、单位和组织的重大事项，要充分发挥集体的智慧，从个人决策过渡到集体决策。不论是个人拍板，还是少数人拍板，其区别无非是从一条鲦鱼变成了几条鲦鱼，少数人的智慧终究是有限的，如果能集合所有员工的智慧，甚至整合全价值链的智慧，这样的决策才会更加可靠。集体决策的程序非常重要，有了科学的决策过程，才可能得出可靠的结果，才能帮助团队、单位或组织摆脱鲦鱼效应的困扰，真正实现基业长青。

(3) 要坚持创新，带领群体走向胜利

世界上一切伟大的成就，都是创新、创造的结果。一些人害怕改变已经习惯了的规则和环境，像鲦鱼一样缺乏远见，一味相信经验和直觉，盲目地跟随，从而拒绝变革，最后演变成群体的惰性和依赖性，表现为一个群体的墨守成规。鲦鱼效应在那些不依赖竞争而存在的团队、单位和组织中表现得尤为明显。鲦鱼效应告诉我们，思维定式和惯性行为是创新和进步最顽固的敌人。拒绝改变，就等于抵制创新和妨碍进步，而群体的盲目追随现象则无疑是其必然的行为特征。在深层改革的时代，仅仅使自己不成为群居的鲦鱼是不够的，作为团队、单位或组织的领导者，最需要的是创新的意识和勇气。要树立求新、求变思维，以足够的胆魄、勇气去创新，尝试开拓新的领域和业务，运用新的思路和方法，就可能开创出一片新的天地。

鲦鱼效应与从众效应有某些相似之处，但也有明显的区别：在鲦鱼效应中，跟随的总是头鱼，当领头的鲦鱼失去了自制力时，鲦鱼群仍然盲目追随；在从众效应中，人们跟随的是众人，而不管领头者是谁，只要多数人这样做，人们都会不假思索地跟随而去。

87. 坚持用自己的头脑思考

——从众效应

从众，是指个人受到外界人群行为的影响，怀疑并改变自己原有的观点、判断和行为，而表现出符合公众舆论或多数人的行为方式，进而在行为上努力与之趋向一致的现象，也就是通常人们所说的“随大流”。羊群就是这样一种散乱的从众群体，只要有一只头羊行动起来，其他的羊就全然不顾前面的情况，不假思索地一哄而上，跟随而去。这种现象在社会心理学上就称为“从众效应”，也称“羊群效应”。

美国社会心理学家阿希在1951年设计实施了一个实验，来研究人们会在多大程度上受到他人的影响，而违心地作出明显错误的判断。阿希把被试者编成多个小组，每个组中只安排一名不知内情的真被试者，其他六名都是阿希的助手，充当“托儿”。实验人员先展示两张卡片：左边卡片上画有A、B、C三条长短不一的直线，右边卡片上画有一条直线O，如图所示，左边卡片中直线B与右边卡片中直线O一样长。随后，阿希要求被试者逐一对直线长度进行比较，说出答案。在回答的顺序上，每个组都把那名真被试者安排在最后一个作答。在前两次正常判断之后，前六名助手故意异口同声地说出一个错误答案，在误导之下，那些真被试者开始迷惑不决了。判断共进行了18次，从总体结果看，平均有

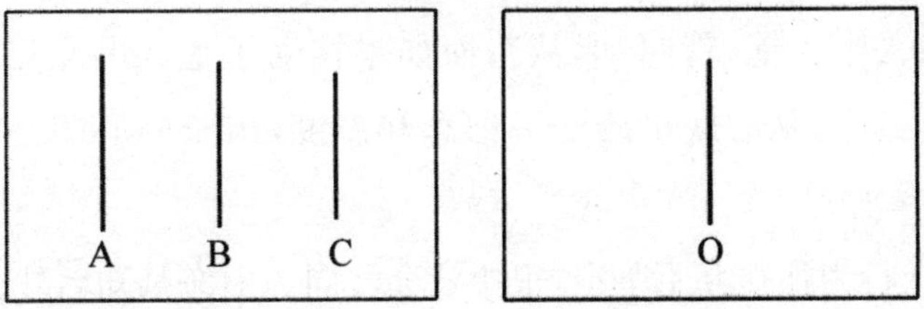

33%的人完全作了从众的判断，有76%的人至少做了一次从众的判断，还有24%的人始终没有曲意从众。而在正常的情况下，人们独立判断失误的概率不会超过1%。

人们愿意采取从众行为，主要是出于下列心理因素：① 相信他人的心理。从某种程度上说，一个人所掌握的知识信息和实践经验都是有限的，因而总要从他人的知识和经验中获得一些帮助。在情景不确定时，其他人的信息往往最具有参考价值。人们对所面临的事物了解得越少，就越会重视他人的意见，也就越容易从众。如，到了陌生的地方，人们更愿意选择人多的路走，到人多的商店去购物，到人多的餐厅去吃饭，认为跟随多数人总没错。② 寻求安全的心理。这是由于人生活在群体之中，必然希望能与他人关系融洽，为了免受群体成员的非议与排斥，于是放弃自我，随意从众，不愿因标新立异、与众不同而被群体视为另类。而当自己的态度、行为同别人一致时，就会有一种安全感。③ 忠于集体的心理。如果处于一个有共同利益和目标的集体，这时个人从众就有可能是为了维护集体的整体利益，而自觉地与其他成员保持一致，体现出一种集体主义的态度。

不可否认，从众源于一种群体的无形压力，会迫使部分成员违心地产生与自己意愿相违背的行为。于是，有人作了具体分析，认为个体在真实或臆想的群体压力下发生的从众行为一般有三种表现形式：① 表面服从，内心也接受，所谓口服心服；② 口服心不服，出于无奈，只得表面服从，违心从众；③ 完全随大流，谈不上服不服的问题。因此，在从众效应之下形成的一致性，就包含了三种可能：积极的一致性、消极的一致性、无异议的一致性。其中的差别就在于个人是否真正从内心做出了信念或行为的改变，而表现为顺从、接纳两种不同的态度。这就好比一个团队打算去聚餐，许多人都表示愿意吃火锅，只有你表示想去吃烤肉，最后还是跟着众人去吃了火锅。如果是出于外在压力的从众，不愿违背多数人的意愿跟着去吃火锅，就叫“顺从”；而如果接受了他人的意见，认识到吃烤肉不利于身体健康，从心底里改变了信念和态度，出于内心驱动的从众，这就叫“接纳”。

因此，从众行为往往并不坚定，很快就会转向。上海某知名外企人力资源总监曾经历过这样一件事，在一次招聘中，他对30多名应聘者说："是党员的请举手。"竟无一人举手——这大概是因为没有人带头举手，于是大家也就从众了。随后，他说："我就是党员。"话音刚落，应聘者中刷刷举手的人就超过了一半——一旦有人带头，而且是这里的负责人，大家又都转向从众了。

从众效应所表现出的强度，与以下一些因素有关：① 群体因素。一般来说，群体规模大、凝聚力强、群体意见具有一致性等，都易于使个人产生从众行为。② 情境因素。这包括信息的模糊性、权威人士的影响力等两个方面，如果个人处在这两种情况之下，就易于产生从众心理。③ 个人因素。一般来说，文化程度不高、自信心不足、性格软弱者，较易从众；女性比男性容易从众；不同文化背景的人，其从众表现也有一定的差别。

从众效应的结果也很复杂，既可能有积极作用，也可能有消极作用。简言之：① 积极的从众效应可以互相激励情绪，有利于建立良好的社会氛围，有助于学习他人的智慧经验，扩大视野，修正自己的思维方式，克服固执己见、盲目自信，更好地融入团队，促使个体达到心理平衡，增强内心的安全感，齐心协力完成群体目标。② 消极的从众效应会弱化自我意识，阻碍独立性的培养，束缚思维，扼杀创造力，使人变得无主见和墨守成规，甚至失去责任感和内疚感。盲目从众的弊端更为明显，会造成个性消失，乐于随大流。从众心理使人有匿名感，因此个人做事会无所顾忌，如随地吐痰、乱穿马路、插队等不遵守公共规则的现象因此就屡禁不绝。从众心理还会给个人带来淹没感，不愿作独立思考，会导致明哲保身、害怕承担责任，会扼杀创新的勇气和锐气。

思想工作者要有坚定的立场、敏锐的鉴别力，坚持独立思考，慎重行动，防止人云亦云的跟风行为。同时，在日常工作中，要与工作对象一道，鼓励和倡导积极的、自觉的从众行为，尤其要通过转变人们的思想观念，强化集体意识、团队意识，尽量增加"接纳"的成分，防止并克服消极的、盲目的从众行为，从而更好地实现工作目标。

(1) 倡导独立思考

法国社会心理学家古斯塔夫·勒庞研究发现，群体具有以下特点：组成这样一个群体的个人想法和情绪都会转向同一方向，造成个性消失；总是受制于一些自己未察觉到的顾虑；大脑思考能力丧失，脑神经活动占优势；智力下降，完全情绪化——集体情绪化可能胜于个人情绪化，也可能变得更糟。一个群体很容易英勇无畏，也容易集体犯错，甚至犯罪。勒庞的话说得很重，是要提醒我们注意群体思维和行动中的偏差，注重独立思考。

在通常情况下，多数人的意见往往是正确的，从众就意味着服从多数，一般是不错的，适当的从众常常可以给人们有益的帮助。然而，一些从众行为往往缺乏具体的分析，不作独立思考，不顾是非曲直，一概服从多数，随大流走，则是消极、盲目的从众，会让聪明的人变得愚笨，让勤快的人变得懒惰，让积极的人变得消极，让卓越的人变得平庸。如果总是从众，就会失去自己的方向，就不会有独特的创意、创新和创造，也就不可能做出突出的业绩，更不可能获得突破性的成就。所以，凡事要有独立的思考和自己的判断，权衡利弊得失，防止消极盲从的从众行为，从而勇于创新，敢于另辟蹊径，抢占先机。

(2) 提高辨别能力

盲目的从众现象，很多是由于自己的意识、能力、知识储备不够，无法辨别真伪利弊，就只能消极地跟从他人。因此，最根本的还是要从提高自身的素质能力着手，通过书本、网络的学习和社会实践，以及同他人的交流探讨来提升自己，增强辨别是非、正确取舍的能力。有一次，著名音乐家小泽征尔去欧洲参加指挥家大赛。在进行前三名决赛时，小泽征尔突然发现评委给的乐谱中出现了不和谐的地方，他以为是演奏家演奏错了，就让乐队停下来重奏一次，结果仍觉得不对。这时，在场的权威人士都郑重声明乐谱没有问题，而是他的错觉。面对几百名国际音乐权威，小泽征尔不免对自己的判断产生了动摇。但他考虑再三，坚信自己的判断没错，于是大喊一声："不，一定是乐谱错了！"他的喊声一落，评委们立即报以热烈的掌声，祝贺他大赛夺魁。原来，这是评委们精心设计的"圈套"，以试探指挥家们能否发现错误，并能坚持自己的判断。可见，只有当自己的鉴别能力到了一定的高度，才会有足够的底气坚持自己的见解，不受外界的干扰和误导。

(3) 抵御从众压力

社会心理学家研究发现一个奇怪的现象，影响从众心理的最重要的因素，是持某种意见的人数多少，而不是这个意见正确与否，似乎人多就有说服力。确实，很少有人会在众口一词的情况下还坚持自己的不同意见。然而，在成功企业发展的关键时刻，企业家力排众议、力挽狂澜的事例不胜枚举。因此，运用自己的理性思维判定是非取舍，并坚持自己的决断，避免盲从行为，是成功者与平庸者的分水岭。投资大师巴菲特在贝克夏·哈斯维公司 1985 年的年报中讲了这样一个故事：一个石油大亨走到天堂的大门口，但耶稣十二门徒之首的圣·彼得对他说："你有资格住进来，但为石油大亨们保留的大院已经满员了，没办法把你挤进去。"这位大亨灵机一动，对着大院里的居住者大声喊道："在地狱里发现石油了！"大院的门很快就打开了，天堂里的石油大亨们受到诱惑，蜂拥而出，都向地狱奔去。大亨看到大家都跑了过去，迟疑了一下，心里说："不，我应该跟着那些人，这个谣言中可能会有一些真实的东西。"说完，他也急匆匆地朝着地狱飞奔而去。巴菲特的意思是告诉大家，在巨大的从众压力之下，明知是谣言也会信以为真。要抵御从众的压力是多么困难啊！

(4) 多听他人意见

从众效应可以产生示范学习和协同作用，这对于弱势群体的保护和成长是很有帮助的。尤其是在信息不对称和预期不确定的条件下，参照别人的行为确实也是降低风险的一种做法。许多从众行为正是在信息不充分的情况下无奈做出的。所以，结交一些信得过的好朋友，尤其是多交一些挚友和诤友，多听取来自各方面的意见，扩大自己的信息来源；遇到自己实在解决不了的问题，也可以请教一下相关方面的高手，便于自己作出独立的理智判断，防止跟风、随大流的行为。这样，在遇到难以抉择等状况时，就会多一份关心和帮助，也就多了一些理智的选择，从而可以让自己找到简便、有效的捷径，远离风险和陷阱。

88. 避免“踢皮球”的现象

——责任分散效应

在报刊上不时会读到这类消息，诸如患病老人乘坐公交车无人让座，妇女在大庭广众之下受到侵害却无人挺身而出，发生跳楼或跳河事件时众人围观却没人相救。媒体往往都简单地斥之为冷漠无情、人心不古、世风日下。其实，出现这类现象，有多种社会和心理的原因，呼唤公民意识、加强道德修养、倡导文明自律固然是必要的，但同时要从社会心理学上找到相关的解释，这对于预防和消除这种“冷漠无情”的现象也许是更为有效的。

这类“冷漠无情”的情况并非国内所独有，也不是近年来才出现的。早在1964年3月13日深夜3时20分，美国纽约郊外一所公寓前，一位名叫朱诺比白的年轻女子在下班回家的路上遇到袭击，她惊恐地大声呼救。听到喊叫声，附近住户亮起了灯，打开了窗户，歹徒被吓跑了。当一切恢复平静后，歹徒又返回作案。当朱诺比白再次喊叫时，附近的住户又打开了电灯，凶手又逃跑了。当她认为已经无事，回到自家住宅上楼时，歹徒又一次出现在她面前，将她杀死在楼梯上。在这个过程中，尽管她大声呼救，邻居中至少有38人到窗前察看，但没有一人施以援手，甚至无一人打电话报警。这件事引起纽约社会的轰动，也引起了社会心理学工作者的重视和思考。

心理学家约翰·巴利和比博·拉塔内为了研究这类旁观者无动于衷、冷漠无情的现象，开展了一项实验。他们让72名不知真相的参与者分别以一对一、四对一的方式，与一个假扮的癫痫病患者保持距离，并用对讲机通话。重点研究在他们交谈的过程中，当那个假病人大呼救命时，72名参与者将作出何种反应。事后的统计显示：在一对一通话的小组中，有85%的人立即冲出去报告有人发病；而在有4个人同时听到假病人呼救的小组中，只有31%的人采取了行动。1970年，社会心理学家拉塔尼和达利也发现，当有其他的旁观者在场时，会显著地降低人们介入紧急情况的可能性。自1980年以来，有60多个实验研究比较了独自一人或与他人在一起时的亲社会行为表现，结果发现，大约有90%的实验都证明独自一人时更有可能提供帮助。研究还发现，在场人数越多，受害者得到帮助的可能性越小。由此，人们对于这种群体性"冷漠无情"的现象作出了社会心理学的解释，并概括为"责任分散效应"，或称为"旁观者效应"。

所谓责任分散效应，是指对某一件事来说，如果是单个个体被要求单独完成任务，由于是责无旁贷，责任感就会很强，常常会作出积极、主动的反应。但如果是要求一个群体共同完成任务，群体中的每个个体的责任感就会相对减弱，面对困难或遇到责任时往往会退缩。因为前者独立承担责任，后者则期望别人多承担点责任。而且在现场旁观者的数量增加时，任何一个旁观者提供帮助的可能性都会相应减少，即使他们采取反应，反应的时间也会延长。所以，"责任分散"的实质就是人多不负责，责任不落实——这是团队建设中的大忌。

心理学家进一步研究发现，当出现责任分散效应时，人们主要受到利他主义动机、社会惰化、从众心理、道德因素、法不责众心理和人际关系相互作用等六种心理因素的影响。必须承认，在不同的场合，人们采取援助行为的内驱力是不同的。当看见别人遇到紧急状况时，如果只有自己一个人能提供帮助，他会清醒地意识到自己的责任，从而对求助者给予帮助；假如因为自己的怯弱无为、优柔寡断导致后果的发生，自己会受到良心的谴责，这需要付出很高的心理代价。但是如果有很多人在场，援助求助者的责任就由大家来分担，而每个人分担的责任很少，甚至每个人都不清楚到底谁最应该采取行动，这样每一个人就都减轻了援助的责任，于是造成等待别人去帮助或互相推诿的情况。有的人甚至抱有"身强力壮者多了""我不去救，别人自会去救"的想法，从而产生一种"事不关己，高高挂起"的心理。同时，当有他人在场时，个人在行动前就会比无人在场时更加小心地评估自己的行为，把自己准备做出的行为和他人进行比较，并从他人行为中找出自己是否行动的线索和依据，当他人都不采取行动时，就会产生对个体利他行为的社会抑制作用。于是，就很少有人愿意率先出手相援。俗话所说的"一个和尚挑水吃，两个和尚抬水吃，三个和尚没水吃”，就是责任分散效应的一种表现。

对于思想工作者来说，管理工作中的责任分散效应是屡见不鲜的。有研究者分析了责任分散效应在管理工作中的几种表现形式：① 表现在执行层面。职、权、责一致是团队建设的基本原则之一。职务、权力和责任这三者之间应当是互为条件、相互平衡的三位一体结构。而在实际运行过程中，权责却常常出现脱节的现象。权责不明确和权责相脱节造成权责结构的失衡，权力和责任出现明显的“剪刀差”，于是，执行的积极性和实际效果便大打折扣，这导致出现问题以后互相推脱，甚至到最后没有人承担相应的责任。② 表现在决策层面。心理学家戴狄恩指出，群体决策具有冒险性，一般有四个逐层推进的表现形式：群体讨论使群体成员之间产生情感联系；成员间情感联系将责任分散到成员身上；责任分散降低了个体对失败的恐惧感；降低的恐惧感使群体成员敢于做出更冒险的决策。群体决策原则本来是防止个人专断的有效的民主原则，但是一旦运转不好，也会带来责任分散效应等一系列的缺陷。群体成员会这样想：如果出了问题，责任是大家的，不是我一个人的。如果一个群体中每一个成员都存有这种思想，那么由这个群体做出的决定往往风险很大。③ 表现在效能层面。当一个人单独工作时，他不得不担当起所有的责任，效能相对较高。但当大家组成一个团队集体工作时，团队的责任就被分散了，效能相对降低，运行成本较大。更有甚者，当上级下达任务后，各个部门、各个成员之间互相推脱，变成了“踢皮球”的游戏，工作效能必然低下。

思想工作者要认清责任分散效应所由产生的心理因素，从而有针对性地采取措施，预防和克服责任分散效应所带来的弊端。

(1) 责任到人

“当责任不明时，个体在团体中容易出现不卖力的情况。”所以，任何工作都要明确职责，责任到人。尤其是在将一项任务交给某个团队去完成时，一定要确定负责人，分工明确，出了问题找谁，最后可以直接找负责人督办。一旦该团队完不成任务，责任一定要指向具体的某个人，督办和批评必须集中到一个人，因为有针对性的批评才有力量。如果职责不清，就会导致责任分散，谁都会找出不负或少负责任的种种理由，并且理直气壮地申辩。这样，所布置的任务多半不会很好地落实。

（2）指令明确

责任明确的一个前提就是指令明确。任何一个指令，都应当做到明确具体，由谁做、做什么、怎么做、做到怎样、何时完成，都必须事先交代清楚，从而减少责任分散所带来的不良影响。即使是在遇到紧急情况时，也可以向特定的人员发出明确的求助信息。如在路上发病，可以拉住身边的人求救，这样可以激发特定人员的责任感，提高获得有效救援的概率。如果指令不清晰，笼统地向众人求援，就可能因责任分散效应而错失获得帮助的机会。

（3）适当授权

授权是组织运作的关键，适当的授权是一项重要的管理技巧。将完成某项工作所必需的权力授予承担相应责任的下属人员，既是调动下属积极性的手段，也是提高下属能力的途径。目标管理对人的激励，是通过激发人员的动机，将人们的行为引向目标来是实现的。在团队管理中，对团队负责人，哪怕是短期的、临时的、单项的负责人，也应该明确其职责，向相关人员强调此项任命的领导地位，并且相应地授权，便于团队负责人名正言顺地担负起领导职责，这样就可以使得权责明确，使所有团队成员有序地投入工作，从而顺利实现团队目标。

（4）奖惩落实

对于团队管理来说，在实施计划的过程中，要落实奖惩制度，促使团队成员积极承担责任，提高工作效率和效果，避免责任分散效应，形成积极进取的团队氛围。无论是奖是惩，都要指向负有主要责任的个人，防止出现“棍打一大片”的现象，挫伤无辜成员的积极性。

七

励志修养篇

89. 成功来源于积极的心态

——杜利奥效应

从某种角度来说，人与人之间本来只有很小的差异，但这种很小的差异却往往造成了天壤之别。这里所说的“很小的差异”，就是所具备的心态是积极的还是消极的，所导致的巨大的差异就是成功与失败。成功人士的首要标志，就在于拥有积极进取的心态。一个人如果心态积极，乐观地面对人生，勇敢地接受挑战、应对困难，那他就成功了一半。美国自然科学家、作家杜利奥提出：没有什么比失去热忱更使人觉得垂垂老矣。精神状态不佳，一切都将处于不佳状态。成功来源于积极的心态，拥有信念有时比拥有才能更重要。人们就把这种现象称为“杜利奥效应”。

成功学大师拿破仑·希尔曾讲述过这样一个故事：塞尔玛陪伴丈夫驻扎在一个沙漠的陆军基地。丈夫奉命到沙漠里去演习，塞尔玛独自一人留在陆军的小铁皮房子里。当地天气炎热难耐，在仙人掌的阴影下也超过了 50℃。身边的墨西哥人和印第安人都不会说英语，因而没有人可以跟她聊天，她觉得非常寂寞、难受，于是就写信给父母，说要丢开一切回家去。父亲的回信只有两行：“两个人从牢中的铁窗望出去，一个看到泥土，一个却看到了星星。”塞尔玛看了信后，心头一颤，决心要在沙漠中寻找到星星。塞尔玛开始和当地人交朋友，她对当地的纺织品、陶器表示兴趣，当地人就把舍不得卖给观光客人的纺织品和陶器送给了她。塞尔玛研究那些引人入迷的仙人掌和各种沙漠植物，又学习了有关土拨鼠的知识；她观看沙漠日落，还寻找几百万年前这里的沙漠还是海洋时留下来的海螺壳……原来难以忍受的环境居然变成了令人兴奋、流连忘返的奇景。沙漠没有改变，印第安人也没有改变，塞尔玛却发生了巨大的转变。根源在于她舞，使得李明博能够“不管困难有多大，我都没有轻易放弃，总是拼尽全力去挑战、去奋斗”。正是这种思维支撑着这位平民总统一步步走出了命运的泥沼，走向了人生的辉煌。

日本文化学者秋月龙珉编著的《禅海珍言》中收录了一则哲理故事：从前京都南禅寺旁住着一位老太太，成天愁容满面，哭哭啼啼。南禅寺和尚问她：“你怎么总是哭呢?”她边哭边回答：“我有两个女儿，大女儿嫁给了卖鞋的，小女儿嫁给了卖伞的。天晴的日子，我想到小女儿的伞一定卖不出去；下雨的天气，我又想到大女儿的鞋一定没有人去买。我怎么能不伤心落泪呢?”和尚开导她：“天晴时，你应去想大女儿的鞋一定生意兴隆；下雨时，你该想到小女儿的伞一定卖得很多。”老太太当即“顿悟”，破涕为笑。此后，她的生活状况丝毫未变，但由于观察生活的角度变了，便每天都满面春风，乐乐呵呵。因此，在事业受挫、情绪低落的时候，更需要每天敦促自己采取热情的行动。有了热情，无论处于什么样的境遇，都可以心态平和，有所作为。

(3) 巧用心理暗示，保持积极心态

每个人的潜能都是巨大的，如何才能把潜能最大化地激发出来？心理暗示是一种很好的办法(参见“暗示效应”)。有两个有趣的案例：美国田纳西州的一家工厂从附近农村招募了一批工人，工人们不习惯在车间里工作，总觉得车间里的新鲜空气稀少，因而顾虑重重，工作效率自然降低。后来厂方就在窗户上系了一条条轻薄的绸巾，这些绸巾不断飘动着，暗示着新鲜空气正从窗户里涌进来，工人们由此去除了心病，工作效率随之提高。又如，一位有喜欢新鲜空气癖好的客人到一家高级宾馆住宿，尽管十分舒适，但看到窗户关得严严实实，想到新鲜空气一丝都不能透进来时，客人就非常苦恼，辗转难眠。夜深了，他实在无法忍受，迷迷糊糊中抓起一只皮鞋朝透出亮光的方向砸去，听到了玻璃碎裂的声音后，他感到新鲜空气涌入室内，顿时感觉呼吸顺畅，安然进入了梦乡。第二天醒来，他才发现，夜里砸碎的是一面镜子，窗户玻璃完好如初。两个案例同样是心理暗示，都治好了人们的心病。因此，可以用“我是强者”“我能做到!”之类的内容，对自己和他人适当实施心理暗示，稳定情绪，调整心态，树立信心，坚定战胜

困难和挫折的勇气和毅力。

最后需要指出，良好的心态必须付诸行动，才能创造出不可思议的结果，使人生变得瑰丽多彩。

90. 成长就是不断超越自我

——蜕皮效应

一些节肢动物和爬行动物，常见的如蝉、蛇，在生长期间会蜕去旧的表面皮层，代之以新长出的皮层，通常每蜕皮一次，动物就长大一些。蜕皮是一个痛苦的过程，蜕去旧皮本来就疼痛难忍，而在新皮逐渐长全的过程中，还往往面临着行动不便、无法捕食的困难，甚至无法抵御天敌侵袭的危险，因此，这些动物为了成长，在蜕皮中忍受了生与死的巨大考验。经过了痛苦的蜕皮过程，这些动物就渐渐成熟了，获得了自我保护的能力，也换来了更加强壮的生命。美国作家迪斯受到启发，将其引申到社会科学领域，指出：每个人都有一定的安全区，如果你想跨越目前的成就，就不要给自己划定界限。世间任何事情哪怕做得再完美，也有可以超越的地方，只有不断地做到更好，才能收获成长；只有勇于接受挑战，充实自我，才能超越自己，发展得比想象中更好。这后来被心理学家称为"蜕皮效应"。

虽然人不会蜕皮，但在人成长的过程中，对自我的否定和对自我的超越，也如同蜕皮一样，只不过变化的不是表皮，而是人的思想品质和能力素质。比如，随着人们年龄和阅历的增长，对于社会中一些问题的认识更加新颖独特，思考更加成熟周全，处置更加妥当完善，这些都是不断蜕皮后的结果。因此，必要的蜕皮，体现了人们对美好事物和更高目标的勇敢无畏的追求，同时也是人们在成长的道路上所必须经历的痛苦。有本书上写得好："人的一生最大的竞争对手就是自己，最难的就是自我超越。但事实上，那些能够自我否定、自我超越的人，往往是一个蜕变成长的过程，也是向更高的高度起跳的过程。"人确实需要不断地自我否定、自我超越，只有蜕掉了身上的"旧皮"，才能有足够的成长空间，也才能获得重生。

在这个世界上，如果单从身体条件来看，人类的能力并不出众：力气比不过老虎、狮子，甚至还比不过个头相仿的熊、狼；从单项功能来看，视觉不如鹰，嗅觉不如狗，听觉不如羚羊，灵巧也不如猫，又不能像鱼儿在水中游、鸟在空中飞……但是主宰这个世界的还是人类。之所以能做到这一点，就在于人类敢于不断地挑战，能不断地超越自身的局限和不足。于是，人不能在水里生活，却可以深潜海底几百米、几个月；人没有千里眼、顺风耳，却发明了电话、手机，千里之外可以即时通话、视频聊天；人没有翅膀，却可以驾驶飞机翱翔蓝天；人的视力有限，却可以借助望远镜观察星空的微小变化。事实上，在我们身边那些做出杰出贡献的人，也不一定是天赋很高的超凡天才，而是那些能在困难面前敢于超越自我、将自己的才能发挥到极致的人。

思想工作者要通过有效地引导，促使工作对象认识到蜕皮效应的道理：只有不断超越自我的人，才是一个真正的聪明人。只有超越了自我，才能使自己一生更加丰富多彩；只有超越了自我，才能认识到生命价值的全貌。从而发展得比想象中更好，成长得比别人更快。因此，要全力以赴，竭尽所能，超越自我，争取达到更高的人生境界。

(1) 敢于同自己比赛

要想超越自己，就必须正确地认识自己。尤其是要在与周围人的比较、与同行尖子的比较中来认识自我，看到自己在这些参照系中所处的位置或水平，提高自己的站位和目标，发现自己的不足之处，从而找到需要改进的方面，然后逐条加以改进、提高。如果只看到自己的优点和长处，满足于现状，躺在之前的功劳簿上睡大觉，就只会墨守成规、故步自封，充其量只能保持住自己目前最好的状态，如果从长远来看，终将是会落伍的。因而只有不断迎接挑战，与自己比赛，致力于超越昨天和今天的自我，努力朝着明天进发，才能使自己更加进步，更加成熟。

(2) 自觉地远离“安逸区”

在现实的道路上，人们在取得一定成绩和进步之后，都会有一定的实现感、成就感、自我满足感，常常会满足于自己的“安逸区”，于是就会觉得一切都有保障、有安全感，就如同节肢动物身上披着的那层保护自我的“旧皮”。殊不知，这层“旧皮”会让人在不知不觉中画地为牢、止步不前。自我满足只会让人走进消沉的深渊，甚至会让人丧失前进的动力，渐渐地进入平淡和平庸的境地。于是，惰性会随着时间增长，各种各样的借口也就成了放弃努力的理由，甚至“知足常乐”也成了自我安慰的口头禅。本来，“知足”与“不知足”是一个整体，“知足常乐”是让人们珍惜并感恩已经拥有的一切，而“不知足”则是激励人们不断超越自我，提升人生价值，两者相辅相成，不能偏废。唯有不满足于眼下的“安逸区”，才有渴望提升和完善的动力；唯有自觉地“蜕皮”，才能更上一层楼。

(3) 勇于自我否定

蛇只有经过一次次蜕皮才能够成长。同样，人也必须经历不断的自我否定，才能进步。这首先就表现为对现实自我的不满而力求改变，因而要正视自己身上存在的各种弱点和不足，并设法去改进、突破，减少个性、弱点对事业的消极影响。只有这样，才有可能实现对自我的超越，才有足够的成长空间。如果认为自己样样都好，甚至是无所不知、无所不能，自我满足、孤芳自赏，那么，那层“旧皮”就始终紧紧地裹在身上，不能蜕去，也就永远也不能再成长了。

比如，20 世纪 90 年代，上海工业面临着严峻的挑战，国有工业企业的利润从 1988 年的 109.2 亿元，下降到 1998 年的 13.03 亿元，1994 年后的 5 年间，更是连年直线下降。相当一部分国有工业企业经营步履维艰，连年亏损濒临，关闭。上海工业系统的干部群众勇于“蜕皮”，主动抛弃不适应时代发展要求的思想理念和生产格局，坚定地实施“壮士断腕”的举措，经历了从纺织业开始的上海百万工人走下生产线的艰难、苦涩、无奈和悲壮，经历了“调整中发展”“发展中调整”“发展中提升”三个阶段的重大变革，通过创新转型，淘汰高能耗、高污染、高危险和低效益的落后产能，大力培育高新技术和新的支柱产业，重点推进战略性新兴产业、先进制造业、现代服务业、基础设施和民生保障等项目，形成了具有上海特点的产业竞争优势，开创了崭新的发展局面，继续挺立在全国改革开放和经济发展的最前沿。

(4) 把目标定得再高一些

人的才能是没有限制的，唯一的限制就来自自身。从一定意义上来说，人生的高度无止境，成功的宽度无极限。人们每次获得的成功，只是其中的一个片段而已。如果能够摆正心态，继续努力，不懈挑战，不断超越，往往能够提升到新的高度，拓展出新的宽度。但是，一个人如果不想往高处攀登，只想着停留在低处，低目标看起来固然可行，但很容易让人产生满足情绪，不思进取，也就永远也看不到最美的风景。只有把目标定得高一些，并为之努力，才会激发出更大的潜力，就可能取得意想不到的收获。此外，不要因为缺乏信心，就怀疑自己的能力；不要因为缺少勇气，就不思继续前进。只有志存高远，才能获得越来越辉煌的成功。

(5) 不懈地自我修炼

要想超越自我，还必须坚持不懈地进行自我修炼，培养良好的思想品质、道德意志和文化素养，从而巧妙地运用自己的个性特点去适应社会活动的需要，完成自己的目标任务，努力使自己成为受人欢迎的人。良好的学习力、敏锐的观察力、果断的行动力和坚韧的意志力，也都是取得成功的必备要素。因此，要通过不断地学习和修炼，不断地更新思维，按照自己的禀赋特长发展自己，全方位地增强自身的素质能力，这样才能把机遇变成真正的成功，企及更高的人生高度。

91. 信心给人以无穷的动力
——贝尔效应

美国布道家、学者贝尔提出：想着成功，成功的景象就会在内心形成；有了成功的信心，成功就有了一半的把握。他曾经对学生们说：成功是心系成功者的专利。贝尔传授的方法是：每天早起，双手握拳，然后振臂呐喊一次："我一定能够成功！"如果工作中遇到困难，只需要默念三遍："我要成功，我能成功！"只要你相信自己能够成功，成功就一定会在某个时候降临。于是，人们把这种心理现象称为"贝尔效应"。

信心是指人们对于自己的行为获得成功的把握程度。信心是主观对客观存在的外在反映，是人的理智的表现。信心对外在的认知及其情绪表现，所依赖的是人们对所存在的客观环境及其相关事物的主观判断及其评价，自然会受到主观需求愿望等因素的影响，但又绝不是人们需求愿望的附属物。信心表现为对实现行为任务目标成败的外在感知、情绪反应、外在意识。而信心的外在感知强度，与其情绪反应强度、外在意识强度表现是呈反向状态的。当个体对于实现一定的行为目标越有信心时，其相应的情绪、外在关注度反倒会表现得越平静；而当个体对实现一定的行为目标感到缺乏希望甚至于绝望时，其外在情绪、外在关注度则表现得十分复杂和强烈。想着成功，你的内心就会形成为成功而奋斗的无穷动力。不管遇到什么困难，都要坚信自己一定能成功。那么，最终你就一定会成功。古往今来，这样的事例俯拾皆是。

说起信心，就会想到时任中国国务院总理温家宝的一段著名论断。2008 年 9 月，纽约华尔街的人们惶恐不安，从美国房贷两巨头——房利美、房地美被政府接管，到雷曼兄弟公司破产，再到美林、AIG、高盛、摩根士丹利等几大投资银行被收购、政府接管或转为银行控股公司，这场自 20 世纪 30 年代美国经济大萧条以来最严重的金融危机，在华尔街引发了“金融海啸”，波及全球，世界一片迷茫，人们对于金融危机的前景都看不清楚。9 月 24 日，在纽约华尔道夫饭店，温家宝专门就美国金融危机与美国经济金融界人士举行座谈。出席会议的金融和学术界顶尖人物不约而同地提到了信心问题。花旗集团董事长、美国前财长鲁宾指出：“美国当前的危机是长期低估风险造成的，是多种强力因素共同作用的结果，处理起来更困难。这也是一场信心危机。”美中贸易全国委员会主席、陶氏化学公司董事长利伟诚忧心忡忡：“实体经济出现波动，不稳定因素增多，人们开始失去信心。”在信心普遍不足的情况下，美方与会者纷纷表达了对中国的期待。纽约联邦储备银行行长盖特纳说：“在当前世界经济下滑的形势下，人们更重视中国发出的信息。中国是全球经济金融稳定和信心的来源。”面对着迷茫和期待，温家宝信心满满，斩钉截铁地指出：“面对危机，关键是要鼓起勇气和信心。”“在经济困难面前，信心比黄金和货币更重要。”中国总理的话语掷地有声，它所传递的信息是那样坚定、那样明确，一时间“中国信心”为世界瞩目。次年 3 月 13 日，在十一届全国人大二次会议闭幕后回答中外记者问题时，温家宝又指出：“时间过去不到半年，我们已经提出了一揽子应对计划。实现这个计划，我依然认为，首要的还是要坚定信心。只有信心才能产生勇气和力量，只有勇气和力量才能战胜困难。”可见，“中国信心”并非空穴来风，而是基于各种客观和主观的扎实基础，基于改革开放以来中国经济持续快速发展造就的实力和底气。

贝尔效应提示我们，无论是对本人的自励，还是对工作对象的激励，鼓舞信心都是思想工作的一项基本任务。思想工作者要深入领悟贝尔效应的主观能动作用与激励作用，结合实际，有针对性地把鼓舞信心的工作扩展开来，化为行动，化为勇气，化为坚韧，让自己或者帮助他人实现成功的目标，同时促进组织或单位工作的新发展。

（1）激增信心

有信心就有力量。心理学研究表明，人们在心理活动中，当信念唤醒了行为意志时，就会产生行为信心与行为态度；而行为信心与行为态度在意志过程的作用下与相应的任务目标相结合时，就会产生意志行为。不论环境是顺是逆，都潜伏着改变当下环境的力量，如果你满怀信心，积极地预想着成功的景象，那么世界就会变成你想要的模样。在人生的漫长旅途中，你可以达到成功的高峰，也可能在庸庸碌碌中悲叹，而所有一切的不同，常常取决于你是否有夺取成功的信心。其实，人世中的许多事情，只要想做，并相信自己能成功，那么往往就有可能做成。在中国当今的企业界，马云、马化腾、任正非、董明珠、柳传志等著名企业家，哪一位不是在百倍的信心支撑之下才逐步走向成功的？意大利文学家但丁的代表作《神曲》说得好："走自己的路，让别人说去吧。"因此，对那些"你不可能成功""你生来就不是成功者的料""成功不是为你准备的"等闲言碎语，你完全可以嗤之以鼻，置之不理，而用行动来证明自己的能力和成功。

(2) 激发勇气

信心只有付诸行动，才能取得成效；而攻坚破难的创新行动，往往需要得到勇气的支撑。很多事情人们不敢做，并不在于事情多么难，而在于人们缺乏勇气，不敢去做。古人说："天下事有难易乎？为之，则难者亦易矣；不为，则易者亦难矣。"有一个故事形象地说明了这个道理。四川的僻乡有两个和尚，一个贫穷，一个富有。穷和尚对富和尚说："我想去南海，怎么样？"富和尚说："有几千里路呢，您靠什么去呢？"穷和尚说："我靠着一个水瓶、一个饭钵就足够了。"富和尚嗤之以鼻："我几年来想雇船往下游走，还没能去成。您靠这些就能去？"到了第二年，穷和尚已经从南海回来了，富和尚还没有出发呢。因此说，难和易是相对的，条件是否具备也是相对的，只要有了足够的勇气，条件是可以创造的，难也可以转化为易。尤其是在遇到困难和挫折的时候，要拿出100%的自信和勇气，去攻克剩下的那一道难关。

(3) 激励坚韧

在走向成功的征程上，不可能都是坦途，而常常会遇到充满荆棘的崎岖小道。这时，持久不变的信心就表现为坚韧。要告诫自己的是：不放弃，再怎么都不放弃。"往往有这种情形，有利的情况和主动的恢复，产生于'再坚持一下'的努力之中。”这是全民抗战最初的艰难时期毛泽东在《抗日游击战争的战略问题》中作出的著名论断，其背景是：“往往在敌人十分起劲自己十分困难的时候，正是敌人开始不利、自己开始有利的时候。”在困难与成功的因素彼消此长之时，坚韧至关重要。

坚者，坚固、坚定、坚毅之谓也。韧者，结实、顽强、百折不挠之谓也。坚而韧者，无强而不克，无往而不胜！许多企业都把“坚韧”作为倡导的重要理念，如，在上海纺织集团企业文化体系中就把“坚韧”与“求实、创新、遂志”并列为企业精神的四大要素，而且“坚韧”位列第一。这是因为“坚韧”确实居于枢纽的位置，“坚韧”把雄心壮志、实现手段、高远目标紧密地连接在一起——坚韧必须以求实为前提，坚韧必须与创新相结合，坚韧必须以遂志为目的。正是靠着坚定的信心和坚韧的毅力，上海纺织集团从20世纪90年代开始“第二次创业”，按照上海建设国际化大都市的定位，果断地实施大规模的改革、调整，克服了前所未有的巨大困难，实现了50万员工的安全大转移；之后又高举起“科技与时尚”的大旗，大力推进创新转型，取得了积极的成果，目前已发展成为一家以科技为先导，品牌营销和进出口贸易为支撑，以纺织先进制造业和时尚产业为依托，拥有较完整的纺织服装产业链的集科工贸为一体的企业集团，正全力以赴，冲关夺隘，进一步实现全球化的新跨越。由此可见，对于成功来说，坚韧是多么重要、多么可贵的精神品格！

92. 做真实、完美的自我

——照镜子效应

在光怪陆离的世界上，有一样东西从不虚伪媚俗，不管是帝王将相，还是平民百姓，都一视同仁，始终奉行客观公正的准则，一丝不苟地如实反映出人的胖瘦美丑——这就是差不多家家户户都有的镜子。正因为镜子公正无私，有的人从中找到了自己的美丽，因而喜欢它；有的人不敢在他面前正视，躲避着自己的丑陋，甚至恨不得将它打碎。人人生有一双眼睛，能看到周围的万事万物，唯独不能直接看到自己的真实面容。镜子就能帮助人们克服眼睛的生理局限，如实地看见自己的模样。于是，人们就推而广之，把借助他人、他事、他见来认识自己，并且据此不断改进、完善举措的现象，称为“照镜子效应”。

爱美之心，人皆有之。生活中，人们照镜子大抵是为了发现美、寻求美。有一项调查显示，英国女性平均每天照镜子 38 次，男性 18 次。女性对自己在镜子中的形象十分挑剔，80%都表示有所不满。一旦发现了瑕疵，人们就赶紧采取各种方法来化妆美容：祛斑、紧肤、文眉、吸脂，甚至重睑、垫鼻、拉皮、修骨，不一而足。确实，镜子帮助人类走上了追求美、追求完善的道路。

世界是复杂的，照镜子也不简单。比如，有些人会把注意力集中在自己不喜欢的部位，强烈地认为自己身体某部分不好看，并夸大这些“缺陷”，实际上是患有一种身体畸形恐惧症，且大多伴有抑郁症史。精神病学的研究人员曾组织过一次照镜子测试。结果显示，25 名身体畸形恐惧症患者只照了 25 秒，就感觉到焦虑。健康人士照镜子超过 10 分钟，也逐渐把关注点转移到不满的部位，于是就感到压力，开始焦虑。可见，人要真正面对自己的“缺陷”，是多么不易！

自古以来，镜子还可以成为一种认识工具。公元 643 年，一向敢于直言进谏的大臣魏征病逝，唐太宗李世民十分悲痛，感慨道："以铜为镜，可以正衣冠；以史为镜，可以知兴替；以人为镜，可以知得失。魏征死了，我失去了一面镜子。"1 300多年来，这则"照镜子"的经典故事一直流传久远，深入人心。

思想工作者应当从照镜子效应中获得多方面的启示，促进自己、帮助他人更好地认识自我，完善自我。

(1) 认识真实的自我

希腊福克斯市帕耳那所斯山脚下有着一座兴建于公元前9世纪的德尔菲神庙，墙上刻着一句箴言："认识你自己。"这是先贤在2 000多年前给我们留下的思想遗产。古希腊著名思想家、哲学家苏格拉底开创性地把"认识你自己"作为哲学原则。可见，"认识你自己"并非人们想象的那么容易。面对镜子不仅需要勇气，也需要智慧。只有时时揽镜自照，反躬自省，才能真正客观地认识自己。须知，认识自我，可以产生巨大的精神力量。

罗伯特·菲利普是一位从事个性分析的美国心理学家。一名因企业倒闭、负债累累的流浪汉，拿着一本罗伯特多年前写的《自信心》找到他。流浪汉说：我对一切都已绝望。所有的人，包括上帝都已经抛弃了我。但我看到了这本书，为我带来了勇气和希望。我要见见这本书的作者，他一定能协助我再度站起来。听完了流浪汉口述的所有经历，罗伯特说，虽然我没有办法帮助你，但我可以介绍你去见本大楼的一个人，他可以协助你东山再起。于是，罗伯特带着他来到心理实验室，站在一面高大的镜子前，对流浪汉说：在世界上只有一个人能够使你东山再起，你必须坐下来彻底认识这个人，否则你就只能跳到密歇根湖里了，因为在你对这个人做充分的认识之前，你只是一个没有任何价值的废物。流浪汉对着镜子里的人从头到脚打量了几分钟，然后低头哭泣起来。几天后，罗伯特在街上再次碰到了这个人，他已经不再是一个流浪汉的形象，而是西装革履，步伐轻快，完全变了一个人的样子。他说，深深地感谢罗伯特先生，在找回自己后，他便很快找到了工作。后来他真的东山再起，成为芝加哥的富翁。

(2) 排除各种因素的干扰

大家都读过《邹忌讽齐王纳谏》，战国时期齐国谋士邹忌说了一则亲身经历的故事。邹忌身高八尺，身材魁梧，相貌堂堂。他先后问过妻子、小妾、客人，自己与城北的美男子徐公相比，谁更美丽？得到的回答如出一辙：您比徐公更美。邹忌亲眼见到徐公之后，再去照镜子，觉得自己远远比不上人家。苦思冥想之后，邹忌终于悟出了其中的道理：人们说我更美，原因是偏爱我、惧怕我、有求于我，于是人们都没有说真话。像邹忌这样善于思考、有自知之明的贤士实在难得！所以，无论是个人，还是团体、单位，听到外界的评价，一定要理智地加以甄别，注意排除各种不真实的因素，过滤掉那些阿谀、溢美的成分，以及因各种原因带来的不实之词。只有这样，才能比较真实地认识自己。许多人来到上海大世界游乐场，都会对着"哈哈镜"中自己的奇怪模样忍俊不禁、哈哈大笑，这是因为这些经过特殊加工的镜子会使照出的形象严重变形，或胖或瘦，或高或矮，人们会感到非常可笑；但对于实际生活中他人的奉承之语、溢美之词，明知是夸张不实的，人们为什么还是欣然笑纳了呢？可见，在照镜子的过程中，真要排除各种干扰因素也并不那么简单。

(3) 正视缺点，克服不足

普通人每天用镜子照一照自己，多数不是欣赏自己有多美，而是要检查头发是否凌乱，脸上是否有污迹，衣冠是否整洁，然后改掉不够美的地方，尽可能地给人以美感。在政治生活中，也同样是这样。2013 年 6 月 18 日，习近平总书记在讲话中强调，开展党的群众路线教育实践活动要着眼于自我净化、自我完善、自我革新、自我提高，以"照镜子、正衣冠、洗洗澡、治治病"为总要求。他还对"照镜子"作出具体阐释："主要是以党章为镜，对照党的纪律、群众期盼、先进典型，对照改进作风要求，在宗旨意识、工作作风、廉洁自律上摆问题、找差距、明方向。"那应该怎样"照镜子"呢？专家进一步指出了具体途径：① 以党章为镜，对照党的宗旨、纪律、共产党员的标准，看看自己像不像一个党员？② 以群众为镜，对照人民群众的期待与要求，看看自己有没有做到权为民所用、情为民所系、利为民所谋，有没有辜负群众的厚望？胸怀人民幸福大义的共产党人，要把群众满意不满意作为考量自己工作的标杆。③ 以责任为镜，看看自己有没有精神疲软、责任懈怠、贪图安逸、追求奢靡？"照镜子"是为了发现自己的不足，看到差距，找准问题，为正衣冠、洗洗澡、治治病提供依据，从而“敢于触及思想、正视矛盾和问题，从自己做起，从现在改起，端正行为，自觉把党性修养正一正、把党员义务理一理、把党纪国法紧一紧，保持共产党人良好形象。”

(4) 严以律己，自我保护

“其身正，不令而行。”领导干部严以律己的模范行动，也是“照镜子”的题中之义和必然结果。比如，上海建工集团四建集团第六工程公司南京金鹰广场项目党支部清醒地看到，在如今的建筑界，工程项目领导的权力相当大，往往成为各方“公关”的对象，很容易受到社会上不良风气的腐蚀、影响，因而必须从严要求，尤其是党员领导干部一定要以身作则、身先士卒、严于律己。他们提出并自觉做到“三个一”的自律要求：①“一盏灯”的牺牲精神。领导干部一心扑在工地上，党支部办公室的电灯每天总是亮到最晚，犹如无声的语言，感染了每一个员工。②“一张床”的吃苦精神。按理说，项目部党政领导都可以到市区租赁房屋，单独居住，他们都有这样的经济能力。但是，为了及时处理工地上的事务，时刻接受群众的监督，他们都自觉地与大家同甘共苦，住在临时工棚里。③“一顿饭”的守廉精神。接受客户和协作方的宴请往往是被打开缺口的主要途径。项目党政领导自觉地谢绝各种名目的宴请，坚持在工地上与员工一起用晚餐，守住了清正廉洁的底线。这“三个一”事情虽小，但拉近了领导干部与群众的距离，折射出领导干部置身于群众监督之下的自觉性，也是一种有效的自我警醒、自我保护。

93. 发掘自己的天赋才能

——摩西奶奶效应

美国弗吉尼亚州的农场里有一位农妇名叫安娜·玛丽·罗伯逊·摩西，成天做着擦地板、挤牛奶、装蔬菜罐头等琐事，一生养育了10个孩子。直到75岁时，她才开始学习绘画，临摹一些图片和明信片。随后，她根据对农场生活的回忆而创作，擅长作风景风俗画。1940年，她80岁时在纽约举办了首次个人画展，引起轰动。摩西的画作敏锐地捕捉天气、季节和时间的细微差别，充满了伤感怀旧的情绪，反映了人类共同关心的永恒主题，因而成为艺术市场上的热点。摩西奶奶活了101岁，在晚年的艺术生涯中留下了1 600多幅作品，成为美国最多产的著名原始派画家。后来，人们就把这种老而弥坚、老有所为、大器晚成的现象称为"摩西奶奶效应"。

摩西奶奶的影响力可谓巨大，她可以说是美国最早成为媒体超级明星的艺术家之一。1950年，在她100岁的时候，纽约州将她的生日定为"摩西奶奶日"。在她101岁去世时，美国总统肯尼迪为她写了悼词。2001年3月15日，一场名为"摩西奶奶在21世纪"的展览在华盛顿国立女性艺术博物馆举办。随后又在圣地亚哥艺术博物馆、奥兰多艺术博物馆等多地巡回展览，一直持续到2002年底。其中最引人注目的是一张明信片，它是摩西奶奶1960年寄给日本人春水上行的。这位春水上行先生从小喜欢文学，可是大学毕业后一直在医院里工作，这让他提不起兴趣。将近30岁的他很想从事写作，却不知道该不该放弃那份收入稳定的职业。于是，他给耳闻已久的摩西奶奶写了一封信，希望得到她的指点。接到春水上行的信，摩西奶奶十分高兴，尽管当时已百岁高龄，还是立即作了回复。在这张明信片上，有摩西奶奶画的一座谷仓和她亲笔写的一段话："做你喜欢做的事，上帝会高兴地帮你打开成功之门，哪怕你现在已经80岁了。”在摩西奶奶的勉励下，春水上行创作了《失乐园》《无影灯》《光与影》《钝感力》《遥远的落日》等众多作品，他就是日后在世界文坛享有盛誉、出版了130多部作品的著名作家渡边淳一。

2014年11月，中国大陆首次出版摩西奶奶随笔作品《人生永远没有太晚的开始》。2015年3月又出版了《人生随时可以重来》，精选了近百幅摩西奶奶的经典画作，这是国内首部全面、准确介绍摩西奶奶一生的书。

可别以为摩西奶奶只有一位，国内就有出了书、办了展览的“梵高奶奶”常秀峰。她1936年生于河南省方城县农村，2003年第一次到了广州，不会写字的她拿起孙女的蜡笔描绘家乡的山楂树，至今创作了100多幅作品，在香港办过个展，2009年出版了《梵高奶奶的世界》，还两次上了香港凤凰卫视《鲁豫有约》节目，因在节目中她自称“梵高的《向日葵》没有我画得好”，而被称为“梵高奶奶”。西安大妈郭凤怡也是一位自学成才的女艺术家，退休之后为了减轻病痛而练习气功，但之后伴随着对生命哲学的不断体悟，涌现在她眼前的视觉幻象必须用纸笔加以表达才可调整身体与心智的平衡。她在北京办过几次个展，还参加了纽约、伦敦、巴黎、巴塞尔等各大博览会，2013年，郭凤怡成为威尼斯双年展主题展参展的两位中国艺术家之一。国外的高龄奶奶就更多了，80岁的西班牙老太太西西莉亚，开创了漫画版名画的现代主义画风；同样在80岁才开始专心画画的澳大利亚土著老太太艾米丽，被当地媒体称为“我们这里土生土长的莫奈”，作品的成交价格一路涨到100多万美元；德国西比希城的约翰娜·玛克司夫人，经过6年的刻苦攻读，70岁时获得了科隆大学教育学硕士学位，9年之后，又完成了200页的博士论文，被授予教育学博士学位。摩西奶奶效应还在延续，人们惊喜地发现，不少老人在暮年才展现出惊人的天分。

摩西奶奶效应告诉我们，无论是在什么年龄段，每个人都应当要充分挖掘自己的潜在能力。如果不这样做，潜能就会自行泯灭。为此，思想工作者不但要挖掘自身的潜力，也要帮助和促进工作对象挖掘潜力，找到发挥自己才干的天地，创造出更加美好的人生。

(1) 树立终身学习的积极心态

随着科学技术的迅速发展,信息与知识的急剧增长,知识更新的周期缩短,创新的频率加快,现今世界正悄悄地发生着一场新的革命,全球化、信息化、知识化、学习化的浪潮席卷而来。20 世纪 70 年代初,联合国教科文组织正式提出了创建“学习型社会”的目标。党的十六大报告也提出了“形成全民学习、终身学习的学习型社会”的任务,并把“创建学习型社会”列入全面建设小康社会的奋斗目标,作为人的全面发展的一个标志。学习型社会的特点是:全员学习、共同学习、终身学习、学会学习;人人学习认知、学习做事、学习共处、学习生存和发展。中国有句老话:“活到老,学到老。”著名教育家康内尔曾指出:“现代社会非学不可,非善学不可,非终身学习不可。”这就告诫我们,要像摩西奶奶那样,抱着年轻的心态,主动地学习,不断地学习,通过学习让生命焕发出新的光彩。如,上海汉森投资有限公司基于对现状的精准分析和对未来发展的现实思考,坚持多年举办“汉森讲坛”,让有专业特长的领导和骨干分别主讲,倡导学习文化,形成学习氛围,并且扩展延伸,带动理念文化、行为文化、制度文化、视觉文化建设,增强了团队的凝聚力、竞争力和创新力,努力打造外贸人员“成就客户”的品质,着重对 67 家年订单在 100 万美元以上的客户提供优质高效的服务,赢得了客户的信赖。

(2) 挖掘自身的潜在能力

西方有这样一个故事,一位游客来到天堂,观赏之余,向圣徒彼得打听说:“我可以见见曾经在人世间最伟大的将军吗?”彼得就指了指身边的一位天使。游客仔细辨认之后,肯定地说:“不对,他在人世间只是一个普通的鞋匠。”彼得说:“是的,你说得对。可是他原本应当是最伟大的将军,只是因为他选错了职业。”由于各种原因,许多人都没能选择到最合适的职业,没有发挥出潜能,得过且过,平庸地度过了一生;而有些人却在不影响自身职业的前提下,千方百计地不断学习和探索,发掘自身的潜能,进而使之成为自己的专业,谱写了新的人生篇章。

世界上没有两片相同的叶子，每个人都有自己的个性、兴趣和专长。摩西奶奶有一句名言："你最愿意做的那件事，才是你真正的天赋所在。"曾获诺贝尔物理学奖的美籍华裔科学家丁肇中说过："任何科学研究，最重要的是要看对于自己所从事的工作有没有兴趣。"心理学家格拉宁的研究结论是："如果每个人都知道自己能干什么，那么生活会变得多么美好！因为每个人的能力要比他自己感觉到的大得多。"可见，兴趣源于好奇心、求知欲，这正是天赋之所在，也是创造力的源泉；也只有兴趣，才会提供锲而不舍的动力。从兴趣入手，去最大限度地挖掘出自己的潜在能力吧，成功多半就蕴藏在你喜欢做的事情里。

(3) 倘若要想开始，何时都不晚

有人也想发掘潜力，做一些有意义的事情，但总是推三阻四，找出各种各样的理由：或是年纪大了，或是已经晚了。想想摩西奶奶的故事吧，想想摩西奶奶的名言吧："人到底该在什么时候做什么事，并没有谁明确规定。如果我们想做，就从现在开始。"实际上，"现在"就是最恰当的时候(参见"最后通牒效应")。

对一个真正有追求的人来说，生命的每个时期都是年轻的、及时的。著名文学家歌德在40岁以前曾一心想成为一名画家，一次在意大利观看名家作品时发现自己根本不可能在绘画方面有所建树，便及时调整发展方向，终于成了一位伟大的诗人。所以，你心里对什么最感兴趣，最想做什么，找准合适的方向，就大胆地去做吧！不要管自己的年龄有多大，生活状况如何，因为这些与你想做什么和你能否取得成功，并没有什么必然的联系。即使是退休之后，也可以积极进取，有所作为。在上班的时候，主要精力都要放在工作上，许多事情身不由己；退休之后就会有更多自由支配的时间和精力，也有了更多的人生阅历和更多挖掘自己潜能的机会。"东隅已逝，桑榆非晚。"只要热爱生活，有所追求，从当下做起，从自己身边的小事做起，不断丰富自己的生活，不断追求更高的目标，同样可以有所作为。

94. 得意不张狂　失意不凄惶
——乞丐效应

1949 年前，上海有个乞丐，他每天挎着竹篮乞讨，受尽了他人的白眼，日子过得捉襟见肘，一度曾想过轻生。一天，他看到街上正在发行彩票，只需一块银元便能买一张彩票，而头彩的奖金高达 500 块银元。乞丐暗忖，这可是一笔不小的数目，要是能中个头奖，我这辈子就发达了。为了改变命运，乞丐省吃俭用，把乞讨来的铜板积攒起来，终于攒够了钱，买了一张彩票，他顺手就将彩票放进了乞讨的竹篮里。一个月后，彩票开奖了，乞丐惊喜地发现自己中了头奖。他欣喜若狂，大声叫喊："我以后就是有钱人了，不用再讨饭喽。"他兴高采烈地前去兑奖，途中路过外白渡桥，望着苏州河里自己的影子，不由地挺直腰杆昂起头，情不自禁地感慨道："三十年河东，三十年河西，谁能想到中头奖的人竟然是我一个穷要饭的，我还要这破竹篮干嘛?"他顺手将竹篮扔进了河里，瞬间竹篮就被冲走了。他神气活现地来到银行，面对兑奖员，他摸遍全身也没找到彩票，此时才想起自己将彩票放在了竹篮里，而竹篮早被河水冲走了，顿时放声痛哭。这个故事后来被人们引申为人生在世，酸甜苦辣，悲欢离合，逆境、顺境都有可能会遇到，当这些经历发生的时候，都要用平常心去面对，当好运来临时得意忘形，也许就会乐极生悲。这种现象就被称为"乞丐效应"。

有人说，那个乞丐就是这个命，天上掉馅饼都改变不了他的命运，命中注定他不能大富大贵，只能做乞丐。其实，命运有时是由自己的心态决定的，假如在好运光顾他的时候，他能保持淡定，不得意忘形，不将竹篮扔进苏州河，他的命运便可能因此而改变。

顺风顺水便张狂，逆风逆水便凄惶，这不是一种个别的情况，而是一种非常普遍的现象。美国一家网站曾对100名破产的富豪进行过一次调查，结果表明，其中70%的破产者是由于生意越做越大，胆量也变得越来越大，进而出现投资失误，最终导致破产。80%的人破产后很难东山再起，有的甚至选择自杀，其中最有代表性的人物，要数美国康涅狄格州的48岁房地产富豪迈克·基塞尔，他是因为涉嫌一桩8 000万美元的诈骗案而被监禁的。事后他总结说："我的人生一直非常顺利，我的父母是农场主，大学毕业后，我直接就用父母的土地做起了房地产。我很幸运，从做生意起，便一直盈利，还不到30岁，我便拥有了价值80万美元的游艇和多辆名车。但随着生意越做越大，我的欲望和胆量也越来越大，最终导致了这次失败。"调查结果进一步证明，无论是身处一帆风顺的如意中，还是身处坎坷，都要以积极的心态面对，做到得意不张狂，失意不凄惶。

思想工作者要有针对性地运用乞丐效应的原理去引导工作对象，尤其是要引导处于顺境或逆境的人们认识到：人生就是顺境与逆境相伴而生的舞台，鼓励并帮助他们正确认识自我，超越名利荣辱的束缚，不断地迈向人生新的高度。

(1) 顺境不张狂

在面对一帆风顺、鲜花掌声的境况时，要保持清醒和镇静，时刻注意收敛自己的妄自尊大和张狂失态，不要在命运之神用天上掉馅饼的好运垂青于你时，却将其拒之千里之外。得意忘形，锋芒毕露，自矜功伐，炫耀自夸，几乎是顺境中骄傲自满者的通病。这种致命的弱点不仅会暴露自己的浅薄和鄙陋，还会招来他人的不满和恼恨。

大凡真正赢得胜利的人，其功业早已昭然于世人耳目，何需自我张扬？比如，世界上最有成就的影星之一英格丽·褒曼曾两度获得奥斯卡最佳女主角奖，1975年，在她60岁时又因在《东方快车谋杀案》中的精湛表演获得最佳女配角奖。然而，她在领奖时没有夸耀自己的成就与辉煌，而是由衷地赞扬与她角逐最佳女配角奖的演员弗伦汀娜·克蒂斯，再三表示真正应该获奖的是这位落选者。一个人在获得殊荣的时刻，能够如此低调，如此善待竞争对手，实在是一种文明典雅的风范。

又如，在美国南北战争中，北方军统帅格兰特将军率部经过苦战，终于击溃了罗伯特·李将军所统率的南方军队。双方签订停战协议时，格兰特丝毫没有流露骄矜之色，仍然身着战时所穿的旧军服，若不是佩戴着陆军中将的肩章，几乎与一般士兵毫无差别。面对气宇轩昂的败军之将罗伯特·李，格兰特也不以为意。相反，有些人做了一点事情，却唯恐别人等闲视之，所以极力刻意炫耀，妄自尊大。因此，不管今天获得了多么高的成就和荣誉，都不要太过欣喜，都应该谦逊谨慎，抑制骄纵、自满的情绪，自觉地打消高人一头、唯我独尊的念头，多想想为取得这些成就和荣誉做出贡献和帮助过自己的人们，再回首一下那些艰难的奋斗和不如意的岁月，你也许会更加从容、更加坦然。这也是区分人生境界高下之所在。

(2) 逆境不凄惶

生活是美好的，但是人们经常不可避免地会遭遇到这样或那样的逆境。有人说，人在实现目标的过程中会在90%的时空内遭遇困境。逆境并不是坏事，相反，它是磨炼，是考验。音乐天才贝多芬说过："逆境和苦难是人生的老师。通过苦难，走向欢乐。"面对逆境，要勇于战胜逆境，就要有强者的心态。很多时候是人们自己放大了逆境的可怕程度，当人们鼓起勇气去坦然面对，冷静处理，逆境也就是一只纸老虎。人生没有过不去的坎，当有了一定的年纪和阅历后，回首那些遭遇过的坎坷，其实也没什么大不了的。

励志大师卡耐基指出："人在身处逆境时，适应环境的能力实在惊人。人可以忍受不幸，也可以战胜不幸，因为人有着惊人的潜力，只要立志发挥它，就一定能渡过难关。"如，我国古代伟大的史学家、文学家司马迁，青壮年时期游历全国各地，以接触社会、体悟民情、考察史迹。后来他继承父职做了太史令，秉承父志撰写《史记》。不料发生了李陵事件，司马迁秉公直言，惹恼了汉武帝。为了免除一死以完成《史记》的写作，司马迁强忍屈辱，接受了世间最残酷的宫刑。不幸的遭遇使司马迁在精神上受到极大的刺激，他曾一度想到自杀，但想起了父亲的遗言，又以古人孔子、屈原、左丘明、孙子、韩非等在逆境中发奋有为的事迹激励自己，以惊人的意志，埋首著述，终于完成了"究天人之际，通古今之变，成一家之言"的皇皇巨著。当然，面临逆境时，不光要有正确的心态，还要有扎实的努力，要以必胜的信心、周密的谋划、坚定的行动去战胜逆境，让其成为前进道路上的踏脚石、人生历程中的里程碑（参见“斯万高利效应”）。

（3）保持平常心

名利与荣辱，最容易使人动心，要么心浮气躁，要么心如冰霜。因此，在名利荣辱面前，保持一颗平常心是最为可贵的。无论是顺境、逆境，人们都应保持一颗淡定的平常心，“不以物喜，不以己悲”，这样才能够摆脱得意忘形、乐极生悲的乞丐效应。虽然人生有时也会掀起洪涛巨浪，但最终还会归于平静。那么，为何不以平常之心，在淡定中将生活提纯？因为只有纯净的人生才会多姿多彩。

淡定是一种气概和境界，心灵的宁静是自我解脱的方式。无论顺境、逆境，都要让自己淡定如初，这样才不会因为生活的一时波澜乱了方寸，偏离了轨道。因为有着淡定的心态，便不再欣喜于鲜花盛开的美景，也不再感伤于花开花落的无奈。淡定自若，方可坐看尘世风起云涌，笑对人生得失去留。淡定地面对人生的一切，是一种难能可贵的心理状态和生活方式。在生活中，如果我们能够领悟淡定的理念，在淡定中完善并成长，抛却尘俗，练成那份恬静、那份沉稳，就一定能够拥有豁达超俗的处世智慧。当源于内心的淡定越来越清晰时，一切皆为过眼浮云。淡定的平常心可以让人坦然面对一切，无论局势多么复杂多变，都能波澜不惊，以柔克刚，稳操胜券。

95. 知足知止　有为有守

——攀比效应

哈佛大学著名社会学者哈斯勒指出:"关心自己在同类中所处的相对状态是一种植根很深、不可磨灭的人性。"人与人之间进行比较,是人类与生俱来的基本心理特征和惯常的行为模式。然而,攀比却是一种不顾自身的具体情况和条件,盲目与高标准相比较的现象。在心理学上,攀比被界定为中性略偏阴性的心理特征,即个体发现自身与参照个体发生偏差时产生负面情绪的心理过程。人与人之间存在着实际上的或臆想的身份差异或利益差距,容易导致人们心理上不平衡,地位低下者或自以为处于劣势者常常会竭力争取与地位优越者看齐,或刻意显摆,或遮掩空虚,硬撑面子,追求虚名,这种心理现象就称为"攀比效应"。

与正面的、积极的比较能够引发个体之间理性的竞争欲望不同,攀比是一种伴随着情绪性心理障碍的消极现象,会使个体陷入思维的死角。缺乏对自身状况和周围环境的理性分析,一味地沉溺于攀比中无法自拔,会产生巨大的精神压力和极端的自我肯定或者自我否定,这对人对己都很不利。

如今社会上到处都存在着不同程度的攀比现象。譬如,有的学生比衣服、手机是否名牌,比书包、文具谁更高档;有的职工比谁住的房子大、地段好、装修档次高,比轿车的牌子响、型号新、排量高;有的青年比恋人的外表长相,甚至出现了"拼爹"(即比父母的官衔、身价等)等不正常现象。还有比酷、比疯、比吃、比穿、比用等,不一而足。互相攀比导致心理失衡、躁动不安,甚至产生极端的心理障碍和行为。

研究发现,通常产生攀比心理的个体与被选作参照的个体之间往往具有一定的相似性。通俗地说,就是境况类似的人群中容易产生攀比效应。因此,引发攀比效应的几种原因，大都与此有关：

① 虚荣心导致盲目攀比。美国悬疑、惊悚电影《魔鬼代言人》播放之后，网络上流传着一句话："虚荣，是我最爱的原罪。"意思是说，虚荣是人类本质上的罪孽，但是人们却又偏偏喜欢虚荣的感觉。在马斯洛的需要层次理论中，要求被尊重是较高层次的需要。一旦这种渴望他人尊重的需要得不到满足，有些人的内心便会极度膨胀，导致被尊重的需求过分夸大，忽略了人与人之间的可比性，过分地追求虚荣心的满足，就会导致盲目攀比，进而硬撑面子，通过超越实际的手段来硬性获取。比如，看到别人拥有了某种新颖或高档的稀缺物品，自己也想拥有，甚至希望获得别人拥有的荣誉、地位或者身份，以实现自己某种虚幻的荣耀。

② 嫉妒心理导致极端攀比。嫉妒是一种极想排除或破坏别人优越地位的心理倾向，是含有憎恨成分的激烈感情。在个体之间差异性很小、外界条件基本相同的情况下，很容易产生嫉妒心理，且具有明显的对抗性，容易引发消极情绪，导致极端的攀比行为。在嫉妒心理的驱使下，有些人不择手段，企图硬性拉平与优势者的差距，严重地可能会触发过激行为，危害他人的利益，从而使自己也受到良心和道德的谴责。

③ 习惯性攀比导致心理压力升级。攀比一旦成为习惯，就会扩展到其他领域，处处都表现出攀比的心态和行为，并且伴随着一种疲惫的无能感，让人的内心隐隐作痛。长此以往，容易出现失眠、食欲下降、抵抗力减弱等症状，甚至会诱发抑郁症，还会严重地影响人际关系。究其原因，还是对自我缺乏客观、正确的认识，过高地估计了自身的条件和能力。心理学家凯利的人格认知理论指出，不管事实怎样，认知才是关键，心理障碍的根源是认知偏差。在外部世界不变的情况下，改变认知就能纠正这类心理障碍。

攀比心理是一种狭隘的不健康心理现象。在没有原则、没有节制地跟风攀比之中，当心理需求无法得到满足时，一些人容易产生挫折感和自卑情绪，迷失方向，迷失自我，浪费钱财，耗费精力，致使心理失衡，越发感到不满足，始终处于一种极度不安的焦躁、矛盾、激愤之中，失去主见，牢骚满腹，不思进取，得过且过。因此，思想工作者要引起注意，帮助攀比心理过重的工作对象建立正确的比较观念和方法，摆脱压力的束缚，走出盲目攀比的心理误区。

(1) 通过自我暗示,增强心理承受能力

自我暗示是一种强有力的心理调节技巧。运用得当,可以在短时间内改变自己的生活态度和心理预期,减弱以至消除攀比思维,增强心理承受能力。具体的做法是,经常用带有鼓励性的语言、符号以及动作来告诫自己、勉励自己,正确对待自己,正确对待他人。比如,当看到别人比自己更好时,在心中默念"其实我也很好""各人有各人的情况""我也有自己的优势"之类的语句,使自己得到安慰和鼓励。久而久之,盲目攀比的习惯就会逐步改善。

(2) 减少横向比较,消除无端烦恼

横向比较是指个体与周围其他人作比较。如果运用得当,有助于找到自己的不足,朝着更好的方向发展。但是有些人往往会在横向比较中陷入盲目攀比的误区。譬如,拿自己的不足和别人的优点比,用自己的弱项对抗别人的强项,于是就导致焦虑和烦恼,乃至嫉妒心理,或者走火入魔,采用不理智的行为去争面子。哲人说:"与他人比是懦夫的行为,与自己比才是真正的英雄。"所以,要用"和自己赛跑,不要和别人比较"的心态来面对生活。著名作家张爱玲的一段话很有启发性:看起来是一袭华丽的袍子,里面却爬满了虱子。舒服与否、幸福与否,只有穿袍子的人自己知道。所以,我们只看到别人的袍子,看不见别人的虱子,就总觉得别人比自己幸福。如果少一点攀比,更多地把眼光放在自己的身心上,细心地体验生活的乐趣,就一定会多一份快乐与满足。

比如,某企业有一位车间员工经常抱怨自己的绩效奖比别人的低,咬定是车间领导有意少给他。思想工作部门对此作了调查后分析认为,该员工主要是不平衡心理在作祟,于是对他进行了心理疏导,着重解决了他的攀比心理,同时征求他对改进车间工作的意见,并且在工作上给他压担子。该员工感到受到了尊重,心理上发生了积极的变化,牢骚怪话少了,工作努力了,与同事之间的关系也开始融洽了。

(3) 增强自身实力,克服自卑心理

盲目的、不切实际的攀比,常常会令人觉得自己事事不如人,感到无能和无助，产生不安全感和恐惧感，从而造成自卑心理。爱慕虚荣的人往往太在意别人的看法，唯恐别人瞧不起他，于是就不惜代价地刻意显耀，硬撑面子，创造条件让别人看得起自己，而这恰恰暴露了内心的虚弱和自卑。自卑的性格甚至会导致在和他人旗鼓相当的时候也怀疑自己，觉得别人总是比自己更胜一筹，并为此而苦恼、焦虑。毋庸讳言，当今社会存在明显的功利和浮躁，浮躁让人攀比，功利令人虚荣。解决的办法是，正确地认识自我，客观地估计自身的条件和能力，进而不断地充实自己，用进步来克服弱点，用实力来消除虚荣。要像那些充满自尊、自信的人那样，有自己的价值观和道德标准，以及自我发展的乐趣和信心，能够做到自得其乐，不轻易地羡慕别人，不刻意地逢迎别人，不求和别人一样，不去作无谓的追风，这样才能赢得他人的尊重。

(4) 客观对待欲望，抑制贪婪心理

欲望是一把双刃剑，可以催人进步，也能吞噬人的灵魂。攀比会永无止境地推高人的欲望，过度的贪欲就会演变为贪婪，表现为总是不满足，拥有了还要拥有得更多，就像俗话说的："有了千钱想万钱，做了皇帝还要成仙。"因此，攀比的问题不在于"比"，而在于"攀"。"攀"具有贪心无度、不顾实际、刻意企求等特征，于是就把自己的贪欲无限放大，整天沉湎于名利、地位、奢靡的生活，在攀比的重压下度日。须知，欲望是永远不会有休止的，但是生命能量是有限的。以有限之生命，博无穷之欲望，就势必会感到压抑、苦恼，甚至会遭罪。《老子》曰："知足不辱，知止不殆，可以长久。"《礼记・大学》也说："知止而后有定，定而后能静。"因此，要有正气，有操守，适可而止，知足常乐，有高尚的追求，同时对欲望要把握道德底线，并置于法律的约束之下，随心所欲而不逾矩。这样，才能享受到超越一切物质欲望所能带来的人生快乐，提升自己的幸福指数。

(5) 临时抽身回避，摆脱攀比困扰

攀比心理及所引发的自卑、嫉妒等消极心理有时比较顽固，很难一下子就完全消除。有专家提示，人们可以通过临时回避的方式，帮助自己暂时从激发攀比的环境中逃离，从而避免因情绪激动而造成的非理性行为。比如，随便找个理由，迅速抽身离开触发攀比心理的空间及人群，不参与他们相互攀比的谈话和活动，或者用运动、上网、逛街等方式给情绪足够的缓冲时间，从而避免因消极心理导致的极端攀比行为。当然更重要的，是通过树立坚定的目标，正确认识自己，理性地对待比较，建立起对抗盲目攀比的心理防御机制。

96. 克服对于成功的畏惧

——约拿效应

《圣经·旧约全书》中有这样一个故事：虔诚的基督教徒约拿一直渴望得到神的差遣。等待了无数个日日夜夜之后，至高之神耶和华终于安排约拿去执行一项使命：以神的旨意去宣布赦免本来要被毁灭的尼尼微城。可是，面对梦寐以求的任务，约拿却畏惧了、逃跑了，不断躲避着他信仰的神。耶和华寻找他、唤醒他、惩戒他，甚至让一条大鱼吞了他。约拿在鱼腹中待了三天三夜，又被吐在旱地上。耶和华给了他第二次机会，约拿在几经纠结、犹疑和反复后，终于幡然醒悟，最终完成了这项任务。故事中充满了矛盾：上帝派遣约拿去传旨，这本是一项崇高的使命，也是约拿平素所向往的，可一旦成为现实，约拿又产生了畏惧心理，害怕自己不能胜任，想要推却这突然降临的荣誉。于是，"约拿"就被用来指代那些渴望成长却又因为某些内在障碍而害怕成长的人。这种在成功面前怀着畏惧的心理，不敢去夺取胜利的现象，被称为"约拿效应"。

1966 年，美国著名心理学家马斯洛对这种阻碍人生成长和自我实现的约拿效应进行了深入研究。最初他在笔记中称这种情结为"对自身杰出的畏惧"或"躲开自己的最佳天才"。在《人性能达到的境界》一书中，马斯洛首次使用了"约拿情结"，指的是人们害怕变成在最完美的时刻最完善的条件下、以最大的勇气所能设想的样子。这种在成功面前的畏惧心理，反映了一种"对自身伟大之处的恐惧"，并导致人们不敢去做本来能够做得很好的事情，甚至逃避发掘自己的潜能，尽管人们对这种可能非常尊崇。马斯洛发现这是人类普遍存在的一种心理现象：① 在面对自己时会表现为：逃避成长，执迷不悟，拒绝承担伟大的使命。② 在面对他人时会表现为：如果别人表现出优秀之处，便会心生嫉妒；如果别人受到了祝福，则会心里难受；如果别人倒了霉，就会幸灾乐祸。

研究发现，人们不仅害怕失败，同样也害怕成功。马斯洛指出："人们不仅压制自己危险的、可怕的、可憎的冲动，也常常压制美好而崇高的冲动。"之所以产生这样的心理状态，很大一部分原因在于人们所处的社会环境。人们的心理活动会受到周围环境的影响，人们往往出于安全的需要，会把自己真实的个性特点隐藏起来，而迎合社会中普遍流行的观点和行为方式。约拿效应就是人们平衡心理压力的一种表现。于是，在日常工作生活中，约拿效应引发的心态和行为常常表现为缺少自信心和上进心，不能充分发挥自己的内在潜能，畏惧实现目标过程中的艰难，又害怕别人取得成功。其实，每个人都有成功的机会，但是在面临成功机会的时候，只有少数人认识并克服了自己的约拿情结，敢于打破平衡，勇于承担责任和压力，以自己的方式有效地解决内心冲动与障碍之间的矛盾，解决了内在本性和外在环境之间的冲突，达到了心理上的平衡，并最终获得了成功。这也就是为什么只有少数人取得成功，而大多数人却平庸一世的重要原因。

为什么约拿情结如此普遍呢？马斯洛在《约拿情结——理解我们对成长的恐惧》中写道：出现这一问题的原因，并不是人们自身的条件和能力不足，而主要是因为"人们的心理中本身同时存在着对成功的追求冲动和阻碍其表达的防御因素这两项"。心理学家经过进一步的研究认为，作为一种普遍存在的心理现象和社会现象，约拿情结产生的根源有以下几个方面：① 个人心态的影响。一个人由于自身条件的限制以及其他各方面原因的影响，在面对各种事物时，心中产生过"我不行""我办不到"的想法，于是就为之后成长过程中的畏惧心态埋下了"隐患"和"伏笔"。② 周边环境的影响。因为周边环境不能提供一种安全感让自己顺利成长，加之先前留下的"隐患"，会使人产生一种"患得患失"的感觉，从而失去有利的时机和机会。③ 民族文化及从众心理的影响。诸如"出头的椽子烂得快""枪打出头鸟"的惯性思维，往往会使人愿意披上"谦虚""低调"的外衣，用谦恭、温顺的表面形象来掩盖内心的不安，隐藏自己的真情实感，甚至刻意迎合大众心理，磨平自己的棱角，久而久之，失去了个性，最终导致平庸。

对于思想工作者来说，约拿效应提示我们，每个人都有对成长的渴望，都有对提升自我、实现自我的冲动，都有发挥自己潜能的愿望，都希望能在工作和生活中最大限度地实现自我价值。可是实际上，许多人都由于内心的种种障碍，没有把握好这种发挥自己的潜能、实现自己的愿望、实现自我价值最大化的机会。因此，一个人要想获得成功，就必须认识和克服自身的约拿情结，用慧眼认清机会，紧紧抓住机会，勇于承担责任和压力，为自己的成长和成功创造一个良好的发展平台。

(1) 要清楚地了解自己的内心状况

在面对责任和压力时，要承认约拿情结的存在，克服恐惧心理，鼓起勇气，坚定信心，“该出手时就出手”，避免错过本来可以实现的成功。要知难而进，“明知山有虎，偏向虎山行”，不管遇到怎样的困难和挫折，都要有锲而不舍、破釜沉舟、血战到底的勇气和信心（参见“照镜子效应”）。

(2) 要客观地看待成败得失

要学会客观地、真实地、正确地认识自我，既克服成长过程中的恐惧和自卑心理，又不能盲目自信、过于自信。成长和成功是一个循序渐进的过程，必须要付出艰辛的劳动、汗水和心血，甚至遭遇挫折和失败。“世上无难事，只怕有心人。”只要尽了最大的努力，发挥了自己应有的潜能，即使暂时失败了，也是虽败犹荣，而且最起码还可以积累一些经验和教训，这样，成功也就指日可待了（参见“塞利格曼效应”）。

(3) 要具备“毛遂自荐”的勇气和信心

机遇总是青睐有准备的人，也同样青睐勇敢进取的人。因此，在某些情况下，与其等待别人发现自己，倒不如最大限度地展现自身的才华。伯乐相马固然可敬可佩，但马也要主动地跑起来，展示出自身的特长和优势，才能更好地引起伯乐的关注。不然，一直消极地等待下去，或许会失去许多机会。

97. 从追忆往昔中获取营养

——怀旧效应

近些年来，怀旧之风越刮越甚，不仅是一种情绪，还成为一种哲学，甚而成了一种时尚。许多人都喜欢欣赏那些时代背景与自己经历相仿的电视剧和歌曲戏剧；大小饭店里，老人们各种形式的聚会占据了不小的比重，谈论的多是对往事的追忆；老知识青年相约回到当年工作过的农场、乡村，故地重游；在微信上，各种怀旧的图片、文字、视频等内容大受欢迎，转发频频……人天生就有怀旧情结，总是喜欢沉浸在对往事的回忆之中。有的人将现在与往昔相比，从中发现以往事物的某些优点，激起内心对此的怀念；有些人在现实生活中感到压抑、孤独，便通过对往日快乐时光的回想，产生对往昔生活的依恋，甚至幻想重新回到那些美好的岁月中去。总之，怀旧是一种特殊的心理现象，大凡对于自己先前接触过的某个人物，或经历过的某个年代、某个事件，或自己有过一段生活经历的某个地方，或因上述现象而牵涉到的某件物品，或因现实生活中的某种牵连和对比而滋生出的联想，都会引发较长时间的眷恋和怀念，产生特别的情绪和感怀。人们把这种复杂的心理现象称为"怀旧效应"。

专家指出，怀旧，是一种古老的心理现象和审美行为。汉朝文学家班固在《西都赋》中写道："愿宾摅怀旧之蓄念，发思古之幽情。"怀旧的英文是 nostalgia，源于希腊语，意思是渴望回家的痛苦，还是一种思乡的情绪。近些年，怀旧一词多指一种个人的意识和社会文化现象。被称为"美国存在心理学之父"的著名心理学家罗洛·梅指出："记忆不光是过去时间在我们脑海里打下的印记；它是一个看护人，守护着那些对我们最深切的希望和最深切的恐惧、有意义的时刻。"怀旧可以让我们"回"到过去，去自由地进行选择，可以沉浸在自己所希望的时期。

此时，就会感到过往的情景是美好的、富有诗意的。因此，对于现代人而言，怀旧更多的是面对激烈竞争的现实社会的一种安抚。从美学意义上看，怀旧是一种感怀，一种对于美好事物的缅怀、梳理和思考。

专家分析了人们喜欢怀旧的心理机制：① 第一次的作用。心理学家艾宾浩斯指出："保持和复现，在很大程度上依赖于有关的心理活动第一次出现时注意和兴趣的强度。"在人的一生中，会有无数的"第一次"，这些经历会对以后的人生产生深远的影响(参见"首因效应")。比如，初恋，不管人们的初恋过程怎样，人们总是时常去回味，回想起来总还有一种难以形容的异样感觉，虽然记忆逐渐模糊，但情怀却扎根在内心深处。② 心理美化的作用。人们在回忆往昔时会不自觉地美化当时的事物和状况，淡化所遭遇到的挫折、打击和不幸。因而总是一些美好的或希望的东西浮现出来，引发强烈的怀念、追思。③ 触景生情的作用。那些可以激发人们回想的事物，在心理学上被称为"记忆钩"，正是这种记忆钩使人们对过去的旧事物充满了兴趣，睹物思人，触景生情，仿佛一个时光机，将人们拉回到过去的日子里。

怀旧效应的发生与年龄有关。英国萨里大学心理学家爱丽克·何派的研究结果表明，年轻人的怀旧程度相对较高，中年人程度偏低，而老年人则又重新回到较高的怀旧程度中。一般来说，年龄越大，就越害怕新的、不熟悉的东西，而越怀念旧的、熟悉的东西。虽然许多老年人口口声声说自己并不抗拒新鲜事物，实际上他们可能只接受那些按照过去的眼光看来是好的东西。因而老年人常常用怀旧照片、怀旧物品、怀旧时装、怀旧建筑、怀旧故事、怀旧音乐、怀旧电影、怀旧诗歌、怀旧散文、怀旧图画、怀旧游戏等载体来寄托怀旧之情。

既然怀旧效应既有正常的抚慰心灵的功能，也有消极的病态作用，思想工作者就应当结合自己的工作实践，兴利除弊，促进怀旧效应更好地发挥正面的作用，克服消极的影响。

(1) 发挥怀旧的慰藉功能

人是一种思维的动物，时常需要心灵的洗涤、抚慰。而怀旧犹如一支镇痛剂，能够抚慰喜新厌旧的本性带给人类的煎熬。当面临矛盾和冲突的时候，人们就会通过怀旧，通过对过去的回忆，来寻求对心灵的保护。这种冲突可以是内心的，如自己的本能与道德、良心之间的冲突；也可以是和外界之间的冲突，如梦想和现实的冲突。一般来说，怀旧有益于身心健康。英国南安普顿大学心理学博士康斯坦丁·斯蒂基特指出："怀旧使我们更人性。"从国外的研究结果来看，怀旧可以减少孤独、无聊与焦虑。在寒冷的房间里，怀旧会使人们感觉温暖。当夫妻拥有共同的怀旧记忆，他们会感觉更亲密快乐。怀旧常常让人们对陌生人更加慷慨，对外人更加宽容。

怀旧确实也有痛苦的一面，但这是一个苦中带甜的体验。如果权衡利弊，怀旧依然能让生活显得更加有意义，让死亡的感觉不那么可怕。美国北达科他州州立大学心理学家通过一系列实验发现，怀旧可以帮助人们的情绪变好。确实，许多人都有这样的体验，对于故乡、故人和往日事物的思念和回忆，会化作一种怀旧的情绪，时时在心灵的隐痛间感受到一份难以表达的甜蜜。当人们无限依恋地谈论着过往时，通常会对未来更加乐观，富有信心。因此，要发挥怀旧帮助人们寻找宁静平和、获得心灵慰藉的积极功能。适当的昔日老友的聚会，正是集体怀旧的一种形式，有助于怀旧情绪的宣泄，鼓舞起乐观生活的信念。让有同样的怀旧记忆的好友去协助做相关人员的思想工作，会产生"自己人效应"（参见"自己人效应"），有时劝服的效果会比较好。

（2）调整病态的怀旧心理

一个人适当的怀旧是正常的，也是必要的，但是如果因为过度地怀旧而否认现在和将来，总是沉湎于往昔，就会陷入病态。病态怀旧心理是指过分执着于怀旧，始终不能放下，以至于与现实生活格格不入，甚至产生程度不同的抵触情绪。病态怀旧心理的主要表现有：收集并保存大量的旧照片、旧服装、旧物品、旧书旧报；给孩子取旧时代的名字；喜欢的歌曲偏向于自己青少年时期所流行的；过分热衷于搞同乡会、同学联谊会，其中包括幼儿园园友、小学校友、中学校友、大学校友、曾经的单位同事，经常邀约聚会；过分看重过去所取得的荣誉和功绩，经常摆弄之前获得的奖状、勋章、奖品，追忆当年辉煌的经历。因此，病态怀旧心理往往是不能适应环境的表现和结果。如果发现有人沉溺于病态怀旧心理，不厌其烦地重复述说往事和过去的环境或条件，表达对现状的不满，就应当予以帮助，进行适当的心理调适。

① 组织他们外出参观，听取辅导报告，感受改革发展的成果，阅读书籍报刊，交流心得体会，积极参与现实生活，理解并接受新生事物。引导他们学会从历史的高度认识发展变化，顺应时代潮流，不能老是以原有的立场、观念、思维方式来思考问题。

② 帮助他们寻找新旧事物的最佳结合点，在身边具体事物中寻找一个突破口，引导他们思考如何继承传统，促进改革，推动发展，再立新功，再创辉煌。

③ 以微信等现代化手段，帮助他们在“不忘老朋友”的同时，进一步“发展新朋友”，扩大个人交际圈，增加新的信息来源，增添有兴趣的新话题。

(3) 促进怀旧心理的升华

往日的经历是人生宝贵而又无价的财富。在人生的路途中会遇到很多事物，有的美好甜蜜，有的苦涩疼痛，有的让人倍受煎熬，有的让人刻骨铭心，但都记录了人们走向成熟的轨迹，也蕴含着许多深刻的启迪。因而，要鼓励人们向前看，从单纯的怀旧中引出深层的思考，总结人生的经验教训，顺应时代发展的潮流，更新思想观念，激发爱国热情，克服下意识排斥新事物的倾向，以切身的体验启示后人，更好地面对激烈竞争的现实社会。

比如，在中国共产党成立 90 周年之际，上海龙头(集团)股份有限公司党委借用怀旧效应的原理，将 580 多名新老党员亲笔填写的入党志愿书，通过电子扫描出来，制作成精美的入党纪念卡，让党员们回忆入党时的情景，重温当年对党的忠诚和决心，激励自己终生牢记党的宗旨，以实际行动，发挥共产党员的先锋模范作用，永葆共产党员的先进性和纯洁性。这份带有怀旧性质的入党纪念卡，让每个党员的心灵受到震荡，成了党员自我教育、自我激励的好教材，也成了驶入改革发展新征程的动员令。又如，有些老人把自己的经历写成回忆录，或把自己的感悟写成文章发表，或把自己的文稿、照片汇编成册，有的单位、团体还围绕某一历史事件、历史人物、文化主题，组织采访当事人，形成口述实录，作为对官方正史的补充和丰富，也作为对后人的教育材料。

上海市文学艺术界联合会不久前以口述历史的形式，组织编写了《上海工业改革调整亲历记》，围绕上海产业结构调整升级中一些比较典型的事件，从亲历者、当事人、见证人的角度，口述当年的经历，为上海产业结构调整升级、城市变迁留下了一份真实、丰富的历史记录，也为上海城市文化发展留下了普通市民真实而又可信的细节内容。上海市委党史研究室十多年来编撰的“口述上海”系列丛书，至今已经出版了20多种，题材十分广泛。这些都是对一般怀旧行为的升华，对于人生意义的开掘、历史文脉的延续、优秀传统的继承都是很有意义的。

98. 等待之后的糖更甜

——延迟满足效应

20 世纪 60 年代初，美国斯坦福大学心理学教授沃尔特·米歇尔设计了一项著名的实验。在斯坦福大学校园内的一所幼儿园里，研究人员陆续找来一批四岁左右的儿童，每个人单独待在只有一张桌子和一把椅子的小房间里，桌上有一颗棉花糖。研究人员告诉他们三个方案：一是可以马上吃掉棉花糖；二是按响桌上的铃，研究人员会马上返回，此时可以吃糖；三是等研究人员回来时再吃，可以再得到一颗棉花糖作为奖励。当然，四岁的儿童很难控制自己的欲望。有的孩子为了不去看那充满诱惑的棉花糖而捂住眼睛或是背转身体，还有一些孩子双臂抱头、踢桌子、拉辫子，有的甚至用手去敲打棉花糖。结果，多数孩子坚持不到三分钟就放弃了，一些孩子没有按铃就直接把糖吃掉，另一些盯着桌上的棉花糖，不久后就按了铃。大约三分之一的孩子成功地延迟了对棉花糖的渴望，他们等待研究人员约 15 分钟后回来兑现了奖励。

此项实验将近 20 年之后，从 1981 年开始，米歇尔给 653 名当年参加实验者的父母、老师逐一发去调查问卷，询问这些孩子的学习成绩、处理问题的能力以及与同学的关系等。米歇尔在分析调查结果时发现，当年马上吃糖或按铃的孩子无论在家里还是在学校，都更容易出现行为上的问题，学习成绩也较低。他们通常难以面对压力，注意力不集中，犹豫不定，多疑妒忌，顶不住挫折，自尊心易受伤害，而且很难维持与他人的友谊。而那些可以等上 15 分钟再吃糖的孩子在综合学习能力倾向测验中的成绩比那些马上吃糖的孩子平均高出 210 分，而且有较强的自制能力，自我肯定，充满信心，乐于接受挑战，处理问题的能力较强。在参加实验者 35 岁以后的继续追踪调查中发现，当年不能等待的人成年后有更高的体重指数，并更容易出现吸毒方面的问题。可见，儿童时期的自控、判断、自信等“延迟满足”能力，与之后的学习成绩、成年后的个性等存在着某种联系。这种甘愿为更有价值的长远结果而放弃即时满足的抉择取向，并且最终能获得更多更好满足的现象，就被称为“延迟满足效应”，也称为“糖果效应”。

延迟满足效应证明了人与人之间的自我控制能力存在着一定的差异。在日常生活中，自我控制能力强的人，常常会理性地对待生活，有意识地延迟满足。比如，有些人为了健康长寿，自觉地节制饮食，不抽烟、不酗酒；有些人为了具备一技之长，双休日或晚上常常放弃休闲消遣，专心学习，钻研技艺；有些人为了保障退休后的生活，将部分收入储蓄起来或用于投资，这些都是延迟满足的表现。然而，当今社会比较浮躁，生活中的“即时满足”似乎更符合大众的口味，于是，遍地的快餐文化，各种名目的速成班，那些闪恋闪婚又闪离的悲喜剧，那些回报率高得离谱的投资骗局，都体现了这种希望“立竿见影”“一夜暴富”的心理状态。

自我控制能力，是指个体在没有外界监督的情况下，适当地控制、调节自己的行为，抑制冲动，抵制诱惑，理性规划，延迟满足，坚持不懈地保证目标实现的一种综合能力。思想工作者应当认识到，自我控制能力是人们自我意识的要素，是意志力的表现，是一个人走向成功的重要心理素质。因而要通过自我修养和思想工作，使自己和工作对象都提高自我控制能力，树立正确的人生观和价值观，理性地规划和行动，自觉自愿地、适当地延迟满足，朝着更高远的目标迈进，获得人生更大的成功、更长久的幸福。

(1) 学会忍耐

人们有各种不同层级的目标，当完成比较高远的目标时，所得的回报自然就比较大，但这也需要付出更高的代价，更加辛勤刻苦的工作，受到更多的约束和限制，忍受常人难以忍受的单调和孤寂，经受更长时间的磨难。正所谓“一分耕耘，一分收获”。伟大的思想家、文学家鲁迅先生说过：“哪里有天才？我只不过是把别人喝咖啡的时间都用在了写作上。”这就是人们平常所说的“忍耐”，是对人的意志品质和综合心理素质的考验。一个人能否取得成功，意志品质所起的作用往往大于聪明才智。所谓强者，也往往体现在以意志品质为支柱的自我控制能力上，能够随时调整和把控自己的情绪和欲望，能够去做那些原本不愿做却对自己发展有利的事情。这样才能实现更高层级的目标。在欧美科学界流行一句话：“一心想得诺贝尔奖的，得不到诺贝尔奖。”在我国学术界也流行着一句话：“不要急于满口袋，先要满脑袋，满脑袋的人最终也会满口袋。”

有“汉字激光照排系统之父”美誉的王选院士，自 1975 年投入到汉字信息处理系统工程研制工作，直到 1993 年这 18 年中，几乎放弃了所有的节假日，每天上午、下午和晚上三段连续工作，不辞辛劳，功勋卓著，引发了中国报业和印刷业三大技术革新：告别报纸传真机，直接推广以页面描述语言为基础的远程传版新技术，使得中国报纸的质量和发行量大大提高；告别传统的电子分色机阶段，直接研制出开放式彩色桌面出版系统，引起了一场彩色出版技术革新；告别纸和笔，采用采编流程管理的电脑一体化解决方案。2002 年，王选荣获了国家最高科学技术奖。王选的成功验证了延迟满足效应的力量——谁笑到最后，谁笑得最好。

(2) 抵御诱惑

喜欢享乐是人的天性，贪念是人性的弱点，在当今精彩纷呈的社会生活中，随时都会出现一些令人获得即时快感的活动，这些便构成了形形色色的诱惑。可以说，在实现理想、获取成功的道路上，处处都充满了诱惑，引诱人们偏离奔向目标的轨道。龋齿的儿童会受到糖果的诱惑，戒烟的老人会受到好烟的诱惑，减肥的姑娘会受到美食的诱惑，做作业的学生会受到游戏的诱惑，掌握实权的领导者会受到金钱的诱惑……尽管明明知道这些诱惑与自身的本愿是相违的，对成长和发展是不利的，有些人却还是把持不住，不由自主地接受了诱惑。有时诱惑的力量是巨大的，会对人性构成极大的考验。

比如，1977 年中国恢复高考制度时，某甲的女友家提出，如果他考上大学，并以一千元作为聘礼，就可以将漂亮、聪慧的女儿嫁给他。可对于农村出生的他来说，一千元简直是天文数字啊。高考的第一天很顺利，第二天他早早来到考场外，正巧看到一名男子抢了一位女考生的背包，向山上逃去，某甲就赶紧追了上去。到了山腰上，男子见难以逃脱，便把背包朝他扔来。筋疲力尽的某甲一个踉跄，捡起背包，停下了脚步。不知为何，强烈的念头驱使他打开了背包，一叠钞票猛然映入眼帘，他数了数，恰好是一千元，便想起了女友家的聘礼。面对这巨大的诱惑，他匆忙间做了一个决定，将钱揣进口袋里，随手将空空的背包甩下山去。这时，女考生也追了上来，见没了背包，就绝望地哭泣，甚至在山崖边要寻短见。某甲赶紧拉住她，掏出一千元还给她，表示只追回了这些钱。女考生紧紧抓住他，说不要钱，只要准考证，没了准考证，多年来的辛苦就泡汤了。时间一分一秒地过去了，两人就这样纠缠着，都耽误了高考。结果，某甲鸡飞蛋打，高考落榜，女友远遁。多年以来，某甲一直为当时在诱惑面前私欲膨胀、一念之差而悔恨不已，深深自责。因此，面对种种突如其来的诱惑，关键是要树立正确的人生观、价值观，正确地对待享乐、贪念等欲望，控制好自己的情绪，不被小恩小惠所迷惑，不做名利诱惑的俘虏。如果有了高远的目标和长远的眼光，自然不会为了些许蝇头小利、感官享受而停下脚步，不会为了一草一木而放弃整片森林，此时，幸福就在不远处向你挥手了。

(3) 适时奖励

延迟满足效应还提示思想工作者，当他人有良好的表现，或取得进步的时候，要积极肯定，适时给予奖励。在制定制度、规则时，也要对愿意延迟满足的行为加以倡导和褒奖，就像实验中给坚持到最后的孩子多发一颗糖那样。有些家长对孩子提出的要求，并不有求必应，不急于立即给予满足，而是有意稍微延迟一下，让孩子学会等待，以培养孩子的自制力、意志力。有些小学老师对表现好的学生随时颁发“五角星”，在积累到 5 个或 10 个之后，才可以换取自己需要的文具。这样，学生每次获得“五角星”后就进入了一种等待的过程，才会觉得“等待之后的糖更甜”，延迟满足的奖励也会成为学生继续努力的一种动力。总之，要使得人们感觉到延迟满足的行为是值得的，从而受到正向的激励，自觉地将自我控制、抵御诱惑、勤奋忍耐等行为保持下去，扩展开来。

八

管理决策篇

99. 磨刀不误砍柴工

——布利斯效应

美国行为心理学家艾得·布利斯曾做过一个实验：把一群自愿参加测试的学生分成三组，在20天内按照不同方式训练投篮技巧，分别对第一天和最后一天的成绩记录做对比分析。甲组学生每天都练习实际投篮；乙组学生不做任何训练；丙组学生在训练时，每天留出20分钟做虚拟的投篮想象，对投篮动作在想象中做出纠正和完善。实验结果表明：甲组进球率增加了24%；乙组没有丝毫长进；丙组进球率增加了26%。布利斯由此得出结论：用较多的时间为一项工作做事前计划，那么做这项工作所花费的总时间就会减少。具体说来，行动前拟定行动的计划，构想好每个细节，梳理清楚实施的步骤，做起事来才会得心应手，应付自如。于是，人们就把这种心理现象命名为“布利斯效应”。

中国人早就有这种实际感受，并且总结成一句话：“磨刀不误砍柴工。”意思是如果砍刀很钝，就会严重影响砍柴的速度与效率。如果在砍柴之前，花费一些时间先把刀磨得锋利了，虽然砍柴的时间相对缩短了，但砍柴的速度明显加快，总体效率反而会大大提高。用现代的语言来说，就是要做好一个项目，不必急着去做，而是先要进行必要的筹划，进行可行性论证和计划安排，从各方面做好充分的准备，这样才能提高办事效率。在日常工作中，一些人之所以遭受挫折，很重要的一个原因就是他们没有养成事先做计划的习惯，缺乏总体安排，想到哪儿就做到哪儿，尽管他们很勤奋，也付出了很多努力，但就是难以见到满意的成效。

权威机构的研究结果证明，制订计划将大大地提高目标实现的成功概率。他们提供的几组数据很有说服力：制订计划者的成功率是从不制订计划者的35倍；在成功实现目标的人中，事先制订计划者高达78%，未制订计划者只占

22%;能够坚持按计划执行者实现目标的概率为84%,而中途改变计划者实现目标的概率为16%。

对思想工作者来说,布利斯效应促使我们花一定的时间制订好工作的目标计划。目标就是努力的方向,计划就是做事的方法和步骤。只有制订了明确的目标计划,先把“刀”磨得锋利一些,做起事来才会更加有序、高效。

(1) 事先筹划,认清目标细节

在具体着手做一件事情之前,要先对目标做一番全面的分析,进行可行性论证,认清目标的各个细节及相互关系,找准主攻的方向,然后选择实现目标的方法和途径,安排实施的步骤和相关资源的配置。做事之前的思考、筹划并不耽误多少时间,慎重思考、筹划之后,再做出决定,这样就会使实施的整个过程更加顺畅、更加高效,才能避免陷入盲目,避免走弯路、做无用功。凡事三思而后行,事前多做一点筹划,事中会少一点折腾,事后会少一点悔意。有些人比较冲动,在确定一项任务之后,就急不可耐地动手干了起来,生怕动手晚了会错失机遇,结果往往是欲速则不达,甚至徒劳无功。

比如,2006年,上海纺织集团确立了“科技与时尚”的目标定位,瞄准国际先进纺织业和现代服务业的发展方向,坚持不懈地重点发展科技纺织、绿色纺织、品牌纺织和时尚纺织,坚定地实施创新转型、改革发展。当战略转型的任务提出之后,纺织集团党委制订了企业文化建设总体推进方案,分别确定了以后十年的重点任务:导入年、宣贯年、实践年、推进年、渗透年、改善年、提升年、巩固年、完善年、展示年。一年一个重点,一步一个脚印,环环相扣,层层递进,持续创新,不断为企业文化建设注入新的活力,为战略转型和改革发展提供了良好的思想文化基础和舆论氛围。经过十年的持续建设,企业文化重塑再造、凝炼升华的过程,成为干部员工统一战略思维方式、奠定思想文化基础、构筑良好组织氛围的过程,也成为持续推动上海纺织集团走“科技与时尚”高端纺织发展之路的过程。

(2) 制订计划,明确步骤顺序

制订一个可行的计划是成功的开始。可以根据目标任务的大小,来决定工作计划的繁简。有些比较小的项目，计划可以十分简单，甚至不一定用正规的书面形式，但有没有计划的效果是不同的。实施计划的内容一般包含以下几个要素：① 工作的目标：具体要达成什么目标，做到什么样、什么程度；② 工作的内容：要做哪些事情，具体包含哪些分项；③ 完成任务的方法：各个具体项目、包括分项该怎么做；④ 工作的分工：各个具体项目，包括分项由谁去落实，谁去监督；⑤ 工作的进度：要列出工作中各个具体项目，包括分项的完成时间节点和检验标准；⑥ 需要的资源：对完成计划所需要的人力物力财力，以及需要外部配合的事项，都要做出比较全面、周密的安排，注意投入产出比。对于可能发生的各种意外情况，也要有所准备，重要的还需要事先制订工作预案。

工作计划贵在简单、直观、可操作和可实现。比较复杂的工作计划，可以按照需要列出实施流程表、时间节点表、分工负责表等，一目了然，便于检查、督促和考核。如果说目标是灯塔，指引着前进的方向，那么计划就是航线，时刻指导人们的行动。有了灯塔的指引，就可以随时纠偏，才不会偏离前进的方向。有句话叫"计划赶不上变化"，就是说在实施计划的过程中，情况会随时发生一些新的变化。如果出现了一些事先没有预料到的新情况，就需要根据新的情况及时调整计划，不能胶柱鼓瑟，也不能全盘推翻，而要积极应变，适度调整计划，持续推进实施。

(3) 分解任务，实施各个击破

在一个看似遥远的目标面前，在一个宏大庞杂的计划面前，最好的方法就是将一个大目标分解为若干个小目标，再将小目标拆分成详细的实施步骤，逐项落实。具体说来，就是要将工作任务在纵向、横向或时序上分解到各层次、各部门以至具体工作人员。在总体方向上，分解的任务必须要保持与总体目标任务的一致性，上下贯通；在内容与时间上，要协调、平衡，同步发展；在客观条件及限制因素上，要充分予以注意，保证人力、物力、财力和协作条件、技术保障到位；在分解任务的表达上，要简明、扼要、明确，有具体的目标值和完成时限的要求。同时，要通过组织渠道和有效沟通，将分解的任务明确落实到相关的部门、团队和人员，并保持相关部门的协调和协作，做好监督及考核工作。

“凡事预则立，不预则废。”只要有了目标与计划，有了任务分解的安排，完成工作目标就会简便许多，效率也会提高许多，遇到问题就不会手足无措，碰到困难和挫折也不会胆怯退缩。

100. 审慎地设置追求的目标

——狄德罗效应

18 世纪法国启蒙运动的思想巨人丹尼斯·狄德罗写过一篇文章，题目就叫《与旧睡袍别离之后的烦恼》，记述了一件真实的事情及感想。有一天，朋友送给狄德罗一件质地精良、做工考究、图案高雅的酒红色睡袍，狄德罗非常喜欢。可是，当他穿上了华贵的睡袍之后，各种烦恼就接踵而来。首先是觉得那张用了好久的办公桌破旧不堪，与精美的睡袍格格不入；又发现所有家具陈设的风格也与华贵的睡袍对不上号，就连地毯的针脚也粗得吓人。总之，书房里所有的一切都与睡袍不相配、不和谐。于是，狄德罗就更换了所有的旧家具、旧陈设，终于全都吻合了睡袍的风格和档次，书架、椅子、座钟、雕像等无一例外，还对自己所有的衣着都全面更新。没想到的是，狄德罗的烦恼却越来越重。一番思考之后，他终于意识到："自己居然被一件睡袍胁迫了。"

1988 年，美国人格兰特·麦克莱肯读到了狄德罗 200 年之前写的文章，感慨颇多。他认为这一案例揭示了消费品之间协调统一的文化现象，于是就将这类现象概括为"狄德罗效应"，又称作"配套效应"。

1998 年，美国哈佛大学女经济学家朱丽叶·施罗尔在《过度消费的美国人》一书中，也对这种新睡袍导致新书房、新陈设、新衣着的消费攀升模式进行了详细分析。此后，狄德罗效应引起了越来越多人的关注，被运用到了社会生活的各个方面。学者认为：狄德罗效应的核心并不在于那件"睡袍"的风格档次，而在于它象征着一种生活方式，后面发生的一切更换行为都是为了这种生活方式的完整、和谐。狄德罗效应为整个事物的发展提供了内在的动因。

世界上各民族的许多认识都是相通的，中国也有类似的案例。早在 2 000

多年前,《韩非子·说林上》就记载道:“纣为象箸而箕子怖,以为象箸必不盛羹于土铏,则必犀玉之杯;玉杯象箸必不盛菽藿,则必旄、象、豹胎;旄、象、豹胎必不衣短褐而舍茅茨之下,则必锦衣九重、高台广室也。称此以求,则天下不足矣。圣人见微以知萌,见端以知本,故见象箸而怖,知天下不足也。”说的是殷纣王即位后便开始奢侈起来,用起了象牙筷子。对此,纣王的叔父箕子叹息道:“他使用象牙筷子,必定不再用陶制的食器盛东西,就要用犀玉杯了。有了犀玉杯、象牙筷,必定不会再吃野菜制成的食物,而喜欢珍稀的食物。于是,就不会再穿质料粗劣的衣服,不会再住茅草屋,必定是披九重锦衣,登高台广室。怀着如此的欲望,整个天下也不足以满足他了!因小见大,见微知著,我担心纣王由此走向灭亡!”果然,没过多久,纣王便开始建造鹿台,琼室玉门,酒池肉林,穷奢极欲,普天下的财富也不够他挥霍了。

狄德罗效应反映了人们内心对于和谐的追求。当人们在拥有一件新物品之后,会不断配置与其相和谐的物品,以达到内心的平衡,于是就促进了周围相关事物的整体变化。人们进一步研究发现,狄德罗效应其实是一种“愈得愈不足效应”,在没有得到某种东西时,内心很平稳,而一旦得到了,却反而不满足。

显然,狄德罗效应对人们的心理、行为和社会生活的影响是巨大的,也是利弊兼具的。对于思想工作者来说,应当如何兴利除弊?有几点启示可供思考、借鉴。

(1) 树立理想追求,相信自己是穿华贵“睡袍”的人

如果把“睡袍”看作是更高更好的追求,那么,这一条既可以作为思想工作者的自励,也可以作为对工作对象的一项勉励。人们一旦树立了远大理想、雄伟抱负的时候,就会逼迫自己努力摆脱落后的状况,去追求更加美好的生活。仔细观察我们身边的那些成功人士,都是有勇气相信自己是穿华贵“睡袍”的人,是值得享受更加美好生活的人,所以才勇于追求和创造,才能摆脱贫穷的命运,拥有了如今的辉煌事业和美好生活。羡慕别人的“睡袍”,不如争取自己的“睡袍”。要鼓励工作对象从眼下做起,从岗位工作做起,逐步创造自己的“睡袍”,以及与“睡袍”相协调的一切。

(2) 关注周围环境，减少诱导过度行为的“睡袍”

如今的物质生活大大丰富，想要提高生活质量的愿望是正当的、合理的。于是，生活中狄德罗效应的诱惑也就明显增多。比如，人们购买了一套住宅，总是要好好装修一番。但是，同样是木质地板，档次价格相差数倍；家具从红木、檀木到普通杂木，价格差距何止十倍；进口整套厨房用具动辄几十万元；名牌衣饰、手表、箱包，更是普通商品的百倍、千倍。如果样样都要追求“配套”“和谐”，超出了实际的支付能力，就会出现过度的消费行为，影响基本生活，甚至偏离正常的轨道，走上离妻换夫的歧路。又比如，见到同事购买了名表、名车，有些人就一味排比，超出自己的消费能力硬要购买，并且延伸到“配套”用品，于是就更加捉襟见肘(参见“攀比效应”)。此类现象在生活中可谓比比皆是，屡见不鲜。

怎样摆脱狄德罗效应的诱惑和摆布呢？古希腊哲学家苏格拉底的处理方式值得参考。有一次，几位学生拉了苏格拉底去逛热闹的集市，回来后学生们请他谈谈集市之行的收获。苏格拉底说:“此行我的确有一个很大的收获，就是发现这个世界上原来有那么多我并不需要的东西。”这就给人们一个启示：对于那些非必需的东西，完全可以不要。因为如果你接受了一件，那么外界的和心理的压力会促使你不断地接受更多非必需的东西，从而“被一件睡袍胁迫了”。

(3) 合理设置目标，逐步向华贵“睡袍”靠拢

无论是对生活还是工作，提出适当高一点的要求，树立一个更高的目标，这有利于激励自己奋发努力，取得进步。但目标的设立一定要量力而行，要与客观实际相吻合，并且逐步实现。再用“睡袍”来比喻，追求“配套”“和谐”本没有错，错就错在企望一下子就达到完全配套、彻底和谐的盲目行为。思想工作者应当引导工作对象在符合自己实际支付能力的前提下，分清轻重缓急，一点一滴地积攒，逐步实现生活质量和生活方式的提升。譬如，先有了“睡袍”，然后再陆续地更换“沙发”“衣饰”“地毯”“家具”，可以为自己建立一个逐步上升的、分阶段实施的合理目标，美好生活就在这样的设计和攀登中逐步地实现了。

(4) 因人因地而异，给人送一件适合的“睡袍”

那些缺乏自信心的人往往会说：“我没有任何优点”“我什么都做不好”“我一事无成”。这时，如果恰到好处地送给他一件“睡袍”，肯定他的一个优点，就会极大激发他的自信，从而引出与之相配的一系列的良好行为。譬如，当某一工作对象在业务经营中出现失误、严重影响到其自尊心、自信心时，任何批评都可能引发抵触情绪。如果思想工作者对他说：“任何人都会犯错误，但这只代表过去。这次失误意外的成分很多，我们还是看好你的。你的经营能力很强，相信你一定能在今后的业务拓展中取得更好的业绩。”一件好的“睡袍”，或许会引来良好的连锁反应（参见“标签效应”）。所以，要根据工作对象不同的特点合理设置前进目标，适时送出一件件有价值的优质“睡袍”，并创设条件去发展他们某方面的兴趣特长，使他们激发出自我转化的内在动机，奋起直追，迎头赶上，较快地取得新的成绩，进而引发“行为配套”的自主行为。

在研究狄德罗效应时，应当要想一想，究竟是物质束缚了我们的理想和生活，还是我们的欲望束缚了理想和生活？对此，苏格拉底的一段话至今还值得我们深思：“当我们为奢侈的生活而疲于奔波的时候，幸福的生活已经离我们越来越远了。幸福的生活往往很简单，比如最好的房间，就是必需的物品一个也不少，没用的物品一个也不多。”中国科学院院士、中国外科医学奠基人裘法祖的座右铭也同样值得我们记取：“做人要知足，做事要知不足，做学问要不知足。”

的影响。人们对不熟悉的认知对象第一次接触后所形成的印象，会长久地保留在人们的头脑中，并对后来的认知产生重要的影响。若无其他特殊或重大刺激，这种第一印象就会抵制后来的刺激影响，不轻易改变。受此“首因效应”的影响，第一次选择座位后，再次坐上那个座位便对这种印象进行了强化。在多次强化之后，选择那个座位的行为就会得到巩固，最后成为习惯。② 礼貌谦让的心理。人们一般都有一种礼貌、谦让的心理。在对自身利益无损的情况下，人们一般不会去侵占他人的物品和领地。因而，坐回到原来的座位上最为稳妥，既可以避免换座位而引起他人不悦的可能，又不用担心这一座位被他人占据。③ 认知协调的要求。人们都有一种认知协调、给人前后印象一致的动机，因此，人们会对自己的态度与行为做出控制，避免给人见异思迁的印象。人们第一次选择座位，其实也反映了一种偏好，在休会之后，如果没有其他更强烈的换位动机，一般对座位不作变换。④ 个人特质的驱使。容易产生定位效应的人，一般具有定力特质，不易为周围因素所干扰，而始终把精力集中在自己最初选择的对象上；或者是充分自信的人，总是相信自己的眼力和判断，认为自己选择的不会错，不会轻易受到他人的影响，而且从不反悔。⑤ 惰性心理的支配。具有惰性心理的人一般都不想改变目前的境况，懒得动，懒得变，能照旧就照旧，不喜欢变化。若无巨大压力或特殊情况，总是消极地服从既有的定位，更不用说还要移动笔记本、手提包。

思想工作者要认识到，定位效应既有正面的作用，也有负面的作用，关键是运用到什么领域，什么时机运用，以及怎样来运用。但是，无论如何，正确的定位总是非常重要的，甚至可以说是取得成功的前提。思想工作者要从实际出发，协助单位领导，帮助工作对象，做好正确定位的工作。兹以企业为例，做几点提示。

(1) 正视企业的定位效应

对于任何一家企业来说，定位都是尤其重要的。定位不准确，一切努力都可能是白费的。美国著名营销专家艾·里斯与杰克·特劳特在20世纪70年代提出了定位理论，他们认为：“定位是你对未来的潜在顾客的心智所下的功夫，也就是把产品定位在你未来潜在顾客的心中。”之后，人们对定位理论有了更深的认

101. 正确的定位是成功的前提

——定位效应

社会心理学家曾设计过这样一个实验：在召开会议前，让人们自由入座，会议期间安排几次休会，让与会者到室外休息片刻，再进入会场，如是五六次。结果发现，大多数人仍然选择坐在他们第一次入座的座位上。其实，如今聆听讲座、培训听课、旅游观光，无论是大会场还是大巴车，人们也都尽可能地坐在之前坐过的座位上。社会心理学的研究表明，这是一种思维定势，是一种类似心理契约的关系。于是，这种习惯了某个位置、选定了某个事物而不轻易改变的心理现象，就被称为"定位效应"。

心理学家安德森等人的另一场实验也很有意思。在分析了两个具体事例之后，实验人员要求两组被试者对"喜欢冒险的人是否适合做消防队员"的观点作出判断。甲组被试者认为，喜欢冒险的人会是合格的消防队员，而谨慎的人不适合做消防队员。乙组被试者则持完全相反的观点。在被试者确定了自己的观点之后，他们需要写下相应的理由，例如，有冒险倾向的人比较勇敢，谨慎的人往往太过小心。实验的进程表明，当形成一种解释后，被试者会独立于最初推断出这一观点的信息，即使那些最初的信息被证明是虚假和错误的，被试者仍然会坚持他们自己归纳出来的解释。如，坚持有冒险倾向的人确实如同自己判定的那样，会成为很棒的或是糟糕的消防队员。这个实验揭示了一种现象：人们越是想要证明自己的理论和解释是正确的，就越会对挑战自己观点的信息采取封闭态度；即使遇到了相反的证据，也仍会保持自己的观点不变。可见，定位效应的作用有时会相当顽固，难以改变。

为什么会发生定位效应呢？专家分析，大体有以下几个原因：① 先入为主识，被誉为“现代营销学之父”的菲利普·科特勒指出：“所谓市场定位就是对公司的产品进行设计，从而使其能在目标顾客心目中占有一个独特的、有价值的位置的行动。”市场定位的实质是使本企业和其他企业严格区分开来，并且使顾客明显地感觉和认知到这种差别，从而在顾客心目中留下特殊的印象。企业要根据产品在市场上所处的位置，针对消费者或用户对该产品某种特征或属性的重视程度，强有力地塑造出本企业产品与众不同的、给人印象鲜明的个性或形象，并把这种形象生动地传递给顾客，从而在顾客心目中占据特殊的位置。企业只有有了正确的定位，才有可能使自己生产或销售的产品持续获得稳定的销路，形成显著的特色，树立优良的形象，以致在目标顾客心目中形成一种特殊的偏爱。许多企业的衰败，几乎都可以从定位上找到原因，要么是定位失当，要么是在实践中偏离了定位，要么是原有的定位已不适应市场的变化。企业在谋求自身的转型时，也同样会受到定位效应的影响，所谓“生行莫入、熟行莫出”的观念，就是定位效应在企业进行战略选择时的一种折射。

（2）打破就业的定位效应

定位效应对人们职业生涯的影响是无形的，也是巨大的。这常常表现为两种倾向：有的求职者先理性地设定一个岗位，择业时一味追寻相匹配的预期岗位，于是就可能浪费了很多的发展机会；有的求职者一旦找到了一份工作，不管自己有没有兴趣，也不管专业对不对口，通常都会延续下去，很少愿意轻易改变职业。因此，思想工作者应当发挥自身的优势，为工作对象提供有益的服务，组织开展职业咨询，邀请专家指点迷津，指导求职者认真审视评判，纠正自己的职业定位偏差，以单位发展、个人兴趣、自身条件等因素来综合衡量和确定职业定位，进而指导新入职的员工进行职业生涯规划，选择并走好适合自身的职业发展道路。在适当的时候，通过换岗、轮岗等方式，帮助职业定位不当的员工做出适当的调整，以充分发挥他们的职业潜能和个性专长，这对单位和个人都是十分有利的。

（3）创新转型与重新定位

有的管理咨询专家指出，在一些企业，定位效应导致了对管理乱象习以为常。有的中小企业重复的错误经常犯，但领导者根本就没想过怎么去纠正，久而久之就成了顽疾。随意招人、生产计划朝令夕改、产品质量经常出问题、现场管理混乱、工艺文件缺失、员工一盘散沙等，已经成为一种常态，在很多时候都是定位效应惹的祸。因此，企业领导者要勇于打破定位效应，实现创新发展。然而，定位效应又常常成为创新的最大障碍。所以，企业的创新转型，首先就要打破旧的习惯和平衡，从重新定位做起，而不拘泥于过去成功的经验，不因循于传统的思维定势(参见“思维定势效应”)。企业重新定位，必须结合企业的专业特长、核心优势，必须瞄准目标消费者的需求，必须符合市场发展的趋势，关键是企业要设法在产品上塑造出比竞争对手更具优势的特性，满足目标消费者的现实需求和潜在需求。创新，并不一定是科技的重大发明，更新思想观念、提高产品质量、建立管理体系、拓展营销渠道、改变落后的工作方式等都是创新。产品需要创新，营销模式需要创新，管理流程也需要创新，创新可以说是无处不在。正如美国密执安大学教授卡尔·韦克所说的：“实验、坚持不懈、试错、即兴发挥、最佳途径、迂回前进、混乱和随机应变，所有这些都有助于应对变化。”思想工作者要致力于孕育鼓励创新的企业文化，促使员工跳出固定的思维方式和行为模式，冲破定位效应等各种遏制创新的阻力，勇敢地走出去了解和掌握行业发展的最新动向(参见“乡村维纳斯效应”)，协助有关部门寻找新的发展方向，建立相应的制度与流程，充分发挥全体员工的主观能动性，实现全员创新。对员工提出的创新措施，以及脚踏实地落实创新的举措，都要予以热情的鼓励，保证创新、转型的目标落到实处，切实推动企业的可持续发展。

102. 让资源配置更加合理

——马太效应

《新约全书·马太福音》中有这样一则简单而深刻的寓言：一个主人要往外国去，就把自己的家业托付给三个仆人。按着各人的才干，给他们不同数量的银子，一个给了五千，一个给了两千，一个给了一千。那领了五千的，随即拿去做买卖，另外赚了五千。那领了两千的，也照样另赚了两千。但那领了一千的，去掘开地，把主人的银子埋藏了。过了许久，主人回来了，和仆人们算账。那领五千银子的，又带着另外的五千，说，主人啊，你交给我五千银子，请看，我又赚了五千。主人说，好，你这又良善又忠心的仆人。你在不多的事上有忠心，我再把许多事派你管理，可以进来享受你主人的快乐。那领两千的也来说，主人啊，你交给我两千银子，请看，我又赚了两千。主人说，好，你这又良善又忠心的仆人。你在不多的事上有忠心，我把许多事派你管理，可以进来享受你主人的快乐。那领一千的也来说，主人啊，我知道你是忍心的人，没有种的地方要收割，没有散的地方要聚敛。我就害怕，去把你的一千银子埋藏在地里。请看，你的原银子在这里。主人回答说，你这又恶又懒的仆人，你既知道我没有种的地方要收割，没有散的地方要聚敛，就当把我的银子放给兑换银钱的人，到我来的时候，可以连本带利收回。主人便夺过他这一千来，给那有一万的仆人。最后总结道：因为凡有的，还要加给他，叫他有余。没有的，连他所有的，也要夺过来。

1968 年，美国科学史研究者罗伯特·莫顿发现了同样的现象，提出了“马太效应”的概念，用以概括一种社会心理现象：“相对于那些不知名的研究者，声名显赫的科学家通常得到更多的声望，即使他们的成就是相似的。同样地，在同一个项目上，声誉通常给予那些已经出名的研究者。例如，一个奖项几乎总是授予最资深的研究者，即使所有工作都是一个研究生完成的。”

中国古代哲学家老子也提出过类似的论点，《道德经》曰：“天之道，损有余而补不足。人之道则不然，损不足以奉有余。孰能有余以奉天下，唯有道者。”意思是说，苍天的常理是用富余的去补足缺失的。而人的常理却不是，是以不足的去满足富余的。谁能以富余去满足天下，就是得道的人。

马太效应后来为社会科学界广泛借用，反映强者恒强、弱者恒弱的社会现象。如在经济学中，用来反映贫者愈贫、富者愈富、赢家通吃的收入分配状况。在教育学中，用来反映学习能力强的学生往往获得越来越多的荣誉和越来越高的评价的现象。

不难看出，马太效应之所以能够产生并发生作用，是由多种因素的综合作用所决定的：① 从个人心理的角度来分析。这往往与个人内在的心理暗示有关。社会赞许动机实质上是一种取得成就和得到同伴、组织及社会尊重、赞扬的需要，它对后续行为的驱动和强化是显而易见的。一个人越成功，受到较多的赞美和鼓舞，他就会越自信；越自信，就越敢于尝试。这样，他就会比较容易取得新的成功。反之，失败会让人灰心丧气，一个人遭遇了挫折与失败之后，容易损伤甚至摧毁自信心，左顾右盼，提心吊胆，失去冲劲，于是就产生一种恶性循环，甚至破罐子破摔，离成功也就越来越远了。即使想要翻身，也不得不付出比他人更多的努力。② 从个人经验积累的角度来分析。成功者在成功中获得了有益的经验和良好的情绪体验，增强了克服困难的勇气和毅力，这些都促使他不断进取，获得更多的成功经验。譬如，学习能力强的学生，发言机会就比较多；而发言经验的积累，又会促使其进一步提高学习能力。反之，学习能力弱的学生，则思考反应较慢，再加上因怕答错而畏畏缩缩、吞吞吐吐，于是，发言机会就会减少；发言机会少，又使他们失去了锻炼提高的机会。这类情况造成了优者更优、差者更差，从而导致了学习成绩的两极分化。③ 再从外部支持的角度来分析。成功的经历会使成功者容易获得他人的信任和支持，也容易结交到对自己有帮助的朋友，甚至左右逢源，获得各种有用的资源，包括投资，于是就更容易开创出新的天地。而失败者往往会受到周围人的讥讽、责难、轻视、疏远，也就很难得到他人物质、精神上的支持，即使想要组建团队、寻求合作伙伴，也会举步维艰，即使付出了许多努力，也常常是收获甚微。在团队合作中，常会见到这样的情况：能力较强的成员往往受到尊重，被委以重任，甚至被各团队争抢，而且容易取得领导地位；而能力较弱的成员则会被忽视，或放在不起眼的位置，进而完全丧失了合作的机会。

可见，马太效应是一种既有消极作用又有积极作用的社会心理现象。思想工作者要辩证地认识马太效应的两面性，在思想工作过程中善加引导，兴利除弊。有以下几点工作提示值得注意。

（1）用全面、发展的眼光看待事物

马太效应理论的缺陷在于缺乏辩证思维，偏重于用孤立的、局部的、静止的眼光去看待事物，过于重视事物发展的短期趋势。事实上，世界上万事万物都处于变化之中，事物的强弱都是相对的，此强彼弱的现象比比皆是；而且强与弱又处在不断地转化之中，由弱转强、后来居上的现象也并不罕见。所以，对待工作对象，不能有“老眼光看人”的成见，更不能以一时成败论英雄，而要看到其潜在的优点和微小的进步，着眼于发展和变化。

（2）帮助青年做好职业生涯设计

近年来，职业生涯设计受到许多单位的重视和推广，许多思想工作者都把协助做好职业生涯设计作为关心、培养青年的一项重要措施。思想工作者应当从全局角度，帮助青年从自身的特点、资质、强项、优势出发，确定兴趣、愿望、价值观以及行为取向，指导青年思考所处职业生涯的位置，扬长避短，制订出未来的发展计划。思想工作者还要帮助评估其职业发展规划与当前所处的环境、可获得的资源是否匹配，了解单位的发展与其潜在的晋升机会、横向流动等规划是否相符合，提供职业技巧、方法、心态等方面的辅导和训练，进而动态地指导其实施、适度的变通，帮助青年更好地实现职业发展的梦想。

（3）关注中间层次的工作对象

思想工作者要重视中间层次的工作对象，防止出现有的学校存在的“好生好对待，差生差对待”的状况，克服马太效应的弊端。要帮助中间层次的工作对象消除甘居中游、得过且过的消极心态，破茧成蝶，努力向更好的方向发展，让好心态成为好运气的吸金石。尤其要关心那些默默无闻、埋头苦干，其劳动成果乏人问津，甚至遭受妒忌的人才。要引导工作对象从自身的特点出发，结合岗位需要，组织并鼓励参加各种社会途径的职业培训，提升专业素质和能力，打造自身的优势。尤其是当目标领域有强大对手的情况下，更要帮助他们另辟蹊径，针对对手的弱项，走好自己的“独木桥”，形成独特的职业特长和职场优势。

(4) 让资源分配更加公平合理

要从实际出发，通过机制的作用，兴利除弊，让马太效应更好地发挥作用。诸如“获奖越多的越获奖”“越被关注的越关注”“越被宣传的越宣传”之类的现象，有其一定的客观合理性，但过多了就会形成一些不平衡的问题。因而，思想工作者要注意避免马太效应的弱点，在薪酬、福利、待遇、晋升、资财、平台、人脉、精神鼓励等资源配置上，更多地适合本单位的实际情况，更加公平、合理地分配。在突出重点、扶植尖子、培育典型的同时，也要让更多人获得发展所需要的优质资源，调动更多人的积极性、主动性和创造性。

103. 合理配置并用好优势资源

——二八效应

1897 年，意大利经济学家、社会学家维弗雷多·帕累托在对英国社会各阶层的财富和收益统计分析时发现：80％的社会财富集中在 20％的人手里，而 80％的人只拥有社会财富的 20％。在对人口统计、书籍、文献与工业行为等方面的研究中，帕累托还发现，在任何特定的群体中，重要的因子通常只占少数，而不重要的因子占多数，因而只要控制具有重要性的少数因子就能控制全局。再说得透彻一点就是，在任何大系统中，约 80％的结果是由该系统中约 20％的变量产生的。这就是著名的“帕累托法则”，也叫“二八法则”，反映了社会普遍存在的一种不平衡现象。

虽然二八法则发现得很早，但在很长时间里，并没有引起人们的普遍重视。1949 年，哈佛大学教授吉普夫发现了“最省力法则”，他认为，资源总是会自我调整的，而大约 20％—30％的资源与 70％—80％的资源活动有关。事实上，这是对二八法则的重新发现与进一步阐释。之后，罗马尼亚裔美国人朱伦在贝尔电话公司担任工程师时，通过自己的分析和研究，在产品品质中发现了“关键少数规则”，其中实际上也隐含着二八法则。他在工作过程中广泛使用二八法则的原理，辅以其他的统计方法，用以根除品质上的弊病。1953 年，朱伦与几家日本公司合作，将其理论应用于提高生活消费品的品质，成为 20 世纪 50 年代开始的“品质革命”的幕后功臣。在他的倡导和实践下，二八法则广为人知，成为全球“品质革命”的一个中心思想。

二八法则最初仅限于经济学领域，后来被推广到社会生活的各个领域，揭示了世界上许多事物数量分布的规律，即万事万物都是按照大约 80∶20 的比例存在，且深为人们所认同。比如，在人的身体里，水分与其他物质的比例大约是80∶20；市场上80%的产品，可能是由20%的企业生产的；商家获得的80%的利润，可能来自于20%的顾客；单位内部80%的工作，通常是由20%的人领着干的；80%的新生意，是由20%的推销员带回来的；80%的交通堵塞，通常发生在20%的路口。于是，人们就把这种原因和结果、投入和产出、努力和报酬之间本来存在着的、难以解释的不平衡现象称为"二八效应"。

如果仔细观察一下身边的生活现象，就会发现二八效应无处不在，有时竟如同"黄金分割"一样普遍。20%的人放眼长远，80%的人只顾眼前；20%的人把握机遇，80%的人错失时机；20%的人做事业，80%的人做事情；20%的人有目标，80%的人没计划；20%的人支配别人，80%的人受人支配；20%的人明天的事情今天做，80%的人今天的事情明天做；20%的人在问题中找答案，80%的人在答案中找问题；20%的人会想如何能办到，80%的人会想不可能办到。这些对生活中二八效应及现象的总结，确实给人以启发。

对这些无处不在的二八效应，思想工作者要充分注意，并且运用到工作之中，更加有效地开展思想工作的实践，运用其积极作用，推动单位和组织的中心工作。

(1) 建立"二八思维"

既然二八效应如此普遍，可见确实在一定程度上反映了事物运动和社会发展的规律。所以，思想工作者要建立起符合这种规律的思维方式，姑且称为"二八思维"。从哲学上说，就是要在诸多矛盾中抓主要矛盾，在主要矛盾中抓主要矛盾方面。通俗地说，就是要抓关键、抓中心、抓重点，这些是工作和生活中的重要杠杆——只要能够控制住这些相当重要的少数因素，便可以掌控全局。

客观地说，因为每个人的精力和时间都是有限的，没有人能够同时把所有的事情都做到极致，要想面面俱到还不如重点突破。所以，要想有效地做好一件事、做精一件事，就只能"有所为，有所不为"，抓住本单位最关键的问题进行决策和落实，以达到纲举目张的效果。这正是二八效应的精髓。因此，思想工作者就必须突出重点，专心专注，有计划地安排力量，合理地分配时间，充分运用对自己有利的最关键的资源，把关键的事情做好，解决关键问题，取得重点突破，以最少的投入获取最大的收效。当然，80%与20%的数值仅仅是一个实用基准，只是说在多数情况下两者的比例大致接近于80%与20%，真正的实际比例未必正好如此，千万不可过于拘泥。

(2) 抓住关键的人

二八效应运用到对人的管理上，就是要重点抓好20%的骨干力量，再以这20%的少数带动80%的多数，以提高工作效率。这20%，是骨干，是榜样，是主力军，是领头羊，他们的精神状态和前进步伐对整个团队起着决定性的作用，他们的表现影响着整个团队的士气和成果。思想工作就要在管理工作中发挥作用，在重点抓好20%的少数，尤其是在关键的人上下功夫。要舍得花费精力和财力，加大对20%骨干力量的培养力度。上海许多企业注重抓好领导班子建设、党员队伍建设、专业人才队伍建设，抓好培育先进、评先推优、典型示范等工作，注意"把专家培养成党员，把党员培养成专家"，开展多种形式的培训，促进骨干队伍的提高，起到了良好的作用。

党的十八大以来，习近平总书记多次强调："从严治党，关键是要抓住领导干部这个'关键少数'""从严治党，关键是从严治吏"。在党的全部实践中，干部问题始终居于重要位置。党章明确规定，"党的干部是党的事业的骨干"，并对党的各级领导干部提出了比对一般党员要求更高的六个基本条件。所以，无论是哪一级组织、哪一个单位，领导干部以身作则、率先垂范，上行而下效、上率而下行，都是砥砺前行的力量之源。因此，必须要抓住"关键少数"，倾注力量，有重点地开展思想工作，打造一支思想过硬、作风过硬、纪律过硬的高素质干部队伍。

(3) 抓住关键的事

二八效应提示我们，应当选择在几件重要的事情上追求卓越，而不能眉毛胡子一把抓，更不必强求在每件事上都有突出的表现。在不同岗位上的人员，不管工作内容有多大的差别，都有其工作的目标及重点任务，因而必须明确目标，瞄准重点，有取有舍，集中精力做好该做的、重要的事。要先做对的事情，同时设法把事情做对。要把自己的精力集中到最重要的事情上来,尽可能清除掉那些分散注意力的阻碍和诱惑。千万不能好高骛远、见异思迁、贪多贪全,也不能企图"事事都争当先进"。如果把有限的精力分散到太多的事情上,平均使力,那就会效率低下,疲于奔命,徒增无穷的烦恼。就好比掰玉米的狗熊,掰一个扔一个,到头来两手空空。在时间管理上,要集中黄金时间做重要的事情,用其他零碎的时间去处理不重要的事情,这样才能真正发挥自身的优势,轻松地达成目标。当你忙得不可开交,甚至感到顾此失彼、穷于应付的时候,最好审视一下自己做事的目标是否明确、重点是否突出、方法是否对头,是否需要进行一些必要的调整?这里也用得上一句哲理隽永的名言:"有舍才有得。"

(4) 抓住关键的资源

每个单位的资源都是有限度的,同样要按照抓关键、抓中心、抓重点的思路,分清主次、轻重、前后、缓急,合理地配置有限的资源,千万不要在不必要的地方随意投放,这样才能发挥"四两拨千斤"的作用。用于生产经营活动,就要考虑怎样以最少的资金和努力来获取最大的利益和价值;用于员工激励,就要考虑以怎样的方式才能产生最好的效果。如,通用电气公司只奖励那些完成了高难度工作指标的员工,诺基亚公司为20%的优秀员工设计了一条梯形的奖励曲线。用于思想工作,也同样应该重点做好20%骨干员工的思想工作和激励工作,集中主要手段和资源优势,充分调动骨干员工的积极性、主动性和创造性,发挥他们的示范、带动作用。

104. 把阳光送到最寒冷的地方
——边际效应

在经济学中，效用是指物品或服务满足人的欲望的能力，或者说是指消费者在消费物品或服务时所感受到的满足程度。所谓边际效用，是指在一定时间内消费者增加一个单位商品或服务所带来的新增效用，即总效用的增量，也就是说，在其他条件不变的情况下，随着消费者对某种物品或服务消费量的增加，他从该物品或服务连续增加的每一消费单位中所得到的满足程度。按照一般人的想法，随着消费量的增加，消费者从中获得的满足程度应当是不断递增的，然而，经济学的研究发现，当越过一定的边界之后，消费者从该物品后来增加的每一消费单位中所得到的满足程度越来越小，而且这种现象普遍存在。于是，人们就称之为“边际效应”，或完整地称为“边际效用递减效应”。

抽象的道理也许不大好懂，我们来看看边际效应在现实生活中的表现吧。比如，当你饥饿难耐时，有人给你拿来一盘包子，你吃第一个时特别香，吃第二个包子也很香，吃第三个还可以，吃了第四个包子就饱了，第五个包子几乎是可吃可不吃的，如果再送来第六个包子，看见就烦！可见，从第五个包子开始，边际效用是递减的，第六个包子的边际效用几乎为零，甚至为负。可见，当你拥有某样东西越来越多的时候，那最后几个对你的价值也许就越来越小；而达到了一定的限度时，人们对这种状况的消费就会产生一种厌倦的心理。

边际效用递减效应的事例，在生产、生活、科学研究和社会管理中可以说是俯拾即是，不胜枚举。比如，企业开发出一种新产品，一开始投入 100 元就能得到 200 元的产出。随着投入规模不断扩大，到了一定程度后，同样投入 100 元，产出可能只有 120 元，以后甚至只有 100 元、80 元、60 元……总之越来越少。又如，在农田里撒化肥可以增加农作物的产量，第一次向一亩农田里撒 10 公斤化肥时，增加的产量最多；撒第二个 10 公斤化肥时，增加的产量就没有第一个 10 公斤化肥增加的产量多；撒第三个 10 公斤化肥时增加的产量就更少。也就是说，随着所撒化肥总量的增加，增产的效应越来越低。

再如，青年男女谈恋爱，当谈第一个对象时，印象往往是最深刻的；谈第二个对象的印象就没有第一个那么深刻；第三个更没有第二个深刻……在这里，感情的效应值随着所谈对象数量的增加而减少。尽管第一次谈的对象不一定是最完美、最合适的，但却常常是最难忘的。这就是人们为什么对初恋那么刻骨铭心的原因。旅游也是这样，如果你第一次去游览黄山，觉得很兴奋很好奇，急着攀爬山崖，观赏云海，拍照留念；第二次再去，便可能失去了新鲜感，也没有了急切的心情；第三次再去，游兴会明显地减弱；如果去的次数再多了，就不觉得新奇好玩了，连拍照也失去了兴趣，正所谓“熟悉之处没有美景”。

边际效用为什么会递减呢？专家分析有几个原因：① 欲望说。人的欲望多种多样、永无止境，但由于生理等因素的限制，在一定时间内每个具体欲望的满足是有限的。最初时欲望最大，因而消费第一单位物品时得到的满足也最大，随着该物品使用数量的增加，欲望会随之减少，从而感觉上的满足程度递减。② 生理说。效用的满足程度，表现为人的神经的兴奋，当外部给予一个刺激，人的神经兴奋起来，就会有满足感，即产生效用。随着连续使用同一种物品数量的增加，同样的刺激反复进行，兴奋程度就会出现下降的趋势。③ 新奇说。人都是有好奇心、喜好新奇事物的，所以新奇的物品能满足这种心理需求，带来更大的效用；新奇感减弱，效用也就会递减。④ 资源配置说。每种物品的用途都可以按重要性分成若干等级，当物品稀缺的时候，人们会把它用在最重要的地方，以后随着获得该物品数量的增加，消费者会将其逐次用到无关紧要的地方。比如，当极度口渴的时候，你得到的第一杯水，自然会用来解渴，因为这是最解燃眉之急的；得到第二杯水，你可能会用来洗漱；得到更多的水，就会按重要程度递减的顺序，分别用于洗衣、洗澡、浇花、喂鸡、喂鸟、养鱼等多种用途；当水的供应没有限制时，就可能用来洒水扫地……这些水带来的效用自然是递减的。需要指出，这几种解释中间存在着交叉的成分。由于人的欲望具有再生性、反复性，边际效用的波动也具有时间性。

了解并掌握了边际效用递减效应的原理，思想工作者可以从中获得一些有益的启示，了解人们心理需求的一些基本表现形式，从而更加自觉地做好教育引导工作。

(1) 雪中送炭胜于锦上添花

生活中每个人都会遇到困难，遇到自己不能解决的问题，如果别人能给予帮助，必定会感恩戴德，铭记在心。可是，在生活和工作中，给予他人帮助的结果可能迥然不同。有些人出于好心，也希望搞好人际关系，总是喜欢在别人不是很需要的时候去拉别人一把、帮别人一下，美其名曰锦上添花，结果对方不但没有表示什么感激之情，甚至还完全不放在心上。而当别人真正遇到困难、需要帮助时，并不需要付出多少，哪怕只是一句安慰、一声问候，也能让对方感到强大的支撑，坚定信心，渡过难关。可见，"锦上添花"固然轻松而美丽，但"雪中送炭"更为紧迫、更为重要，更能显示出人性的伟大、友谊的醇厚。试想，如果大雨过后、天气放晴，你再给别人送去一把雨伞，这还有意义吗？在最恰当的时候伸出温暖的手才是明智的选择。所以，在帮助别人时一定要掌握好时机，多一点雪中送炭，在对方需要温暖的时候及时地送上一缕阳光，在对方缺钱的时候慷慨解囊、予以资助，主动地为其排忧解难，往往能起到事半功倍的效果。

比如，上海纺织工会在产业结构调整的艰难时期，针对部分下岗困难职工子女就学中遇到的特殊困难，持续多年开展"金秋助学"活动，满足了困难员工"再难也要培养好子女，这是明天的希望"的最大需求，凝聚了人心，取得了很好的社会效益。

又如，上海建工集团四建第六分公司的"工地新婚曲"也是"雪中送炭"的乐章。六分公司常州客运中心工地安全员小袁三十有几，好不容易与四建服务公司的小王处上了对象。但由于工作紧张，又分处两地，实在没时间筹备婚事。正当他俩一筹莫展时，项目党支部书记知道后，专门与工地食堂厨师班长商量，于是，就在工地上为他俩举行了一场隆重而有特殊意义的婚礼。项目管理人员全部出席，项目党支部书记为他们致词祝贺。这使这对新人非常感动，表示一定要加倍努力工作。六分公司党总支由此考虑到一些青年结婚不久，由于工程需要无法经常回家团聚，便在工地建立了探亲房、新婚房，并且定期组织员工家属带小孩到工地探亲。同时，对在沪外工作的员工及家属，不论是市内还是远郊，都全部进行家访，送上慰问品和慰问信。两年间家访数就达400余人次，进一步调动了沪外职工的工作积极性。

(2) 物质激励要避免效用递减

有的企业遇到过这种情况：第一年每月普遍增加薪水一千元，员工非常激动，大大增加了工作热情；第二年还是增加一千元，员工比较激动；第三年再增加一千元，员工有点激动；第四年……再往后，增加薪水已不能带来多少积极效果。可见，单纯靠增加薪水来维持员工的工作热情是有限度的。美国著名社会学家霍曼斯早在几十年前就指出："某人在近期内重复获得相同报酬的次数越多，那么，这一报酬的追加部分对他的价值就越小。"因为根据马斯洛的需求层次理论，当薪水达到一定水平的时候，员工关注的重点就会发生转移，所以物质激励的方式方法应该随之变化。有专家指出，在薪水涨到一定程度后，采用红包的形式更加富有激励和引导效果。还可以运用其他的激励措施，如，安排参加职业发展培训，交换或提升职位，安排休养或旅游。虽然花费的资金相当，但由于方式、手段不同，反而能起到更好的激励效果。

(3) 精神激励也要注意方法

不但是具体的物质需求存在边际效用递减的情况，一些精神的因素同样也会边际效用递减。这提示思想工作者，表扬和批评都要适度，避免出现边际效用递减效应的现象。富有经验的老师曾指出，从心理角度上说，对于同一个错误，批评一次，学生已经得到了应有的惩罚，这时的效用最大，但是第二、第三次还是同样的批评，学生心理上的厌烦程度可能已经倍增，惩罚的效果已经递减，如果再来第四、第五次，学生听惯了批评，早就变得不痛不痒，那么批评的积极作用就会消失殆尽，甚至产生抵触心理。所以，要用好第一次批评，真正让学生听进去，吸取教训。同样，对人们的表扬也不能太廉价，如果重复给予表扬，效果就开始下降。此外，思想工作者还要学会“适度冷却”，对出现的不同问题要有区别地给予及时评价或延迟评价。有时采取延迟评价的方法，冷一冷后再与相关对象交谈，予以批评或劝导，效果会更好（参见“淬火效应”）。如果立即找来批评训斥，很可能引起逆反心理，效果适得其反。

(4) 要不断地调整、优化管理制度

在企业管理和社会管理中，一项新的规定出台之后，刚开始往往效果比较明显，但随着时间的推移，这项规定的效用就可能渐渐变小了，也就是说规定的管理、规范、制约、引导的效用会逐渐衰减。尽管原因可能多种多样，但都有一个规律性因素在起作用，就是边际效用递减。这就提示我们，当做出一项规定或决策之后，一定要注意把握其执行的方向，看看规定和决策是否符合实际情况，本身还有哪些不足和缺陷，听听工作对象有哪些反应和呼声，想想是否需要做出必要的调整和完善，适时地进行修改、优化，从而使规定或决策在执行过程中更切合本单位、本部门的实际情况，把制度管理的效用递减效应降到最低。

105. 科学理性地对待进与退

——棘轮效应

棘轮是一种外缘或内缘上具有刚性齿形表面或摩擦表面的齿轮，是组成棘轮机构的重要构件。当摇杆逆时针摆动时，驱动棘爪插入棘轮齿，以推动棘轮同向转动；当摇杆顺时针摆动时，棘爪在棘轮上滑过，棘轮便停止转动。因而棘爪能防止棘轮的倒转，不会退回到原来的状态，从而保证棘轮的单向运动。人们就把这类“只能进，不能退”“只能上，不能下”的单向运动现象称为“棘轮效应”。

一个十分真切的现实事例就摆在我们面前。有些人在看待中国经济增速放缓的现象，特别是 2016 年全年经济增速为 6.7%时，不自觉地运用了棘轮效应，产生了一些悲观迷茫的想法。其实，在经历了 30 多年持续两位数高速增长之后，近年来中国经济发展进入新常态，增速虽然有所放缓，但仍保持了中高速增长，速度继续位居世界主要经济体最前列。目前，中国对世界经济增长的年均贡献率超过 30%，成为世界经济增长的第一引擎。2017 年十二届全国人大五次会议闭幕后，国务院总理李克强回答中外记者提问时，用了一个比喻形象地作了说明：“我曾经在中国少林寺陪同外宾看过武僧表演，几岁的小武僧一口气翻十几个跟头不费劲，而练过十几年武功的青年武僧翻三五个跟头就了不得了，主要是块头大了。”李克强指出：“我们把今年经济增速定在 6.5%左右，有外媒报道说中国是温和下调了增速。其实，增长 6.5%这个速度不低了，也很不容易。如果今年中国实现经济增长目标，增量比去年还要大，因为这是在我们经济总量已经超过 74 万亿元，相当于 11 万亿美元基础上的增长，可以带动 1 100 万人以上的就业。这符合经济规律，也可以将注意力更多地放到提高质量和效益上来，对世界经济增长的贡献率不会低。”这其中蕴含的思想方法是正确的，克服了棘轮效应的弊端，符合实事求是的思维规律。

学者们通过长期研究发现，棘轮效应在材料力学、经营管理、激励约束、物质消费，乃至价值观念等许多学科领域都有具体的表现，并总结了棘轮效应在各学科的运用规律。思想工作者可以从中获得多方面的启迪，并借鉴各相关学科的研究成果，运用到思想工作的实践中来，正确地看待各种社会经济文化现象，科学理性地对待进与退、上与下、快与慢的关系，充满信心地开展思想工作。

(1) 业绩考核上避免“鞭打快牛”

经济学家在研究苏联式计划经济制度时发现，在计划经济体制下，企业制订年度生产指标，往往是根据上年的实际生产业绩，按照一定的增长百分比向上调整，于是，以往增长较快的企业就会被要求以更高的速度增长，于是，业绩好的企业反而会面临更大的压力，形成“鞭打快牛”的局面。一旦增长速度稍有放缓，企业就可能由此而受到批评、惩罚。于是，一些精明的企业经营者就采用瞒报生产业绩的方式来对付计划当局，造成统计数据的失实和宏观指挥的失控。这种考核标准随业绩上升的现象，当时普遍存在于经济、管理领域，也存在于项目管理的过程中，严重压抑了企业发展的积极性。

思想工作者对己对人，都要从实际出发，求真务实，防止棘轮效应的不良影响。尤其是对各个方面的先进典型、领先者、带头人，要恰到好处地提出更高的目标要求，而不能简单化地“一刀切”，逼迫他们无限度地提高再提高，把“快牛”压得趴下。历史上这类教训也不少，由于一味追求眼前效益、短期效益，不让“快牛”在一段快速发展之后休养生息、补充给养，反而连续“冲刺”，结果使一些优秀企业因“过劳”“累垮”“业绩做假”“盲目扩张”等原因，突然垮塌，销声匿迹，黯然退出了市场竞争的舞台。

(2) 荣誉评定上避免“固化、过誉”

在各类精英、先进的评定方面也存在棘轮效应，即某人一旦因工作成就获得某种承认和地位，就再也不能退回到原先的地位。这表明，在社会的分层结构中，流动是单向的，只能升迁，不能降格。据了解，由于同行认可、科研奖励、科研资源等原因，这种棘轮效应在科学界金字塔结构中越是高层就表现得越突出。哈利特·朱克曼通过对美国诺贝尔奖获得者的专项研究指出："一旦成为一个诺贝尔奖获得者，不论是好是歹，都将稳固地居于科学界的精英行列。"

这种"只能上，不能下"的棘轮效应，便导致了马太效应的双重不公正性。有学者分析道：较为著名的科学家成了马太效应不公正的受益者；不知名的科学家则成了马太效应不公正的受害者。例如，我国有些在校学生在发表论文时，往往把导师或权威人士的名字署在自己之前，这样做有两个好处，一是容易发表，二是容易在学界引起注意和认可。但是在这种情况下，评判对这篇论文的实际贡献就容易出现偏差，导师的作用往往被高估，而学生的作用往往被低估，于是就形成了优势积累的现象，有名望的科学家越来越有名，不知名的研究者反而更加难以脱颖而出。联想集团创始人柳传志曾经说过这样的意思，院士的头衔只证明他曾经做出过重大的学术贡献，但不能指望院士再做出更大的贡献，而要寄希望于年轻的后起之秀。对科学家而言，正确、公正、有益的原则是：谁跑得最快，谁就应赢得比赛，跑得最快的人应该站在最高的领奖台上。

思想工作者在各类评先推优、资质认定、成果奖励、先进宣传等工作中，应该注意突破棘轮效应的束缚，坚持客观公正的尺度，用动态的、发展的眼光去认识和评判，引导正确合理的竞争，鼓励后来居上，让确实做出主要贡献的新人和团队脱颖而出，上光荣榜、领奖台，而不论他们的经历、背景，不论资排辈，不求全责备，防止出现"荣誉固化""先进过誉""劳模、代表终身制"等情况，切实形成鼓励创新、激励奋进的良好氛围。

(3) 物质消费上避免"欲望膨胀"

消费领域的棘轮效应同样不容忽视。这是指人的消费习惯形成之后就有一种不可逆性，向上调整容易，而向下调整就难了。古典经济学家凯恩斯曾认为消费是可逆的，即绝对收入水平变动必然立即引起消费水平的变化。针对这一观点，经济学家杜森贝里指出，这实际上是不可能的，因为消费决策不可能是一种理想的计划，它还取决于消费习惯。这种消费习惯会受到生理和社会需要、个人的经历、个人经历的后果等许多因素的影响，特别是个人在收入最高期所达到的消费标准对消费习惯的形成有很重要的作用。简言之，消费习惯常常取决于相对收入，即相对于自己过去的高峰收入。消费者易于随收入的提高增加消费，但不易于因收入降低而减少消费。这大概也是出于人的一种本性。“饥而欲食，寒而欲暖”，这是人类与生俱来的欲望，并且这种欲望会随着较低欲望的满足而不断地增长。欲望就像海水一样，喝得越多，越是口渴，欲望的尽头还是欲望。人有了更高的欲望就会千方百计地设法予以满足，这是人之常情（参见“狄德罗效应”）。

在当今的社会环境中，物质大大丰富了，完全应当在自己承受能力许可的范围内，合理消费，适度消费，改善生活条件，优化生活方式，但同时也要处理好适度消费和俭朴生活的关系，当然不能再像几十年前那样一味地强调节俭。从个人消费的角度来说，对于物质欲望既不能禁止，也不能放纵，对于过度的甚至贪得无厌的奢求，则必须加以节制。宋代政治家、文学家司马光在写给儿子司马康的家书《训俭示康》中提出了“由俭入奢易，由奢入俭难”的著名论断，道出了棘轮效应的真谛。他还指出：“俭，德之共也；侈，恶之大也。”“君子多欲，则贪慕富贵，枉道速祸；小人多欲，则多求妄用，败家丧身。是以居官必贿，居乡必盗。”西方许多成功企业家虽家境富裕，但从不随便给子女零花钱，甚至寒暑假还让子女外出打工，因为他们希望子女懂得财富来之不易，要学会俭朴和自立。这些都应当成为思想工作者律己、育人的宝贵资料。

地球资源的稀缺性也决定了无法满足人类无尽的欲望，不能无限制地挥霍资源，因而不可放任物质欲望的膨胀。如果人们对自己的欲望不加限制，过度地放纵奢侈，没能培养俭朴的生活作风，必然会使自古以来“富不过三代”之说再次应验。

因此，思想工作者应当通过培养正确的世界观、人生观，弘扬社会主义核心价值观，引导工作对象认清人生的意义和自己的人生定位，养成科学消费、理性消费、绿色消费的习惯，克制过度的物质欲望，克服攀比的心理，不做金钱的奴隶。宋代政治家、文学家苏东坡说过：“人生处贫贱易，处富贵难；安老苦易，安闲散难；忍疼易，忍痒难。人能耐富贵、安闲散、忍痒者，必有道之士也。”思想工作者应当以此自勉。

106. 最大的风险就是没有危机意识

——温水煮蛙效应

19世纪末，美国康奈尔大学里曾进行过一次青蛙试验。第一次，研究人员将一只青蛙抛入滚烫的水里，青蛙立即触电般地跳了出去，安然逃脱。第二次，研究人员把青蛙放在装满凉水的锅里，再用小火慢慢加热，青蛙虽然感觉到外界温度的微小变化，却觉得比较舒服，因其惰性而没有立即跳出来，随着水温逐渐升高，感觉到危险的青蛙打算跳出热锅，但为时晚矣，活蹦乱跳的青蛙竟然在不知不觉中被煮熟了。这就是著名的“温水煮蛙效应”，也称为“青蛙效应”“温水效应”“煮蛙效应”“温水青蛙效应”。

彼得·圣吉的《第五项修炼》一书在中国影响较大，书中提到了这个故事，并作了充分的阐释，于是，温水煮蛙效应不胫而走，许多人都耳熟能详。科学家经过分析认为，青蛙第一次之所以能逃离险境，是因为它突然受到了沸水的强烈刺激，于是便使出全部的力量跳了出来；第二次由于在温暖的环境里只顾享受，青蛙便放松了警觉，丧失了危机意识，然而当危险来临时，却已经没有能力逃生了。温水煮蛙效应所强调的是，平时人们应当敏锐地觉察到周围环境的变化，及时发现危机，积极应对，才能有效地摆脱危机。这里说的也就是“生于忧患，死于安乐”的道理。许多人天生就有惰性，总愿意安于现状，不到迫不得已多半不愿意改变生活的轨迹。若一个人长久地沉湎于这种固定不变、安逸舒适的生活，就往往会忽略周遭环境的变化，当危机到来时就只能像那只青蛙一样坐以待毙。

温水煮蛙效应在我们的身边时刻发生着。就大的方面来说，如人类的生态环境问题。谁都知道，生态环境对人的生存和发展十分重要，保护生态就是保护人类自己。但一旦环境保护与眼前利益发生矛盾时，人们往往就淡忘、麻木了。

例如，明知乱砍滥伐林木会对生态环境造成破坏，但为了眼前的经济利益，非法采伐林木的案件一直发生；水土流失会使土层变薄，土壤沙化，肥力减退，但为了那一点点收成，人们还是在陡坡上开荒，顺坡种植，任其流失而不惜；过度放牧，超负荷“啃青”，会对草原带来破坏，导致沙漠化，但有些地方的牧民仍充耳不闻，我行我素；工厂排放的有毒有害化学物质会污染水质，尽管政府三令五申，严禁向河流排放，但个别企业白天不排晚上排，明里不放暗里放。有数据表明，我国水土流失面积一度达到 367 万平方公里，约占国土面积的 38%；每年流失土壤 50 多亿吨，相当于每年损毁土地 100 万公顷；全国平均每年新增水土流失面积 1 万平方公里；90%的可利用天然草原有不同程度的退化，而且每年还在递增。就小的方面来说，如人们常常对一些不良的生活习惯很不注意，抽烟、酗酒、暴饮暴食、过度减肥、时常熬夜，等等，虽然人人都知道这些不利于健康，但许多人就是不能节制，任凭温水煮蛙效应对自己身体的侵蚀。

有意思的是，有人对温水煮蛙效应提出了疑问：青蛙真有那么蠢吗？150 多年来还不断有人用实验来进行验证。20 世纪 90 年代，北京的一位女生物老师就组织同学做了一次实验，让同学们两三位一组，分配给一个容器和一只青蛙，用文火使水温缓缓升高，只见陆续有青蛙跳出，当水温增高到烫手时，所有的青蛙全都跳出来了。女教师总结道：“你们要记住，即便所有人都认同并且经常说的道理，也可能是错的。那些被社会普遍认定的真理，也可能是谎言。凡事一定要经过亲自实验、调查、思考，不要人云亦云。”美国奥克拉荷马大学动物学教授维克托·哈奇森曾以每分钟 1.1℃的速率对容器加热，达到一定温度后，青蛙开始躁动不安，试图跳出来逃生。于是，哈奇森指出：“‘煮熟的青蛙’完全是一个城市神话。”这与北京女教师的结论是一致的。但是，早在 1872 年，就有一位叫作亨滋曼的实验者宣布，如果加热的速率足够低，那么，青蛙就没有跳出来的打算。他用了 90 分钟，把水从 21℃慢慢加热到了 37.5℃，平均每分钟升温不到 0.2℃，就没有观察到青蛙企图跳离逃生的行为。也许，实验中加热速度的设置是一个关键的因素。在十分缓慢的升温过程中，由于类似“感觉适应”的原因，持续细微的温度变化会使青蛙的反射应激性降低，而到达了临界高温时则已丧失了一跃而起的能力。从这点上来说，温水煮蛙效应还是有一定可信度的。

通过了解温水煮蛙效应的原理，思想工作者有没有想到，当我们被掌声、鲜花、荣誉包围时，当我们为当下的胜利而欣喜、满足时，当我们安于现状、不思进取时，是否也应该扪心自问，我们是不是“温水中的青蛙”？要真正领会这样的警告：“最好的时候也是最危险的时候。”从而通过有效的思想工作，提高工作对象的忧患意识和危机意识。

(1) 要时刻关注外界的变化

当今时代，是一个知识爆炸、日新月异的时代，外部环境发生着深刻的变化，所以我们不能一味地沉迷于现状、安于现状，而要时刻保持对外界变化的敏锐性，随时觉察到生存环境和发展趋势的微小改变。对于组织或企业生存发展的主要威胁，常常并不是来自突如其来的事件，而是在缓慢渐进而无法察觉的过程中形成的危机。因为在一个安逸、稳定的环境中，人最容易被周围的环境所迷惑，最终导致懈怠、消沉、放纵。由于这个过程是一点一点地变化，让人在不知不觉中完成了整个蜕变，待醒悟过来却为时已晚。温水煮蛙效应提醒我们，无论是对一家企业、一个组织，还是对一个个体来说，可怕的并不是突然降临的灾祸，而是变化缓慢渐进地降临。所以那些让人感到舒适、满足的东西，会导致对渐变的麻木和习惯，这些正是导致落伍、止步、停顿、失败的原因。因此，不思进取，不能跟上变化的节奏，不及时消除导致衰败的因素，就可能会被时代所淘汰（参见“乡村维纳斯效应”）。

(2) 要勤于应对新的挑战

认清了外界环境的变化，就要着眼于未来，相信任何事物都有再改善的要求，从而不断地打破旧有的模式，及时地“充电”，学习新的知识，思考新的问题，掌握新的技能，这才是适应变化、与时俱进的最佳途径，而不能“今朝有酒今朝醉”“当一天和尚撞一天钟”。有行家指出，对于职场人士来说，太舒适的环境，已习惯的生活方式，也许就是危险的因素。当你觉得工作很疲惫，觉得自己空乏无知，感到自己什么事都做不好的时候，你就需要成长了；当你觉得什么事都得心应手，轻车熟路，把每件事都处理得井井有条的时候，就说明你已经停止进步了，这往往是最危险的时候。然而，如果能“置之死地而后生”，危机又可以转化为发展的良机。

(3) 要时刻保持危机意识

美国微软公司联合创始人比尔·盖茨有一句名言：“微软离破产永远只有18个月。”海尔集团董事局主席张瑞敏也说过：“永远战战兢兢，永远如履薄冰。”华为公司总裁任正非在企业内部总是“泼冷水”，声称“华为没有成功，只是在成长”“华为的冬天来了”。他们都不约而同地倡导居安思危、未雨绸缪的忧患意识和危机意识。事实上，从对一些轰然倒塌的知名企业的分析来看，造成危机的许多诱因早已潜伏在这些企业的日常经营管理之中，只是由于管理者麻痹大意，缺乏危机意识，对此没有足够的重视，沾沾自喜于局部的胜利，躺在鲜花和荣誉上睡大觉，于是一些似乎很不起眼的小事，经过“滚雪球”“连锁反应”“恶性循环”，就演变成了摧毁企业的危机。因此，企业高层首先就要具备危机意识，并且要将这种危机意识向所有的员工灌输，使每个员工都具备危机可能到来的紧迫感，提高员工对温水煮蛙效应的警惕性，从而将危机管理落实到每个员工的实际行动中，平时做到居安思危、防微杜渐，一旦危机突如其来，就可以做到临危不乱、从容应对。

107. 凡事都要控制好“度”

——超限效应

有一次，美国著名幽默作家马克·吐温在教堂听牧师演讲。最初，他觉得牧师讲得很好，声情并茂，极为感人，就准备捐款。过了10分钟，牧师滔滔不绝还没有讲完，他有些不耐烦了，决定只捐一些零钱。又过了10分钟，牧师唠唠叨叨地讲个没完，于是他决定一分钱也不捐。待到牧师终于结束了冗长的演讲，募捐开始时，马克·吐温早已没有了半分好感，不仅没有捐钱，还从盘子里拿走了两元钱。这是一个历史上有名的笑话，也许是虚构的。不过，相信所有的人都会理解，为什么马克·吐温在听完牧师演讲后，他的想法和情绪会发生如此巨大的变化。

心理学家米勒进行过一项研究，他安排把广告画贴在大学生宿舍区公共场所的墙上，第一次，每隔15英尺贴一张，共贴30张，保留两天，这是中等数量；第二次，铺天盖地地过量张贴，保留三天以上。结果表明，中等数量的刺激，使大学生增加了对广告画的喜欢程度；过量的张贴则减少了人们对广告画的喜欢程度。同样，上海电视台多年前在羊年来临之际播放过一则“羊羊羊”的广告，起初，人们听到“羊、羊、羊”的简短声音，感到新奇有趣，有专家还专门予以赞扬。可是，加大播放密度后不久，人们就感到厌烦了，广告不得不改换其他形式。这类事例在日常生活中时有发生，屡见不鲜。在心理学上，把这种由于同一事物造成的刺激过多、过强和作用时间过久，而引起人们极不耐烦或反抗的心理现象称为“超限效应”。

在社会生活中，每个人的忍受力都是有限度的。在达到忍受力的临界点之前，人们通常能最大限度地作出让步，勉强接受不喜欢的东西；一旦超越了忍受的极限，承受重压的一方就会表现出逆反心理或反抗行为。因此，为人处事要注意分寸，千万不要超过对方的忍受极限。著名作家克雷洛夫的寓言《杰米扬的鱼汤》中写道：有一天，朋友远道来访，热情好客的杰米扬非常高兴，亲自下厨做了一大盆鲜美的鱼汤，这是他最拿手的好菜。朋友喝了第一碗，感觉很不错，杰米扬便劝他喝第二碗。第二碗下肚，朋友觉得有点多了，可杰米扬没有觉察到，仍然劝朋友喝汤。朋友终于忍无可忍，扔下碗掉头而去。

据分析，超限效应有种种表现：① 时间上过度。最典型的现象就是马拉松式的会议、冗长的报告，以及学校里的“拖堂”。虽然台上讲得振振有词，但不少听众的心早已飞到会场之外，或者玩手机，因为人们在生理、心理方面都感到疲劳，产生了厌烦情绪。② 内容上过度。短时间里集中灌输过多的内容，使人来不及思考消化，不得要领，昏昏欲睡。尤其是有的学校采用题海战术，使得学生被动应付，疲劳应战，沦为书山题海的奴隶。③ 褒贬上过度。最常见的就是过度批评或过度表扬。在思想工作中，批评是一种常用的手段，但批评过于频繁，或一再重复批评，似乎是“揪住辫子不放”，其效果就会适得其反。过度的表扬也是如此。④ 要求上过度。领导者对下属提出工作要求是完全应当的，但是要求要提得适当，符合工作对象的身心特点和实际情况，要避免提出过高、过多的要求。

古希腊哲学家德谟克利特说过：“当人过度的时候，最适意的东西也会变成最不适意的东西。”因此，凡事都要有个“度”，过犹不及。思想工作者开展任何工作，都要注意人们的心理限度，控制好工作的内容、时间及强度，防止出现超限效应。

(1) 以人为本，注意方法

要尊重工作对象，维护他人的自尊心，注意方式和尺度，关心并体恤对方，而不能以自我为中心，不顾及他人的需求和感受。须知，再好的东西，也要奉行“适度”的原则，防止过犹不及。如果不加节制地强加于人，就会给别人造成负担。因此，为人处事要有一定的涵养和同理心、包容心，不可锋芒毕露，得饶人处且饶人，能忍耐时多忍耐。人际交往要注意方式方法，在清楚表达语意的前提下，用词要委婉，少用负面的词语，多用正面的词语。即使是开玩笑也要因人而异，尽量不要提及别人忌讳的话题。讨论问题的时候要对事不对人，避免引发矛盾冲突。向上级提建议、跟同事交流工作，要做好准备，把自己的想法一次就讲清楚，切忌在短时间内三番五次提出和补充说明，反复强调只会引起对方的厌烦心理。

(2) 讲话报告，言简意赅

一个人的语言魅力不在于他说了多少，而在于他说了什么。有的人喜欢讲长话，往往把讲长话当作是有水平、有能耐的表现，其实，话讲得到位、简明扼要，才能显示出自己的学识和口才。做一般的报告最好是重点突出，无须四平八稳、面面俱到、处处展开，这样做有时反而会淹没了重点。尤其是报告或演讲必须在三分钟内进入主题，抓住听众，切忌铺垫太长。整个演讲的过程要设计好逻辑的展开、层次的推进、语调的变化、整体的节奏，结束前可以再总结一下主要观点。时间上也要有所控制，时间过长，听众的注意力会分散，效果反而不好。如果发现许多听众都在频频看表，或者东张西望，演讲就可以准备收场了。

(3) 批评教育，适可而止

批评也是引发超限效应的“导火索”。因此，恰到好处的批评是一门艺术。有这样几个要点值得注意：① 批评要快速地点出问题的关键，点到即止，并提出改进的建议和要求；② 批评要就事论事，切忌东拉西扯，借题发挥，把陈年往事都翻出来；③ 批评要实事求是，不能夸大其词，小题大做，随意上纲上线，把简单的事情复杂化、严重化；④ 批评不要简单地重复，一般来说，“犯一次错，只批评一次”，如果非要再次批评，那也要换个角度、换种说法，避免给人“揪住不放”的感觉。否则，超越了承受的临界点，就可能让对方难以接受。

(4) 换位思考，要求适当

在平时的人际交往中，要注意从对方的角度来思考，凡事都适可而止，实现互惠互利。如，召开会议，组织活动，都要从参与者的角度出发，考虑实际效果，控制好时间，说话要言简意赅，做事要掌握好尺度。与人沟通，特别是要诱导他人改变态度，要从有利于他人的立场出发，设身处地地提出对方能够接受的建设性意见。与人在工作中产生了分歧,即使是对方的过错,也不要过度逼迫对方,让对方过于难堪,否则对方就有可能激烈地反击,让彼此的关系变得更加糟糕。对工作对象提出要求,要注意对方的实际状况和实现的可能,避免提出不切实际的过高的要求,超出对方的极限,欲速则不达,不仅可能会使工作对象被过高的要求所压垮,而且还可能迫使对方以敷衍、造假等手段来消极应付。

108. 适当地抑制“完成欲”

——蔡戈尼效应

20世纪20年代，俄国心理学家蔡戈尼做了一项关于记忆的有趣的心理实验。她让被试者做22件简单的工作，如写下一首喜欢的诗，从55倒数到17，把一些颜色和形状不同的珠子按一定的要求用线穿起来，完成每件工作所需要的时间大体相等，一般为几分钟。22件工作的顺序是随机安排的，而且只有一半允许做完，另一半在没有做完时就予以停止。实验结束后，立即让被试者回忆做了哪22件工作。结果，在能回忆起来的工作中，未完成的工作平均为68%，而已完成的工作平均仅43%。基于上述情况，心理学家将人们对于尚未处理完的事情比已完成的事情印象更加深刻的现象称作“蔡戈尼效应”，又译作“蔡格尼克记忆效应”“契可尼效应”。

这种心理现象在日常生活中也很常见。例如，在公务员行政能力考试中，你要答100道题，其他99道题都顺利完成，只有一道题把你难住了，苦思冥索，还是没能写出答案。考试结束后，与考生们核对答案，那99道题都是正确的，而没完成的那一题，同伴说出了答案，你恍然大悟。从此，那没完成的一题就被你深深地记住了，而那99道题却早就忘得一干二净。

之所以出现这种蔡戈尼效应的现象，是因为人们天生就有一种办事要有始有终、渴求圆满的驱动力。人们之所以会忘记已完成的工作，是因为想要完成的动机已经得到满足，就会精神松懈，不再在意，因而轻松地忘记了。而对于未完成的事项，想要完成的动机便使人对此留下深刻的印象，并且时时悬挂于心，一天不完成，一天就得不到解脱。

很多人都有与生俱来的完成欲。如，画一个圆圈，无意间留下了一个小缺口，当发现后就会下意识地倾向于把这个缺口接上；在签名时，因墨水流动不畅而造成部分线条缺失时，也会刻意地去描画补全。这是十分正常的心理。但是有些人的完成欲却发展到了不适当的地步，不管事情是否重要、是否值得，一想到要做什么事情，就马上要着手去做；面对任务非得一气呵成，不完成便死抓着不放，甚至偏执地将其他更重要的事情放在一边。这样就很容易使人走入极端，为了避免半途而废，很可能把自己的精力和时间耽搁在一份没有意义的小事上，也会耽误了更为紧要的任务。虽然这也许算是责任心强的一种表现，但是，如果这种完成欲过于强烈了，肯定会影响到其他工作，造成主次不分、精力分散。此时，就需要调整自己的完成欲了。

思想工作者每天都要处理大量的工作，不可能将主要精力过多地集中在个别未完成的事务上，因而就要有效地抑制住如同脱缰之马一般的完成欲。以下几个方法或许会有所启发和帮助。

(1) 培养系统思考的能力

系统思考是一种分析综合系统内外反馈信息和影响的整体动态思考方法，它帮助人们以整体的、动态的而不是局部的、静止的观点看问题。运用系统思考，有助于认清那些未完成事项的真正价值，统筹安排，分清主次，突出重点，从而“拿得起，放得下”。如果发现一个未完成的事项已不那么必要，那么就应果断地放手，从而从某些具体事务的羁绊中解脱出来。

(2) 克服“事事求完美”的定势

按照中国人的文化特点和行事标准，“有始有终”是应当遵循的准则，“十全十美”也是应当追求的境界，因此要尽量运用完成欲、完美欲来推动自己做好工作，走向成功。然而，要知道，有些事可以通过努力加以改变，有些事则无论如何努力都难以彻底改变。生活中处处都有遗憾，“十全十美”不是总能实现的，这才是真实的人生。所以，要打破“事事求完美”的思维定势。对于那些我们不能改变的事情，不管是否喜欢，也只能无奈地接受。为刻意追求一时无法达成的“完美”而苦恼，可能会浪费更多的时间和精力，留下更多的遗憾和痛苦。

(3) 注重工作的“性价比”

任何工作都是需要一定成本的，包括人力、物力、财力的投入。因此，思想工作者要注重投入产出的“性价比”，也就是说，要用较小的投入获取较大的收益和效果。试想，对于那些个别未完成的事项，如果需要投入很多资源，或许还不如将这些资源和时间用于做好其他的工作，可能“性价比”更高。就好比考试中一时卡壳，就应当跳过这道难题，先做后面的题目。因此要学会适当的“转移”，把力量用在效率更高的事项上。

(4) 编制工作计划书

把必须做的事以及需要花费的时间都写下来，按照工作的重要性和紧迫性适当排序，规定完成的顺序和日期，细化每一个工作步骤，并且根据时间节点来检查落实情况，努力培养一种切合实际的工作习惯，逼迫自己优先完成更加重要的工作，适当延后或舍弃那些不重要、不紧迫的工作。要把期限定在要求办妥的时间之前，适当留有余地，譬如，如果在某老员工 6 月 30 日退休前要与他谈一次，那就预定在 5 月 25 日之前完成，免得因临时有事而留下无法弥补的缺憾。

(5) 恰当评价工作成果

要从整体上来评估工作成果，着眼于主流和总体情况；对于工作过程中的缺点和不足，可以通过总结经验教训，引起重视，并且在之后落实措施，设法弥补。要辨别未完成或有瑕疵事项的性质和重要性，区别对待，千万不要拘泥于个别的细节，也不能过分追究个别未能完成的事项，不顾实际条件地一味要求立即解决。

109. 放弃可成为创新的金钥匙

——卡贝效应

在印度的热带丛林里，当地人用一种奇特的方法捕捉猴子。人们先固定好一个小木盒，然后在盒内装上猴子爱吃的坚果，木盒上开了一个小口，刚好够猴子将前爪伸进去，但猴子一旦抓住坚果，握着的爪子就抽不出来了。当地人用这种方法捉到了很多贪吃的猴子。猴子之所以会上当，是由于它们有一种习性：不肯放下已经到手的东西。因此，人们总会嘲笑猴子的愚蠢：为什么不松开爪子放下坚果逃命？但如果审视一下人类的行为，或许就会发现，并不是只有猴子才会犯这样的错误，不愿放弃的大有人在。基于这样的认识，美国电话电报公司前总裁卡贝提出：放弃也是另一种选择，放弃有时比争取更有意义。人们便将这种心理现象称为"卡贝效应"。

"放弃"与"争取"，实质上就是人们讨论得很多的"舍"与"得"的关系问题。把"舍"与"得"两个字组合在一起，体现了中国古人的智慧。它昭示我们：舍，在得之前，先舍才能得。舍与得就如天与地、阴与阳一样，是既对立又统一的矛盾关系，相生相克，相辅相成。在大自然中，鸣蝉舍弃了外壳，才能自由高歌；壁虎舍弃了尾巴，才能在危难之中保全生命；雄蜘蛛舍命求爱，才得以繁衍后代。所以说，舍得是一种领悟，是一种智慧，是一种人生的境界，是一种处世的哲学，更是一种做人做事的艺术。

古今中外无数事实都表明：没有"舍"，就不会有"得"，放弃有时比争取更有意义。人所拥有的资源总是有限的，如果努力争取的东西与主要目标无关，或者目前拥有的东西已成为一种负累，或者竞争的劣势大于优势，或者争取已经徒劳无益、投入产出效率很低时，那么还不如果断放弃。著名作家贾平凹写道："会活的人，或者是成功的人，其实是懂得这两个字的：舍得。不舍不得，小舍小得，大舍大得。”因此，“放弃”是一种战略智慧。学会了放弃，也就学会了争取。当你放弃了本不该属于你的东西，你可能会突然发现，你已经拥有了你曾争取过而又未得到的东西。

人们在社会实践中进一步认识到：在一定条件下，放弃是创新的金钥匙。不破不立，不塞不流，不止不行。20世纪90年代初，上海纺织工业主动适应上海城市功能转变的形势和要求，响亮地喊出了“第二次创业”的口号，主动实施大规模压锭减员、下岗分流的大调整，舍弃了传统纺织生产的老路，对效益低下、品种陈旧、市场狭小的企业，尤其是长期亏损、资不抵债、难以维持的企业，果断地采取关、停、并、转、迁、租、卖、破等措施予以解脱，实现了数十万职工的安全大转移。继而高举起“科技与时尚”的旗帜，开辟高端纺织发展的新路，重点发展科技纺织、绿色纺织、品牌纺织、时尚纺织，推动了上海纺织集团产业能级的提升，实现了传统纺织业的“脱胎换骨”，并且开辟了“全国布局、海外发展、全球化新跨越”的新天地。他们在实践中深刻体会到，局部的“死”是为了整体的“生”，大幅度的“放弃”赢得了大手笔的“创新”，经过20多年的改革、调整、创新，终于实现了上海纺织集团的“凤凰涅槃”。

可见，“舍得”是一种哲学思想的体现，也是人生必然面对的一项选择。思想工作者要引导工作对象领悟“舍得”，学会选择，该坚持时要不懈坚持，该放弃时要勇敢放弃，从而赢得另辟蹊径、扬长避短的良机，赢得创新升级、胜人一筹的先机。

(1) 放弃负累的事物，坚守专长

人们往往把目光盯在对自己并没有什么用的东西上，拼命地去争取、去守护，使自己背满了沉重的包袱。如果目前拥有的东西或努力争取的东西已成为一种负累，或者劣势大于优势，那么还不如放弃。对于那些陈旧的、劣势的、不能获得正常回报的东西，果断地实施壮士断腕，主动割爱，是一种胆略与气魄，也是一种理性与智慧(参见“路径依赖效应”)。

比如，1964年，日本松下通信工业公司已经为研发大型电子计算机花费了5

年时间,投入了高达10亿元的资金,就在项目即将进入最后阶段之际,松下公司突然宣布放弃这一项目,令全世界都感到震惊。当时松下的经营势头良好,但松下幸之助考虑到大型电脑市场竞争十分激烈,一着不慎,就可能使整个公司陷入危机之中。之后的市场发展印证了松下的预测,德国西门子、美国无线电公司等也相继放弃了大型电脑的生产。松下凭借竞争态势分析和预见能力,果断地放弃,避免了更大的损失。又如,著名企业家杰克·韦尔奇主掌通用电气公司时曾决定:所有的业务部门,不管当时盈利多么好,只要做不到世界前三名,就一律放弃,从而撤销了一些分散财力和精力的弱势项目,集中力量将优势项目做大做强,实在是体现了王者风范。

(2) 放弃眼前的小利,放眼长远

放弃有时是一种基于战略的价值判断,是一种眼前利益与长远利益的权衡,是一种以进为退、以守为攻、有进有退、张弛有度的战略智慧。放弃,其实是为了更好地拥有。有一则故事很能说明问题。一个青年向一位富翁请教成功之道。富翁指着桌上三块大小不等的西瓜问青年:"如果每块西瓜代表一定程度的利益,你选哪块?"青年毫不犹豫地回答道:"当然是最大的那块!"富翁笑了笑说:"那好,请吧!"富翁把那块最大的西瓜递给青年,自己却吃起了最小的那块。富翁很快就吃完了,随手拿起桌上的最后一块西瓜在青年面前晃了晃,大口吃了起来。青年马上明白了富翁的意思:富翁吃的瓜虽然比我的小,却最终比我吃得多。如果代表一定程度的利益,那么富翁占的利益自然就更多了。这则故事告诉我们,在现实社会中发展,要有战略的眼光,要有舍得的智慧,只有放弃眼前的诱惑,才能获得长远的大利。

(3) 放弃从众的思维,坚持创新

如何正确处理舍与得的问题?是消极从众、人云亦云,还是另辟蹊径、敢于创新?这是一个很重要的考验(参见"鸟笼效应")。社会上从来不缺从众者,研发出任何一个创新产品,就会出现一大批跟随者。如,共享单车出现之后,许多企业都认为是一个良好的商机,便一拥而上,20来个品牌争抢市场,铺天盖地,在不少闹市区其存放和管理都成了一道难题。然而，真正获得丰厚利益的却总是少数创新者。

比如，19世纪中叶美国加利福尼亚州发现金矿时，众多淘金者蜂拥而至，导致金子越来越难淘得。当地气候干燥，水源奇缺，不少淘金者不但没能圆梦，反而被饥渴折磨得半死。17岁的亚默尔历尽千辛万苦赶到加州，看到此番情景，十分懊丧。听着周围人对缺水的抱怨，亚默尔突发奇想：淘金的希望太渺茫了，还不如卖水呢。于是，他毅然放弃寻找金矿的努力，用挖金的工具来挖水渠，将远方的河水引入水池后过滤，再将清凉可口的饮用水挑到山谷，一壶一壶地卖给淘金者。结果，大多数淘金者都空手而归，而亚默尔却在很短的时间内靠卖水赚到6 000美元，这在当时是一笔非常可观的财富。所以，有人指出：当你紧握双手，里面什么也没有；当你打开双手，世界就在你的手中。旧的不去，新的不来；思路一变，财路大开。只有打破常规，才能追求创新——放弃是创新的金钥匙。

110. 清醒地作出选择和决策
——沉锚效应

关于销售技巧有一个经典的案例：相距不远的两家粥店，尽管服务质量和顾客数量都差不多，但甲店的销售额总是高于乙店。有人探其原因，原来，甲店服务员为食客盛好粥后，总是问道："加一个鸡蛋还是两个?"而乙店服务员问的是："加不加鸡蛋?"于是，差异就出现了，甲店的食客考虑的是加几个鸡蛋，而乙店的食客则考虑加不加鸡蛋。于是，甲店不知不觉地多卖出了鸡蛋，销售额就增加了。进一步的研究表明，人们在作出判断或决策时，很容易受到最初获得的信息的支配，会将某些特定数值或选项作为起始值。这就像沉入海底的锚一样，把人们的思想"锚"定在某个基点上，于是，评价的标准就这么定了，判断和决策的结果也就锁定了。这就是心理学上的"沉锚效应"，又称作"锚定效应"。

1974年，科学家卡纳曼和特沃斯基试图通过实验来证明沉锚效应。实验要求被试者估计出非洲国家在联合国所占席位的百分比。由于将分母定为100，所以实际上要求被试者对分子数值进行估计，在罗盘上的0到100之间作出选择。实验人员为甲组选定10作为起始点，为乙组选定65作为起始点。最终，两组分别估计的分子值平均数的差异很大，甲组为25，乙组为45，从而证明了事先确定的起始数值对被试者的估值确实产生了显著的影响。

还有一个有趣的案例。一天，邻居盗走了华盛顿家的马，华盛顿就带着警察来到那个偷马者的农场，并且找到了自己的马。可是，邻居死不承认这马是华盛顿的。华盛顿灵机一动，就用双手捂住马的眼睛，说道："如果这匹马是你的，那你一定知道它的哪只眼睛是瞎的。"邻居回答："右眼。"华盛顿移开一只手，马的右眼明亮完好。邻居立即纠正道："啊，我弄错了，应该是左眼。"华盛顿又移开另一只手，马的左眼也没什么毛病。邻居还想为自己申辩，警察开口说道："什么也不要说了，这还不足以证明这马不是你的吗？"这里，华盛顿巧妙地运用了沉锚效应，他先使邻居受到暗示，认定"马有一只眼睛是瞎的"，致使邻居猜完了右眼猜左眼，就是没有想到马的眼睛根本没瞎。

在日常生活中运用沉锚效应的事例很多，而且表现方式多种多样。如，主任向四个组的员工分别介绍同一位新员工，他对甲组的人说：新员工工作很积极；对乙组的人说：新员工工作不积极，你们要注意；对丙组的人说：新员工总的来说工作积极，但有时不积极；对丁组的人说：新员工工作不太积极，但有时也积极。一个月后，主任又去抽问四组员工，他们给出的答案几乎与当初介绍的一模一样。又如，恋爱中小伙子如果对姑娘说："我们出去玩好吗？"女孩很容易因为矜持而选择说"不去"。但如果放下一个"锚"，说："出去玩玩吧，是去看电影，唱卡拉 OK，还是逛公园？"对方很可能就会选定其中的一项。在股市中，新股上市后的定位，参考的"沉锚"往往是同一行业板块同类个股的先例或趋势。再如，有人喜欢在办公室挂出自己与官员、名人的合影，或显示同官员、名人一起吃饭，或在重要场合亮相等亲密关系，有的还在微信中随时晒出，也都是运用沉锚效应，来影响别人对他的印象和评价，成为评定其个人价值的基准。

沉锚效应在商业上的运用更是层出不穷。在咖啡厅、奶茶店，客人经常会被问道："要大杯还是中杯？"其实常常还有小杯的，是店员们利用锚定效应将其隐藏起来了。产业经济学的研究表明，许多产品在消费之后才能感知到其质量高低及特性、功能的真实性，这就为企业家运用锚定效应提供了空间。当新产品推出时，在推广计划里就会对其定位：商品要摆放在哪一个货架，放在哪一种商品的旁边。比如，一种新饮料面世，如果它被放在与人们目光平视的高度上，左边是可口可乐，右边是百事可乐，那么，它一定是采用高价策略，并十有八九会被消费者接受。前些年，有一家皮具制造商不断地在机场和高端百货商店扩展自己的专卖店体系，并且常常与国际名牌比邻而居，一来在不知情的消费者心目中建立了一个高端品牌的形象，二来与国际名牌相比又具有明显的价格优势，这就使其产品的售价高企，销售势头良好，品牌越做越大。

沉锚效应，实际上是多种心理因素的综合反映。除了心理暗示的作用，还包含了首因效应、晕轮效应、思维定势效应等，但又有侧重。思想工作者对此要融会贯通，获取有益的启迪，有效地利用其积极、合理的成分，克服其消极、误导的简单化因素。最根本的，是要加强自身修养，不断完善思维方法，不断提高认识水平，促进思想境界的升华。

（1）不受最初信息的束缚

在锚定效应中，人们很容易受到最初获得的信息的支配，会将某些特定数值和选项作为起始值，倾向于把对将来的估计和已有的经验联系起来，因而会导致在认知上的惰性。一旦接受了一种观点或思想，自以为是正确的而产生成见，之后就再也不容易接受别的观点和思想了。卡纳曼和特沃斯基曾指出："人们在进行判断时常常过分看重那些显著的、难忘的证据，甚至从中产生歪曲的认识。"而大脑的思维活动多数情况下正是依据这些鲜明深刻的信息或表象进行的。事实上，人们认识事物都有第一次，由于受到种种主客观因素的限制，最初的认识未必完全正确、全面，因此，为了不受最初信息的束缚，就要了解第二、第三信息乃至更多的信息，进行多角度、多因素、多变量、多时段的系统考察，克服认识上的简单化和滞后性，不断深化认识，逐步获得真知，才能把握事物发展和变化的趋势。过度迷恋和相信最初的信息，"锚定"某个点或某种选择，限制了对新情况新问题的探求，就会窒息变革创新的思维和能力。

著名作家梁晓声有一次接受英国一家电视台记者的采访，记者问道："没有'文化大革命'，可能也不会产生你们这一代青年作家，那么'文化大革命'在你看来究竟是好还是坏？"英国记者的这一提问设下了陷阱，涉及对"文化大革命"评价的原则问题，梁晓声无论说"好"还是"坏"，都会陷入左右为难的境地。在进退维谷之际，梁晓声没有受提问的束缚，反问道："没有第二次世界大战，就没有以反映第二次世界大战而著名的作家，那么你认为第二次世界大战是好还是坏？"以子之矛，攻子之盾，机敏过人的回答，令人叹服！

（2）巧妙地设定"沉锚"

思想工作者在恰当的时机，通过巧妙设定"沉锚"来改变优先信息，会使自己处于主动的位置，有利于思想引导、说服疏导工作的开展。如，在安排任务时，适当运用给定选择的方法；在处理矛盾时，有意识地提供一些类似的案例，设置“沉锚”，让对方“对号入座”，就可以使相关的工作过程得到简化，取得事半功倍的效果。有时对于一些文字表述，也可以设置“沉锚”，促成一致的认识和行动。有个真实的例子：美国新泽西州和宾夕法尼亚州市是两个相邻的州，为了减少车辆保险费用和诉讼费，两个州同时以“如果驾车者放弃对某些交通事件的起诉权，他们可以少缴一些车辆保险费”为依据，对本州的法律条文进行了修改。新泽西州的新条文规定：“你自动放弃某些交通事件的起诉权，除非你另外声明。”宾夕法尼亚州的新条文则规定：“你拥有所有交通事件的起诉权，除非你另外声明。”实质内容相同，出发点相同，只是表述方式不同，结果新泽西州 80%的人选择了有限起诉权，而宾夕法尼亚州却有 75%的人做了相反的选择。新泽西州只在措辞上做了一点小变化，就省下了 2 亿美元的车辆保险费和诉讼费。可见，表达的形式在很大程度上会影响人们的判断和决定。

(3) 凡事三思而后行

有时看问题跳不出预先设定的框框，陷入了锚定效应之中，并非没有意识到最初信息存在着失真、片面等问题，而是不愿意否定自己，怕丢面子、失威信，瞻前顾后，患得患失，这就会妨碍认识的深化。从这个意义上来说，要克服沉锚效应带来的固定思维，重新审视自己原有的认识、判断和选择，需要明辨是非、除旧布新的智慧，更需要敢于认错、超越自我的勇气，从而不计较个人的名利得失，端正看问题的出发点，只要是过时的认识、不正确的结论，即使是自己提出或认可的，也要毫不犹豫地予以修改或摈弃，做到求真务实，服从真理，真正对事业负责。实践证明，自我否定一次，认识就深化一步；自我否定越彻底，认识的飞跃就越大。为此，遇到不熟悉的问题，要避免下意识地给出答案或作出决策，而要三思而后行；遇到二选一的选项时，不一定要立刻选择，而可以思考有没有第三、第四种更好的答案，甚至说“不”，使自己处于一个更有利的位置。

(4) 拓宽决策时的思路

对于如何拓宽决策时的思路，专家有针对性地提出了一些建议：① 从不同的角度来看问题，看看有没有其他的选择，不要一味依赖于自己最初接收到的信息及想法；② 在向别人请教前，先自己考虑一下，有一个基本打算，防止被别人的意见左右；③ 集思广益，寻求不同的意见、方法，以开拓思路，打破原有的条框束缚；④ 不要限制顾问、咨询师的思维，在向他们介绍情况时，不要掺杂个人的观点和倾向，鼓励他们说出真实的想法；⑤ 谈判时不要受对方所设“沉锚”的影响；⑥ 审查自己对各种信息是否给予了相同的重视，避免只接受符合自己观点的“有利信息”的倾向；⑦ 仔细审查自己的构想，确信没有受到片面信息的影响；⑧ 对于那些不很重要的数据，也要注意整理和利用；⑨ 决策时要走出对往事的记忆，尽量减少特定或重大事件给思维带来的影响；⑩ 尽量朝与自己意见相反的方向去想问题，或者找一个自己信赖的意见分歧者，进行一次彻底的辩论；⑪ 审视自己的动机，判断自己是在为合理的决策收集信息，还是有其他的成分；⑫ 征求别人意见时，不要找那种“唯命是从”的顾问或咨询师。专家提供的这些意见不一定对每个人都适用，但其中体现的思维方法却值得大家学习、领悟。

111. 最初的选择决定未来的结果

——路径依赖效应

现在人们使用的电脑键盘,来源于早期的英文打字机,左上角都是按照QWERTY的顺序布局的。很多人认为,这样的布局一定是前人经过科学分析,按最佳打字效率和打字习惯确定下来的。其实不然。1868年,美国排字工克里斯托夫·拉森·肖尔斯获得了打字机模型专利,他最初按照字母表ABCDEF的顺序安装键盘。但是他发现,当打字速度稍快时,相邻的字母常发生"卡键"故障。为此,肖尔斯听取了妹夫的建议,将最常用的字母分开,杂乱无章地排列,最终形成了通用至今的QWERTY布局。然而,这种布局方式效率不高,对于英文输入来说,大多数人惯用右手,但左手却担负了57%的工作量;两小指及左无名指最没力气,却要频频使用;而排在中间的字母仅占工作量的30%左右。数十年之后,奥古斯特·德沃拉克又发明了一种DSK键盘布局,1932年申请专利,事实证明有三项优势:尽量让左右手交替击打,避免单手连击;跨排击键平均移动的距离最小;双手食指放置在最常用的字母上。尽管加快打字速度的优势显而易见,但DSK键盘始终没有被市场接受。

1985年,保罗·大卫根据这个案例,首次提出了"路径依赖理论";布莱恩·阿瑟又做了进一步的拓展。他们指出:现在通用的QWERTY键盘在技术上并不是最好的,但是由于使用人数占了优势,考虑到硬件、软件兼容性等因素,其他使用者还是会选用。于是,QWERTY键盘就牢牢地占据了整个市场,他们把这种状态称为"锁定"。后来发明的键盘虽然在技术上更先进更合理,但为时已晚,无法撼动人们对QWERTY键盘所形成的路径依赖。

美国经济学家道格拉斯·诺斯用"路径依赖理论"成功地阐释了经济制度的

演进。他由于建立了包括产权理论、国家理论和意识形态理论在内的“制度变迁理论”而获得 1993 年诺贝尔经济学奖，这就显著地扩大了“路径依赖理论”的影响。路径依赖，其特定含义是指人类社会中的技术演进或制度变迁，均有类似于物理学中的惯性作用，即一旦进入某一路径，无论是“好”还是“坏”，都可能对这种路径产生依赖。一旦人们做了某种选择，就好比走上了一条不归之路，惯性的力量会使这一选择不断自我强化，并让人轻易走不出去。这种现象就称为“路径依赖效应”，又称为“路径趋同效应”。

人们发现，路径依赖是个十分普遍的现象，不限于经济学与自然科学范畴，甚至可以说任何一个系统在演变过程中都具有路径依赖的特征，人们关于习惯的所有理论都可以用路径依赖来解释。比如，一张纸折过之后，再折时常会循着原来的痕迹折转；在干涸的地上泼一盆水，接着再泼第二盆水时，后续的水会依着前面的水迹流动。中国的一些古语——“江山易改，本性难移”“近朱者赤，近墨者黑”“入芝兰之室，久而不闻其香；入鲍鱼之肆，久而不闻其臭”等，说的都是前人观察总结的路径依赖效应的现象。

关于路径依赖效应，有一个经典的实验很能说明问题。实验人员将五只猴子放在一个笼子里，笼子中间悬挂着一串香蕉，当猴子伸手去拿香蕉时，实验人员就用高压水枪喷射所有的猴子，直到没有一只猴子再敢动手。然后用一只新猴子替换出笼子里的一只猴子，新来的猴子不知笼中的“规矩”，又伸手去拿香蕉，结果触怒了笼子里原来的四只猴子，于是它们代替实验人员实施惩罚，把新来的猴子暴打一顿，逼使它进入笼中规定的“路径”。实验人员将最初经历过高压水枪喷射的猴子逐个替换出来，最后笼子里的猴子全是新的，都没有被高压水枪喷射的经历，但却没有一只猴子再敢去拿香蕉。起初的五只猴子怕受到“株连”，不允许其他猴子去拿香蕉，这是合理的。但后来实验人员和高压水枪都没有介入，而新来的猴子却固守着不许拿香蕉的“路径”不变，这就体现了路径依赖的自我强化效应。

再看看当今路径依赖效应的实际案例。美国航天飞机燃料箱的两旁有两个火箭推进器，它们的宽度是 4.85 英尺。决定采用这个尺寸，是因为这些推进器造好之后要用火车运送，路上又要通过一些隧道，而这些隧道的宽度只比火车轨道宽一点，因此火箭助推器的宽度实际是由铁轨的宽度决定的。那么为什么铁轨的宽度是4.85英尺呢？原来，早期的美国铁路是英国人修建的，而这些英国工程师原来是建造电车的，电车的轮距宽度就是4.85英尺。那么电车的轮距为什么是4.85英尺的标准呢？原来，最初做电车的人是做马车的。那么做马车的人为何以此为轮距呢？因为古罗马时期的战车由两匹马拉动，而两匹马屁股的宽度就是4.85英尺。可见，路径依赖效应的影响力多么久远，当今世界最先进的运输系统的设计，在两千年前便由两匹马的屁股宽度决定了。

专家分析，之所以产生路径依赖效应，大致有两个原因：① 既有能力积累的限制。过往的选择是基于过去的优势、经验和需求做出的，而这种选择一经确定之后，就会不断地加强这种能力和优势，并形成习惯。一旦外界环境发生变化，个人的能力和习惯在短时内是无法发生较大变化的，只能基于过去的选择做出一点微调。② 对已付出的成本和利益的考量。一旦人们做出某种选择以后，就会不断地投入精力、财力、物力，如果发现自己所选择的有点不合适也不会轻易改变，因为后续的改变会使得自己在前期的投入“打水漂”，甚至会影响到既得利益，这在经济学上叫“沉没成本”。所以，马克思指出：“人们自己创造自己的历史，但是他们并不是随心所欲地创造，并不是在他们自己选定的条件下创造，而是在直接碰到的、既定的、从过去承继下来的条件下创造的。”这里所说的“创造”，其实也包含着“选择”，既包括主动的“选择”，也包括被动的“选择”。

路径依赖具有两面性：① 优点：当一个好习惯、好模式形成惯性之后，可以减少控制与思维的强度，人们可以少费劲、办好事。比如制造汽车、飞机，初学与熟练掌握之后所需付出的成本是完全不同的。② 缺点：一个不好的习惯形成后，改掉它也许要比学习一项新知识、新技能更难。路径依赖的存在是客观的，“自我强化”和“锁定”的作用是明显的，用好、用坏都会发生难以逆转的效用。中国体操队的教练们深谙路径依赖双重性的威力，在训练中如果发现某个队员出了什么毛病，全队立马停止训练，集中处理这一个人的问题，不达到目的不下课。把一个正确动作重复练上几千几万次，以求得正确的动作定型，则是对路径依赖正向强化的运用。这是被奥运会金牌证实的有效实践，必定存在合理的逻辑关系。对于企业来说，积极的路径依赖会起到正反馈的作用，通过惯性和冲力，产生飞轮效应(参见“飞轮效应”),使企业进入良性循环;消极的路径依赖会起到负反馈的作用,将企业锁定在无效率的状态,进入“死亡循环”。

当今社会是瞬息万变、开放竞争的社会,思想工作者要适应时代的变革,勇于观念创新,通过有效的思想工作,帮助自己和工作对象顺应时势的变化,摆脱原有的路径依赖,用新的路径解决面临的新问题。

(1) 要勇于改变原有的路径

要充分认识到,路径依赖是基于创立时的优势、经验和需求的,并得到了长期实践的证实并强化;但毕竟时代在进步,情况在变化,过去证明是成功的路径,不一定就适应现今的形势和需求。因此,要面向未来,与时俱进,一旦发现所依赖的路径出现问题时,不管这种路径是成功的还是失败的,都要勇于质疑,勇于思考;在确定原有的路径不适合新的情况时,要勇于抛弃过去留下的沉重包袱,不要为打翻的牛奶而哭泣。销售学有一个典型的案例:一家美国鞋厂派出两批市场调查组到非洲寻找市场。不久,两个组都打回电话。甲组懊丧地说:“这里没有人穿鞋。即使生产出鞋来,在这里也卖不出去。”乙组却十分兴奋地报告说:“这里的人没有鞋穿。鞋子市场很大,亟待我们开发。我们可以在这里筹建工厂,设计生产适合当地人穿的鞋。”老板对两个截然相反的调查结论作了比较,做出了建厂的决策,结果大获成功。可见,同样的情况,思考的路径不同,也就得出了不同的结论。有些人习惯于轻车熟路,不愿意放弃已有的知识技能、已经熟悉的工作习惯等,担心新路径会带来种种“风险”。有些人因为对某些新的路径不习惯,感觉不合口味,就拒之于千里之外。如果长久地抱有这样的心态,就无法从老旧的路径中走出来(参见“鸟笼效应”)。

(2) 要学会创造新的路径

在过去的路径不适用时,就必须探索、创造出新的路径。路径创造,从某种意义上说也是一种选择。路径依赖中最难也是最重要的就是这种创造或选择。美国著名心理学家佛里德曼曾说:“要做一件比较复杂的事情,先从一件与此事相关联并且比较简单的事情来做,做完后,再坚持做下去,那么一步又一步,你就会慢慢地在惯性心理的驱使下逼近终点，一直到获得最后的胜利。”所以，要注意新旧路径的关联性，如果能够创造一个与原有路径相似的，或者是存在某种内在联系的新路径，就可以让人们轻松地从原有的路径过渡到新的路径，就可以避免人们对新路径的陌生和排斥，从而为新路径的顺利推行提供良好的心理基础。据说有一家公司为了选拔高素质的营销人员，出一道实践性的试题：想办法把木梳尽量多地卖给和尚。绝大多数应聘者感到困惑不解：出家人剃度为僧，要木梳有何用？于是，应聘者几乎散尽，最后只剩下三名应聘者参与尝试。十天的期限到了，三名应聘者回来汇报业绩。甲卖出了一把木梳，是他等到小和尚使劲挠头皮时送上的，小和尚用后满心欢喜，就买下了。乙卖出了10把木梳，说是去了一座名山古寺，由于山高风大，进香者的头发都被吹乱了，乙便找到寺院的住持说：“蓬头垢面是对佛的不敬。应在每间庙堂的香案前放把木梳，供善男信女梳理鬓发。”住持采纳了乙的建议，那寺庙共有10间庙堂，于是就买下10把木梳。丙卖出了1 000把木梳，说是去了颇具盛名的深山宝刹，见到朝圣者如云，香客络绎不绝，丙就对住持说：“凡来进香朝拜者，多有一颗虔诚之心，宝刹应有所回赠，以作纪念，保佑其平安吉祥，鼓励其多做善事。我有一批木梳，您的书法超群，可先刻上‘积善梳’三个字，开光之后便可作赠品。”住持大喜，立即买下1 000把木梳，并请丙共同出席了首次赠送“积善梳”的仪式。得到“积善梳”的香客非常高兴，一传十，十传百，朝拜者更多，香火也更旺。可见，创造了新的路径，就可以开拓出很有潜力的市场。

(3) 在路径创造开始时要找准方向

古人说：“少成若天性，习惯如自然。”路径依赖效应表明，最初的选择可能决定未来的结果，今天的选择可能成为明天的依赖，会形成长期的习惯，客观上限制明天的自由选择。因此，在为一项新的事业开辟路径时，一定要采取慎重的态度，做好第一次路径选择，找到正确的方向和方法。对人的思想教育引导，也要注重培养好的习惯。因为路径依赖有“自我强化”和“锁定”等两种表现方式，一旦做了某种选择，惯性的力量会使这一选择不断“自我强化”，并将人的思维“锁定”，轻易走不出去。俄罗斯教育心理学奠基人康斯坦丁·乌申斯基说过：“好习惯是人在神经系统中存放的资本，这个资本会不断增长，一个人毕生都可以享用到它的利息。而坏习惯是道德上无法偿清的债务，这种债务能以不断增长的利息折磨人，使他最好的创举失败，并把他引到道德破产的地步。”

(4) 进入错误路径后要尽快解脱出来

路径创造是动态的。由于路径发展呈树型状态，外部环境变化的复杂性、信息收集的不完整性、正反馈机制本身的难以预测性，以及人的认识从低到高无限发展的过程性，都决定了路径创造不是一次就能够完成的，而必然随着事物发展及认识深化的过程逐步展开。因此，当对新的路径把握不准时，可以有几套方案并进，这比只有一套方案更容易打破路径锁定，更容易随时回到正确的轨道。当发现新的路径出现问题时，要及时刹车转向，随时修正错误，避免因“沉没成本”等因素而积重难返。

112. 太多的选择让人无所适从
——手表效应

有一则有趣的寓言故事：森林里生活着一群快乐的猴子，日出而作，日落而息，日子过得平淡而清闲。一名游客穿越森林时，不慎把手表落在了树下，被猴子猛可捡到了。聪明的猛可很快就弄懂了手表的用途，于是，猛可就成了猴群中的奇才，每只猴子都向猛可请教确切的时间，整个猴群的作息时间也由猛可来安排。猛可逐渐建立起威望，当上了猴王。猛可认为是手表给自己带来了好运，于是它每天在森林里巡查时都仔细寻找，希望能发现更多的手表。于是，猛可又拥有了第二只、第三只手表。在欣喜之余，猛可却有了新的麻烦，每只表显示的时间都不尽相同，究竟哪一只才是确切的时间呢？猛可被这个问题难住了。当有小猴来问时间时，猛可竟支支吾吾无法回答，整个猴群的作息时间也因此变得混乱。过了一段时间，猴子们起来造反，把不称职的猛可推下了猴王的宝座，那些手表也被新任猴王据为己有。但很快，新任猴王同样面临着猛可的困惑，同时面对几只手表而无法确定时间。

英国心理学家萨盖首先发现了这一现象：只有一只手表，可以立即判定时间；拥有两只或更多的手表，指示的时间难免会有误差，于是就无法确定时间，甚而会形成混乱，让看表的人失去对准确时间的信心。萨盖进而揭示了人们面对多种选择时不知如何取舍、陷入无所适从境地的心理现象。这就是“手表效应”，也称为“两只手表效应”“矛盾选择定律”“萨盖定律”。

实际上，手表效应表述的是现实生活中存在的“唯一性”的原理。太阳是地球上生命自然生存的前提，没有不行，多了也不行。“红灯停，绿灯行”是全世界共同的行车标准，没有不行，乱了也会出事故。试想，如果路口的红灯、绿灯同时亮起，行人和车辆该如何行走？两块劳力士手表可能只差0.1秒，但如果用于宇宙飞船在太空中的光年速度，将会造成多大的误差？所以，无论钟表多么高贵、多么豪华、多么准确，还是要以英国格林威治时间为准，这是世界公认的唯一的基准钟。

因此，仔细分析，手表效应也有一些适用的条件：①两只表显示的时间有误差，如果时间显示完全一致，那就不存在分歧，或双重标准了；②如果两只表显示的时间不同，就必须知道哪一只是相对准确的，因为只能有一个是准确可信的；③两只表必须是采用同一个标准的，因为不同时区的时间显示是不一样的，这样才有可比性，这就需要因地制宜。在这些前提下，我们才能去讨论手表效应。这样的分析思路，对于深入理解手表效应是十分有益的。

手表效应对人们的启迪是：当拥有两只或者两只以上的手表时，应当选择其中较为可信的一只，尽力校准它，并以此作为标准，根据它的指引行事。否则，必将使工作和生活陷入迷茫或混乱。

人生的很多烦恼来自选择太多。一个人没有目标，就会随波逐流，在人生的路途中徘徊；但目标太多了，也会产生选择的苦恼。有的人毕业后择业，被两家向往已久的单位同时录用，在从政与从事专业技术的方向上都有良好的发展前景，于是就犹疑不决、进退两难。有的青年发现自己同时被两个姑娘爱上了，一个姑娘温文尔雅，温柔体贴，另一个姑娘青春靓丽，楚楚动人，于是难以取舍，心力交瘁。意大利著名男高音歌唱家帕瓦罗蒂年轻时也曾面临选择的痛苦，在他从师范学校毕业时，面临着是去从教还是从事喜爱的歌唱专业的选择，抑或两者兼得？他向父亲请教，父亲给出的回答是："如果你想同时坐在两把椅子上的话，那你也许会从椅子间的空隙里掉到地上。生活要求你只能选一把椅子坐上去。"果断而审慎地抉择，即使不能肯定选择一定是正确的，但是也不会让人陷入迷茫的误区。对此，哲学家尼采说得好："兄弟，如果你是幸运的，你只需有一种道德而不要贪多，这样，你过桥就会更容易一些。"

思想工作者要理智地意识到，面对手表效应，任何选择都会有机会成本的损失。要引导工作对象清楚地认识到，面对多种抉择，取舍更需谨慎，必须要全面、综合地考虑各种情况，尤其是自身的兴趣爱好、竞争优势和核心竞争能力、未来的发展趋势和职业前景、与竞争对手的力量对比等，才能选对真正适合自己的那一块“手表”。对于一家单位来说，更要注意以下“四个统一”，避免手表效应带来的迷茫。

（1）统一的组织目标

对于任何一家单位来说，都必须有明确的、贯穿于各项工作之中的唯一目标，而不能同时设置两个不同的目标，否则将使这个单位及成员进退失据，无所适从。管理大师德鲁克说：“并不是有了工作才有目标，而是相反，有了目标才能确定每个人的工作。所以，管理者应该通过目标对下级进行管理。企业的使命和任务必须转化为目标。”许多成功的单位都是通过有效的管理，让组织成员将单位的目标转化成自己的具体任务和行动。

“写出两个以上的目标就等于没有目标！”这是美国德州仪器公司明确提出的口号，他们一直以来在经营上的成功证明了这是一个正确的战略。公司原总裁哈格蒂曾花了十年时间制定目标、战略及制度。哈格蒂指出，之前每个经理都有一组目标，然而经过不断地削减后，顾客中心的经理都只有一个目标，因而“绝对可以期望他们实现那个目标”。在一般情况下，“多目标、多中心、多职能”的做法，会弱化单位或部门的主要职能，分散团队成员的注意力和执行力，造成工作效率低下。

（2）统一的价值观

价值观是人们认定事物、衡量是非的价值标准。对于一个人、一个单位来说，必须形成统一的价值观，而不能同时选择两种不同的价值观，否则，其思维将会分裂，行为将会陷于混乱。如，美国在线是一家全球首屈一指的互联网公司，其企业文化强调操作灵活、决策迅速，要求一切为快速抢占市场的目标服务。而时代华纳是一家全球最受尊敬和最为成功的跨国媒体企业，吸引并聚集了全世界最优秀的人才，成立百年来一直以优质和卓越闻名于世，在发展过程中形成了强调诚信和创新精神的企业文化。2000 年，两家企业合并为美国在线时代华纳公司后，企业高管层没有很好地解决两种价值观的冲突，导致员工完全搞不清企业未来的发展方向，矛盾不断升级。最终，时代华纳与美国在线于 2009 年正式分拆。这场以失败告终的“世纪联姻”说明，无论是多么优秀的企业，并购过程中的价值观融合都是至关重要的。

(3) 统一的指挥系统

一个人只能有一个直接上级，这是人力资源管理的基本概念；企业只能有一个决策者，这是公司快速发展的基本保证。拿破仑就说过：“宁愿要一个平庸的将军带领一支军队，也不要两个天才同时领导一支军队。”这个道理很简单，一个人不能同时由两个及以上的人来指挥，否则不同的指令将使人们无所适从。然而，这也是一个“人人都明白，遇事就糊涂”“旁观者清，当事者迷”的现象。在一些单位，政出多门、多头管理的现象不同程度地存在。有一位管理咨询专家在做企业分析诊断时，发现了几种情况：有的领导者喜欢“一竿子插到底”的作风，认为下属都得听我的，不知不觉就越权指挥；有的领导者布置工作不明确，涉及多部门交叉时没有分清主次，因职责不明，造成多头指挥，或无人管理；有的领导者在培养下属时，过分谨慎，不敢放手，常常包办代替，越级指挥；有的上级领导在深入基层时，常常发表“正确”的看法和意见，没想到干扰了基层的正常工作。最令下属头痛的是，“多头”指挥，意见又不一致，一个说向东一个说向西，那下属该听谁的？在执行中势必造成消极停顿或是引起混乱。

(4) 统一的制度执行

管理制度一定要做到对事不对人，执行制度必须一视同仁，在制度面前人人平等，这是公正公平的具体体现，避免因不公而造成对立的局面。在绩效考核时，也一定要按照既定的岗位职责和绩效目标来执行，千万不能临时随意变更，因人而异，更不能实行双重标准、“选择性执纪”。否则，很容易让员工对管理制度的严肃性产生怀疑动摇，存在侥幸心理，进而对单位的公平公正失去信心。当然，情况是千变万化的，制度的执行有时也要根据不同的情况适当地灵活变通，而不能一味地生搬硬套。

113. 警惕“选择的陷阱”

——霍布森选择效应

1631 年，英国剑桥从事马匹交易的商人霍布森把马放出来让人们挑选。尽管马圈很大，马匹很多，但霍布森只允许买主在马圈的出口处选马。马圈只有一个小门，高头大马出不来，能出来的都是小马、瘦马、赖马，这实际上就等于不让挑选。不知就里的买主在有限的几匹马中挑来挑去，自以为完成了满意的选择，实质上只是假选择、形式主义的选择，最终得到的只是一个低级的结果。后来，管理学家西蒙把这种选择余地非常有限的所谓“选择”讥讽为“霍布森选择”。人们发现，其实在生活中这种选择条件苛刻、几乎没有选择余地的“伪选择”还真不少，有些还引出可笑的后果，于是就称之为“霍布森选择效应”。

在人们的身边，类似霍布森选择的现象很多。比如，有些商家在促销时，就采用搭售、换购、限时低价等手法，给消费者有限的选择，利用消费者不愿错过优惠机会的心理，达成促销的目的。有些企业在对重大问题进行决策时，拿出的可选方案，或者是候选名单，一高一低，明显一个是“陪衬”，虽说是听取大家的意见，实际上还是个别人在拍板定调。在这种霍布森选择的模式下，人们根本就没法按照自己的真实意愿来选择。

专家们从社会心理学关于自我选择的角度分析了产生霍布森选择效应的主要原因：① 缺乏对比的自我选择。选择实际上是一个判断、取舍的过程。好与坏、优与劣，都是在对比中发现的，只有拟定一定数量和质量的可行方案供对比选择，判断、决策才能做到合理。所以，在进行判断、决策的时候，就必须在多种可供选择的方案中决定取舍。如果只有一个方案，就难以辨别其优劣，也就无从对比、无从选择，更无从优化。没有余地的选择，实际上不叫选择，即使做出了选择，也是没有积极意义的。② 主观封闭性与趋同性。所谓思维的封闭性，就是看不到客观世界、环境系统的开放性特征。这种封闭性又必然带来“趋同性”，它规定了人的思维活动总是朝着单向选择性进行，不去寻找新的视角，开辟其他可能存在的认识途径。这种封闭性和趋同性的思维方式长期积淀，就会在心理上造成对选择和创新决策的封闭意识与趋同意识结构。于是，就被外界的干扰因素束缚了手脚，失去了自由活力和创造精神，不考虑变化了的实际情况，不给自己更多的选择余地，或给自己的选择设限，不给自己退路，而让自己一条路走到底。这就是霍布森选择效应造成的困境。

对于思想工作者来说，霍布森选择效应给了我们有益的启示：① 对于个人来说，如果陷入霍布森选择效应的困境，就会给思维和行动套上枷锁，不利于发挥自己的创造性。道理很简单，没有选择余地的“选择”，就等于无法判断、无法取舍，这就等于扼杀了创造、扼杀了前途。② 对于他人来说，如果用这些别无选择的标准去约束和衡量他人，必将扼杀多样化的思维，从而也扼杀了他人的创造力。如果用一成不变的东西去要求他人、限制他人，也许会激起他人的不满与厌烦。

对于思想工作者来说，要科学地对待霍布森选择效应，避免其不良的影响。

(1) 面临诱惑，学会清醒地分析判断

思想工作者生活在现实社会之中，也会面对形形色色的诱惑。学习了霍布森选择效应，就应当理智地对待诱惑，并帮助周围的人员分析判断，防止落入选择的陷阱。特别是当别人把其中的一种选择描绘得过于美好、紧迫时，就要引起警惕，细加甄别。当别人给出三种选择时，就要想一下，是否还有第四、第五种选择会更好一些。当别人带强制性地要求在几种选择中做出取舍时，应当要想一下，是否可以不做选择，这也许就是最好的选择。

(2) 科学判断，突破思维的枷锁和惯性

要避免陷入霍布森选择效应的困境，就必须克服思维方式上的封闭性和趋同性结构，充分认识客观世界、系统环境的开放性、多维性。事物运动和发展中的各种可能性集合构成了“可能性空间”。这是一个由若干可能状态和可能转换关系组成的整体，有着自己的形态、结构、运动变化。事物在发展中始终面临着多种选择、多种方向，达到同样一个目标的方式或途径更可以是多种多样的。正如著名未来学家约翰·奈斯比特在《大趋势》一书中指出的，当今时代是一个“从非此即彼的选择到多种多样的选择”的时代。所以，要撤除思维上的“守门人”，让思路畅通无阻，积极倡导开放性、扩散性的思维方式，开拓多维性视野，进行多样化的选择。如果听任思维的自我僵化，当然就不会有创新。所以，思维的僵化、固化更是一个陷阱，让人们在进行“伪选择”的过程中自我陶醉，从而丧失了创新的时机和动力。

(3) 鼓励创新，制订更好的备选方案

突破霍布森选择效应的关键是科学地拟制备选方案。既然实现目标存在着多种途径和方法，思想工作者就要配合领导，深入实际，广泛调研，发动群众，充分占有相关信息，找出解决问题、实现目标的限制条件和起决定作用的因素，通过综合与分析，权衡利弊，区分优劣，拟制较多的备选方案。在此基础上，选择最优或满意方案作为决策方案。在构想备选方案时，要充分听取各种不同的意见。一项选择的优劣，一种判断和决策的正误，常常并不取决于意见的一致。只有以对立观点、不同角度和不同判断的选择为基础，才会是真正优化的判断和决策。所以，优秀的领导者在做出重要决策时，总是尽可能地听取各方面的意见，尤其是高度重视对反面意见的激发和吸收，从每一个角度去弄清楚相关的细节和问题，提出对策措施，从而把似是而非的意见转化为正确的意见，把正确的意见转化为最佳选择和决策。

(4) 不断优化，提供更多的对比选择

管理学上有一条重要的格言：“当看上去只有一条路可走时，这条路往往是错误的。”因此，成功的领导者对一些重要问题，头脑中总是有多种“备选方案”，总是在做“多方案选择”，因为他们始终认为要有多种可供采用的可行方案，这样才可以根据实际情况的变化，从中选择一种适当的优选方案。只有一种备选方案，就无所谓择优；没有了择优，决策也就失去了意义。在实施民主管理中，也要尽可能多地提供备选方案，便于群众真正地实施对比选择（参见“对比效应”）。当然，在特殊的情况下，对一些涉及群众切身利益，且实际效果差异不大的问题，为提高决策的效率，也可以利用霍布森选择效应，适当缩小选择的空间，但这应当公开、透明地进行，不能暗箱操作。

需要指出，沉锚效应和霍布森选择效应都涉及对选择做出相关限制的问题，因而具有一定的相似性、关联性。但两者的着重点还是有明显区别的。沉锚效应，着重的是有意识地以某些特定选项或数值作为起始值，诱导人们因认知上的惰性而锁定选择。霍布森选择效应，着重的则是只提供范围有限、条件苛刻、几乎没有选择余地的所谓“选择”，使得人们无法按照自己的真实意愿来进行选择。

114. 拖延选择，无异于慢性自杀

——布里丹毛驴效应

14世纪法国经院哲学家布利丹在一次讨论自由问题时，讲了一个有趣的寓言故事：一头毛驴饥饿至极，面对左右两堆差不多的草料，却左看看，右瞅瞅，不知道先吃哪一堆才好。这毛驴一会儿考虑数量，一会儿又考虑质量，一会儿分析颜色，一会儿又分析新鲜度，来来回回，犹豫不决，始终无法决定从哪一堆下手。不久，可怜的毛驴就这样在无所适从中活活地饿死了。由这个寓言故事演化成一句西谚“布利丹驴”，用来指代那些优柔寡断、左右为难的人。后来，人们常把在决策过程中迟疑不决的现象称作“布利丹毛驴效应”，又称为“布里丹困境”“布里丹效应”。

《聊斋志异》中也有一则故事：两个牧童在深山中发现了两只小狼崽，他俩各抱一只，分别爬上相距数十步的两棵大树。一个牧童在树上狠掐小狼的耳朵，小狼疼得嗷嗷叫唤，老狼闻声奔来，心痛地在树下乱抓乱扑。此刻，另一棵树上的牧童猛拧小狼的腿部，小狼连声嗷叫，吸引老狼匆匆赶去。就这样，两个牧童互相配合，小狼崽的嗷叫声此起彼伏，引得老狼在两树之间不停地奔波，最终累得气绝身亡。其实，老狼只要盯住其中一棵树，用不了多久，就至少能救回一只小狼崽。可惜，老狼不懂布里丹毛驴效应的道理。

思想工作者都知道，人的需求是无限的，但用于满足需求的资源总是有限的，因而用哪些资源去满足哪些需求，就必须合理地选择和安排。事实上，每个人在生活中经常面临着各种各样的选择，大到人生道路，小到吃饭穿衣，人们都希望通过最佳的选择来获得最满意的结果。常常见到有些人在选择中反复权衡利弊，再三仔细斟酌，甚至犹豫不决，举棋不定。布里丹毛驴效应的思维与行为方式，表面上看似追求完美，实际上往往会贻误良机，最终得到的很可能是最大的不完美。

心理学家把布里丹毛驴效应之类的由两个或两个以上不能同时实现的目标所带来的心理矛盾称作“意志行动中的冲突”。一般说来，这种冲突可分为四种类型：① 双趋式冲突：两个或多个目标都有吸引力，可只能选择其中一个时所产生的心理冲突。比如，一名高校毕业生面对企业的高薪聘约，又想考研究生继续深造。② 双避式冲突：两个或多个目标都是要回避的，但不可能全部回避时所产生的心理冲突。比如，某男子在异地结婚后第一个春节面临“究竟回哪个家”的纠结，既担心父母亲戚的评说，又担心岳父母的责难。③ 趋避式冲突：同一个人或同一件事物既有吸引力又有排斥力时所引发的心理冲突。比如，一男生喜欢某女同学的聪慧、善良和体贴，但又觉得她不够漂亮，家境也不够富足。④ 多重趋避式冲突：两个或多个目标中的每一个目标都既有吸引力又有排斥力，比较之下，会引起多方面的纠结和心理冲突。比如，女士上街买衣服，觉得一件套装大气合身，但价格太贵；一件连衣裙穿着也很时髦，但颜色不够鲜艳；还有一件无袖露背衫颇为性感，但又觉得裸露得多了一点。于是，对哪一件都不能立刻下决心买下，对哪一件又都不舍得放弃，左顾右盼，真是纠结。其实质都是要在两种或多种方案中做出唯一的选择。

细细分析，出现布利丹毛驴效应至少存在三个主要的干扰因素：① 追求最优。总想达到最完美的目标，选择甲，怕失去乙；选择乙，却不愿失去甲。正是这种举棋不定的心理，错失了最佳机遇。② 标准不明。面临令人纠结的情形，情绪乱，思维乱，选择的标准乱，因而无法做出正确的抉择。③ 决策迟缓。找到关键慢，思考决断慢，付诸执行慢。

许多成功人士的共同体验是：决策难在选择，选择难在标准，而不是难在方案多。多个标准难在排序，谁是第一标准，谁是第二标准？排序难在理智，而不能被情绪支配。因此，要适当地调控情绪，理性分析，抓住主要矛盾，抓住关键环节，这其实都是选择中的排序过程。排序做好了，选择就很容易了。

每个人都会面临选择的问题，而且当面临两难选择或选项过多时，又会因一时难以抉择而心烦意乱，思想工作者也不例外。既然人们不可能完全避免这些心理冲突，就应当理性地认识这类心理冲突的本质，理智地面对冲突，果断地解决冲突。为此，归纳出以下几点对策，供思想工作者参考。

(1) 抓住最重要的目标需求

决策时一定要从实际需求和实际可能出发，抓住最重要的目标需求，牵住牛鼻子，不要总是想着谋取利益的最大化、目标的最高化、决策的最优化。盲目地好高骛远，过于追求完美，都会让人产生不切实际的愿望，过高的目标会带来严重的心理压力，束缚决策水平的正常发挥。有专家提示，在做选择时，对于相似的选项只需要分辨出主要的差异，如果两个选项有80%的因素相同，就可以认为两者是接近一致的；如果相同因素更多，甚至可以做随机的选择。这样就可以避免长时间地陷入内心冲突之中，避免造成左顾右盼、迟迟不能做出选择的现象，导致错失良机。

(2) 选择更可行的方案

在选择时，还要注意自己拥有的资源特点和优势，特别是自己擅长做什么，哪个方案更有可行性，哪个方案实施的风险比较小，从而做出综合的评判和抉择。试想，如果两个方案的预期目标相差10%，一旦选择了一个更高一些的目标，结果可行性比较差，只能达到85%的目标，那还不如选择稍低一些的次优方案，完全实现预期的效果。逆向选择也是一种有效的方法，即找出不同选项的缺陷和不可行因素，在分析比较之后，逐一淘汰不合适的选项。

(3) 克服患得患失的情绪

在面对意志行动中的冲突时，各个选项之间的利与弊往往是一体两面的，很难完全分割，也无法兼顾。“鱼和熊掌不可兼得。”布里丹毛驴效应恰恰违背了这条原理，既想得到鱼，又想得到熊掌，其结果必然是鱼和熊掌皆失。因此，思想工作者不但要学会选择，同时也要学会放弃，不能患得患失。有时，选择是一种智慧，放弃也是一种智慧。

(4) 果断地下决心决策

事实上，造成人们心理冲突的每一个目标都是各有利弊的，人们往往无法精确衡量利弊得失之间的大与小，因此，所有的冲突都没有最佳的答案，任何选择都有其合理的一面，也都不可能是十全十美的。所谓“看清楚了再选择”只是一种相对而言的理想状态，因为当你看得非常清楚的时候，所有的竞争对手都可能看清楚了，那么很可能已经坐失良机，一无所获。在很多情况下，并没有留下足够的时间让人们去反复思考，反而要求迅速决策。因此，与其长久地处于犹豫不决的状态，沉湎于冥思苦想之中，试图面面俱到，万事平衡，还不如从实际出发，审时度势，当机立断，果断决策，尽早就抓住机会，付诸实施（参见“最后通牒效应”）。

古人说：“用兵之害，犹豫最大；三军之灾，生于狐疑。”据说有人问亚历山大是如何征服世界的，他回答说，他只是毫不迟疑地去做这件事。著名企业家安迪·格鲁夫在回忆带领英特尔转型时说：“路径选错了，你就会死亡。但是大多数公司的死亡，并不是由于选错路径，而是由于三心二意，在优柔寡断的决策过程中浪费了宝贵的资源，断送了自己的前途。所以最危险的莫过于原地不动。”选择，有可能不是最好的，但是不选择的代价可能更高。陷入布利丹毛驴效应的陷阱，拖延选择，有时无异于慢性自杀。

115. 确定最终时限　克服拖延习惯
——最后通牒效应

一位教育工作者曾做过一个实验：让一群小学生阅读一篇课文。在不规定时间的情况下，全班同学们用了八分钟才完成。到了下一个班级，老师规定五分钟必须读完，结果全班同学用了不到五分钟的时间就都读完了。不单是小学生如此，研究生也是如此。心理学家尼尔·弗瓦尔曾调查过三年制硕士研究生的学习情况，发现在两年内完成毕业论文的学生，从入学之初就积极地查阅文献资料，勤奋地做课题研究，提前完成了论文后，就能比较轻松地享受第三年的学习和生活；而那些不曾打算提前完成论文的学生，虽然前两年也一直在学习研究，但学习效率却不高，到了第三年，依然还在为论文而发愁。这些都反映了人们的一种心理和行为状态。

其实，不用取笑那些学生，许多成人也都会有这样的体验：对于不需要马上完成的任务，人们总是在最后期限即将到来时，才废寝忘食、通宵达旦地去完成。据美国芝加哥德保尔大学心理系副教授费拉里 1996 年发布的调查结果，有 70%的大学生存在学业拖延的状况，正常成年人中也有多达 20%的人每天出现拖延行为。这就是所谓的“最后通牒效应”。

最后通牒是指在谈判破裂之前的“最后的通知”，拉丁文的音译是“哀的美敦书”，即一方最后一次提出自己的诉求和条件，要求对方在规定时间内给予明确答复，否则将要采取封锁、诉诸武力等强硬措施的外交文书。在最后通牒效应中，最重要的是最后必须完成的明确时限。

一些心理学家认为，人们拖拖拉拉、推迟完成任务的根本原因，其实是出于一种心理恐惧。因为只有对不想做、不乐意做的事情才会拖拉，人们潜意识里实际上就是一种逃避心理。时间管理专家戴维·艾伦曾总结过工作生活中引起拖延的两种情形:“一种是很多烦人的小任务,它们会中断生活,但影响不大,比如收拾一个乱七八糟的房间;另一种则属于超出能力控制的范围,甚至可能让人害怕,或对当事人生活影响非常大的任务——两种情形都和焦虑有关,而不是懒惰。”事实上,许多人在做出决定或开始、完成一项任务时,往往伴随着压力、个人效率低下等感觉,这就加剧了拖延的行为。一般来说,一定程度内的拖延行为都属正常,但长期的拖延则很可能是心理或者生理失调的一种表现。

为什么人们做事情总是能拖就拖呢?按照心理学家的分析,对“拖延执行”“推迟完成任务”这种现象的出现有以下几种解释:① 拖延源于人类的惰性说。因为人都是有惰性的,拖拉是人类的一种内在倾向。人们在从事一些活动时,通常会有这样的想法:这项工作目前还没有准备充分,只能稍后再去完成;或者是今天比较忙,等我明天有空再去完成。事实上,你会一直在准备,而明天永远都会繁忙,所以某些工作就这样被一拖再拖。清朝文人钱鹤滩的《明日歌》:“明日复明日,明日何其多。我生待明日,万事成蹉跎。”发人深省。② 拖延是为了自我愉悦说。美国南康涅狄格州立大学心理系教授詹姆斯·马从行为心理学的角度指出,拖延是“与自我控制对立的冲动”的特殊形式。他发现,当需要在两个任务之间做选择,研究对象往往宁愿选择不太紧急的那一个——虽然那项任务更繁重,但拖延更有愉悦感。大部分拖延者都有相似的感受:拖延并不曾真正带来危害,赶在最后一刻抢闸完成了任务,同时也满足了虚荣心——只用很短的时间却能取得不错、甚至比别人好的结果。无形中,“自己最适合短期高压的工作状态”的心理得到强化,并对今后的工作产生暗示,甚至走向极端:“在成长的过程中,渐渐形成了对拖延的愉悦感,到后来形成了习惯,若不拖延还会有焦躁等负面感受。”如此周而复始,反复循环。③ 拖延是为了追求完美说。哥伦比亚大学组织心理学系教授安吉拉指出,有些人更喜欢在压力下工作,这样他们可以做出更深思熟虑的决定,并更及时地实行。有人声称:“时间紧迫往往逼得我才思泉涌。”“只有当截止日期临近的时候,我才能达到最高的效率,那样我就会花费更少时间,并产生更好的创意。”费拉里教授认为,某些拖延行为并非拖延者缺乏能力或不够努力,而是某种形式的完美主义或求全观念的反映,他们共同的心声是“多给我一些时间，我可以做得更好”。

研究表明，上述说法虽然都有一定的依据，也都能自圆其说，但是，总是拖延到最后期限的弊端也显而易见：① 一味拖延，使人们不得不为一项任务投入更多的时间；② 短时间的超负荷工作会使人身心俱疲，思维模糊不清，工作效率降低，判断容易出错；③ 拖延到最后时刻，往往仓促行事，不得不敷衍了事，在一些方面留下瑕疵和遗憾，而且已经没有补救的机会。因此，拖延到最后，很可能给人们带来无法挽回的不利后果。

同时需要指出，最后通牒效应所揭示的这种“拖延”，并不完全是个人性格习惯的问题，有时作为一种“策略”，对于问题的解决还是有促进作用的。在外交、商务活动中常常看到，许多重大谈判不到最后一刻总是不能达成协议。很多看似分歧巨大到无法弥合程度的谈判，如果双方都下定了最后期限前必须解决的决心，往往最后也能签署协议。譬如，最终草签中英两国政府关于香港问题联合声明的中国政府代表团团长周南，在回忆香港回归的谈判时说，之前的无数轮谈判都看不到达成协议的希望，最后邓小平同志出来谈了一次话，说到某年某月前这个问题必须谈完，到了这个期限，果然就达成了协议。又如，美国谈判专家柯英曾受美国某企业的委托，到日本与某企业谈判。柯英刚下飞机，日方就予以热烈欢迎，并用高级轿车送他到酒店。路上，日方代表彬彬有礼地询问柯英哪天返回，以便预定汽车送行。柯英毫无防备，告知了返程的时间。于是，在前十天里，日方招待他到各个名胜古迹参观游玩，对谈判的事项只字不提。直到柯英离开前的最后两天，谈判才正式开始。到了最后一天，谈判才真正进入主题。柯英万万没有想到的是，因为无意中泄露了行程，让自己在谈判中陷入了被动的境地。当谈到最重要的问题时，接柯英去机场的轿车已经等在门口了。于是，最后的谈判只得在车里进行，直到柯英临上飞机时，才最终达成了谈判的协议。当然，谈判的结果对美方不利，日本人因为巧妙运用了最后期限的技巧，大获全胜。

因此，思想工作者认清了最后通牒效应的表现、成因和利弊得失之后，就应当重视“最后时限”的运用，巧妙地促进工作任务按时按质按量地完成。

(1) 给予适当时间，确保按时完成

布置工作任务，要给予适当的时间。这里所说的“适当”，是指不能过短，以致来不及完成，或者草草了事；也不能过长，如果过长了，工作人员就可能拖到最后时刻才动手，或者慢条斯理地做。要合理地判断工作量及所需的时间，规定完成的时限，促使工作人员勤奋努力，提高工作效率和质量。对于自己承担的工作，也要制订工作计划，合理安排时间，有计划、分步骤地陆续完成。如果设定最后完成时限，也要留有余地，适当提前，这样才能高效率地实现工作目标。对于与外界的洽谈等工作，要适当运用最后通牒效应，给对方一定的时限压力，促使相关问题的解决。

(2) 清晰设置目标，确定时间节点

对于一些庞大的、长期的重要工作任务，不仅要确定最终的完成时限，而且要有分解完成的分段计划。就好比建造一幢大楼，哪天完成基础建设，哪天出零度线，哪天建造到第几层，哪天结构封顶，哪天水电完工，哪天内饰完成，哪天交付使用，都要有明确的日程安排，才能保证大楼总体进度计划的落实。也就是说，在一个大计划中要划分出若干个时间节点，每个小的时间节点也成为“最后时限”，这就无法再拖延了。这样，就可以随时检查考核进度情况，即使因偶然因素而出现个别小项略有延迟的情况，也可以采取措施及时补救。如果没有分解完成的分段计划，没有确定每个小项的时间节点，总体计划的实施就很可能会被一些突如其来的事务所扰乱。

(3) 加强时间管理，提高工作效率

发挥最后通牒效应正面作用的根本途径在于加强时间管理。对于每个人来说，每天的时间都是有限的，但时间管理和运用得好坏，其作用是大相径庭的。所谓时间管理，是指通过事先规划并采用一定的技巧、方法与工具实现对时间的灵活而有效的运用，从而实现个人或组织的既定目标。专家提示我们，加强时间管理可以从以下几点做起。

① 详细周到地考虑工作计划，确定实现工作目标的具体手段和方法，预定目标的进程及步骤。

② 善于将一些工作分派或授权给他人来完成，提高工作效率。

③ 制订工作计划，将事务整理归类，并根据轻重缓急来进行安排和处理，确定工作的优先次序。

④ 为计划提供预留时间，掌握一定的应付意外事件或干扰的方法和技巧，准备应变计划，从而达到最佳的工作效果。

116. 内诚于心　外信于人

——“狼来了”效应

大家一定都知道“狼来了”这个古老的寓言，它给人们的启示是：在生活中一定要诚实守信，实话实说。如果经常说谎，一旦谎言被揭穿之后，就会失去别人的信任。在心理学上这种现象被称作“‘狼来了’效应”。

有学者对“狼来了”效应做了深入的剖析，为现代社会的人们提供了更多的启示：① 人特别容易轻信。尤其是第一次与你打交道、不了解你的为人时，如果他人一时无法判断真假，通常你说的话很容易被人认为是真话实话，“深信不疑”。② 一旦你说了谎话或做了不诚实的事，后来被人知道或被事实所证实，你再说的话和做的事就难免会令人“将信将疑”，心中打个大大的问号，“这次是真的吗?”③ 俗话说：“事不过三。”“一朝被蛇咬，十年怕井绳。”一而再、再而三的欺骗，就没有人会再相信你。因为你的言行辜负了别人对你的信任。即使“这次真的是真的”，别人也会“十分怀疑”。④ 整天叫喊着“狼来了”，狼也许就真的来了。诚信危机一旦来临，便回天无力，没法逆转，必然是恶性循环。一切都是作茧自缚，自作自受。早知今日，何必当初？⑤ 俗话说：“好事不出门，坏事传千里。”“当真理还在穿鞋，谣言已行千里。”这说明了人的一种特性：信坏不信好。在现实生活中，坏的假的一说就信，好的真的怎么说也难以令人相信。

不要以为“狼来了”只是儿童教育中的一个故事而已，其实，“狼来了”效应在我们的身边经常发生着。譬如，在一些媒体上，这位也是“大师”，那位也是“大师”，究竟有多少才是真正的“大师”呢？于是，“大师”的头衔就大大贬值了。又如，街头一些商店门口张贴告示“拆迁大甩卖”“大减价，最后一天”，可数月之后仍然是“最后一天”，餐馆的“今日特价优惠”却成为“日常价”，这些都成了一些商家常用的促销手段。微信中传播的一些关于增加退休养老金、调整公交车费等“内幕消息”，今天这样说，明天又那样说，总是得不到确切的消息，于是，人们对这类传言就再也提不起兴趣了。

为此，思想工作者要从“狼来了”效应中获得更多的启迪，从自身做起，从身边的工作对象做起，有针对性地做好相关的思想引导、心理疏导工作。

（1）加强诚信教育

诚信，是中华民族重要的伦理规范和道德标准。古人有言：“言必诚信，行必忠正。”用现今的语言来说，“诚”侧重于“内诚于心”，“信”侧重于“外信于人”，“诚”与“信”组合起来，就是强调人与人之间应该真诚相待，讲求信用，待人以诚，纳人以信。西方社会也十分重视诚信，著名哲学家康德指出：“诚实比一切智谋更好，而且它是智谋的基本条件。”著名戏剧家莎士比亚也说过：“如果要别人诚信，首先要自己诚信。”2013 年，中央明确将“诚信”列入 24 字社会主义核心价值观，并且作为公民个人层面的价值准则之一。思想工作者要从实际出发，大力宣传社会主义核心价值观，用身边的人和事来阐释、倡导“诚信”，把“诚信”转化为工作对象的自觉行动。就像孩子说谎很多是受到父母的影响一样，下属是否诚信也会受到领导的影响，因此，领导干部和思想工作者要以身作则，在日常工作中做诚信的模范，在单位中倡导并形成诚信的氛围。

（2）慎对网上传言

近些年来，随着社会政治环境宽松和谐，以及网络媒体的快速发展，人们发表各种意见的渠道越来越多。对一些历史事件和历史人物，不少人随意发表各种见闻和感想，于是，网络上关于历史事件和历史人物的所谓“爆料”和“史料披露”越来越多。在这类文章中，不乏客观真实地展现历史本来面目的佳作，为人们以史为鉴提供了可靠的依据。但是，其中也有一些道听途说、掐头去尾、添油加醋、张冠李戴、偏听偏信、以讹传讹的东西。这类失实的“内幕消息”迎合了人们的好奇心，一旦听多了，有些人就会“三人成虎”，相信其为真实，反倒对正确的观点和消息产生了厌倦心理。因此，对于网络上的传言，尤其是对那些未经考证的“史料”、来源可疑的“内幕消息”，一定要慎重对待，严守党的政治纪律，不能草率地转发、点赞，防止误人害己。

(3) 切实信守承诺

《论语》曰："与朋友交，言而有信。"荀子指出了失信的危害："言无常信，行无常贞，唯利所在，无所不倾，若是则可谓小人矣。"法国著名作家巴尔扎克也说过："遵守诺言就像保卫你的荣誉一样。"作为领导干部及思想工作者，要谨言慎行，不能随意许诺，言而无信，尤其不要做出实际做不到的承诺，不要提出那些无法实现的目标。有些单位出现的“口号泛滥”的现象，客观上也导致了失信的结果。组织管理中确实需要将先进的理念、具体的任务用内涵丰富而简明有力的口号表达出来。但有的单位纯粹是为了某些功利，简单地跟风，滥提口号，光说不做，或者将管理口号当作工作的实际效果来夸耀，以致一些口号成了反复讲述而没有实际作用的空话。“狼来了”喊得多了，久而久之，就会形成恶性循环的局面。有人痛心疾首地写道："纵观时下，当骗子失信成灾，虚假‘作秀’搞怪，‘谎言文化’盛行，道德底线失守，没有敬畏信仰，唯利是图倍受追捧，常常上演鱼目混珠、泥沙俱下、指鹿为马、移花接木、张冠李戴、捕风捉影、血口喷人、先声夺人、谎话连篇、贼喊捉贼、以假乱真、黑白颠倒、真真假假、混淆视听的闹剧。"虽然只是社会上的一些支流和个别现象，但如果不加以改善，也会成为无法解扣又绕不开的社会顽症。

(4) 严格落实规章

在一些单位，“狼来了”效应又表现为有令不行，有禁不止。虽然订立了一些规章制度，也三令五申，但由于没有相应的考核、督查、奖惩手段的配合，就使一些规章制度流于形式，单位及领导的再三强调，也成为“狼来了”的吓唬。因此要从落实制度的保证措施入手，权责明确，考核严格，有制度必有执行，有执行必有监督，有监督必有考核，有考核必有奖惩，只有形成这种封闭的回路，才能实现有效的管理。

117. 极小的初始能量会引发巨变

——多米诺骨牌效应

新华社 2000 年 12 月 31 日、中央电视台 2001 年 1 月 6 日先后报道：在 20 世纪末的最后几分钟里，在北京颐和园诞生了一项新的多米诺骨牌吉尼斯世界纪录。中国、日本和韩国的 62 名青年学生成功推倒 340 多万张骨牌，一举打破了此前由荷兰人保持的 297 万张的世界纪录。从电视画面可看出，骨牌瞬间依次倒下的场面蔚为壮观，其间显示的图案丰富多彩，令人惊叹。

这是一件很有意义的事情！原本产生于中国的一项民间活动，流行于全球，一百多年后重又回到中国，并创造了新的世界纪录。早在宋宣宗二年（1120 年），民间就出现了一种类似今天多米诺的"骨牌"游戏，在全国一时盛行。1849 年 8 月 16 日，意大利传教士多米诺把这种骨牌带回米兰，作为礼物送给了小女儿。为了让更多的人玩赏，多米诺制作了大量的木制牌，并发明了各种玩法。不久，骨牌游戏就在意大利及整个欧洲迅速传播，且命名为"多米诺"。多米诺的玩法逐渐从最初的单线向平面发展，组成一些文字和图案，以后又向着立体层次发展，并运用高科技手段，配以声、光、电的效果，使多米诺骨牌的动力可以多种形式来传递，艺术性也明显增强，成为非奥运项目中知名度最高、参加人数最多、扩展地域最广的体育运动。

多米诺骨牌的物理原理是：骨牌竖着时，重心较高，倒下时重心下降，可将其重力势能转化为动能，倒在第二张牌上，其动能就转移到第二张牌上；第二张牌将第一张牌转移来的动能和自己倒下过程中由本身具有的重力势能转化来的动能之和，再传到第三张牌上……所以每张牌倒下的时候，都具有比前一张牌更大的动能，因此它们倒下的速度一张比一张快。

大不列颠哥伦比亚大学物理学教授 A. 怀特海德曾经制作了一组共 13 张的特殊骨牌，第一张最小，长 9.53 毫米，宽 4.76 毫米，厚 1.19 毫米，还不如小手指甲大。按照一张骨牌倒下时能推倒一张 1.5 倍体积骨牌的测算，以后每张体积增加 1.5 倍。于是，第 13 张就长 61 毫米，宽 30.5 毫米，厚 7.6 毫米，牌面的大小接近于扑克牌，而厚度相当于 20 张扑克牌。在实验中，把这套骨牌按适当间距排列，轻轻推倒第一张，第 13 张果然随之倒下了。由于多米诺骨牌效应的能量是按指数形式增长的，据计算，第 13 张骨牌倒下时释放的能量比第一张牌倒下时提高了 20 多亿倍。据说，怀特海德曾打算依此规律制作 32 张骨牌。如果真的制作出来，第 32 张骨牌将高达 415 米，接近于上海东方明珠电视塔的高度。即使是这样高的一座雄伟建筑，如果排列在怀特海德设计的多米诺骨牌链的末端，也会在最初的一指之力下被立刻推倒，可见多米诺骨牌效应产生的威力确实令人瞠目！

伴随着多米诺运动的扩展和研究的深化，多米诺也成为一种流行用语。在一个相互联系的系统里，一个很小的初始能量可能引发一连串的连锁反应，人们就称为“多米诺骨牌效应”，或“多米诺效应”“骨牌效应”。

2001 年发生在美国的 911 恐怖袭击中，纽约世贸中心 110 层高的“双子塔”轰然倒塌，就是一个典型的多米诺骨牌效应。造成这一灾难的直接原因是恐怖分子劫持飞机撞向大楼。据美联社报道，美国马萨诸塞州塔夫茨大学土木工程教授萨纳业指出：“在我看来，大火隔断了被撞楼层的上下联系，并使一些地板开始垮塌，这些地板都是加固水泥地板，非常沉重，所以一旦倒塌砸向另一层时，就发生了多米诺骨牌效应，层层相砸，直到整个大楼彻底倒塌。”这从一个侧面说明了“双子塔”倒塌的内在原因。

2007 年起在美国爆发的次贷危机，又一次显示了多米诺骨牌效应的威力。简单地说，由于一系列的原因，美国房价快速下跌，销售锐减，房地产市场萎缩，导致次级房贷产品崩盘，又导致部分投资公司崩溃。于是，风险就转移到了承担贷款保险的保险公司，而相关的保险产品经过拆分、组合、打包、再保险等，已经被很多金融公司购买，这样就必然造成更多的金融公司产生巨额负债，违约偿付的责任就落到了美林、高盛、房地美、房利美等大公司，导致了一批银行和金融机构破产倒闭，德国等欧洲金融公司也因购买了这类次级、次次级的金融产品而被直接卷入危机，进而导致了席卷全球的金融风暴，其不良后果波及各行各业。

对于思想工作者来说，多米诺骨牌效应所揭示的“牵一发而动全身”的巨大能量，以及正面与负面的表现形式，都值得我们重视和思考，并给我们多方面的启迪。

（1）善于把握一整套系统思维方式

系统思维是一种逻辑抽象能力，也可称为整体观、全局观，其精髓可以概括为“牵一发而动全身”。这是思想工作者必须掌握的先进、科学的思维方式。“学习型组织之父”、美国麻省理工大学斯隆管理学院教授彼得·圣吉于1990年出版的《第五项修炼——学习型组织的艺术与实践》，系统地阐述了系统思维的理论。简而言之，系统思维就是强调对事物要全面思考，不只是就事论事，而要把事物放在普遍的联系中，把想要达到的结果、实现该结果的过程、过程优化以及对未来的影响等一系列问题作为一个整体系统进行研究。

彼得·圣吉还提出了一些微妙的法则，其中一些与多米诺骨牌效应存在一定的联系，值得思想工作者参考和借鉴：① 今天的问题来自昨天的解决措施；② 有时越用力推，系统的反弹力越大；③ 如果不能抓住根源，尽管一个措施立刻能缓解症状，但之后会暴露真正的大问题；④ 不进行系统思考，选择容易的解决办法往往会无功而返；⑤ 因和果在时空中并不一定紧密相连；⑥ 微小的变革可能产生很大的成果，但最有效的杠杆常常最不易被发现。这些在《第五项修炼——学习型组织的艺术与实践》一书中都有十分精彩的论述，不妨细读。

（2）勤于做好每一个细节

多米诺骨牌效应告诉我们，许多巨大的变化都起源于一些微小的因素。“河海不择细流，故能成其大；泰山不拒细壤，方能成其高。”在其他条件都具备的前提下，可以说细节决定成败。因此，要重视战略，也不能废弃细节。海尔集团的管理层经常强调：“要让时针走得准，必须控制好秒针的运行。”执行不力和细节失控，会导致宏观战略在实施中变得面目全非。“千里之堤，溃于蚁穴”，说的就是这个道理。有时一个细节处理不好，就会造成连锁反应，影响大局，对整个结果形成“一票否决”。这就好比一张骨牌摆放的位置、倒下的方向稍有差池，就可能使整条骨牌链停顿。所以，要“大处看眼，小处着手”，每个人都要明确自己的责任，认真又谨慎地工作，努力做好每一个细节，确保系统运作有条不紊地进行，不折不扣地圆满完成各项目标任务，才能将“骨牌”排列得长而壮观，不会发生意外倾倒。

(3) 慎于对待每一个过错

多米诺骨牌效应还提醒人们要防微杜渐，避免出现不良的后果。如果不注意那些平时难以察觉的微小过错，听任小错小误日积月累的话，那么，这些破坏的力量就会相互传递，产生惯性，微小的过错就会像多米诺骨牌效应一样发展成严重的连环错误，引发不可收拾的可怕后果。所以，对于那些可能造成长远影响的“小过错”，要及时阻断，有些还要“小题大做”地去处理。对于日常工作和生活中的各种诱惑，也要防微杜渐，以身作则，“不以善小而不为，点滴凝聚成情；不以恶小而为之，点滴铸成大错”。

(4) 勇于推倒第一块骨牌

在一项新的任务面前，无论是学习一门新的课程，完成一项新的科研，还是做一件帮助他人的好事，人们往往对于开始时的艰难会有过高的估计，产生畏难情绪，难以迈出第一步。多米诺骨牌效应激励我们，无论是多么长的骨牌链，最初只需要用很小的力量就可以推动。一旦用较小的力量推出去了，所产生的力量也许就不小，而且还会带来更强大的力量。因此，让我们提振信心，鼓足勇气，轻轻地推动人生中最不起眼的那张骨牌吧！

118. 剃除繁冗　简单高效

——奥卡姆剃刀效应

公元14世纪，英国哲学界对“共相”“本质”之类的课题展开了无休无止地争论。当时最有影响的哲学家、逻辑学家奥卡姆对此十分厌倦，于是他著书立说，指出本质、关系、原则、规范、权力等都是思想或人工的产物，除非出于经验证据和逻辑必然性，这些概念应尽量少设。他表示，只承认确实存在的东西，那些空洞无物的普遍性要领都是无用的累赘，应当被无情地“剃除”。他所主张的“思维经济原则”，概括起来就是“如无必要，勿增实体”。正如他在《箴言书注》中说的：“切勿浪费较多东西，去做那些用较少的东西同样可以做好的事情。”人们就把他的这些言论形象地称作“奥卡姆剃刀”。这把锋利的剃刀出鞘后，顿时剃除了两百年间经院哲学和基督神学之间无休止的争论，使科学、哲学从神学中彻底分离出来，引发了欧洲文艺复兴和宗教改革运动。历经数百年的磨砺，这把剃刀越来越锋利，并超越了原本狭窄的哲学领域，在社会生活中获得了更深刻、更广泛的影响力。后来人们进一步总结为：多余的东西通常都是无益的，复杂的东西也未必就是好的，当感到累赘的时候要毫不留情地将其“剃除”，变复杂为简单。这种现象就被称为“奥卡姆剃刀效应”。

奥卡姆提出的简约原则，可追溯到两千年前亚里士多德关于“自然界选择最短的道路”的论述。人们认识到，保持事物的简化是对付复杂与繁琐的最有效方式。如今，奥卡姆剃刀原则常用于两种或两种以上假说的取舍上：如果对于同一现象有两种或多种不同的假说，就应该采取比较简单或可证伪的那一种。如果有两个或多个类似的解决方案，就选择最简单的；需要最少假设的解释最有可能是正确的；或者以这种自我肯定的形式出现：让事情保持简单。需要指出的是，运用奥卡姆剃刀原则做出决策后，如果随着条件的变化，人们能够有进一步深化的认识和解释，那么就可以进行反思，重新再做决策，但不能因此对原先的决策进行指责。

为什么要将复杂变得简单呢？① 因为简单往往反映了事物的本质特征，对于现象最简单的解释往往比复杂的解释更正确。相传，有位科学家带着自己的研究成果请教爱因斯坦。爱因斯坦只看了最后的结论方程式就说："这个结果不对，你的计算有问题。"科学家很不高兴："你连过程都不看，怎么就说结果不对？"爱因斯坦笑了："如果结论是对的，那一定是简单的，是美的，因为自然界的本来面目就是这样的。而你这个结果太复杂了，肯定是哪里出了问题。"科学家将信将疑，重新查验了自己的推导过程，果然如爱因斯坦所言。② 因为复杂容易使人迷失，浑浑噩噩于眼前的繁冗事务。在面对所谓的"难题"时，人们总是习惯于往复杂处去思考和谋划，不愿将其简单处理，似乎不复杂就不足以体现自身的价值和作用，结果反而增加了工作的难度。实际上，只有简化才利于人们的理解和操作。随着社会、经济的发展，时间和精力成为人们的稀缺资源，许多人终日忙忙碌碌却鲜有成效，究其原因，正是缺乏简约管理的思维和能力，分不清"重要的事"与"紧迫的事"，结果造成了低效率和低绩效。

奥卡姆剃刀原则在现代企业管理中运用得最为普遍。许多管理者都认为：信息爆炸式的增长，使得主导企业发展的因素盘根错节，因而，管理的最高境界是简单，管理理论应当简单、清晰、重点突出。在处理事情时，要顺应自然，把握事情的实质，把握主流，而不要人为地把简单的事情复杂化，这样才有利于快捷、高效地把事情处理好。在制定决策时，也应该尽量把复杂的事情梳理得简单清晰，抓住主要矛盾，排除干扰，解决最根本的问题，才能让企业顺利发展。

奥卡姆剃刀原则是在特定条件下的一种决策原则，它简单而有效，但又有局限性：有些人会片面、极端地理解，置特定条件于不顾，滥用简约原则，使"剃刀"变成了"屠刀"，把所有的事物都简单化地处理。因此需要强调，奥卡姆剃刀原则所倡导的简约管理，并不是把众多相关因素粗暴地剔除，而是要穿越复杂，将关键的脉络梳理得简单明晰，从而便于把握事物的本质，解决根本的问题，增强核心竞争力。爱因斯坦说得好："万事万物都应尽可能简洁，但不能过于简单。"

思想工作者要根据本单位的实际，引导工作对象运用好奥卡姆剃刀效应的原理，尤其是在相关的管理工作中，要有意识地运用好奥卡姆剃刀效应所倡导的简约原则，“无情地剔除所有累赘”，提高工作效率和效果。

(1) 精兵简政，简化组织结构

组织结构扁平化、非层级化已经成为组织变革的一个基本趋势。要通过减少行政管理层次，裁减冗余人员，建立起一种紧凑、干练的组织结构。在新型的组织结构中，人们的行为具有明确的目标导向，员工之间的关系是平等的分工合作关系，传统的等级制度已经不复存在，组织中上下有序的传统规则被淡化，基层员工被赋予更多的权力，有较大的自主性、积极性和满足感，组织目标与个人目标之间的矛盾得到最大限度地消除。组织内的信息不再是上下级之间的单向传递，而是一种网络化的双向即时沟通。其优点是，缩短上下级距离，密切上下级关系，信息沟通快捷，从而提高管理效率，降低管理费用，扩大管理幅度，减少管理失误。有研究者认为，不少国际化集团公司总部的职员不超过100人，形成了人员少、效率高的组织结构，这也与根植于西方文化的奥卡姆剃刀原则有关。

(2) 集中资源，集聚核心专长

要从组织发展的大局出发，关注组织的核心价值，从众多可供选择的业务中筛选出最重要的、拥有核心竞争能力的业务，在自己最具竞争优势的领域确定组织的目标。这样，才能确保组织能够集中资源、集中精力，以最少的代价获得最大的成效和最丰厚的回报(参见“二八效应”)。反之，如果目标数量过多，往往会使人难以同时兼顾，顾此失彼。而且多出来的东西未必是有益的，相反容易使人们为自己制造出的麻烦而烦恼。著名企业家杰克·韦尔奇担任通用电气公司总裁时，从简洁高效的角度出发，提出“非一即二”原则：必须把产品做到本领域内数一数二，否则相关的事业部就一律处理掉，从而集聚了产业的优势，保证了企业十多年顺风顺水地发展。可见，聚焦关键的目标，放弃次要的项目，剃除繁琐、多余的活动，是一种保证成功的智慧，有助于更加高效地达成愿景。

(3) 简化流程，避免繁琐作业

在有的单位，“一张纸制度”慢慢变为“十张纸管理”“百张纸管理”，管理过程越来越复杂，管理队伍越来越庞大，管理效率却越来越低下，这是在组织耗散协同中形成的“熵”，造成了各方力量抵消的状况和管理资源的极大浪费。因此，优秀组织的一个重要特征，就是他们坚信保持事物的简化是对付复杂与繁琐的最有效方式；他们知道如何保持事情的简单清晰，善于化繁为简，不管多么复杂的事情都能将其变得简单易行。尤其是要简化工作流程，制度和文件也一定要讲求简单实用，各种活动的设计要便于操作。事实上，在许多时候，把事情变复杂很简单，把事情变简单却很复杂。所以，在处理事情时，要把握事情的实质，掌握关键环节，着眼于解决最根本的问题，不要人为地把事情复杂化，这样才能更快更有效率地把事情处理好。有专家提出了“三化原则”：复杂的事情简单化，简单的事情条理化，条理的事情自动化。这些经验之谈，很值得学习、借鉴。

九

识人用才篇

119. 竞争是造就强者的学校

——犬獒效应

獒本是狗的一种，因为生长在青藏高原海拔 3 000 米以上的高寒地带以及中亚平原地区，所以通常称作“藏獒”。藏獒具有体形硕大、四肢粗短、毛色黄褐、野性极强、威猛善斗、性格刚毅等特点，尤其是对于主人绝对忠诚，因而不光能看家护院，还常用来护卫整个村庄或庄园。据说，一只优秀的藏獒可以打败三只狼，两只优秀的藏獒可以让金钱豹落荒而逃。据说藏民会按照“留强不留弱、留大不留小”的原则，选择体大健壮、凶猛忠实的藏犬畜养，雌雄比例大约控制在 1∶20左右。当年幼的藏犬长出牙齿并能撕咬时，主人就把它们放到一个缺乏食物和水的封闭环境里，让它们适应残酷争斗的环境，最后剩下的一只活着的犬就称为獒。自然选择加人工选择之后，大约十只犬可产生一只獒，从而确保每一只獒都刚烈威猛。这种通过竞争来造就强者的现象，就被称为“犬獒效应”。

犬獒效应启示我们：竞争出高效率，竞争出战斗力，竞争是造就强者的学校。我们生活在一个变革的时代，挑战和机遇同在，竞争是最显著的时代特征。竞争是一种刺激，一种激励，也意味着新的选择和新的机遇。只有主动地迎接竞争的挑战，我们才能成为强者。思想工作者要把握这种特点和趋势，与各级管理人员一道，形成参与竞争、赢得竞争的良好氛围，促进人才的全面发展。

(1) 树立人才竞争的观念

市场经济是一种注重竞争的形态，在竞争中越战越勇才能成为强者。市场竞争，说到底是人才的竞争，人才的状况决定了在市场竞争中的地位和态势，而人才的成长和集聚也必然充满了竞争。人们常说：“竞争与机遇同在。”面对竞争，谁积极主动，谁就容易把握主动权，率先抢占先机，实现跨跃式发展。每一个人面对竞争，都犹如19世纪英国最伟大的作家狄更斯说的："机会不会上门来找你，只有你去找机会。"就是要在竞争中把握机会，发挥自己的智慧和才干，专心致志干事业，在竞争中脱颖而出，实现人生的飞跃（参见"竞争优先效应"）。

(2) 善于在竞争中选拔人才

选拔人才有很多方法，不少领导者也有各种各样的偏好，如，喜欢看学历、简历，或者喜欢看笔试成绩，或者着眼面谈印象。实践证明，这些方法都有科学的成分，但也常常包含一些误区。比如，学历高不等于能力强；简历花哨不等于思维活跃；经历丰富不等于经验丰富；笔试成绩好也不等于实际水平高；面试感觉良好，也许就容易被其外部包装、临场表达所迷惑，掩盖了一些关键的因素。而在实战中赛马，则是真实水平和潜力的展示，领悟力、行动力、转化力、合作力、坚韧力等执行力的相关要素都得到发挥，孰强孰弱彰显分明，优点缺点暴露无遗，可以根据岗位的实际需要，选用最合适的人选。所以，现在许多人都认识到"相马不如赛马"。在选才中，还需要明确的是，必须坚持正确的标准，就是在"德"基本合格的前提下，坚持以能力为选人的主要标准。选马，就要看速度、耐力、负重等关键指标，而不能拘泥于毛色、瘢疤等次要因素，不能求全责备。当然，在赛马中会发现一些瑕疵，但总要好于在相马中很难发现的、被隐藏的毛病，两者比较，相马的不确定性会更大。所以，对于优秀人才身上的一些缺点和弱点，一定要抱着宽容的心态，尽力发挥其所长，并帮助他们在实践中克服缺点，加快成长。

(3) 敢于起用强于自己的人才

用怎样的人才决定着一个单位未来发展的前景。通过竞争，人才的水平和潜力会逐步彰显，此时，究竟起用怎样的人才极为关键。有人担心能力太强的下属对自己"有威胁"，生怕被挤占了位置，于是就产生了"武大郎开店"的局面。而许多领导者胸怀宽广、充满自信，认为能力强于自己的下属可以把工作做得更好，自己也有机会腾出精力，做好高一层的管理工作，并开拓新的领域。

当年美国马瑟公司总裁奥格尔维曾召开了一次董事会，每个与会董事的桌前都摆了一个相同的玩具娃娃，奥格尔维说："大家打开看看吧，那就是你们自己！"董事们打开娃娃时，发现是一组套娃，里面的娃娃一个比一个小。打开多层之后，在最小的娃娃里藏着一张奥格尔维亲笔写的小纸条，内容是："如果你经常雇用比你弱小的人，将来我们就会变成矮人国，变成一家侏儒公司。相反，如果你每次都雇用比你高大的人，日后我们必定成为一家巨人公司。"这就是管理学中被奉为经典的"奥格尔维法则"。如果领导者能够发挥自己的优势，选择那些强于自己的人才来合作共事，整个团队的能级水平就会有很大的提升，何愁工作效率和水准不能显著提升？

(4) 以制度来促进人才竞争

人才竞争要得到制度的保证，才能在健康的轨道上长久地运行。如，河南许继集团为防止人才的沉淀和老化，明确规定中层以上干部包括集团领导每年淘汰 5%，管理干部每年 5%转岗，技术人员每年 5%转岗，工人每年 5%转制，即从正式合同工转为临时工，或从临时工转为正式合同工，使人人都处在不进则退的竞争环境中。华为集团的管理人员每年都要进行严格的年度述职考核，通过绩效考核，对排名靠后的人员实行强制性竞争淘汰，淘汰率 5%—10%。被淘汰的人员将接受一段时间的培训后重新分配；在新岗位上的工作排名如果仍然靠后，就安排到一线去当工人。这就从制度上保证了人才流动的经常化、人才竞争的常态化，各类人才脱颖而出，从而保证了企业具有长久的、旺盛的竞争力。

120. 充分挖掘人们的潜能
——跳蚤效应

跳蚤是一种小型、无翅的寄生性昆虫。跳蚤的后腿粗壮发达，协调性好，因而善于跳跃，平时能轻松跳到 20 多厘米的高度，其跳起的高度相当于身高的 100 倍以上，堪称“世界上跳得最高的动物”。如果人类也有如此的跳跃能力，按比例推算，可以超过一座 30 层大楼的高度。心理学家曾做过一个有趣的实验：把跳蚤放在桌面上，一拍桌子，跳蚤随即跳起，根据其跳跃的高度，放上一个玻璃罩，再让它跳。跳蚤跳跃时触到了玻璃罩，被重重地弹了回来。连续多次之后，跳蚤便主动降低跳跃的高度，控制在玻璃罩顶以下，以避免碰撞。实验者随后逐渐降低玻璃罩的高度，跳蚤在每次碰壁后便改变跳跃的高度。最后，玻璃罩接近桌面，跳蚤已无法再跳了，因为它害怕碰壁。此时，实验者拿掉玻璃罩，再拍桌子，结果跳蚤不再跳跃，只会爬行了。可见，跳蚤为了适应环境、保护自己，自动调节了跳跃的高度，而且，多次碰壁又使跳蚤变得麻木、习惯了，逐渐适应了外部的限制。于是，人们就把这种因屡屡碰壁、多次受挫，失去追求目标的勇气，自我设限，降低对成功渴望和追求的现象，称为“跳蚤效应”。

实验还在延续。为了验证跳蚤的习性和功能是否彻底丧失，实验者把这些麻木了的跳蚤放进一个玻璃烧杯，再将玻璃烧杯放在点燃的酒精灯上烤，几分钟后玻璃烧杯热了，所有的跳蚤自然发挥求生的本能，再也不管是否会碰壁，奋力一跃，全都跳出了玻璃烧杯。这说明，在受限制的条件下，跳蚤不愿跳得很高，并非它已丧失了跳跃的能力，而是由于自己扼杀了跳跃的欲望和潜能。这是很值得人们深思的。

心理学家还做了另一个更有趣的实验。在一个用透明玻璃隔成两半的鱼缸里，左侧放入一条多日没有进食的小鲨鱼，右侧放进几条小鱼。小鲨鱼看到小鱼后，便朝小鱼扑过去，结果重重地撞在中间的玻璃上。小鲨鱼没有放弃，不断向小鱼猛扑，结果总是无功而返，碰得头破血流。从此，小鲨鱼就认定自己无法吃到隔壁的小鱼了。过了一段时间，实验者把中间的玻璃拿走，让小鲨鱼和小鱼在鱼缸里一起随意游动。这时，实验者惊奇地发现，即使小鱼在小鲨鱼的嘴边游过，鲨鱼也不张嘴吃小鱼，因为它误认为，如果去吃小鱼，头就会碰疼。这个实验很好地说明了跳蚤效应产生的原因。

其实，不但跳蚤、小鲨鱼如此，人也一样。在不断遭受挫折之后，人们的自信心会受到重创，同时追求安全、避免受伤的心理会越来越强烈，消极地吸取教训之后，就在心里默认了这个现实，因此会降低自己的目标，不再去追求梦想。

参照跳蚤效应的原理，哈佛大学曾做过一个长达25年的追踪调查，对象是一群智力、学历、环境等客观条件都差不多的年轻人。25年后，这些调查对象的生活状况分类如下：3%有清晰且长远目标的人，25年来几乎不曾更改过自己的人生目标，并朝着目标不懈地努力，他们几乎都成为社会各界顶尖的成功人士；10%有清晰短期目标的人，大都是生活在社会中上层的专业人士，如医生、律师、工程师、高级主管；60%目标模糊的人，几乎都生存在社会的中下层，能安稳地工作与生活，但没有什么特别的成就；余下27%没有目标的人，仍生活在社会的底层，时常抱怨。可见，有什么样的目标追求，就有什么样的人生。

跳蚤效应启示我们：每个人的自身都具有巨大的潜能，只要善于挖掘，不懈努力，突破外界或自己设定的形形色色的“上限”，都能够获得属于自己的成功。思想工作者可以从两个方面着手，营造良好的文化氛围，促进人们发挥潜能，不懈追求，实现组织和个人自身的价值。

(1) 千万不要给自己设限

要引导人们相信自己有更大的发展潜力，能达到更高的高度，而不能像实验中的跳蚤那样“自我设限”，这样才能不断地走向成功。对此，有三点提示。

① 认定目标——有怎样的目标，就有怎样的人生。目标决定人生。一个人只有树立远大的目标，才能获得更大的成功。事实上，想要改变自己境况的人很

多，但很少有人将其化为一个个具体、清晰的目标，并为之奋斗不息。或者曾经有个目标，但是像实验中的跳蚤一样，常常因为各种有形无形的限制，导致发展受到阻碍。很多人就是因为不知道自己的潜力到底有多大，为了安稳起见，制定了过低的目标，而这些低目标就成了束缚自己前进的障碍。因此，要鼓励人们挖掘自己的宝藏，树立起促使自己发挥最大潜力的目标。这样，或许最终不能创造出奇迹，但一定能够获取一份真正属于自己的成功。

② 敢于追求——“心有多大，舞台就有多大。”很多人不敢追求成功，不是真的追求不到成功，而是因为外界的客观限制，或是因为自己的主观认识，在潜意识中已经默认了这样一个“高度”。尤其是在一次次受挫之后，人就容易学乖，容易麻木，容易习惯，最后自认卑下的情绪就会笼罩住渴求成功的心，就会常常暗示自己：成功是不可能的，目标是没办法实现的，否则就会碰壁。于是心甘情愿地降低自己追求的目标。因此，“心理高度”是许多人无法取得成功的根本原因。在我们周围，有些人害怕自己表现失常，害怕周围人的评头品足，害怕别人怀疑自己的能力，害怕一旦失败后自尊和自信受到打击，于是就畏畏缩缩地思考，蹑手蹑脚地行动，在不知不觉间已经给自己设限了，这样，再好的潜力也不可能爆发出来。

③ 笑对挫败——愈挫愈勇，才能实现梦想。很多人其实都在过着“跳蚤人生”。他们曾经意气风发，屡屡去尝试成功，但是屡遭挫败之后，或者怀疑自己的能力，或者抱怨时运不济，或者推诿他人，于是不再努力去追求，甚至一再降低行动的“下限”。如果一直沉湎于“自我设限”，那么就永远无法突破自己，因为设限的人生就像拖着沉重的枷锁，纵有再好的潜能也发挥不出来，潜能就百分之百地浪费了。在人生的道路上，挫折是锻炼意志、积累经验、提升能力的好机会。只要全力以赴，永不放弃，不断尝试，勇于战胜困难和挫折，就有可能成为生活的强者，就有可能实现自己的人生追求。

(2) 千万不要给他人设限

打个比方，如果说员工是茶壶里的水，领导者就好比是茶壶下的炉子。茶壶里水的温度，常常取决于炉子的火候。要想尽快地把水烧开，就要往炉子里适当地添煤，炉火旺了，水很快就能沸腾。从这个角度说，领导者占有绝对的主动权。如果领导者的谋划力、带动力、赋能力、协调力、应变力等都很强，就会给员工很大的发展空间，带领员工不断走向新的成功。然而，有些领导者却把员工当作“跳蚤”，左也不满意，右也看不惯，设置各种各样的限制，阻碍人才的发展，这样的单位和组织怎么会有良好的前景呢？有人说，一个好的领导，应该像一团火，随时准备发现你、点燃你，让你各方面的潜能得到开发；而一个糟糕的领导，他所想的，却是如何控制你、打压你，让你学会适应，懂得顺从，从而把你改造成一架工作的机器。一个单位和组织的文化环境和团队氛围，往往就是这样形成的。

偶尔读到一篇文章，记述了一个领导谈职工教育与跳蚤效应的关系：“职工就像跳蚤，在职教过程中，适时地立规章，定制度，非常重要。这些规章制度，在适当的时候，就像跳蚤头顶的那个盖子，促使职工学会适应。如果有人胆敢触犯，那就动用经济处罚，而且处罚一定要重，得让他感觉到心疼才行，否则，难以起到效果。长期坚持，再难缠的职工，也会改造好。这样，不怕打造不出我们所需要的好职工。”这些话表面上似乎也没有什么不对，但是隐含的思维倾向则是，用规章制度来为员工设限，让人们听话、顺从。如果这样来认识和运用跳蚤效应的原理，偏差可就大了！

121. 不经历风雨，怎能见彩虹？
——蘑菇效应

“蘑菇”这一说法源于20世纪70年代一批年轻电脑程序员的自嘲。当时正值计算机行业的开端时期，有很多人不理解他们的工作，抱有深深的怀疑和轻视，因而这些程序员就经常说自己“像蘑菇一样地生活”。这是一个十分形象的比喻，因为蘑菇总是生长在阴暗的角落，既得不到阳光，也得不到肥料，瘦瘦弱弱，处于自生自灭的境遇，只有长到足够高大时，成为鲜嫩可口的大蘑菇，才会得到人们的关注和青睐。后来，人们就将职场新人总是先做一些不起眼的事情，得不到人们重视的现象称为“蘑菇效应”。

蘑菇效应这一说法的形成，就体现了这些职场新人的智慧。有人具体描述了“蘑菇”的境况，何其形象生动：被置于“潮湿阴暗的角落”，是说被分配在不受重视的部门，或做跑腿、打杂的工作；“自生自灭”，是说得不到必要的指导和提携；搞得不好还会被“浇上一头大粪”，是说会代人受过，被无端批评、指责。这对于许多刚从大学校门走出来、想要有一番作为的心高气傲的“天之骄子”来说，是多么的痛苦，多么的无奈！这样的境遇常常摆在每一位新入职的员工面前，是他们进入到老员工行列之前必须要走过的道路，也反映了每一位职场新人的心路历程。

“蘑菇”经历诠释了多数职场新人的发展轨迹：开始时总是先做一些微不足道的事情，而且常常得不到重视和肯定。当默默无闻地工作一段时间后，便会向两个方向发展：如果工作出色，就逐渐被上级关注，并得到重用；如果工作表现平庸，就逐渐被边缘化，甚至被人遗忘。

从积极的角度来看，蘑菇效应所带来的经历并不一定是什么坏事，而可以看作是人才“蜕壳”“羽化”前的一种磨炼，它可以帮助职场新人消除一些不切实际的幻想，勤于摸索，经受历练，从而使思想和行动更加接近现实，能够更加理性、周全地思考和处理问题，特别是对职场新人意志和耐力的培养具有很好的促进作用。

从发展的眼光来看，蘑菇效应也有着先天不足：一是成长太慢，还没等蘑菇长高长大，疯长的野草就可能把它掩盖，失去成长的机会；二是遭受阻碍，即使是基因较好的蘑菇，一钻出土就碰上了压顶的巨石，因为得不到必要的帮助指导，也会胎死腹中。对一些真正有才华、有抱负的年轻人来说，有可能会耗费一段美好的时光，并因才能得不到发挥和提高而郁郁寡欢，有些人就此消沉下去，或者见异思迁，频频跳槽。

思想工作者懂得了蘑菇效应之后，应当更加关注职场新人的成长，既要帮助他们体味、适应“蘑菇”经历，也要加强对他们的培训和指导，让他们尽快成熟起来，能够担当重任，避免因蘑菇效应而使年轻人才的心灵受到挫伤，浪费最美好的时光，丧失昂扬的斗志。

(1) 对职场新人多一点关怀

帮助职场新人认准位置、融入文化、少走弯路，是对他们最大的关怀。职场新人进入一个新的单位，尤其是初入职场，自我的抱负、理想和现实之间总会存在一些差距，原先形成的思想文化观念和行为准则也会与新单位的文化特征有所区别。因而，思想工作者要从关爱职场新人的角度出发，理解他们的需求和特点，帮助他们尽早找准自己的位置，消除心高气傲、好高骛远等不切实际的幻想，真正静下心来，脚踏实地地面对现实，更快地融入本单位特定的文化氛围，从而少走一些弯路，少做一些无用功。同时，要引导职场新人认识到刚入职场时可能经历的各种困难，尤其是要做好“蘑菇”成熟之前经受各种轻视、磨难的思想准备，从不起眼的小事做起。须知，人生的许多机会都是在单调乏味的工作实践中获得的，因而要任劳任怨，努力拼搏，坚韧不拔，持之以恒，加快成长、成熟的步伐。

(2) 对职场新人多一点指导

蘑菇的生长状况，与其所获得的阳光、养料很有关系；职场新人的成长，也与单位与组织的帮助、指导分不开。思想工作者要从事业长远发展的角度，来认识培养新人的重要意义，倾注力量，加快培养优秀人才和适用人才，帮助他们掌握更多的本领，促使他们缩短“新生蘑菇期”，尽快成长、成熟、成才。

比如，上海市纺织原料公司党委多年来重视职场新人的能力建设，加快外贸应用型人才的培养。他们坚持对新入职的大学生开展职业生涯导航，创造了以“定岗、定向、定导师、定目标、定培训、定考核”为主要内容的“六定操作法”，并且安排新进大学生陆续到纺织生产企业脱产培训，熟悉纺织品生产管理，拓展外贸业务能力。对于有培养潜质的青年业务骨干，他们还实施“一人一策”，安排名师带徒、支书结对，与有丰富经验的公司领导、部门总经理签订带教协议，实施定向带教培养，以 3—5 年为一个周期，明显增强了青年骨干独立从事贸易业务的能力。目前已有十余人被提拔为中层干部，许多人被聘为业务经理。当新人的能力获得一定程度的提升后，思想工作者要大力举荐、提携，给他们提供更多的机遇，促进并帮助他们走向新的高度。

(3) 对职场新人多一点赏识

每个人都愿意他人赏识自己，认可自己的成绩，这是人的天性，对于职场新人来说更是如此。时而可以听到这样的牢骚：“工作做得再好又有什么用？领导连句表扬都没有。”诚然，工作不是做给领导看的，更不是为了获取表扬，但是如果一个人长期得不到领导的认可和夸奖，就很容易失去信心，失去工作热情。因此，领导者和思想工作者要深刻体会职场新人的心态，对于那些爱岗敬业、勤奋努力的职场新人，要及时给予表扬，适当表达对他们的赏识(参见“赫洛克效应”)。赏识，是一种肯定，更是一种激励。有时候，领导者给职场新人一句鼓励的话语，甚至一个信任的微笑、一个勉励的眼神，就能让他们心潮澎湃、精神焕发、活力四射，心甘情愿地为单位或组织做出更大的贡献。最好的赏识和鼓舞往往体现在放手使用上。

比如，上海建工集团总公司承担了 2010 年世博会园区和配套工程的大量建设项目，中国馆、世博中心、世博文化中心、主题馆和世博轴等永久性建筑的86%都由建工集团总承包。于是，他们以此作为锻炼青年队伍的好机会，把优秀青年推上世博工程的“火线”。据不完全统计，在第一线项目经理中，青年占到总数的三分之二以上；在许多重要技术攻关项目中，担任第一线攻关负责人的都是青年技术人员。面对技术难题，他们组织青年突击队，广泛吸收国内外的有益信息，不怕失败，敢于突破，攻克了众多难题，确保了世博工程，也使自己的能力和水平得到了快速提高。经过世博工程锻炼的一大批青年，随即走上了不同的领导岗位。

122. 成为社会期待的“好角色”

——角色效应

1971年，美国著名心理学家菲利普·津巴多带领研究小组在斯坦福大学进行了一项充满血腥的实验。他们在当地报纸上刊登广告，征集大学生参与监狱生活的研究，每人每天的报酬是15美元，期限为两周。有70名应征者报名参加面试，接受一系列医学和心理学测试后，其中24名遵纪守法、身心健康、情绪稳定的大学生被选中。津巴多把这24人随机分为三个组，指定了各自的角色：9人为“囚犯”，9人为“看守”，6人为“候补人员”，津巴多自任典狱长。然后进入由斯坦福大学心理学系大楼一个地下室改建成的“监狱”。“看守”换上狱警制服，配备了警棍、哨子和墨镜。“囚犯”则穿上土褐色的囚服，脚踝上锁着铁链，还都编上号，喷上除虫剂。仅仅过了一天，原本心理健康的“看守”全都进入了角色，变得冷酷无情，用关禁闭、做俯卧撑、徒手清洗马桶、撤走床垫睡在水泥地上等方式体罚那些违规的“囚犯”。起初“囚犯”不愿受罚，“看守”便毫不留情地用灭火器喷射，迫使就范。“囚犯”遭受着“看守”的虐待和羞辱却不敢反抗，逐渐变得压抑。第三天就有3名“囚犯”出现情绪紊乱。三天后，相继有5名“囚犯”退出实验。此外，三分之一的“看守”被评价为有虐待狂倾向。最后，这项研究因不道德和缺乏科学性而受到广泛的批评，原本计划14天的实验，仅仅进行了6天，津巴多就不得不提前中止实验。他在实验报告中写道：“我惊恐地意识到，我也可以轻而易举地变成最残忍的看守，或是最软弱的囚犯，对自己的无力充满恨意。”这项备受争议的斯坦福监狱实验说明，一个人所扮演的社会角色对人的心理和行为会产生多么巨大的影响！从而证实了一种社会心理现象：人们以不同的社会角色参加活动，角色的不同会引起心理或行为的某种变化。这种现象被概括为

"角色效应"。

角色效应在现实生活中十分常见。人们的言行举止在很大程度上受到"角色"的影响。京剧《法门寺》中的小太监贾桂所说的"奴才站惯了,不想坐",形象地刻画出贾桂作为"小太监"的角色意识所派生出的那种缺乏自尊心、奴性十足的心理特点。有些人长期担任领导职务,受到"角色"的支配,常常会表现出考虑全局利益、敢于"出头"担当、注重因果联系的思维习惯,以及好做决定、安排事务、支使他人的行为特征。"变性人"在变性前后都会按照社会对不同性别的角色要求,而表现出迥然不同的性别特征。在同班同学中,毕业后有人进了研究所,充当了"知识分子"的角色,就会表现出"文质彬彬"等特征;有人充当了"教师"的角色,就会表现出"为人师表"的角色要求,即使是退休后,仍会延续这种角色意识。

有个案例很说明问题。有一对同卵双生的姐妹花,从小生长在同一个家庭中,从小学到大学都在同一所学校、同一个班级内读书。尽管她俩的外貌几乎一模一样,但是性格却大不相同:姐姐性格开朗,好交际,待人主动热情,处理问题果断,较早地具备了独立工作的能力;而妹妹则性格内向,不善交际,遇事缺乏主见,常常依赖于别人。同样的基因,同样的环境,同样的教育,为什么姐妹两人的性格差异如此明显呢?专家研究发现,主要是长期以来他们充当的"角色"不同。出生之后,父母对她俩的态度就大不一样。尽管她们是孪生姐妹,但父母就要求先出生的姐姐处处照顾后出生的妹妹,要保护好妹妹;同时也要求妹妹听姐姐的话,遇事必须征求姐姐的意见。这样,姐姐就扮演了妹妹"保护人"的角色,不但要培养自己独立处理问题的能力,而且还要承担保护、帮助妹妹的责任,自然就会成熟得更快一些。

心理学研究表明,角色意识的形成一般要经历三个阶段:① 社会和他人对角色的期待;② 对自己扮演的社会角色的认知;③ 在角色期望和角色认知的基础上,通过具体的角色规范,实现角色期待和角色行为。这些都要建立在社会和他人对角色的期待之上。人们性格及行为特征的形成,在很大程度上就是受到角色期待影响的。也就是说,社会和他人期待某一角色有怎样的心理和行为特征,担任这一角色的人就会倾向于表现出这些心理和行为特征。我们经常看到,正常人都会受到所担任的角色的影响。譬如,姑娘出嫁之后,大都会有"妻子"

"媳妇"的角色意识,进而实现角色行为;怀孕分娩之后,大都会有"母亲"的角色意识,进而实现角色行为。加入了中国共产党,就要有"全心全意为人民服务"的宗旨意识和"吃苦在前,享受在后"的思想境界;在一个单位中担任了领导职务,就要有为实现本单位发展目标尽心尽责、为广大群众服务的角色意识和角色行为,否则就是不合格、不称职的。人们常常是按照其担任的"角色"来对其提出要求、做出评价的。如果缺乏相应的角色意识和行为,就会受到社会和他人的鄙视与谴责。

因此,思想工作者要通过有效的方法和手段,强化自己和工作对象的角色意识,从而更加自觉地扮演好各自的社会角色,按照社会分工和各自职责,协调地推进各项工作,产生各自的角色效应。

(1) 培训强化角色

角色意识可以通过日常生活中的耳濡目染获得,但往往是片段的、不全面的,因而可以通过比较系统的培训,有针对性地强化工作人员某一方面的角色意识。现在许多单位开展的"新生入校培训""新兵入营培训""员工入职培训""岗位应知应会培训""上岗履职前培训""新任支部书记培训"等,其中很多内容就是为了强化特定人员的角色意识,从而知晓如何适应新环境新岗位的要求,表现出"新生""新兵""新员工""新岗位"的角色行为。对于这类培训,思想工作者要充分重视,通过精心设计,将思想教育、文化熏陶有机、有效地融进去,不但要明确岗位的业务职责、管理规范,而且要明确相关的思想、作风、文化要求。一旦角色意识形成,就会形成交流的思想平台、沟通的共同语言,思想工作就会顺畅得多。此外,有些语文老师在课堂教学中,让学生在课文设定的情境中扮演角色,学习用特定角色的眼睛去观察,用特定角色的心理和语言去思考和表达,体验到其他社会角色的心理和乐趣,从而由教学中的"被动角色"变为"主动角色",成为学习的主体,进而发掘出自身的潜在能力。这类模拟训练的方式,可供各行各业的思想工作者学习、借鉴。

(2) 合理分担角色

在学校中,许多担任课代表的学生,不管其原先的基础怎样,被选任的背景怎样，一旦上任，这一门课程的成绩都会有不同程度的提高。不少企业招聘人员、选拔干部，喜欢挑选一些在学校求学时担任过共青团、学生会、社团工作的人员。之后的实践也证明，这些人员由于亲身受到过多种社会角色的锻炼，责任感、自觉性和自律精神都比较强，在思维方式、组织才能、表达能力上也往往会有一些长处。有的人自幼没有担任过干部的角色，长期处于“被管理”的地位，就容易产生消极情绪，处处表现被动应付的状态，一定程度上限制了他们的成长和进步。为此，思想工作者要从促进人的全面发展出发，根据个性与角色互补的原则，让工作对象按照特长分担各种为团队服务的角色，用角色意识教育引导人，使其在实际工作中得到适当锻炼，以促进个性的健康发展。可以适当地进行岗位轮换，注入更多的岗位新鲜感，防止角色固着，避免职业懈怠，培养多方面的才干。尽管这样做可能存在一些不确定性，但是只要合理引导，适当激励，大都是可以取得较好效果的。

日本心理学家长岛真夫等曾在小学五年级的一个班上进行了一项实验。他们在全班 47 名学生中挑选了地位较低的 8 名学生，任命他们为班级委员，并指导他们完成相关的任务。一个学期过后，进行对比测定时发现，这 8 名学生在班级中的地位发生了显著的变化。第二学期，这 8 名学生中有 6 名再次被同学们选举担任班级委员。在后续的研究中，研究者们观察到这 6 名新委员在性格能力方面，包括自尊心、责任心、开朗性、协调性、安定感、活动能力等方面都有所改善。在这些同学的带动下，原来不积极参加班级活动的性格孤僻的学生比例大大下降，整个班级的风气有所改善。

(3) 创设多种角色

1965 年，比尔·盖茨在美国西雅图的一所小学上学时，图书馆管理员向他介绍了图书分类上架的方法，让他把放错地方的书放回规定的书架。他常为发现一些放错位置的书籍而很有成就感。后来因搬家转学，比尔·盖茨失去了整理图书的机会，他为此感到很失落。父母了解后，就将他转回原先的学校，每天由父亲接送。于是，比尔·盖茨又当上了义务图书管理员。父母创设的机会，锻炼了比尔·盖茨细心搜索的能力，为他以后成为“电脑巨子”打下了基础。有些班主任曾安排一些调皮捣蛋的差生担任班级干部，促进了这些学生的转变，德智体各方面都取得了进步。

思想工作者可以从中受到启示，运用行政管理、社团组织等形式，创设多种角色的舞台，为更多的人员提供不同的角色机会，激发工作对象的角色意识和进取精神。如，上海纺织企业曾经根据企业的实际需要，在车间或班组里创设了统计员、考勤员、通讯员、安全员、质量员、设备管理员、文化学习员、生活福利员等“八大员”的兼职岗位，让更多的员工在企业管理中承担相对固定的职责。此外，还因地制宜，组织形式多样的专业协会、兴趣小组，如读书、写作、摄影、戏曲、声乐、器乐、舞蹈、书法、美术、拳操、球类，让员工自主管理，广泛开展交流、活动或比赛，开发新颖独特的实践形式，让所有的工作对象都能找到最适合自己的项目，担当最适合自己的角色，并在角色实践中展示、提升、完善自己。

123. “甘为人梯”也辉煌

——贝尔纳效应

1980 年 10 月 28 日，1964 年诺贝尔化学奖得主、牛津大学化学结晶学实验室霍奇金教授做了一场报告，讲述了她的导师、著名结晶学家、科学学创始人贝尔纳的早年生活与思想，以及对她的影响，引起了人们的关注和思索。

贝尔纳是英国科学家、科学学奠基人，一生在结晶学、分子生物学、科学社会学等方面有过许多天才的思想。他才智过人，在研究了蛋白质晶体的第一批 X 射线衍射图后，贝尔纳就敏感地预见到蛋白质的结构问题可以获得解决。可是他只停留在得到的洞察上，没有下工夫去深入研究，而把这个问题的解决留给了其他人。他也研究过氨基酸、维生素、液体的结构、陨星上的生命、大陆漂移等课题，在每个领域都提出了大有前途的问题和思路。“他总是喜欢提出一个题目，抛出一个思想，首先自己涉足一番，然后就留给他人去创造出最后的成果。全世界有许许多多的原始思想应归功于贝尔纳的论文，但都在别人的名下出版问世了。”贝尔纳的同事和学生们都相信，如果他深入研究自己提出的任何一个问题，都可能获得诺贝尔奖，甚至完全有可能不止一次获得诺贝尔奖。可是他把这些机会都留给了别人，他一生中获得的最高荣誉不过是英国皇家学会勋章和国外院士之职。许多朋友都为他惋惜，同时，又对他卓越过人的思想境界无比敬佩，把他这种“甘为人梯”的行动及影响称为“贝尔纳效应”。

德国哲学家尼采在《查拉斯图拉如是说》一书中提出了著名的人梯学说。尼采指出：① 人类艰辛劳作的终极目的，是使最接近人类超越理想的完美个体诞生，因此，那些自愿被超越并且支撑超越者的个体是阶梯，而人类正是一个阶梯一个阶梯地向上进化的。② 作为阶梯的个体的价值，也是应当被肯定的。虽然他们距离终极理想远了一些，但是他们作为人类个体，特别是作为阶梯，使人类超越了自己，其意义更应肯定。从终极的角度讲，任何人类个体都注定要被超越，注定要成为超越者上升的阶梯，因此，如果不正面肯定人梯的价值，任何个体都只有被否定的意义。

中国历史上对于这种甘为人梯的精神历来是非常尊崇和大力倡导的。如春秋时期以善相马著称的伯乐就倍受后世赞颂，“伯乐”也成为善于发现、推荐、培养和使用人才者的代名词。唐代著名文学家韩愈曾赞叹道：“世有伯乐，然后有千里马。千里马常有，而伯乐不常有。”宋朝太尉王旦非常乐意并善于举荐人才，他一生担任重臣 18 年，其中任宰相 12 年，经他推荐的大臣就有 13 个，其中 11 人都当过宰相。王旦身上所反映的，不就是一种现代人所说的贝尔纳效应吗？如今的时代，人才的关键作用已经是众所周知，“用一贤人则群贤毕至，见贤思齐就蔚然成风”。因此，贝尔纳效应所体现的精神，在当代亟须得到进一步的弘扬。

思想工作者可以在宣传思想文化工作的岗位上，发挥优势，协助领导，通过弘扬伯乐精神、人梯精神、绿叶精神，更好地激发贝尔纳效应。人梯的境界在于给人支撑、助人向上，而自己却默默奉献、无怨无悔。尤其是对各级组织部门、人力资源部门而言，为党的事业搭梯助力，这是政治觉悟，也是政治责任。当好人梯，既靠真理力量，也靠人格力量，这样才能“让组织用上去放心、干部踏上去安心、群众想起来称心”。因而，要把人梯精神作为组织人事干部的核心素养来培育，做到出于公心，不计名利，更多地发现、推荐和选拔德才兼备的优秀人才。

(1) 弘扬伯乐精神，慧眼识才

要以国家和民族的利益为重，以单位和组织的发展为重，敢于并善于发现、培养、推荐、提拔、任用能力比自己强的人，积极为有才干的下属创造脱颖而出的机会。既要坚持原则、严守标准，又要开阔视野、不拘一格，以开明、开放、开阔的眼光识才、选人。

要“识才”，关键是要有伯乐那样的“慧眼”。有一次，楚王请伯乐外出寻觅能日行千里的骏马。伯乐跑了好几个国家也没有发现中意的良马。在从齐国返回的路上，伯乐看到一匹马拉着盐车，在陡坡上很吃力地行进。伯乐大喜过望，心想:“这匹马用来拉车,它不如普通的马。但在疆场上驰骋,任何马都比不过它。”于是就同驾车人商洽买马。驾车人觉得这匹马骨瘦如柴,拉车没气力,便毫不犹豫地同意了。伯乐牵着千里马,直奔楚王宫。楚王一见这匹马瘦得不成样子,认为伯乐愚弄他,很不高兴。伯乐便让马夫精心喂养,不出半个月,马果然变得精壮神骏。楚王跨马扬鞭,不知不觉已跑出百里之外。后来,千里马为楚王驰骋沙场立下了赫赫战功。可见,只有“慧眼”才能“识才”。

(2) 弘扬人梯精神,公心荐才

对于“甘为人梯”来说,仅仅有了“识才”的“慧眼”还不够,还要有“用才”的“胸襟”。人梯,顾名思义,就是下面的人让上面的人踩在自己的肩膀上,攀援成梯,用自己的血肉之躯把同伴推上高处,翻山越岭,攻城拔寨。人梯精神,就是指出于公心,热情举荐他人,为了别人的成功而甘于做出自我牺牲的精神。这需要多么宽广的胸襟!通过举荐能力胜于自己的优秀人才来实现事业目标,为有才干的人才创造脱颖而出的机会和环境,何乐而不为!

要以忠诚老实的态度、襟怀坦白的作风,为组织和单位热情举荐想干事、能干事、会干事的好干部、好人才,绝不能有私心、存私念。宋朝的功臣寇准多次在皇帝面前数说王旦的缺点,而太尉王旦却总是夸赞寇准的长处,并推荐寇准为宰相。有一次,王旦主持的中书省送给寇准主持的枢密院一份文件,违反了规定,寇准马上向皇帝汇报,王旦因而受到责备,办事人员也受到处分。不久,枢密院送中书省的文件也违背了规定,办事人员有点幸灾乐祸,王旦却不思报复,不但不告发寇准,还把文件退还,请他们主动改正。寇准闻讯后十分惭愧,见到王旦,谦卑诚恳地致歉,王旦只淡淡地回应了一句:“吾荐汝非自我,宁国安邦矣。汝进之,我愿也。”意思是说:我推荐你,不是为了我自己,而是为了国家安宁。你不断进步,才是我的心愿。事实上,从长远来看,个人的成功是小成功,只有让更多的具备才华的人都成功,才是大成功,才能实现“中国梦”。

(3) 弘扬绿叶精神,热情佐才

红花还需绿叶衬。没有绿叶的映衬,红花的娇艳亮丽就会失色不少。固然,不想当将军的士兵不是好士兵，但是也要知道，最终能成为将军的毕竟只是极少数。所以，有许许多多品格高尚的人才心里想的是，有一分热就发一分光，只要能装点大地的美丽，哪管鲜花与绿叶。他们一直是以一种甘当绿叶、乐于辅佐的姿态，不计较个人的进退得失，在副手或中层的岗位上陪伴着主帅发展，陪伴着组织或单位成长壮大，为团队的愿景做铺垫，为社会的和谐做砥柱，在平凡的岗位上书写出不平凡的业绩。最终，成就了组织或单位的发展，也成就了自己的人生价值！

绿叶精神说到底就是一种奉献精神。在工作中首先要端正自己的心态，如果总觉得自己是在为别人付出，总是埋怨自己得到的与付出的不相称，那么就不可能达到乐于奉献的高度。中国有一句成语叫作“成人达己”。人与人之间，永远都是在不断成就别人的同时成就着自己。把甘当配角、乐于奉献作为人生坐标，就一定可以练就“眼界宽、思路宽、胸襟宽”的崇高品格，激扬“捧着一颗心来，不带半根草去”的奉献精神。耐得住寂寞，甘当无名英雄，忠诚实干，鞠躬尽瘁，人生才能更加丰盈，才能凝聚成一个团结拼搏、有战斗力的团队，实现组织或单位的宏伟目标。

124. 突破选人用人的狭隘眼界

——视网膜效应

一位“海归”在文章中写道，回国后买了一辆墨绿色的轿车。起初认为自己的选择与众不同，为此而沾沾自喜的时候，突然发现：不论是高速公路上，还是小巷子里，甚至在大楼停车场中，都有许多同样型号，而且也是墨绿色的轿车。前后的感觉怎么会如此不同？原来，心理学上有这样一条原理：当人们拥有一件东西或一项特征时，或者产生某种特别的需要和愿望时，就会比常人更加注意到别人是否具备同样的特征。这种现象就称为“视网膜效应”。

视网膜是处于眼球壁内层的透明薄膜。就像照相机里的感光元件，视网膜专门负责感光成像。当人们看东西时，物体的影像通过屈光系统映现在视网膜上，视信息便在视网膜上形成视觉神经冲动，沿视路将视信息传递到视觉中枢形成视觉，从而在人们的头脑中建立起影像。

稍加留意，就会发觉视网膜效应在日常生活中随处可见。走在大街上看见有几个人与自己“撞衫”，你会感慨怎么会有那么多人和自己穿的衣服一模一样。生病到了医院，常会发现患同样疾病的人竟如此之多。开上了某个品牌的汽车，会发现满大街跑的都是这种车。去云南旅游回来，会发现电视节目里经常出现云南的美丽景色。做饲料生意的，映入眼帘的到处都是饲料广告，甚至在旅游景点也会发现饲料包装袋。总之，你拥有什么、关注什么，不经意间就会发现平时不曾留意的东西忽然增加了很多。就好比城市里的孕妇总是那么多，平时并不留意；可当家里有人怀孕后，逛街时常会惊奇地发现，怎么到处都可以见到孕妇？所以，“视网膜效应”又称为“孕妇效应”。

根据专家的研究分析，人们之所以会形成视网膜效应，大致有以下几个原因：① 选择性注意。每个人每天都会接收到海量的信息，其容量之巨大令人难以想象，但是人们不可能处理所有的信息，于是，人脑就形成了选择性注意的功能，即只注意与自己有关联或自己关心、需要的那部分信息，并且优先处理，而忽略掉其他信息（参见“鸡尾酒会效应”）。譬如，拿到合影照片，一般总会先找到自己，观察自己的形象、表情如何。当产生某种特别的需要时，就会对此类对象产生浓厚的兴趣，自然或不自然地去留意相关信息。许多东西之前并不是不存在，而只是原先不曾注意。自从关注之后，人们就会下意识地感觉到身边果然有好多这样的东西。② 人群特征导致容易相遇。同类人群一般都有类似的特征，比如类似的需求、类似的想法、类似的娱乐，因此会选择前往类似的地点，或类似的时间、场合。因此，具有相似特征的人们自然就容易在类似的地方遇见。③ 人的特征或特殊需求会引来相关的信息。譬如，你家里有孩子参加高考，人们就会提供相关的信息，如某人的孩子也是今年高考，报名参加了什么辅导班，或打算去国外留学，你会因此结识一批相关的朋友。你买了新房，人们就会告诉你某人也在附近买了新房。你的房屋需要装修，人们就会告诉你某人的房屋刚刚装修完毕，感觉不错，可以借鉴。患有风湿病的老人，人们也会送来朋友使用有效的各种验方、秘方。

任何事物都有其两面性，在日常生活和工作中，视网膜效应有它的积极作用，如“情人眼里出西施”，需要什么就会“出现”什么。但有时也表现为消极作用，会导致人的片面性误判。人们通常说“眼见为实”，总是以亲眼所见作为判断事物的依据，但“眼见为实”只能算是真话，却不一定是真相，如“一叶落而知天下秋”就要具体分析出现的时节。“坐井观天”，实际上就是由视网膜效应带来的主观认识的偏差。

思想工作者无论是在日常工作交往中，还是在对人才的招聘、考核、选拔、晋升中，都要注意克服视网膜效应片面性的弊端，更加客观地认识自己和他人，更加全面地为组织或单位聚才、用才、容才、留才，激励人才为组织或单位的发展贡献力量。

(1) 突破关注的局限，发现他人的优点

成功学大师卡耐基曾经指出，每个人的特质中大约有 80%是长处或优点，而20%左右是缺点。有些人受到视网膜效应的影响，在对人员的评价时，不自觉地只是关注与自己的长处相似的方面，忽略了对方其他方面的长处和优点。如果由于这种认识上的局限性，关注的只是他人的缺点部分，就会失去或抑制好多人才。如，高学历、高职称的人常过于注意对方的学历、职称等，技术型人才过分关注对方的技术水平，财务人员则偏好对方的财务经历，如果脱离了实际需要，就会产生不良的作用，容易形成组织或单位中人才的同质化倾向，不利于组织或单位的长远发展。所以，一定要突破视网膜效应带来的局限性，无论是在日常交往中，还是在人力资源的工作中，都要全面地考察、评价对方的实际情况，按照实际需要和岗位特点，选好、用好、激励好各类人才。“金无足赤，人无完人”“尺有所短，寸有所长”，应该更多地关注别人的优点与长处。成功学中有一句名言：“改变缺点不能导致成功，发挥优点才可能导致成功。”因此，要更多地关注工作对象的优点和长处，并有效地支持、指导、激励他们，充分发挥工作对象的优点和潜能，促使组织或单位取得更大的成功。

(2) 少看自己的长处，包容他人的不足

有些人某一方面的长处很突出，就会特别关注别人是否也具有这种特质，而且人们还常常会高估自己的特长，用自己的长处去衡量他人，“以己度人”的结果，看到的往往都是他人的不足和差距。如，“信访接待高手”总是觉得别人的临场应对水平不够，“写稿能手”总是觉得别人的写作水平不过硬。要知道，自己的特长是在长期专业工作中锻炼形成的，有诸多特定的环境因素和有利条件，因此不能苛求他人，尤其是不能要求年轻人都能达到自己的水平和层次，也不是所有的岗位都需要这样的专长。因此，要以一种包容的心态来欣赏与接纳周围的人，多看到他人的优点，多包容他人的不足，多预想他人的潜力和进步，用其所长、避其所短。要知道，用积极的态度、包容的心态、发展的眼光对待他人，往往是良好人际关系的必备条件，也是聚才、用才的必要前提。

125. 鲜明的主见彰显人格的魅力
——改宗效应

在你身边有这种无论别人说什么都不会反驳，不会拒绝别人，甚至没有什么自我原则的人吗？在你身边有这种因为怕得罪人而违背自己内心的观点，去附和别人意见的人吗？在你身边有这种因为想讨上司的欢心而一味点头称是，不敢说出自己真实想法的人吗？

上述这些人看似聪明的做法，其实不一定就能在人际交往中增加好感。美国社会心理学家哈罗德·西格尔通过研究发现，在十分重要的问题上，如果他能用自己的观点使得一个"反对者"改变其原有意见，转而赞同自己的观点，那么他更倾向于喜欢那个转变立场的"反对者"，而不是一个唯唯诺诺、自始至终的"赞同者"。简而言之，人们对那些在自己的影响下改变观点者的喜爱，会超过那些一贯附和自己观点的人。这一现象被称为"改宗效应"。

一般来说，人们总是愿意别人认同自己的观点。但是，为什么会出现这种看似反常的改宗效应的现象呢？仔细分析，这里有几个心理原因：① 能够充当"反对者"，大都是有独立思考能力的人，而非人云亦云之徒，一旦"反对者"改变了观点，能够发挥的作用比一般人更大；② 通过说服、辩论和潜移默化的影响来使"反对者"改变观点和立场，就能感觉到自己是有能力的；③ 能使原来的"反对者"改宗，不只是以自身为主导，还有一种获胜感、成就感；④ "反对者"经过深思熟虑之后能改变原有的观点，说明这个人是有心胸、有气度来服从真理的，因而能够为新持的观点而尽心竭力。当然，改宗必须是真诚的，如果是口服心不服，这样的改宗还是会引起他人防备之心的。

受到不良风气的影响，现在有些人信奉人际交往要"世故圆滑、八面玲珑"，要做交际圈子里的“好好先生”，或者叫“老好人”。老好人，就是指那些性格温和、胆小怕事、毫无主见、人云亦云、唯唯诺诺、优柔寡断、没什么自我原则、一味“和稀泥”的人。这在中国古代叫作“乡愿”，指那些看似忠厚却没有道德原则、只知媚俗趋时的人。《论语》记载了孔子的话：“乡愿，德之贼也。”孔子直截了当地斥责为道德败坏的小人。《孟子》曰：“阉然媚于世也者，是乡愿也。”这些人奉行“多栽花少挑刺”“明哲保身”的理论，无论别人说什么，都会发出赞同的声音，从不拒绝别人，不愿得罪他人。其实，这是一种消极的处事哲学和行为方式。从心理学的角度来分析，老好人往往是因为某些心理定势和行为习惯而害怕担风险，害怕承担责任，不愿意得罪人，不愿或不敢发表带有不同意见的观点。从表面上看，老好人应该非常受人喜爱，但是事实上，老好人会时常被人形容成“墙头草”，会被人视为软弱无能，而不太容易得到别人的尊重。这种“你好，我好，大家好”的老好人并不会真正得人心，充其量只能成为人们初步交往的对象，并不值得进一步深层交往。老好人自己也常常会为此而感到心劳日拙，为这种劳而无功的处境而苦恼。从长远看，老好人表面上的明哲保身、一团和气，实际上会伤害友情，伤害交往对象，最终伤害自己。有些老好人外表上唯唯诺诺，暗地里却常常有一套自私自利的“小算盘”，更会令人看不起。改宗效应也许会给奉行“老好人”处事哲学的人一个警醒。

如今交际圈里有这样一句话：“要做好人，不要做老好人。”思想工作者要从改宗效应中吸取有益的成分，倡导积极向上的价值观，克服“老好人”“乡愿”的思维倾向和行为习惯，培养独立思考、平等交流、服从真理的健康氛围。

(1) 要敢于独立思考，有主见

人之所以称之为人，或者说人与动物的本质区别，就在于人有特有的思维意识，有独立思考的能力。古希腊诗人赫西奥德说：“什么事都自己动脑筋的人是最值得称道的。”美国思想家爱默生也说过：“要独立思考问题，不要人云亦云。”老一辈革命家陈云提出了“不唯上、不唯书、只唯实，交换、比较、反复”的重要思想。不论做任何事，都要独立思考，有确定的见解或主张，不必老是顾虑别人的想法，或老是想要附和他人、取悦他人，这样才能获得真正的快乐。遇事有主见，是要建立在对客观事物正确认识和判断的基础之上的，这是有责任心、有思考力的表现。“具有思想高度的人的主见才会是真知灼见，坚持正确的主见才会取得被社会认可的成功。”所以，有独立思考、有主见的人，常常会因独特的思想魅力而得到人们的尊重。如果缺乏主见，如果总是被别人的观点左右，如果总是让自己活在别人的目光和唾沫里，就会一辈子匍匐在别人的脚下，一辈子都将一事无成。

(2) 要敢于表达观点，能直言

从个性特点来考察，那些敢于直言、勇于表达自己观点的人，更易给他人留下良好的印象；那些善于思考、明辨是非、有自己独特个性、做事有自己原则、凡事敢表达自己观点的人，常会散发出独特的人格魅力，从而获得他人的欣赏。改宗效应所依据的主要就是这一点。所以，敢于直言，一定是要在比较重要的问题上，在对事业发展有意义的领域，经过深思熟虑而提出真知灼见，而不是纠缠于一些细枝末节，或者为了哗众取宠而故作惊人之语。要建立健康持久的人际关系，就必然从表达自己的观点和诉求开始。只有把自己内心的想法表达出来，让别人了解，你在别人的眼中才是一个独立的个体，一个有自己意愿和诉求的个体，这样才能为自己争取到同别人平等交往的机会。否则，一个顶着别人的脑袋、穿着别人的衣服、说着别人的话语的人，在别人眼中是没有存在感的，怎么会得到别人的尊重呢？在实际工作中，对于一些重要的问题，要敢于表达自己的想法和意见，有些不同于众人的意见，往往更能引起领导者的重视；即使有些瑕疵和片面性，也可以弥补主流思维中的不足，会得到有胸襟气度的领导者的理解和赞赏。因此，表达意见和观点，不能因为心知是属于少数的意见而随意放弃；即使是对于自己的上级，也不能慑于对方的权威或顾及对方的面子，就放弃表达自己的真实想法。当然，注意表达的场合和范围，注意如何表达得准确、周全，以及尽可能做到让上级容易接受，也是需要研究和把握的。

(3) 要敢于坚持原则，有韧劲

“做人有主见难，能够坚持主见则更加难。”当我们认准了目标并决定实施的时候，就不能过于在意别人的评说和讥讽；只有坚持原则，才能坚韧不拔、百折不挠，就不会纠结犹豫、畏首畏尾。尤其是在有了一些创新的主意，要做别人没有做过的事情时，更需要顶着强大的舆论压力。这时，如果没有勇往直前的精神，没有心无旁骛的执着，没有不达目的誓不罢休的决心，那就无论如何也不可能到达理想的彼岸。事实上，许多敢于坚持原则的人，可能暂时不会被理解，但最终总会受到人们的尊重和由衷的喜爱。

学习了关于改宗效应的内容，思想工作者不仅要用以自勉自励，还要开阔自己的思维和眼界，在思想引导、人际关系、人才选拔等工作中，导入先进的理念，纠正社会上的思想偏差，避免和克服“老好人”的思维习惯，在鼓励人才独立思考、敢于直言、坚持原则、推动实干等方面，形成良好的氛围。

126. 适度紧张有利于激发活力

——鲶鱼效应

挪威、西班牙等国家的人们喜欢吃沙丁鱼，但沙丁鱼非常娇贵，极不适应离开大海后的环境，所以多数渔民捕到的沙丁鱼到达渔港时已经窒息死亡，只能低价处理。汉斯的渔船却总能将大部分沙丁鱼活着送到渔港，因而能卖出更多的价钱。船长汉斯严守着保鲜的秘密。直到汉斯去世，谜底才揭开。原来汉斯在装满沙丁鱼的鱼槽里放进了生性活泼的鲶鱼。鲶鱼活蹦乱跳，上下乱窜，迫使天性好静的沙丁鱼紧张起来，加速游动，四处躲避，这激发了沙丁鱼的生命活力。这样，缺氧的问题就迎刃而解，沙丁鱼才得以存活下来。人们便把这种因个别"异己分子"的扰动而增强群体活力的现象称为"鲶鱼效应"，又写作"鲇鱼效应"。

其实，鲶鱼效应的道理，人们早就懂得并付诸应用。据1500年前成书的《齐民要术》记载，中国北魏时期的农民已经有了"系猕猴于马坊，令马不畏、辟恶、消百病"的经验；明代著名医药学家李时珍在《本草纲目》中也提到，在马厩里养猴能"辟马温疫"。对此，专家给出了解释，由于生性好动的猴子一直在马厩里上蹿下跳，使马一刻也不能懈怠，马因此增加了活动量和饮食量，从而更加健壮，增强了抵抗力。同时，因猴子的扰动，马只能站着休息，减少了卧倒的姿态，这又减少了病菌感染的机会。另外，马极为敏感，易惊易怒，猴子的不断骚扰让马逐渐习惯于外界刺激，从而提高了适应能力，对突然出现的惊扰、声响等不再惊慌失措。又如，澳大利亚一个牧场上一度狼群猖獗，常常吃掉牧民们的羊。于是牧民们联合起来向政府求助，政府随即派出了军队，将狼群赶尽杀绝。没有了狼群的侵扰，羊的数量大增，牧民们非常高兴。但是过了不久，人们发现羊的繁衍能力越来越弱，并且新出生的小羊体质很差，羊毛的质量也远远不如从前。牧民们这时才明白，原来没有了狼群这个天敌，羊的繁衍能力和生存竞争能力也就逐步退化了。后来，牧民们又请求政府将狼群引进牧场。当狼群再次出现在草原后，羊的数量虽然有所减少，但生存和繁衍能力却增强了，羊毛的质量也得到了提高。

在世界各国、各个领域，对类似鲶鱼效应的认识和运用还有不少。日本北海道盛产一种味道奇美的鳗鱼，但其非常脆弱，只要一离开深海区，很快就会死亡，聪明的渔民们就在鳗鱼中放进几条狗鱼，来激活死气沉沉的鳗鱼。科学家曾观察到，美洲鹿群在活动的区域内如果没有狼等天敌，鹿就缺少危机感，不再奔跑，身体素质就会下降，鹿群的整体生存、繁衍状况就会受到影响。医学研究证明，人在受到惊吓或精神高度紧张、亢奋时，肾上腺会分泌出大量的激素，会迸发出超常的能量，完成平时不可能完成的任务。

最早将鲶鱼效应引入企业管理的，据说是一家名为“三泽之家”的日本公司。当时三泽之家由于管理不当，导致生产滑坡，前景黯淡。他们从外部聘用了思维新颖的年轻人才，一举打破了原有的沉闷空气，使企业生机勃勃，效益倍增。此后日本其他企业也纷纷效仿，其中非常出色的是本田汽车公司。当时，本田汽车公司里管理陈旧，人浮于事，东游西荡、无所事事的员工太多，严重拖了企业发展的后腿。总裁本田宗一郎为此十分苦恼，公司副总裁宫泽就给他讲了鲶鱼效应的故事，本田听完后豁然开朗，决定尝试激发鲶鱼效应。经过周密的策划，本田把年仅35岁的武太郎挖了过来，作为外来的“鲶鱼”加入，以期制造一种紧张的气氛，带动公司走出困境。武太郎任本田公司销售部经理后，凭着丰富的市场营销经验和过人的胆识，调动员工的积极性，团队活力大为增强。销售部还带动了其他部门经理人员的工作热情和活力，使公司的销售很快就出现了转机，月销售额直线上升，本田在欧美市场的知名度不断提高。从此，本田公司每年重点从外部“中途聘用”一些精干、思维敏捷、30岁左右的生力军，有时甚至聘请常务董事一级的“大鲶鱼”，使公司上下的“沙丁鱼”都有了触电般的感觉，个个勤奋努力，业绩蒸蒸日上，使本田最终成为全球知名的跨国公司。

思想工作者要从鲶鱼效应中获取有益的启示，协助单位领导，引导工作对象，促进本单位更好地发展。尤其要在一潭死水的环境中引入鲶鱼效应，鸣锣开道，鼓劲加油，增强动力，消除阻力，让鲶鱼效应的积极作用发挥得更加充分。

(1) 保持适度压力

在很多情况下，压力就是动力。当人在被捆绑之后，就会产生千方百计挣脱束缚的动机；当人感受到压力时，就会想通过自身的努力来摆脱压力。为了更好地生存、发展，承受压力的人必然会比其他人更努力、更用功、跑得更快。人们如果长期处于安逸、舒适、稳定的状态，就会安于现状，产生惰性，固守平庸，养尊处优。此时，适当的压力可以逼迫人们奋力前行，在无形之中给人以勇往直前的勇气和动力。

倡导鲶鱼效应的本田汽车公司副总裁宫泽说过："一个公司如果人员长期固定不变，就会缺乏新鲜感和活力，容易养成惰性，缺乏竞争力。只有外有压力，内有竞争气氛，员工才会有紧迫感，才能激发进取心，企业才有活力。"因此，要通过思想引导、明确职责、修订制度、绩效考核、引入新人、提职晋级、惩戒淘汰等措施，营造一定的压力。尤其是要通过引入一些精明强干、思维敏捷的"鲶鱼"，引进新的思维方式、管理观念、工作方法，打破一潭死水的状况，给单位和团队注入生机，同时也使员工都感到如"触电"般的感觉和压力，用鲶鱼效应来激发其紧迫感、危机感和进取心，从而更好地为实现本单位、本团队的目标服务。压力机制的有效性，关键在于员工的薪酬、发展和淘汰机制的建立与绩效管理系统挂钩的紧密程度。事实上，科学有效的绩效管理系统提供的结果能够为员工的培训与发展、职业生涯规划，乃至薪酬调整、晋升和淘汰提供准确、客观、公正的依据。

(2) 鼓励良性竞争

在如今经济、社会快速发展的环境中，无处不在的就是竞争。不少人的一些潜能，都被向往安逸、贪图享受的本能和惰性所掩埋。适当的竞争犹如催化剂，可以最大限度地激发人们的潜力，也可以让团队和单位焕发出更强大的能量。在百米赛场上，选手是否能够跑出自己的最好成绩，一定程度上取决于站在同一起跑线上的人是谁。因此，要将团队的整体业绩指标分解并量化到每一个成员的身上，这样的竞争才是恰当有序的，才能避免"能者多劳""多做多错"等不利于合理竞争的情况发生。同时，要确定优秀部门、优秀员工、优秀管理人员等一系列评选标准，并认真实施，防止“尺度偏差”，通过设置内部群体之间的有序竞争去激发团队的动力，使得每一位员工始终处于精神饱满的工作状态。此外，一旦在身边出现了“鲶鱼”，不论是内部产生的，还是外部引进的“鲶鱼”，都不能轻视、鄙视和敌视，而要视为释放自己潜能、避免被环境同化的契机，从而理解“鲶鱼”的思维和行为，尊重他，学习他，呼应他，在打破旧格局、建立新格局的过程中展示自己的才干，不断地超越自己、超越他人。

(3) 重视不同意见

要发挥鲶鱼效应，就必须容忍“鲶鱼”的一些特性。“鲶鱼”的最大特点就是有主见，时常会有一些突破常规的言论和行动，并且会固执地坚持自己的观点，哪怕无人支持也毫不动摇，而不会人云亦云，随波逐流。由于常常会对原有的格局和氛围形成强烈的冲击，“鲶鱼”往往会受到许多人的冷淡、孤立、鄙视。因此，思想工作者要创造条件，广开言路，协助领导从善如流，支持“鲶鱼”发挥作用，并大力营造与“鲶鱼”进行对话、交流、争论的民主气氛，从而让“鲶鱼”的“搅局”言行得到更多人的理解和支持(参见“思维定势效应”)。同时要引导“鲶鱼”注意团结与协作，尽可能融入团队之中，尽量能争取带动、激活更多的人。对于可能引发的矛盾冲突要及时疏导和制止，让鲶鱼效应多发挥正面的作用。出现失误和偏差时，领导应主动承担责任，不能全都推诿给“鲶鱼”，并且要寻找造成过失的原因，及时加以改进。

127. 不让滥竽充数者有可乘之机
——搭便车效应

从前有一个国王，为了显示自己的威望，决定在自己生日的正午时分让全体子民齐声高呼“陛下万岁”。大家也怀着好奇的心情，期待在这一刻能听到世界上最响的声音。一位智者灵机一动：如果自己参与呼喊的话，听到别人声音的效果将大打折扣。于是他暗中决定，在大家呼喊时默不开口，一心只听别人的呼喊。他把这个主意告诉了妻子，让她也能享受听到最响声音的乐趣。不料妻子私下透露出去，一传十，十传百，这个主意很快就暗中传遍了整个国家。正午时刻到来了，广场上却是一片沉寂，大家翘首以盼的最响声音并没有到来。万千臣民是一个利益的整体，只有他们共同呼喊才能创造出世界上最响的声音，但是许多人都怀着这样的想法：这么多的人不缺我一个呀，即使我不呼喊，其他人呼喊的声音仍然足够大。大家都如此想、如此行，最终导致了一片沉默的结局。这个故事很好地诠释了“搭便车效应”。

“搭便车”理论首先是由美国经济学家曼柯·奥尔逊在1965年出版的《集体行动的逻辑：公共利益和团体理论》一书中提出的，意指行为人未付出必要成本或只付出较小成本，却依靠某种不易察觉和度量的便利条件获得与成本无关或极不相称的报酬及利益。由于团队成员的个人贡献与所得报酬没有明确的对应关系，每个成员都有减少自己的成本支出而坐享他人劳动成果的机会主义倾向，团队成员由此而缺乏努力工作的积极性，这样就导致团队工作低效或无效。

具体分析来看，在一个团队内，某个成员为本团队利益所做的努力，团队内所有的人都有可能得益，但其成本是由这个成员个人承担的。所谓成本是包括多方面的，时间、体力、精力、金钱、人脉等都是成本。由于团队的利益是由组成团队的每个成员的需求和动机决定的，因此，只有每个成员联手努力，才能使团队的共同利益最大化。如果团队内每个成员都奋发努力，则个人成本大体相当。但如果甲成员偷懒耍滑，没有为此而努力，而其他的成员付出了努力，那么，实际上甲成员就侵占了其他成员的利益。久而久之，就会抑制团队其他成员为共同利益努力的动力。最终，就有可能出现人人都不努力工作的尴尬局面。

"搭便车"的根源是人们的一种投机心理。一方面，投机者抱着"就算我不做，总会有别人做"的想法碰运气、占便宜；另一方面，在群体行动中，一个人究竟出了多少力气往往难以考核，无形中给"搭便车"者提供了机会。《韩非子》记载的"滥竽充数"故事中的南郭先生，就是中国古代版的"搭便车"者。著名的"三个和尚没水喝"的故事，说的就是一个和尚无偿享用另外两个和尚挑来的水，导致其他两个和尚的积极性降低，不再担水。一些工厂企业不愿意出资治理污染，一些轮船公司不愿意出资兴建灯塔，却要享受同样的服务，都是社会生活中免费"搭便车"的事例。

在团队工作中，搭便车效应的危害性非常大。如果没有良好的机制去抑制"搭便车"的现象，就可能导致团队中每个人都希望由别人去承担成本、承担风险，自己坐享其成。于是，引发团队成员内心的不平衡心态，降低成员之间的认同感和合作精神，产生消极的机会主义文化，导致对组织的忠诚度下降，组织内部环境恶化，集体行动停滞不前，大家互相猜忌，互相推诿，形成内耗和阻力，大大增加组织的协调成本(参见"内耗效应")。这些都会销蚀整个团队的凝聚力、积极性和创新能力。譬如，在计划经济条件下吃"大锅饭"的年代，生产队里农民集体劳动，农民甲整天辛勤干活，创造了较高的价值，农民乙却在一边偷闲玩耍，很少创造价值。然而等到秋后分配，农民甲乙同样均分粮食，这自然就挫伤了农民甲的劳动积极性，助长了农民乙的惰性。于是，农民甲也不再像从前那样竭尽全力地劳动了。"搭便车"的人多了，总体效率必然降低，甚至导致入不敷出、分配无法实现，就会出现无"便车"可"搭"的"搭便车困境"。

怎样针对搭便车效应出现的根源，在人力资源管理上建立良好的机制，去有效地抑制"搭便车"的现象呢？思想工作者可以从以下几个方面来探索实践。

(1) 控制“同车人”规模,便于“管理到位”

既然搭便车效应产生的原因之一是“不易察觉和度量的便利条件”,那么就可以有针对性地使这些“便利条件”显现化,从而便于“察觉和度量”。比较有效的措施就是适当控制团队的规模,划小考核单位,便于责任到人、考核到人。可以将较大的团队分为4—6人的小组,减小管理跨度,便于管理和考核。心理学研究表明,如果团队的规模较小,由于每个团队成员的努力对整个小组都有较大的影响,其个人的努力与所得报酬的不对称性相对较小,个别人的惰化现象就会减弱,搭便车效应的影响就可能明显降低,从而取得较高的合作效率和成果。这就好比当年齐湣王将南郭先生所在的300人乐队分成若干个小组或单人轮流演奏,滥竽充数的现象就绝迹了。

(2) 明确“同车人”职责,避免“免费搭车”

“搭便车”现象很多是由于分工不明确,对有些事情可做可不做。因此,可以按照岗位来适当安排,让每个成员在团队中都有特定的职责,尽可能负责其有专长的工作,便于大家都在各自的岗位为团队的利益而努力。当然,这种分工不是一成不变的,可让团队成员适时地交换分工,从而达到人人尽责、平等参与的目的,不能总是让某些成员负担过重,形成“鞭打快牛”的现象。只要把工作任务分配得好了,个人职责明确了,人人有事可干,就没空偷闲了。同时加强检查考核,鞭策后进,就可以尽可能避免“搭便车”的问题。

(3) 提高“同车人”素质,做到“有事可做”

客观地说,团队成员的动机、态度、能力和个性必然存在一定的差异,部分成员也许还不具备“开车”的技能,也没有掌握与“开车人”合作的技巧。因此,要通过必要的培训,来营造一种愉快的学习环境和合作氛围,让一部分“搭车人”学会独立“开车”,至少要在“搭车”时也“有事可做”,帮助“开车人”提高工作效率。尤其要在团队中加强思想教育和引导,建立良好的社会规范、道德意识,培养团队成员的忠诚、合作精神和主人公意识。发现有“免费搭车”的现象,要适当提醒,及时做好相关人员的思想工作。

(4) 实行“同车人”监督,提高“信息对称”

在许多情况下,由于信息不对称,就很难对集体行动中的个人行为进行有效的监督;团队成员的实际贡献究竟多大也很难衡量,往往会因为成员之间的相互依赖性而变得模糊。因此,倡导团队成员之间的互相监督是提高信息对称性的有效手段。这是由于团队成员之间往往具有类似的知识结构,或承担相关的工作任务,在岗位上的接触也比较多,信息方面的不对称就相对比较小,如果充分发挥团队成员之间的相互监督,在责任分明、利益分享、责任连带的机制下,团队成员更有动机去监督他人,给偷懒者以压力,从而有效地提高成员的积极性和工作效率。

(5) 制定“同车人”规则,破除“平均主义”

搭便车效应产生的另一个原因是“团队成员的个人贡献与所得报酬没有明确的对应关系”,如只看团队成绩不考虑个人成绩等做法,忽视了团队成员之间的差异。当然,团队管理中能激发每个人自发主动地为团队努力是最好的,但不能只依靠每个人的自觉性来管理。美国经济学家和社会学家曼瑟尔·奥尔森指出:“能有效地代表大量个人的组织的出现需要应用‘独立的和选择性的激励’来抑制搭便车行为。”这里所说的“选择性激励”可能是奖励性的,也可能是惩罚性的,甚至是强制性的。所以,在强调团队合作的同时,也要注意对团队成员之间在努力程度和绩效成果上的差异做出评价、考核,在分配和奖惩上适当体现,破除“干多干少一个样、干好干差一个样”之类的平均主义现象。

(6) 细化“同车人”责任,分摊“搭车成本”

团队运营中发生的成本不能总由个别成员来独自或较多地承担,而应该让团队成员共同承担。尽管有些成本无法一一计算清楚,但能够分担的还是要大家一起分担。这不仅是钱的问题,还关系到团队内公平、合理的风气。譬如,一些小区里部分居民按时缴纳物业费,但另一些居民总是不交,却享受着与缴费者同样的服务，以致物业公司无法经营而撤离。又如，某楼组 36 家住户需要进行卫生设施改造，改造的费用为 7 200 元，分摊到每家住户的费用为 200 元。虽然设施的改造会让所有住户都得益，但当费用是自愿缴纳时，一部分住户会以种种借口拒绝缴纳，企图“搭便车”。有的社区采用的解决方法是，让这 36 家住户作为一个整体，通过投票，少数服从多数，来决定是否进行设施改造。一旦确定实施改造，则所有住户都必须缴纳费用，个别企图“搭便车”的人就没有可钻的空子了。

128. 克服重表不重里的心理偏差
——猪大肠效应

许多人明明知道，猪大肠的内壁成天与又脏又臭的猪屎亲密接触，却毫不避忌，将用猪大肠做成的菜肴视为美味，津津有味地品尝。但是，如果让他们看到猪大肠或猪肉掉到猪屎坑里，哪怕只有一秒钟就捞出来，即便洗得再干净，也没有人愿意吃了。人们就把这种心理现象形象地称为“猪大肠效应”。

猪大肠效应产生的原因，在于人们重其表而不重其里的普遍心理偏差，总认为从猪肚子里掏出的猪大肠尽管里面裹着猪屎，但外表光滑干净，是能洗得干净的；而掉到猪屎坑里的猪大肠，虽然只是肠子外表与猪屎短暂接触，但人们仍然拒绝，认为再怎么洗也不干净。就其本质而言，两者都同样接触过猪屎，但在接触的时间上看，前者是以月计算的，后者是以秒计算的，前者比后者不知要长了多少倍，可是人们仍然认为前者是干净的，后者是污秽的。可见人们的心理就是这么复杂，难以解释。

其实，猪大肠效应在许多人身上都有体现：人们都喜欢外表整洁美观的事物。包装漂亮了，似乎就是高档了；包装损坏了，商品就一定是不好的。嫌杂物乱七八糟地堆在一起不好看，就用一块干净布遮挡起来，也就算是干净整洁了。人们还不自觉地运用猪大肠效应来处理社会关系：想要吹捧一个人，就夸大其词地宣扬他的优点和业绩；想要贬损一个人，则无所不用其极地给他罗织罪名、揭露隐私。于是，我们常常见到这样的现象：当某人得势时，就把什么荣誉都给他，又是先进模范，又是人民代表，也不管他是否合适担任，而对他的明显缺点和问题却置若罔闻、讳莫如深，即使有人举报也百般掩饰；一旦因某种原因失势，再提到此人时，则是“素质很差”“贪污腐败”“灵魂肮脏”等，简直一无是处。这正是猪大肠效应在起作用。

既然猪大肠效应反映了人们的一种普遍的心理现象，就必然会产生正反两方面的作用。思想工作者的责任就是，促进自己，同时也帮助工作对象，兴利除弊，发挥其积极作用，克服其消极作用。

(1) 观察事物，不能只看表面

猪大肠效应启示我们，对于任何事物，要看本质，而不能只看表面，不能被事物的表面现象所迷惑，也不能被自己的心理偏差所驱使，而要透过现象看本质。西谚说："判断一个人的高矮，不能光看他的影子。"著名戏剧家莎士比亚说过："闪光的东西并不都是金子，动听的语言并不都是好话。"英国文艺复兴时期的哲学家培根说得更透彻："人们喜欢带着极端的偏见在不着边际的自由中使自己得到满足。"

有这样一则寓言：一位有名的木匠师傅带着一批徒弟进山寻找适合造船的木材。他们看见在土地庙旁长着一株参天大树，许多人都在围观这棵巨树。师傅对此竟然视而不见，仍脚不停步地往前赶路。徒弟们十分疑惑，就追着师傅问道："难得遇见这样好的木材，可您为什么看也不看呢？"师傅说："你们不要再夸那棵树了，那是一棵脆而不坚的树木，如果用来造船，会沉没；如果做成棺材，会很快腐烂；即使用作柱子，也会被虫蛀空。"徒弟们仍然不舍："可是，它确实是一棵少有的巨树啊！"师傅开导道："正因为它不能用来做任何东西，所以才能长得这么大！"同样是一棵大树，平庸的人看表面状态，认为它是栋梁之材；有见地的人则抓住本质，认为它是不材之木。

在日常生活中，这类现象比比皆是：绣花枕头里面，常常是一包草；色彩艳丽的野菇，很有可能会致命；洁白的雪花融化后，地上可能是一摊污水；漂亮诱人的玫瑰，却长在满是尖刺的枝条上。所以，我们不能仅从表面来观察事物，一好百好；而必须透过表面的现象去探究事物的本质，否则就容易受到迷惑，做出错误的判断。

(2) 选拔人才，不能以貌取人

尽管大家都知道，如何选人，选什么样的人，对事业的兴衰成败至关重要，然而，在选拔人才时，凭个人好恶、表面印象对人妄加评价，以貌取人、以一时一事的表现取人的现象，却可以说是屡见不鲜，不重大节、不看根本，只重细枝末节、舍本逐末的也不罕见。这些做法，都违背了伯乐的选才原则，自然难以选出真正的千里马。所以，识别人才、甄选人才、推举人才，更要看其根本、看其本质、看其行动和实绩，不能只看表面现象，只抓细枝末节。

当年，伯乐老了，不能再去相马了，便向秦穆公推荐九方皋。秦穆公要检验九方皋的本事，就让他去找千里马。三天后，九方皋牵来了一匹黄色的母马，秦穆公一看，很不高兴，心中暗忖：这哪是什么黄色母马，分明就是黑色公马嘛。秦穆公对伯乐说："你推荐的人连牝牡骊黄都分不清楚，还说能相千里马呢？"伯乐问清事情原委后说："这正是九方皋胜过我的地方，他看事物总能看到最根本的地方啊！"调养数日之后，马的特征显现出来了，完全如九方皋所言，他找到的果然是一匹天下难得的千里马。这则寓言，表面看似乎是在说相马，实质上讲述了精妙的识才之道。它告诫我们，选拔人才，要抓住根本，着眼于人才的主要作用，而不必在毛色、皮相上多纠缠，切忌简单化、表面化，以免埋没了真正的人才。

(3) 塑造形象，不能忽视细节

换一个角度来看，既然人们都喜欢整洁美观的形象，都容易受到表象的影响，都会发生重表而不重里的心理偏差，那为何不利用人性中的这一特点来为自己的形象塑造服务呢？拥有美国 MBA 学位、有着近 20 年行销经验的美商摩托罗拉行销总经理黄玉莹是一位成功人士，有一次和一位相貌英俊的公关经理一起出席一个会议，结果在交换名片之前，对方主人竟然误将那位外貌出众的公关经理当作是她。这是因为在陌生人的眼里，一切能力在最初时是无法体现出来的，以貌取人就成为一种常态。其实，成功者的形象也常常表现为外表的形象，然后才是行为和内质。所以，不管你目前的实际状况如何，都要给人以一个自信、干练、充满活力的形象，这会使你看起来更成熟、更有实力、更值得信赖。一旦你的良好形象树立起来了，成功的希望也会随之增大。如，美国一家著名汽车公司招聘推销员，许多高学历的应聘者均遭淘汰，而一个身穿粗布工作服、脚着帆布运动鞋的"大个子杰姆"一进汽车陈列室就大声嚷嚷："说真格的，我从心眼里就想把这些好车卖出去!”面试的考官被他的热情感染,就果断地聘用了他。杰姆果然不负众望,上班两周后就赚到了推销部其他员工全月的收入。如果不是表面的形象帮了他,他也许连表现的机会都没有。所以,在人才应聘技巧中,仪容化妆、言谈举止就成为必不可少的内容。

十
环境氛围篇

129. 不良信息会导致乱象的扩展
——破窗效应

美国斯坦福大学心理学家菲利普·津巴多于1969年进行了一项很有趣味的实验。他找来两辆牌号、颜色、外观一模一样的汽车,停放在不同的社区。停放在纽约北部布朗克斯街区的一辆车,车牌被摘掉了,引擎盖和车窗也都被打开,结果这辆汽车很快就被偷走了。而停放在加州帕洛阿尔托的那一辆保持原样,封闭如初,过了一个星期也完好无损。后来,津巴多用锤子在这辆车的窗玻璃上敲了个大洞。结果仅仅过了几个小时,车上所有的窗户都被人打碎,车上的东西也全部丢失。

以这项实验为基础,政治学家詹姆士·威尔逊和犯罪学家乔治·凯琳于1982年发表了一篇论文。文章指出:如果有人打坏了一幢建筑物上的一块窗户玻璃,而窗户玻璃又没有得到及时修复,别人就可能受到某种暗示性的纵容,去打破更多的窗户玻璃。久而久之,这些破窗户就给人造成一种无序的感觉,促成更多的无序,结果在这种公众麻木不仁的氛围中,就会滋生、蔓延出更多的违规行为。这种现象就被概括为“破窗效应”。

在社会生活中我们时常看到,一面墙上贴有几张小广告,如果没有及时清理,很快就会招来更多的乱张贴,这一度造成了城市的“牛皮癣”。在旅游景点,“到此一游”之类的涂鸦如果没有被及时清除,此处很快就会布满乱七八糟、不堪入目的字迹。广场上如果有少许纸屑杂物,不久后就会出现更多的垃圾,最终人们会理所当然地将垃圾顺手丢弃在地上,丝毫不会觉得惭愧。有些企业采用上下班打卡考勤制度,如果有个别人不打卡,或是请别人代为打卡,又没有及时得到劝阻和纠正,就会引来更多的员工效仿,打卡考勤制度就名存实亡了。以上这些都是破窗效应在社会生活中的具体表现。

破窗效应所说的既是环境，又不仅仅是环境。它揭示了一个道理：环境传递了强烈的暗示和诱导信息，不良的信息会导致不良现象的无限扩展。人们对完美的事物有一种潜在的禁忌破坏心理，会尽量保护美好的事物；而当这种禁忌被打破时，人们就会失去维护完美的愿望，进一步破坏的行动也就接踵而来。因此，在某一环境中，任何一种不良现象一旦被容忍，就有可能被连续放大与扩展，以致环境变坏而难以收拾，逐渐演变成"千里之堤，溃于蚁穴"的结果。

人们在生活中总是留意那些大事情上的失败和教训，而忽略看起来偶然的、个别的、轻微的过错。事实上，如果对这些小的过失熟视无睹、不闻不问、反应迟钝、纠正不力，同样会放纵消极的行为，产生恶性循环、不良后果。再进一步说，如果一个团体、一个单位内部，矛盾重重、人心涣散、纪律松弛、规章制度形同虚设，就容易被人坑骗、击溃。

关于破窗效应，2015 年 6 月 26 日中共中央政治局就加强反腐倡廉法规制度建设进行第 24 次集体学习时，习近平总书记在主持学习时就专门强调："法规制度的生命力在于执行。贯彻执行法规制度关键在真抓，靠的是严管……要加大贯彻执行力度，让铁规发力、让禁令生威，确保各项法规制度落地生根。要加强监督检查，落实监督制度，用监督传递压力，用压力推动落实。对违规违纪、破坏法规制度踩'红线'、越'底线'、闯'雷区'的，要坚决严肃查处，不以权势大而破规，不以问题小而姑息，不以违者众而放任，不留'暗门'，不开'天窗'，坚决防止'破窗效应'。"这些话讲得很全面、很到位，应当作为防止破窗效应的重要指导意见。

破窗效应的本质是提示人们建立一种有效防范和及时修复"破窗"的机制。这对于思想工作者来说，有五点重要的工作启示。

(1) 维护好容易打破的"第一块窗户"

一个小小的问题行为如果没有得到及时的制止、处理，就会给周围的群众传递一个错误的信息：相应的规则是不必认真遵守的。于是，遵守这个规则的人自然就会越来越少。"第一块窗户"被打破后，会带来连锁反应，导致积重难返。

须知，维护好“第一块窗户”，要比打破之后再修复少花很多力气。因此，维护好每一块“窗户”，要从最容易打破的“第一块窗户”做起。要见微知著、防微杜渐，对于损害组织机体的言行，要从萌芽状态就予以重视，及时制止，防止蔓延。特别是对那些触犯企业核心价值理念的“小错小恶”，千万不能容忍，按照制度进行处理是非常必要的，即使有点“小题大做”，对于防微杜渐来说，也并不为过。

(2) 及时修复已经被打破的“窗户”

破窗效应告诉我们，如果不及时修复已经被打破的那些“窗户”，就会造成难以弥补的后果。因此，要分清主次，找准要害，循序渐进地开展修补破损“窗户”的行动。上海纺织集团有些企业以发现的问题为导向，针对创建文明单位中发现的一些薄弱环节，定人定时定项目定目标予以整改，修复“窗户”，取得了良好效果。日本一些企业开展的“红牌作战”，就是旨在修复“第一块窗户”的举措。工厂里不管是谁，对各个角落存在的“问题点”都可以发现并指出，悬挂上长约13厘米、宽10厘米左右的红色标牌，一目了然，提高相关员工的改进意识，并结合整理、整顿、清扫、安全、清洁、素养等6S活动，落实责任，从而达到整理、整顿的目标。“红牌作战”作为精益生产目标管理中的重要方法，已经在制造型生产企业中得到应用和推广，行之有效。类似的管理方法，思想工作者都可以学习借鉴。

(3) 用正面典型来修复“破窗”

要发挥思想工作的优势，以榜样的示范作用引导人们向好的方向转变。有一家公司新建了办公大楼，楼前有一块硕大的绿地，有些员工贪图方便，抄近路从草地上走过，在草地上就显出了一行脚印。公司没有及时制止，以致踩踏草地的人越来越多。公司贴出告示：“踩踏草地者被发现的扣工资”。总经理还在会议上批评了某个部门领导，但仍然屡禁不绝。一天，为此而苦恼的总经理在楼上窗户向下看，只见两位车间女工走到草地前，他以为草地又要遭到践踏了，不料两位女工却绕着草地走了半圈，才进入厂房。总经理随即找到两位女工，予以表扬，还在大会上各奖励了两百元，并在工厂里大力宣传。事情传开后，再也没有人从草地上行走了。

(4) 对于“破窗”者要区别对待

对于“破窗”者，要区别是偶犯还是屡犯，是无意还是有意，是跟随还是带头，从而分别处理。对于恶意带坏团队风气的害群之马和造成严重后果的主要人员，要依照规章制度，采取果断措施，严肃处理，必要时要予以除名，不能姑息。对于一般的“破窗”现象，要对事不对人，重在提高思想认识，纠正错误的行为，不致蔓延。对于偶尔有“破窗”行为的一般人员，要有宽容、包容之心，只要有了认识即可，不要挫伤其积极性。尤其是对因缺乏经验而在工作中出现各种差错、失误的年轻人，要多赏识、多尊重、多信任、多激励、多引导、多宽容，千万不能动辄就是训斥、讽刺、挖苦，乃至歧视，造成年轻人“破罐子破摔”的心理。教育家陶行知说过一句十分精辟的话：也许“你的教鞭下有瓦特，你的冷眼中有牛顿，你的讥笑中有爱迪生”。这提示我们，思想工作中不当的言行举措，也许会影响对方的一生，甚至会扼杀一个天才。

(5) 加强自我修养，避免“破窗”

思想工作有一条原则：“身教重于言教。”破窗效应还提示思想工作者要加强自律，以模范的行动来优化思想工作者的形象。

① 要注意自身修养。从个人形象来说，不管你穿得如何时尚得体，如果总是一双脏旧的皮鞋，别人一定认为你是一个不修边幅的人，继而怀疑你的个人修养、工作态度、行事风格。这也许是脏皮鞋带给你的破窗效应。从工作细节来说，要时刻注意细节的完善，不能因为些许的自我原谅，给人以粗粗拉拉、毛毛糙糙的感觉。总之，要尽自己的最大努力，尽可能做到最好，并不断地超越自我。

② 要保持廉洁自律。思想工作者加强自律，很重要的就是要以身作则，保持清正廉洁，决不能在思想上被打开“缺口”。一些领导干部最初就是因为在生活小事上被打开了“缺口”而“落水”“落马”。前车之覆，后车之鉴。

130. 留意环境的助长作用

——观众效应

1897 年,特里普里特在《美国心理学》杂志上发表了一篇考察他人在场和竞争对个人行为影响的实验报告。他让被试者在三种情境下骑车完成 25 英里路程。结果显示,第一种情境,单独骑行时,平均时速为 24 英里;第二种情境,让一个人跑步陪同,时速达到 31 英里;第三种情境,与其他骑车人竞赛,平均时速为 32.5 英里。这个报告引起了社会心理学家极大的兴趣。

1925 年,特拉维斯也做了一项追踪视盘的实验。他要求被试者手拿一支铁笔,跟踪一个旋转圆盘上的目标。如果铁笔离开了目标,就算一个错误。在被试者练习熟练后,让他在实验室先单独做 5 次实验,再让他在有 4—8 名高年级大学生或研究生在场的情况下做 10 次实验。事先与旁观者约定,只是默不作声地观察被试者的工作。实验结果表明,当有人在场观察时与单独实验时相比,被试者的错误率大大降低,甚至在单独工作时达到的最好成绩也低于有人观察时的成绩。这表明当有他人在场观察时,人们会发挥出潜在的能力。

在体育比赛中,特别是篮球、排球、足球等对抗性较强的比赛中,我们经常发现,场边观众的多寡和热烈程度,都会对运动员在场上的表现产生重大影响,引起技术发挥程度的大幅变化,从而影响比赛的结果。

于是,专家们得出结论,如果有人在场观看一个人从事某种活动,这个人就会感到一种来自外界的刺激,从而提高(或抑制)活动效率。于是,这种现象就称为“观众效应”。

专家进一步研究发现,观众效应的社会助长作用的确广泛地存在着,不仅可以引起人们行为效率在量上的提高,而且可以在有些方面提高行为的质量。但是观众效应的作用并不总是积极的促进，有时效果恰恰相反。一般来说，当做熟练的简便工作时，人们的反应正确率较高，如果有观众在场，无意中就会激发竞争意识，提高兴奋水平，会争取以更加优异的工作成果获得好的评价。同时，也会减少由于孤独造成的心理疲劳和单调的感觉，这样，工作效率就会提高。而当人们做生疏的复杂工作时，人们的反应正确率较低，如果有观众在场，因为害怕观众的不良评价，就会紧张和焦虑，或涣散了精神，干扰了工作进程，从而降低工作效率。而且随着工作难度的增加，观众效应的积极助长作用会逐渐下降，最终变为消极干扰作用。

掌握观众效应的特点和规律，对于思想工作者来说是十分有用的。面对面的谈话交流是思想工作中一项最基本、最常用的方法。专家研究证明，面对面的谈话交流因其针对性、交互性、情感性、便捷性、私密性都比较强，从而具有无可替代的优势。根据观众效应的启示，面对面的谈话交流对环境因素有一定的要求，要注意场合和观众的选择，防止产生负效应，这样才能让谈话交流更好地发挥作用。

(1) 要选择避免干扰的环境

一般来说，面对面的谈话交流，总希望谈话过程能保持相对的封闭、安静，环境的选择相当重要。比较正式的谈话，宜安排在领导办公室、会议室进行。有时不想让周围人员了解有这次谈话，或者表示对对方的格外尊重，可以邀约到茶坊、咖啡厅等轻松的场合。而对主要是赞扬、表彰等内容的谈话，可以选择在人员众多的工作场所或食堂、会场上进行，让对方获得更多的荣誉感，让观众效应的作用发挥得更加充分。

(2) 要选择合适的参加人员

面对面的谈话交流不限于当事人双方。有时候，邀请合适的第三者参加，借助观众效应，对于谈话的效果会发生微妙的影响。比如，对方的师傅、父母、配偶、发小，以及对方尊敬的亲朋好友参加谈话，可以利用他们同对方的特殊关系，促使谈话顺利进行，取得预期的效果。邀请第三者参加谈话，最好事先征得对方的同意，否则也许会适得其反。如今不少年轻人不太喜欢领导和同事到家里造访，所以家访的形式对他们不一定适用。即使要家访，也必须提前约定，千万不能“突然袭击”，也不能像从前那么频繁。

（3）要维护对方的自尊心

在有他人在场的场合，对方的心理防御尤其敏感。所以，要充分尊重对方，肯定主流，给足面子，尤其是批评性的语言一定要严谨、慎重，点到为止，掌握好分寸，维护对方的自尊心。万万不能急不择言，讽刺挖苦，随意训斥（参见“厚脸皮效应”）。如果有不合适的人在场，可以提示其回避。一旦有他人突然进入，应当立即暂停谈话。

（4）要保护对方的私密信息

任何人都有倾吐内心的愿望，即使是潜藏在内心最深处的“隐秘”，也会有倾诉的愿望、宣泄的需要。只是碍于身份、脸面，出于害羞的心理，而不愿意公之于众。在谈话交流的合适境况下，会向他认为信得过的人倾诉。这时，别人的劝说往往因切合他的心理需要而产生明显的影响。为此，更要充分尊重工作对象的人格，要对工作对象叙述的事实、思想，以及暴露出来的缺点，甚至一时的邪念保守秘密，不能以任何方式扩散，否则会引起更大的反弹。由于每个人的文化背景不同，在对于私密性的范围认定上会有很大的差异，所以，对于私密性的范围宁可掌握得严一些。

（5）要防止损伤旁听者

有时在谈话的过程中只考虑到双方的情况，却忽略了在场的旁听者，就会造成不必要的误伤。如在表扬对方时，将涉及他人的事例拿来对比、衬托，会引起旁听者“对号入座”，引发误解和不快。有时过度的夸奖，也会挫伤旁听者的积极性，引起嫉妒或反感，又给被夸奖的对象造成不必要的压力。批评对方有时也会涉及周围的人。俗话说“言者无心，听者有意”“当着矮人，不说矮话”，前人的经验都值得借鉴。比如，有一位从外单位调去不久的公司党委书记不太熟悉具体情况，到下属企业参加干部会议时，出于鼓励的目的，对该企业刚获得的科研成果大加赞赏，重点表扬了该企业总经理亲身投入科研工作，贡献突出。不料，夸大之词引起了负责科研工作的技术总监不快，认为是总经理私下将科研之功据为己有，遂提出辞职，搞得十分被动。可见，即使是表扬，也要注意措辞的分量，注意顾及左邻右舍"观众"的感受。

观众效应适用的范围很广，思想工作者可以举一反三，灵活运用到领导视察、专项检查、考核评比、典型示范、任务分配、场所选择等相关工作的安排中去，让观众效应更多地发挥出积极作用。

131. 情境有巨大的感染力和影响力
——组场效应

场，是物理学的一个概念，指物质存在的一种基本形式，如电场、磁场、引力场、红外线场，是一个以时空为变量的物理量。场弥散于整个空间，虽然看不见摸不着，但又确确实实存在着。组场，是指组建起一个有特定作用的场所。心理学的研究表明，许多人按照一定的目的聚集在一起，就会形成一个如同磁场一样的心理场。当人们进入这个心理场之后，在种种激动、感人场景的渲染下，人们会受到影响和带动，变得情不自禁、身不由己、难以自控，以致产生与特定场景相一致的情感与行为。这种能影响、带动甚至裹挟人们心理的强大、特殊的场景就称为大众心理场，它所产生的效应可称为"组场效应"。

德裔美国心理学家库尔特·勒温认为，个人活动于其中的空间是一个心理场，这个场内的全部情况决定着某一时间内的个人行为。他把人的过去、现在所形成的内在需求看成是内在的心理力场。人的心理活动是现实生活空间内在心理力场与外在心理力场相互作用影响的结果，因此要测定人的心理力场和行为就必须了解驱动这一行为的内在心理力场和外在心理力场的情景因素。据此，勒温提出了心理力场的理论公式：B＝F(P·E)，其中B是个体行为，P是个性特征，E是环境，F是函数。他用这个公式表明：人的行为是其个性特征与环境作用的函数关系或结果。勒温最初用"场"的理论研究个体行为，后来有人把"场"的理论扩大到对群体行为的研究，提出了"群体动力"的概念。所谓"群体动力"，就是指群体活动的方向和对其构成诸要素相互作用的合力，因为群体活动的方向同样取决于内在心理力场和外在心理力场的相互作用。

人们一旦进入大众心理场，很容易受到感染，产生激情。如，同样是观看世界杯足球赛实况转播，一个人在家里看，只有感叹没有激情；而一群人聚集在酒吧里看，互相激励之下，一定会激情高昂，这是处在大众心理场的缘故。处于激情状态的个体，其认识的范围往往会被缩小在所处的场景中，这时自我控制能力就会减弱，甚至达到难以自控的地步。在我们周围的社会生活中，组场效应时常可以见到：在球场上，啦啦队声嘶力竭地鼓动，引得一方的球迷齐声呼喊，挥舞荧光棒，做出人浪等动作；设擂台接受挑战，热火朝天的氛围会引得不少人跃跃欲试，加入攻擂的队伍；开始时旁观他人争论，会由冷眼观战逐渐升温，一时兴起就加入到争论之中，难分难解；当交通严重堵塞时，人们会对造成拥堵的事物发泄义愤，就连平日胆小怕事者也会参与滋事，做出过分的举动……在组场效应发生时，群体性的狂躁情绪常会导致暴力行为。

心理学家认为，发生组场效应的原因大致有以下几个方面：① 情绪感染。不良的大众心理场会激发出不良的情绪，引起人们相互之间"情绪感染"，结果加剧了不良情绪，并互相推动，愈演愈烈。② 责任模糊。由于参与者众多，群体中会产生"责任分散效应"(参见"责任分散效应")，社会责任感下降，一些胆怯者此时也会一反常态、胆大妄为。③ 身份隐匿。参与者的人数众多、彼此不相识，这会让一些人产生不必承担法律和道德责任、法不责众等错觉和暗示，以致头脑发热，盲目行动。④ 个性特点。一些个性特点不鲜明、认识水平不高、自控能力不强的人，比较容易在大众心理场中被裹胁、利用，发生过激行为。于是，当许多人聚集在一起时，上述几种原因就可能综合发生作用，人们会倾向于认为自己的举动被众人行为"淹没"了，似乎不必为自己的行为承担后果责任，从而会导致自我导向功能的削弱或责任感的丧失，解除了社会规范和道德意识的约束，从而做出冲动、过激的举动。这种心理又被称作去个性化，也可称为个性消失、去压抑化、去抑止化、去个体化，顾名思义，就是指个人在群体压力或群体氛围的影响下，产生一些个人单独活动时不会出现的非理性行为。

思想工作者认识了组场效应的心理特征和主要表现，应当从两个方面努力，理性地驾驭自己，认识和掌握组场效应，力求兴利除弊。

(1) 抑制组场效应的不良表现

组场效应常常会在特殊的环境、氛围中产生，通过相互暗示和感染，点燃群体的激情，引发失去理智的行为冲动。所以，思想工作者在组织大型会议、文体活动等时，尤其是涉及民族、宗教事务时，要足够重视，事先做好人员分流、教育引导、预案应对等工作。同时，在活动内容和形式的选择上，在流程顺序的安排上，在粉丝追捧对象的出场方式和时机上，都要有所考虑、有所控制，抑扬有度，把握分寸，不能过度引发现场的火爆场面，防止局面的失控。必要时应采取预警措施，防患于未然。

(2) 发挥组场效应的积极作用

思想工作者要充分利用大众心理场的环境氛围，让组场效应发挥积极的作用。

① 营造“情感场”。研究成果表明，在决定一个人是否成功的诸多因素中，智力因素只占 20%，而在其余 80%的决定因素中，情感等非智力因素的作用不可低估。思想工作者要重视情境的感染作用，通过一次感人肺腑的报告、一项激动人心的活动、一个惊心动魄的场面，让工作对象置身于鼓舞人、激励人、感染人的氛围中，使之产生激情和情感共鸣，从而取得良好的思想教育效果。

② 营造“竞争场”。竞争意识也是构成大众心理场的一个重要因素。在人员众多的场合，竞争会使人们处于一种应激状态，充满强烈的情绪体验，产生战胜对手的心理需要和行为动力，从而全力以赴，充分发挥内在潜力与创造力，使自己在竞争中立于不败之地。思想工作者要善于将竞争的元素有机地嵌入各项思想工作和文体活动之中，设计并运用各种竞赛的形式，如征文、展示、歌唱、广播操、技能比武，增强对工作对象的吸引力，激发他们的参与热情，使之发挥出最好的状态和成绩，同时也能提高活动的层次和效果。

③ 营造“合作场”。在大众心理场中，人们共同活动的目的指向性很强，因此，组场效应有利于激发、调动每个团队成员的正义冲动，促使大家形成一股强大的力量，相互理解，相互配合，从而增进群体的团结，维护团队的心理气氛，促进团队精神环境的优化，同心协力完成工作任务。

132. 优美的环境有利于凝聚人才

——雷尼尔效应

西雅图位于太平洋沿岸，华盛顿湖等大大小小的水域星罗棋布，环境优美宜人，地处这里的美国华盛顿大学当年准备修建一座体育馆。消息传出后，立刻引起了教授们的反对。这是因为校方选定的体育馆位置恰好是在校园内的华盛顿湖畔，一旦场馆建成，就会将教职工餐厅可以欣赏到的美丽的湖光山色完全挡住，原本天气晴朗时可以看到的美洲最高的雪山之一雷尼尔山峰也会从人们的视野中消失。校方于是尊重教授们的意愿，取消了修建计划。原来，与美国教授薪资的平均水平相比，华盛顿大学教授的薪资一般要低 20%左右。在人才流动没有障碍的前提下，教授们之所以愿意接受较低的薪资，而不去寻求更高报酬的职位，完全是出于对西雅图山湖美景的留恋。这些教授为了欣赏美好的景色而宁愿牺牲获取更高收入的机会，他们的这种偏好所引发的现象，被华盛顿大学经济系的教授们戏称为"雷尼尔效应"。

这个案例隐含的意思，可以直率地表述为：华盛顿大学教授的工资，80%是以薪资的形式支付的，剩余的 20%则由良好的自然环境作为补偿了。如果因为修建体育馆而破坏了这种景观，就意味着薪资降低了 20%。所以，教授们自然要坚决反对这项计划了。由此可见，美丽的景观、舒适的环境也是一种无形财富，它起到了吸引人才、留住人才的作用。

雷尼尔效应告诉我们，许多人全身心的工作，确实不仅仅是为了得到薪资，享受美丽的景观、舒适的环境，也是人们追求的目标。这也印证了人的需求结构具有多样性、层次性的特征。物质待遇是基本的需求，而发展、精神等需求处在更高层次上。在现代社会中，组织成员希望得到满足的需求大体包括经济报酬

（物质收入）和非经济报酬（心理收入）。物质收入并不代表他们需求的全部；而后者包含的因素很多，如，工作的挑战性、趣味性、成就感、实现感，以及社会地位、个人成长、个人价值的实现，还包括和谐的人际关系、舒适的工作环境、便利的工作条件等。这些因素的构成还因人而异，存在着许多个性的差异。

为此，思想工作者应当通过自己的有效工作，为人们营造这种“美丽的景观、舒适的环境”，营造自身的雷尼尔效应，多方面地满足组织成员的物质需求和精神需求，既为本单位吸引和留住人才，也为组织成员实现自我价值提供平台。

（1）打造优美的工作环境

对许多有抱负的组织成员而言，有一个优美、舒心的工作环境是十分重要的。这不仅是指物质的环境，更多的还是指有利于人才发挥作用的心理环境和工作环境。有时，即使薪资暂时稍低一点也并不构成决定的因素。日本著名企业家稻盛和夫曾指出：“工作所得不但是领到薪水而已，工作可使我们的心灵得到一定程度的满足。事实上，通过工作，我们可以发现人生新的意义。”微软公司董事长比尔·盖茨说过：“如果只把工作当作一件差事，或者只将眼光停留在工作本身，那么即使是从事你最喜欢的工作，你依然无法持久地保持对工作的激情。但如果把工作当成一项事业来看待，情况就会完全不同。”

有越来越多的人开始意识到，比薪资更重要的是经验、经历和自我价值的实现；在后者达到一定程度的时候，薪资也会水涨船高、水到渠成。因此，要在提升工作环境和舒适度的同时，考虑如何提高人才的自我实现度，设身处地关心组织成员的成长，关注其多层次的心理需求，为其施展才华提供良好的舞台。对于一些创意人才来说，他们的创新设想获得采纳并赢得认可，才是最大的成就感。思科公司首席执行官钱伯斯刚踏出校门时，被著名的 IBM 公司录用，他兴奋无比，满怀憧憬；可进了公司，眼见自己的创意屡遭高层官僚的漠视，他实在无法忍受，毅然离开了这家令人称羡的公司。可见工作环境对人才心理的影响之大。

（2）营造优良的人际关系

组织管理者与组织成员之间、组织成员互相之间良好的人际关系，有利于和谐沟通、感情交流，使人心情愉快地投入工作，这也是良好工作环境的一个不可缺少的要素，是不能以金钱来代替的。有些单位或部门，尽管发展前景不错，但是人际关系紧张，感情冷漠，沟通困难，就很难留住人才。而有些单位或部门尽管物质条件不是很好，但是员工之间感情融洽，友爱亲和，互相支持，有一种“家”的氛围，大家都有认同感、归属感，并容易获得成就感、幸福感，从而形成很强的凝聚力。为此，思想工作者要以社会主义核心价值观为指导，积极倡导平等互信、互利共赢、角色适应、友好竞争等理念，通过有效的思想工作，强化集体主义思想和大局意识、团队意识，化解各种人际矛盾，在组织内部营造良好的人际关系氛围。

(3) 塑造优秀的组织文化

就其本质而言，组织文化是一个组织在长期发展中形成的共同理想、基本价值观、作风习惯和行为规范的总和。就其实践来说，组织文化建设是一项由组织领导者倡导的、由广大成员广泛参与的群众性管理活动。组织文化因单位的性质不同，而以企业文化、校园文化、院所文化、社区文化、乡镇文化、军营文化等形式出现。但不管表现形式如何，组织文化建设都是一个循序渐进的实践与养成的过程，最终目标是成为全体组织成员共同的心理契约和行为方式。对于企业来说，现在有越来越多的企业家认识到了优秀的企业文化是公司生存的基石，是企业能否留住人才、发挥人才作用的关键。思想工作者要主动地协助单位领导，努力做好组织文化建设工作，用组织的使命、愿景来凝聚人心，用组织的价值观来引导成员，真正地尊重人、理解人、关心人、爱护人、帮助人，肯定人们的劳动和做出的成绩，并让组织成员了解和参与组织决策与管理，切实为他们提供各种必要的保障，就能最大限度地吸引和留住人才。

(4) 创造用好人才的氛围

留住人才不是目的，让人才更好地发挥作用才是组织的真正目的。因此，留人要留心，要把“我让你留下”变成“我自愿留下”，把“我让你干”变成“我自愿干”。对此，许多单位创造了很好的经验，概括起来说，大致有以下八种方法。

① 事业留人。人人都希望自己有很好的发展空间，伴随着组织一同成长，所以要用组织发展的前景来鼓舞人，让人们看到自己有展示才华的舞台和提升的空间。

② 文化留人。在充满活力的文化氛围中，可以心情舒畅、高效地发挥才干。

③ 情感留人。通过融洽的工作氛围、良好的人际关系和团队情谊来凝聚人心。

④ 环境留人。良好的自然环境和工作条件，可以让人心情舒畅地留下来工作。

⑤ 培训留人。许多年轻人意识到，培训是最好的福利，也是走向成功的阶梯，因而希望参加快速、正规、高效的培训和进修。

⑥ 薪资留人。薪资是生存的基础、生活的保障、奉献的回报、发展的前提，这是留住人才不可或缺的基础条件。

⑦ 股权留人。让人才直接分享发展的成果，这是发展良好的单位可以采用的一种长期留人、激励人的好方法。

⑧ 福利留人。因地制宜，运用住房、旅游、津贴、体检、医疗等各种各样的福利待遇，对组织成员体现一种关心和责任。

从这些方面入手，就能创造凝聚人才、用好人才的和谐氛围，就能从根本上稳定人心，让组织成员心甘情愿地努力与奉献，团结协作，实现组织目标。

133. 颜色具有神奇的魅力

——色彩效应

第二次世界大战期间，因无法承受所搬运的弹药箱分量过于沉重，纽约的码头工人举行罢工。一位颜色专家出了个主意，把弹药箱的深颜色改漆成浅绿色，弹药箱的重量并未改变，但工人觉得它变轻了，罢工终于停止了。色彩的改变，居然提高了劳动效率和积极性。

英国首都伦敦的泰晤士河上，有许多风格各异的桥梁，为泰晤士河平添了旖旎风光。其中有一座名叫布莱克弗莱尔的桥被漆成了黑色，从这座桥上跳河自杀的人比同一地区其他桥梁多了不少。人们纷纷议论，猜测其缘由。后来，心理学家建议将这座桥的颜色改漆成蓝色，奇迹随即出现了：从桥上跳河自杀的人数减少了一半。色彩的改变，居然降低了自杀率。

这两个案例都说明，色彩有着令人惊奇的效果，不同的色彩能对人产生不同的心理和生理作用。心理学家的研究发现，色彩虽然是一种物理特性，但当人们身处各种色彩的物理环境中，就会产生相应的心理效应，从而影响人的情感态度、思维方式、性格情趣、行为趋向等。人们把这种心理现象称为“色彩效应”。

研究证明，色彩心理是人作为认识主体对客观世界的心理反应。由于人们的历史、文化、民族、习俗的影响，当不同波长的光作用于人的视觉器官而产生色感时，人就会产生某种带有情感倾向的心理活动。事实上，色彩生理和色彩心理过程是同时交叉进行的，它们之间既相互联系，又相互制约。在有一定的生理变化时，就会产生一定的心理活动；在有一定的心理活动时，也会产生一定的生理变化。比如，红色能使人的脉搏加快，血压升高，心理上就有温暖的感觉。长时间红色强光的照射，会使人心理上烦躁不安，在生理上则希望有相应的绿色来补充平衡。因此，色彩的美感、生理的满足、心理的快感，都密切相关。

人的感觉器官是互相联系、互相作用的整体，色彩具有使人产生某种心理联想、唤起某种情感的作用，所以，任何一个感觉器官受到刺激以后，都会诱发其他感觉的反应，这种伴随性感觉在心理学上称为“通感”。人们对色彩比较敏感，加上历史、文化、民族、习俗等影响，因而容易对人的心理产生诸如冷暖、动静、快慢、强弱、远近、轻重等多种形式的“通感”。

① 引发冷暖感觉。颜色的冷暖更多地是来自人对光的体验。众多周知，不同颜色的光的波长是不同的，紫光波长最短，红光波长最长。高频光具有的能量比低频光高，因此暖色的物体因多吸收了高频光而获得了较多的能量，更容易显得温暖。加之人们对各种色彩经常联系的事物的印象，或者受社会文化和个人理解的影响，色彩的冷暖感会更加清晰。比如在中国，红色是火和血的色彩，是喜庆、革命、热情、豪迈的象征。绿色一般是生长中的植物的主色，因此绿色代表着活力、成长、青春、和平。蓝色是天空和海水的颜色，能给人温良、冷静、平缓、深沉等感觉。而黑色来自黑暗体验，使人感到沉重、神秘、恐怖、空虚，有精神压抑感；同时出于人类对黑暗的敬畏，所以黑色又有庄重肃穆感。

② 导致心境变化。心理学家在对青年关于颜色与心境联系的调查中发现，人们在社会生活中已经把特定的颜色同一定的对象以及心境或情绪体验联系起来。暖色使人激动、兴奋，如在红色的环境中，人的脉搏会加快，血压有所升高，情绪兴奋冲动，橙色能够振奋精神，改善和提高孩子们的社会交际能力，并且变得友爱和善，不易发怒烦躁。冷色使人冷静沉着，心平气和，思想较为集中，如在蓝色和绿色的环境中，人的血压会降低，脉搏和呼吸会减缓，情绪也较为平静。

③ 影响思维效果。一般来说，浅蓝、浅黄、黄绿色和橙色的环境让人的思维更敏捷，有利于提高孩子的智商，但白色、黑色和棕色的环境则不利于人们的思维。冷色适合脑力劳动的工作环境，而要求动作精细、迅速和准确的工作环境则不适合采用暖色。

④ 表现性格倾向。由于各种因素的综合作用，人们喜欢的色彩就与性格特征产生了一定的联系。比如，红色代表人的征服欲与男子汉气概，代表着激情、光荣和永不言败的精神气质，喜欢红色的人通常激情四溢，精力充沛，容易成为

人们注意的焦点。蓝色是大海的象征，代表沉稳与博大胸怀，喜欢蓝色的人一般性格上沉着稳重，诚实守信，与人交往彬彬有礼，很重视人与人之间的信赖关系。黄色代表活泼、明快与温暖，喜欢黄色的人一般性格开朗外向，有着远大的理想，同时有着传统气息。绿色代表健康、稳健、自信心、优越感，喜欢绿色的人一般性格比较稳重，很注意与周围环境的和谐，忍耐力很强。当然，所有这些都是相对而言的，不能一概而论。

思想工作者要注意色彩效应对人们多方面的影响，在思想工作所涉及的各种环境中可以善加利用。

(1) 注意色彩的象征意义

在中华民族的审美经验中，红色常常是吉庆、喜悦的象征，因而对红色有一种情有独钟的偏好。在重要庆典、情侣结婚、寿星喜宴、商场开业等场合，人们看到最多的色彩就是红色。中国红，就是国际上对中华民族爱好红色的一种认同。在2015年意大利米兰世博会中国馆入口处的广场上，矗立着一座高6.8米、宽4.8米、采用最新绿色环保纤维制作的中国结，中国红分外鲜艳夺目，引得众多外国游客驻足观赏，拍照留影。这是上海纺织集团向米兰世博会献上的一份贺礼。他们还安排上海纺织博物馆的工作人员到现场，先后教会了数万名外国友人制作中国结，把这一富有特色的民族文化遗产带给了世界人民。又由于中华人民共和国国旗的颜色是红色和黄色，因而在中国运动员服装，乃至中国观众的服装和装饰上，“番茄炒蛋”几乎成为“标配”，在涉及中国的比赛场馆中随处可见，蔚为壮观。

同样，在注重保护环境和生态的背景下，作为许多植物主色的绿色，就成为孕育生命、维护和平、充满生机活力的象征，得到了越来越广泛的运用。绿色环保、绿色食品、绿色家园、绿色产业、绿色经济、绿色发展等词语在媒体中层出不穷，并且成为许多地方政府和单位的指导方针和发展目标，推进绿色发展被作为践行科学发展观的务实之举。

此外，色彩心理常常还与职业有一定的关联。如脑力劳动者喜爱调和的色彩，体力劳动者喜爱鲜艳的色彩，农牧民喜爱艳丽明快的、呈补色关系的色彩，科技人员喜爱蓝色、灰色等高雅的色彩，高级知识分子喜爱复合色、淡雅色、黑色等成熟的色彩。思想工作者在环境渲染、会场布置、媒体宣传等场合，都可以结合这些色彩的象征意义，以及人们的欣赏习惯，让色彩效应发挥积极的作用。

(2) 注意色彩的感情意蕴

色彩的直接心理作用来源于色彩的物理刺激对人的生理发生的直接影响，进而影响人的心境和感情。因此，色彩的选择和运用要符合人们此时此景的感情特征。① 要考虑色彩的兴奋感与沉静感。这与色相、明度、纯度都有关，其中纯度的作用最为明显。在色相方面，凡是偏红、橙的暖色系具有兴奋感，凡属蓝、青的冷色系具有沉静感。在明度方面，明度高的色彩具有兴奋感，明度低的色彩具有沉静感。在纯度方面，纯度高的色彩具有兴奋感，纯度低的色彩具有沉静感。强对比的色调具有兴奋感，弱对比的色调具有沉静感。② 要考虑色彩的华丽感与朴素感。这与纯度关系最大，其次与明度有关。凡是鲜艳而明亮的色彩具有华丽感，凡是浑浊而深暗的色彩具有朴素感。有彩色系具有华丽感，无彩色系具有朴素感。运用色相对比的配色具有华丽感，其中补色最为华丽。强对比色调具有华丽感，弱对比色调具有朴素感。

研究由色彩引起的感情意蕴，恰当地使用色彩装饰，在工作上能减轻疲劳，减少事故，提高工作效率，在生活上能够创造舒适的环境，增加生活的乐趣。如，装配车间、机关办公室、冬天的朝北房间，使用暖色能增加温暖感。锅炉房、炼钢车间采用冷色能增强凉爽感。居民住宅宜采用明快的配色，能给人以宽敞、舒适的感觉。娱乐场宜所采用华丽、兴奋的色彩，能增强热烈、欢快的气氛。学校、医院宜采用明洁的配色，能为学生、患者创造安静、清洁、卫生、幽静的环境。儿童服饰宜采用鲜艳、明快、跳跃、闪烁的配色，更能表现儿童的活泼感，逗人喜爱。

(3) 注意色彩的流行趋势

一个时期的色彩审美心理受到社会心理的影响十分明显。流行色作为一种社会心理产物，是指某个时期内社会公众对某几种色彩普遍爱好、产生共同美感的心理反应。流行色不是固定不变的，常在一定期间迅速演变，因而可以说是一种与时俱进的发展趋势。流行色往往顺应了时代的潮流，吸收现代科技的最新成果和艺术流派的最新演化，甚至自然界某种异常现象所引起的社会心理，都可能对色彩心理发生作用。当一些色彩被赋予时代精神的象征意义，符合了人们的认识、理想、兴趣、爱好和欲望时，那么这些具有特殊感染力的色彩就会流行开来。流行色在社会生活中的运用越来越广泛。因此，掌握了流行色的风舵，就能引领时尚潮流的方向。

在中国一些大都市重视发展时尚产业的今天，要更加重视对色彩流行趋势的把握和运用。所谓时尚产业，就是对人，进而对同人紧密相关的环境进行装饰和美化的产业，是一种“美丽产业”，具有广阔的发展空间。在时尚产业中，首屈一指的当然是时装，色彩又是构成时装的重要元素，直接妆扮了人体，美化了人的生活，提升了人的品位，丰富了人的精神世界，改变着人的生活方式。人们常说的“洋气”“土气”“新潮”“时髦”，往往都包含着对色彩流行趋势的把握与运用。

思想工作者要对色彩的流行趋势有所了解，才能与求新求美的青年有更多的共同语言和心理共鸣，有利于熟悉他们的思想、心理和生活，产生“自己人效应”（参见“自己人效应”），从而更加有效地做好思想工作。

134. 用音乐安抚心灵、陶冶情操

——莫扎特效应

1993年，美国的两位科学家弗朗西丝·劳舍尔、戈登·肖在英国《自然》杂志发表了论文《音乐和空间任务能力》，提出音乐和空间推理能力这两者之间存在着某种联系。他们的依据主要来源于一项实验：将36名非音乐专业的大学生分为三组，前两组分别聆听莫扎特的代表作《D大调双钢琴奏鸣曲》、通俗音乐，第三组无任何音乐刺激。在10分钟的音乐欣赏后，采用国际通行的斯坦福--比纳智力量表对三个组进行智商测试，结果发现，听了莫扎特音乐的学生测验成绩比其他组高出8—9个百分点，但这种效果持续了10—15分钟之后就会消失。劳舍尔认为，如果经常给孩子听莫扎特的音乐（或者类似的音乐），会永久性地提高这种能力并影响其终生。这一成果经过《纽约时报》等大众媒体广泛的渲染和宣传，立即产生了轰动效应。因为这个结果被解读为听古典音乐可以提高孩子的智商，于是美国各大唱片商店里有关莫扎特音乐的CD很快就销售一空。此后，法国医生托马提斯首次提出了“莫扎特效应”的概念。

莫扎特效应很快就在科学界成为研究的热点。据报道，伊利诺斯大学专攻癫痫症的神经科专家约翰·休斯给病人播放莫扎特《D大调双钢琴奏鸣曲》，惊讶地发现，在36名病人中有29名的症状得到了减轻。加州大学欧文分校的研究者发现，某些老年痴呆症患者在听莫扎特的音乐10分钟后，在智力测试中有了较好的表现。美国著名临床神经科学家丹尼尔·阿门在《大脑处方》一书中披露，聆听莫扎特的音乐对治疗儿童多动症有帮助。科学家指出，欢快的音乐加强了大脑两半球之间的信息交流，而不和谐的音乐有悖于人体生理规律，不利于大脑两半球之间的信息交流。

此后20多年中，科学界对莫扎特效应的质疑和捍卫从未停止过。一些科学家斥责说，这不过是商家为追逐商业利益而夸大其词的结果。他们针对老鼠的实验指出，莫扎特音乐的音频对老鼠来说实在太低了，老鼠根本听不到。而另一些科学家则坚持认为，音乐可以影响啮齿动物的行为、大脑机能、免疫能力和血压。甚至有科学家提出，即使老鼠听不到，但也可以感觉到音乐。心理学家西格曾经是莫扎特效应的怀疑论者，他用不同的空间推理能力测试来反驳莫扎特效应的存在。在测试中，受测试者看着两个位置不同的字母E，其中一个被旋转成倾斜的位置，倾斜角度越大，就越难在极短的时间里判断出字母的异同，根据受试者判断时间的长短（毫秒）来测试空间推理能力。结果"莫扎特组"的测试成绩比较好，出乎了所有人的意料。

1999年，《自然》杂志又发表两篇研究论文称，音乐对空间智力的总体影响可以忽略不计。2007年，德国联邦研究部授权9名精通音乐的神经科学家、心理学家、教育家及哲学家组成专题研究小组，他们的研究报告认为，被动地聆听古典音乐和提高智商并无必然联系，听音乐并不一定能变得聪明。但报告中也坦承，要确认儿童接受音乐训练是否会提高智商还有待于进一步的研究。

《科技日报》2016年1月29日报道：中国科学家的一项研究成果发表在英国自然出版集团出版的《科学报告》上，证实了莫扎特效应的存在，并解释了导致该效应的原因和生物学机理。他们的研究发现，聆听莫扎特音乐对大脑有好处，可以观察到新生神经元的增加。研究人员检测了老鼠听音乐后不同时间点和学习记忆相关的神经因子的水平变化，以及音乐对大脑新生神经元的影响，这些实验结果均支持莫扎特效应的存在。在对人的检测中，60名大学生被分成三组，在相同的环境下，两个组分别听莫扎特音乐、反向莫扎特音乐，还有一组什么也不听。在一周的时间里，三组学生每天接受半个小时的实验，同时进行折纸和裁纸等一系列测试。结果发现，"莫扎特组"的学生表现更好，折纸、裁纸的准确率明显更高，在迷宫游戏中找到逃生路线的耗时更短，并且观察到新生神经元的增加；听反向莫扎特音乐的学生表现最差，会使新生神经元减少，行为认知能力减退。

科学研究是永无止境的。围绕莫扎特效应的争论，也许还要延续多年，不能擅下结论。但是，依照科学家提供的论据来看，莫扎特的作品纯净、新鲜、明亮，节奏稳定，符合人体内部特有的生理规律，能够激发欢快、温馨等正向情绪，令人感到身心愉悦，因而确实有可能会促进认知水平的提高。当然，这里所说的莫扎特音乐，不是单指莫扎特本人的作品，也包括与莫扎特音乐具有相同或相似的曲式结构的作品。

对于思想工作者来说，除了要学习各国科学家、音乐家认真严谨、不懈钻研、求真务实的态度，还可以运用音乐来发挥多方面的作用，助力思想工作。同时，通过了解这些相关的知识和争论意见，思想工作者可以有针对性地对工作对象作出适当的解释和引导。

（1）用音乐来放松心灵

当今社会，许多人都处于十分紧张的工作、学习节奏之中，长此以往，对身体健康会带来一些不利的影响。因此，在有些适合的工作环境中，可以在工作间隙播放背景音乐，营造和谐、轻松的工作氛围。尤其是简单、重复的劳动，容易令人产生腻烦心理，在心理学上称作“心理饱和”。此时，适当聆听纯净、轻快的音乐，有助于舒缓情绪，放松心情，提高劳动效率。对于脑力劳动者来说，可以通过聆听音乐劳逸结合，积极休息，有利于促进记忆、安然睡眠，为随后的工作做好准备，也有利于复杂问题的解决。

（2）用音乐来丰富生活

中国最早的一部音乐理论著作《乐记》指出：“乐者，德之华也。”这揭示了具有道德教化象征意义的“乐”与反映道德教化核心价值的“德”之间的关系，并通过“乐”的呈现来展示适应社会发展需要的美德。古希腊哲学家柏拉图也指出：“人人知道，当我们的耳朵感受音乐旋律的时候，我们的精神就会起变化。”可见，欣赏音乐是一项高雅的文化活动，可以带给人们听觉上的享受，获得美感体验，激发美好的感情，净化心灵，陶冶情操，增进身心健康，提高道德修养。适时地组织参加音乐会、举办欣赏高雅艺术讲座、组织交流音乐欣赏心得的沙龙、交换音乐 CD 碟片，都是丰富业余生活、塑造和谐氛围、增进团队凝聚力的良好途径。

(3) 用音乐来哺育后代

对于莫扎特效应不能过分夸大，如所谓“妇女孕期听莫扎特音乐就能提高孩子的智力”的笼统论断经常会遭到误解和批评。但是，音乐对于人们，尤其是儿童成长的积极作用是确定的。即使是质疑莫扎特效应的德国研究小组也从不轻视音乐课程对儿童智力开发的影响，他们公允地指出：“认真、大量地学习一到两门音乐课程，能对智商提高产生少许但重要的影响，不过通常情况下这一影响要在多年后才能显现。”

中国音乐胎教专家沙日夫指出：① 不是所有的莫扎特音乐都能产生“莫扎特效应”。因为莫扎特的许多音乐充满童趣和新鲜的思维，欢快、活泼、灵动；但他的创作风格多样，也有些作品表现了激越强烈的感情，或忧伤，或狂热，或悲壮，就不适宜选作胎教音乐。② 莫扎特效应也不是每个人的大脑都能产生的。③ 准妈妈千万不要为了莫扎特效应而去选择那些听不懂或自己在情绪上相当排斥的莫扎特音乐，一切令准妈妈心情愉悦轻松的音乐，才是最好的胎教音乐。

135. 入国问禁　入乡随俗

——忌讳与祈求效应

忌讳，是指在一定的地域或民族中，因风俗习惯、畏惧权势或个人理由等，对某些言语或行为有所顾忌，积久成为禁忌，体现了人们对灾祸的厌恶和对不利后果的回避的心理。祈求，是指人们内心恳切希望达成某事，体现了人们对美好事物的渴求。由于忌讳和祈求存在着某种内在的联系，体现了人们希冀美善吉利、避忌凶险灾祸的心理，有着丰富、深刻的文化内涵，所以，人们就将类似的趋吉避凶的心理现象称为“忌讳和祈求效应”。

在中国，一些忌讳已成为最基本的为人处事之道，目的都是希望自己的言行能符合趋吉避凶的世俗观念，从而让对方满意、愉悦，不至于引发对方的不快。比如，古代名讳是一个起码的规范，对待皇帝、师长、前辈、尊者，都是不能直呼其名的，而要用各种尊称，如称字、号、地名，在书写时也要用改字、改音或减少字的笔画等方法予以回避。“只许州官放火，不许百姓点灯”，就是北宋时常州元宵大放花灯前夕，太守田登为避“灯”字谐音之讳，在告示上写成“本州照例放火三天”，结果，民间讥讽之语流传千年至今。

又如，古人讳言“死”，且等级分明。《礼记·曲礼下》：“天子死曰崩，诸侯曰薨，大夫曰卒，士曰不禄，庶人曰死。”再如，对于大、小便等涉及秽物的行为，古代常用“更衣”“出恭”“解手”等词语避讳，直到现在还用“洗手”“方便”等词语来借代，用“化妆间”“卫生间”来指代“厕所”。逢年过节的忌讳更多了，如正月初一，忌跟别人借钱、要债，忌动刀子和剪子，忌动针线，忌打碎家具，忌扫地、倒垃圾，早餐忌吃稀饭、药品，每一条禁忌背后都有一个说法，都会影响到当年的运气。同样，中国人喜欢的几个数字，3 是“财”，6 是顺，“六六大顺”，8 与“发”谐音，意为财源广进，9 代表长久，也象征尊贵。中国人偏好的颜色是红色，代表喜庆，黄色代表富贵，白色代表圣洁。

不要以为只有中国人才讲究忌讳，西方人的忌讳其实也不少。有人汇总过西方国家的一些忌讳，如数字忌，忌讳 13，甚至星期五和每月的 13 日也被忌讳，认为这些数字包含着凶险。相反，西方人却对 3 和 7 很喜欢，认为这两个数字包含着吉利，尤其是认为 7 代表着精神灵魂的完美，所有的生命都围绕着这个数字转动。颜色忌：欧洲人多忌黑色，认为黑色是丧礼之色。婚期忌：除了英国人，多数西方人严忌星期六结婚，认为是凶险之日。婚服忌：姑娘在结婚之前，忌讳试穿结婚礼服。扶老忌：欧美的老人多忌讳由别人来搀扶，认为这有损于体面，是受轻视的表现。此外还有动物忌、花卉忌、礼节忌、询问忌、握手忌、行走忌、路谈忌、作客忌、会客忌、衣物忌、床位忌、碎镜忌、折柳忌，等等。外国人喜欢的颜色大多体现在本国国旗的颜色。

随着改革开放的深化，中国的国际地位越来越高。尤其是“一带一路”倡议的推行，有更多的企业走向海外，同时也有越来越多的外国友人来华旅游。中外交流的增加，使本来就是多民族国家的中国，在跨文化交流方面遇到了更多的新情况，在忌讳和祈求方面也需要进一步注意，正所谓“入国问禁，入乡随俗”。据英国《卫报》2017 年 8 月 6 日报道，两名中国游客在德国议会大厦门口行纳粹礼，并用智能手机彼此拍照，立刻被警方逮捕，在每人缴纳了 500 欧元保释金后才被释放。相信这两名中年男子事先并不知晓，德国对与希特勒及纳粹相关的标志符号有着严格的法律约束，包括纳粹党的万字符号、纳粹举手礼、纳粹党党歌等都在禁止之列，因而触犯了禁忌而不自知。

思想工作者要认识到，忌讳和祈求效应运用好了，有利于国际交往、民族团结、经济发展、文化融合、人际沟通，因而要尽力做好相关的工作。

(1) 建立开放、包容的文化氛围

所谓跨文化管理，就是在全球化经营中，对子公司所在国的文化采取融合、包容的管理方法，在跨文化条件下克服任何异质文化的冲突，并据以创造出独特的文化，从而形成卓有成效的管理体系的过程。在异质文化的表现形式中，忌讳

和祈求常常是显性的、基础性的。通过这些显性的习惯因素，可以透视出所在国文化的特质，从而可以在不同形态的文化氛围中设计出切实可行的组织结构和管理机制，在管理过程中寻找超越文化冲突的企业目标，以维系具有不同文化背景的员工共同的价值体系和行为准则，以母公司的文化影响当地员工的行为，用文化交流来解决因生活习惯和方式不同而产生的矛盾冲突，克服不同类型文化的差异，从而最大限度地控制和利用所在国企业的潜力与价值。同时要加强对企业所有成员的文化管理，让新型文化真正在管理中发挥主导作用，从而使全球化经营企业在与国外企业的竞争中处于优势地位。

(2) 尊重各地域、各民族的风俗习惯

“走出去”的企业要尊重当地的风俗习惯，在国内的涉外企业也要这样做。比如，国内许多地方的宾馆、餐厅接待外国商人、游客越来越多，如果不了解西方的饮食和起居方面的宜忌，难免会触碰到外国人的禁忌，惹来误会和尴尬。因此，要成为成功的管理者、服务者，就要去了解交往对象以及目标客户的忌讳所在，熟悉对方国家的称谓礼仪、介绍礼仪、交谈礼仪、拜访礼仪、餐桌礼仪、女士优先礼仪等，从而避免去做那些会令对方感到反感的事情。如果能够做到不该说的不说，不该做的不做，那么就可以在交往中更加接近。日本索尼公司音响产品开拓泰国市场时曾制作过一个广告：如来佛祖闭着眼睛接受善男信女的膜拜，随着渐渐响起的旋律，如来喜不自禁地跳起了迪斯科。泰国是一个佛教国家，索尼却拿佛祖为其产品宣传，无疑触犯了忌讳，引起众怒。于是，泰国责令索尼立即停止播放此广告，同时规定在随后的一年里索尼公司不得在任何公众媒体刊登任何有关索尼的信息。河南一家酒厂把酒瓶做成龟的模样，突出长寿的象征意义，顺从了日本人崇拜龟的习俗，从而在日本市场引起热销。因此，开拓国际市场，必须重视禁忌考证，才能避免误闯禁区。

在国内民族地区也同样要注意尊重少数民族的风俗习惯。如，上海建工装饰集团承接了地处海南省陵水黎族自治县英州镇的雅居乐洲际假日酒店的装饰工程。一开始当地就有人预言道：“进去容易留下来难。”之前就有一家国内知名企业由于与当地少数民族发生纠纷，工程难以为继，只得黯然离开。租住在黎族同胞的村落后，项目党支部对所有进场人员开展专题培训，要求所有职工尊重黎族同胞的风俗习惯，维护民族团结。每年3月20号是黎族居民的“神节”，村子里要连续三天三夜举行祭祀活动，不允许外姓及外村人员进入，否则会被视为亵渎神明。项目部加强对施工人员的纪律教育，再三强调不能因好奇而擅入村庄。为了保证万无一失，还专门安排管理人员同黎族兄弟一起24小时轮值，确保拜神仪式顺利进行，也树立了上海建工集团有觉悟、有组织、守纪律的“文明团队”的形象。

(3) 熟悉工作对象的背景

在思想工作中，也要注意到工作对象的国别、民族、宗教，以及相应的民风、习俗。民风习俗，是社会发展中长期沿袭下来的礼节和习惯的总和。不同地域、不同国家、不同民族都有其不同的文化背景、民风习俗和宗教信仰，进而影响到他们的思想观念、消费行为、生活方式。比如，与西方人交谈有“七不问”，年龄、婚否、收入、住址、经历、工作和信仰，都被西方人视作隐私，是非常不喜欢他人询问的。在交谈中，忌相距过近，以手指人，拉拉扯扯，姿势歪斜、手舞足蹈，频频看表，舒伸懒腰，玩弄东西，抓耳挠腮。谈话中，也不宜涉及荒唐淫秽、女子私事、衣饰价值、私人财产等，更忌讳批评尊长、非议宗教、嘲弄异俗。用餐方面，西方人多用分餐制，自取自食，不喜欢的饭菜可以少要或不要，忌餐盘剩下食物，对别人给他们夹菜大都比较反感。赠送礼品，也要特别留意在对方习俗中的象征意义，以免引起不快，或闹出笑话。另外，对于不同的对象，同一句话可能会起到截然相反的作用，如去商店购物、银行取款，服务人员说“欢迎你下次再来”，这是礼貌用语，但如果是去交罚款，服务人员也这么说，就会引起不快。管理学中有一句颇为经典的话：“也许你做的事情不一定会让对方高兴，但一定不要去做那些令对方不高兴的事情。”在与人交往中，无意触及别人的忌讳，就等同于在别人的心里钉上了一颗钉子，即使可以事后做工作来弥补过失，但别人心目中的负面印象却很难完全消除。与其事后弥补，何不事先就充分注意呢？

136. 发挥环境的同化作用
——泡菜效应

泡菜，是一种经过发酵加工、可以比较长时间储存的蔬菜。大白菜、卷心菜、高丽菜、萝卜等纤维丰富的普通蔬菜都可以用来制作泡菜。由于经过腌渍发酵之后，泡菜会产生不同的风味，并含有丰富的乳酸菌，可帮助消化，因而在世界许多地方都有制作泡菜的习惯。食用过泡菜的人都知道，如果把同一种蔬菜放在不同的泡菜液里浸泡一段时间，同样的蔬菜会出现完全不一样的口味。同样，人们到了一个特定的环境中，由于一段时间的耳濡目染，其性格、气质、素质，乃至思维方式等方面都会受到环境的影响而出现明显的变化，甚至是看待同一件事情的心态都会趋于一致。心理学上把这种环境对人的感染和同化作用称为“泡菜效应”。

中国历史上有名的“宋氏三姐妹”，同样出生在上海一个牧师兼实业家的家庭，有一位精明能干、思想开明的父亲，有一位知书达理、温柔贤淑的母亲，拥有一个民主、平等的氛围。可是，由于三姐妹嫁给了不同的男人，便对各自的成长产生了根本性的影响，从而形成了不同的思想倾向和人生轨迹。宋蔼龄嫁给了孔祥熙，一个富甲天下的富豪；宋美龄嫁给了蒋介石，一个当时权倾四野的当权者；而宋庆龄嫁给了孙中山，一个以“天下大同”为己任的革命家。后人分别用一个词语来概括这三姐妹：一个爱钱，一个爱权，一个爱国。虽然不能完全准确地概括他们的一生，但也比较恰当地聚焦了三姐妹的主要方面。

某师范大学有三位同班同学，学习成绩都不相上下。大学毕业后，甲同学去了一所重点高中，逐步成长为全市该学科教学带头人，被评为高级教师。乙同学去了一所乡镇中学任教，虽然也有些成绩，多次被评为先进，但还是普通教师。

丙同学留校当了老师，以后又在职读了研究生，早就被聘为教授。于是，二十多年后，三人之间无论在社会地位、学术水平和收入待遇上都明显地拉开了差距。他们重聚在一起时，都感到环境对个人发展的影响是巨大的。丙同学回顾道，如果不是留校后的竞争压力，也不会去攻读研究生，逼着自己不断提升专业能力。乙同学则感叹学校里得过且过的氛围，使他失去了上进的动力。而甲同学十分庆幸有一批经验丰富的老教师传帮带，以及德高望重的前辈退休后腾出的空间。其实，类似的情况非常多，同样是一所学校的同学，毕业后进入政府机关、国有企业、民营企业、外资企业、各类院校等不同的单位，或者自主创业，面临的是完全不同的环境，以及差异极大的成长空间，于是，同校、同届或同班的同学就可能走上完全不同的人生道路。

思想工作者要辩证地认识环境对于人们成长、成才的重要作用。毛泽东在《矛盾论》中指出："唯物辩证法认为外因是变化的条件，内因是变化的根据。外因通过内因而起作用。鸡蛋因得适当的温度而变为鸡子，但温度不能使石头变为鸡子，因为二者的根据是不同的。"可见，在事物的变化过程中，外因也是十分重要的。尤其是对于"鸡蛋"来说，"适当的温度"就成为"变为鸡子"的必要条件；温度过低或过高了，"鸡蛋"是怎么也不会变为"鸡子"的。移用到泡菜效应中，就是同样一种蔬菜，放到什么味道的泡菜液中，就可能成为什么味道的泡菜。一个人长期在力争上游的环境中，就可能成为力争上游的人；一个人长期在消极懒散的环境中，就可能成为消极懒散的人。

比如，赵梦桃是西北国棉一厂的一名细纱挡车工，1956 年和 1959 年两次荣获全国劳动模范称号，被树为全国纺织战线的一面红旗。在她的影响和带动下，"人人当先进，个个争劳模"在企业里蔚然成风。1963 年 4 月 27 日，陕西省人民政府将其所在的班组命名为"赵梦桃小组"。50 多年过去了，虽然组长换了十几任，组员换了数百人，但"高标准、严要求、行动快、工作实、抢困难、送方便"的"梦桃精神"代代相传，始终都是赵梦桃小组发展的精神支柱。50 多年中，不管外部情况如何变化，他们薪火相传，生生不息，把"梦桃精神"融入血脉，以创新管理加强建设，以集体智慧建功立业，干纺织、爱纺织、献身纺织，始终保持着先进小组的荣誉，做出了优异成绩。2017 年 4 月 26 日，赵梦桃小组光荣入选中宣部、中央文明办、中华全国总工会表彰的2017年全国十大“最美职工”。这充分体现了良好环境对员工的教育、熏陶和感染作用。

又如，在2015年纪念中国人民抗日战争暨世界反法西斯战争胜利70周年胜利日大阅兵中，十个英模部队方队格外引人注目。每个方队中都有一面主旗，分别印有抗战时获得的荣誉称号，如“狼牙山五壮士”“平型关大战突击连”“百团大战白刃格斗英雄连”“夜袭阳明堡战斗模范连”“雁门关伏击战英雄连”“刘老庄连”“攻坚英雄连”。这是由全军各大单位推荐的，包括了抗战时期各个方向和排、连、营、团各个级别。70多年来，尽管番号、建制几经变化，这些功勋部队继承传统，血脉相传，依然存在于解放军的序列中，至今仍然是先进模范部队。

思想工作者要注意发挥泡菜效应所包含的教育引导、熏陶感染和同化作用，激励自己和工作对象塑造良好的环境，维护良好的氛围，并且在良好的环境中不断地成长，实现单位、团队和个人的最大价值。

(1) 塑造文化氛围

文化氛围是一个地方、一个单位文化思想、文化品格、文化环境、文化标志的文化表达，是精气神的本质释放、演绎和溢出效应的外在呈现，能给人以最直观的感觉、体验与享受。江泽民总书记在党的十四大报告中就具体要求“搞好社区文化、村镇文化、企业文化、校园文化的建设”。因而，无论是机关、企业、学校、院所，还是医院、社区、村镇、军营，都要形成良好的文化氛围。如，企业文化是指企业在长期的经营活动中形成的、被全体成员普遍认可和遵循的具有本组织特色的价值观念、团体意识、行为规范和思维模式的总和。企业文化对员工的行为具有极大的约束力，常常通过语言、规范、惯例和仪式等，让员工心甘情愿地调整自己的行为以适应企业的氛围。长久以来形成的文化氛围和行为方式，会让人们坚持已经熟悉、习惯了的“传统”。新进的员工会调整自己的行为以适应企业的环境，具有不同文化背景的人来到特定的环境中也会深受影响和同化。这些都是企业环境对人们思想和行为约束的表现，而长期的约束则导致了人们行为的惯性。专家指出，所有这些，对内影响了部门、个人之间的互动方式，对外则影响了企业商业活动互动的方式。这两种互动的方式会直接影响企业的效率和效益，从而对企业的经营业绩产生直接的影响，并且成为企业长期竞争优势的来源。不同性质的单位，都可以通过塑造富有特色的文化环境和氛围，来强化文化对人的同化作用。

(2) 慎重选择朋友

朋友是构成人们交往的主要对象。尤其是职场中的朋友，会构成影响人们思维言行的重要人际环境。《论语》记载："孔子曰：益者三友，损者三友。友直，友谅，友多闻，益矣。友便辟，友善柔，友便佞，损矣。"意思是说，有益的朋友有三种，有害的朋友也有三种。与正直者交朋友，与诚信者交朋友，与知识广博者交朋友，是有益的。与谄媚逢迎者交朋友，与表面奉承而背后谤人者交朋友，与花言巧语者交朋友，是有害的。由此可见选择交友对象的重要性。这是因为朋友是最能影响自己的思想、行为和习惯的人。交了一个益友知己，多的不仅是一起吃喝玩乐的痛快，或者遇到挫折时的安慰，也不仅是事业上的支持和帮助，更多的是人生旅途中难得的心灵伴侣。损友则会将人带进泥沼、陷阱或深渊，所以，不少失足者在对于教训的总结中都有这样一条："交友不慎。"

有研究者提醒，在职场上要谨慎地选择平日跟你走得特别近的人。要想在自己的岗位上取得更大的发展，就不要跟那些充满负能量的人挤在一起，不要跟那些面临被炒掉的人凑在一起，也不要跟那些随时都准备跳槽的人待在一起。最好是选择那些比自己强的人做朋友，因为跟着强人会不断得到激励和感染，在潜移默化中学到很多意想不到的东西。如果总是选择比较弱势的人交往，尽管彼此之间可以相互安慰，但更多地可能是相互拖后腿，相互抱怨，或者是指责单位和他人的什么瑕疵，其结果很可能是失去前进的动力，一损俱损。

(3) 正确对待竞争对手

在一个社会环境中，总会有强弱之分，会有各种形式的竞争。竞争对手事实上也构成了外部环境的一个组成部分。只有全面正确地看待他人，才能正确判断自己所处的环境。有些人把竞争对手看成敌人，千方百计想要击败对方。殊不知在打倒对方的同时，也会使自己失去前进的动力。其实，有人和自己竞争是好事，至少说明你已经获得了他人的关注和重视，把你作为竞争对手了。一个追求上进的人，就必须把自己放在竞争的环境中，把竞争对手作为促进自己加快进步的动力，逼使自己不断获得提升。同时，要注意与那些竞争对手多接触，通过平心静气地观察和客观的分析，充分了解对方的优势所在，了解竞争对手是抱着怎样的心态、用哪些思路和方法来处理问题和解决问题的，从竞争对手那里吸取一些为人处世的方法和成功之道，以此来丰富阅历和经验，弥补自己的不足，调整竞争策略，不断扩展自己的强项。不能因为存在竞争关系就忽视对方的优点，贬低对方的一切。当然，对于直接存在竞争关系的强劲对手更需要注意方法，尽可能保持和谐共处的关系。

索 引

（按汉语拼音音序排列，括号内为异名或相近的心理效应）

主要参考文献

（各部分按出版年月顺序排列）

一、思想政治工作部分

1. 张蔚萍、张列军编著：《社会主义市场经济条件下思想政治工作概论》，红旗出版社 1993 年 12 月第 1 版

2. 戴耀荣：《思想政治工作学基础理论研究纲要》，中国纺织大学出版社 1996 年 7 月第 1 版

3. 许启贤主编：《中国共产党思想政治教育史》，中国人民大学出版社 1999 年 1 月第 2 版

4. 朱新均主编：《思想政治教育方法论》，高等教育出版社 1999 年 6 月第 1 版

5. 谢海光主编：《互联网与思想政治工作概论》，复旦大学出版社 2000 年 11 月第 1 版

6. 吴依群主编：《思想政治工作研究概论》，学习出版社 2002 年 1 月第 1 版

7. 孙其昂：《社会学视野中的思想政治工作》，中国物价出版社 2002 年 10 月第 1 版

8. 徐正初主编：《思想政治工作新论》，上海社会科学院出版社 2004 年 1 月第 1 版

9. 李俊伟：《思想政治工作现代化与科学化》，红旗出版社 2007 年 9 月第 1 版

10. 龙凯：《思想政治工作原理》，中央编译出版社 2011 年 10 月第 1 版

11.《思想政治工作实务》，红旗出版社 2012 年 1 月第 1 版

12. 赵继伟:《思想政治工作机理论》,湖北人民出版社 2013 年 5 月第 1 版

13. 张蔚萍、俞滨、杨光编著:《做好思想政治工作的艺术与方法创新》,中共中央党校出版社 2015 年 3 月第 1 版

14. 燕爽主编:《思想政治工作新论》,上海人民出版社 2015 年 3 月第 1 版

15. 曹云峰主编:《高校思想政治工作科学化的思考与实践》,中国文史出版社 2015 年 5 月第 1 版

16. 刘建军:《新时期思想政治工作创新研究》,中国人民大学出版社 2015 年 7 月第 1 版

17. 薛玉琴:《中国特色社会主义思想政治工作理论体系研究》,人民出版社 2015 年 7 月第 1 版

18. 周航主编:《大学生思想政治教育工作探索与实践》,西南财大出版社 2015 年 12 月第 1 版

19. 王晓华主编:《思想政治工作萌萌哒》,经济科学出版社 2015 年 12 月第 1 版

20. 张朋智:《转型与引导:转型期思想政治工作创新发展研究》,人民日报出版社 2016 年 1 月第 1 版

二、心理学部分

21. 曹日昌主编:《普通心理学》,人民教育出版社 1964 年第 2 版

22. [日] 依田新主编:《青年心理学》,知识出版社 1981 年 5 月第 1 版

23. [苏] 安德烈耶娃:《社会心理学》,上海翻译出版公司 1984 年 6 月第 1 版

24. [苏] 纳季拉什维利:《宣传心理学》,辽宁人民出版社 1984 年 10 月第 1 版

25. 时蓉华编著:《社会心理学》,上海人民出版社 1986 年 7 月第 1 版

26. [美] 斯托曼:《情绪心理学》,辽宁人民出版社 1986 年 8 月第 1 版

27. 陈仲庚、张雨新编著:《人格心理学》,辽宁人民出版社 1986 年 9 月第 1 版

28. 高友德主编:《性格心理论》,湖南人民出版社 1988 年 11 月第 1 版

29. 卢盛忠主编:《管理心理学》,浙江教育出版社 1998 年 7 月第 3 版

30. 王甦、汪安圣:《认知心理学》,北京大学出版社 2006 年 8 月第 1 版

31. 程正方主编:《现代管理心理学》,北京师范大学出版社,2010 年 1 月第 5 版

32. 赵海男编著:《管理中的心理学》,清华大学出版社 2011 年 3 月第 1 版

33. 苏东水:《管理心理学》,复旦大学出版社,2014 年 2 月第 5 版

34. 朱惠文主编:《现代消费心理学》,浙江大学出版社 2014 年 2 月第 3 版

35. 张大均主编:《教育心理学》,人民教育出版社 2015 年 6 月第 3 版

三、心理效应部分

36. 高慎盈:《社会心理效应透视》,浙江人民出版社 1987 年 11 月第 1 版

37. [日] 多湖辉:《人心破译术——透视人心 101 条法则》,上海人民出版社 1988 年 12 月第 1 版

38. [日] 斋木深:《心理学的趣味实验》,群众出版社 1988 年 12 月第 1 版

39. 林国灿等编译:《常胜不败的心理战术》,书目文献出版社 1989 年 1 月第 1 版

40. 杨治良、邵志芳、傅言编:《有趣的心理学实验》,上海教育出版社 1989 年 10 月第 1 版

41. 汤笑:《心理效应解读》,中国城市出版社 2004 年 1 月第 1 版

42. 任顺元:《心理效应学说——新课程下导学育人新对策》,浙江大学出版社 2004 年 7 月第 1 版

43. 楼根良:《青少年成长中的心理效应》,浙江教育出版社 2007 年 10 月第 1 版

44. 林乐波、毕义星:《教育心理效应解密》,山东教育出版社 2008 年 5 月第 1 版

45. 刘京林等编著:《传播中的心理效应解析》,中国传媒大学出版社 2009 年 5 月第 1 版

46. 杨学强:《让教育更轻松——父母必知的 66 个心理效应》,湖北教育出版社 2009 年 7 月第 1 版

47. 郑小兰编著:《好父母就是好老师——决定孩子一生的心理学效应》,中国妇女出版社 2009 年 7 月第 1 版

48. 郑小兰编著:《改变一生的 60 个心理学效应》,中国青年出版社 2009 年 11 月第 1 版

49. 陈玲:《心理学的诡计大全集》,新世界出版社 2010 年 9 月第 1 版

50. 李瑛编著:《奇妙的心理效应》,重庆出版社 2011 年 1 月第 1 版

51. 王亦欢编著:《揭秘心理效应》,机械工业出版社 2011 年 7 月第 1 版

52. 杨甫德:《恋爱必懂的 100 个心理学效应》,水利水电出版社 2011 年 9 月第 1 版

53. 成功、姜志林编著:《人际交往中的心理策略》,电子工业出版社 2011 年 9 月第 1 版

54. 夏芒编著:《不可不知的心理效应全集》,化学工业出版社 2011 年 10 月第 1 版

55. 龙湘涛:《决胜职场的心理效应》,知识出版社 2011 年 11 月第 1 版

56. 陈浩:《改变你一生的 108 个心理学法则》,中国华侨出版社 2011 年 12 月第 1 版

57. 刘儒德主编:《班主任工作中的心理效应》,中国轻工业出版社 2012 年 4 月第 1 版

58. 杨建峰主编:《活学活用心理学》,外文出版社 2012 年 4 月第 1 版

59. 梁栋涵主编:《启迪人生的 60 个心理效应》,黄山书社 2012 年 5 月第 1 版

60. 王世斌主编:《心理学的 100 个效应》,吉林教育出版社 2012 年 6 月第 1 版

61. 王佳:《不一样的孩子心理学》,中国华侨出版社 2012 年 8 月第 1 版

62. 刘儒德主编:《教育中的心理效应》,华东师范大学出版社 2013 年 3 月第 2 版

63. 杨连山编著：《班主任巧用心理效应的85个案例》，天津教育出版社2014年1月第1版

64. 曲鹏宇主编：《幼儿教师不可不知的66个儿童心理效应》，吉林大学出版社2014年4月第1版

65. 贾洛川编著：《心理效应与罪犯改造——罪犯改造须知的100个金科玉律》，中国法制出版社2014年11月第1版

66. 鲁芳：《每天学点心理效应》，中国法制出版社2015年1月第1版

67. 张弛编著：《开窍心理学——破除78个人性盲点的关键效应》，中国商业出版社2015年4月第1版

68. 张涛编著：《顺境不张狂，逆境不绝望——74个自我成长的心理学效应》，煤炭工业出版社2015年4月第1版

69. 王絮编著：《拿来就用的心理学》，立信会计出版社2015年6月第1版

70. 王浩宇：《电影作品中的心理效应解析》，光明日报出版社2016年5月第1版

71. 莫源秋、卢奔芳编著：《幼儿教育中的心理效应》，中国轻工业出版社2017年1月第1版

72. 沧海满月：《世界顶级思维》，江西人民出版社2017年2月第1版

73. 杨泰山：《孩子教育61个神奇的心理效应》，上海文化出版社2017年5月第1版

74. 林艺煌：《那些令人拍案叫绝的心理学效应》，台海出版社2017年6月第1版

75. 关亚玮编著：《那些准到没话说的心理效应》，民主与建设出版社2017年8月第1版

后 记

出于对党的思想政治工作的职业责任和职业兴趣，笔者自我加压，集中半年时间，完成了“心理效应与思想工作”这样一项理论性和实践性相结合的应用型研究课题，研究成果编辑完成，即将付梓。

课题研究和成果整理、出版期间，正值党的十九大筹备和召开，频频传来党中央关于加强党的建设和思想政治工作的新要求，笔者深受鼓舞和鞭策。在此过程中，一直得到上海市职工思想政治工作研究会、中国纺织思想政治工作研究会等专业团体的关心和指导。令人倍感温暖的是，笔者长期工作的上海纺织控股(集团)公司的党委领导和同事，以及各子公司的领导和朋友都给予了诚挚的支持和帮助。尤其是上海原工业系统的一批老宣传干部周融江、李桦、汪国富、施一蒙、杨雄伟等好友，自始至终给予了热情的鼓励。这些都为笔者的研究工作增添了精神动力。在研究成果出版的过程中，荣获“中国纺织企业思想政治工作创新奖”的上海龙头(集团)股份有限公司、荣获“上海市争先创优优秀基层党组织”称号的上海新跃物流企业管理有限公司给予了真挚的帮助。上海社会科学院王泠一博士、董炳鑫老师，上海社会科学院研究生院昔日的同学吴一心、胡新良、徐伟强等，以及一些不便具名的领导和朋友，都以各种形式给予了热忱的支持。同时，还有幸得到了上海市出版协会理事长胡国强，上海企业党委书记工作研究会副会长兼秘书长王伟球，上海市心理卫生服务行业协会秘书长卢静雯，上海社会科学院出版社总编室主任杨国老师的真诚帮助和指导。本书责任编辑黄飞立辛勤劳作，提出了有益的修改意见，在此一并表示衷心的感谢！

笔者在本课题的研究中参阅了大量的专著、论文及网上资料，受到了很多启发和教益;选用了部分相关的案例及优秀经验,未能一一说明出处,特此鸣谢!

将心理效应所反映的规律和原理运用到思想政治工作的实践中去,目前尚属一项新的课题,可供参考借鉴的材料不多,笔者的研究也还是初步的、基础性的。作为中国第一本在思想政治工作中系统引入心理效应的专著,本书也只反映了本人的认识水平和工作经验,希望能为读者的思想政治工作实践以及进一步的深入研究和创新提供一个基础平台。缺漏和不当之处在所难免,尚祈读者指正!

作　者

2017 年 12 月 1 日

图书在版编目(CIP)数据

心理效应与思想工作 / 赵磊著. 一上海：上海社会科学院出版社，2017
ISBN 978-7-5520-2203-2

Ⅰ.①心… Ⅱ.①赵… Ⅲ.①心理学一思想政治教育一研究一中国 Ⅳ.①D64

中国版本图书馆 CIP 数据核字(2017)第 317498 号

心理效应与思想工作

著　　者：赵　磊
责任编辑：黄飞立
封面设计：周清华
出版发行：上海社会科学院出版社
上海顺昌路 622 号　邮编 200025
电话总机 021-63315900　销售热线 021-53063735
http://www.sassp.org.cn　E-mail:sassp@sass.org.cn
排　　版：南京展望文化发展有限公司
印　　刷：上海市崇明县裕安印刷厂
开　　本：720×1020 毫米　1/16 开
印　　张：39.5
字　　数：593 千字
版　　次：2018 年 1 月第 1 版　　2018 年 7 月第 2 次印刷

ISBN 978-7-5520-2203-2/D·474　　定价：118.00 元